人民时评

人民日报评论年编·2016
人民时评

人民日报社评论部 编

人民日报出版社

图书在版编目（CIP）数据

人民日报评论年编.2016.人民论坛、人民时评、人民观点/人民日报社评论部编.-- 北京：人民日报出版社，2017.3
ISBN 978-7-5115-4508-4

Ⅰ.①人… Ⅱ.①人… Ⅲ.①《人民日报》—时事评论—2016—文集 Ⅳ.①D609

中国版本图书馆CIP数据核字(2017)第026247号

书　　名：	人民时评（人民日报评论年编2016）
作　　者：	人民日报社评论部
出 版 人：	董　伟
责任编辑：	曹　腾　高　亮
制作排版：	阮全勇
出版发行：	人民日报出版社
社　　址：	北京金台西路2号
邮政编码：	100733
发行热线：	（010）65369527　65369512　65369509　65369510
邮购热线：	（010）65369530　65363527
编辑热线：	（010）65369523
网　　址：	www.peopledailypress.com
经　　销：	新华书店
印　　刷：	北京鑫瑞兴印刷有限公司
开　　本：	710mm×1000mm　　1/16
字　　数：	1044千字
印　　张：	68.25
印　　次：	2017年2月第1版　2018年4月第5次印刷
书　　号：	ISBN 978-7-5115-4508-4
定　　价：	138.00元（共三册，含光盘）

编辑说明

评论是报纸的旗帜和灵魂,"以高质量的评论取胜"是党中央对人民日报的要求。2016年,人民日报评论不避热点、直面问题,设置议程、寻找现象,弘扬主旋律、传播正能量,以恒定价值对话社会舆论,以主流声音构建主流叙述,既发挥着舆论场上"中流砥柱""定海神针"的作用,又始终"击中社会最紧绷的弦",在党心和民意的同频共振中保持朝气、锐气。

本书汇集了"人民论坛""人民时评""人民观点"三个专栏2016年刊发的全部文章,其中"人民论坛"230篇,"人民时评"232篇,"人民观点"33篇("人民观点"文章的作者均为人民日报评论部,不再一一标明),并附有电子版,敬请读者参阅、指正。

人民日报社评论部

2017年1月

目 录

环境考核就应突出群众感受 　　　　　孙秀艳 / 1

依法保障中医的发展空间 　　　　　　王君平 / 3

体检入医保，制度设计当审慎 　　　　李红梅 / 5

中国经济容得下企业家讲问题 　　　　李　拯 / 7

医保异地结算要学会算大账 　　　　　白天亮 / 9

归去来兮，为乡土增添新红利 　　　　林　琳 / 11

农业供给侧改革呼唤更多"城归" 　　　叶兴庆 / 13

正视美联储加息的影响 　　　　　　　王　观 / 15

在兼收并蓄中树立创新自信 　　　　　郝　洪 / 17

让"空中航道"更加安全畅通 　　　　刘胜军 / 19

让个案公正推动法治进步 　　　　　　贺小荣 / 21

校园欺凌，不是"过分的玩笑" 　　　　方　塘 / 23

莫把中药当成一把草 　　　　　　　　王君平 / 25

贡献国际反腐的中国力量 　　　　　　杨永纯 / 27

让广阔大地上的遗产活起来 　　　　　张　贺 / 29

"刀刃向内"，打造干净的纪检队伍 　　姜　洁 / 31

让志愿服务激发向善力量 　　　　　　张　凡 / 34

让健康保护伞"密不透风" 　　　　　　王君平 / 36

以现代治理敦风化俗	刘成友 / 38
守好法治的前哨	叶竹盛 / 40
抗击艾滋病，我们在一起	陈　凌 / 42
辅警之"辅"，应清晰定义	张　洋 / 44
人人搞"搬运"，谁来做原创	胡海升 / 46
靠什么击碎"健康谣言"	吕晓勋 / 48
把对童工的同情化为帮助	毕诗成 / 50
健康路上，一个都不能少	白剑峰 / 52
"全面从严治党"带给世界新思考	胡泽曦 / 54
迈好共青团改革的重要一步	杜汇良 / 56
"平凡英雄"构筑精神基座	盛玉雷 / 58
让互联网更好造福世界	支振锋 / 60
地方债风险管控要有"问题导向"	徐立凡 / 62
解开"校内减负校外加"的新考题	毕诗成 / 64
脱贫攻坚不能只是干部"独角戏"	李　斌 / 67
深化监察改革，清除监督死角	支振锋 / 70
治霾"督企"更要"督政"	王社坤 / 72
垃圾分类，让城市"轻"下来	何鼎鼎 / 74
改革"施工期"更要增进群众获得感	姜　赟 / 76
直播平台该摆脱野蛮生长了	王石川 / 78
农地"三权分置"要有利于现代化	叶兴庆 / 80
国企改革，让出资人监督强起来	白天亮 / 82
让"品质旅游"成为市场赢家	李洪兴 / 84
把握好宏观调控的"虚实辩证法"	周人杰 / 86
治理"炒信"要有刮骨魄力	吕晓勋 / 88
烧旺党内政治生活大熔炉	关　航 / 90
在信访之初就把责任压实	张　璁 / 93
让高校人才培养更有的放矢	赵婀娜 / 95
老年教育，让夕阳生活更优雅	王石川 / 97
农业现代化仍需奋起直追	高云才 / 99

为捍卫英雄划出法治底线	支振锋 / 101
中国电影，升级需要"新力量"	刘　阳 / 103
中国减贫是对人权的贡献	杨永纯 / 105
制度筑墙，让欺凌远离校园	张　璁 / 107
正视食品消费升级的治理短板	彭　飞 / 109
以创新下好社会治理"先手棋"	张　洋 / 111
大学生就业，观念须"松绑"	白　龙 / 113
以市场化法治化方式去杠杆	贾　壮 / 115
追求公正不容"留有余地"	徐　隽 / 117
"体育之乐"是给孩子最好的礼物	白　龙 / 119
以规范执法守护法治信仰	张　洋 / 121
严惩失信才能让诚信发光	徐　隽 / 123
以共享拆掉政务信息的"烟囱"	张　璁 / 125
让网络安全成为基本供给	白　龙 / 127
别错过13亿人的"兴趣市场"	吕晓勋 / 129
中国高铁，靠创新领跑时代	陆娅楠 / 131
用精神突破身体障碍	薛　原 / 134
打造健康中国，医改须啃硬骨头	白剑峰 / 137
期待更多科学"对撞"	柏木钉 / 139
用中国式医改助推健康中国	李红梅 / 141
残疾预防，以健康成就小康	李洪兴 / 143
刷卡降费让银行转型更有动力	徐立凡 / 145
同在蓝天下，共享教育公平	王石川 / 147
宽严相济体现司法进步	彭　波 / 149
以健康管理缓解产床"紧缺"	李红梅 / 151
以司法公开彰显法治中国气质	贺小荣 / 153
消减财政事权模糊地带	何鼎鼎 / 155
终身追责，建立国企决策硬约束	白天亮 / 157
激活实体经济这池春水	陆娅楠 / 159
女教师患癌遭开除：情理须有安身处	王　琳 / 162

国企员工持股，释放改革活力	贾 壮 / 164
读懂"不愿父母探望"的尴尬	王石川 / 166
让"清流"浇灌电影市场	王子潇 / 168
"女排逆袭"展现精神的魅力	何鼎鼎 / 170
用发展之笔描绘欧亚未来	白 龙 / 172
摒弃"限期卖羊"的简单心态	曹鹏程 / 174
用好社会资本，要慢工出细活	贾 壮 / 176
更好释放"老同志下乡"的正能量	毕诗成 / 178
以科技创新引领发展新境界	余建斌 / 180
中影上市，产业升级呼唤文化担当	刘 阳 / 182
享受体育，迈向活力中国	陈振凯 / 185
保护耕地应让种粮"有赚头"	李 斌 / 187
文创升级须深耕文化土壤	盛玉雷 / 189
海外"逆代购"呼唤中国品牌	王石川 / 191
网络时代，阅读可以更精彩	李待军 / 193
让更多患者用得上"救命药"	李红梅 / 195
经费改革，激发科研生产力	叶竹盛 / 197
改革强军标注军队未来	辛士红 / 200
在"唐山记忆"中汲取复兴力量	曹鹏程 / 202
提高规范执法"可见度"	萧 冲 / 204
让司法责任制改革落地生根	贺小荣 / 206
"乡村升值"有助城乡统筹发展	张孝德 / 209
不担当，半点忠诚都没有	何 勇 / 211
以钉钉子精神将司改落实到位	傅达林 / 213
暑假，去做做不一样的作业	李泓冰 / 216
正视"34亿人旧闻"背后的真问题	舒 也 / 218
遏制非法强拆当坚守法治底线	王石川 / 221
没有什么能撼动和平正义的力量	王传宝 / 223
为担当者担当，让干事者无忧	鲁 平 / 225
有"中国内核"才能立于不败	何鼎鼎 / 228

别让预付卡变成诚信滑坡带	李浩燃 / 230
让医疗服务价格回归本位	李红梅 / 232
铁路版图升级 改革需要跟进	陆娅楠 / 234
藏粮于地，让农田休养生息	冯　华 / 236
异地排污需要多方围堵	冯　嘉 / 238
从严治党离不开制度化问责	高　波 / 240
打开法治大厦的每一扇门	傅达林 / 242
中考少加分，教育更纯粹	赵婀娜 / 244
重建医患信任 媒体堪当桥梁	李泓冰 / 246
别把企业社会责任当口香糖	王石川 / 248
给青少年一个没有毒品的未来	张　璁 / 250
电视综艺呼唤"创客精神"	刘　阳 / 252
"问题跑道"不能久治不愈	吕晓勋 / 254
释放民营资本的创新活力	贾　壮 / 256
假如丰子恺遭遇今日"标题党"	萧师俭 / 259
公平竞争，激活每一个市场因子	陈　凌 / 261
发展是人权最坚实的依靠	支振锋 / 263
应对校园欺凌，不宜只靠刑罚	姚建龙 / 265
食品安全，消费者教育不可少	应飞虎 / 267
别给菜市场贴上"非首都"标签	李　拯 / 269
"让经费为人的创造性活动服务"	赵永新 / 271
高考改革，筑牢教育公平的基石	赵婀娜 / 273
产业扶贫也要遵循市场规律	冯　华 / 275
从"养"到"用"，破解老龄化困境	李泓冰 / 277
让陪伴成为孩子心底的阳光	李　斌 / 279
"将知识传递给最需要的人"	盛玉雷 / 281
禁烟先得治"烟草业之病"	王君平 / 283
以翰墨书香养浩然之气	李泓冰 / 285
抓环保要"亮相"更要"亮剑"	严厚福 / 287
"野鸡大学"何以滋生不绝	袁新文 / 289

以改革打开宏观调控格局	周人杰 / 291
公安执法，以专业化促规范化	傅达林 / 293
网络排行，为何惹人提防	李浩燃 / 295
领导干部要提高"新媒体素养"	李未柠 / 297
以制度完善凸显"权利的价值"	傅达林 / 299
莫让极端天气酿成极端灾害	刘　毅 / 301
让每一份情怀都能抵达观众	白　龙 / 303
以税制改革促进绿色发展	陈柳钦 / 306
期盼高考改革带来"教育新生态"	赵婀娜 / 308
少些饭局 让"校园社交"更健康	毕诗成 / 310
预防校园欺凌需要规则教育	应飞虎 / 312
"营改增"岂能成为涨价借口	李万甫 / 314
以改革之力解"临时工"之困	李洪兴 / 316
民营医院如何有序生长	张宏强 / 318
不"企"无以立业	杨　莘 / 320
别让暴力执法侵蚀公信力	孟祥夫 / 321
丢掉责任，企业还能走多远	王石川 / 323
网红经济应有益于公序良俗	韩立勇 / 325
互联网金融，挤尽泡沫是春天	杨　成 / 327
永葆敢为人先的改革气质	吕晓勋 / 329
产业扶贫，精度决定效果	朱　磊 / 331
筑牢航天梦想的阶梯	余建斌 / 333
中国品牌当能纵横四海	王石川 / 335
新兴金融机构应把好准入关	贾　壮 / 337
向着"两个有利于"深化改革	李　斌 / 339
"土地大限"忧虑须依法化解	舒　锐 / 341
黄花菜能治中医的"抑郁"吗？	王君平 / 343
个人信息安全，不能止于"打补丁"	姜　赟 / 345
让文物"沃土"滋养民族心灵	陈　凌 / 347
以营改增释放经济活力	贾　壮 / 349

别让改革的红利"卡纸"	何鼎鼎 / 351
强化"零死角"的反腐预期	李浩燃 / 353
传统文化呼唤"现代相遇"	张　铁 / 355
提稳菜篮，需用好两只"手"	冯　华 / 358
让改革带着温度落地	毕诗成 / 361
共筑阳光扶贫的法治屏障	王松苗 / 363
用法治营造和谐医患关系	白　龙 / 365
别让"帽子"遮蔽科学的眼睛	柏木钉 / 367
撤销学位点体现质量导向	沈文钦 / 369
给留守儿童更多"精准关爱"	李　拯 / 371
以铁的纪律护航换届风气	李　斌 / 373
以改革落实新发展理念	曹鹏程 / 375
打击医院"号贩子"须求根治本	傅达林 / 377
全面实施营改增要有紧迫感	徐立凡 / 380
从"抄无可抄"中读懂尊重原创	王石川 / 382
让历史文物"活"起来	杨雪梅 / 384
破除以药补医，下好医改一盘棋	李红梅 / 387
"饿了么"警示监管升级	毕诗成 / 390
"有态度"的发布更有含金量	李洪兴 / 392
在碰撞中找到改革突破口	曹鹏程 / 394
两会新词构筑发展"新地平线"	柯仲甲 / 396
从"董姐饭局"看工匠精神	李洪兴 / 398
期待慈善法催生"大慈善"	王振耀 / 400
读懂年轻人的两会关注	徐立星 / 402
给"推动摇篮的手"更大舞台	王石川 / 404
让"创新"激荡发展的春潮	李洪兴 / 406
中国两会，为世界注入信心	白　龙 / 408
中国司法在公开中积厚行远	支振锋 / 411
妥善安置职工，为转型升级蓄力	李华东 / 413
以"岐黄之术"助力健康中国	王君平 / 415

让职业教育铸造更多"大国工匠"	何鼎鼎 / 417
让国民健康成为"幸福资本"	吕晓勋 / 419
改革要深化，落实得抓紧	曹鹏程 / 421
文化产品要走近"小镇青年"	王石川 / 423
房地产去库存，重在释放潜能	贾 壮 / 425
有效公开，提升政府治理能力	王 旭 / 427
脱贫攻坚检验"落实能力"	马望原 / 429
让协同发展变成刚性约束	朱竞若 / 431
吃鱼纠纷背后的旅游业纠结	曹鹏程 / 433
别让"留守"固化为成长标签	李浩燃 / 435
传承人类自己的"引力波"	余建斌 / 437
"你在哪儿，家就在哪儿"	李洪兴 / 439
在"更"字上书写"舌尖安全"	姜 赟 / 441
"人心就是力量"	朱永新 / 443
以"新理念"培厚农业土壤	朱 隽 / 445
让反腐败的"制度链条"环环相扣	秦 宁 / 447
以"复方"根治滋补品乱象	何鼎鼎 / 449
让"春运拼车"一路顺风	吕晓勋 / 451
"罂粟壳混上餐桌"的真问题	李洪兴 / 454
续写丝绸之路的传奇	吕晓勋 / 456
走出"水困局"，只能赢不能输	严厚福 / 458
根治"年末讨薪"需共同使劲	毕诗成 / 460
激发公共治理的群众力量	李元昊 / 462
理顺医患纠纷需以"理"服人	王石川 / 464
安全生产需要更多"笨功夫"	刘志强 / 466
科研经费改革应促进学术活力	叶竹盛 / 468
强化责任，搭好改革"主体框架"	白 龙 / 470
遏制"后院腐败"何处着力	刘成友 / 472
用法治方式读懂"快播案"	白 龙 / 474
"新的发展理念就是指挥棒"	李 斌 / 476

谁动了城市的文明神经　　　　　　　　王石川 / 479
别让"去哪儿"成问题　　　　　　　　　吕晓勋 / 481
让"90后"成为创新发展的鲜明注脚　　申孟哲 / 483
让每个人的奋斗更有力量　　　　　　　刘天亮 / 485

环境考核就应突出群众感受

孙秀艳

> 一个凸显公众获得感的评价考核体系，让领导干部只能通过切实提升环境质量来获得认可、赢得成绩，从而让生态文明建设不偏离正确的轨道

近日，中共中央办公厅、国务院办公厅印发了《生态文明建设目标评价考核办法》，首次对各省区市实行年度评价、五年考核机制，并明确"考核结果作为各省、自治区、直辖市党政领导班子和领导干部综合考核评价、干部奖惩任免的重要依据"，因此备受瞩目。

管理学中有句名言，没有考核就没有管理。对生态文明建设而言，是否纳入对领导干部的考核体系也是风向标。而此次出台的考核办法更进一步，在指标设计中提高了生态环境质量、公众满意程度等反映"群众获得感"指标的权重，突出了群众满意度作为生态文明建设评价考核的重要标尺。

回溯以往生态环境方面的考核，大多是以数据考量工作。数据有说服力，也有其局限性。如果抛开百姓满意度，考核也可能沦为报账对数的游戏。表面上看，任务都完成了，但环境质量却没有提升。比如约束性的污染物减排、能源节约指标，对各地设定相应的比例，这些任务经层层分解，最终变成每个地方、每个单位的任务。为保证任务完成，有的地方加大投入拿出真招，但也有的地方"开动脑筋"巧做账目。最终，大家虽然都"完

成"了考核任务,结果却大相径庭:出真招的环境质量肯定有变化,忙对账的则造成环保数据和群众感受"两张皮"。

这次的考核办法出台之前,有人担心,是否还是停留在数据层面?仔细审视考核办法及相关部门配套制定的《绿色发展指标体系》和《生态文明建设考核目标体系》,不难发现"公众满意度"已成为真正意义上的关键词,而且被赋予了较高的分值。

也有人疑虑,现阶段突出群众满意度的考核价值,会刺激一些干部追求短期的治理效果,做表面文章。因为即便地方下定决心、加大投入、埋头苦干,也还需要不短的时间才能见到效果。这个过程有可能出现评价错位,比如"种树的人"得不到合理评价、受委屈,而"乘凉的人"却坐享其成、得奖掖。但是,从生态文明建设评价考核的内在要求讲,群众的感受和发言权,是不可或缺的一环,也只有把群众满意度作为评价考核的出发点和落脚点,追求评价考核结果与群众切身感受的一致性,才能增强评价考核制度的说服力。各地也应该有这样的信心,只要是真抓真落实,群众也不至于提出一夜之间重现碧水蓝天的要求,而是能感受到生态环境质量的持续改善,因为看到希望而产生获得感。

让公众满意,永远在路上。一个凸显公众获得感的评价考核体系,让领导干部只能通过切实提升环境质量来获得认可、赢得成绩,从而让生态文明建设不偏离正确的轨道。更重要的是,只有把群众评价放在心上,并鼓励公众亲身参与,大家才能体会过程之艰难,为克服每一个困难齐心协力,为每一点改善欢欣鼓舞。

习近平总书记多次强调,要坚持以人民为中心的发展思想,从解决好人民群众普遍关心的突出问题出发推进全面小康社会建设。以群众之心为心,以提升公众满意度为目标,做好生态文明建设评价考核,美丽中国的愿景就会实现在我们的努力之中。

(2016年12月27日)

依法保障中医的发展空间

王君平

> 某种程度上讲,拥有中医和西医两种方法,才是我们的比较优势。再不立法保护中医药,中医药的国际标准都有可能不再是我们说了算,到时候恐怕悔之晚矣

25日,备受关注的《中华人民共和国中医药法》通过全国人大常委会三审表决,明年7月1日起正式实施。这是我国第一部全面、系统体现中医药特点的综合性法律,对于中医药行业发展具有里程碑意义。

立法保护,对中医的发展至关重要。近代以来,随着西医的传入,中医的地位不断受到挑战,甚至有存亡之危。1917年,余云岫在《灵素商兑》一书中,就主张"废医存药"。自此以后,社会上歧视中医药、否定中医药、取消中医药的说法和做法一直不断,一有风吹草动就引发存废的争议。鉴于中医的生存环境堪忧,中医学家董建华院士1983年提议中医药立法,通过法律来保护中医药的发展空间。

尽管"发展现代医药和我国传统医药"被写入了宪法,但由于专门的中医药法迟迟未能出台,中医药的特色和优势没有得到明确的一致认可,极大地影响了中医药事业的发展。在具体的医药卫生工作中,"中西医并重"的方针也未完全落到实处。现行医师管理、药品管理制度"以西律中",中医西化、中药西管,不适应中医药特点和发展需要。一些医术确有专长

的中医工作者,无法通过考试取得医师资格;医疗机构中药制剂品种萎缩明显。数据显示,2014年获批的501个新药批文中,中药只有11个,仅占2.19%。

某种程度上讲,拥有中医和西医两种方法,才是我们的比较优势。一味地否定中医,等于是从两条腿走路,变成一条腿走路。近年来,中医药界通过持续发挥特色优势,赢得了世界范围的认同。2015年,中国中医科学院终身研究员屠呦呦因为在中医药学方面的突出贡献,实现中国大陆科学家诺贝尔奖零的突破;在中医药法三审前,现代中药国际化实现重大突破,复方丹参滴丸成为全球首个完成美国药监局Ⅲ期临床试验的复方中药。

立法保护中医药,不只是出于民族情感,更是现实需要。因为,中医药在海外的传播发展,已经对我们在这个领域的话语权形成了挑战。国际标准化组织收载针灸针、中药材重金属限量等7个标准;13个中药46个标准被美国药典收载;丹参、三七等66个中药标准收入欧洲药典。再不立法保护中医药,中医药的国际标准都有可能不再是我们说了算,到时候恐怕悔之晚矣。

我们说中医的发展需要立法保护,并不意味着是要回到过去,而是要在继承和创新的基础上弘扬中医药,更不排除借鉴西医的科学方法来进一步发展中医药。屠呦呦等科学家的成功证明,中医药是一座有待挖掘的富矿,只要更多有识之士突破学科的成见和偏见,不仅能解决自身发展的难题,还能为人类健康做出更多的贡献。

习近平总书记指出,中医药学是中国古代科学的瑰宝,也是打开中华文明宝库的钥匙。正视中医药这一祖先留给我们的宝贵财富,把它继承好、发展好、利用好,是建设健康中国的题中之义,也是对优秀文明的重要担当。

(2016年12月27日)

体检入医保，制度设计当审慎

李红梅

随着生活水平的提高和健康观念的觉醒，近年来人们对健康服务的需求越来越高。日前，有专家呼吁将体检纳入医保，引发各界热议，支持者占到大多数。

这个初衷非常好，也符合公众的期待。理论上讲，健康体检就像汽车保养，有利于及时发现疾病隐患，以最少的成本保障全生命周期健康。一些专门的筛查项目还能早期发现、早期诊断大病，提升治疗效果。国外有研究表明，在预防上投入1元钱，能节省医疗花费8元钱。

然而，从医保本身的定位看，其主要作用是保基本，即补偿居民基本医疗、基本药物的支出，保障每一位居民有医可用、有药可吃。而体检针对的是健康人群，目前尚不属于基本医疗服务范围。从保障水平看，我国基本医保体系由城镇职工医保、城镇居民医保、新农合、医疗救助等制度构成，其特点是广覆盖、低水平。想进一步提升保障水平，就必须考虑承受能力。在经济下行压力加大的情况下，医保有没有能力埋单？业内看法并不一致。

近几年来，新农合、城镇居民医保由于筹资水平不高，加上大病保险、重特大疾病救助、门诊大病统筹等险种与项目纷纷纳入报销范围，看病费用不断上涨，基金支付压力持续加大。不少新农合统筹地区年末结余普遍只有百分之几，有些地区面临累积结余快花光的境地。这种情况下，将健

康体检纳入新农合、居民医保，无疑将加大基金运行压力。而且，很多农村地区已将体检纳入基本公共卫生服务，无需重复添加。

现实有点骨感，体检直接纳入新农合、居民医保，未必是审慎且合适的选择。但人民群众对美好生活的向往，正是我们改革的方向。从这个意义上讲，应结合国际通行做法和地方经验，设计一个既可满足公众需求、又能减轻医保压力的机制，把健康体检的作用更好发挥出来。

从当前情况看，可以从个人账户结余想办法。人社部2015年统计公报显示，城镇职工医保统筹基金结存6000多亿元，个人账户积累4429亿元，有大量资金沉淀。事实上，很多地方也已探索将个人账户结余用于购买体检服务。但由于3种基本医保饥饱不均，可能会造成一个家庭内参加居民医保、新农合的成员钱不够用，而参加职工医保的成员钱花不出去的怪现象，这种情况亟待改变。因此，不妨将个人账户改造成家庭健康账户，专门用于补偿家庭成员购买健康体检、疫苗、健身等的支出，全家共济使用，量入为出。如此既不违背基本医保的定位，又能盘活巨额个人账户结余资金。

健康管理不仅要解决好谁来埋单的问题，更要处理好谁来监管的问题。我国健康体检业刚刚起步，缺少服务标准和规范，一些商业体检机构往往只检查不诊断，或是诱导客户多检查，所谓的健康管理只是噱头，针对性不强，实用性不足，如果医保购买此类健康体检服务，很可能浪费医保基金。我们可以借鉴国际经验，建立保险机制来对健康体检服务进行准入、运行、退出的全程监管，防止"花了钱买不来健康"。

习近平总书记在全国卫生与健康大会上强调，要把人民健康放在优先发展的战略地位，努力全方位、全周期保障人民健康。设立家庭健康账户，购买健康服务，符合健康新理念，也是人民群众的现实需要。在此基础上，逐步转向以预防为主的健康管理，才能更好地建设健康中国。

（2016年12月23日）

中国经济容得下企业家讲问题

李 拯

企业家敢于提出问题,正说明对中国经济仍然葆有信心,愿与中国一起成长

这几天,中国民营企业家的代表人物之一、福耀玻璃董事长曹德旺持续刷屏。曹德旺投资6亿美元、在美国莫瑞恩建造的汽车玻璃厂正式投产,他本人在接受媒体采访时发表了一些对中国经济的看法,引发广泛关注。怎么看待曹德旺在美国投资?如何认识当前中国经济面临的挑战?一时间众说纷纭。

一些媒体把关注点放在曹德旺"跑路"上,可在美国投资就等同于"跑路"吗?按他本人的说法,"福耀制造的市场销路65%在中国,我跑出去干什么呢?"在美国工厂开通之时,曹德旺在天津的项目也开通了,还在苏州工业园区拿了一块地。这么看,把曹德旺在美国投资,理解为一个企业家在对国内国际市场进行比较权衡后,在世界范围进行的产业布局,或许更合理。

今天,全球市场已经形成一个整体,中国经济和世界经济深度融合、互通有无,才能彼此共赢。因此,应该把中国企业的对外投资与不正常的资本外逃现象区分开,如果动辄给中国企业正常的海外投资贴上"跑路"的标签,甚至借题发挥,不仅不利于中国企业走出去,在人民币承受贬值

压力的背景下,还容易引发非理性的市场恐慌情绪。对此,媒体和舆论尤其应该保持理性,慎贴"跑路"标签,避免由此引发次生舆情,给信心和预期带来负面影响。

也要看到,曹德旺的访谈带有较强的个人感受,但确实从企业家的角度,触及了当前中国经济的一些深层矛盾和问题。劳工成本升高,税收负担过重,落后产能过剩,金融和房地产挤压实体经济……这些问题,都是制约中国经济转型升级的瓶颈,也是改革的刀刃所向,需要政府和社会深刻思考,务实解决。

高度重视实体经济,中央的态度是明确的。中国是靠实体经济起家的,也要靠实体经济走向未来,无论经济发展到什么时候,实体经济都是中国经济发展、在国际经济竞争中赢得主动的根基。刚刚闭幕的中央经济工作会议,专门提出"着力振兴实体经济",把振兴实体经济作为供给侧结构性改革的主要任务,并且就降成本、补短板提出了非常具体的改革方案,明确要求降低各类交易成本特别是制度性交易成本,减少审批环节,降低各类中介评估费用,降低企业用能成本,降低物流成本等。可以说,在降低企业成本的问题上,中央不仅意识到了严重性,态度也很务实,在这个过程中,与其唱空唱衰,不如给予改革更多时间窗口。

在经济下行压力增大的背景下,这还触及对中国经济的信心问题:如何认识中国经济发展前景?应该说,中国经济经历了长期繁荣,创造了发展奇迹,进入深度调整阶段必然带来阵痛。这样的结构性矛盾,一些大国在发展过程中都遇到过。一旦历经阵痛调整好了,就能为经济长远发展打下坚实基础。正如曹德旺所言,"信心要把问题讲清楚才行"。树立信心不是要无视问题,而是要解决问题;增强信心也不是靠唱高调,而是在于推进改革的务实行动。可以说,中国政府解决问题、推进改革的决心,正是保持对中国经济信心的保证。

有人说,过去30年凡是离开中国的人都错失了中国的机会。以曹德旺为代表的企业家敢于提出问题,正说明对中国经济仍然葆有信心。务实推进改革,解决深层问题,无数企业家还将与中国一起成长。

(2016年12月22日)

医保异地结算要学会算大账

白天亮

> 医保异地结算的问题,各个地方要学会算大账,不能盯着某一项看"是否吃亏"。有些担忧,完全可以通过政策设计来化解

异地就医直接结算,这个期盼已久的梦想离老百姓更近了。人力资源和社会保障部、财政部近日发布通知,明确了异地就医直接结算的时间表:今年底基本实现医保全国联网,2017年开始逐步解决跨省异地安置退休人员住院医疗费用直接结算,年底扩大到符合转诊规定人员的异地就医住院医疗费用直接结算。

不少人曾深受医保"划疆而治"之苦:跨省就医,先要开转诊证明;就医费用,必须提前筹措、预先垫付;最终从医保报销,短则数月、长则跨年,其间少不了一遍遍跑腿往返。不同地方,纳入医保的药品不同、诊疗项目不同,也让就医者纠结:就医地医保目录中的药品,有时却不在参保地的目录之中,想治病,不能不用药,用了药,却无法报销。更有许多随儿女在异地生活的退休老人,哪怕已取得生活所在地户口,看病吃药的费用仍必须回原工作地报销,一年年辛苦奔波,平添许多麻烦。随着人员流动日益频繁,这一矛盾越来越突出。

医疗保险"全国漫游"究竟难在哪儿?不是难在技术支持。社会保障卡持卡人已超过9亿。有关机构早已论证过,提高包括医疗保险在内的社

保"便携性",在技术上不存在解决不了的问题。也不是难在制度安排。在国际上,全国统筹是主流,可提供大量的政策借鉴。

医保"全国漫游"难,主要难在平衡各地利益。目前各地在医保的缴费年限、缴费比例、享受待遇方面有很大差别。异地就医直接结算,实际上涉及"参保地"与"就医地"间利益的重新调整。优质医疗资源集中的地方担心,如果"全国漫游",经济欠发达地区的人得了大病,可能会堆涌到医疗条件好、报销水平高的地方。异地生活的退休老年人不缴费,医疗支出又相对较高,倘若看病报销都集中在就医地,就医地肯定吃不消。正因如此,提起异地就医直接结算,经济发展水平高、医疗条件好的地方常常列出这样那样的困难,强调其不现实、难操作。说到底,还是一些地方过多地考虑自己的小算盘,把局部利益放在老百姓切身利益的前面,把自己的方便省事放在老百姓的便利前边。

面对医保异地结算的问题,各地要学会算大账,不能盯着某一项看"是否吃亏"。单看医保,实现"全国漫游"可能会给经济发达地区增加一定负担,但西部省份大量年轻劳动力到发达地区打工、纳税、为当地繁荣做贡献,年老后再回到西部养老,西部省份可能也会觉得自己"吃亏"了。

事实上,有些担忧完全可以通过政策设计来化解。譬如,此次发布的通知提出,异地就医时,支付范围执行就医地标准,医保基金支付比例等执行参保地政策,基金在地区间实行先预付两个月资金后清算的方式。政策设计到位,可以使实际运行中医保关系转得出、接得下、可操作。

异地就医直接结算,未来符合条件的参保者将告别垫资和跑腿,这背后是全国联网、信息即时登记共享、基金跨省拨付按月结算,工作量极大且异常繁琐。然而,政府部门不麻烦,麻烦的可能就是老百姓。眼下,直接结算迈出关键一步,人们也期待,优质医疗资源能更多地下沉到基层,让老百姓不再为求医问药异地奔波。

(2016年12月21日)

归去来兮,为乡土增添新红利

林 琳

> 做好就业创业教育与服务,帮助部分"城归"克服急功近利的浮躁心态,消除阻碍人才流动的体制机制障碍,为经济增长积累更磅礴的发展后劲

近日,经济学家厉以宁指出,中国正悄悄进行着一场人力资本革命,新的人口红利正在产生,占现有外出农民工1/4的"城归",正在给农村带来变化。放眼现实,曾经去城市打拼、如今又回归农村的"城归",尽管来了个"折返跑",却跑出了农业振兴的新力量,跑出了农村发展的新希望。

以往,进城务工农民常常陷入就业层次低、劳动强度大、福利保障差、职业地位难以提升的窘境;而且远离家乡,在陌生环境中生存就业,适应与融合的成本较高,个人的积极性和创造性多少会受到压抑。然而当下,中国农村正经历的一场巨大变迁——随着新农村建设向前推进,各项利好政策出台,回农村创业就业的性价比不断提高——正是近些年"城归"悄然兴起与不断壮大的时代背景。

既能与家人团聚,又能开创事业,"城归"的潜力被大大激发。以曾有"打工第一县"之称的重庆开县为例,最近6年,开县每年都有1万多名"城归"。这6万多名"城归"创造了开县县域经济的"半壁江山"——创办经济实

体占全县企业总数的 50% 以上，生产总值对全县的贡献率也已超过 50%。可见，随着"城归"到来，农村资源被盘活，经济增量被创造，日渐空心化的农村有了重焕光彩的迹象。

在刚刚闭幕的中央经济工作会议上，深入推进农业供给侧结构性改革被摆在突出位置。可以预见，响应鼓励返乡创业的政策，自主创业做个企业主，农业领域大有可为；乘着产业梯度转移的东风，做个产业工人，在家门口就业不成问题；回归农村，做个专职农民，专注绿色食品生产，市场前景广阔。无论是返乡就业还是创业，"城归"带来的要素集聚、技术渗透以及干劲闯劲，都将进一步延伸农业产业链，拓展农业的多种功能，培育出更多新兴业态，形成农业与二、三产业交叉融合的现代产业体系，从而有益于国家产业结构的优化。从这个角度来看，"城归"体现的，是城市和乡村的有机互动，他们将成为城镇化进程中不可或缺的重要力量。

不过，如何充分利用好这些新的人口红利，让其有效转化为人力资本，还有不少现实难题。比如，创业"城归"资金缺乏、经验不足，谁来为他们的"小目标"保驾护航？再如，当地政府如何找准自身定位，避免产业"孤岛"，降低返乡创业者的市场风险？做好就业创业教育与服务，加快当前"城归"人力资本改善速度，帮助部分"城归"克服急功近利的浮躁心态，消除阻碍人才流动的体制机制障碍，才能为经济增长积累更磅礴的发展后劲。

尽管从全局来看，现在"城归"族的规模还不算大，但他们绝不是被城市"挤出"或消极避世的一族，而是怀着梦想在乡村创业初起风口的弄潮儿，所发挥的牵引作用不可小觑。引导好、提升好这股力量，中国乡村经济社会的明天充满希望。

（2016 年 12 月 20 日）

农业供给侧改革呼唤更多"城归"

叶兴庆

对冲日趋严重的农民老龄化对农业现代化的不利影响,要用好在城市受过现代产业训练后重返农村的"城归"。他们是农村现代化建设的合适种子

供给侧结构性改革的内在目标,是让生产要素流向效率更高的经营者,推动新兴需求和供给能力在新的基础上对接,形成中国经济发展的新动能。而现代农业,正是新生产要素的一个重要流向地。刚刚闭幕的中央经济工作会议,也把农业供给侧结构性改革作为明年的一项重要改革任务来抓。

当前,中国农村其实正走在新一轮结构性变迁的起步阶段。一方面,逐步细化的农村土地"三权分置"办法,让土地资源向更有效率的新型经营主体集中;另一方面,农村产权制度改革将赋予农民更加充分的财产权利,既为资本进入现代农业提供空间,也建立了防护堤。目前,农村现代化缺的是能把土地、资本等生产要素结合起来的合适人选。

人的流向,是社会活力最重要的表征。我国农业面临的成本上涨、价格倒挂、增收趋缓等突出矛盾和问题,一个根本制约是农村适龄劳动力长期净流出,农业经营方式转变滞后。在农村劳动力转移就业不多时,"家家包地、户户种田"的经营方式,就能激发农村的活力,但随着城镇化的进一步深入,农业副业化、农户兼业化、农民老龄化问题逐渐浮出水面,

培育懂农村、有闯劲且留得住的新型农业经营主体和服务主体，就成了一个迫在眉睫的问题。

解决好这个问题，关键在于提升农业资源配置效率，增加农村和农业的吸引力。做好这篇大文章，无法通过简单地不断减少农业人口来实现。尽管目前我国第一产业就业占比仍然偏高，还处在"要富裕农民，必须减少农民"的发展阶段，但新型农业经营者不能全指望目前一直在农村从事农业的人。他们中有些人经过培训的确可以胜任这一角色，但在开拓意识、市场经验及经营才能、资金实力等方面，确实也存在较大局限性，随着年岁的增长，他们的成长空间和可能性还在逐步下降。

对冲日趋严重的农民老龄化对农业现代化的不利影响，需要拓宽视野，用好外部力量，尤其是在城市受过现代产业训练后重返农村的"城归"。对农村现代化建设而言，他们是合适的种子。事实上，随着各种生产要素的集聚和制度利好的释放，近年来从农村走出去的农民工、大学生、退役士兵等人员返乡创业的越来越多，甚至城镇的科技人员、中高等院校毕业生等也开始下乡创新创业。据有关部门统计，近年来农民工返乡创业累计达到了450万人，还有约130万居住在城镇的科技人员、中高等院校毕业生等下乡创业创新。经济学家厉以宁对"城归"寄予厚望，甚至视之为中国新的人口红利，应该说指出了农业供给侧改革的一个重要突破口。这些对农村有认同感的"城归"，或可适度平衡农村变革过程中的各种负外部性。

当然，呼唤"城归"改善农村劳动力和经营主体的结构，实现代际更替，不是要搞"逆城市化"。推进以人为核心的新型城镇化，促进农业劳动力向外转移就业、农村人口向城镇迁移定居，仍是大趋势。在这个过程中，部分有意愿、有条件的人变为"城归"，来改造农业农村，活跃农村经济，本质上是城镇化和农业现代化的互动。当城市的资本和人才以更合理的方式推动农业现代化，把更多的农业人口更平稳地从土地上解放出来，才能为中国的新发展打下更坚实的基础。

（作者为国务院发展研究中心农村经济研究部部长、研究员）

（2016年12月19日）

正视美联储加息的影响

王 观

靴子终于落地了。北京时间12月15日凌晨3点,美联储宣布加息25个基点,将联邦基金利率上调至0.5%至0.75%的区间,这是继去年12月启动十年来首次加息后的再次加息。有人担心此举会给人民币带来进一步贬值压力,加大资本外流。事实上,大可不必过分担忧。

美联储加息,说到底还是其自身调控宏观经济的举措。2008年国际金融危机后,美联储实施了多轮量化宽松政策,美元利率长时间维持在超低水平,而随着美国经济复苏迹象日益显露,美联储退出量化宽松并进入加息轨道是必然趋势。从今年数据看,11月美国PPI(生产价格指数)上涨1.3%,创2014年11月以来最大增幅;11月失业率4.6%,创2007年8月以来最低;三季度GDP增速超预期,加息是必然之举。

作为世界头号经济体,美国货币政策出现调整势必会对世界经济产生重要影响,市场高度关注美联储加息动态无可厚非。目前,美元仍是全球最主要的储备货币和交易货币,全世界各种交易包括贸易支付结算、货币金融投资等大多使用美元,很多大宗商品也都是美元标价,美联储加息使得美元收紧、资本回流,确实会造成非美货币贬值压力进一步加大,资本可能会流出这些国家,进而影响到各国经济发展,加息之后的影响必须予以重视。

同时我们也要看到,"美国一打喷嚏,全世界都感冒"的日子已经渐

行渐远。如今的全球市场，流动性不再简单的全是美元。美联储加息，市场上的美元会有所收紧，反而可以使大家更多选择相对宽松的欧元等来应对美元流动性紧张，以此缓解加息对全球金融体系稳定性的冲击。并且，此次加息落地前，市场预期已持续发酵较长一段时间，大部分贬值压力在加息前得以释放，此次的压力反而不会像以前那么大。

短期来看，人民币汇率贬值压力确实依然存在，但长期而言，决定人民币汇率走向的还是我国的经济基本面。只有我国经济增长速度保持平稳，才能让国内外投资者有信心，经济形势好，人民币汇率维持稳定才有资本。

今年以来，国内经济运行中的积极变化和亮点增多："三去一降一补"取得成效，工业、投资、消费稳中有升，服务业加快发展；11月官方制造业PMI（采购经理指数）进一步升至51.7，四季度贸易顺差有望继续保持高位；随着债券市场对外开放和人民币加入特别提款权（SDR），境外投资者增持人民币债券对资本流入的积极作用也将逐步显现。事实表明，人民币汇率有条件继续保持合理均衡水平上的基本稳定，经济基本面能够提供强有力的支撑。

中国经济的强劲走势，在国际上正赢得越来越多的共识。尽管年初曾对中国经济表示担忧，但时至年底，摩根士丹利、渣打银行、汇丰银行、澳大利亚国民银行、穆迪等多家机构都陆续发声，对中国经济增长前景普遍表示看好。国际货币基金组织更是在调低世界经济增速预期的同时，调高了中国经济增速预期。对于中国经济宏观政策、结构性改革措施，外界的期待也越来越高。未来，相信在坚持稳中求进工作总基调下，随着供给侧结构性改革推进，稳定的宏观经济政策必能稳住市场预期，增强发展信心，推动中国引领世界经济前行。

（2016年12月16日）

在兼收并蓄中树立创新自信

郝 洪

借鉴他人的长处,走自己的路,我们的教育将会有更多、更好的"质"的提升

中国的基础教育常被吐槽为"填鸭式"教学模式和"题海战术",然而不久前上海举办的一场中英基础教育论坛,却修正了人们对"中式教育"的看法。论坛上,无论是英方教育官员,还是与中国进行了多年深度交流的英国老师,都对上海数学教育不吝溢美之词,称"上海掌握教学模式"的应用有助提升英国数学教育水平。

英国教育界人士的评价,并非客套话。就在今年7月,英国教育部刚刚决定投入4100万英镑,要求在小学中普及亚洲的数学教学方法。消息传来,让很多人感到振奋:原来在某些方面,中国的基础教育也有着令欧美仰慕的优势。但是,如果我们冷静下来仔细观察的话,这并不意味着在数学等基础教育领域,中式教育"战胜"了英式教育。备受英国教育界关注的"上海掌握教学模式",其成功之处,得益于在开放融合的基础上,进行了独特的创新。

上海基础教育的创新,由来已久。早在上世纪90年代末,上海就启动了"二期课改",率先提出"以学生发展为本"的理念。在这样的教育理念之下,上海开始了均衡教育规划,开展各科课改。在数学教学中,强

调重视数学与现实生活的联系,构建起更为简明的数学知识结构,鼓励更多有效的师生互动,以及教师对学生个别化的及时指导。专家评价形成了上海数学课堂中的"变式教学"。这当中既有中国传统的"概念式变式教学",也有在此基础上提炼出的"过程性变式教学",能使学生的数学能力普遍提高,不仅学习效果好的学生优势明显,并且处于低端的比例低、人数少。

以这项改革为代表的基础教育创新之所以取得成功,就在于过程中吸收了包括重视个性化教育、注重解决现实问题等诸多世界先进教育理念,是教育开放融合的结果。正如上海师范大学国际与比较教育研究院院长张民选所言,过去几十年里,我们向发达国家学习了很多教学经验,多元智慧、结构生成等理念拓展了教育活动的方式,带来了新的教学风格,正是这种兼容并包所创新出来的一套教学模式,吸引了国际教育界的关注。

在英国,此次积极主动与上海教育界寻求交流合作,也是其教育改革中的兼收并蓄之举,目的是增加教学的多样性。他们一方面坚持自己的互动教学模式,保护学生的独立性和创新思维,另一方面希望通过学习上海经验,让学生对知识点掌握得更加扎实。可见,所谓中式教育的逆袭,或是英式教育的反思,其实都反映了这样的一个现实:教育没有标准公式,它始终在不断的融合中创新发展,而不是关起大门,固守传统。英国教育界的行动,也向我们展示了他们对开放融合的理解。为了确保交流效果,他们还委托第三方机构对交流进行评估,很快,参加第一轮项目的48所基地学校中的多数学校,在上海教师到访后有了不同程度的改革。

教育当如切如磋、如琢如磨,我们从开放融合之中寻找回自信,也从中汲取别人经验,让自身变得更强大。一位参加中英数学教师交流项目的上海教师就深刻感受到,英国教师在锻炼学生形象思维、有趣的教学用具开发、多样的信息化教学方式等方面,有着丰富的经验,而这些对学生的创新能力开发有着非常积极的作用。真正从育人的角度进行思考,借鉴他人的长处,走自己的路,我们的教育将会有更多、更好的"质"的提升。

(2016年12月15日)

让"空中航道"更加安全畅通

刘胜军

> 进一步保证空中交通的安全和效率,是我国空管改革的两大目标

飞机出行,是现代社会人们出行的重要选择。然而一段时间以来,航班延误乃至安全事件时有发生,这让空管改革的话题逐渐进入人们视野。据了解,中国民航首部《航班正常管理规定》,将于明年1月1日起正式施行。此前,中国民航局还通过了《统筹推进民航空管深化改革的实施意见》。相关改革措施的陆续出台,有望促进中国现代民航运输体系的完善。

"十三五"规划纲要指出,加快推进空域管理体制改革。作为民航发展的基础性行业,空管是保障航空安全运行的中枢,直接影响着民航发展的质量和效益。当前,我国旅客和货物对公共航空运输的需求快速持续增长,飞机不断增加,如果空管体制机制不进行改革,就容易加剧航路上的拥堵,影响广大群众的出行。类似高速公路行车,航路是飞机在空中飞行应保持的线路,不能偏离。以京广高空航路为例,就是一条宽20公里、高度从8400米至1.2万米左右的空中通道。京广间的所有航班,以及从郑州、武汉、长沙等地至北京、广州方向的航班,从东北等地前往广州方向的航班,都要在这一航路上飞行。进一步保证空中交通的安全和效率,是我国空管改革的两大目标。

就像公路畅通需要合理设置交通灯一样,空中交通也需要有序指挥。一旦起降飞机过多,进出港航路拥堵,为保证安全,管制员只能采取流量控制的方式延缓起降,如果遇到异常天气或其他情况,更是容易造成大面积延误。尤其在北上广等地的繁忙机场,管制员面临着巨大的安全压力。不久前"虹桥机场两机冲突"事件,某种程度上就暴露了当前管理中的一些漏洞。空中管制员是指挥空中交通、维护航空运输安全的特殊职业,在当前我国飞机流量激增的情况下,管制员的工作强度类似于同声传译,高压力高强度。确保"指挥系统"安全高效,改革需要坚持向一线倾斜、向基层倾斜、向技术倾斜,凸显一线管制员的岗位责任,增强基层员工的改革获得感。

和很多行业一样,民航业同样面临信息公开的问题。一些航班延误事件中,之所以旅客不理解,乃至酿成肢体冲突,很大程度上是因为信息不透明。空中交通管理安全缺乏明显的透明度,将直接影响公众对空管的形象评价。客观而言,航空运输是一种具有良好安全记录的运输方式,然而,由于一些地方的空管部门未能进行合法合规的信息披露和舆论引导,包括媒体在内的很多人对空中交通管理知之甚少,致使在关于航班延误和安全事件中,出现了很多负面评价,这是需要反思的。未来的改革中,在保证国家空防安全的前提下,空管行业应更加积极主动地和公众进行沟通,提升行业透明度,进而提升自身在公众心目中的形象。

空中交通管理系统的现代化是一个国家现代化的重要标志。从世界范围来看,欧洲的"单一天空计划"和美国的"未来一代航空运输系统"等,都在积极地建设新一代空中交通管理系统。就中国而言,一方面要努力追赶空中交通管理系统现代化的发展脚步,另一方面,也要通过改革目前的空域管理体制,提高运输效率。未来,中国空域管理制度应实现军民航融合,建立更加灵活的空域使用制度,既促进商业航空发展,又满足国防需要,进而促进国家航空战略大发展。

(作者为中国民航大学航空法律与政策研究中心副主任)

(2016年12月13日)

让个案公正推动法治进步

贺小荣

> 个案是一个时代的符号。最大限度地防止司法不公和冤错案件,需要在每一个个案裁判中捍卫公正、引领价值

日前,最高人民法院对"乔丹"商标争议行政纠纷系列案件公开宣判。这是近期经由最高法之手,又一起引发社会广泛关注的司法个案。

根据最高法判定,争议商标"乔丹"的注册损害迈克尔·乔丹在先姓名权,违反商标法,应予撤销,撤销一、二审判决,判令商标评审委员会重新裁定。法院同时认定拼音商标"QIAODAN"及"qiaodan"未损害乔丹姓名权。判决详细阐述了姓名权保护的理念、商标权与在先权利冲突处理的基本原则,外国人姓名权保护、姓名拼音保护的主要依据等基本问题,可以作为处理此类争议的范本。本案的判决结果,进一步树立了中国加强知识产权保护的国际形象,对于净化商标注册和使用环境,彰显诚实信用原则,平等保护中外产权人合法权益具有深远意义。

与抽象的法律条文和司法政策相比,个案的判决更能让公众认识司法、了解司法和信赖司法。近年来,备受社会关注的浙江张氏叔侄案、呼格吉勒图案、聂树斌案,勾勒出了一幅幅法治中国进步的生动图画,诠释了法治、人权、公正、秩序在依法治国背景下的价值互补和利益平衡。一个个鲜活的个案,就是一部部生动的法律教材。"去民之患,如除腹心之疾。"

无论是呼格吉勒图案中的真凶再现,还是聂树斌案件中的疑罪从无,再审改判之路的确并不平坦,其中既有诉讼程序和证明规则的技术性制约,更重要的还是我们在理念、态度和工作机制上尚有诸多值得反思和改进的地方。每一起冤错案件的纠正,都会成为人民群众认识法治、感受公正最好的素材。人民群众有理由相信,正义可能迟到,但正义绝不会缺席;只要依法纠错的程序不搁置,正义就永远不会休眠。

个案不仅能彰显法律的精神,更能展现司法的智慧。"乔丹"商标争议案的再审判决,反映了一个负责任的大国在保护知识产权方面的鲜明态度,也折射出全面依法治国背景下有法必依、有令必行、有禁必止的坚定信念。"计利当计天下利",面对中外当事人对"乔丹"商标注册行为的争议,中国法院坚守了公平正义的司法底线,弘扬了诚实守信的核心价值,亮明了平等保护中外产权的裁判理念。"乔丹"商标争议案的裁判结果告诉我们,有一个大国的胸怀,才能拥有一个充满创新活力的世界。

"天下之事,不难于立法,而难于法之必行。"聂树斌之母长达20多年的申诉之路,换来了一份沉甸甸的无罪判决。美国篮球明星乔丹在历经申请撤销、一审、二审等法定程序后,最终拿到了一份承载着公平正义的终局判决。这些再审改判的个案,实际上是中国全面推进依法治国、不断深化司法改革的必然成果。没有以审判为中心的诉讼制度改革,疑罪从无的理念就很难落地生根,聂树斌案件的纠正可能还需要漫长的等待。如果不能健全以公平为核心原则的产权保护制度,没有保护知识产权法治环境的进一步改善,没有建立公平竞争市场秩序的大国胸怀,中外平等保护就可能仅仅是写在纸上、挂在墙上的一句口号。

个案是一个时代的符号。最大限度地防止司法不公和冤错案件,需要在每一宗个案裁判中捍卫公正、引领价值,真正作出无愧于法律、无愧于人民、无愧于时代的判决,让一个个充满公正、智慧的判决,成为推动中国法治进步的重要力量。

(作者为最高人民法院审判委员会委员、行政审判庭庭长)

(2016年12月12日)

校园欺凌，不是"过分的玩笑"

方 塘

这个周末，无数人的手机被一篇题为"每对母子都是生死之交"的微信文章刷了屏。

"十年前的今天，我拼着命生下了儿子；十年前的今天，儿子拼着命来到我身边。每对母子都是这样拼着命才能相见，可是我却没有保护好他。"这样的文字让每一个为人父母者读来动容。虽然事情的具体细节还在核实，但校园欺凌的话题，再一次引发了社会的集中关注。

不久前，陕西省蓝田县一个初中女孩因被嫁祸"在其他宿舍偷钱"，留下字条后离家出走；16岁的福州永泰县东洋中学学生小黄遭同班同学围殴至脾脏严重出血……屡屡发生的校园欺凌事件，暴露出学校、老师、家长、孩子等各方面的应对和处理能力依然严重不足。的确，《关于防治中小学生欺凌和暴力的指导意见》发布刚一个多月，真正发挥作用还需要各方面认真消化落实。校园欺凌，决不只是一个"开过分了的玩笑"。目前可以说，事件的有效预防，事件发生时的及时、妥善处理，事件发生后的惩戒和科学教育，都还十分缺乏。学校及整个社会对于校园欺凌的危害性和应对方法，亟待在深层认知上提高。

校园欺凌事件中，对受害者的界定，是一个需要审慎打量的命题。

显见的自然是受欺凌者，如果长期生活在暴力的阴影下，受欺凌者会遭遇严重的心理创伤，而这种伤害如果不能得到及时的心理治疗和干预，

往往会延续至成年后,影响当事者一生的性格发展和身心健康。

然而容易被忽视的是,受害者还包括那些施暴者以及看起来与事件不直接相关的学生。规则和秩序对于社会组织的构建,对于人与人之间的相处至关重要。如果没有良好的规则与秩序,施暴者会变本加厉,本无意施暴的人也可能最终滑向另一端。换言之,校园欺凌事件中,其实没有旁观者,在自觉和不自觉中,每个人都会成为秩序构建的一部分。

这就需要教育主体,尤其是学校努力做到将学生放在教育的中心环节,用心关注每个学生的心理健康与品格养成。学校应当建立完善的校园欺凌预防、干预和处理机制,关注每个孩子的不寻常表现,做到事前早发现,尤其是纠正部分孩子"欺凌行为是可以容忍的""未成年人不需要担责"等错误认知,从源头上遏制校园暴力事件发生;事中及时处理,不让欺凌和暴力现象躲过各方视线;事后对施暴者进行必要的干预、惩戒和教育,促其行为转化。同时,要用心开展超越知识层面和技能层面的人文教育,开展有尊严、有温度、有质感的教育。

校园欺凌事件之所以成为频发的"世界性"社会问题,有其复杂的成因,干预的尺度也不易把握。这就更需要学校、家庭、社会各界以更为积极的态度承担起预防校园欺凌的责任。

一方面,从根本上认识到欺凌事件的深层次危害,及时干预任何欺凌和暴力行为,尤其不能纵容甚至包庇。另一方面,应该以让每一个孩子都成为更好的人为出发点,坚持宽容而不纵容的教育方向,给施暴者以改正的机会,特别防止"贴标签"的行为。同时,当事方的反应、媒体的事后报道,也要格外注意尺度和方式,避免校园暴力扩散成网络欺凌,给受害者带来二次伤害。

教育的实质,就是用心灵影响心灵。老师、家长与学生之间,从内心深处尊重彼此、珍视彼此,校园才会真正成为被美好和希望浸润的地方。

(2016年12月12日)

莫把中药当成一把草

王君平

> 确保优质优价,让老百姓吃上安全的放心药,还需要政府从产业政策上给予扶持,加快中药产业的供给侧改革

12月6日,我国首次发布《中国的中医药》白皮书,介绍中医药发展有关情况。在新闻发布会上,中药材价格暴涨成为关注焦点。

诚如发布会上所说,"中药材价格的上涨是一个客观的事实。"中国中药材价格指数显示,三七产地价格今年年初约为200元/千克,涨至400元/千克,涨幅达100%;五味子由53元/千克涨至140元/千克,涨幅达164%。

某种程度上,中药材价格普涨,不单是供需关系惹的"祸",而且是对过去价格"虚低"的补偿性上涨。2013年以来,中药材价格一直处于低迷状态。作为一种特殊的农产品,在价格普涨的大环境下,中药材应声上涨是正常的市场调节。但不容忽视的是非理性上涨,尤其是价格的大起大落。一边是"药你苦",药贱伤农,药农没法种;一边是"药你命",贵得离谱,患者吃不起。

中药材价格近年来上演"过山车"行情,暴露出价格监管的缺失。尽管中药材被当作"庄稼"来种,但没当庄稼管。特别是流通环节,处于农业、药监、物价"三不管"地带,缺乏职能部门有效监管。不少中间商从

药农手中低价收购，囤积居奇，当市场紧俏时，再高价抛售，哄抬药价从中渔利，坑害了药农的利益，加重了患者看病负担，还挖了医保的墙脚。

如此价格乱象，亟待建立中药材合理的价格形成机制。人们常说："药材好，药才好。"但目前的评价标准唯有效成分是举，这只能评价真伪，却无法评判优劣，容易导致"劣币驱除良币"。中药最讲道地性，同样的药材品种，生长在不同的地方、不同的气候环境下，其效果可能完全不同。以"浙八味"中的麦冬为例，三年一采、产量低、价格高、疗效好，可市场并不买账，不如其他产地疗效差价格低的麦冬好卖，结果是浙江种植的药农越来越少。坚持质量优先、道地栽培、价格合理，中药材价格形成机制回归到优质优价之路。与此同时，要推进全国中药材信息平台建设，避免"药种多了就是草"的全民种药的盲目性。

中医药素以简、便、验、廉而著称。好多人依然把中药当成一把草，认为不该卖那么贵。其实，中药材保护和发展仍然面临严峻挑战。由于土地资源减少、生态环境恶化，部分野生中药材资源流失、枯竭，中药材供应短缺的问题日益突出。药材资源紧缺濒危，贱卖中药提取物是重要原因。中国医药保健品进出口商会的统计数据显示，从 2012 年起，植物提取物出口额保持 20% 以上的增长。2015 年提取物出口额 21.63 亿美元，植物提取物已经超过中药出口额的一半。

中药可能毁于药，这绝不是危言耸听。把药贱卖成草的做法，付出的是物种灭绝、环境破坏的沉重代价。被列入中国珍稀濒危保护植物名录的药用植物已达 168 种。长此以往，中医药的发展可能陷入"无药可医"的绝境。《中药材保护和发展规划（2015—2020 年）》提出，中药材是中医药事业传承和发展的物质基础，是关系国计民生的战略性资源。中药材资源保护，不能再走低附加值、高消耗的老路。

当前，中医药振兴发展迎来历史性机遇。中药材价格回归理性，确保优质优价，让老百姓吃上安全的放心药，还需要政府从产业政策上给予扶持，加快中药产业的供给侧改革。坚持以发展促保护、以保护谋发展，依靠科技支撑，才能实现中药产业快速发展。

（2016 年 12 月 09 日）

贡献国际反腐的中国力量

杨永纯

> 中国推动国际反腐新秩序,是立足于中国腐败治理的成功经验和做法,将其作为参与国际反腐合作的主张加以彰显

12月9日是"国际反腐日"。近年来,中国的反腐行动通过国际合作等形式,展现出强大的国际影响力,成为当今世界"现象级"的政治实践。站在全球腐败治理的视角,推动反腐国际合作,需要积极建构中国反腐国际合作话语体系,让中国主张的国际反腐新秩序,为全球腐败治理做出贡献。

习近平主席曾多次谈及国际反腐败合作、海外追逃追赃等话题,彰显了中国积极参与国际反腐的坚定决心。今年11月,在我国反腐国际合作实施机构着力构建的国际追逃追赃网络有效震慑下,名列"红色通缉令"之首的杨秀珠,在外逃13年零7个月、辗转6个国家之后,最终选择投案自首;截至2016年9月,"天网行动"捕获外逃人员2210人……这些成绩和数据,雄辩地彰显出我国在构建国际反腐合作新格局中的特殊影响力。

事实上,自《联合国反腐败公约》在中国生效以来,我国一直致力于协调世界主要反腐参与方,力促对腐败本质、蔓延侵害、协同治理形成基本共识,构建国际反腐合作网络,消弭反腐合作中的各种分歧和制度差异、

地缘政治争端,从而基于共同遏制和全球治理的目标共识,取得了国际社会广泛认可。2016年G20杭州峰会《二十国集团反腐败追逃追赃高级原则》的一致通过、G20反腐败追逃追赃研究中心的成功设立、《二十国集团2017—2018年反腐败行动计划》的切实制定,以及此前亚太经合组织会议上《北京反腐宣言》的共同发布、反腐执法合作网络在中国的落户,无不体现了国际反腐参与方与中国进行制度协作的共同愿望。

作为崛起中的大国,中国在全球腐败治理中的影响越大,各方对中国的期待也越高。尤其是中国对全球腐败治理的深入参与,让一些境外观察者在赞赏之余,也产生了一些误解误读,比如认为中国参与全球腐败治理的目标图景并不明确,甚至基于意识形态偏见,认为中国反腐因自身政治特点会陷入"政治反腐"或"运动反腐",等等。对此,我们要以实际行动回应质疑,打消掉那些用"纸牌屋"打量中国的目光。与此同时,也需要从全球视野提炼中国风格的反腐话语体系、参与构建国际反腐新秩序。

中国推动国际反腐新秩序,是立足于中国腐败治理的成功经验和做法,将其作为参与国际反腐合作的主张加以彰显。通过国际话语平台建设,将廉洁中国建设的目标讲清楚,既能赢得更多的理解和支持,也使得中国参与全球腐败治理具有更广阔的方向意识。而中国主张的国际反腐新秩序,当以《联合国反腐败公约》为基础法律文件和国际法依据,倡导在政治上立定规则、相互尊重,确保各参与方作为平等成员参照基本国情和治理现实,独立自主地制定适合本国的腐败治理战略,避免构筑意识形态限制;在安全上要创设平台、促进信任,力促以对话和合作解决反腐理念分歧,避免架设制度障碍;在文化上要寻求共识、加强理解,提倡以相互借鉴为导向,避免文化形态歧视或文化传统冲突;在经济上应协同支持、相互支持,协力推进经济领域内的制度协同规则建立,保障参与方合理的利益追回和利益补偿。

"勠力同心,以治天下"。中国倡导的国际反腐新秩序正是以求同存异、凝聚共识为原则,以高瞻远瞩的政治眼光,维护建设廉洁国家的坚定立场。

(作者为中国廉政法制研究会副会长)

(2016年12月09日)

让广阔大地上的遗产活起来

张 贺

> 保护与利用并非水火不容,利用得好有助于保护,保护得好也会促进利用,二者完全可以彼此助益,形成正循环

因范仲淹的千古名篇《岳阳楼记》而在中国家喻户晓的湖南岳阳楼,最近再次成为社会关注的焦点。据报道,岳阳市政府正与外地投资者洽谈转让岳阳楼的经营权用于旅游开发。在不少人看来,岳阳市政府此举无疑是"崽卖爷田",不但可能导致岳阳楼在商业开发中受损,还可能伤害岳阳市民的情感。

类似的忧虑的确值得认真考虑。毕竟资本以逐利为目标,把岳阳楼这样国家重点文物保护单位的经营权拿出来进行旅游开发,确实可能让文物面临不可预测的风险。但问题的另一面是,文物不能只保护而不利用。文物一旦破坏就无法恢复,这决定了必须以保护为第一目标,开发利用永远要服从于保护而居于次要地位。但这不等于文物绝对不能或不应开发利用。事实上,保护与利用并非水火不容,利用得好有助于保护,保护得好也会促进利用,二者完全可以彼此助益,形成正循环。就岳阳楼而言,目前经营权转让"暂缓决策",正是为了在充分听取民意、广泛征求意见,在此基础上对风险做充分预估、对保护方案做科学论证,特别是对权责做清晰划分。只要安排到位,岳阳楼不但可以继续成为人们发思古之幽情的天下

名楼,更可以成为推动当地经济发展、改善民生的一大助力。

当前,我国文物工作所面临的一个现实问题是:文物资源数量的激增与保护能力的不足并存。简单说,好东西太多了,不加快开发利用的步伐,很多文物就难以得到妥善有效的保护。近年来,我国登记在册的文物资源总量就翻了一倍,其中不可移动文物从40多万处增长到76万余处,全国重点文物保护单位从2352处增长到4296处,馆藏文物从2000多万件增长到4000余万件。文物资源的增多意味着保护压力和保护成本的相应增加。"十二五"期间,为了保护文物,国家花了1400多亿元。即使这样,还有大批文物处于无监管、无保护的状态。近来,山西等地接连发生文物被盗案件,许多文物就是处于这种状态而被盗贼轻易得手的。同时,仅仅强调保护而不搞利用开发,许多文物就将因投入不足而难以展出,最终只能沉睡在各地文物局、考古队的库房里。在东北某省的一个地级市,因缺乏开发资金,有两万多件文物只能在仓库里"睡大觉"。"守着金山要饭吃"是许多文物资源富集地区的写照。

也许人们会问:既然这样,政府为何不加大投入?但问题是,文物资源丰富的地区往往是经济实力不够强的地区,比如中国地上文物最丰富的是山西省、地下文物最丰富的是陕西省,要让当地政府拿出大笔资金把所有文物都严格保护起来,不够现实。不仅中国如此,埃及这样的文物资源大国,也因为资金困难,除少数知名文物搞了旅游开发外,大量文物不是处于风吹日晒之下,就是堆在库房里落灰。相反,法国、意大利两国丰富的文物资源大都转变成旅游资源,每年吸引数千万游客,带来上千亿欧元的收入,当地的文物保护工作也因此受益。

文物保护不能为了保护而保护,而应该"在保护中发展,在发展中保护",让收藏在博物馆里的文物、陈列在广阔大地上的遗产、书写在古籍里的文字都活起来,让人民在亲眼欣赏和亲身游历中感知灿烂历史、认同文化传统。不能看见商业开发就一味地反对,"一棍子打死",而应该实事求是,从实际出发,鼓励合理利用、有序开发。

(2016年12月08日)

"刀刃向内",打造干净的纪检队伍

姜 洁

> 不仅要查处少数害群之马,还要通过创新组织制度强化自我监督,让广大纪检干部意识到"有权不可任性",形成不敢腐、不能腐、不想腐的氛围

一段时间以来,很多人都在问,纪委监督别人,谁来监督纪委?在日前的部分省(区)纪委书记座谈会上,中央领导同志态度鲜明地强调,要推动全面从严治党向纵深发展,纪委要以身作则,把监督执纪的权力关进制度的笼子。

对纪检干部来说,本身是去监督别人的,在过去很长一段时间内,都没有人敢去"得罪"他们,更不敢去监督,难免会产生"灯下黑"现象。湖南省常德市原市委常委、纪委书记彭晋镛在被查处后就坦承:"自己是搞纪检监督工作的,又是市纪委的一把手,没有人敢于监督我。"身边人想说不敢说,有意见不敢提,加上少数人素质不高,为了"图表现",从来不说"不"字,致使问题越来越严重。直到受到组织的查处,才让情况和问题暴露出来。

世界上没有谁天然就具有免疫力,纪检干部手中握有监督执纪的权力,如果不得到有效制约,这种权力一样可能会被滥用。从1995年开始担任湖南郴州市委副书记、市纪委书记的曾锦春,掌控当地纪检系统11

年,借"双规"等名义,从一些"不听话"的干部、私营企业主身上敛财达8000万元之多;金道铭曾长期在中央纪委工作,在担任山西省委常委、省纪委书记、省委副书记等职务时,却利用手中的权力,为他人在煤矿资源整合、职务晋升、纪检调查等事项上谋取利益,非法收受他人财物,共计折合人民币1.2亿余元;中央纪委原副局级纪律检查员、监察专员曹立新在调查山西交通窝案时曾试图"捞人",也是典型的滥用职务权力行为。

正因如此,党的十八大以来,习近平总书记要求,纪检监察机关要防止"灯下黑",严肃处理以案谋私、串通包庇、跑风漏气等突出问题,清理好门户,做到打铁还需自身硬。2014年3月,中央纪委成立了纪检监察干部监督室,加强对中央纪委监察部机关、各省区市、中央和国家机关纪检监察干部的执纪监督。党的十八大以来,中央纪委机关共处理38人,其中立案查处17人、组织调整21人,全国纪检监察系统共处分7200余人、谈话函询4500余人次、组织处理2100余人。这些数字充分体现了中央纪委坚决落实党中央要求,强化自我监督的决心和魄力。

"刀刃向内",不仅要查处少数害群之马,还要通过创新组织制度强化自我监督,让广大纪检干部意识到"有权不可任性",形成不敢腐、不能腐、不想腐的氛围。十八届六中全会通过的《中国共产党党内监督条例》第三十四条明确要求,"加强对纪律检查机关的监督。发现纪律检查机关及其工作人员有违反纪律问题的,必须严肃处理"。目前,中央纪委正在制定《中国共产党纪律检查机关监督执纪工作规则(试行)》,以监督执纪工作流程为主线,查找各环节的风险点,明确请示报告、线索处置、审查审理、涉案款物管理工作规程,建立审查过程录音录像、打听案情和说情干预登记备案等制度,不断健全内控机制,把监督执纪的权力关进制度的笼子。

规范权力运行,仅靠自我监督是不够的。中央纪委有关负责人在就《中国共产党党内监督条例》答记者问时表示,要坚持开门搞监督,增加工作透明度,去除神秘化,主动接受党内监督、社会监督、群众监督。畅通监督渠道,发挥新媒体、新技术作用,释放群众和媒体监督正能量,形成无处不在的监督网,对相关渠道反映的纪检干部问题,认真调查核实,不护短、不遮丑,是纪检机关权力受到严格约束的保障。在互联网时代,任何滥用

公权的行为都可能随时被暴露在聚光灯下。公开透明是最好的"防腐剂",我们期待着各级纪检机关把"信任不能代替监督"的理念体现在监督执纪问责的全过程,打造一支忠诚干净担当的干部队伍。

(2016年12月08日)

让志愿服务激发向善力量

张 凡

志愿服务活动不是一次的热心、一时的热闹,只有以制度化的组织、规范化的管理、科学化的运作护航,才能行稳致远

国家博物馆、首都博物馆等公共文化场所的义务讲解员们,今后将迎来更多的同行者。在12月5日"国际志愿者日"到来之际,中宣部、中央文明办等7部门印发《关于公共文化设施开展学雷锋志愿服务的实施意见》,就深入推进公共图书馆、博物馆等公共文化设施学雷锋志愿服务,提出了具体要求。《意见》的出台,对其他领域志愿服务活动的开展也具有一定的启示与指导意义。

公共图书馆、博物馆、纪念馆等公共文化设施,是最能体现一个国家和民族精神特征的场所。志愿者们通过热情和知识,通过讲解导览,可以在观众和展品之间搭建起一座精神桥梁,让收藏在深宫里的文物、陈列在广阔大地上的遗产、书写在古籍里的文字活起来。有位在中华世纪坛担任义务讲解员的退休老人说,一些从海外归来的参观者,在聆听讲解的过程中常常感动得两眼泪花。对他们来说,那些文物代表着中国,代表着绵延不断、灿若星汉的中国文化,在"大饱眼福"的同时,会油然而生一股充沛的爱国主义情感。也正是基于这种文化情感,越来越多的人选择到公共文化设施担当志愿者,其中有朝气蓬勃的大学生,也有西装革履的白领;

有白发苍苍的老者，也有十几岁的青少年……他们在贡献知识、服务社会的同时，也感受到了成就和满足。

包括文化志愿者在内的众多志愿服务活动，是公民参与社会活动的重要形式，也是现代文明社会的基本特征。某种程度上，这一无偿的公益性活动，代表着整个社会的文明水平，是奉献精神、利他主义的体现。在中国，这一群体近年来正在悄然壮大。据统计，截至去年底，中国的注册志愿者已经过亿。加上数量庞大的未注册志愿者，志愿者的总体数量已经蔚为可观。无论是救灾抢险还是扶弱助残，无论是文化传播还是环境保护、社区建设，在各个领域都可以看到志愿者的身影。可以说，志愿者精神是让社会产生凝聚力的有机力量，是抵御冷漠风气、抵抗"文明孤岛"的友爱之光。弘扬和鼓励志愿者精神，也因此成为社会建设的重要抓手。

需要看到，让志愿者精神持续闪光，不能仅靠人们自发的善念和善举，而应该依靠各方合力和制度保障。这也是此次《意见》和此前志愿服务条例的重要出发点。志愿者的确不图物质回报，但他人的认可、社会的归属感或许更为重要。这就需要建立有效的激励机制和保障机制，不仅让志愿者感到光荣，更让他们无后顾之忧。比如，有些地方为志愿者提供安全、医疗、交通、通信等保障，并开展相关的知识和技能培训，还有些地方加强对志愿者行为的认定、鼓励和支持，让志愿者获得更多认同感，等等。总而言之，志愿服务活动不是一次的热心、一时的热闹，只有以制度化的组织、规范化的管理、科学化的运作护航，才能行稳致远。

如果说文化场所的学雷锋志愿服务活动，是传承和弘扬中华民族优秀传统文化的窗口，那么整个志愿服务事业，则属于治理体系现代化的重要补充。发挥好、涵养好志愿者精神，才能使这份友爱之光照亮周遭，让人们在感受到志愿者服务的同时，激发整个社会向上向善、诚信互助的社会风尚。

（2016年12月07日）

让健康保护伞"密不透风"

王君平

  杜绝有限的医保资金跑、冒、滴、漏,需要借助互联网实现精细化管理,构筑统一高效的监管之网,从源头上堵住监管漏洞

  日前,央视记者调查发现,在北京各大三甲医院门口,出现了代开医疗发票的票贩子。提供一张身份证复印件,不看病也能在一天内做出全套假材料。让人吃惊的是,这些报销材料以假乱真,一些监管机构都无法发现其中的破绽。

  近年来,医保骗保屡见不鲜,不乏因此获刑者:陕西省安塞县4个尿毒症家庭的成员,因无力承担巨额治疗费用,铤而走险,购买假发票骗取住院费用补助共计43万元,6人被判处3年至5年5个月不等的有期徒刑。被称为"最凄美北京爱情故事"的主人公廖某,为了给身患尿毒症的妻子做透析,涉嫌伪造医院收费单据,骗取北京医院医疗费17.2万余元……

  无论是"走投无路"的骗保,还是恶意的套现,都或多或少暴露出医保监管的漏洞。新医改实施以来,我国全民医保基本实现了全覆盖,为所有人撑起了健康"保护伞"。去年全国卫生总费用占GDP百分比为6.0%,人均卫生总费用2952元。过快的医疗消费水平上涨,既加重了患者的医疗费用负担,也给医保基金的收支平衡带来很大压力。不少地区医保当期收不抵支,累计结余出现赤字。与此同时,去年全国医疗卫生总诊疗人次

77亿人次，入院人数2.1亿人。如此海量医保数据，只靠人工全程监管，有点心有余而力不足。

异地医保骗保容易得逞，一个重要原因在于医保监管缺乏统一的平台。我国医疗保险实行属地化管理原则，各自为政，有点像信息的"孤岛"。要让每一笔医疗消费都可查询可追溯，需要拆掉全国医保的围墙，打通省内结算的渠道，让异地医保互联互通。为此，今年出台的《全国新型农村合作医疗异地就医联网结报实施方案》要求，在完善国家和省级平台基础上，加快建立全国新农合异地就医信息系统，使其具备转诊、结算等管理功能。织密健康"安全网"，杜绝有限的医保资金跑、冒、滴、漏，需要借助互联网实现精细化管理，构筑统一高效的监管之网，从源头上堵住监管漏洞。

医保报销的公开透明程序，还有待结算流程的变革。医保报销结算是患者先垫付后结算，出院结算时要支付全部费用，然后由经办机构审核票据来报销。《全国新型农村合作医疗异地就医联网结报实施方案》规定，患者异地看病只支付自付金额，其他结算资金由医疗机构结算处理。如此变革，患者不用垫付医疗费用，不用去报销费用，由外部结算改为内部结算，不只是减轻看病负担，重要的是让医保资金封闭运行，从制度上压缩骗保玩猫儿腻的空间。

在今年健康时报社举办的一次活动中，北京儿童医院神经内科副主任王晓飞说了一番令人深思的话：他每天门诊要接待20多个患者，其中1/3是看完片子等着医生说"没事儿，回家吧"；1/3是在省市级医院就能够治疗，不需要来北京的；最后1/3才是应该来的。当前许多异地医保骗保，钻的都是大家爱上"大医院"的空子。着力推进基本医疗卫生制度建设，努力在分级诊疗制度建设上取得突破，补齐基层医务人员水平的短板，不仅可以让患者在家门口方便地看病，对堵塞异地医保漏洞更有釜底抽薪之效。

（2016年12月06日）

以现代治理敦风化俗

刘成友

> 对转型期的中国而言,移风易俗应与基层治理、社会治理有机结合起来,从构建新的文化环境的角度在更高层次上予以考虑

古人讲,习俗移志,安久移质。人文风俗无论好坏,都有不可忽视的影响。群众喜欢什么,反对什么,都可以从中看出一些端倪。对推进社会治理和文明现代化而言,移风易俗无疑是重要的一环。日前,中宣部、中央文明办召开推动移风易俗树立文明乡风电视电话会议,把反对铺张浪费、反对婚丧大操大办作为农村精神文明建设的重要内容,这有很强的现实针对性。

中国长期是一个人情礼法社会,婚丧嫁娶、生儿育女、养老送终等民风习俗,看上去只是日常生活中的一些仪式和习惯,却对百姓具有重要的精神价值,也在社会发展中扮演着重要角色。然而,根植于传统农业社会的那些风俗,并未随着现代社会的转型而自然升级,而是作为一股习惯力量发挥着复杂的作用,亟待以社会主义核心价值观和现代治理文化予以重塑。

人文风俗背后,一般都有一些约定俗成的价值观在支撑,但更重要的是,它经历了一个融入社会生活的过程。因此,移风易俗,要以正确、健康的价值观去打败错误、低俗的价值观,但这个过程必须以人民群众认可

的方式去推进。习近平总书记强调:"一种价值观要真正发挥作用,必须融入社会生活,让人们在实践中感知它、领悟它。"把握好这一对关系,移风易俗才不至于变成一厢情愿。

比如,随着经济发展、生活改善,婚丧嫁娶讲排场、比阔气的风气,在一些地方又有所抬头:生子、当兵、升学等,都要大操大办;结婚彩礼要"万紫千红一片绿"(一万张5元,一千张100元,以及50元钞票若干)、要"一动不动"(一辆汽车一套房)等,讲究越来越多。这种物质生活丰盈之后带来的不良风气回潮,其实是因为新时代的生活规范尚未形成,被旧有的恶风陋俗钻了空子。许多群众也苦不堪言,只不过囿于传统习俗和人情世故,难以挣脱。像这样早已与时代脱节,变了味、走了样的习俗,以及一些迷信化、低俗化的风气,既不符合现代文明,也并非人们内心真正的向往,就应该以更坚决的态度反对,而不能被"纸老虎"吓住。

当然,这不等于一简了之、一禁了之,而是以可行的新风俗取而代之。比如近年来,山东大力推进喜事新办、丧事简办、厚养薄葬,在农村普遍建立红白理事会,取缔"二次装棺"、庸俗表演和吹鼓手,一些吹鼓手转而加入或组织庄户剧团,丰富农村文化生活去了。有的农民说,过去一家有喜事,全村忙活,表面风光、内心叫苦;现在随礼不坐席,随礼最多50元。个别村坚持"一元礼",更是带了个好头。一位基层干部说,一开始感觉千百年来形成的风俗习惯改变起来很难,但只要有人领头顶住闲言碎语,群众的支持度超出了基层干部的想象,说明匹配现代生活方式的习俗文明乃是人心所向。

社会治理一定程度上是人心治理,制度对人产生刚性约束,文化调适人的心灵和精神。对转型期的中国而言,移风易俗应与基层治理、社会治理有机结合起来,从构建新的文化环境的角度在更高层次上予以考虑。只有构建一个更健康、更文明、更现代的文化环境,才能树立健康的价值观,抵御低俗之风,让人民群众在良风善俗中实现对美好生活的向往。

(2016年12月06日)

守好法治的前哨

叶竹盛

> 站在执法一线的警察是法治的前哨,通过每一起或大或小的执法案件,代表着法治在"街头巷尾"的形象

就在第三个"国家宪法日"前夕,公安部发布了《中华人民共和国人民警察法》(修订草案稿),征求社会公众意见。相较仅有52条的现行警察法,草案内容大幅增加,达109条。制定于1995年的警察法,在2012年已经修订过一次。时隔4年又提出大修,足见党的十八大以来全面依法治国背景下,依法治警、从严治警在制度建设上步入快车道。

执法是法治的重要环节,警察执法效果如何,直接影响人民群众心目中的法治形象。习近平总书记提出,要努力让人民群众在每一个司法案件中都感受到公平正义。这是司法改革的应有之义。今年9月,中共中央办公厅、国务院办公厅印发《关于深化公安执法规范化建设的意见》,文件提出,努力让人民群众在每一项执法活动、每一起案件办理中都能感受到社会公平正义。

如果说司法是法治的殿堂,是在肃穆的法庭上以冷静和理性寻求公平正义,那么站在执法一线的警察则是法治的前哨,通过每一起或大或小的执法案件,代表着法治在"街头巷尾"的形象。相对于居殿堂之高的司法,人民群众对公安执法的感受更深,因为"街头巷尾"才是他们最常与法律

相遇的地方。一些人可能从未进过法院，但或多或少都与警察打过交道。所以，警察执法所体现出的"街头法治"形象，实际上更容易影响人民群众对法治的感知。

正因为警察执法在法治建设中的重要性，此次的警察法草案稿更加强调规范和监督警察的行为，用了1/4篇幅规定了警察在履行职责中的规范。需要看到，近年来，在"警察踩头发事件"等案例中，少数警察因执法不规范引发公众质疑，乃至引发舆论漩涡，给法治形象造成了伤害。草案稿将规范和监督警察职责作为立法宗旨，可以说切中肯綮。执法规范化就是执法的自我约束。这并不意味着削弱执法力量，相反，就像只有最自律的军队才具有最强的战斗力一样，只有执法最规范、最自律的执法队伍，才能提升权威和公信力。具有权威和公信的执法力量，执法时往往事半功倍。

警察自律解决的不止是"乱作为"、滥用权力的问题，也包括如何防止警察不作为的问题。执法自律不是"畏缩执法"，冷静执法更不是"冷眼旁观"，警察"不作为"，和"乱作为"一样会损害自身公信力。因此，草案稿将现行法律第二章和第三章分别规定的"职权""义务和纪律"合并为一章，统一规定为"职责与权力"。这种调整体现了警察权力和职责之间不可割裂的关系。对于警察来说，权力与职责是一体的。积极行使权力，履行法定职责，就是警察的内在职责。如果只将执法权理解为专断权力，则可能导致任意执法；如果只将执法权理解为义务负担，则可能懈怠执法。权力与职责相统一的警察执法形象，应该是不卑不亢、合理合法、积极规范地处置每一起案件。

世界上其他国家和地区的法治发展经验揭示，规范警察权力，树立"街头法治"形象，是构建法治大厦关键而艰难的一步。在"国家宪法日"到来之际，我们既要重视一部部里程碑式的立法、一件件突破性的司法案件，借此搭建起中国法治大厦的框架，同时也不可忽视"街头巷尾"的法治"踏脚石"。公正严明的警察执法，是通往法治中国的"关键一公里"。

（作者为华南理工大学法学院教授）

（2016年12月05日）

抗击艾滋病，我们在一起

陈 凌

> 艾滋病本来就与职业、身份、文化程度没有任何关系，抗艾不仅有赖于医学的进步，更需要人心的成长

跟街头"求抱"的艾滋病患者真情拥抱，上下班路上传递代表爱心的红丝带，在祝福板上写下温馨的祝福话语……第二十九个"世界艾滋病日"来临之际，从校园到社区，从商场到公园，人们以这些温暖的方式，表达着"携手防艾"的共同心愿。

艾滋病是人类共同的敌人。就在不久前，联合国艾滋病规划署发布报告称，全球约1820万艾滋病病毒感染者接受了抗逆转录病毒药物治疗，获得这一"救命疗法"的患者人数较五年前翻了一番。而在中国，艾滋病防治工作也在不断"提速"，不仅基本阻断了经输血传播的路径，还有效控制了经注射吸毒和母婴传播，病死率明显降低。药物技术的创新，防治网络的完善，让人们看到抗击艾滋病的胜利曙光。

尽管形势向好，防艾抗艾依然容不得半点懈怠。迄今为止，我们仍没有可以根治艾滋病的特效药物，也没有可以用于预防的有效疫苗，艾滋病流行形势依然严峻。据统计，截至2015年底，我国每1万人中就有6人"染艾"，而且仍有32.1%的感染者未被发现。有人警告，如果把抗艾形容为一个瓶子，那么现在这个瓶子只装了半瓶水，还有一半没有装满。

要想把剩下的半个瓶子装满，不仅有赖于医学的进步，更需要人心的成长。前些年，有一部以艾滋病为主题的电影《最爱》，影片中得了"热病"的男主人公想帮路人捡起掉在地上的东西，却把对方吓得落荒而逃。路人的举动，形象地描绘出横亘在人们心中的那堵"隔离之墙"。曾有人问艾滋病感染者，最怕的是什么？他们的回答是身份暴露，原因在于"怕被歧视"。这些年来，尽管反对歧视艾滋病患者的声音从未减弱，但在现实生活中，"异样的打量"并未离我们远去，许多患者依然生活在歧视的"目光之城"中。

艾滋病并不可怕，可怕的是人们的无知和冷漠。人都有恐惧的本能，艾滋病的较长潜伏期，以及不可治愈性，更是容易加剧人们普遍的恐惧心理。然而，由无知而产生恐惧，由恐惧而"妖魔化"艾滋病、歧视艾滋病患者，不仅没有必要，更不应该。医学理论和实践早就证实，艾滋病的传播途径只有三种，与艾滋病患者握手拥抱、语言交谈、一起吃饭等日常行为，都不会感染艾滋病。更何况，艾滋病本来就与职业、身份、文化程度没有任何关系。正如一位志愿者所言，"他们和我们一样，就是生病了"。抛开成见，走近他们，更会发现，他们身上同样有着独特的光芒和生命的尊严。

有句话说得好，"我们无法背着你走过沙漠，但会一直扶着你，看你走下去。"艾滋病毒是我们的敌人，但是艾滋病人是我们的朋友。与人类发现艾滋病时间几乎相等的，是美国一位名叫约瑟夫·迈纳·希尔的艾滋病感染者的抗艾史。有医生总结，约瑟夫能坚持抗艾，一个很大的动力，就来自于身边人不断给予的精神支持。"'艾'与被爱，连着一条红丝带"。在某种意义上，给予艾滋病患者基本的尊重、理解和包容，恰恰能够激发他们对抗病魔的信心、鼓起生命的风帆。

有这样一则公益广告，几名艾滋病感染儿童面带笑容，对着镜头缓缓说出，"我们"。短短30秒，没有太多的言语，一句"我们"，却足以道出他们对"没有歧视，我们在一起"的殷切希望。打破心中壁垒，消除社会隔阂，在抗击艾滋病的路上携手而行，我们才能共同赢得一个更美好的未来。

（2016年12月02日）

辅警之"辅",应清晰定义

张 洋

> 把辅警队伍理"清",将辅警作用进一步扶"正",恰恰是更好发挥辅警之"辅"作用的关键

近年来,以"临时工"面目出现的辅警,经常会因不当执法成为社会舆论一时热点,关于他们身份定位、工资待遇、执法权责的争论层出不穷。国务院办公厅日前印发的《关于规范公安机关警务辅助人员管理工作的意见》,四部门负责人跟进作出权威解读,对长期以来的社会关切作了一次较为全面的回应,为辅警队伍的建设和管理提供了权威指南。

辅警的现实状态,通过社会的矛盾心态反映出来。在很多地方,辅警数量远高于民警数量,是维护社会治安、打击违法犯罪的一支重要辅助力量。但是出了问题,"辅警"往往又从警察的"好帮手"变成了"替罪羊"。前不久,湖南长沙一名民警陪朋友看病时跟人冲突,派出所的辅警出勤到现场,却被民警辱骂"没用",正说明了辅警地位的尴尬。

定位不清晰,社会公众的态度也就有些飘忽不定。一方面,老百姓都会认为辅警就是警察,应该以警察的标准来要求;另一方面,一些人一旦自己的某些行为被辅警依法制止,往往又会质问辅警的执法权限,不配合、不重视的现象时有发生。

辅警的内心就更加矛盾复杂了。从事着与警务相关的职业,却又不是

警察的身份；违法犯罪发生时，要像警察一样义不容辞地冲锋在前，却没有执法权、侦查权等警察职权……很多辅警表示，他们总有一种师出无名的尴尬。再加上工资待遇、职业发展、执法环境等因素，愈发对自己的职业缺乏热情。

细细琢磨，问题的症结恐怕就在于一个"辅"字。它给人的感觉往往是非正式的、临时的、有必要却又不那么重要的。辅警确实有辅助之意，但这主要是一种工作称谓。本质上，辅警是一种因社会治安管理需求而衍生出来的职业，是一份为社会和谐稳定作出积极贡献的职业。和包括警察在内的其他社会职业一样，他们的辛勤劳动是值得尊重的，应当得到相应的职业保障和社会认同。此次《意见》的一个重要方面，就是要着力解决辅警的法律地位不明、职责权限不清、职业保障偏低、管理使用不规范等问题，就是要通过一系列的制度安排为辅警正名。

当然，并非每一次执法事件中，辅警都是"替罪羊"，很多时候他们也真是肇事者。辅之为辅，一个最起码要求是不帮倒忙，不给公安队伍形象抹黑，不给社会治安稳定添乱。在为辅警正名的同时，亟须加强对辅警的严格管理规范使用。此次《意见》明确提出"四个进一步"，即进一步严把入口、进一步严明纪律、进一步落实责任、进一步清理规范，这实际上传递出一个明确信号：要想得到别人尊重，首先要管好自己。作为辅警，保持职业操守、严格依法执勤就是赢得尊重、赢得信任的底线。

辅之为辅，意味着并非大包大揽，而是有所为有所不为。长期以来，辅警执勤有很多模糊地带，这也是很多执法事件及其处理结果备受争议的症结所在。就在《意见》印发的前一天，有媒体还刊登了一则题为《交管回应"辅警贴条"》的报道，大体内容是针对市民关于辅警是否可以贴罚条的质疑，争论激烈。直到当地交管部门出来，详细介绍了交通违法处置中，哪些该由交警亲自办理，哪些可以交给辅警协助办理，质疑才得到澄清。把辅警队伍理"清"，将辅警作用进一步扶"正"，恰恰是更好发挥辅警之"辅"作用的关键。未来类似的争议可能还会发生，但随着《意见》的贯彻落实，随着全面排查和清理整顿的推进，警务辅助人员管理一定会迈向制度化、规范化、法治化。

（2016 年 12 月 01 日）

人人搞"搬运",谁来做原创

胡海升

最近,热播古装剧《锦绣未央》的原著小说被曝出涉嫌抄袭200余部网络小说作品,令舆论一片哗然。尽管是否构成侵权,还需要从法律专业角度进一步认定,但如今的网络文学创作抄袭成风,甚至有些读者和圈内人士已经将此视为潜规则,见怪不怪,却已是不争的事实。

近年来网络小说越来越火,关键原因就在于情节"虐心",一环套一环,环环相扣。而对于作者来说,所有好看的"哏"几乎都用遍了,要想设计出观众喜欢的新颖情节,需要更勤奋的思考、更巧妙的构思。但许多网络小说就像流水线产品,追求的是写作速度快、创作成本低。只要符合观众口味,东拼西凑不择手段,抄袭成了快速致富的门道。由此生产的作品,内容高度程式化,噱头有余却新意不足,缺乏创造力。

从行业整体看,抄袭为不法者带来短期利益,却对网络文学的长期发展产生消极影响。如果抄袭就能赚钱,谁还会认认真真伏案写作?如果雷同也能赢得声誉,谁还会苦心孤诣构思情节?更重要的是,一旦风气受到污染,首先腐蚀的就是年轻作者的成长环境,消耗的将是整个行业的未来前景。

"问渠那得清如许,为有源头活水来",复制粘贴显然难以持续,唯有原创才是网络作品的源头活水。然而抵制抄袭、拒绝雷同谈何容易。时下最令人担忧的是,网络小说的抄袭已超越了大段摘录、整篇复制的传统模式，在互联网、大数据的技术支持下变得更加隐蔽，甚至巧妙规避了知识产权法律的禁止性规定。比如网上流传的一些抄袭软件，可以将大量文章切碎、打乱后重新排列，组成一篇新的文章，既不易觉察，也很难将其归入侵权的范畴。

同时，知识产权的维权成本依然较高。2014年开庭审理的琼瑶诉于正抄袭一案，尽管最终原作者胜诉，捍卫了自身权益，但诉讼耗时19个月，前后花费了不菲的诉讼费用，还要承担败诉的风险。如此维权，一般草根作者难堪重负，面对侵权只能叹息。

而反观网络作品侵权成本却很低廉。被侵权者要经过漫长的申诉程序，即使最后胜诉，对于侵权者一方来说，钱赚够了，名赚足了，赔偿数额不过是所得收益的九牛一毛，违法逾矩自然在所不惜。由此观之，我国对著作权特别是网络作品版权的保护，依然任重而道远。

互联网为文学作品的传播提供了开放的平台，聚集了热情的读者，也塑造了新的商业模式和赢利空间。但无论时代如何改变、技术如何进步，精彩的原创内容才是文学作品亘古不变的主题，也应该在新的利益链中占据主导地位。如何在互联网时代守住这份初心，抵御不良诱惑，促进网络文学的繁荣发展，是一道有待我们精细作答的考题

（2016年11月30日）

靠什么击碎"健康谣言"

吕晓勋

> 放大主流健康媒体的"高品质"声音,锲而不舍地普及科学知识,全民健康素养的"水位"才有可能节节升高

声称有"癌症预防研究所"公布抗癌防癌蔬菜排行榜,"国务院防癌办"建议网友转发,事实上国务院根本没有这个机构;因为网上谣传"柿子有毒",导致不少地方刚成熟的柿子鲜有人问津,只能低价销售……近日,《生命时报》梳理今年以来有关健康的网络谣言,指出健康知识传播、普及过程中存在的种种问题,引发舆论广泛关注。

信息爆炸时代,获取信息变得异常简单。丰富认知的同时,也对我们甄别信息真伪的能力提出了挑战。统计显示,微信用户平均每天在微信平台上阅读5.86篇文章,排名第二的就是健康养生类文章。很多人可能会有这样的经历:微信群、朋友圈中,时常有热心的亲戚朋友,乐于分享"致癌提醒""养生信息""民间偏方"等链接,有些内容令人震惊甚至耸人听闻。他们往往忽视对信息真实性的查证,只是想当然地分享"转需(转给需要的人)"。看似在帮助他人,其实是为谣言的传播提供了便利。媒体从业者当然要恪守职业操守,严把新闻审核关,可在自媒体兴盛的时代,我们作为一般受众,又该如何做一个负责任的健康知识传播者呢?

健康是人人关心的问题,也正因如此,健康信息有利可图,一些人鱼

目混珠,钻的就是大家健康素养不高的空子。比如有人冒充专家,以"免费"作诱饵,借"权威"博信任,靠做讲座来卖产品,专门坑骗老年人;或者只是学了点皮毛,就频繁上电视、开专栏,宣扬各种偏方,不仅浪费患者钱财,也耽误了他们看病治疗的最佳时机。凡此种种,如果仔细推敲,并不难发现其中的常识错误和逻辑漏洞。但一而再、再而三地有人上当受骗,除了自身警惕性较差外,也暴露出健康素养方面的短板。

不可否认,相比过去,中国人的健康素养提高了不少,但从总体来看,据卫计委数据显示,每100个15—69岁的人中,仅有不足10人具备基本健康素养,整体水平仍然较低。前几天发生的一起伤医事件,起因居然是患者强迫医生按照百度上查询的结果治疗被拒。要想彻底走出健康焦虑,当好自己和家人的"保健医生",需要尊重科学、具备一定的科学素养。

"一个人健康素养的高低不在于他知道多少,而在于他能否根据自身健康需要,主动寻找并正确判断相关信息,改变自己的生活方式。"当然,这样说并不是逼着每个人都去当火眼金睛的专家。健康知识的积累、健康意识的培养,不仅需要个人的努力,更需要来自政府、社会的合力。从2011年日本福岛核泄漏事件后,中国部分城市发生抢盐风波,到2013年出现人感染H7N9禽流感病例,鲜有人敢吃鸡肉,面对各种似是而非的小道消息,"宁可信其有,不可信其无"一直是不少人的首选策略。其中很重要的一个原因,在于他们并不知道谁能提供最及时、权威的说明解释。从这个意义上说,打消疑惑、安定人心的关键,是最大程度消除信息的不对称。政府部门和权威机构有义务用通俗的表达方式、灵活的沟通手段,多渠道公布信息,帮助公众增强对谣言的辨别能力,进而全面提升健康认知水平。

人们常说,造谣一张嘴,真相跑断腿。不让谣言有可乘之机,就得让真相始终跑在谣言的前面。最近,上海一位医生出于好奇,进入网络直播间与网友们面对面聊天。从治病到养生,有问必答,短短1小时内收获数万点赞。这样的健康科普,既能体现传授者的价值,又方便观众观看学习,谁不喜欢?放大主流健康媒体的"高品质"声音,锲而不舍地普及科学知识,全民健康素养的"水位"才有可能节节升高

(2016年11月28日)

把对童工的同情化为帮助

毕诗成

对于童工问题必须在更高的视野中,从根源处入手求解

近日,江苏"常熟童工"的视频引发强烈关注。对此,舆论场上出现了两种不同的声音:一种声音认为雇佣童工绝对不能被文明社会所容忍,这完全是老板无良与监管缺位的结果,必须把这些孩子解救出来,送回父母身边;另一种声音则认为,不能简单站在道德高地谴责,把他们撵回家生活更苦,"送回去肯定还要出来""出来打工起码有肉吃"。

前者批评后者是盲目妥协,后者指责前者是情怀泛滥,观点虽然不同,但爱憎都是分明的,出发点都是良善的,归结到一点:到底怎么做,才是对这些可怜孩子的真正救助?停留在道德谴责与法律处罚,自然远远不够。不解决根源问题,摁下葫芦还会起来瓢,童工现象难免会反复出现。那么,我们究竟怎样才能做到既治标又治本呢?

童工现象背后的东西,远比我们看到的要深刻和复杂。近30年来,中国出台了很多保护少年儿童权益的法律,"童工非法"已深入人心。但另一方面,"到发达地区去谋一碗饭",在很多贫寒子弟眼里,就是为了摆脱贫穷的努力,少上点学早打点工,被认为是"懂事""顾家"的选择。在对廉价童工的地下需求面前,众多留守儿童、失学儿童不自主地成了"供给"。据常熟市官方透露,当地5年内因违法使用童工被查处的案件超过

100起,涉事企业违法使用童工超过200人次。这样的现象在珠三角、长三角地区,恐非独有。除了出现一起查处一起外,把孩子送回家后,谁给饭吃、谁给学上,都是需要下力气解决的问题。

孤立谈论非法童工问题,就如同一棵大树枝叶枯黄,揪着哪根枝叶都难寻病根,必须在更高的视野中,从根源处入手求解。比如当下正在大力推进的精准扶贫,就是一条从根本上解决问题的出路。通过系统性协同,实施基础性救济、制度性保障、结构性安排,才是对这个群体的有力救助。

对于地方政府来讲,消除绝对贫困,步伐需要再快一些;地方财政优先保障教育投入,需要更多的动力与监督,贫困地区甚至不能仅满足于GDP4%的底线目标;九年义务教育,光有学校还不行,提升乡村教育水平,才能释放出更多的希望;职业技术教育不能走过场,需要更普惠化、大众化,水平再高一些,教学再"有用"一些,让家长们感受到上学的"好处";社会救助系统理应做好兜底性的教育服务,调动更多社会慈善力量参与进来;消除童工界定的模糊地带,对于保姆、家政、学徒、演艺等领域有清楚的界定……这些工作看起来很庞杂,却是中国社会发展绕不过去的命题,也是各级政府应该做好的分内工作。

中国发展到今天,没有什么矛盾是可以轻轻松松就解决的了,只有勇敢地直面像童工这样冲击社会底线的问题,才可能一步一步逼近最佳答案。我们没有理由面对个体童工怜悯泪流,面对一个庞大群体却冷淡了、麻木了。多方努力才能汇聚成合力。现在需要的,就是体制性同情,结构性救助,协同性作战。每个部门都把自己该做的那部分做好,才能将全社会方方面面的关爱汇聚成同心改变命运的力量。

(2016年11月25日)

健康路上,一个都不能少

白剑峰

> 健康既是一种权利,也是一种责任。维护健康不仅是政府的责任,也是个人的责任

11月21日,第九届全球健康促进大会召开的第一天,就讨论通过了《2030可持续发展中的健康促进上海宣言》。与会者达成共识:健康作为一项普遍权利,是日常生活的基本资源,是所有国家共享的社会目标和政治优先策略。联合国可持续发展目标,也确立了投资健康、确保全民健康覆盖、减少所有年龄段人群健康不公平现象的义务。

"小康小康,一场大病都泡汤"。对于个人来说,健康是幸福之源。拥有健康,不一定拥有幸福;失去健康,必然失去幸福。对于国家来说,健康是强盛之基。拥有健康的人民,意味着拥有更强大的综合国力和可持续发展能力。当前,我国仍然面临多重疾病威胁并存、多种健康影响因素交织的复杂局面。单靠经济增长,并不能确保健康水平的提高。因此,让人人享有健康,是实现全面小康的必由之路。

让人人享有健康,必须维护健康公平,关注重点人群,致力于解决最脆弱群体的健康问题。在健康维度上,妇女、儿童、老年人、残疾人、流动人口、低收入人群等都是弱势群体,需要重点呵护,给予全方位、全周期的健康服务。如果要做到"一个都不能少",就应在公共政策制定实施

中向健康倾斜,在财政投入上着力保障健康需求,努力为全体人民提供基本卫生与健康服务。同时,实施健康扶贫工程,切实解决因病致贫返贫问题。在健康问题上,政府应主动承担责任,采取果断行动,不让任何一个群体掉队。

让人人享有健康,必须将健康融入所有政策,人人共建共享。健康是发展的根本目的,也是全体人民的共同追求。把健康融入所有政策,必须从健康影响因素的广泛性、社会性、整体性出发,更加强调政府统筹协调的责任,更加强调跨部门行动。任何一项公共决策,都要系统地考虑给健康带来的影响,最大限度避免健康损害,从而达到改善人群健康及健康公平的目的。

例如,肥胖是一个严重的公共卫生问题,各部门可以采取联合行动:对含糖饮料征税;帮助家庭制定和实施健康膳食计划;在餐馆、饭店推行健康饮食套餐;提高蔬菜、水果、低脂食品的生产和供应能力;限制"垃圾食品"行业发展;改善公共体育设施;增加自行车道和步行道;加大公园绿地和健康步行道建设;倡导绿色出行等等。这正如世界卫生组织总干事陈冯富珍所说:"儿童肥胖是整个社会的过错,而不是孩子们的过错。"健康不是卫生部门的"独角戏",而是跨部门的"联合演出"。只有来一场"社会总动员",形成政府、机构、个人共同发力的治理格局,才能赢得最终胜利。

让人人享有健康,必须强化个人健康意识和责任,提高全民健康素养。健康既是一种权利,也是一种责任。维护健康不仅是政府的责任,也是个人的责任。每个人是自己健康的第一责任人。看病可以交给医生,但拥有健康不能完全依赖医生。在健康影响的因素中,行为和生活方式占60%。只有树立正确的健康观,筑牢"合理膳食、适量运动、戒烟限酒、心理平衡"的健康基石,把健康的"钥匙"握在自己手里,才能实现"我的健康我做主"。目前,我国居民的健康素养水平偏低,健康危险因素广泛存在。从长远看,加强健康教育,提高全民健康素养,倡导健康文明的生活方式,是提高全民健康水平最根本、最经济、最有效的措施之一。

第九届全球健康促进大会即将落幕,但人民对健康的追求永不落幕。让我们共同约定:健康路上,你我同行,一个都不能少。

(2016年11月24日)

"全面从严治党"带给世界新思考

胡泽曦

> 世界聚焦中国共产党正风反腐,其中缘由除了中国的国际影响力,也不乏对自身问题的观照

最近几天,一段从外部视角观察中国共产党正风反腐的英文视频迅速走红。短片中,很多国家的政党领导,高度评价了中共从严治党取得的积极成效。在纷繁变化的国际政治局势中,执政党如何加强自身治理?中国共产党的实践为这个世界性命题提供了一个强有力的参考。

任何一种权力安排方式,都可能会因权力限制和制衡不当而引发腐败问题。世界聚焦中国共产党正风反腐,其中缘由除了中国的国际影响力,也不乏对自身问题的观照。看一看过去这些天的国际新闻,腐败问题的全球性显露得很清楚:俄罗斯拿下涉嫌受贿的经济发展部长,印度为打击腐败、"黑钱"取消大额纸币,韩国检方以涉嫌向各大企业施压索捐巨额资金为由起诉"亲信门"首犯……美国学者福山日前在《外交》杂志撰文指出,特朗普竞选过程充分利用了民众对华盛顿政治献金的不满,但如果其解决问题的手段只是靠他自己——"他太有钱了",真正解决"美国式"腐败几乎无从谈起。从此类现实看,世界关注中共从严治党新实践,分析其中的政治决心和政策路径,也有助于为解决自己的问题找出路。

十八大以来,中国共产党强力反腐,党内政治生态明显向好,世界的

观感也有一个由浅入深的演进脉络:从最初带着猎奇心态抢发高官落马的头条,到对"中国反腐不是一阵风"的由衷赞叹,再到时下国际舆论普遍把中共从严治党视为当今时代"现象级"的政治实践,各类型深层比较、反思随之触发。"软实力"概念提出者约瑟夫·奈曾指出,"反腐就是增加中共的软实力",如今这一论断正逐步成为现实。十八届六中全会之后,很多曾用"纸牌屋"的目光打量中国的观察家,开始转变自身习惯的思维方式,去思考"以治标为主,为治本赢得时间""人心是最大的政治""打铁还需自身硬"等大白话背后的深意。中国独特的政治哲学、治理理念,也伴随着从严治党新实践的理论化、制度化,更为频繁地出现于全球主流政治叙述。

事实上,没有任何一个执政党能回避如何"管好自己"的问题。尤其是当前国际形势正发生深层次改变,在西方国家,英国公投"脱欧"、欧洲大陆右翼崛起、美国大选"反建制派"逆袭成功,一系列事件表明,各国长期累积的各类问题正加速作用于政治领域,主流政治力量完成重建是国家破壁前行的一个前提。政治转型已经成为大多数国家不得不完成的任务,执政党加强自身治理更显关键。同时,大量实证研究表明,对于发展中国家,腐败往往还是贫富差距悬殊等多种社会问题的源头,国民经济发展的成本也会因腐败而大大提高。世界银行统计显示,腐败每年给发展中国家造成的财富损失在200亿到400亿美元之间。美国学者亨廷顿在其《变化社会中的政治秩序》一书中指出:"不论是在哪一种文化中,腐化都是在现代化进行得最激烈的阶段最为严重"。发展中国家多处现代化爬坡期,执政党作为"关键少数"能否强化自我治理,对于国家整体向上突破更是必不可少。

面对各国在执政能力、高质量治理方面的共性需求,中国从严治党实践的世界意义更为凸显。"中国共产党人和中国人民完全有信心为人类对更好社会制度的探索提供中国方案。"全面从严治党所展示的政治智慧和政治力量,不仅是中国共产党的成败所在、中国的兴衰所系,也在不断给予世界新的视角、新的思考

(2016年11月23日)

迈好共青团改革的重要一步

杜汇良

> 共青团工作最有利的时期在中学，工作对象和工作力量最集中的也在中学。推进共青团改革，需要抓住中学阶段这个源头和关键，强基固本，达到事半功倍的效果

近日，团中央和教育部联合印发了《中学共青团改革实施方案》，提出要加强团教协作、完善团学组织制度、加强先进性建设、中学团委书记岗位专设、控制学生团员比例等举措，推进中学共青团改革创新。这是继《共青团中央改革方案》后正式出台的第一个共青团改革实施子方案，标志着共青团改革又迈出了重要一步。

中学阶段是一个人思想道德养成、政治启蒙的重要时期，也是世界观、人生观、价值观打牢根基的关键时期。但一段时间以来，共青团员的称号在中学似乎有些"黯淡"。有些初中学校毕业班的团员比例超过80%，有些高中毕业班超过90%，不少班级甚至"全员入团"。可以说，当前共青团存在的团青不分、团员先进性不足的问题，在一些中学有较明显的表现。团员太多，早入晚入都一样，谁还会积极争取？团员和普通同学没有区别，先进性如何体现？团员起不到模范带头作用，荣誉感和自豪感又从何而来？团的活动弱化、机械化，吸引力和凝聚力哪能增强？在这个意义上，团建的"第一粒扣子"能不能扣好，团的基干阵地能不能建设好，既

关乎广大青年学生的健康成长,又直接决定着共青团事业长远发展的基础。

中学共青团在全团居于基础性、战略性、源头性地位,中学团组织是新形势下全团最重要的团组织,中学共青团改革对全团改革具有固本培元、正本清源的重要意义。中学生团员占全国团员比例超过40%。几乎家家户户都会有中学生或中学毕业生,中学共青团的影响可以体现在每个学生家庭,影响全社会,这是其他基层团组织不可比的。可以说,共青团工作最有利的时期在中学,工作对象和工作力量最集中的也在中学。推进共青团改革,需要抓住中学阶段这个源头和关键,强基固本,达到事半功倍的效果。

此次改革的目标,就是要保持和增强中学共青团的政治性、先进性、群众性,尤其是突出先进性。《中学共青团改革实施方案》依据《共青团中央改革方案》明确要求,重申用3年左右的时间将初中、高中阶段毕业班团学比例分别控制在30%、60%以内。控制团员数量不是目的,提升团员质量和先进性才是根本。一方面,通过调控比例,控制学生团员发展数量,把好入口关,让优秀的进步的学生入团;另一方面,通过加强团前教育、严格发展标准、规范入团程序提升学生团员发展的质量。

严把入口关只是第一步。团员入团后要更加注重教育和管理,引导团员在日常学习生活中发挥先锋模范作用。比如,通过14岁集体生日、18岁成人仪式等活动,抓住重要事件节点,开展仪式教育。再比如,开展志愿服务活动,今年团中央和教育部联合下发了《关于加强中学生志愿服务工作的实施意见》,要求团员注册成为志愿者,积极参加志愿服务活动,将志愿服务作为共青团员彰显先进性、践行社会主义核心价值观的时尚载体。

推进中学共青团改革是全团改革的基础工程、战略工程。迈好共青团改革的重要一步,需要坚持党的领导、坚持党建带团建,尤其需要教育部门的大力协同支持。各级团组织在贯彻落实《中学共青团改革实施方案》时,要主动服务和服从于全团改革大局及我国基础教育改革大局,蹄疾步稳解决痛点问题,夯基垒柱久久为功

(2016年11月22日)

"平凡英雄"构筑精神基座

盛玉雷

> 新时代的英雄,可能是亲密的邻居亲友,可能是陌生的路人过客,可能一身尘土、一脸朴实,但他们用寻常的言行、真挚的情感,书写了属于当下、属于我们的英雄史诗

"我的意中人是一位盖世英雄,有一天,他会身披金甲圣衣、脚踏七彩祥云来娶我。"——《大话西游》里的一句动人台词,用有那么一点"草根"的语气,道出了现代青年对英雄形象的一种理解。

"英雄者,国之干。"一直以来,英雄是一种偶像般的存在。或如曹操刘备青梅煮酒的论断,"夫英雄者,胸怀大志,腹有良谋,有包藏宇宙之机,吞吐天地之志者也";或如刘劭在《人物志》中的品评,"聪明秀出谓之英,胆力过人谓之雄"。时至今日,无论是荧屏上的英雄赞歌,还是市井巷陌的口耳传颂,英雄们的形象也常常还是那么"高大上",传奇经历扣人心弦,光辉形象伟岸挺拔。

时代的进步,离不开这些大英雄们的光彩夺目,但能站在历史聚光灯下的,毕竟是少数。支撑起整个时代的,其实是更多默默无闻的"平凡英雄"。在辽宁沈阳,4位外卖小哥在晚饭送餐高峰期,追随并护送一位突然病发的老人,用3个多小时的陪伴,温暖了寒冷的冬日;在安徽蚌埠,"80后"特警张劼"该上的时候就应该第一个上",浑身被火仍紧紧抓住嫌疑人,

用血肉之躯阻止了可能的爆炸；在天津武清，"金孔雀"余旭用整个青春奉行了军人的使命，诠释了一个叫作蓝天的信念；在安徽合肥，43岁的女儿陆勤霞从背后紧紧抱着父亲，将父亲的脚垫在自己的脚背上，用这种方式，满足瘫痪父亲出去溜达的愿望……或勇敢，或孝顺，或执着，或善良，正是这样一位位平民英雄，让温情得以传递、和谐得以凝造、和平得以维系。

在电影《火锅英雄》里有这样一句话，"你不是一个失败者，你是我心中的英雄"。普通人眼中的英雄，不一定要有惊天地泣鬼神的丰功伟绩，也不一定要如"身披金甲圣衣、脚踏七彩祥云"那般灿烂夺目。可能只是一个略显萧索却顶天立地的背影，可能只是一句略显简单但正义凛然的话语，可能只是一段略显寻常却执着坚定的守候，可能只是一次危急关头时挺身而出的果敢，都赋予普通人英雄的高贵，让那些平凡的人、普通的事，散发出英雄的光芒。英雄的标准并不是所谓"成功"，而是依赖那感人肺腑的力量、牵动人心的震撼和发自内心的选择。正是从这个意义上来说，那些暖人的细节，丝毫不逊于过往任何一个时代的英雄。

"一个没有英雄的民族，是一个可悲的民族，而一个拥有英雄而不知道爱戴他拥护他的民族则更为可悲。"一个时代拥有一个时代的英雄，他们可能是亲密的邻居亲友，可能是陌生的路人过客，可能一身尘土、一脸朴实，但他们用寻常的言行、真挚的情感，书写了属于当下、属于我们的英雄史诗。这才是最真实的、最动人的"真人版"英雄。

在时间的长河中，英雄从未走远，他们的故事也从未有过尽头。用心去感受平民得以成为英雄的气质，用爱去帮助身边每一个需要你的人，应当是我们每个人都该有的"英雄梦"。

（2016年11月21日）

让互联网更好造福世界

支振锋

"平等尊重、创新发展、开放共享、安全有序"四大目标,必将成为构建网络空间命运共同体的基本支柱

"利用好、发展好、治理好互联网必须深化网络空间国际合作,携手构建网络空间命运共同体。"11月16日的第三届世界互联网大会上,习近平主席发表视频讲话,在千里之外连通论坛现场,并通过网络向全世界直播。这一幕,也正是人类进入信息新纪元,互联网无远弗届,正在形成网络空间命运共同体的生动体现。

在去年第二届世界互联网大会上的讲话中,习近平主席提出了推进互联网国际治理体系变革的"四项原则",构建网络空间命运共同体的"五点主张",为互联网全球治理提供了中国方案。本次乌镇峰会上,"平等尊重、创新发展、开放共享、安全有序"四大目标,也必将成为构建网络空间命运共同体的基本支柱,彰显的是中国智慧。

短短一年来,互联网领域取得了许多新进展。人工智能围棋程序战胜世界冠军,在某些领域已经有可能与人类一较短长;虚拟现实技术越来越发达,"增强现实""3D全息投影"正成为生活中的现实;量子通信取得重大突破,数字经济日益蓬勃发展;物联网、云计算、大数据正全方位渗入人类生产、生活、学习的各个领域……互联网已经深深改变人类的认知

形式、思维方式和生活态势，也深刻改变了全球经济格局、利益格局与安全格局。

网络空间既是美丽新世界，也充满未知新变数。在互联网技术创新、社会应用及产业发展高歌猛进的同时，国际互联网发展不平衡、规则不健全、秩序不合理的基本态势没有变；个人信息泄露、侵害个人隐私、侵犯知识产权、网络犯罪猖獗等威胁仍然严峻的基本现状没有变；网络攻击、网络恐怖主义等全球公害依然有待解决的基本格局没有变。不同国家和地区信息鸿沟不断拉大，现有网络空间治理规则难以反映大多数国家意愿和利益。同一个网络，不同的命运，正是网络空间命运共同体要解决的紧迫问题。

在习近平主席提出的四大目标中，"平等尊重"是基本要求。国际网络空间冲突的协调、强弱的分化，呼唤制度建设的加强，推进多边、民主、透明的国际互联网治理体系变革，在尊重网络主权的前提下，增强各利益相关主体的平等互信与合作。"创新发展"则是互联网的基本特质。解决互联网技术的发展不均衡，要靠创新发展来推动普惠共享。以观念更新、思想解放和规则革新，推动技术与应用的全球分享。尤其是要打破核心技术和标准的垄断，不能仅由个别国家把控别国供应链的命门，在互联网核心技术、标准与产品上通过多方竞争，促进透明，形成均衡，维护安全。

互联网技术在应用中进步，在交流中扩展，"开放共享"是应有之义。分享经济、普惠金融、智慧医疗、人工智能、电子商务……开放的互联网带来无限可能，让全世界越来越多的人凝聚成声气相通、利益共享的命运共同体、繁荣共同体。"安全有序"，是实现这一目标的基本前提。应充分重视和认真解决网络空间存在的信息泄露、网络窃密、网络诈骗等问题，各国尤其是发展中国家应联合起来，共同应对网络攻击、网络恐怖主义等全球公害，维护国内网络空间的清朗有序，维护国际网络空间的和平稳定。

"嘤其鸣矣，求其友声。"中国是互联网大国，但并不是互联网强国。与众多第三世界国家一样，中国既享受互联网发展所带来的机遇，也面临互联网发展所带来的挑战。网络的根本在于互联，信息的价值在于互通。积极参与构建网络空间命运共同体，中国不仅要贡献产品、技术与市场，更要贡献制度、文化与思想，让互联网更好造福世界人民。

（2016年11月17日）

地方债风险管控要有"问题导向"

徐立凡

能否管好地方债,要看潜在风险是否趋于化解,地方举债行为是否规范,同时更要看财政政策是否得以优化

11月14日,国务院办公厅发布《地方政府性债务风险应急处置预案》,根据政府性债务风险事件的性质、影响范围和危害程度等情况,将地方政府性债务风险事件划分为四个等级,实行分级响应和应急处置,必要时依法实施地方政府财政重整计划。预案还明确提出:地方政府对其举借的债务负有偿还责任,中央实行不救助原则。

颁行地方债风险管控新规,目的就是化解地方债局部风险。尽管我国地方政府性债务总体可控,平均债务率低于主要市场经济国家和新兴市场国家水平,但是,也存在个别地区超警戒线,地方政府违规隐性担保现象难以杜绝,借PPP(政府和社会资本合作)项目保底承诺、回购安排等方式变相融资等现象。

化解这些潜在风险,就是化解宏观经济运行的隐忧。最近一年多来,通过对地方债实施限额管理、地方债务分类纳入预算管理等一系列改革措施,已基本搭建起了地方债管理的制度框架。但无需讳言,制度建设还在路上,还未到完成时。借PPP通道变相举债的现象表明,必须扩大地方债管理制度容量,才能在化解旧风险的同时防范生成新风险,为彻底解决

地方债风险问题创造条件。

地方债管理新规,可谓"正当其事"。设定四级应急机制和相关指标,指向的是风险怎么防;依法分类处置债务,指向的是债务怎么还;违规担保承诺无效,指向的是隐形担保怎么禁;高风险地区将启动地方政府财政重整,指向的是预算与举债水平匹配;中央财政不兜底,指向的是责任主体的锁定。管理越细化,约束越硬化,地方债风险溢出的概率越小。

地方债管理新规,也是"正当其时"。近年来,地方政府财政收入增幅有所下滑,加之债务偿还高峰期到来,一些地方举债冲动因此增长。据央行有关部门数据,与近两年财政收入增长 8.4% 左右的幅度相比,一些地方的政府性债务增幅超过数倍。显然,这样的举债规模不可持续,也容易遗留下重大风险隐患。引入及时有效的风险评估和预警机制,如同为地方举债行为安装了报警器,有助于遏制缺乏风险评估的举债冲动,将风险化解在源头。

那么,有了新规,地方债是否就能管得好?作为财政政策效应的组成部分,能否管好地方债,要看潜在风险是否趋于化解,地方举债行为是否规范,同时更要看财政政策是否得以优化。地方债局部风险隐患的生成,本质上源于过去发生风险事件有中央财政兜底的思维惯性,源于地方政府作为责任主体难以确定,源于央地财政体系还未完全理顺,这也正是建立现代财政制度的主要难点和关键所在。财政制度的优化,是化解地方债风险离不开的前提。

从这个角度说,化解地方债务风险,不能停留在倒逼地方政府提高债务风险预警意识这一步,而要真正把握住问题导向,瞄准核心问题,以建立现代财政制度为目标,驰而不息,久久为功,通过持续不断的制度建设,让地方在举债机制上少一些不科学的行政化意志,多一些法律制度的遵循;少走一些无序举债的老路,多做一些改善投资环境、政商环境的创举;少一些急功近利的政绩需求,多一些长期建设理念。如此,地方债管理新规的政策效应才能最大化,地方债风险管控才能有的放矢地做到管得住、管得好。

(2016 年 11 月 16 日)

解开"校内减负校外加"的新考题

毕诗成

> 如果不能将招录制度的改革做足做透，不能将教育资源均衡化的工作咬定不放松，校内减负校外加的怪现状，就还会变着花样地持续上演

近期多家媒体关注到一个现象：在教育系统各种减负举动之后，很多学生的课业负担从课内转向课外，争先恐后地参加各种各样的培训班。超前学习、不讲原理、追求解题技巧……一些急功近利的培训机构迅速在全国做大。家长们则依旧焦虑感十足，担心孩子输在起跑线上，全家总动员，花钱花时间，不断卷入这种饥渴游戏当中，明知孩子不快乐，却又被绑缚在战车上动弹不得。

这实在是令人尴尬的一幕。前些年大家不断呼吁，应试教育导致孩子们负担太重，身心健康受到严重侵害，为此教育部门陆续出台了很多规定：不得搞题海战术，不得节假日补课，不得分快慢班，不得多布置作业……如果说在校园系统内还可以"封堵"一些行为，给学生们营造一些减负空间的话，那么现在在校园外，这种"加压"游戏以市场化的方式风靡，显然更加难以应对。这也警示我们："教育减负"光靠主观上的棒喝封堵，是远远不够的。

家长与学生不得喘息地跌入新的"圈套"当中，如果归结为家长们的

选择,显然过于简单。校外变本加厉迅速聚合成一个"学生负担新疙瘩",根源还在于教育的大逻辑依然没有理顺,所谓减负、均衡,只是做了局部的工作,并没有改变中国教育的整体框架格局。问题是时代的声音,理清校外各种自主加压的根源,并通过深化教育改革,针对性地清除这些病灶,本身就是教育发展与教育改革不可分割的有机组成部分。

具体来说,教育均衡只是一个相对概念,在优质教育资源有限的背景下,名校借助奥数筛选优质生源,很多培训班借此"东风"迅速做强。再比如,目前的中高考虽有改观,增加了一些素质选拔的内容,但唯分数论未从根本上改变,家长们还是得让孩子削尖了脑袋争高分,博取更好一点的教育资源,"抄近道"的得高分策略机构,自然会大行其道。

中高考是教育的指挥棒,指挥棒指向哪里,整个社会的资源调度就会朝向哪里。有一个比较典型的例子,许多地方体育考试分数纳入中考总分,于是乎,以前备受冷落的体育课成了学校领导关心的对象,体育活动如火如荼,不仅严抓体育课上课质量,初三一年还要牺牲早读等时间让孩子们进行体育练习。可惜等孩子们一上高中,体育课又"门前冷落鞍马稀"了——无他,高考不考。

我们经常感叹一些发达国家的大学更注重学生的素质提高,不可否认,其大学招生制度及理念对学生及家长有着更为实际的影响。比如哈佛的招生简章上总会提及学生社区服务、领导才能、学生活动等参考标准,且在招录过程中真真切切地贯彻了这些标准,许多满分"状元"被拒之门外就是证明。当形成招生文化并固定下来之后,自然就会很好地发挥其"指挥棒"的效能。

按理说,这些年随着高等教育的发展,加上学龄人口的减少,中国教育面临着一次难得的机遇,可以从容一些,舒展一些,更多地考虑素质教育,考虑人的全面发展。但如果不能将招录制度的改革做足做透,不能将教育资源均衡化的工作咬定不放松,如果任由已然形成的教育不均衡局面继续释放马太效应,学生就很难从这个大时代里获得益处。关于教育的叙事就会在校园内外形成两重分野,校内减负校外加的怪现状,就会变着花样地持续上演。

搞套路应试、超前学习的民间培训机构,向我们提出的是教育改革的

新命题。讲教育减负、素质教育的大道理，非常容易，但在现实土壤与利益格局中，摆正各方的角色，还给孩子一个健康的教育环境，却有大量工作需要持续不断地推进。教育减负还在路上，各方人士仍需努力。

（2016年11月15日）

脱贫攻坚不能只是干部"独角戏"

李 斌

> 脱贫攻坚不是扶贫干部的"独角戏",唱好帮扶与被帮扶的"二人转",坚定贫困群众的奋斗精神和发展愿望,脱贫攻坚才能积力之所举而无不胜

"小康不小康,关键看老乡。"没有贫困群众的小康,全面小康就难言圆满;没有贫困群众的自强不息,脱贫攻坚战就会失去至关重要的内生动力。一年前,习近平总书记在中央扶贫开发工作会议上强调,脱贫致富终究要靠贫困群众用自己的辛勤劳动来实现。贫困群众既是扶贫攻坚的对象,更是脱贫致富的主体。激发贫困群众改变贫困落后面貌的干劲和决心,提高贫困人口自我发展能力,无疑是扶贫开发工作的重要内容,也是增强脱贫效果可持续性的关键所在。

近日,一位贫困县县委书记"吐槽"扶贫中基层干部受到委屈的文章,引发广泛关注。觉得政策好就靠政策养着,有点不如意的事就去找政府"闹";对来家里帮扶的干部很麻木,认为干部比自己更着急,自己不脱贫干部难交账;"我是穷人我怕谁""我是小老百姓我怕谁"的心态,成为一些扶贫对象"扶不起还理直气壮"的缘由。文章列举的虽然可能只是个别现象,但正像这位县委书记所说的,这些问题让扶贫干部"如鲠在喉,不吐不快",同时也提醒我们,对那些丧失脱贫致富信心和动力的贫困群众,

在进行物质帮扶的同时,也应及时填充精神志气上的洼地。

"志不立,天下无可成之事。"习近平总书记在主政闽东地区时,就提出过"弱鸟可望先飞,至贫可能先富"的理念,鼓舞起当地干部群众奋发图强的发展合力。没有人天生就愿意贫穷,奋斗之心人皆有之。有的人不待扬鞭自奋蹄,有些人则相反,有如车行坡上,不加加油、鼓鼓劲,对美好生活的向往就无法激发出来。脱贫攻坚不是扶贫干部的"独角戏",唱好帮扶与被帮扶的"二人转",坚定贫困群众的奋斗精神和发展愿望,脱贫攻坚才能积力之所举而无不胜。

精神上的贫困,往往比物质上的贫困更可怕。有些贫困地区和贫困村多年来扶而不起、帮而不富、助而不强,与缺乏穷则思变、穷则思勤的奋斗精神有一定关系。有些地方主动"返贫",乐当贫困县,不愿摘穷帽子,有的贫困户发展农副产业不积极,争当低保户却很积极,从中都能发现"思想贫困""志气贫困"的影子。"苦干不如苦熬""等着别人送小康",类似思想可以说都是脱贫攻坚路上的拦路虎、绊脚石。扶贫扶志,首先就要对准这些观念和心态定点滴灌、靶向治疗。

"只要有信心,黄土变成金",这个励志语许多人耳熟能详,也为贫困地区的广大干部群众深深认同。扶贫开发不应只简单盯着干部压担子、定考核,也应鼓励干部们以"扶志"和"扶智"为抓手,唤醒贫困群众的主动脱贫意识。好政策离不开好宣传,正像那位"吐槽"的县委书记所提出的,扶贫干部要到群众中去,多开屋场院子会,多跟群众交交心,动之以情,晓之以理,"让衣食父母们心疼一下,再不忍心找你们扯横皮"。好习惯也需要好榜样,靠辛勤劳动脱贫致富的农户,可以起到很好的示范和带头效应。只有形成"见贤思齐"的导向,才能变"让我脱贫"的被动思想为"我要脱贫"的进取意识。

公平与效率,向来不可分割。扶贫政策讲公平的同时,也应注重效率,建立更灵活的激励机制。一些地方的创新探索值得借鉴,比如推行帮扶人与贫困户"双承诺""双认定""双确认"的工作方法,变"单向输血"为"双向互动"。有的地方实行扶贫资源差异化分配,真干真支持、多干多支持、大干大支持,以多劳多得的方式激发群众脱贫致富积极性。制度建设带有根本性、全局性、稳定性和长期性,我们应当用好的激励制度设计,消除

"等""靠""要"的消极心理,激发出脱贫攻坚"内生动力"。

当前,脱贫攻坚正进入攻城拔寨、啃硬骨头的关键阶段,精神扶贫应与物质扶贫互为支撑,群众积极性和干部积极性都应充分调动挖掘,让贫困地区的干部群众心热起来、行动起来。

(2016年11月11日)

深化监察改革,清除监督死角

支振锋

通过国家监察体制改革,扩大监察范围,丰富监察手段,建立集中统一、权威高效的监察体系,有利于更加深入地推进党风廉洁建设和反腐败斗争

日前,中共中央办公厅印发《关于在北京市、山西省、浙江省开展国家监察体制改革试点方案》,部署在3省市设立各级监察委员会,试点国家监察体制改革。这是一项事关全局的国家监察制度顶层设计和重大政治改革。改革的推进,有助于建立中央统一领导下的国家反腐败工作机构,通过实施组织和制度创新,整合反腐败资源力量,构建不敢腐、不能腐、不想腐的有效机制。

从诞生的那天起,中国共产党就特别注意维护自身肌体的纯洁性,通过拒腐防变机制建设,维护党的团结和集中统一。早在1927年的中共五大,就曾建立中央监察委员会。经过长期发展实践,国家机关及公职人员监督基本覆盖的监督格局已经形成,独具中国特色的纪检监察体制成效显现。尤其是党的十八大以来,全面从严治党纳入"四个全面"战略布局,各级纪检监察机关强化监督执纪问责,推动党风廉政建设和反腐败斗争取得新进展新成效。仅2015年一年,全国纪检监察机关共接受信访举报281.3万件(次),处置问题线索53.4万件,立案33万件,结案31.7万件,给

予党纪政纪处分33.6万人，涉嫌犯罪被移送司法机关处理1.4万人。

在当前的监督体系中，纪委是党内监督的专门机关，管党治党的重要力量；监察在加强行政监督、促进依法行政等方面发挥着重要作用。两者之间，存在有待进一步发展和完善的监察区域。实现对行使公权力的公职人员监察全面覆盖，需要通过国家监察体制改革，扩大监察范围，丰富监察手段，建立集中统一、权威高效的监察体系，更加深入地推进党风廉洁建设和反腐败斗争。

具体而言，现行行政监察法的监察对象主要是国家行政机关及其公务员、国家行政机关任命的其他人员，难以覆盖立法机关、司法机关等其他国家机关及公务人员，以及国企和事业单位、社会组织等，存在监察盲区。同时，监察机关的独立性不足、行政监察程序不完善、监察手段有限等情况也普遍存在，导致其功能难以最大限度发挥。近年来，随着社会经济的飞速发展，纪检监察领域出现了许多新情况、新问题。比如，辽宁拉票贿选案，就显示出非党员贿选代表等成为行政监察的盲区。而在我国香港与西方一些国家的反腐败实践中，对国家机关及其公职人员与私营部门及其职员的监督并重，已经成为一种趋势，而且愈来愈重视促进宪法实施与公民权利保护。这些经验，值得我们结合国情加以借鉴。

"善除害者察其本，善理疾者绝其源"。十八届中央纪委六次全会上，习近平总书记强调要"健全国家监察组织架构，形成全面覆盖国家机关及其公务员的国家监察体系"。十八届六中全会也指出，监督是权力正确运行的根本保证，并对进一步完善权力运行制约和监督机制作出了重要部署。作为监督体系的重要方面，有效的监察机制不仅能够促进"禁于未然之前"，也能够实现"禁于已然之后"。探索建设一个更加具有系统性和协调性的综合性国家监察机关，将所有国家机关及公职人员纳入监察范围，全覆盖、无死角，并在推动宪法实施、保障公民权利上发挥更大作用，国家监察体制改革必将贡献有益的制度创新。

（2016年11月10日）

治霾"督企"更要"督政"

王社坤

> 考虑到政府在社会运转中的支配性地位,强调政府的环境责任无疑就抓住了现阶段环保工作的"牛鼻子"

本月初,京津冀及东北地区再次遭遇重霾,环境保护部派出12个督查组赴重污染地区进行督促检查。督查发现,部分"高架源"企业仍在超标排放污染物,部分城市重污染天气应急预案减排措施未落实,个别"土小"企业群环境问题突出。这表明,治理雾霾不仅要"督企",更要"督政"。

毫无疑问,排污企业作为污染源的直接产生和排放者,是环境质量恶化的首要责任者,其主体责任不容否认、不可推卸。过去10多年间,我国的环保政策和立法不断强化企业的主体责任,企业的环境违法成本极大提高,彻底改变了以往企业环保违法责任疲软无力的状态。对执法者而言,"督企"的手段丰富多样。既可以对违法企业施以"上不封顶"的天价罚款,又可以对责任人进行行政拘留;既可以通过"限产停产"对企业的生产行为采取强制措施,又可以通过"查封扣押"对企业的设备、设施采取强制措施;既可以要求违法企业赔偿巨额的生态环境损失,又可以启动刑事程序惩治违法者。

正是在这样的背景下,环保部以新环保法实施为契机掀起了史无前例的环保执法风暴。根据全国人大常委会执法检查组关于检查《中华人民共和国环境保护法》实施情况的报告披露的数据：2015年，各级环保部门罚款超过42.5亿元，比2014年增长34%；2015年共破获各类环境污染犯罪案件6035起，比2014年增长16%。客观来看，企业主体责任在规则层面日臻完善，唯需实践中的严格执行和落实。

企业主体责任要落到实处，就必须同时强调政府的环保责任，是为"督政"。政府的环保责任不仅仅意味着政府及其行政主管部门自身不得从事污染、破坏环境的行为，更意味着必须采取积极、有效的措施控制和规范企业对环境的开发利用行为。与过去10多年间对企业主体责任的持续强化相比，我们的环保政策和法律对政府环境责任的重视还需进一步增强。因为，政府怠于履行环境责任的失职、渎职及不作为，不仅仅会纵容已有的环境违法者，更严重的是对守法者产生逆向激励，使其产生违法的冲动。

考虑到政府在社会运转中的支配性地位，强调政府的环境责任无疑就抓住了现阶段环保工作的"牛鼻子"。近年来，"党政同责、一岗双责"、环保约谈、环保督查等制度的发展，大大丰富和深化了环保督政的手段和内容，更体现了环保在执政因素中日益凸显的重要性和优先性。

现在，环保"督政"还处于起步阶段，还需要建立长效机制。要避免运动式"督政"，待运动结束又一切照旧；也要张弛有度，防止将督政演变成下级政府及其行政主管部门的负担，影响正常的"督企"工作。只有通过有效的"督政"，才能实现有效的"督企"；让二者实现良性互动，才能为生态文明建设提供坚实保障。

（2016年11月09日）

垃圾分类，让城市"轻"下来

何鼎鼎

垃圾分类不只是物理拆拣，更指向生产生活观念的变迁

本月初，北京市城市管理委员会发布消息，将开展垃圾"分类、分质、分时"收运试点，促进居民源头分类，同时将探索进行垃圾"不分类、不收集"惩戒试点。但记者在采访中发现，不知道如何分类，成为困扰诸多小区居民的难题。

未来学家托夫勒在《第三次浪潮》中曾如此预言："继农业革命、工业革命、计算机革命之后，影响人类生存发展的又一次浪潮，将是世纪之交时要出现的垃圾革命。"世纪之交，北京、上海等8个城市成为全国第一批垃圾分类处理试点城市，16年过去，大多数试点结果却难如人意。总体而言，垃圾分类有倡议、缺标准，有试点、少管理，进展迟缓。

一直以来，很多地方将垃圾分类简单等同于设置一个写着"可回收""不可回收"的垃圾桶，前不见分类者，后不见分类处理者，唯垃圾桶最迷茫。问题不在一处，而在全流程。何为可回收物？何为不可回收物？一旦标准模糊，公众便会手足无措。何况，还有些垃圾桶更是假把式，外面明明区分"可回收物""不可回收物"，里面却"心心相印"、连在一起；一些高档小区尽管设置了智能垃圾箱，但不是容量不够，就是清运不及时，变得中看不中用。更荒唐的是，在有的地方，分好类的垃圾一上车又混同了，

前端垃圾分类，末端一勺乱烩，谁又愿意费时费力多此一举？

社会文明的递进，总是生活习惯、社会意识、市政管理集体映射的结果。就垃圾分类回收而言，主管部门除了口头引导，更要制定清晰标准、完善服务管理。有时候，一张写清楚垃圾类别、回收方式的便民贴，胜过一个高档垃圾箱。日本、德国的垃圾分类受人称赞，离不开详细的垃圾分类标准、针对不同垃圾确定的收集日制度，源自清晰注明垃圾类别的包装，更得益于从幼儿园起就要学习垃圾分类的"开学第一课"。而在日本，类似居委会的"町内会"有一项重要的职责，就是对居民生活习惯进行监督。

垃圾分类不只是物理拆拣，更指向生产生活观念的变迁。通过分类让垃圾减量，就是为城市减负。当然，垃圾分类需要进行到何种程度，不能脱离社会发展阶段，也关系社会运行成本，分类责任如何界定，既要考虑历史因素，也要顾及管理难度。

长期以来，游商、拾荒者这些"散兵游勇"充当了低成本的垃圾分拣者，如何将这些市场力量组织起来，实现社区垃圾分类的转型升级？前段时间，在"城市生活垃圾分类减量一体化解决方案"专家论证会上，垃圾分类的广州"西村模式"受到肯定。前端是每家每户配备的两只分类垃圾桶，背后跟着街道垃圾分类促进中心、全面分类回收的专业企业以及垃圾管理数据库。政府不再完全包揽，分类力量下沉，专业企业有利可得，居民也能将厨余垃圾换花泥，政府、管理公司、居民三方在公益与利益中实现了较为良性的互动。

今天的中国已是当之无愧的生产大国，但生产、消费、分解缺一不可。在今天的语境下，如何分解消化我们的生产、消费之物，或许比化解过剩产能更为棘手。都说垃圾只是放错了地方的资源，但难就难在将其顺利归位。实现"十三五"规划纲要提出的"推进生产和生活系统循环链接""健全再生资源回收利用网络，加强生活垃圾分类回收与再生资源回收的衔接"，非一方力量能及。只有激发社会力量，实现多方联动，才能摸索出适合我国国情、成本可控、成果可见的垃圾分类模式。

（2016年11月08日）

改革"施工期"更要增进群众获得感

姜 赟

> 以民意为引领、以问题为导向的改革路径,以"获得感"为试金石的改革衡量标准,清晰标定了改革中群众的分量,展现了"以人民为中心"的坚定立场

在全面深化改革的施工高峰期,通过具体改革举措给人民群众带来更多获得感,是赢得社会支持的关键。近期,从中央到地方的许多改革就体现了这一导向。在全国层面,中央出台农村土地"三权分置"意见,保障农民权益最大化;民航票价改革正式启动,"特价票"有望增加。在地方层面,北京将于明年实施"京六"燃油标准,为市民送上一股清风;武汉改革住房公积金政策,没有工作单位的也可以享受……惠民政策的含金量让群众满意度提升,也让改革更加蹄疾步稳。

"众恶之,必察焉;众好之,必察焉。"百姓关心期盼什么,党和政府就重视关注什么,改革就抓紧推进什么。党的十八大以来,从行政优化、党的建设,到经济发展、社会管理,从民生保障到司法进步,改革之"全"、推进之"深",前所未有。以民意为引领、以问题为导向的改革路径,以"获得感"为试金石的改革衡量标准,清晰标定了改革中群众的分量,展现了"以人民为中心"的坚定立场。

一域可瞻全局,一事可察理念。把以人民为中心的发展思想体现在经

济社会发展各个环节，首先要以敬民之心，行简政之道，扫除市场与民生盲点。十八大以来的全面深化改革之所以赢得民心，很重要一点是下好了简政放权的"先手棋"，简除烦苛，禁察非法，不再有"盖章如走长征"的沉叹，审批长跑成了"短途接力"；不再有证明"我妈是我妈"的奇葩剧情，"办证多、办证难"大大改善，让企业与百姓少跑腿、好办事。从政府"端菜"到群众"点菜"的思路转变，充分体现"以人民为中心"的改革价值导向。

获得感不仅来自实实在在的利益，也在于让更多人拥有了人生出彩的机会。十八大以来，全国31个省份在权力清单下践行"有权不能任性"，为经济发展清障搭台；"五证合一"等商事制度改革、"营改增"等税制改革奏响创新创业的时代音符；医药、能源、铁路货运等重点领域价格市场化改革，增强了社会投资的积极性……在这个意义上讲，以顺民之需，施活力之招，疏通经济发展堵点，为经济发展注入新动力、拓展新空间，是重中之重。

厚民之生，还要夯实公平之基。当前，经济下行压力增大，主要民生指标却稳中有升，正是得益于社会保障领域的改革，不断抬升的"底线"刻度让社会更加温暖。当立案登记不再难、干部插手司法案件有记录可查，当户籍制度改革、随迁子女"异地高考"、养老并轨改革等逐渐填平"身份"鸿沟，人们在公平阳光下实现成果共享，才有幸福感与安定感。

惠民更当借民之智，让创新蔚然成风。纵览创新实践，政府借力市场弥补养老、医疗等公共服务缺口，满足百姓需求；公租房"租改售"、农房保险、积分入户等民生改革试点的好经验得以不断推广……实践证明，依靠群众的参与和支持、基层的智慧与胆识，就能使改革更加精准地对接发展所需、基层所盼、民心所向，做到愿望和效果相统一。

全面深化改革没有完成时，增进人民获得感也永无止境。改革路上，唯有政策含金量、群众获得感一个都不落下，且互为支撑、良性互动，我们才能在实现中华民族伟大复兴的路上步履坚定。

（2016年11月07日）

直播平台该摆脱野蛮生长了

王石川

有视频,未必有真相。"先发钱直播,拍完后再收回去",近日,一段视频在网上流传,视频中,两名男子在某直播平台上直播做慈善,安排凉山彝族自治州某村村民站成两排,随后给村民发钱,而在直播结束后,又把钱拿回来。据报道,涉事男子为某直播平台主播;他已承认此事,目的是为了增加粉丝数和观看量,让"粉丝多刷礼物"。

当地公安机关已介入调查,若获证实,这种伪慈善实属恶劣。披着慈善马甲,却行不义之事,即便不对穷人温柔以待,也不该把他们当成道具。除了"慈善"之外,该事件还有两个关键词:一个是直播,一个是主播。涉事主播在直播平台上卖力表演"慈善",所消费的不只是凉山农民的善良,还有粉丝的爱心,"只要人人都献出一点爱,主播赚到的就是满满一口袋"。

只要能名利双收,就不停秀下限,已成为不少主播的套路。纵观那些灰色化生存的网络主播,大抵有三个特点。一是有胆量、无底线。什么都敢直播,无所不用其极,你敢直播捅马蜂窝,我就敢直播吃玻璃,信奉比丑、比刺激的"撩人"逻辑。二是重迎合、无节制。不怕表演粗鄙,只怕无人打赏,信奉"越猎奇越有受众,越敢挑战越能获得掌声"的商业逻辑,目的很明确——换来真金白银式的"犒赏",以及不断攀升的粉丝数量。三是大尺度、无约束。一些主播尺度颇大,极尽魅惑,但所在的直播平台仿佛视而不见。只要无人举报,不被监管部门"盯"上,平台便若无其事、置身事外。

互联网应该是阿里巴巴的宝库,而不能沦为潘多拉的魔盒。众所周知,2016年被称为"中国网络直播元年",各种直播平台井喷般涌现。据中国互联网络信息中心发布的第三十八次《中国互联网络发展状况统计报告》,截至今年6月,网络直播用户规模达到3.25亿,占网民总体的45.8%。另据不完全统计,目前国内已有数百家网络直播平台。尽管行为失检的网络主播只是少数,但他们给正在成长中的直播业带来隐患。

一方面,全民移动直播的时代款款而至,技术改造生活,这是科技的魅力。另一方面,网络直播泥沙俱下,直播平台乱象丛生,不乏淫秽色情、暴力、赌博、诈骗等违法违规信息。新生行业既需要发展空间,也离不了适当监管。如果相关从业者只顾踩油门,追求飙车式的快感,把不准方向盘,就面临倾覆的危险。网络直播业亦不例外。对于主播而言,不该靠满足粉丝的窥视欲、猎奇心、恶趣味而博出位;对于平台而言,更应该尽到监管责任,野蛮成长毕竟难以持续,吹大的虚假繁荣最容易破裂。

日前,国家互联网信息办公室正式发布《互联网直播服务管理规定》,对平台、主播和用户的行为进行规范,对新闻信息直播提出了资质要求。更早一些,国家新闻出版广电总局颁布《关于加强网络视听节目直播服务管理有关问题的通知》,强调"开展网络视听节目直播服务应具有相应资质"。毫无疑问,对网络直播的监管越来越制度化,也越来越法治化。但从制度安排到层层落实,尚有不短距离。遏制乱象,从提高门槛到实时监督再到事后惩处,每个环节都不能失守。直播因其实时性的特点,管理难度较高,从业者们更应超越狭隘的功利主义,站在科技时代的高地上,勇于承担使命,不让责任抛锚,整个行业才越来越有前景。

(2016年11月07日)

农地"三权分置"要有利于现代化

叶兴庆

> 完善"三权分置",无论是实践探索还是理论创新,都应当奔着一个方向去:促进土地资源合理利用,发展多种形式适度规模经营,推动现代农业发展

正确处理农民和土地的关系,过去是、现在依然是农村改革的主线。近日,中共中央办公厅、国务院办公厅印发了《关于完善农村土地所有权承包权经营权分置办法的意见》,正是为了回应中国农村和农业发展的现实变迁。

实行家庭联产承包责任制 30 多年来,农村土地集体所有权与农户承包经营权的"两权分设",赋予农民长期而有保障的土地承包经营权,调动了农民积极性,也为我国农业的长足进步提供了制度保障。随着工业化、城镇化的深入推进,大量农民转向非农产业,农村土地流转现象日益普遍,农业经营方式发生深刻变化。截至 2015 年底,全国家庭承包经营耕地中已有 33.3% 发生了流转,2.3 亿承包户中有 6600 万户或多或少流转了土地。现在,这个趋势还在继续,那么问题来了:拥有土地承包经营权的人不再种地,种地的人又没有相应权利,应该用什么样的制度安排来规范和调节这一客观现象?

在"两权分设"的基础上,把土地承包经营权进一步分为承包权和经

营权，实行所有权、承包权、经营权"三权分置"，就是一种适应生产力发展、适应当前现实的制度安排。需要注意的是，农村土地流转现象早已出现，承包权与经营权分离的实践极为丰富。在政策层面需要厘清的，是进一步完善"三权分置"的具体办法，把农民集体的所有权、农户的承包权、经营者的经营权界定清楚，真正做到承包户能放心流转土地、经营者能放心投资土地。

农村土地的"三权分置"，受到两个现实因素的推动，一个是城镇化，一个是农业现代化。从历史进程看，城镇化的推力更大一些，许多地方尚未实现农业现代化，农村就已经空心化了。然而，人的流动需要各个方面的社会体系作支撑，当前户籍、教育、医疗等方面的路障正在打开，但基础不够稳固，因此农村土地权益的调整，在很长的一个历史时期内还需要为农民留下退路。稳定现有土地承包关系并保持长久不变，允许农民进城落户不必退承包地，是正确而理性的选择。

从更长远的未来看，农业现代化将是推动农村土地权益调整最重要的力量。在"三权分置"问题上，有一点必须十分清醒：土地流转不是目的，农业和农村的现代化才是。这个过程很难一蹴而就。引导土地经营权合理流转、推进土地适度规模经营，是完善"三权分置"办法的一个重要出发点，因为现实中有不少通过流转农民土地发展现代农业的经营者抱怨，签订的流转合同期限很短，而农业基础设施投资回报期较长，不敢作长期投入；需要的资金量大，而经营的土地不能用于抵押融资。然而，仍有必要把当前土地交易制度成本的问题，放到农业现代化的整个历史过程中来考量。方向对了，慢一点问题不至于太大；过于心急的话，恐怕就有走偏的风险。

处理农民集体和承包户关于承包土地、承包农户和经营主体在土地流转中的权利边界及相互权利关系，复杂而敏感，还有很长的路要走。无论是实践探索还是理论创新，都应当奔着一个方向去：促进土地资源合理利用，发展多种形式适度规模经营，推动现代农业发展。

（作者为国务院发展研究中心农村部部长、研究员）

（2016年11月03日 09版）

国企改革,让出资人监督强起来

白天亮

> 强化出资人监督不是让出资人对国企事无巨细地都盯着,而是要瞄准"企业财务、重大决策、大额投资"等关键环节,把住大方向

新一轮国企改革,要求出资人变"管企业"为"管资本"。为了强化出资人监督,防止国有资产流失,国务院国资委最近宣布新设三个监督局,建立三大监督平台,充分发挥监事会作用。这是制度建设迈出的一大步,将筑牢国有资产保值增值的又一道防线,也是出资人机构履职定位的一次重大转身。

不让国有资产流失是国企改革的底线。截至2014年底,全国国有企业资产总额1021187.8亿元,所有者权益355629.4亿元。这些国有资产来之不易,是新中国60多年积累的共同财富。织密国有资产安全网,是改革的重要方面,也是出资人的责任所在。

一直以来,对国有资产的监督不能说不重视。但是,监督手段单一、监督力度不足、监督体系不完善,影响着国有资产的安全运行。有的地方,对国有资产的监督主要就是偶尔审查下账目、查阅些文件,浮于表面。有的外派监事会成了安排人的机构,属于虚职、闲职,没事干、不干事。有的企业内部,监督力量在履职中受到本企业领导制约,不敢监督,难以形成有效的制衡。新一轮国企改革"奔着问题去",首先要解决的问题就是

如何完善体制机制，使监督真正强起来。

监督强起来，监事会要化虚为实。监事会和股东会、董事会、经理层一样，都是建立现代企业制度、形成规范的法人治理结构的重要组成，理应在企业运行中实实在在地发挥作用。对于国有企业，我国探索了外派监事会制度，既代表出资人履行职能，又使监督常态化。好制度要用好。监事会要变事后监督为事前、事中监督，利用列席会议、访谈座谈等多种方式，掌握企业运营情况，发挥预防预警功能。让监事会想干事，约束机制不可少。如果发生了应发现而未发现的国有资产重大流失问题，监事会同样要被追责。

监事会反映的问题由谁"接力"核查？监事会的成果如何避免止步于"报告"？监督强起来，国资监管机构作为出资人代表就必须切实负起责来。此次监管体制调整后，国资委负责监事会反映问题的核查处置，组织国有资产重大损失调查，形成"监督报告、协调处置、领导决策"三个平台。强化监督，要有所为有所不为，那些直接管理企业日常事务的职能将继续做减法。

对国资监督始终存在两种不同的担心。一种担心是"做不了"——资产数千亿元、员工几十万人、拥有十几家上市公司的大型央企，其外派监事会可能只有3个人，怎么有能力来发现潜伏的重大问题？另一种担心是"做过了"——会不会出于防止国资流失的考虑，这个不让做、那个要介入，进而捆住了企业的手脚？这些担心并非多余，充分说明了国资监督的复杂性。只有把握好度、善于走平衡木，对国资的监督才能有长远效果。实际上，强化出资人监督不是让出资人对国企事无巨细地都盯着，而是要瞄准"企业财务、重大决策、大额投资"等关键环节，把住大方向。

监督不缺位、不越位，还有必要划清边界。哪些职能是出资人履行监督的分内之事？哪些事项有影响企业自主经营之嫌？不妨通过监管权力清单和责任清单加以明确，让企业心里有数，出资方有规可循。这需要充分的讨论，也许还会出现较大分歧，但只有把边界划清楚了，才能实现定位的精准化，既防止监督的手伸得过长，也防止监督的力度不足，使国有企业在合理有效的监督下拥有充足的活力。

（2016年11月02日）

让"品质旅游"成为市场赢家

李洪兴

> 旅游业的供给侧改革,实际是要建设一个品质有保障、服务有差别的体系,从而走出价格低水平竞争、旅游体验糟糕的发展陷阱

近年来,我国旅游市场持续火爆,但在激烈竞争中也滋生了一些畸形的手段,"不合理低价游"频频发生。前不久,云南一女导游强迫游客购买翡翠还振振有词,令人愕然。国家旅游局发布的本年度"十一假日旅游红黑榜",其中列举的5起典型案例中,有两起都与低价团相关。

"不合理低价游"的问题,表面看来是价格不合理,其实是竞争手段不合理,不符合市场规则。较低的价格,只是用来吸引游客的手段,旅游过程中,必然会加上其他强制游客消费的名目。这种鱼目混珠的经营模式屡禁不止,不仅侵害消费者权益,恶化旅游体验,容易引发社会纠纷,也损害了行业声誉,更让许多地方的旅游行业难以脱离低水平竞争的陷阱。

让旅游回归到靠产品和服务品质获取竞争优势的正常轨道,首先要把不合理的竞争者踢出市场。前不久,国家旅游局发布了关于组织开展整治"不合理低价游"专项行动的通知,决定在全国组织开展为期半年的整治工作,日前还就此约谈了阿里旅游、去哪儿网等在线旅游企业,要求对所经营的"不合理低价游"产品进行整改、下架。这些举措,有望让游客体

验到更有品质保障的旅游产品，也将促使旅游市场更加健康有序发展。

当然，要想让"品质旅游、理想消费"变成实际的旅游红利，还要在供给侧方面想更多的办法。治理"不合理低价游"，是为了让消费者花明白钱，享受质价相等的旅游服务，防止那些诱骗消费者的歪门邪道抢夺市场资源，而不是把低价旅游产品消灭掉。事实上，以更低的价格获得更好的服务，是每个消费者都有的心理。倘若不能在保障消费者基本消费体验的前提下，形成分层次的旅游产品体系，而是以提升旅游品质的名义直接把价格抬上去，那些已经形成产业链和利益同盟的"不合理低价游"，就有可能在消费者的"合作"下死灰复燃。

旅游业的转型升级，其实有"除旧布新"两方面的任务。第一步是标准化建设，达不到基本质量标准的旅游产品，比如打着"零团费、低价团"旗号欺骗消费者的，都要有一个合理的机制把它淘汰出去，以维护良好的市场软环境。去年国办印发的《关于进一步促进旅游投资和消费的若干意见》提出，建立健全旅游产品和服务质量标准，健全旅游投诉处理和服务质量监督机制，正是为了在标准问题上有所突破。其次是多元化，旅游业的供给侧改革，实际上是要建设一个品质有保障、服务有差别的体系，从而走出价格低水平竞争、旅游体验糟糕的发展陷阱。在这个问题上，主管部门要拿出真正的改革意识，也要有简政放权的勇气。今年5月，国家旅游局在多地启动了线上导游自由执业试点工作。几天前，三亚的97名导游开始接受网上预约。应该说，以这种开放的态度持续推进相关改革，有利于旅游行业更上一层楼。

在我国，旅游已成为一种流行的生活方式，旅游市场的未来值得期待，但不要忘了，品质才是旅游业的灵魂。伴随旅游业的转型升级，谁能赢得游客信赖，就能在未来的市场竞争中占得先机。当高品质者成为市场赢家，旅游业才能成为一个地方立得住、可持续的产业。

（2016年11月01日）

把握好宏观调控的"虚实辩证法"

周人杰

让干实业的不输给炒房子的,关键就要让"实"与"虚"的结构再调整、再平衡,把这一比例维持在风险红线以内

日前,中共中央政治局召开会议,分析研究当前经济形势和经济工作。在肯定今年以来经济运行总体平稳、成绩来之不易的基础上,会议指出宏观调控仍然"要坚持稳健的货币政策",保持流动性合理充裕的同时,注重抑制资产泡沫和防范经济金融风险。对各地各部门来说,尤其要注意进一步深化、细化、具体化政策组合,把握好宏观调控的"虚实辩证法"。

6.7%的GDP同比增速,6.3%的居民收入增长,1067万人的城镇新增就业,企稳向好的企业利润与民间投资增速,前三季度"超预期"的成绩单大大缓解了人们关于"断崖式下跌""环境恶化"的担忧。然而,越是在"超预期"的时候,越是要保持平常心,坚持既定的调控轨道,稳步前行。同时,调控的注意力也要多往短板上看,往易爆的风险点上盯。

比如,当前实体企业面临的经营困难,部分信贷资金"脱实向虚"的趋势,以及可能的银行金融机构信贷风险,虽然总体上处于可控区间,但也要做好预警与政策储备,防止发生"多米诺骨牌效应"。因为市场经济的竞争与逐利机制,极易让资金涌向高回报率的行业、企业,造成人为的高负债、高杠杆,甚至让一些人醉心于"钱生钱"的资本游戏。

世界金融史告诉我们：过度虚拟化的经济注定乱象丛生，轻则酿成市场的异常波动、大起大落，重则掏空老百姓的钱袋子。所以，让干实业的不输给炒房子的，关键就要让"实"与"虚"的结构再调整、再平衡，把这一比例维持在风险红线以内。

针对部分"脱实向虚"的信贷资金，宏观调控的政策选择与执行便不能单纯盯着供需平衡，还要注重实体经济与虚拟经济的比例结构，细分资金的投向，激活沉淀的资产，确保货币供应量的增速与各类企业的动能相匹配。近期，局部地区对信贷投放的主动调节，正是为了能更多支持创新创业。接下来还要继续加强资金的投向监管，打击换个马甲的"首付贷"，整治存在乱象的"P2P平台"。

"三去一降一补"，五大措施是一个辩证统一体。目前需要注意的是"去杠杆"与"去库存""去产能"的关系。一定意义上说，去杠杆是对实体经济的去泡沫化、去空心化，通过理性的疏导令信贷资金"离虚返实"，才能让实体企业"吃得饱"，让劳动者的工资收入"跟得上"，让人们的奋斗收获到应有的经济价值、社会价值，从而实现国民经济良性的循环与升级。

坚持以人民为中心的发展理念，需要从确保国家经济安全的高度认识"实体"与"虚拟"的辩证关系，因势利导促进金融资本为实体企业所用，让两者相得益彰。继续深化"放管服"的改革、优化企业的营商环境、降低投资的门槛与成本，提高"输血"的精度与准头，我们定能打一场供给侧结构性改革的漂亮仗，让群众更好地分享改革发展成果。

（2016年10月31日）

治理"炒信"要有刮骨魄力

吕晓勋

在商业信用能带来巨大经济价值的时代,把信用工具化绝对是一种严重的短视行为。打击"炒信"行为,不是选择题,而是必答题

通过商家的信用等级给消费者指路,是网络购物的一个重要制度设计。然而,当下各种以不正当方式炒作信用的行为,正在消减它的价值。为了遏制这股不良风气,国家发改委等多个部委日前邀请8家互联网公司,共同签署《反"炒信"信息共享协议书》。这也意味着,政府将牵头组建反"炒信"行动联盟,各互联网企业派出代表,通过共享反"炒信"信息,打击网络"炒信"行为。在第八个"双11"来临之际,这封"战书"引人关注。

如此严阵以待,也是因为"炒信"正在走向职业化、专业化,而不再是简单的找亲戚朋友刷单。不仅内部分工明确,还有独立的行规、准则,"炒信"的产业规模越来越大。也许有人还记得,今年央视"3·15晚会"曝光了众多网络刷单的黑幕,多个电商平台成为刷单重灾区。由于生意火爆,不少刷单群换了个"马甲",照样"风生水起"。这不仅误导消费者,也扰乱了市场竞争秩序,对行业的整体信誉损害极大。

"炒信"的兴起,与电商行业自身特点有关。互联网时代的平台信用,本身有巨大的价值。但"炒信"得以延续并发展到愈演愈烈的趋势,主要

还是因为治理不够坚决有力,助长了"劣币驱逐良币"的不良风气。据报道,某电商平台曾打掉过数千人的刷单团队,但因为相关法规的缺失,除了行政处罚和网络平台的自律措施,很难追究刷单组织者和参与者的其他法律责任。有刷单者表示:"查到了不会死,不刷只能等死"。部分商家对同行"开外挂"也很无奈,映衬出当前治理遭遇的尴尬。

遏制"炒信"行为,首先要加大处罚力度,提升违法成本,防止它变成一种难以剔除的商业潜规则。此次由政府和企业共同组织行动联盟,建立"黑名单"制度,把违规信息发布到全国信用信息共享平台,并对"炒信"主体进行查封或删除社交媒体账号,辞退并通报建议同业机构不予录用,这些联合惩戒的措施具体可行,无疑将对"炒信"者形成威慑力。

信用价值该怎么开发,不光是技术问题,也是需要主管部门、电商平台、商家共同回答的战略问题。信用不只是商家的招牌、商业的润滑剂,更是企业的立身之本。在商业信用能带来巨大经济价值的时代,商业信用值得"被很好地理解和管理",将其工具化绝对是一种严重的短视行为。一个企业的信用越高,可以提供的产品、服务范围就越大,这在跨界竞争中是一个莫大的优势。而使用欺诈手段炒作得来的"虚假信用",一旦暴露,只会失去人心,毁掉口碑,甚至危及整个商业信用体系。拿出刮骨疗伤的魄力,治理这个痼疾,才是正途。

守护信用文化,也是尊重一个社会基本的人际规则和价值观。从这个层面讲,打击"炒信"行为,不是选择题,而是必答题。我们要维护的,不只是消费者的利益,也不只是行业生态,更是整个社会的诚信。

(2016年10月28日)

烧旺党内政治生活大熔炉

关 航

> 党内政治生活必须常抓常严，防止政治灰尘和微生物污染、侵蚀党的肌体，筑牢从严治党的政治根基

"党要管党，首先要从党内政治生活管起；从严治党，首先要从党内政治生活严起"，习近平总书记视严肃党内政治生活为"全面从严治党的基础"。刚刚闭幕的党的十八届六中全会制定了《关于新形势下党内政治生活的若干准则》，正是要烧旺党内政治生活的大熔炉，筑牢从严治党的政治根基。

开展严肃认真的党内政治生活，是我们党的优良传统和政治优势。毛泽东在1929年的古田会议上，就提出了"使党员的思想和党内的生活都政治化，科学化"的命题。延安整风时期，南方局机关的一次党小组活动中，某部门的主要负责同志是大革命时期入党的老党员，听报告时总爱坐在门口的藤椅上跷起二郎腿。周恩来批评道："你在专心听报告吗？……党龄越长越要自觉遵守纪律啊！"正是在这样的传承与坚守中，党内政治生活的大熔炉，让一代又一代共产党人淬火成钢。

有什么样的党内政治生活，就有什么样的创造力、凝聚力、战斗力。马克思主义理论，有着强大的指导能力；政治纪律与政治规矩，产生管用的约束能力；民主集中制等制度，保障科学的决策能力；批评与自我批评，

激发有效的净化能力；走好群众路线，培育非凡的感召能力……这一切，造就了创造中国奇迹的政党能力、国家能力，书写于以"小米加步枪"打败"飞机坦克加大炮"的革命中，书写于在一张白纸上"画最新最美的图画"的建设中，书写于从"开除球籍"的边缘大踏步赶上世界的改革中，书写于决胜全面小康、迈向民族复兴的伟大进军中。

党内政治生活的炉子，如果长期不生火，或者生了火却没有足够的温度，就炼不出钢来。从践行群众路线，到推进"两学一做"学习教育，党的十八大以来，党内政治生活气象一新。然而也要看到，一些地方党内政治生活仍失之于宽、松、软，让大熔炉变成了"冷灶台"。比如，党内政治生活中，是非问题不开口，话到嘴边留半句，遇到矛盾绕着走。又比如，部分党组织对党员疏于管理教育，导致一些党员想来就来、想走就走，想说什么就说什么、想干什么就干什么。前段时间播出的专题片《永远在路上》中，落马者面对镜头剖析自己信念动摇、纪律松弛的问题，警示我们党内政治生活必须常抓常严，防止政治灰尘和微生物污染、侵蚀党的肌体。

邓小平曾经如此总结，"我们还有一个传统，就是有一套健全的党的生活制度。"严肃党内政治生活，很重要的一条就是建章立制、强化监督。从《中国共产党问责条例》，到廉洁自律准则、纪律处分条例、巡视工作条例，再到此次的党内政治生活若干准则、党内监督条例……近4年来，中央已经出台或修订党内法规50多部，超过现行150多部中央党内法规的1/3。制度"笼子"一再扎紧，必将让党内政治生活更有政治性、时代性、原则性、战斗性。

许多海外观察人士都曾提出一个问题：为何没有"反对党"监督，中国共产党也能自我纠错、不断壮大？一个重要的秘密，就在于中国共产党能够通过严肃认真的党内政治生活，自觉发现和解决问题。当此之时，改革进入攻坚期，发展进入深水区，需要"啃硬骨头""涉险滩"；党的建设也面临许多挑战，"四种危险""四大考验"都将长期存在。商品交换原则、个人利益最大化想法，难免会渗透到党内生活中；社会上的所谓人脉关系、庸俗交往，也难免会投射向党内政治生活。在这样的情况下，尤需我们严肃党内政治生活，把党治国理政的执政基础从内部筑实筑牢；尤需我们增强"四个意识"，让党更加团结统一、坚强有力，始终成为中国特色社会

主义事业的坚强领导核心。

新的伟大斗争在展开,新的伟大事业在召唤。以严肃的党内政治生活,烧旺炉子、筑牢基础、去除杂质,我们党就一定能不断自我净化、自我完善、自我革新、自我提高,引领中华民族走向伟大复兴。

(2016年10月28日)

在信访之初就把责任压实

张 璁

把信访责任压实在群众信访之初,并把压力传导到那些有权处理信访问题的责任部门,才能不断改进信访工作的效率和质量,真正让群众满意

党政机关领导班子主要负责人对本地区、本部门、本系统的信访工作负总责,信访工作考核结果作为对领导班子和领导干部综合考评的重要参考,对信访工作失职失责的问责"既要对事,也要对人"……中共中央办公厅、国务院办公厅近日印发的《信访工作责任制实施办法》,首次对信访工作各责任主体的责任内容进行了明确规定,厘清了许多实践中理解不一、难以界定或把握不准的问题。

信访工作是党和政府密切联系群众、了解社情民意的重要渠道,人民群众通过信访渠道反映问题、提出意见,也寄托着对党和政府的信任和期望。然而,毋庸讳言,信访不顺畅的现象在不少地方仍然存在,确有一些进京上访、赴省会城市越级上访和长年反复上访的群众,起初还向当地的基层信访部门反映过问题、提出过诉求,可要么吃了"闭门羹",要么遭遇"踢皮球",导致大量矛盾没能在第一时间、第一地点被化解,小问题被拖成了大问题。

把信访责任压实在群众信访之初,是此次《办法》要着力解决好的一

个问题。毕竟，许多现实矛盾，最终还要回到基层来解决。基层部门一旦责任失守，问题就会积累，矛盾就会上行。如果很多信访事件最后都需要到上级部门才能解决，容易在社会上形成一种不找"上面"就不能解决问题的错误认识，甚至产生"小闹小解决、大闹大解决、不闹不解决"的错误心态和不良现象。打破这种局面，需要从源头开始厘清信访责任。

强化源头治理，将矛盾纠纷化解在基层、化解在萌芽状态，符合信访工作的内在规律。造成越级上访的问题，有些是本身比较复杂的，有些则是被"拖"成复杂的。从解决矛盾的角度讲，做好最初接访，无疑效率最高。群众在信访过程中能否顺气，一是取决于矛盾的解决程度，二是干部的态度如何。因此，一开始就分解好工作责任、疏通好信访渠道，至关重要。

当前，我国正处于社会快速转型的阶段，社会矛盾易发多发，这是正常现象。问题是，如何让群众反映问题时有一个畅通的渠道、表达诉求时有一个良好的秩序、处理问题时有一套规范的机制、维护权益时有一个正确的导向？这是需要高度重视和解决好的。事实上，随着信访渠道的拓宽，信访程序的规范，近两年绝大多数上访者都能够理解接受依法逐级走访的规定，群众走访上行态势得到扭转，网上投诉数量和占信访总量的比例明显增加，信访秩序也有明显好转。

当然，解决信访问题光靠信访部门一家是办不好的，也是办不了的。现实中，信访部门往往是"小马拉大车"。形成依法逐级走访的良性格局，固然要强调信访工作的源头责任，还必须把压力传导到那些有权处理信访问题的责任部门。只有构建好"有权必有责、权责相一致"的责任体系，"失责必问、问责必严"的制度才能落到实处，从而形成基层属地抓、责任单位办、信访部门督的工作合力，最终让群众关心的信访问题及时得到解决。

问责只是手段，下大气力处理好信访突出问题，把群众合理合法的利益诉求解决好，才是信访工作的根本目的。尽管我国信访工作制度在日渐完善，但人民群众对解决矛盾的诉求也随之提高，只有在建章立制的基础上快马加鞭地落实信访工作责任，不断改进信访工作的效率和质量，才能真正做到让群众满意、让社会和谐。

（2016年10月27日）

让高校人才培养更有的放矢

赵婀娜

高校学位点有撤有增，结构不断优化，才能愈发有的放矢地培养人才，促使高校走内涵式发展之路，让学校、学生和社会在互相调适中实现共赢

日前，国务院学位委员会公布《关于下达2016年动态调整撤销和增列的学位授权点名单的通知》，共有25个省份的175所高校，撤销576个学位点，同时有178所高校增列了366个学位点。这是2014年初《学位授权点合格评估办法》实施以来，高校学位点调整涉及范围最广、调整数量最多的一次，标志着高校学位授权点评估和调整步入常态化。

学位授权点的多少，不仅能反映出一所高校的育人与科研水平，也直观体现着它在全国高校矩阵中的地位。长期以来，我国高校学位授权点只增不减，导致了竞相申请、一味追求数量尤其是博士点数量的倾向，大家都不惜跑关系、拉资源，个别高校甚至直接将它作为评估校领导功绩的重要指标。但由于缺乏必要的评估、质量监测手段，使得不少高校学位点人才培养的质量不尽如人意，毕业生无论在科研学术水平还是岗位适应性方面，都有些跟不上时代发展的需要。

正是在这个背景下，学位授权点动态调整的机制应时而生。早在2014年初印发的《学位授权点合格评估办法》中就明确要求每6年进行

一轮合格评估，不合格或不适应社会需求的则要调整或撤销；国务院学位委员会2015年底又下发通知，对博士、硕士学位授权学科和专业学位授权进行动态调整。今年初，国务院学位委员会对2009年—2011年获得授权的2000余个学术和专业学位授权点进行专项评估，公布了不合格与限期整改名单。

学位点的撤销，有两类原因。一方面是高校主动"挤水分"，过去学位点设置相对比较松，很多学校一窝蜂地追捧新专业，回过头来看却发现并不成熟，最终不得不放弃这些"鸡肋"专业；另一方面是社会需求变化使然，尤其是就业市场的压力，让一些曾经的热门专业被打入冷宫。比如，此次被撤销最多的学位点，就是一度被视为"香饽饽"的软件工程。

高校学位点的调整，对在读学生不会造成太大影响，因为，不管这个学位点是否撤销，学校都会为学生负责到底，直到他们拿到学位毕业。调整学位点试图改变的，是高校的质量标准和发展方向。这次撤销的576个学位点中，学术学位点是专业学位点的4倍之多；在新增的学位点中，专业学位点增加近160%，其中包括网络空间安全、生物技术等以往布点少、但当下为国家急需的专业方向。学位点的开设更加重视社会需求与实际应用，总体上讲对学生是有利的。而人才培养愈发有的放矢，对学校的声誉从根本上也是有利的。

当前，我国正在加快高校的"双一流"建设，高等教育的供给侧改革势在必行。根据形势变化调整学位点，正是一个重要的着力点。只有高校学位点有撤有增，结构不断优化，才能挤干高校人才培养过程中的"水分"，促使高校从争取学位点数量、盲目扩大招生规模等外延式扩张，转向关注育人质量的内涵建设之路，让学校、学生和社会在互相调适中实现共赢。当高校真正面向社会、注重质量、突出特色、育人为本，一流大学、一流学科的建设才能水到渠成。

（2016年10月26日）

老年教育,让夕阳生活更优雅

王石川

"壮心未与年俱老",只要心态年轻,何惧岁月催老?只要不断学习,人生自会开阔

"活到老,学到老。"继续受教育,既是老年人的权利,也是需求。国务院办公厅近日印发《老年教育发展规划(2016—2020年)》,对加快发展老年教育、扩大老年教育供给、创新老年教育体制机制、提升老年教育现代化水平做出部署。

步入人生的黄昏,有人选择含饴弄孙,尽享天伦之乐;有人选择行万里路,饱览名山大川;也有人发愤忘食、乐以忘忧……不同的选择拼接成斑斓多姿的晚年生活。在我们身边,更有不少"老骥伏枥,志在千里"的案例。去年媒体报道,西南大学美术学院有一位81岁的旁听生,蹭课六年,只为学画,年轻学子在感佩之余,送上雅号:学霸爷爷。"谁道人生无再少,门前流水尚能西。休将白发唱黄鸡。"谁说受教育只是年轻人的权利?谁说人到老年只能任凭岁月摆布?学习是一生之事。可惜,对于不少老年人来说,继续受教育是奢侈的,能进入老年大学更是可望而不可即。究其因,老年大学"一位难求",比如安徽合肥市老年大学,每到招生之际,报名异常火爆。"一共249个班,所有教室全部坐满,招生人数已极度饱和。"

一边是旺盛的求知欲,一边是挤不进的校门,这让多少老年人引以为

憾?缺老年大学、缺师资力量、缺资金投入,弥补现实中的这些缺憾,既是制度设计的过程,也是制度落地的过程。事实上,《中华人民共和国老年人权益保障法》早就明确规定:"老年人有继续受教育的权利。国家发展老年教育,把老年教育纳入终身教育体系,鼓励社会办好各类老年学校。"此次《规划》的出台,可谓让权益落地。《规划》提出了发展老年教育的五项主要任务,其中摆在首位的即是扩大老年教育资源供给,优先发展城乡社区老年教育,促进各级各类学校开展老年教育,推动老年大学面向社会办学。弥补短板,迈出扩大资源供给这关键一步,接下来的难题才有可能迎刃而解。

《规划》提出,到2020年,以各种形式经常性参与教育活动的老年人占老年人口总数的比例达到20%以上。而据统计,截至2015年底,全国60岁及以上老年人口2.22亿人,占总人口的16.1%。在4年多时间里,起码要满足四五千万老年人经常性参与教育活动,这需要教育、组织、民政、文化、老龄委等部门密切配合,也需要完善经费投入机制,增加对老年教育的投入。

对子女而言,也有责任体谅父母艰辛,帮助他们获得新知识和掌握新技术,比如使用微信、学习上网,等等。同时,要注意避免把"老年教育"变成"教育老年"。老年人阅历丰富,自主意识强烈,如果像训导学生那样训导他们,难免适得其反。再比如,不能简单以为老年人的诉求只是衣食住行,而不愿意正视老年人在文化、教育等方面的需求。此外,也不能让农村老年人成为被遗忘的群体。不少农村老年人的精神世界趋于荒漠化,最需要受教育,却最缺乏条件受教育。

"保持健康心态和身体,就要靠这样积极进取的精神。从你们的读书活动中我得到很多启示。"在一家敬老院,看到开展读书读报活动的老年人时,习近平总书记如是说。"壮心未与年俱老",只要心态年轻,何惧岁月催老?只要不断学习,人生自会开阔。随着老年教育不断推进,相信每个人都可以更优雅地老去,拥有更丰富的人生。

(2016年10月25日)

农业现代化仍需奋起直追

高云才

尽管我国农业现代化取得了历史性的伟大成就,但依然是全面建成小康社会的短板。如果说工业已经具备向4.0进军的实力,那么农业现代化还处于2.0到3.0阶段,仍然需要奋起直追

从南到北的秋收接近尾声时,国务院印发了《全国农业现代化规划(2016—2020年)》,对现阶段农业现代化特征作出了明确的基本判断,即我国农业现代化已具有坚实基础,进入全面推进、重点突破、梯次实现的新时期,为我国农业现代化的又一次飞跃提供了有力的政策导向。

历史经验反复证明一个真理:农业的根本出路在于现代化。它是全面建成小康社会的基础,也是国家现代化的基础和支撑。没有农业现代化,国家现代化是不完整、不全面、不牢固的。中国哪一个方面的发展,都离不开农业现代化的坚实支撑。我国经济超过30年快速增长,在国际舞台上步履坚定,粮食产量"十二连增"、农民收入增长"十二连快"等农业发展的贡献功不可没。

从发展阶段看,我国农业现代化已经取得了历史性的伟大成就,进入了一个新的历史时期。目前,我国农田有效灌溉面积占比超过52%,农业科技进步贡献率达到56%,农作物耕种收综合机械化水平超过63%,农作物良种覆盖率稳定在96%以上,主要农产品加工转化率超过60%。但是,

农业现代化发展水平仍然相对滞后,同工业化、信息化相比,依然是我国全面建成小康社会的短板。如果说工业已经具备向4.0进军的实力,那么农业现代化还处于2.0到3.0阶段,还需要奋起直追。

从均衡发展的要求看,农业现代化的基础仍不够牢固,历史欠账还很多。目前我国城镇化率是56.1%,还有43.9%的户籍人口在农村,他们的平均综合生活水平还低于城镇。在广大农村人口中,截至去年底,还有5575万人处在国定贫困标准2800元以下。因此,深化改革依然是农业现代化的灵魂和主线。从土地承包制到农村税费改革,从承包地"三权分置"到林权改革,从农村宅基地制度到农村新型经营主体改革,都需要进一步凝聚改革的意志、决心、经验和智慧。

一个13亿人的大国实现现代化,在人类历史上没有先例可循。中国的发展注定要走一条属于自己的道路,这是我国农业现代化必须牢牢把握的主线。尽管在新形势下,农业发展的主要矛盾已经由总量不足变为结构性矛盾,但是农业现代化的战略方向没有变,还是要坚持以我为主、立足国内、确保产能、适度进口、科技支撑的国家粮食安全战略,确保谷物基本自给、口粮绝对安全。我们这样一个大国,决不能把"吃"的主导权交由他人。那种认为粮食不够就可以从他国购买的观点,短期看上去可行,长期来讲必有隐忧,粮食安全不容丝毫闪失。在此基础上转变发展方式,推进农业供给侧结构性改革,提高农业综合效益和竞争力,才能走出一条产出高效、产品安全、资源节约、环境友好的农业现代化发展道路。

党中央、国务院关于农业现代化的部署和安排,为"三农"发展沿着正确的轨道前进校准了定盘星,不能因为面临经济新常态中的新困难、新问题而动摇或打折扣,犯下战略性错误。倘若农业现代化停在半山腰上,人民的饭碗就会堪忧。只有保持发展定力,农业现代化才能为中华民族的伟大复兴奠定坚实基础。

（2016年10月24日）

为捍卫英雄划出法治底线

支振锋

> 英雄是牺牲者,英雄的牺牲成就了其人格的伟大,英雄荣誉事关一个国家、社会和民族的价值追求与道德理想

日前,最高人民法院发布了依法保护"狼牙山五壮士"等英雄人物人格权益的典型案例。这是人民法院对贬损、侮辱英雄人物行为的鲜明表态,也是对以法治保护包括英雄人物在内所有社会成员合法权益、维护社会主义核心价值观的有力倡导。

互联网带来前所未有的交流便利,但也为歪曲历史、恶搞先贤、抹黑英雄等言论提供了舞台,导致舆论场泥沙俱下。一些人滥用言论权利,连狼牙山五壮士、邱少云烈士、方志敏先烈等英雄人物也横遭玷辱。孙杰(微博名"作业本")侮辱邱少云烈士案中,在孙杰败诉的情况下,仍有少数人以"言论自由"来批评法院判决。但这些人忘记了,言论权利是有法律边界的,如果违反了法律,任何人都要承担相应责任。即便按照国外有些案例所确立的"实际恶意"原则,也可以发现,孙杰对邱少云和赖宁两位烈士的言论,已超出了正常言论的范围,而是对烈士人格的贬损与侮辱,需要承担侵权责任。人民法院的判决,事实清楚确凿,法律依据充分,法理根基坚实。

对英雄人物的恶意贬损与侮辱,伤害的不仅仅是英雄及其近亲属的感

情与利益,还有损社会利益,构成了对社会公众的冒犯。有些英雄或烈士可能并没有近亲属,即便英雄尚在世或者有近亲属,有时也无法对侮辱者所损害的社会利益提起主张。因此,法律应该针对这种情况做出相应的制度安排。比如,可授权英雄的家乡、原单位或者原居住地检察机关代为提起公益诉讼;同时,在明显涉嫌构成侮辱、诽谤并且情节极为恶劣,甚至妨害社会秩序的情况下,经严格依法查实可处以治安处罚甚至追究刑事责任,等等。

一些国家在法律上对公众人物的名誉权进行了限制,但英雄的荣誉必须得到尊重,因为和公众人物不同,英雄是牺牲者,英雄的牺牲成就了其人格的伟大,英雄荣誉事关一个国家、社会和民族的价值追求与道德理想。每个国家都有自己所珍视的传统、价值与道德,它们应该是一个社会基本的共识和底线,而非任何人都能随便讽刺、唾弃、贬损、侮辱甚至诽谤的情绪发泄对象。因此,根据一个国家自身的价值诉求与文化传统,以法律的形式维护英雄的荣誉,应该是立法机关理直气壮的选择。更重要的是,必须在一个国家或社会形成一种热爱英雄、维护英雄的浩然正气。国家和社会都有责任回击历史虚无主义的逆流,告慰九泉之下的烈士及其家属,制止网络空间中的侮辱谩骂与诽谤,还英雄以清白、给舆论定是非。

今年里约奥运会上,一个美国运动员在团体赛中夺冠,颁奖礼奏国歌时,因没有把手放在胸口上而受到美国网民的围攻,哪怕这个年仅21岁的小姑娘曾为美国夺得金牌;2012年,一名马萨诸塞州女子在阿灵顿国家公墓"保持安静与敬重"的告示旁,明目张胆地竖起中指尖叫并拍照上网,结果遭到美国网民举国共讨。类似例子,在美国以至于西方都不胜枚举。这说明,每个国家、每个民族和每个社会,都有其心理最柔软的部位,无礼挑战者,当然应付出代价。

中国历来是敬重英雄人格、传诵英雄事迹的礼仪之邦,当前,尤须依法保护包括英雄人物在内所有社会成员的人格权益,以法治保障社会主义核心价值观;全社会都要为维护英雄荣誉划出一条底线,真正形成全社会尊重英雄、爱护英雄的共识,并成为任何人都不能轻易碰触的红线。

(作者为中国社会科学院法学研究所副研究员、
《环球法律评论》杂志副主编)

(2016年10月21日)

中国电影,升级需要"新力量"

刘 阳

中国电影要实现更健康、更长远的发展,必须重新塑造大银幕的优势,不断地吸收电影新力量,以优秀的质量吸引更多观众走进影院

"中国电影已经到了必须通过质量提升来实现产业升级的阶段。"在日前的第二届中国电影新力量论坛上,针对有些人提出的票房滑坡"拐点论",多位业内人士表示,中国电影的发展需要产业本身转型升级的"新力量"。

年初至今的电影市场,呈现出微妙的态势。一方面,主流影片《湄公河行动》突破10亿票房大关,被赞为奇迹;另一方面,个别月份出现了单月票房负增长,引发社会关注。有人悲观地认为,中国电影出现"拐点"、遭遇"寒冬",其实这并不符合实际。事实上,今年的电影市场虽然增速放缓,但仍然保持着多年不变的增长状态,不仅远远高于北美、欧洲等其他地区和国家电影市场的增幅,也高于中国国民经济整体增长幅度。

电影市场增速放缓,本身有着多重因素。首先,去年作为电影公司营销手段,意在降低票价吸引观众的数十亿元"票补"资金在今年退出,让市场冷静了很多。其次,互联网对院线电影的冲击,比以往更加强烈,网络电影、网络电视剧、网络直播发展迅速,影片院线上映与网络播出的窗口期日益缩短,都为观众选择互联网观影提供了更多理由。而这些变化,

也为中国电影吸纳"新力量"带来了机遇。

机遇来自中国电影市场的逐渐成熟。经历了产业化改革以来的第一轮市场培育后,一大批观众伴随着中国电影市场的发展一起成长,他们对中国电影的艺术质量有着更高的期待。同时,电影年产量700部左右,市场投资主体1500家左右,全国银幕总数近3.8万块,观影人次同比增长12.3%,市场容积率达年400部左右……所有这一切,都决定了中国电影要实现更健康、更长远的发展,必须不断地吸收电影新力量,以高品质吸引更多观众走进影院。

中国电影发展需要的新力量,不仅包括年轻的电影创作者和从业者,任何在电影语言、电影技术、电影管理方式等方面有所创新的创作者和从业人员,都应当被纳入中国电影新力量的范畴。这其中,既有青年创作者对先进电影技术的应用,也有老一代对传统电影拍摄方式的二次创新;既有青年人对先进电影工业管理体系和方法的学习借鉴,也有老一辈电影工作者对中国电影发展规律的现代性改造。

曾几何时,人们在谈论中国电影导演队伍时,用"青黄不接"来描述人才匮乏的尴尬;在谈论电影的资金来源时,用"四处化缘"来表达窘迫。今天的中国电影市场上,百度、阿里巴巴、腾讯等互联网公司纷纷进军电影行业,中影、上影、华谊兄弟、光线影业、博纳影业等传统电影企业也仍然保持着旺盛的创作和生产能力;乌尔善的《寻龙诀》、陆川的《九层妖塔》、周星驰的《美人鱼》和即将上映的张艺谋执导的《长城》等,让人惊讶于中国电影工业水平的迅速提升;年轻一代的贾樟柯、曹保平、韩延、薛晓路等导演,也在努力将现实主义的电影语言和观众审美需求相结合,推进传统电影表达方式的升级。

今天,中国电影的观众越来越多,对电影消费的需求越来越多元和旺盛,人们有理由对中国电影的未来充满信心,因为新力量的生长令她始终葆有青春。

(2016年10月20日)

中国减贫是对人权的贡献

杨永纯

白皮书的发布体现了中国人权行动计划不落窠臼、不迷本本，以政治担当和务实举措保障了贫困人口的生存权和发展权，而这也正是中国扶贫事业的历史意义所在

"消除贫困是人类梦寐以求的理想，是各国人民追求幸福生活的基本权利。"日前，《中国的减贫行动与人权进步》白皮书发布，人们对白皮书列举的减贫行动与中国人权事业发展成就表达了极大兴趣，中国扶贫事业在各种传播平台广受关注。

不久前，习近平总书记对全国脱贫攻坚奖表彰活动作出重要指示强调，全面建成小康社会，实现第一个百年奋斗目标，一个标志性的指标是农村贫困人口全部脱贫。中办国办刚刚印发的《脱贫攻坚责任制实施办法》，为精准脱贫和保障贫困地区发展权设定了责任目标。而白皮书的发表，有力表明了：中国扶贫事业不仅是致力于人民幸福尊严生活的经济社会发展战略，也是保障公民平等发展权利的国家人权行动计划。

中国扶贫事业从保障贫困人口生存权出发，到列入国家人权行动计划，呈现出清晰的发展脉络，并生动地体现在百姓的命运中。宁夏海原县甘城乡村民杨宏智一家30多年的变化，就是一个具体的缩影。1982年国务院"三西"专项扶贫计划启动时，他们全家五口人挤在不到30平方米的窑洞里；

1994年颁布实施《国家八七扶贫攻坚计划（1994—2000年）》时，他们一家在政府扶助下有了自己的院落；2001年和2011年先后颁布实施十年农村扶贫开发纲要期间，全家终于实现了"青砖瓦房、电视电话"；2015年11月中央扶贫开发工作会议颁布《中共中央国务院关于打赢脱贫攻坚战的决定》时，杨家已经成为全乡扶贫攻坚的"领头雁"；2016年10月17日，杨宏智在自家舒适明亮的易地搬迁居民楼里，用自己的电脑逐字阅读了《中国的减贫行动与人权进步》白皮书……

"每一个人都能从中看到中国减贫事业对人权的保障意义"，有专家这样评价白皮书的内容。从消除贫困的宏伟成就到公民发展权利的责任定位，从基础权利的扎实保障到根本权利的价值倡导，从国家减贫战略的宏观部署到人权行动的切实推进，从国内扶贫的精准施策到国际减贫的援助贡献，白皮书的字里行间，反映了国家意志、人民心声、社会共识，凝聚了国家和社会的发展决心、治理智慧、攻坚精神。惟其如此，中国的贫困治理理念才引起广泛共鸣，中国扶贫事业攻坚克难才指日可待。

"中国的减贫行动是中国人权事业进步的最显著标志"，30多年7亿多减贫人口、70%以上的全球减贫贡献率、近4000亿元人民币的国际减贫援助、60多万国际扶贫援助人员、向69个国家提供医疗援助、为120多个发展中国家落实千年发展目标提供帮助……这些足以载入人类社会发展史册的数字，以最具说服力的事实，体现了中国人对世界人权事业的务实贡献。人权不是空悬的旗帜，更非浓妆的脂粉，也非"训导"他者的教条，白皮书的发布体现了中国人权行动计划不落窠臼、不迷本本，以政治担当和务实举措保障了贫困人口的生存权和发展权，而这也正是中国扶贫事业的历史意义所在。

"大道之行也，天下为公"，自我发展权利和公平正义是人类共同的美好追求。中国的减贫行动与人权进步的成就，体现了扶贫导向从保证生存到保障人权的价值之变、精神之变。也只有从保障人权的宏阔视野，才能以时不我待的历史主动性，推动中国扶贫事业的全面发展。

（作者为国务院扶贫办中国扶贫杂志社总编辑）

（2016年10月19日）

制度筑墙，让欺凌远离校园

张　璁

> 对校园欺凌的治理工作将从注重事后惩戒，转向涵盖事前、事中和事后的综合治理，用制度编织起一张防治校园欺凌的安全网

针对不时进入公众视野的校园欺凌现象，据媒体报道，教育部正会同中央综治办等8个部门，研究制定《关于防治中小学生欺凌和暴力的指导意见》，拟于11月底前出台。与此同时，对校园欺凌问题突出的地区和单位，教育部还将根据相关要求，通过通报、约谈等方式进行责任追究。

即将出台的这份意见，最引人关注的特点就是强调事前的"防治"，即通过建立早期预警等机制，对可能发生的欺凌行为做到早发现、早预防、早控制，从而起到未雨绸缪的作用。这一特点，反映了一段时间以来人们对校园欺凌现象的认识变化。从最开始社会公众对这一现象的震惊、愤怒，到后来要求严厉处罚甚至刑事处罚的争论，再到目前的综合施治，人们对校园欺凌现象经历了一个由情绪宣泄到理性寻求对策的转变。

校园欺凌是世界各国都面临的棘手难题。从国际经验看，问题发生后的亡羊补牢固然是必须的，但防患于未然才应是日常治理的重心。据教育部统计，今年5—8月共有68起欺凌事件发生，相关责任人都得到了严肃处理，欺凌事件频发的势头得到了遏制。相信，随着指导意见的出台和实

施，早期预警及事后干预等机制、重大欺凌事件台账制度等制度的逐步建立，对校园欺凌的治理工作将从注重事后惩戒，转向涵盖事前、事中和事后的综合治理，用制度编织起一张防治校园欺凌的安全网。

治理思路的变化，也呼唤社会公众对校园欺凌采取更加成熟理性的态度。以往，尽管这种现象存在于校园之中，却常常难以被社会公众所了解，原因之一就在于，校园欺凌往往被学校视为"家丑"，生怕张扬出去"有损颜面"，因此极力淡化。另一方面，家长与学校对于轻微欺侮行为没有从一开始就给予足够重视，导致未能及时对这种行为予以制止和惩戒，让问题愈演愈烈。所谓的"破窗效应"，在校园欺凌中尤为明显。因此，对可能的欺凌行为做到早发现、早预防、早控制，并在制度上固定下来，其重要性怎么说都不过分。

校园欺凌治理得好与坏，关乎每一个学生的健康成长。这不仅指那些遭遇欺凌的受害者，也包括那些实施欺凌行为的孩子。在校园欺凌中，那些被侮辱、敲诈、勒索甚至身心受到严重伤害的学生，作为"看得见的受害者"理应得到及时保护，同时，我们也不应忘记，施暴的孩子某种程度上也是"看不见的受害者"，他们的身后往往是紧张破碎的家庭关系、备受排挤的人际关系、无法自拔的生活恶习，等等。在人格与行为还未定型的青少年阶段，他们更需要有人拉一把、扶一下。一次及时的纠正，一声真诚的关怀，或许就是他们人生的转折点。

习近平总书记日前就加强和创新社会治理做出重要指示，要求提高预测预警预防各类风险能力。校园欺凌现象作为当前社会安全领域的"风险点"，尤须预测预警预防的制度化。也要认识到，徒法不足以自行，面对校园欺凌，需要站出来的不仅是政府，学校、家长和全社会都在其中有自己的一份责任。当相关各方都参与进来，我们今天在治理校园欺凌上取得的共识才能走得更远。

（2016年10月18日）

正视食品消费升级的治理短板

彭 飞

互联网时代,食品监管不仅要在技术上更新换代,更要在治理思维上跟上潮流,方能让消费者香在舌头、甜在心头

热水与面饼的碰撞、料包与菜包的融合,一碗泡面曾是多少人不可磨灭的餐桌记忆。然而,最新数据显示,我国方便面销量已持续5年下跌。2015年,方便面产量较上年下跌8.54%,销售额同期下跌6.75%。记忆中的美好,难掩整个行业的疲态。

泡面市场的冷热转变,与我国食品消费转型升级密切相关。随着国人物质生活水平蒸蒸日上,显露颓势的不仅是方便面,相比刚进入中国时的风光,洋快餐近几年也已跌下神坛。曾经,家长以一顿麦当劳作为奖励孩子的"美味",如今却是实在没得选时,才同意孩子吃炸鸡汉堡。父母的选择变化,不仅是因为兜里钱包鼓了,更缘于头脑中更加健康的食品消费理念。

在日益升级的食品消费理念中,健康只是最基本的要求。色香味俱全、食材新鲜,才是中国人评价美食的标准。即便在匆忙的高铁上,大家也为更可口的盒饭发出吁求;就算偏居一隅,也可以通过电商搜罗天南海北的美食。这些食品消费的新理念、新需求,呼唤"供给侧"要跟上。近些年来,"互联网+美食"成为快速发展的新兴业态。穿梭于大街小巷的外卖小哥,

打通舌尖上的"最后一公里";在外卖平台的穿针引线下,食客与餐馆完美相遇,也难怪千篇一律的方便面被消费者抛诸脑后。如今,无论是食品产业上游的食材采购、加工,还是下游的营销、推广,背后都暗藏着伴随行业创新出现的奇思妙想,食客在不经意间总能有意外之喜。

新兴业态自然带来新的问题。食品消费转型升级,需要食品监管同频共振。送餐平台中的黑餐馆、网购大闸蟹时的"李鬼"阳澄湖、美食公众号的虚假宣传……这些伴随"互联网+"而来的新烦恼,也是给监管部门带来的新挑战。从本月开始实施的《网络食品安全违法行为查处办法》,以及各地执法部门的新举措,都试图重新定义"互联网+美食"中的权利义务关系,赋予网络平台更多责任,加强对私人厨房、小饭馆的监管。互联网时代,食品监管不仅要在技术上更新换代,更要在思维上跟上潮流,方能让消费者香在舌头、甜在心头。

民以食为天,舌尖上的安全直接关系老百姓身心健康,一旦出现问题往往难以挽回,因此,食品监管不仅要转型升级,还要防患于未然。习近平总书记日前就加强和创新社会治理作出重要指示,强调"提高预测预警预防各类风险能力",这对于食品安全领域的社会治理同样具有重要指导意义。各地执法部门相继约谈当地网络送餐平台,对入驻其中的商家提高准入门槛,同时加强对食品行业上游企业的突击检查,从食品原材料开始把关,等等。这些都是想把工作做在前面,从源头上遏制可能出现的安全风险。建立和完善食品安全的预警机制,消费者才能吃得更加安全放心。

"吃了吗?"这句最独特的问候,体现着饮食在中国人日常生活中的重要性,没有哪个国家的饮食文化能与中国相媲美,更没有哪个国家的食品市场规模能与中国平起平坐。食品产业是"永不衰落的朝阳产业",但食品消费的转型升级可能随时发生,食品安全领域仍存在着不小风险。面对"冷去的那一碗泡面",面对变幻莫测的舌尖风潮,我们始终不应放手的,是食品背后,人们对健康的渴望、对生活品质的追求。

(2016年10月17日)

以创新下好社会治理"先手棋"

张 洋

> 提高预测预警预防各类风险能力,主动出击,杜微慎防,应该成为今后加强和创新社会治理、进一步提升群众安全感的必然趋势和重要任务

加强和创新社会治理,是提高人民群众安全感的重要途径。日前,习近平总书记就此作出重要指示,要求提高社会治理社会化、法治化、智能化、专业化水平,提高预测预警预防各类风险能力。这一指示将推动社会治安综治领域从"后置"变为"前置",从"被动"转为"主动",有效增强人民群众的安全感。

近年来,各地政法综治部门不断加强和创新社会治理,努力确保社会和谐有序。但与此同时,我国仍然处于高风险社会,突发事件、安全事故等易发多发,社会矛盾纠纷多元复杂,一些新业态在兴起发展的同时,也给公共生活带来新风险。不论是传统的社会治安,还是食品药品安全,以及随着网络社会的到来而出现的新型犯罪,都给社会治理工作带来了挑战。比如,安全隐患排查工作如能更加细致,有些事故就不会发生;多一些应急处置的预演和预案,有些损失或许就可以避免。大量案例提示人们,如果将原本"后置"的环节提到前面,将会减少很多风险。

未雨绸缪,有些地方已经走在前面。以征地拆迁为例,很多人的感觉

是"天下第一难",笔者近日在江西南昌却看到,这里的征地拆迁规模不小,总体进度却平稳有序。之所以如此,一个重要原因是当地有关部门在拆迁工作尚未启动时,就组织专门力量调研社情民意,做足风险评估,并有针对性地开展群众工作,把矛盾纠纷化解在萌芽状态。又如,针对电信网络诈骗,上海、吉林、湖北、深圳等地建立反电信网络诈骗中心,实行防范、打击、治理一体化,颇见成效。一系列社会治理成功经验表明:下好社会治理"先手棋",防患于未然,平安就会越来越多。

实际上,当前互联网的迅猛发展,也为下好社会治理"先手棋"提供了可能,为社会风险系数、群众安全感的"一降一升"提供了条件。以往,公安机关流传着一句话,"打击犯罪永远比不上犯罪的速度"。如今,随着社会治安防控体系的建立健全,互联网技术的嵌入运用,一些过去"想到做不到"的事情逐渐变成了现实。比如,公安机关不仅可以借助视频监控系统精准定位犯罪嫌疑人,快速将其绳之以法,还可以在此基础上进行大数据分析,科学预测违法犯罪的多发区域、高发类型等,有针对性地发出预警提示。又如,针对非法集资案件多发的情况,山东等地运用大数据等技术手段,加强对可疑资金和人员的监测和预警,避免群众财产安全蒙受损失。

凡事预则立,不预则废。实践证明,事发后的及时处置是社会治理的基本要求,在此基础上,提高预测预警预防各类风险能力,主动出击,杜微慎防,应该成为今后加强和创新社会治理、进一步提升群众安全感的重要任务。这就要求各地政法综治部门进一步增强工作主动性,既要审时度势,精准把握新形势下各种风险,又要改革创新,丰富完善风险防范、平安建设的体制机制。如今很多地方不断加大科技投入,"互联网+社会治理"渐成风气,下一步应该进一步加强智能开发、深度应用,拿出更多的科技"杀手锏",使其对社会乱象的判断力、威慑力越来越强。

国泰民安是人民群众最基本、最普遍的愿望。在社会治理这项系统工程中,预测预警预防机制相当于风险的"瞭望塔"。对风险的识别和预警越精确及时,平安中国建设的主动性就会越强,人民群众的安全感也将随之不断提升。

(2016 年 10 月 14 日)

大学生就业,观念须"松绑"

白 龙

从教育主管部门到高校、家长和用人单位,应该给毕业生更多的选择,让他们可以更加从容、自主地设计自己的职业规划和人生道路

进入十月,各高校的校园招聘陆续升温。当大家都在关心"大学生就业哪家强"的时候,却出现了一种被媒体称为"慢就业"的现象,即部分毕业生不急于求职和求学,而是让自己暂时处于待定状态。怎么看待这一选择,成为近来媒体讨论的话题。

对"慢就业"持批评态度的声音认为,这是在为那些不努力的年轻人开脱。比如有人"犀利"地指出,"慢就业要么是懒,要么是啃老",认为这部分年轻人缺乏责任感和独立意识。况且,在就业行情并不乐观、就业焦虑弥漫的情况下,一味提倡"慢就业"容易被人理解为站着说话不腰疼。据估算,2017年全国高校应届毕业生在700万人以上,这个数字再加上留学归国人员和往届毕业生,求职人数将更为庞大。在激烈的就业竞争面前,递简历的动作慢一步都有可能错失良机,再提倡"慢就业",岂不是把人往坑里带?

事实上,与其说"慢就业"是一种主动选择,毋宁说是当前大学生就业形势带来的客观趋势。面对日益激烈的求职竞争,部分大学生"错峰就

业"，让自己有更多的时间用来积蓄力量，或者四处走走、多看看就业市场，这本身无可厚非，也应当是一种多元选择的权利。有些主动"慢就业"的毕业生，在就业理念方面可能比想象中更成熟。比如，他们会更加看重专业是否对口、薪酬是否合理，如果一时找不到合适的工作，宁愿再等等看，毕竟"入错行"的代价可能会很大。还有一些毕业生选择继续考研、考公务员，或者准备各种资格考试，提升自己的就业含金量，等等。这些选择，都很正当，也大都值得支持。和"拣到篮子里都是菜"的就业心态相比，这其实是成熟、理性的表现。

就业的"快"与"慢"之所以备受关注，某种程度上折射了我们在就业观念上的焦虑心态。对高校来说，这种焦虑感的重要来源，就是目前对大学生就业的统计方法，即采用毕业时间一次就业率和毕业当年年底就业率，使得大家都为就业快慢而烦恼。这一统计方法在提高就业积极性、督促高校就业指导工作等方面有其积极性，但无形中也放大了焦虑心态。不时见诸媒体的高校就业率"注水"或"造假"现象，不得不说和就业率这个"硬杠杠"有莫大关系。

如果说"慢就业"已经成为就业现实的一部分，那么从教育主管部门到高校、家长和用人单位，应该给毕业生更多的选择。在保证大部分人顺利就业的同时，也应该允许部分毕业生更加从容、自主地设计自己的职业规划和人生道路，给高校和学生都"松绑"。比如，能否参照国际标准，采用毕业后一定年限再统计就业情况的办法，让不管是"慢就业"还是"快就业"，都是"好就业"？又如，一些用人单位能否刷新观念，消除各种或隐或显的就业歧视，让毕业生们在更加公平的起跑线上竞争？等等。这些与其说是大学毕业季面临的困惑，不如说是给全社会的一道考题。

（2016年10月13日）

以市场化法治化方式去杠杆

贾 壮

> 降低企业杠杆，化解债务风险，政府既不能采取"父爱主义"式的盲目兜底，也不能罔顾市场主体意愿进行"拉郎配"

日前，陷入债务违约风波达半年之久、备受关注的东北特钢正式进入破产重整程序。这是企业因杠杆率过高导致债务违约的一个典型案例。此次通过破产重整的方式处理债务问题，以平等保护各方主体利益、实现企业再生，体现出降低企业杠杆率的决心，也凸显了处理债务违约问题过程中的市场化和法治化原则。

当前，我国企业杠杆率高企，企业债务负担较重，在国际经济环境复杂和国内经济下行压力较大的情况下，一些企业经营困难增大，一定程度上导致债务风险上升。因此，有效降低企业杠杆率，切实化解债务风险，是微观上推动企业走出经营困境和宏观上助力供给侧结构性改革的重要抓手。国务院近日出台的《关于积极稳妥降低企业杠杆率的意见》，正是基于以上考虑。意见明确要求以市场化、法治化方式降低企业杠杆率，开展市场化债转股，以有效防范和化解债务风险，助推经济转型升级。纵观文件全文，市场化是最重要的关键词，这与"让市场在资源配置中起决定性作用"的精神一脉相承。

意见提出的多项降杠杆措施中，债转股最受关注。与世纪之交那轮政

策性债转股相比,本轮债转股最大的特点就是坚持市场化和法治化。比如,对转股对象企业进行市场化选择,对转股资产进行市场化定价,债转股所需资金进行市场化筹集,转换的股权进行市场化管理和退出,等等。降低企业杠杆,化解债务风险,关键问题是厘清政府与市场的边界,政府既不能采取"父爱主义"式的盲目兜底,也不能罔顾市场主体意愿进行"拉郎配",只有在法治的框架内,通过市场化手段发现价格,才有可能实现各个市场主体的利益最大化。

重视市场的力量,并不意味着政府可以作壁上观,"更好发挥政府的作用"应该体现在营造良好的市场与政策环境上。以往的实践表明,如果市场环境不够健全,债转股的过程中极其容易滋生逃废债现象。近期出现的一些债务违约事件当中,债权人关注的焦点之一正是如何防止债务人恶意逃废债。所以,要想把降低企业杠杆率的政策落到实处,各级政府必须肩负起健全制度环境的重任,加强社会信用体系建设,防范道德风险,严厉打击逃废债行为,防止应由市场主体承担的责任不合理地转嫁给政府或其他相关主体。

找准病因对症下药,方能避免陷入去杠杆和高杠杆的循环。客观地说,我国经济虽然面临杠杆过高的困扰,但杠杆水平与世界上主要经济体相比仍属中等水平,所谓"债务危机"之类的说法实属危言耸听。就企业来说,应当按照市场化的规律,建立更具约束能力的公司治理结构,引入更具竞争力的技术手段,提高资产的利润率水平。微观上企业的盈利能力增强,宏观上经济的潜在增长能力也会随之提高,这是防止杠杆率过高的长效机制,也是供给侧结构性改革的应有之义。

(2016年10月12日)

追求公正不容"留有余地"

徐 隽

"未经人民法院依法判决,对任何人都不得确定有罪。"近日,最高人民法院、最高人民检察院、公安部、国家安全部、司法部联合印发《关于推进以审判为中心的刑事诉讼制度改革的意见》,重申了"无罪推定"这一重要法治原则。相关改革的推进,将为我国依法惩罚犯罪、切实保障人权、提高司法公信力夯实制度地基。

在一个国家的司法制度中,刑事诉讼制度具有重要地位,它关乎国家公权力机关如何确定公民的罪与非罪,以及犯罪之人该处以怎样的刑罚。构建科学合理的刑事诉讼制度,其意义不仅在于使有罪的人得到追究,也在于使无罪的人免受牢狱之灾。尤其是随着全社会法治意识的提升,刑事诉讼制度的后一种作用,即如何严格做到"疑罪从无",防范冤假错案,近来颇受关注,这也是此次五部门联合出台意见的出发点之一。

近几年,司法机关依法纠正了一批冤假错案,这些冤假错案虽然是个别现象,但对法治的冲击和破坏是巨大的。为什么侦查、起诉、审判都经过了环环相扣的严密程序,仍难以避免冤假错案的发生?刑事诉讼过程中没有做到以审判为中心,是关键所在。本应分工负责、互相衔接、互相制约的法院、检察院、公安机关,却时常"三合一",使控辩力量失衡,纠错功能失效。一旦公安机关出错,容易出现"起点错、跟着错、错到底"的现象。一些案件到了最后环节,事实尚有不清、证据尚有不足,法院却

没能按照"疑罪从无"的法治原则宣告被告人无罪,而是搞"疑罪从轻",在证明标准上打折扣、降要求,作出"留有余地"的有罪判决。

司法机关1%的错误,对当事人来讲就是100%的不公。"留有余地"的错误判决,给当事人带来的有可能是数年甚至更久的"铁窗生涯"。走出"公安做饭、检察端饭、法院吃饭"的怪圈,坚守防范冤假错案的底线,就要推进以审判为中心的刑事诉讼制度改革,让审判这一司法环节的腰杆硬起来,让事实证据调查在法庭、定罪量刑辩论在法庭、裁判结果形成于法庭。

推进以审判为中心的刑事诉讼制度改革,必须严格落实"无罪推定"的法治原则。对于社会公众来说,这一看似抽象的概念,恰恰隐藏在细节里。比如,河南等地法院探索,普通刑事案件开庭时,被告人不穿囚服、不剃光头、不戴戒具出庭,这些"去标签化"的细节,试图传递出的正是这样一个信号:未经人民法院依法判决,对任何人都不得确定有罪。同样,最高人民法院开庭审理的案件一律网上直播,也是为了把庭审全过程晒在阳光下,让法治的理念和细节呈现在公众面前。

对于法院来说,落实"疑罪从无"的法治原则、推进相关改革,需要敢于担当的勇气。对定罪证据不足的,要依法作出无罪判决,对量刑证据存疑的,应依据有利于被告人原则认定案件事实。事实上,引发热议的陈传钧案,法院正是依照疑罪从无原则宣告被告人无罪。办案人员提高证据意识、程序意识和责任意识,才能有效解决法院审判经常面临的"定放两难"困境,并从根本上消除司法公正的制度隐患。

惩罚犯罪分子,保障无罪之人不受刑事追究,是社会安全感的重要来源。如果把刑事诉讼比作河流,以审判为中心,就像在河流的下游筑起一座安全大坝,防止因种种问题形成的非法证据"顺流而下"。这座大坝也是一座法治大坝,它闪烁着现代司法文明的光辉,宣示着法治国家对人权的尊重和保障。

(2016年10月11日)

"体育之乐"是给孩子最好的礼物

白 龙

通过更加科学、多元的内容选择,让学生们感受到体育的魅力,从而激发"终身体育"的内在热情

据说,"你瘦了"已经取代"最近怎么样",成为朋友见面最讨喜的问候语,而对方通常会内心窃喜却又故作谦虚地摆摆手:"没有没有,只是最近经常锻炼。"正是在体育健身渐成全民风潮的背景下,教育部最近印发文件要求,体育在全国范围内纳入中考必考项目。人们期待,这项举措能让更多"小胖墩"从座位上起身,在阳光下感受体育运动的魅力。

此前,体育虽然已经是全国绝大多数省区市的中考必考科目,但仍有少数地方不考体育。即便那些必考的地方,在"主科""副科"的功利区分下,体育课也容易处于可有可无的尴尬位置。而根据不久前出台的这份《关于进一步推进高中阶段学校考试招生制度改革的指导意见》,中考的录取计分科目将由语文、数学、外语加上体育4个科目构成,同时取消体育竞赛等加分项目。业内人士表示,将体育上升到与"语数外"三大主科同等的地位,是改变体育教学弱势地位的"历史性转折点"。

在一般认识层面,中学体育的重要性其实已无须多言,家长们也大都不忍心用孩子"虚胖"为代价,来置换那么一点学习时间。此次体育课改革引发的"真问题"在于,如何通过考试改革更好引导学生重视体育锻炼?

怎样真正提高学生的体育运动热情？毕竟，以往应试型的体育教育存在的问题之一就在于，一些学生是"被逼着"去锻炼的。有老师表示，有些孩子篮球绕杆跑满分了，但并不代表他们就会打篮球，更不代表喜欢打篮球，考完之后可能一辈子都不再碰篮球。对体育缺乏"内在热情"，是目前中学体育教育普遍存在的问题。

唤起学生对体育的热情，把体育课纳入中考必考科目只是手段之一，关键是通过更加科学、多元的内容选择，让学生们感受到体育的魅力，从而激发"终身体育"的内在热情。有些人极端地认为，取消体育考试才能真正释放学生的兴趣，这显然过于理想化。即便在一些发达国家，也依然保留着体育成绩这个指挥棒。很多世界一流大学在录取时，都十分看重体育等课外活动经历。一个广为人知的案例是，当NBA向天才篮球少年科比·布莱恩特发出召唤时，包括杜克大学在内的多所知名学府也向这位17岁的高中生抛来橄榄枝。

因此，未来的体育教育和考试改革，要努力让学生们感受到体育的魅力，而不是把体育当成负担。实践中，已经有很多地方在践行多元化的体育教学，鼓励学生大胆选择适合自身的健身方式，享受体育运动带来的快乐。同时，学校对体育课的重视也不再局限于场地、器材等，还体现为对学生的耐心引导和内在激励，让锻炼成为他们终身受益的习惯。除了收获健康的体魄，学生们将在体育运动中学习如何以团队协作争取胜利、如何在规则之下和对手竞争、如何坦然面对努力后的失败等精神品质，而这，才是体育给予孩子们最可贵的精神财富。

好的习惯让孩子受益终身，体育锻炼就是最好的习惯之一。不久前审议通过的"健康中国2030"规划纲要提出，健康是民族昌盛和国家富强的重要标志，也是广大人民群众的共同追求。通过考试改革推动体育教育的理念升级，从一开始就给孩子们播下"终身体育"的种子，健康才能成为中国教育给予孩子的最好礼物。

（2016年09月30日）

以规范执法守护法治信仰

张 洋

> 公安机关被赋予一定的执法权,就是被赋予了一份沉甸甸的责任;每一次规范行使手中的执法权,都是一次对群众诉求的回应

法治社会的良好运行,离不开公民对法律的敬畏和遵守,也离不开执法者对法律的规范执行。如果在执法过程中,执法者的行为本身存在"毛病",法治权威必然会在人们的心中大打折扣。正因如此,中办国办近日印发《关于深化公安执法规范化建设的意见》,要求全面建设法治公安,努力让人民群众在每一项执法活动、每一起案件办理中感受到公平正义。

党的十八大以来,中央对公安规范化建设的反复强调,背后是全社会法治意识的不断增强。越来越多的人已经不再仅仅满足于公安机关破了多少案,还会关注办案程序是否正当合法,是否尊重和保障了人权;已经不再仅仅满足于公安机关能提供哪些行政管理服务,还会关注服务的效率和质量如何,是否存在"门难进事难办"。群众关注的深入,决定着公安执法规范化建设的深度。此次《意见》正是立足于"深化",从落实受案立案工作责任制,到进一步严格要求依法规范取证,再到规范执法窗口服务……一系列的新制度新机制,满足了人民群众的新期待,也符合全面依法治国的总要求。

适应新形势是一种"深化",解决老问题也是一种"深化",并且从某种意义上说,过去的问题得不到解决,就会发展成为将来的短板,影响整体工作向前推进。近年来,一些执法瑕疵、缺陷甚至是违法行为总是被迅速传播开来,接受公共舆论的评判,接受法律制度的审视。这些瑕疵和缺陷给执法公信造成阴影,让法治权威蒙受损害,也让一些基层民警备感压力。然而,群众监督也是为了法律能够得到更充分准确的实施,为了整个社会能够始终在法治轨道上运转,这和民警执法的根本目的是一致的。看清这一点,才能变压力为动力,习惯于在镜头前执法。

避免过去一些执法不规范、不文明等突出问题的再次发生,关键在于让每一个公安民警深刻地认识到,拥有执法权意味着更多的责任和义务。依法行使权力,必然要求根据群众的广泛意愿,按照群众的共同意志——法律,维护群众的切身利益。公安机关被赋予一定的执法权,就是被赋予了一份沉甸甸的责任;每一次规范行使手中的执法权,都是一次对群众诉求的回应。自觉树立执法为民的理念,牢牢把握严格规范公正文明执法的要求,这是《意见》着力解决的根本性问题,如果这个问题始终得不到解决,再好的执法制度和机制,都有可能和实际执法行为形成"两张皮"。

还应该看到,一些法律制度的缺位,会让公安民警在解决新问题时束手无策;一些执法标准的不统一,也会招来群众关于"同案不同罚"的争论;一些群众的不理解不配合,一些领导干部的指手画脚,都会让公安干警感到左右为难。进一步构建完备的法律体系和良好的执法环境,也是确保公安严格规范公正文明执法的当务之急。

公安机关既是全面依法治国的建设者和保障者,也是践行者和遵守者。公安执法规范化程度越高,法治权威和法治信仰就越能在全社会形成,给百姓带来的安全感和获得感也就会越强烈。未来,伴随着《意见》的贯彻落实,伴随着公安执法规范化建设的不断深化,这种正相关效应必然会越来越彰显。

(2016年09月28日)

严惩失信才能让诚信发光

徐 隽

> 对"老赖"进行信用惩戒,光靠法院是远远不够的,必须多部门、多行业、多领域、多手段联合行动

在现代社会,信用体系就像一只看不见的手,约束着人们的行为,也守护着社会的和谐运行。而要维护信用体系,离不开对违法背信行为的制裁。中办、国办近日印发的《关于加快推进失信被执行人信用监督、警示和惩戒机制建设的意见》,正是目前对失信被执行人——也就是人们俗称的"老赖"——进行联合惩戒的一份文件。

近年来,公众对"诚信滑坡"颇有怨言。最令人深恶痛绝的,莫过于拒不履行法院生效判决的失信行为。在司法实践中,有的"老赖"通过虚假诉讼、虚假仲裁,制造资不抵债的表象;有的"老赖"通过假离婚、假合同转移财产,以各种方式干扰、阻碍执行。不久前发生在山东曹县的暴力抗拒法院执行事件,就是"执行难"的一个缩影。

限制"老赖"入党、录用为公务员、担任国有企业高管,限制"老赖"坐飞机、坐高铁、领取政府补贴、从事食品药品行业,限制"老赖"子女上高收费学校……随着此次《意见》的出台,一张针对"老赖"的天罗地网正越织越密,"一处失信、处处受限"的联合惩戒机制正在建立健全。违法背信行为不仅在当下受到制裁,更会在个人信用上留下难以去除的污

点,对就业、升学、贷款等重要事项造成长远负面影响。

这也是世界各国诚信体系建设的必由之路。许多人感慨,在一些国家,开证明不用盖公章,签个名就行;下馆子不用开发票,有收据就行;买车票不用找黄牛,网络预约就行……事实上,这些国家普遍诚实守信的背后,都有着强大的失信惩戒机制。如果不对挑战社会底线的失信行为加以惩戒,损害的不仅是胜诉当事人的权益,还有司法公信和权威、社会公平和正义。

对"老赖"进行信用惩戒,光靠法院是远远不够的,必须多部门、多行业、多领域、多手段联合行动。此次出台的《意见》经中央全面深化改革领导小组审议通过、由中办国办印发,本身就表明了中央在顶层设计层面的重视。只有联合起来,补齐短板、形成合力,对"老赖"处处设限,真正戳到"老赖"的痛点,才能改变过去失信收益高于守信收益的不正常现象,防止"劣币驱逐良币"和"破窗效应"的出现。

需要提醒的是,随着失信惩戒机制的加快推进,被纳入失信被执行人名单将对个人和单位产生重要影响,越是这样,越需要法治保障,越需要保护公民、法人和其他组织的合法权利。对失信被执行人进行信用监督、警示和惩戒,要严格遵照法律法规实施;法院要建立严格的操作规程和审核纠错机制,确保名单信息的准确规范。

诚信是中华民族的传统美德,也是社会主义核心价值观的内涵。所谓"扬善必须抑恶",失信被执行人信用监督、警示和惩戒机制建设,必能发挥牵引作用,树立正确的价值导向,让"诚信光荣、失信可耻"的氛围浓郁起来,让人人守信成为闪亮的国家名片。

(2016年09月26日)

以共享拆掉政务信息的"烟囱"

张 璁

> 跳不出自家的一亩三分地,就看不到"一盘棋"格局之下,政务信息资源共享的巨大红利

去年一则证明"我妈是我妈"的新闻曾闹得沸沸扬扬,其戏剧化的荒唐感,戳中了老百姓遭遇各种"奇葩证明"时的痛点。"奇葩证明"之所以存在,除了一些单位和工作人员不作为,一个更加深刻的原因,其实是政府部门信息资源共享遭遇壁垒。

国务院近日印发《政务信息资源共享管理暂行办法》,对当前和今后一个时期推进政务信息资源共享管理的原则要求、主要任务和监督保障作出规定。特别是明确了各政务部门按办法规定负责本部门与数据共享交换平台的联通,并按照政务信息资源目录向共享平台提供共享的政务信息资源,从共享平台获取并使用共享信息。"以共享为原则,以不共享为例外"的宗旨,保证了信息共享工作源通流畅。

信息化是现代行政的必需,但政府内部各部门信息之间的壁垒森严由来已久。许多区域、部门的信息化建设都是自搞一套,加之条块分割的行政体制,造成了政府各部门的政务信息自成体系的现象。对此,有学者形象地将其称之为"数据烟囱":一个部门一个"烟囱","烟囱"与"烟囱"之间互不连通。如果缺乏顶层设计和统一规划,那么信息化越是向前,政

府内部各部门间的信息鸿沟就越深,也越容易固化这种部门分割的"纵墙横壁"。

数据要是跑不动腿,百姓就得跑断腿。许多普通民众都有过类似的遭遇:为办一件小事,不得不在不同地区之间来回折腾;明明是同样的个人信息,却被要求在不同政府部门之间反复提交。这些问题的存在,无一不有政务信息处理上各自为政的影子。

恼人的"烟囱"总也拆不掉,症结不在于技术水平,而在部门利益。现实生活中,一个部门的权力往往体现在审批过程及其背后对政务信息的垄断。这就让政务信息在一些部门眼里几乎成了"私产",生怕一旦资源共享,部门信息垄断的优势会被瓦解,部门利益也就难以实现。更何况,政务信息资源的共享也意味着行政过程的透明化,透明必然带来的监督也被一些部门视为压力。

跳不出自家的一亩三分地,就看不到"一盘棋"格局之下,政务信息资源共享的巨大红利。其实,当前每个部门都对政务信息的共享有巨大的需求:国税部门可能需要地税、房产等部门的数据;海事部门可能希望共享海关、交通航运、水利等部门的数据;法院执行判决时需要的信息肯定更是多多益善……通过降低行政成本、加强行政监督、推进政府信息化,共享政务信息资源能够倒逼政府职能转型、实现行政流程的再造,为打造现代法治政府提供强劲的助力。

当然,政府信息资源的共享也回避不了信息安全的问题。新出台的《办法》里,按照资源共享属性,将政务信息资源分为无条件共享、有条件共享、不予共享等三种类型,同时也严格规定"凡列入不予共享类的,必须有法律、行政法规和党中央、国务院政策依据"。如此规定,既是划出了政务信息资源共享的不同边界,也在于杜绝个别单位随意搪塞、该共享不共享的弊病。

在今天这个时代,信息数据就如同具备生长能力的土壤,一旦有效整合,能够大幅提高生产力,而且可以直接激发无穷的创新。上有顶层设计的明确方向,下有民众诉求的迫切渴望,更加之大数据时代的滚滚潮流,那些还残留的"烟囱",会随着其他"烟囱"们的倒掉而变得越来越刺眼。

(2016年09月23日)

让网络安全成为基本供给

白 龙

在现代社会谈网络安全，不仅仅是网络安全意识方面的"人人有责"，更重要的是区分不同主体、实现治理升级

"请扩散！警惕最新网络骗局！"在各种微信群里，防范互联网诈骗是最能引起转发的话题之一。在互联网已成社会运行介质的今天，正在进行的2016年国家网络安全宣传周格外引人关注。"坚持网络安全和网络发展同步推进，让互联网更好地造福人民"，中央领导的宣示，对应的正是人民的期待：通过技术进步和制度完善，为日新月异的互联网发展带来更完备的保护，让网络安全成为移动互联时代的基本供给。

此次网络安全宣传周的主题，"网络安全为人民，网络安全靠人民"，也正提示了网络安全的全民化趋势。从不久前新生开学季，数起因电信诈骗引发全社会关注的悲剧，到各种网络谣言纷起，搅乱多地房地产市场的闹剧，屡屡发生的社会公共事件，折射出网络安全防护的急迫需求。而应对网络安全漏洞，群众也想出了各种"土办法"，比如"网购不要留真名"，或者"地址就填楼号，让门口大爷喊一下"。作为现代化治理重要内容的网络安全，需要做的显然远不止于此。

在现代社会谈网络安全，不仅仅是网络安全意识方面的"人人有责"，更重要的是区分不同主体、实现治理升级。网络安全的核心是什么？是数

据安全和信息安全。公民信息和用户数据之所以出现安全隐患,往往是源头上出了问题。因此,运营商和握有大量用户数据的互联网企业,在网络安全方面要承担更多责任。同时,网络安全也不能只靠群众的"警惕"和"严防",更要对不法分子的攻击进行精准识别和精确打击。多起案件的侦破表明,很多犯罪分子也在"学习"高科技,通过花样翻新的犯罪手段实施不法行为。这就需要政府有关部门和电信行业、互联网企业等主体携起手来,在各司其职的前提下沟通协作,真正做到"魔高一尺,道高一丈"。

有人说,智能手机的发明,让很多人的相机闲置了起来;移动支付的盛行,让很多人的钱包也闲置了起来。的确,移动互联时代的到来给了人们极大便利,同时也让传统的监管方式更加吃力。动动键盘就能骗钱,追捕依然要千里奔波;戳戳屏幕就可能受骗,追回损失却困难重重。某种意义上,网络犯罪是"现代"的,而维护安全的方式却还是传统的。如何通过法律框架的调整,解决好技术领先与法规滞后的矛盾,为瞬息万变、持续扩张的网络世界提供规则和保护,是世界各国面临的挑战。比如在司法管辖、证据规则、责任分配等方面,都需要创新制度设计,以动态治理、综合施治维护网络安全。

更要看到,网络安全不仅事关群众生活,而且越来越多地影响着政治、经济、军事等诸多领域,成为国家安全的重要部分。正因如此,习近平总书记强调,要树立正确的网络安全观,并指出"维护网络安全是全社会共同责任,需要政府、企业、社会组织、广大网民共同参与,共筑网络安全防线"。对付电信诈骗,如何实现源头治理?应对个人信息滥用和倒卖,如何加大监管力度?打击网络谣言、铲除谣言滋生的温床,怎样完善信息发布和公共决策机制?诸如此类的问题,都需要透过网络安全的议题,推动国家治理体系和治理能力的升级。

年轻人将网络"二次元"和现实"三次元"之间的阻隔,称为"次元壁"。当互联网的发展日益突破"次元壁",把网上网下紧密编织在一起,网络安全已经成为全社会的共同考题。在网络安全的议题之下,社会各方以高度协同实现治理升级,才能确保社会安全和国家安全,共同构建网络空间命运共同体。

(2016年09月21日)

别错过13亿人的"兴趣市场"

吕晓勋

> 与不断升级的消费需求及时匹配,企业才有可能收获消费者的信任,留住他们的心

上社交平台定制专属月饼,网购无网豆浆机、全自动烘焙机等小家电;约三五好友去体育馆锻炼,走进博物馆体验VR头盔、虚拟试衣镜等新科技产品……刚刚过去的中秋假期,各地民众的生活可谓丰富多彩。送礼去奢华、重品质,过节形式有创意、重心意,节日消费市场所出现的种种新变化,充分反映了消费"口味"的变迁。

消费者兴趣,常被视为观察市场发展趋势的重要风向标。近日发布的国内首份《中国兴趣报告》显示,62%的调查对象认为自己兴趣广泛,运动、音乐、阅读是最受欢迎的"全民兴趣"。国人的生活内涵,已不只是围绕简单的柴米油盐,色彩斑斓的生活兴趣图谱,正助推多元、立体的消费市场格局形成。

有机构做过统计,里约奥运期间,全社会对运动的关注骤然提升。"洪荒少女"等的魅力感召,让有些地方的游泳课报名人数足足翻了一倍。环顾周围,自发性的运动、健身几乎随处可见。中秋假期里举行的北京马拉松,在不少人的朋友圈里都刷了屏。当运动成为一种生活习惯,由此而产生的各种服务需求、形成的各种集聚效应,势必带动相关产业的蓬勃发展。

不仅仅是运动。有业内人士分析，随着人均收入提高、年龄结构和受教育程度的变化，很多新兴消费和新的商业模式正加速涌现。从出门用打车软件叫车、吃饭用 APP 订餐，到网上团购电影票、手机预约教育培训课程，商业创新服务于个人兴趣的理念正在不断加深。而随着互联网与消费的深度融合，企业对于顾客的消费行为偏好与趋势，也有了更为精准的分析与判断。依靠阿里巴巴数亿用户留下的生产和消费大数据，蚂蚁金服一年间服务了 260 多万家的小微企业和个人创业者，每笔放贷的成本只有几元钱。类似的"供需友好互动"，重塑着越来越多行业的现代化生产思维与逻辑。

优质的资源供给，向来不缺乏买单者；善于捕捉潜在消费兴趣的商家，往往能创造意想不到的市场需求。有这样一个案例：四川攀枝花的芒果行销海内外，近年来当地果农瞅准了顾客希望全程追踪水果品质，开始试水认领芒果树，顾客获得了全新的消费体验，果农也借此多挣了好几倍。从"卖果"到"卖树"，极具创意的芒果营销说明，实现供需双赢并不矛盾，根本在于不断改善供给质量和服务，让消费者切实感受到产品"物有所值"。

"推进供给侧结构性改革，要从生产端入手"。关注消费者的兴趣，其实就是在给调整和优化供给结构找方向。从数据上看，2015 年我国最终消费支出对 GDP 增长的贡献率为 66.4%，比上年提高 15.4 个百分点，足见消费对于经济增长的强大驱动作用。与此同时，因为有效供给能力不足，大量"需求外溢"以及消费能力外流的现象并没有得到明显改观。从珠宝首饰、名包名表、名牌服饰等奢侈品，到电饭煲、马桶盖、奶粉、奶瓶等普通日用品，消费者眼中的兴趣点，恰恰是一些"中国制造"的短板与弱项。就此而言，继续针对 13 亿多人的"兴趣市场"做探索式挖掘，显然还有不少值得深耕的空间。

粗放式轻松赚钱的日子一去不返，并不代表企业好日子的终结；相反，这"意味着优秀企业的好日子正在到来，意味着全体中国人民有品质生活的开始"。只有当供给产品、质量与服务三者同时推进，与不断升级的消费需求及时匹配，企业才有可能收获消费者的信任，留住他们的心。而这，或许也正是激活社会经济活力的关键所在。

（2016 年 09 月 19 日）

中国高铁，靠创新领跑时代

陆娅楠

> 这趟时代列车送给我们的，不仅是时空观念的巨变、经济版图的重构，更有一笔隐形财富，大国崛起的铿锵步伐与道路自信

耗时半个世纪，日本新干线铺设了2325公里；历经二十载，德国城际高铁贯通了1560公里；金秋9月，中国高铁运营里程突破2万公里，超过世界其他国家高铁里程之和，历时14年。

高铁更长了，中国更小了。从上世纪末的六次大提速，到本世纪初的"四纵四横"路网规划亮相，再到今年的版图再扩容……中国高铁跨越塞北风区，蜿蜒岭南山川，驰骋东北雪海，穿梭江南水乡，路网越织越大，车次越开越密，"和谐号"正让中国越变越小，让"说走就走的旅行"越来越多。

高铁更成熟了，旅客更踏实了。从2007年首列国产化时速300公里动车组下线，到2010年京沪高铁创下时速486.1公里的世界纪录，再到今夏中国标准动车组以420公里时速实现交会……高铁走出影视作品，走下教科书，从陌生概念变为大众出行优选，累计安全运送旅客突破50亿人次。中国已不仅是世界上高铁里程最长的国家，也是高铁安全运输规模最大的国家。

一座座新城因高铁拔地而起，一家家企业因高铁实现弯道超车，一条条旅游线路因高铁由冷转热……就连那些曾经怀疑、嘲讽中国高铁战略的

海外媒体，如今也不得不承认，"高铁成为中国崛起为世界超级大国的最新象征。""当你坐上'面向未来'的高铁，就感觉到中国完全有理由为它而骄傲。"

中国人当然有理由自豪。这趟时代列车送给我们的，不仅是时空观念的巨变、经济版图的重构，更有一笔隐形财富，大国崛起的铿锵步伐与道路自信。

我们从高铁模式中汲取自主创新的中国智慧。发展中国家如何冲破国外技术封锁，以更短时间后来居上？从零起步是一种选择，但站在巨人的肩膀上才能抢抓战略机遇期。站在巨人的肩膀上，既有爬得更快的优势，也有摔得更狠的风险，高铁将何去何从？大国重器的创新需要发挥"集中力量办大事"的制度优势。打破门第之争、放弃个体利益，作为唯一买家有重点、有选择地引进国外最先进的技术平台，制造与研发团队握指成拳，开放互通，博采众长，为我所用，形成后发优势，真正实现了市场资源、科研资源利用效率的最大化。当中国高铁屡屡填补世界空白、刷新世界纪录之时，曾借力巨人的我们，已成为新的时代巨人，这条符合中国国情、充满中国特色的创新之路又何尝不是值得分享的宝贵财富？

我们从高铁品质中重拾"中国制造"的工匠精神。号称世界工厂，可老百姓却跑到海外背马桶盖、电饭锅，这是"中国制造"以最短时间让大众告别短缺时代，却难以适应消费升级的尴尬与苦闷。高铁的成功恰恰为"中国制造"迈向中高端提供了宝贵经验。从"寸到寸不过问"的"差不离"文化，到精确至0.01毫米的检验标准；从"能用就行"的随意，到为了最佳车型方案设计20个列车头型、进行上百次仿真计算、760个气动力学试验的倔强……中国高铁的诞生、完善，犹如一场老工业通往精益制造的涅槃之旅，拼的就是大国工匠精益求精的耐性和工程师们"掘地三尺"的韧性。而这样的转型升级，何尝不是中国制造正在谋求的重大突围？

我们从高铁出海中展示国际合作的大国胸怀。独乐乐不如众乐乐，最好的中国高铁要与世界分享。土耳其第一条高铁、印尼第一条高铁、俄罗斯第一条高铁……都有中国企业的身影；强大的设计团队、过硬的技术标准、最有性价比的高铁产品……中国高铁正成为"一带一路"合作项目的领头羊，主演国际产能合作的重头戏，彰显世界第二大经济体的大国担当。

还记得 38 年前的秋天，邓小平在乘坐时速 210 公里的日本新干线时曾发出感慨，"我们现在很需要跑"。这个秋天，中国高铁一路高歌，唱响了从跟跑到领跑的时代最强音。

（2016 年 09 月 14 日）

用精神突破身体障碍

薛 原

> 身体的障碍可以通过各种硬件设施得以克服;而心灵的障碍,则需要残疾人和健全人共同努力才能消弭

"乒乓球给我带来的最大变化是自信。"走下里约残奥会的领奖台,中国运动员冯攀峰这样说。

"我们的运动员都很爱笑。参与体育,对他们最根本的影响体现在心态上。"中国残奥游泳队教练张鸿鹄说。

生活中,残疾人是有着特殊困难的弱势群体。残奥赛场上,运动员则展示了他们不畏命运磨难的强者风范。如果说,奥运会上顶尖选手的表现是去触碰人类运动的极限,那么,残奥会更像是一次人类精神的冲顶。两个赛场都给观众带来强烈的震撼,后者的价值更在于:即便行动受限的身体也可以去证明自我存在的意义。而这样的鼓舞,其实适用于所有人。

里约奥林匹克公园设有一处残疾人体育体验区。参与者需要坐在轮椅上投篮、坐在地上打排球,或者戴上眼罩,用一根牵引环和同伴的手腕相连,在黑暗中奔跑。体会了残疾人参与体育所经历的特殊困难,再将眼光投向残奥赛场,更会为残疾人运动员突破身体障碍的生命力量所打动。

残疾人怎样看待生活与世界,健全人又怎样看待残疾人?残奥赛场上,这样的双向问答一刻不停地在进行。每一个站上残奥舞台的运动员都是胜

利者，他们最大的对手始终是自己，突破自我并不一定意味着我比你强，而是，我也能行。

某种意义上，体育提供了一个平等的视角，让残疾人与健全人可以坦然相对。而参与体育运动也不止于促进身体和心灵的康复，更像是残疾人对生活的一种回答。这种回答，需要健全人的理解与共鸣，以及建立在平等视角上的帮助。

的确，心灵的平视决定着健全人与残疾人之间到底该采用什么样的方式彼此交流。北京奥运会火炬手、轮椅击剑运动员金晶曾说，人们对残疾人的印象，不是"太高"，就是"太低"——残疾人运动员就像是"超人"，他们的故事令人惊叹；但残疾人作为一个群体，由于身体上的障碍，又难免让人们在生活中投来五味杂陈的眼光。"其实，残疾人最需要的是心理上的平等对待。"

心灵的平视，并不意味着健全人可以无视残疾人的特殊困难。相反，建立在尊重和理解基础上的帮助，是促进残疾人与健全人彼此融合的社会基础。

有这样的感慨：在一座城市的街头遇到残疾人的几率，某种程度上标注着城市的文明程度。能否为残疾人提供足够顺畅地参与公共生活的无障碍设施，体现着一座城市的爱心与包容。这就像"木桶理论"——残疾人并不因为身体的残缺成为人群中的短板；相反，对残疾人的了解、尊重、关爱，这块"木板"的高度，决定着一座城市向所有人都张开温暖怀抱的深度。

从这个角度看，残疾人平等参与社会生活的过程中，身体的障碍可以通过各种硬件设施得以克服。而心灵的障碍，则需要残疾人和健全人共同努力才能消弭。因为，这种障碍可能来自残疾人对自身能力缺乏信心，也可能来自健全人对他们的认识局限于表面。

残奥会就是让更多人深入了解残疾人精神世界的一个契机。盲人跑者的全速冲刺、独臂泳将的奋力击水、轮椅球员的左右挥拍……残疾人运动员用自己的努力向人们证明，即便身体有着障碍，也不意味着生活没有光彩，更不意味着对社会无所作为。

我国有8500万残疾人，约占总人口比例的6.21%，尽可能地提供条件，鼓励他们参与体育运动,是克服残疾人与健全人之间"心灵障碍"的一种有效途径。而从无障碍的赛场到无障碍的城市,心灵的平视,更是开启残健融合之路的一把珍贵钥匙。

(2016年09月13日)

打造健康中国,医改须啃硬骨头

白剑峰

> 打造健康中国,医改是一场"重头戏"。眼下,大幕已经开启,好戏还在后头。面对这道世界性难题,信心比黄金更可贵

医改进入深水区,处处激流险滩,充满挑战,"摸着石头过河"越来越难。有人甚至质疑,医改能成功吗?

这种论调显然过于悲观。医改如登山,跨过道路崎岖的关键区段,才有可能走到风光旖旎的山顶。党的十八大以来,我国坚持保基本、强基层、建机制,医药卫生体制改革正在由打好基础转向提升质量、由单项突破转向综合推进。实践证明,坚持用中国式办法解决医药卫生体制改革这个世界性难题,方向正确、路径清晰、措施得力。当前,医改到了啃硬骨头的攻坚期,必须围绕重要领域和关键环节,力争在基础性、关联性、标志性改革上有新突破。

"全国人民上协和",这是我国医疗资源配置失衡的真实写照。眼下,人民群众看病就医的刚性需求快速释放,2015年全国医疗机构总诊疗人次超过77亿,相当于人均看病超过5次。同时,我国优质医疗卫生资源集中在城市,农村、基层、边远地区相对匮乏,约有一半以上的患者去了城市三级医院,造成城市大医院人满为患,一些基层医疗机构业务萎缩,既影响优质医疗资源发挥最佳效益,也影响服务体系整体效率,推高了医

疗费用,加重了患者负担。

建立符合国情的分级诊疗制度,是破解看病难、看病贵的突破口。世界上任何医疗卫生制度,如果没有分级诊疗的支撑,都会不堪重负,甚至无法运转。引导医疗卫生工作重心下移、资源下沉,是满足人民群众看病就医需求的治本之策,也是一条重要国际经验。这项制度是对现有医疗卫生服务模式、就医理念、就医秩序的深刻调整,是一项基础性、长远性、系统性的制度设计。建立分级诊疗制度,核心是推进家庭医生签约服务。患者和医生签了约,患病后就有了"靠山",第一时间求助自己的"健康管家",而不是"有病乱投医",盲目扑奔大医院。随着"健康守门人"制度的建立和完善,大医院告别"战时状态",合理的就医秩序形成,"小病在基层、大病到医院、康复回社区"有了制度安排,看病难、看病贵就有望妥善解决。

事业成败,关键在人。广大医务人员是医改的主力军。只有从提升薪酬待遇、发展空间、执业环境、社会地位等方面入手,调动广大医务人员的积极性、主动性、创造性,让医务人员"有里有面",医改才能成功。医务人员是生命的"守护神",其培养周期长、执业风险高、技术难度大、责任担当重,应该得到合理的薪酬。如果一味要求医务人员付出,而缺乏对他们的关怀,必然使其士气受挫。党的十八届三中全会明确提出,建立符合医疗行业特点的人事薪酬制度。尊重医生,就是要尊重医务人员的劳动成果和辛苦付出,提高医务人员薪酬水平,体现多劳多得、优劳优酬。"人命至重,有贵千金。"尊重医生,就是尊重生命。医务人员有尊严,生命才有尊严。近年来,暴力伤医事件时有发生,给医务人员的身心造成很大伤害。因此,必须严厉打击涉医犯罪行为,维护正常医疗秩序,保护医务人员安全,营造全社会尊医重卫的良好风气。

打造健康中国,医改是一场"重头戏"。眼下,大幕已经开启,好戏还在后头。面对这道世界性难题,信心比黄金更可贵。医改如逆水行舟,不进则退。惟有拿出敢啃硬骨头的勇气,不畏艰险,触碰难点,医改才能乘风破浪驶向彼岸,人民群众才会有更多获得感。

(2016年09月12日)

期待更多科学"对撞"

柏木钉

科学家围绕某些有争议的科学问题公开"对撞",不仅有助于减少重大科技决策的盲目性,而且有利于培育健康的科学文化、提升公众的科学素养

连日来,科学家们就"中国目前是否适宜建大型对撞机"的辩论,使一个原本在专业圈子内部"窃窃私语"的问题,成为引人关注的公共话题。

其实,自2012年以来,中国物理学界内部就围绕一个可能耗资超千亿人民币的大科学装置——超级对撞机,产生了激烈辩论。近日,业内人士就中国建设超级对撞机是否会超过预算、是否符合发展中国家的国情、是否会挤占其他领域的研究经费、能否实现其科学目标等问题阐述自己的观点,也让大型对撞机成为热词。

中国该不该上马超级对撞机是个非常专业的科学问题,目前仁者见仁、智者见智,达成共识尚需时日。但笔者认为,科学家们围绕某些有争议的科学问题公开辩论、激烈"对撞"的做法有其积极意义,值得倡导。

首先,这种"对撞"有助于减少重大科技决策的盲目性。回顾我国的科技发展史,既有"两弹一星""探月工程""载人航天""大飞机"等许多成功的案例,也不乏没那么成功的决策。一些决策之所以令人遗憾,一个主要原因就是上马之初缺乏充分论证。"不确定性"是科学研究特别是

前沿基础研究的最大特征,那些耗资巨大、研究前景难言明朗的重大科技项目,上马之初尤其需要充分听取业内专家正反双方的深入论证,否则可能重蹈国外一些大科学工程半途而废或无果而终的覆辙。

其次,这种"对撞"有助于培育健康的科学文化。科技体制、经费投入、科研人才和科学文化是一个国家科学繁荣、技术发达的重要支柱。目前我国科技体制改革快马加鞭、改革新政不断出台,经费投入逐年递增、科研仪器日新月异,青年才俊不断涌现、队伍日益壮大,急需补钙的当属健康的科学文化。在科学文化之中,最为缺乏的,恐怕就是知无不言、充分探讨的科学氛围了。由于"人情面子"等原因,一些科学家在科学话题面前选择了"沉默是金"。其结果,要么是伪专家大行其道、"大嘴巴"忽悠公众,要么就是本不该上马的项目匆忙开工、不该结题的项目蒙混过关。只有公平公开、活跃活泼的百家争鸣,才能迎来科技事业的百花齐放。

再次,这种"对撞"有助于提升公众的科学素质。没有全民科学素质的普遍提高,就难以建立起宏大的高素质创新大军,难以实现科技成果的快速转化。中国科协发布的第九次中国公民科学素质调查结果显示,2015年我国具备科学素质的公民比例只有6.20%,落后于科技发达国家。公众科学素质不高不仅拖了科技创新的后腿,还使"吃茄子就能包治百病""吃碘盐就能防治核辐射"等谬论大行其道。科学普及和科技创新是实现创新发展的两翼,必须把科学普及放在与科技创新同等重要的位置。事实证明,科学家的观点"对撞"是普及公众科学知识、培养公众科学精神的有效途径。正如有媒体所评论的那样,一个月前,中国99.99%的人可能对大型对撞机还一无所知;但一个月后,它却逐渐演变为一个公共话题。经过专家们的辩论,公众就对大型对撞机的作用、发展历史等有了较为系统的了解,其效果远胜过场面宏大的"我说你听"。

值得称道的是,在这场围绕大型对撞机该不该上马的"对撞"中,讨论双方都以理服人、就事论事,既没有以势压人,更没有辱骂约架。希望科技界这样的"对撞"更多些,不管是重大科技决策,还是"有的能重复、有的不能重复"的实验结果。

(2016年09月09日)

用中国式医改助推健康中国

李红梅

> 今日的中国,用较短时间建立起世界上规模最大的基本医疗保障网,医疗卫生服务体系不断完善,基本公共卫生服务均等化水平稳步提高

最近,一项由世界银行、世界卫生组织等机构出台的医改联合报告指出,中国基本实现了医保全覆盖,推进了公共卫生服务均等化,公立医院改革不断深化,提升了医疗卫生服务的可及性和公平性,中国居民的健康水平和预期寿命明显提高,医改成就令世人瞩目。

这份医改成绩单来之不易。我国人口数量多、城乡差距大、优质资源少、费用增长快,未富先老,医疗领域有些方面还患上了"发达国家病"。如何通过医改,让13亿人都能享受"健康红利"?面对这个世界性难题,党的十八大以来,党中央将对全民健康的关注,融入健康中国的国家战略。我国明确提出要把基本医疗卫生制度作为公共产品向全民提供,确立了人人享有基本医疗卫生服务的目标。今日的中国,用较短时间建立起世界上规模最大的基本医疗保障网,大病保险制度覆盖10亿多城乡居民,医疗卫生服务体系不断完善,公立医院改革步伐明显加快,基本公共卫生服务均等化水平稳步提高。

基本医保制度覆盖全民,为百姓撑起了健康"保护伞"。随着经济发

展与科技进步,医疗费用过快上涨成为普遍现象,而个人力量终究有限,难以抵御大病风险。基本医保按照"大数法则"筹资,为参保者分担经济风险,避免发生"灾难性医疗支出"。如今,全国95%以上的人口拥有基本医疗保障。加之大病保险、疾病应急救助等制度陆续建立,为贫病交加的人群带来"及时雨"。

基层医疗服务体系"强筋健骨",保证了基本医疗服务公平可及。中国是一个疆域辽阔的发展中国家,以前偏远地区的居民缺医少药,在家生孩子,看病走几十里,成为全面建成小康社会的"短板"。医改坚持"保基本、强基层、建机制",给每个村建起标准化卫生室,培训合格的村医,配备基本药物、医疗设备,有些地方村民"一元钱"就能看病。在青海,"最好的房子是村卫生室"甚至成为佳话。

基本公共卫生服务均等化,城乡居民有了"健康管家"。以前,有些老人一辈子没有进行过体检。家庭医生签约服务制度建立后,他们成为最先拥有"健康管家"的人群。这些"健康管家"来自基层医疗机构,他们给重点人群建立健康档案,定期随访,提供上门服务等。我国以人均几十元的公共卫生投入,撑起了亿万人的健康,大大提高了人均预期寿命。

公立医院破除"以药补医",逐步回归公益性轨道。医疗行业的一大特点是"供给引导需求"。做什么检查、开多少药、用什么耗材,都由医生说了算,患者往往"一无所知"。长期以来,由于补偿机制不合理,公立医院过度检查、过度用药屡禁不止,形成"以药补医"的恶性循环。而要打破这种畸形的补偿机制,必须实行医疗、医药、医保三医联动改革,取消药品加成,调整医疗服务价格,改变医保支付方式,建立新补偿机制。如今,北京、安徽、青海、福建等公立医院试点城市,协调推进各项改革,努力破除"以药补医"机制,患者看病费用明显降低。

几十年前,中国的赤脚医生、农村合作医疗等模式让世界敬佩;如今,中国的医改成就同样让世界震惊。"中国式医改"诠释着以人为本的理念,创造了解决世界性难题的新办法,为推进健康中国建设增添了强劲动力,为中华民族的伟大复兴奠定了坚实基础。

(2016年09月09日)

残疾预防,以健康成就小康

李洪兴

把残疾预防和康复保障连成一条线,我们就能最大限度减轻残疾、消除残疾,更好地推动健康中国建设,以全面健康成就全民小康

"到2020年,残疾预防工作体系和防控网络更加完善,全社会残疾预防意识与能力显著增强,可比口径残疾发生率在同等收入国家中处于较低水平。"日前,国务院办公厅印发《国家残疾预防行动计划(2016—2020年)》,这是我国首个在残疾预防领域的国家级政策文件,也是推进健康中国建设的重要举措。

"残疾人是社会大家庭的平等成员,也是人类文明发展的一支重要力量"。对残疾人的关爱,是现代文明社会的标志之一。这种关爱,不仅体现在救助上,同时也体现在预防上。调查显示,后天性因素是目前中国人的主要致残因素。残疾风险伴随每个人,残疾预防与个人健康、家庭幸福、经济社会健康发展息息相关。我国有8500多万残疾人,数量多,负担重,采取适当措施可以有效预防多数残疾的发生。在这个意义上,残疾预防是一件事半功倍的工作,既十分必要,又极为紧迫。

当前,中国开始进入残疾人规模增大、结构变动、风险提高的关键时期。人口快速老龄化、意外伤害、慢性疾病等因素,在一定程度上让残疾预防和保障变得更复杂。有数据预估,到2030年,每年将新增残疾人200万—250万人。

随之而来的,不仅是给个人、家庭、社会的压力,也附加着不小的经济负担和精神负担。有学者直言,"如果能够通过各种手段减少、避免残疾的发生,产生的社会效益和经济效益都是不可估量的"。可以说,康复和保障是对残疾人"一点都不能少"的关怀,而预防并减轻残疾是"一直在路上"的努力。

大部分残疾是可防可控的,现代医学科技也为预防残疾提供了技术支持。一份来自世界卫生组织残疾预防与康复专家委员会的报告认为,利用现有技术可以使至少50%的残疾得以控制或者使其延迟发生。近些年,预防并控制残疾发生也取得不小成绩,研究数据表明,1987年至2006年间,我国至少遏制了1500万人出现残疾。正如专家所言,"残疾预防是成本最低、效果最好的社会战略"。

技术预防与观念预防应是并行不悖的双轨。在观念上,不少人以为"残疾预防只是残联的事情",而实际上关联医疗、教育、安全生产、职业病防治等多领域。《行动计划》要求,孕前健康检查率80%以上,产前筛查率60%以上,已管理高血压、糖尿病患者的规范管理率60%以上,生产安全事故发生起数、伤亡人数均下降10%以上,登记在册的严重精神障碍患者管理率80%以上……这些指标性规定,就是要从出生缺陷、发育障碍、慢性病、生产事故、精神疾病管理等方面控制致残风险。

所谓"治未病""防未病",不仅要将预防工作在各领域内前移,也要让更多人树立预防残疾的意识,从检查身体、健康生活开始。事实上,如果把生命的时间轴分解成不同阶段,残疾风险既不会因年轻活力而远离,也不会因年老体弱而溜走。婴幼儿时的先天性残疾、学龄阶段的传染病致残、工作过程中的创伤性致残、老龄时期的退化性疾病致残等,都容不得任何侥幸,我们应该树立起"终生预防残疾"的理念。

北京时间9月8日,里约残奥会的大幕在马拉卡纳体育场拉开,中国308名运动员将在竞技场上激荡生命的力量。如果把残疾人事业比作同生命一起奔跑的赛事,保障残疾人过上幸福而有尊严的生活是赛程部分,避免因各种原因致残、致障则属于前端关口。把残疾预防和康复保障连成一条线,我们就能最大限度减轻残疾、消除残疾,更好地推动健康中国建设,以全面健康成就全民小康。

(2016年09月08日)

刷卡降费让银行转型更有动力

徐立凡

推出降低银行卡刷卡总体费率的新政，可以看到改变银行传统经营模式，推动银行业走向新蓝海的决心

9月6日，国家发展改革委、中国人民银行联合下发的《关于完善银行卡刷卡手续费定价机制的通知》正式实施。根据新规，发卡机构收取的发卡行服务费将对借记卡、贷记卡差别计费。借记卡费率降低为不超过交易金额的0.35%，单笔收费13元封顶；贷记卡费率不超过0.45%，不再实行单笔收费封顶。此外，网络服务费率水平将调低，收单环节服务费将实行市场调节价。

银行卡刷卡手续费，单笔看数额都不大，但集合起来就是一个庞大市场。根据央行数据，截至2015年末，全国银行卡在用发卡数量为54.42亿张，较上年末增长10.25%，全年银行卡卡均消费金额为10106元，剔除房地产、大宗批发等交易类型，银行卡消费金额占社会消费品零售总额的比例已达到47.96%，全国信用卡授信总额也达到了7.08万亿元。面对这样一个快速增长的市场，改革银行卡价格体系，去其弊，兴其利，使之更加适应多元化的支付场景，推动发卡市场和收单市场良性竞争，防止生成系统性金融风险，自是应有之义。

此前运行的银行卡价格体系，按照餐娱类、一般类、民生类和公益类

分类设定价格标准,对不同商户收取不同的服务费,既导致一些商户成本负担较重,也产生了以高费率商户交易套用低费率商户交易等问题。新规取消了商户行业分类定价,降低了发卡行服务费、网络服务费费率,不仅给日常消费类商户"松了绑",减轻了其经营负担,起到了扩大消费的作用,而且能够有效防止"套码""套利"等乱象。

如果说总体费率的"降"体现了改善商业环境的政策导向的话,卡种借贷分离、贷记卡单笔收费上不封顶和收单环节服务费将实行市场调节价,则更多体现了改善银行经营环境的考量。贷记卡是透支交易,属于高风险资金运作,今年一季度,贷记卡逾期半年未偿信贷总额458.09亿元,环比增长了20.46%。高风险则需要高成本管理,是市场法则;银行为争取贷记卡业务实施灵活优惠政策,是市场化运作;收单市场价格放开,是推动银行加入平台经济参与竞争。良性竞争越充分,平台经济越发达,因贷记卡手续费用浮动而可能出现的商户拒绝贷记卡支付或向消费者转嫁成本的概率也就越小。

值得注意的是,银行卡刷卡手续费新政推出的时机,是在银行盈利能力普遍出现下滑之时。根据18家A股上市银行2016年上半年业绩中报,尽管总收入、净利润仍保持稳定增长,但增速已有所下降。这是负利率时代和同业竞争加剧的结果。在银行盈利能力有所下降的情况下,推出降低银行卡刷卡总体费率的新政,从中可以看到改变银行传统经营模式,推动银行业走向新蓝海的决心。而刚刚闭幕的G20杭州峰会,正好描绘了新蓝海的所在:数字普惠金融和绿色金融。这两个概念,在G20峰会和B20峰会得到了广泛关注和高度认可,而我国也在去年和今年分别出台了相应方案。配合政府行动方案,大力发展基于移动互联、大数据、云计算等新技术支持的数字化的普惠金融服务和支持环境改善、应对气候变化和资源节约高效利用的绿色金融服务,银行业何愁找不到新的天地。就此而言,降低刷卡交易成本,在改善银商环境的同时,也为今后银行业的发展,注入了新的动能。

(2016年09月07日)

同在蓝天下,共享教育公平

王石川

> 如果说在招录上向农村孩子倾斜,体现了结果公平,那么如何在起点公平上发力,对农村孩子同样重要

9月开学季,又一批新生走入大学校园。据报道,今年有近千名寒门学子圆梦北大、清华,创近年来新高。过去几年,各高校通过多种方式促进和引导教育公平,各高校寒门学子在新生中所占比例有了大幅提升。

考中北大清华的农村学生,日益增多,与北大推出"筑梦计划"、清华推出"自强计划"有关。特别是近年来,国家实施"农村贫困地区定向招生专项计划",农村学生考中名校的机会随之大增。正如一名受益的农村学生所言,"尽管我还算不上特别优秀,但国家的政策还是给了我一次机会,让北大变得不再遥不可及。"

这是一件令人欣慰的事情。当越来越多的农村学生健步迈入高校,他们的人生便有了无限可能。这是对"寒门难出贵子"的有力反驳。

"寒门生贵子,白屋出公卿",教育改变命运的信念曾激励着无数贫寒子弟发奋苦读。而近年来,寒门难出贵子却似乎成为舆论忧虑的社会现象,其一大依据是,考中名校的农村学生占比不断下降。有学者统计发现,1978年至1998年,来自农村的北大学子比例约占三成,上世纪90年代中期开始下滑,2000年至2011年,考上北大的农村子弟只占一成左右。

"苦累都不怕,最怕的是没机会",人民日报曾就弱势群体生存状况做调查,有人如是感慨。对于农村学生来说,他们早早体会到生活艰辛,有强烈改变命运的朴素愿望。但是,由于农村教育较为落后——在一些农村,甚至出现了教育"空心化"和学校"悬浮化"的窘况,农村孩子要考上理想的学校,往往要付出比城市孩子更多的努力。

"我是希望你能有一个精彩的人生,主要任务就是出国,镀金,明白吗?"在前不久热播的电视剧《小别离》中,城里家境宽裕的孩子,所考虑的是出国留学,而对于农村孩子来说,最迫切的或是能不能考上理想大学。不同的阶层都对孩子未来寄予良苦用心,而所处境遇不同,则决定着不同的人生方向。

招录政策向农村孩子倾斜,重点高校适当提高招收农村学生比例,是矫正也是弥补。毋庸讳言,多数农村学生面临3个不够公平:一是起点,比如有调查称,农村孩子有条件接受学前教育的不足40%;二是过程,无法像城市孩子那样,有机会参加各种兴趣班,以及享受到发达、充足的信息优势;三是结果,一些重点高校集中于大城市,对当地生源招收比例较大。在这个意义上,让他们有更多机会被重点高校录取,恰可体现教育公平。

教育公平是社会公平的重要基础,被誉为"促进社会公平的最伟大工具"。如果说在招录上向农村孩子倾斜,体现了结果公平,那么如何在起点公平上发力,对农村孩子同样重要。同在蓝天下,城乡孩子都有权利共享优质教育资源,这就需要促进教育均衡化,补齐农村教育发展短板,继续加大教育资源向中西部和农村倾斜。

"深愿及此时机,崇德修学,勉为真君子,异日出膺大任,足以挽既倒之狂澜,作中流之砥柱"。百年以前,梁启超这样勉励考上清华的莘莘学子。诚然,无论考上北大、清华还是其他高校,只是人生的新起点,而能不能担大任、作砥柱,取决于能否崇德修学。每名学子都是追梦者,也是筑梦者,各自成就出彩人生,这正是教育公平的魅力所在。

(2016年09月06日 06版)

宽严相济体现司法进步

彭 波

> 认罪认罚"从宽",应限定在刑法规定的量刑范围内。试点开展这项制度,也应以维护社会公平正义为前提,而不能降低定罪证明标准

为进一步落实宽严相济的刑事司法政策,9月3日闭幕的十二届全国人大常委会第二十二次会议决定——授权在北京、天津、上海等18个城市开展刑事案件认罪认罚从宽制度试点工作,试点期限为两年。这项制度将对我国推进以审判为中心的诉讼制度改革产生重大影响。

刑事案件认罪认罚从宽,和一般理解上的"坦白从宽"略有区别。它是指,如果犯罪嫌疑人、刑事被告人自愿如实供述自己的罪行,对指控的犯罪事实没有异议,同意人民检察院量刑建议并签署具结书的案件,可以依法从宽处理。从宽处理成立的前提,不仅要求如实供认犯罪事实,还包括对惩罚措施的接受,而且需要和受害人谅解制度结合起来使用。换句话说,认罪认罚"从宽"并非没有边界,而是限定在刑法规定的量刑范围内。试点开展这项制度,应以维护社会公平正义为前提,而不能降低定罪证明标准。

认罪认罚从宽制度,是落实宽严相济基本刑事政策应当迈出的一步,对于缓解"案多人少"矛盾、优化司法资源配置、提高司法效率,效果不

言而喻。而从司法实践来看,它对促进司法公正也有直接作用。尽管我国不少法律条款都有自首、坦白等规定,但缺乏一个内涵严谨、外延清晰的总体规定,也没有设置明确的审查机制,以致司法机关对犯罪嫌疑人是否"认罪"的认识不统一,对案件采取的从宽处罚措施和幅度也不统一,司法效果难免因人而异。而认罪认罚从宽试点有助于在实践中统一司法裁判标准,更好地保障犯罪嫌疑人、刑事被告人的合法权益。

宽严相济的关键,在于把握好从宽与从严的平衡。从司法效果看,实体上从宽,派驻法律援助值班律师等制度设计,更有利于保护犯罪嫌疑人、刑事被告人权利;而程序上从简,则是出于提高司法效率、降低诉讼成本的考虑。然而,这不意味着,被告人、嫌疑人认罪认罚,可以降低法院、检察院在审查案件事实、防范冤假错案、正确适用法律方面的责任。案件事实清楚、证据确实充分,是这一制度有效运转不可或缺的前提。正因此,严格的监督程序、明确的追责制度也是试点方案不可分割的一部分。当前,社会公众对这一制度仍有许多疑虑,比如会不会变成"花钱买刑",怎么避免出现"被迫认罪"等情况,防止出现"权权、权钱交易"等司法腐败问题,这些并非杞人忧天。事实上,让从宽处理的司法导向由笼统含混走向具体清晰,正是这一试点的最大挑战,也是其价值所在。

认罪认罚从宽,是一种致力于多赢的制度设计,可以在不降低办案质量的同时有效节约司法资源,在彰显司法理性的同时更好保障司法人权,有利于修复社会关系,促进社会和谐。社会需要形成这种意识,即"认罪认罚从宽"并非嫌疑人、被告人的义务,而是他们理当拥有的一项权利,无论行使或放弃,都应获得制度的支持。全面把握这一制度的内涵,加深对我国刑事司法实际的理解,才能以务实的改革不断丰富发展司法理念,促进司法文明进步,进而推动全面依法治国的进程。

(2016年09月05日)

以健康管理缓解产床"紧缺"

李红梅

>纾解产科建档难的焦虑,不仅要在医疗资源配置层面想办法,还应该树立"大卫生、大健康"的观念,将全方位的孕产健康管理融入服务中

受"全面二孩"政策等影响,一些地方迎来生育小高潮,大医院产科建档难的问题随之浮出水面。近日,几张照片在网上热传,北京某医院产科大厅内,家属连续三天三夜摆小板凳、支行军床排队建档。据报道,有人在北京某三甲医院给孕妇建档挂号,预产期是明年4月,黄牛要价15000元,其他同类大医院也要六七千元。正常情况下,只要床位不紧张,挂上号就能建上档,挂号费就5元、7元或14元。产科建档的这种溢价幅度,哪怕来自黄牛党,也令人咋舌。

尽管优质医疗资源紧缺是个老大难问题,但产科建档难并非仅仅由于医疗供需结构性失衡,而是出现了叠加效应。据北京市卫生部门预计,2016年北京出生人口将达30万左右,比常年多约6万人,其中30%左右为"二孩"。对增加的这部分需求,卫生部门有所预估,并相应增加了医疗资源供给。北京市卫计委年初的数据显示,北京已审批产科床位近5000张。"如果北京地区所有产床全部利用起来,按照目前产妇住院4至6天的平均水平,全年可保障30万新生儿的分娩需求。"

真正的问题,是医疗资源利用的倒挂。以北京市 2015 年的床位使用情况为例,三级公立医院床位使用率为 108%,持续超负荷运转。二级公立医院产床多有空置,营利性医院产床使用率不足 50%,基层医院产床利用率仅约 14%。看病都想上大医院、找知名专家,这种心态和医疗资源配置不均相互作用,共同导致了这种畸形的倒挂现象。而"全面二孩"政策的放开,某种程度上加剧了这一矛盾。生育二孩的人群,多是年龄超过 35 岁的高龄产妇,怀孕时出现妊娠糖尿病、早产、宫内死亡、生育缺陷等风险的几率较高,医护以及生产的复杂性也相应提高,放大了对高水平孕产服务的需求。有口皆碑的大医院都被盯上了,不少孕妇家属想尽办法"死磕",这是黄牛敢于喊出天价的内在原因。

产科一床难求的问题,主要集中在三甲医院,天价建档费并非"二孩"政策的必然结果,而是"老兵碰上了新问题"。对这种具有新特点的结构性问题,要有长远的政策安排,也要有过渡性的措施,以防远水解不了近渴。缓解建档难,首先得想办法把紧缺资源配置给合适的人。当前很多地方开始依据病情、风险程度,对孕产妇进行分级管理,是一个好办法,但必备的"硬杠杠"不能少,人才支撑、医保引导、药品衔接等政策必须到位。否则,基层治不了的孕产妇大医院不收,从大医院出院的产妇又得不到随访服务,那就与初衷背道而驰了。

纾解产科建档难的焦虑,不仅要在医疗资源配置的层面想办法,还应该树立"大卫生、大健康"的观念,将全方位的孕产健康管理融入服务中。孕产妇其实是健康人,服务停留在治疗、检查层面远远不够。最适合她们的服务,其实是全流程健康管理。试点分级诊疗制度,不妨从产科开始,并改革分级之后的管理服务,比如推广家庭医生签约服务。他们可以根据孕妇情况推荐合适的产科医生,与医院携手管理好孕产前中后全过程,包括调整生活方式、饮食、运动等。只有以健康管理为中心,协调配置医院、人才、价格等政策资源,才能修复建档难产生的土壤,以优良的健康服务体系全方位、全周期保障好人民身心健康。

(2016 年 09 月 01 日)

以司法公开彰显法治中国气质

贺小荣

将人民法院每天审结的数万件案件的裁判文书第一时间推送到互联网上,以一个个鲜活的案例来展示中国司法的裁判标准,是近年来中国司法公开的重要举措。8月30日,最高人民法院发布了"关于人民法院在互联网公布裁判文书的规定",并正式上线中国裁判文书网手机客户端。裁判文书公开流程的进一步完善,加上获取司法信息的更便利渠道,无疑让人们更直观地感受到中国法治的文明和进步。

裁判文书公开,是司法公开的重要平台,它有助于司法界统一裁判尺度,提升司法能力。党的十八大以来,我国在审判流程公开、裁判文书公开、执行信息公开三大方面同步推进,特别是作为司法公开三大平台之一的中国裁判文书网,取得了令人瞩目的进步。短短两年多时间,已跃升为全球体量最大、访问量最多、影响最大的裁判文书网。目前,中国裁判文书网公开的文书已经突破2000万份,网站访问量突破20亿次,日访问量平均为909万次。可以说,这一平台已成为促进司法公正、提升司法公信的重要支点,并发挥着愈来愈重要的综合性作用。

公开裁判文书是一种勇气和态度,也是司法机关的一场自我革命。然而,近年来社会对司法冤案、法院错判高度关注,不仅法律适用的问题难以藏匿,文字上的疏忽都可能招致一片批评,因此,需挤占大量工作时间的裁判文书上网工作,被一些法官视为负担,部分法院出现了选择性公开

裁判文书的现象。

针对这种隐性的"回潮",此次"文书上网规定"的修订,进一步强化了对"公开为原则,不公开为例外"的坚持与落实。一方面,总体上扩大了文书上网的范围,详细列举了应当公开和不予公开的裁判文书类型,凡不予公开都要说明理由。另一方面,公开程度更深入,扩展至案件审判执行的每一个流程节点、每一个诉讼程序,形成一个完整的公开链条,便于社会监督。此外,还围绕如何减轻各级法院裁判文书公开工作量、降低上网裁判文书出错风险、强化精细化管理等,增设了一系列配套制度。在法院案多人少矛盾加剧的情况下,这相当于提升了裁判文书公开的可执行性。

强调"全面"公开裁判文书,并非一味追求社会公共价值,而忽视对公民个人隐私的保护。事实上,最高法在推动裁判文书上网之初,就将公民个人隐私权的保护确定为一条不可动摇的原则。规定明确不予公开的几类文书,很大程度上就是出于保护隐私或国家秘密的考虑。此外,还允许以隐名处理、删除有关信息的方式,来保护当事人的隐私权,就是想在不破坏私人生活安宁的前提下扩大信息公开。只有把握好这个平衡点,才能找到最大公约数,让人民群众在司法改革中真正有获得感。

裁判文书公开所代表的司法公开,具有多重社会价值,它可以全景展现一个国家解决纠纷和冲突的技术与伦理,大大提高人们对公平正义的信仰和尊崇。这个展现中国司法状况和法治发展进步的重要平台,凸显了中国司法的自信,也体现出独特的气质,不仅国内群众热切关注,也引起其他一些国家的高度关注。自2013年中国裁判文书网运行以来,海外访问量突破5亿人次。保持这种气质,迎难而上,不轻言退,方能以司法公开的持续进步,激发人们全面依法治国的信心和热情。

(作者为最高人民法院审判委员会委员、行政审判庭庭长)

(2016年08月31日)

消减财政事权模糊地带

何鼎鼎

> 治理末端的许多问题,必须回到财政事权划分的源头去厘清,在中央和地方之间达成广泛共识,才能在实践中形成各负其责的局面

合理划分中央与地方财政事权和支出责任,是政府有效提供基本公共服务的前提和保障。日前,国务院印发《关于推进中央与地方财政事权和支出责任划分改革的指导意见》,第一次比较系统地提出从政府公共权力纵向配置即事权和支出责任划分角度,推进财税体制改革,为央地财政关系调整作出了总体部署。

理想的财政事权匹配,是能确保"有多少事、花多少钱"。然而,过去,中央与地方财政事权和支出责任划分还不够明晰,存在不少模糊地带。一种情况是资源错位,一些本应由中央直接负责的事务,交给了地方,一些宜由地方负责的事务,中央承担过多;另一种表现是职能重叠,不少中央和地方提供的基本公共服务交叉较多;还有一种缺陷,是政府定位不清,一些本可由市场调节或社会提供的事务,财政包揽过多,而一些本应由政府承担的基本公共服务,又承担不够。责任划分不尽规范或缺乏法律依据,带来了财政支出的混乱,影响中央和地方两个积极性的发挥,并形成一些基本公共服务的死角。

这些"模糊"最后都反映到了执行层面。今年全国两会期间,有市长就表达了这种无奈:一个市长一年要签多少责任状?医疗、卫生、文化、保障房都有约束性指标,任务繁重,但地方财力有限。为了解决"钱和事不对等"的问题,实践中又形成了新的不规范甚至扭曲的现象。比如,为了争取更多的中央财政转移,许多地方拼命"跑部钱进";为了完成中央下达的各项考核任务,采取"卖地财政"等竭泽而渔的发展模式;更有甚者,搞一些名不副实的政绩工程,只求表面过关。

从这个意义上讲,央地财政事权改革对其他改革影响深刻,具有纲举目张的基础性作用,更像"改革之改革"。比如,义务教育全免费已经实现,人们对高等教育的公平正义提出新的要求,但新的均等化诉求谁来满足?流动人口日益增加,跨省医疗费用结算的呼声日渐高涨,如何构建全国性的结算平台?如此种种,都在呼唤财政事权的匹配程度进一步优化。因为,治理末端的许多问题,必须回到财政事权划分的源头去厘清,在中央和地方之间达成广泛共识,才能在实践中形成各负其责的局面。

新一轮财税体制改革的目标,不只是明确划分中央和地方财政事权及支出责任的界限,更重要的是推进国家治理体系的现代化,提高基本公共服务供给效率。相对于"适度加强中央的财政事权,保障地方履行财政事权"而言,"减少并规范中央与地方共同的财政事权,建立财政事权划分动态调整机制",在改革推进过程中可能需要更加重视。过往的实践证明,谁都能管的争议地带,容易陷入"有钱都想管、无钱都不管"的尴尬。让以往"九龙治水"的治理事项,能分解的尽量分清责任;无法分解的,至少定出一个权责配套的议事原则,有利于通过追责来促进各级政府更好履职尽责。

无论什么改革,都必须追求权、责、利相统一,才会有确定性和稳定性。建立事权和支出责任相适应的制度,是十八届三中全会提出的深化财税体制改革的重要方面。沿着规范化、法治化的方向,根据客观条件变化进行动态调整,一个符合规律又独具特色的央地财政关系调整方案,就能在中央和地方的有效互动中最终形成。

(2016年08月30日)

终身追责,建立国企决策硬约束

白天亮

> 建立终身追责制度,是让国企投资经营更守规矩,并非要求每一笔投资都稳赚不赔、每一项决策都有先见之明

防止决策与责任的脱节,是国企改革的重要一环。过去,一些国企投资出现巨额亏损,却往往谁也不用负责,让人心疼。这种情形有望得到遏制。近日,国务院办公厅发布了《关于建立国有企业违规经营投资责任追究制度的意见》,在国企发展历程中首次提出"实行重大决策终身责任追究制度"。"终身"二字,体现了监督决心,也充满了震慑力量。

出台终身追责制度,针对的是国企决策方面的约束失之于宽。《意见》中列举的九大方面54种情形,都是过去长期发生甚至比较严重的方面。比如,审计署2014年发布的11家央企的审计公告显示,上百亿元投资亏损中,不少看上去十分"任性",有的企业借给民企20亿元买矿、次年再花40亿元高价回购;近几年,国企走出去步伐加快,大手笔"买买买",然而不少项目转眼却成了亏损黑洞,几十亿甚至上百亿元投资打了水漂;还有一些国企,只关心负责人任期内的营收数字好不好看,不切实际追求规模,加剧产能过剩,最后滋生一批僵尸企业。问题是,亏损之后,许多决策者只要换家企业、换个岗位就可卸责,有些甚至留在原有岗位继续发号施令。要遏制违规经营、盲目投资、暗箱操作、转移资产等痼疾,提升

决策的规范性势在必行。

此次《意见》犹如给经营投资决策开列了一张"负面清单",意味着国企负责人决策时就得掂量责任的问题,无论是否离开企业,都无法推卸应负的责任,不能把亏损包袱甩给国家,抛向社会。从另一个角度看,这也有助于解决国企投资短期化的问题。终身追责,对国企决策者是一种提醒:投资不能只看眼下赚不赚钱,哪儿热闹就往哪儿扎,更要关注长期的可持续发展。

有人担心,终身追责制度也许能管住拍脑袋决策,却也可能让人不敢拍板,助长"宁可错过也别犯错"的想法,如此一来可能会捆住企业的手脚。这显然是种误解。

首先,追责范围比较明确,损失认定方式、处理规则,也比较明晰,对执行中带来"误伤"已有防范。

其次,追责的指向主要是违规行为。具体说来,主要指经营管理者违反国家法律法规和企业内部管理规定、未履行或未正确履行职责造成国有资产较大损失的情形。只要企业决策制度完善,决策从头到尾依程序而行,该论证的论证,该评审的评审,该集体研究的集体研究,如果出现因为市场环境、行业周期的变化而致亏损或效益不佳,则不必过于紧张。市场竞争有盈有亏,乃是常理。建立终身追责制度,是让国企投资经营更守规矩,并非要求每一笔投资都稳赚不赔、每一项决策都有先见之明。

此外,新一轮国企改革是个系统工程,不靠某一项改革包打天下。有的改革举措重在约束,如此次出台的终身追责制度;有的重在激励,如前不久出炉的国企员工持股试点;有的重在加强监管,如去年底公布的防止国有资产流失的意见;有的重在赋予企业活力竞争力,如推进混合所有制、授权董事会等。每项改革都会对其他改革产生影响,同时又需其他改革予以支撑。多项改革的统筹推进、良性互动,将更好地解决国企发展中存在的体制机制问题。

终身追责制度,不仅为国企经营投资决策划出了"红线",也将成为国企改革与发展的"安全线"。在激励中奋发前行,在约束下规范发展,国企才能真正做强做优做大。

(2016年08月29日)

激活实体经济这池春水

陆娅楠

降低实体经济成本是当务之急，但涉及面广，必须找准突破口，下好降低制度性交易成本这步先手棋

日前，国务院印发了《降低实体经济企业成本工作方案》，推出八大方面30项降成本的组合型举措，受到企业家的普遍欢迎。有企业家感慨，"这是给冬泳的中国实体经济，除了水草，卸了沙袋。"

这几年，实体经济的日子不好过。从市场层面看，诸多行业不景气，产能过剩引发价格跳水，在珠三角，一些工厂还存在这种情形：接订单只是为了维持工厂运转；从发展预期看，做实业的企业主信心不足，有些人开始逃离，某老板关闭工厂买4套房，还感慨没买更多……

降低实体经济的企业成本，是一个复杂的系统问题，不仅关系到企业的运行效率、盈利能力，更关系到投资者对实体经济的关注程度，需要企业和政府手拉手发力。事实上，许多企业也一直在努力通过创新升级来摆脱困境，无论是精益管理，还是机器换人，可以说是一分钱掰成八瓣花，能抠的、该省的、可降的，都做了。不过，仅靠微观主体的努力，降成本的空间有限，以创新来摊薄成本的时间较长，还不足以应对当下的被动局面。正因此，国务院为降低实体经济企业成本打出的组合拳，无异于雪中送炭。

事实上,在降成本的两翼中,政府发挥作用的空间非常大。企业成本中,有很大一部分只能由"看得见的手"来调整。例如,修改政策法律才能调整的"五险一金"缴存比例等"法定成本",靠制度改革才能降低的审批、认证等"制度成本",以及靠严惩贪腐才能肃清的"吃拿卡要"等"隐性成本",这些都是企业说了不算、想降难降的"支出项"。

降成本意味着利益再分配,落到执行层面,可谓难上加难。比如,大幅压减各类行政审批前置中介服务事项,动的就是某些行政机构和"红顶中介"的奶酪;再如降低电力成本,不仅是电力企业与用电企业的利益博弈,还涉及用电企业在"抢吃螃蟹"时如何重分蛋糕。没点"勇于涉险滩、敢啃硬骨头"的精神,是不行的。

降低实体经济成本是当务之急,但涉及面广、战线很长,必须找准突破口,下好先手棋。和各种显性成本相比,降低制度性交易成本尤为重要。它的影响是双重的,既关涉企业负担也左右经济效率。更多情况下,制度交易高成本对企业运行效率的影响,可能比负担还要严重,伤害还要大。制度性交易成本降不下来,中国经济迈向中高端水平可能会变成一句空话。格力集团董事长董明珠就表示过,不要给钱,我们也不要扶持政策,我们要的是一个公平、透明、平等的环境。给了这个环境,我们会做得更好,比给钱更好。从这个角度看,降成本的关键,是让"看得见的手"习惯换手、缩手、放手,该放的落到位,该管的严起来,从而释放市场活力。

降成本,是一场逆势而上的改革。在这一过程中,不能忘记初心,即以深化改革的力度来成全企业得实惠的强度。从去年的中央经济工作会议,到这次国务院出台的文件,中央为实体经济减负的努力一直没有中断,一些地方也有许多探索,关键是在具体执行中不出方向性的偏差。政策从中央到基层,也有个"传达成本"。若是大而化之,层层递减,就会沦为"政策白条",让企业空欢喜;若是过度解读,逐级加码,又成了"干预市场";万一打着改革旗号搞利益捆绑,演变成给个别企业、个别行业"吃偏饭",那更是偏离了初衷。如此重要的任务,不妨也建立督查制度,尝试评估反馈,降到位的奖,降不到位的罚。

无论到了哪个阶段,实体经济都是竞争之本、发展之基。如何把社会资本请回来,把信心找回来,主要看降成本的成效。当改革的步子实起来、

快起来,不仅能拓展企业的生存空间、利润空间,也可以为新产业、新业态、新动能的孕育赢得主动,让实体经济这一池春水更快活泛起来。

(2016年08月26日)

女教师患癌遭开除：情理须有安身处

王 琳

> 对劳动者权益的保护，除了要堵住制度上的漏洞，更应该注意校正现实生活中劳动关系的失衡

23日，近期引发强烈关注的兰州交通大学博文学院开除患癌女教师刘伶利事件，有了最新进展：当事双方达成和解，校方恢复刘伶利的公职，向其父母道歉，给予丧葬抚恤金、补发工资，并赔偿50万元。

这件事情虽然告一段落，但"女教师患癌遭开除"的余波尚未平息。

基于同情弱者的心理，校方的行为被披露后，即引发了网民的群体性批评，指责用人单位"无情无义"的跟帖或评论数量巨大。一位年纪轻轻的女教师，在患上癌症、最需要帮助的时刻，被学校开除且断了医保，实在让人难以接受。何况，学校本是教书育人的地方，不该如此无情。

当然，也有许多熟悉劳动合同法的人指出，在劳动关系的处理上，法律首先应被尊重。解除劳动合同，其实是劳资双方共有的权益。根据劳动合同法的规定，劳动者患病在规定的医疗期满不能从事原工作也不能从事由用人单位另行安排工作的，用人单位有权解除劳动合同——毕竟，不是所有的用人单位都有财力对所有病患完全兜底，保障企业合法的用人自主权，才能维护一个公平竞争的人才市场。

从这个角度看，只要是严格按法律规定处置劳资争议，固然并不违法。

但法律只是底线,不违法并不等于就"名正言顺"。毕竟在法律之外,道德、文化等方面的约束同样重要。用人单位如何对待患病的员工,有着远超出法律之外的多重意义。人非草木,孰能无情,如果冷冰冰地"依法"办事,损害了职业共同体的情感期待,也会影响用人单位的凝聚力,甚至破坏社会和谐。从这个意义上讲,围绕此事的网络舆论,大致展示了中国社会在劳动关系上的多数共识和道德底线。对陷入困境的人无动于衷,乃至让对方陷入绝境,是会被唾弃的,何况是自己的员工。事实上,过往的案例证明,用人单位如果以"合法"为由挑战这条道德底线,都是不明智的。

值得一提的是,也许是意识到了这一点,兰州交通大学博文学院并未以超过医疗期的名义起诉来解除合同,而是以刘伶利等人"连续旷工"作为开除的理由。尽管一审、二审法院都未支持这一事由,但刘伶利的胜诉,并不意味解除劳动关系的相关法律条款不存在。员工一方在这起诉讼中之所以获胜,是因为有足够的证据让"兰州交大博文学院亦认可"是请假而非连续旷工。否则,遇上用人单位"不认可"甚至"死不认账",而员工又拿不出有效证据,那么患病员工就有可能处于不利地位。

这也许是"女教师患癌遭开除事件"更值得关注的地方。事实上,对劳动者权益的保护,除了要堵住制度漏洞,更应该注意校正现实生活中劳动关系的失衡。23日,媒体又曝出,兰州交大博文学院去年还曾以"考核不合格"为名,开除了一位身患肝血管瘤的女教师。仲裁和诉讼均失败后,兰州交大博文学院仍长期拒绝履行生效裁判。这些事件无不证明,捍卫一位劳动者的尊严,一方面要用足法律手段,同时也不能忽视医疗保险等社会保障制度的兜底功能。

尽管劳资之间的有情有义,从法律上讲只是一个期待而不是强制性义务,但有一点毋庸置疑,用人单位解除劳动合同,法定程序不容绕道,法律底线不容突破。给劳资争议足够的说理空间,也给人与人之间的温情留一些余地,于企业、于员工、于社会都是有利的事。

(2016年08月25日)

国企员工持股，释放改革活力

贾 壮

> 无论什么性质的企业，都必须把激励机制纳入现代企业管理制度的约束，以求企业的持续活力与壮大，区别仅仅在于国企员工持股需要平衡的目标更复杂

国有企业改革是全面深化改革的重要一环，其动向备受关注。日前，《关于国有控股混合所有制企业开展员工持股试点的意见》正式印发，既关涉国企效率和激励机制问题，又牵扯国有资产的保值增值问题，更成各方瞩目的焦点。

纵观中国30多年改革开放历史，任何一次对社会激励机制的成功调整，都会释放出强大的改革活力。然而，国企的效率问题从来不是孤立的，员工持股作为国企改革中最具挑战性和敏感性的难题之一，在实践中之所以几经反复，就是因为难以把握"激励员工"和"保全国有资产"之间的平衡。一旦处置不好，就会引发"国有资产流失"的担忧。

不过，随着国企改革的深入，效率与公平的问题已不存在谁绝对优先的简化选择，而需要并驾齐驱。效率低下的隐性贬值、显失公平的资产流失，都是必须避免的，只有能持续增强活力、不断壮大国有企业的改革，才是可行选项。

正因此，此次国企员工持股改革方案，不仅确立了积极稳妥推进的基

调,还提出了激励与约束并重的改革目标,即"建立健全激励约束长效机制"。作为一份旨在增强国企活力的改革意见,此次员工持股试点可谓"严"字当头。比如,限定了试点范围为混合所有制国有企业,且主业必须是处于充分竞争行业和领域的商业类企业,央企二级以上企业和各省所属一级企业暂不开展;不仅把持股员工的范围圈定在直接影响企业的科研人员、经营管理人员和业务骨干上,还细化了股权内部流转和退出机制……这些限制,不是为了束缚国企改革的手脚,而是体现了公平、激励的改革思路。改革的活力,不能以牺牲国有资产为代价,否则,壮大国企的目标就成了一句空话。

从长远看,国企的活力,只能从完善现代企业制度和提升市场竞争力两个方面去努力。现代企业经营管理要处理两个核心关系,一是所有者与经营者之间的委托代理关系,二是经营管理层与员工之间的激励约束关系。凡是企业界的"常青树",一般都能很好地处理这两层关系。从过往经验看,推行员工持股是非常有效的激励方式,它能实现企业和员工的利益共享和风险共担,从内心激发员工的主动性和创造性。然而,无论什么性质的企业,都必须把这一激励机制纳入现代企业管理制度的约束,以求企业的持续活力与壮大。

全面深化改革是一项系统工程,国企员工持股改革更是如此,正式试点是好的开始,但不可能一"持"就灵。员工持股旨在通过激发劳动力要素活力,以做强做大国有企业,但并非意味着国企要一味和民营企业比用人机制的灵活,关键要在增强对人才的综合吸引力上下功夫。开展员工持股试点,与国有企业功能分类、混合所有制改革等其他相关政策之间的衔接非常紧密,应统筹推进。全面增强国企活力,提供更好的干事创业舞台,让员工与企业全面共享改革发展成果,可能是更现实的方式。

国有企业肩负着国家的特殊责任,也承载着几代人的光荣与梦想。把人的积极性调动起来,也是为了维护好对国民经济至关重要的国有资产。从下好员工持股试点这盘棋出发,稳妥且积极地深入推进国企改革,才能做强做优做大国有企业。

(2016年08月25日)

读懂"不愿父母探望"的尴尬

王石川

"凯风自南,吹彼棘心"。朋友远道而来,尚且不亦乐乎,何况父母。然而,现在却有一些年轻人不欢迎父母来探望,让人讶异。日前一项调查显示,48.0%在外居住的受访者表示,不愿父母来探望自己,其中,8.3%的受访者直言"非常介意",最大的原因,是没时间和精力陪父母。

对个中缘由稍作思量,亦可释然。这些年轻人并非拒绝亲情,更非厌弃父母,只是爱得辛苦。无论是没时间和精力陪父母,还是不想让父母担心,乃至不想让父母辛苦,哪一点不是浸润着浓浓的孝意?不愿父母来探望,不是因为家庭出了问题,而是说明出现了家庭问题。它与社会问题息息相关,折射出流动时代普遍的精神生活问题。

我们正处于"千年未有之大变局"的时代,一大特征是人口流动迅猛,前所未有。权威统计显示,"十二五"时期,我国流动人口年均增长约800万人,2014年年末达到2.53亿人。据预测,到2020年,我国流动迁移人口将增至2.91亿,这意味着,我们的身边,将有越来越多的流动人口。某种程度上讲,这一代人是毫无疑义的"漂一代"。只要出现人口流动,就可能出现父母、子女天各一方的状态;只要一家人不能长相聚,思念便如春草,更行更远还生,父母探望子女、儿女常回家看看,也是必需。

哪个游子不想承欢膝下?哪位老人不盼天伦之乐?多年前,一曲《常回家看看》,风行大江南北,唱得游子潸然泪下,唱得老人热泪盈眶,无非是拨动了人心中那根最柔软的琴弦。可惜，时空距离让亲情拉得悠长，让欢聚变得遥远。于是很多时候，团聚似乎成了遥不可及的奢望。然而，年轻人出外打拼的决心，也是这个时代推动的。无论谋生还是看世界，越来越成为年轻人的自觉选择——曾有统计称，40岁以下的流动人口已占总流动人口的90%。在"悠然一晙阻，山叠虏云重"的现实中，我们剩下的选择是，如何平衡事业与亲情的"冲突"，又如何让相聚变得简单、让亲情流通更顺畅些。

取舍之间，颇多苦恼。如何兼顾，横亘不少障碍。既然没时间和精力陪父母，所在单位能否真正落实员工享受"亲情假"？既然租房居住不方便，城市廉租房的大门能否向流动人口更敞开一些？此外，父母无法陪伴孩子身边，还与缺乏制度兜底有关，比如就医报销极其不便。有人就感叹："儿女在哪，父母在哪，父母在哪，家就在哪。但老人跟着孩子漂，一旦生病，就很麻烦。"当医保异地结算难题这样的痛点不断消除，享受天伦之乐的路障也就少了。

城市化进程不可逆，对人的接纳是这个转型过程中最重要的考验。"流动人口最初是劳动力的流动，接着是夫妻两个带着孩子流动，再往后是老人跟着流动。"这一迁移规律，包含着提升城市公共服务的方向。一座开放包容的城市，不应把流动人口视为不速之客，而会尽量帮他们无障碍地融入城市。当家庭团聚不再是奢望，报得三春晖自然会成为普遍选择，而这正是人人都企望的时代进步。

（2016年08月24日）

让"清流"浇灌电影市场

王子潇

> 好作品绝不会是一张"画皮",不管什么时代,无论什么题材,说到底还是"内容为王"

憨态可掬的熊猫在暖阳里慵懒地嚼着竹子,俏皮灵活的小金丝猴悠荡于茂密丛林……最近,一部名叫《我们诞生在中国》的电影,在暑期档中杀出重围。

没有宏大的场面,没有奇炫的特效,没有云集的明星,这部电影以纪录片形式,讲述三种动物的成长与生活。这样一部"冷门"电影,与热腾腾的"大片"相比确实不够夺目,然而靠着观众口碑和票房预期,却在竞争激烈的市场里实现了排片量的逆袭。

口碑,来自影片的质量。精致的镜头语言,呈现多样壮美的"生态全景";"萌萌哒""帅帅哒"的动物,触动观众柔软的内心。更重要的是,这是一部有"价值观"的电影。熊猫"美美"渴望爬上树顶来证明自己的独立长大,金丝猴"淘淘"被父母冷落离家出走又重回家庭,雪豹母亲"达娃"为子女拼死掠食最后悲壮死去……动物的抉择与烦恼、关爱与疏离、背弃与坚守,引发人们对现实生活的深思与自省。光影交替背后,能看到制作团队的诚意与用心,也自然会真心点赞。

当下中国的电影市场,10亿票房早已不是神话。然而,不少电影人

笃信"吸睛"就能"吸金",无所不用其极。将客串的演员宣传成"领衔主演",用俊男靓女糊满整个屏幕,特效没有节制且全无意义,观众吐槽不如多花"五毛钱"请编剧……貌似"大片"扎堆,实则"蜻蜓点水""雁过无痕"的多,能够产生广泛社会影响、既有好口碑又有好票房的,屈指可数。

电影是工业时代的消费品,讲求经济效益,追求投资回报比,无可厚非。不过,"套路"太深,却容易把自己套住。缺乏原创、粗制滥造,觉得市场运作就是一切,觉得明星出演就能成功,这样的反例已经太多。相比之下,《我们诞生在中国》回归题材、雕琢细节,虽无熠熠星辉,却也十分感人。其实,艺术作品不只是娱乐工具,优秀作品莫不有着浓厚的人文情怀。《可可西里》用悲壮故事展现人类保护自然生灵的坚持和决绝,《钢的琴》用略带幽默与辛酸的故事讲述普通人如何面对被锁定的命运,《推拿》以盲人的世界隐喻人心与人生的困境……不管是对社会暗角的观察、对现实情况的关注还是对世道人心的洞察,好作品绝不会是一张"画皮"。"空口袋立不起来",不管什么时代,无论什么题材,说到底还是"内容为王"。

其实,内容和形式也好,拍摄和宣传发行也好,经济效益和社会效益也好,都并非此消彼长的关系。2014年国产电影《亲爱的》,聚焦打拐和寻亲的严肃主题,众星云集的阵容,讲述关于亲情、关于家庭的感人故事,让影片收获了美誉度,也收获了不错的票房。其实,从《心迷宫》到《山河故人》,从《烈日灼心》到《师父》,很多质量颇佳的电影,虽然没有那么高的知名度,但也都能通过市场收回成本、实现盈利。这些作品就像是一股沉稳的"清流",讲品位、重艺德,观众会不吝掌声,市场也会给予回报。

好的作品多了,观众才会更懂得欣赏;观众更懂得欣赏,则会催生更多好作品——这是良性循环的逻辑。而一味放任低端供给,难免会形成每况愈下的恶性循环。期待《我们诞生在中国》以及其他好电影,既为结果也为过程,以"清流"浇灌更好的市场、涵养更好的作品。

(2016年08月23日)

"女排逆袭"展现精神的魅力

何鼎鼎

> 我们应该理直气壮地赞美这精神、弘扬这精神,挫折中前行、不磨灭初心,未来再远也终将抵达

这是"逆袭",更是"进击"。

中国女排的里约之旅,在北京时间 21 日上午以一枚金牌画上圆满句号。小组赛接连失利,跌跌撞撞才晋级;交叉赛越战越勇,一路拼搏终夺冠。正如美国媒体的评论:中国队证明重要的不是怎么开始比赛,而是怎么结束比赛。

"一个球哪怕你接不住,也要拼尽全力冲过去",这是老女排留下的遗产;"打一分算一分""一分一分咬下来",这是新女排写下的精神。惟其艰难,才更显勇毅;惟其奋斗,才弥足珍贵。曾振奋整个国家的中国女排,再次用一次跌宕起伏的夺冠,振奋了我们的精神。

有人说,中国女排从来没有过"统治地位",几乎每一次夺冠都靠艰难的拼搏完成。而在最困难的时刻,呈现出最顽强的精神,或许就是女排精神的实质。这恰如郎平所言,"女排精神不是赢得冠军,而是有时候知道不会赢,也竭尽全力。是你一路虽走得摇摇晃晃,但站起来抖抖身上的尘土,依旧眼中坚定"。

竞技体育本来就不仅是身体、技巧的比拼,也必然会包含"精神力"

的较量——有赛场上对胜利的强烈渴望,更有赛场外向着梦想默默的坚持。郎平说,"不要因为我们赢了一场就谈女排精神,也要看到我们努力的过程。"的确,"女排精神"不是喊出来的,而是靠日复一日的强化训练、一点一滴的艰辛付出凝铸出来的。有记者就观察到,女排队员在训练局很少能碰到其他运动队吃饭,因为来得最早、练得最久、结束最晚。

无论赛场成败,女排精神一直都在。从上世纪80年代"五连冠",到成绩滑坡陷入低潮,"两起两落"却始终目光坚毅看着前方。从起步到巅峰,从巅峰到低谷,从低谷到崛起,从崛起再到巅峰,张蓉芳、梁艳、冯坤、赵蕊蕊、惠若琪、朱婷……输过赢过奋斗过,哭着笑着坚持着,30多年来,这支队伍用一次次的拼搏展现体育的本质,让人看到了不畏竞争、永不言败、执着坚持的精神魅力。

今天,我们正需要重新叫响"女排精神"。从个人看,有机会、有舞台,但也只有一步步地往前走,才能收获梦想;从国家看,发展不易,前行维艰,中流击水之时,更需要鼓起精神、振奋意志。无论我们走了多远,无论我们怎样改变,那种理想主义不能丢,那种创造历史的精气神不能变。正因此,我们应该理直气壮地赞美这精神、弘扬这精神,因为只有有了宝贵的"精神力",才能写下更灿烂的诗篇。

没有一场胜利可以唾手而得,没有一个冠军无需风雨洗礼,恰如历史的道路不是涅瓦大街上的人行道,而是会"有时穿过泥泞,有时横渡沼泽,有时行经丛林"。但是,挫折中前行、不磨灭初心,未来再远、梦想再大,也终将抵达。

(2016年08月22日)

用发展之笔描绘欧亚未来

白 龙

> 回顾3年来的"一带一路"建设,正是由于抓住了发展这个最大公约数,才使得相关工作不仅造福中国人民,也增加了沿线各国人民的获得感

几天前,一趟50车100个标箱、满载浙江义乌小商品的中欧班列,从义乌西站驶向俄罗斯车里雅宾斯克。这是继开通至马德里、德黑兰等地的班列后,义乌又一趟驶向"一带一路"沿线国家的国际集装箱班列。东方列车,犹如一支游走的画笔,正在勾勒出"一带一路"建设给沿线国家增加的动人景致。

"以钉钉子精神抓下去,一步一步把'一带一路'建设推向前进,让'一带一路'建设造福沿线各国人民。"日前,在推进"一带一路"建设工作座谈会上,习近平总书记提出了八项工作要求,并欢迎各方搭乘中国发展的快车、便车,欢迎世界各国和国际组织参与到合作中来。而回顾3年来的"一带一路"建设,正是由于抓住了发展这个最大公约数,才使得相关建设不仅造福中国人民,也增加了沿线各国人民的获得感。

国之交在民相亲。有位中国记者曾讲述了一个小故事:在"一带一路"沿线国家吉尔吉斯斯坦,由于公路建设情况不佳,一些地方因积雪,一年有半年时间都很难出行。当地有位70多岁的老人,在公路修好之后,骑

着毛驴到了首都比什凯克,要求面见总统表示感谢,因为"总统让中国的工程师修了公路"。类似的情况还出现在巴基斯坦。在巴基斯坦的第一个自贸区瓜达尔港,中国项目的进入大大加快了当地的发展速度,他们希望把这里建成"巴基斯坦的深圳"。在当地人眼中,"中巴经济走廊"不仅仅是连接两国的一条跨境通道,更承载着巴基斯坦人民谋求发展的强烈愿望。

"一带一路"建设催生的发展故事,正在沿线国家处处开花。3年来,从成立丝路基金,到筹建亚投行;从"一带一路"共建愿景和行动文件发布,到一批基础设施互联互通项目稳步推进,"一带一路"建设已步入务实合作阶段。东西方文明汇聚的沿线各国,正通过"一带一路"建设这一有力纽带,实现共同发展,为当代世界贡献更多经济机遇与文明样态。目前,已经有100多个国家和国际组织参与其中,以亚投行、丝路基金为代表的金融合作不断深入,一批有影响力的标志性项目逐步落地。一条绿色丝绸之路、健康丝绸之路、智力丝绸之路、和平丝绸之路,正在得到沿线国家的广泛认同和参与。

抓住发展这个最大公约数,也是消除误解、求取共识的关键。"一带一路"建设过程中,国际上还有一些人士存在疑虑。比如,"一带一路"的开放性和包容性是否充分,中国有没有能力处理好与沿线众多国家之间的关系,中国是否借此转移低端产能,等等。对于这些问题,3年来的发展已经给出了令人信服的回答。"一带一路"带来的基础设施建设、能源、交通等市场机遇,既带动了沿线发展中国家,也为发达国家提供商机。同时,中国也以实际行动,践行"绿色丝绸之路"、突出生态文明理念,确保"一带一路"项目给当地国家带去先进、绿色的产能和技术。

回顾全球史,从泉州、广州、西安到撒马尔罕、君士坦丁堡、巴格达再到安特卫普、威尼斯,在辽阔的欧亚大陆上,一座座历史名城早在公元1500年以前,就以驼铃和风帆、港口和集市唤醒了这片古老大陆的勃勃生机。如今,"一带一路"覆盖了约44亿人口,辐射了约22万亿美元经济总量,这片产业结构互补性强、全球最有发展潜力的区域,将按照共商、共建、共享原则,续写欧亚大陆的历史与荣光。中国也将和沿线国家一起,致力打造共同发展、共谋繁荣的利益共同体、命运共同体、责任共同体。

(2016年08月19日)

摒弃"限期卖羊"的简单心态

曹鹏程

> 但有十分力,绝不用九分,把问题想足,把办法穷尽,基层拿出来的政策才能经得起"乡亲们是哭还是笑"的检验

有人说,矫枉必须过正。在基层现实中,如果没有承受一些代价的勇气,确实很难推动具体事情。但同时,在现代治理的语境下,如果不注意"矫"的方式和节奏,"正"有可能就成了"枉"。山西蒲县最近"限期卖羊",就是一个很典型的例子。

涉事的基层干部其实是在整治一个早就该管住的事情。地处吕梁山生态脆弱区的蒲县,自 2000 年开始,就在山西率先实施了封山禁牧。"山羊禁绝牧放,牲畜不得入林,违者严惩。"政府的大牌子在路边竖了近 16 年,羊群却在旁边默默地走过,不是因为牧羊人不识字,而是因为配套的治理始终跟不上,脱贫的出路始终不够顺畅。这是整个地区乃至更高层面的管理者都应该关心的工作,单从一线干部重视不够、执行不力上找原因,反而会掩盖真正的问题,仍然难解"年年禁、年年养"的怪圈。

我们常说,今天的改革驶入了一个复杂的水域,所谓的复杂,其实主要就是各种矛盾的冲撞。作者下乡去查盗版,村里相当委屈:"我们不偷不抢,印点好书,带领大家致富,咋不行?"赶上煤炭价格上涨,干部想的都是抓住经济翻身的机会,甚至闻一口家乡的雾霾都告诉别人"提神醒

脑"。公平与正义、现实与长远、局部与全局……正反两方面问题的倒逼，促成了治理所必须承认和面对的复杂利益格局。

蒲县的基层干部，面对的就是这样一个棘手的难题。封山禁牧之下，羊群不减反增，破坏生态、祸害庄稼、引发山火，但同时不管圈养还是非圈养，甚至偷牧、乱牧的羊，也都是群众的利益，甚至是最直接的脱贫手段。绿色发展是重要理念，脱贫攻坚也是当务之急，哪一样都对接着复杂的治理情况，如果再加上简单粗暴的"一刀切"要求，一线工作的人就难以做出太好的选择，更顾不上思考更科学的决策。

其实，现实中存在着很多类似的矛盾：城里人反对焚烧秸秆，农村人愿意配合却没钱处理，降低处理成本的机制建立不起来，接受"硬任务"的村干部只好每年住在田间严防死守；小区居民想要菜市场，周边的居民却受不了嘈杂脏乱，找不到自我管理和成本分担的办法，只能不是你忍着就是我忍着。构建现代治理体系的一个重要方面，就是随着情况的变化灵活发挥治理的效能。全面深化改革推开之后，必然涉及现有规章制度的清理，更呼唤新政策推行的相应准备和配套。封山禁牧既然一定要做，就要擦掉牌子上的灰尘，让老百姓把落实的信心看个清楚；同时，也要给老百姓留出时间，十日内不处理就要强制罚款、没收、拘留，显然不近人情；最后，更应该帮养羊户找到出路——蒲县正在引入构树这种良好的禽畜饲料来源，如能成功，才是引导大家发展舍饲圈养、解决林牧矛盾的治本之策。

简单源于对复杂的控制，管理就是把复杂的事情简单化。管理学中的这句话，并不是让人们都去学着当甩手掌柜，恰恰是想说，治理者所追求的局面越简单，其背后往往越需要有一个完备的制度体系，有一些能够用好制度的人。面对利益复杂的中国，推进治理体系和治理能力现代化，最需要我们摒弃简单化思维。但有十分力，绝不用九分，把问题想足，把办法穷尽，基层拿出来的政策才能经得起"乡亲们是哭还是笑"的检验。

（2016年08月18日）

用好社会资本,要慢工出细活

贾 壮

有序引导社会资本进入基础设施建设领域,既弥补了资金缺口,又能改善公共服务水平,更有助于拉动低迷的民间投资,进而提升经济活力

近日据媒体报道,全国各省区市在安排部署下半年经济工作时,普遍重视重大项目落实,其中政府和社会资本合作(PPP)项目占较大比例。据不完全统计,近一个月就有贵州、甘肃、安徽等六地推出了示范项目,总投资规模超过7500亿元。为提高社会资本积极性,多地还设立了引导基金,黑龙江、新疆等地的省级引导基金规模超过千亿元。此举对于拉动基建投资、稳定经济增速,均有较强的现实意义。

PPP是国际上流行的基础设施及公共服务领域的合作模式。根据财政部门的定义,这一模式通常由社会资本承担设计、建设、运营、维护基础设施的大部分工作,并通过"使用者付费"及必要的"政府付费",获得合理投资回报;政府部门负责基础设施及公共服务价格和质量监管,以保证公共利益最大化。从这个定义不难看出,这一合作模式兼具"引资"和"引智"的双重功能,从融资模式创新升级为管理模式的创新,体现了"使市场在资源配置中起决定性作用"和"更好发挥政府作用"的政策取向。

当前,我国经济面临较大的下行压力,各级政府既要促进经济转型升

级,又要保持经济增速平稳,在基础设施和公共服务领域加大投资力度,是兼顾促转型和稳增长的有效手段。然而,凭政府一己之力难以支撑规模庞大的投资项目,寻求与社会资本合作成为理性之选。另一方面,巨额的社会资本长期徘徊于公共服务领域之外,尤其是大量的民营资本四处游弋搜寻投资机会,容易在一些领域集聚成风险隐患。有了公私合作的合理制度安排,可以有序引导社会资本进入基础设施建设领域,既弥补了资金缺口,又能改善公共服务水平,更有助于拉动低迷的民间投资,进而提升经济活力。

在为政府和社会资本合作模式叫好的同时,也应当看到,PPP项目的数量看似很多,真正进入执行阶段的比例却很小,项目落地难的问题比较突出。有研究者指出,这是因为该模式不是单纯的融资模式,而是一种综合的管理模式,涉及设计、建设、融资、运营、维护等多个环节,对政府的监管能力、社会资本的经营和掌控能力都提出了很高要求,目前市场体系和政策体系还存在不少短板。政策推动和现实需要只是将这一合作模式推上了轨道,高效的执行才是行稳致远的根本保障。

在完善政策体系和市场体系方面,相关参与方都有很多可以改进的地方。就政府一方来说,目前我国PPP政出多门的问题仍然存在,应当进一步加强统筹协调;相关法律体系层级较低,立法的盲区与交叉重叠并存,法律法规体系亟待完善;地方政府信用观念淡薄,违约事件频出,也影响社会资本参与积极性。就市场一方来说,目前还有不少社会资本想的是"一锤子买卖",没有认识到项目长期和微利的特征。国际经验显示,PPP项目不可能带来暴利,优势是回报长期稳定,参与项目的社会资本对此应有理性认识。除此之外,也要警惕个别地方政府将PPP当成全新的"现金奶牛",视为融资平台被堵住之后的"第二财政",通过这一方式进行违规或变相举债。

细节决定成败,政府和社会资本合作模式,就是一件需要重视细节的慢工活。从全面深化改革的大处着眼,从"一针一线"的小处着手,才有可能把这一模式的制度红利,转化为经济增长、财政增收、社会资本获利和百姓享受公共产品的现实红利。

(2016年08月15日)

更好释放"老同志下乡"的正能量

毕诗成

> 对"老同志下乡"的关注,有助于我们开阔视野,形成人才资源与乡村建设之间的良性循环。对改革发展中出现的新事物,决策者应该保持敏锐的嗅觉

一名副部级干部主动申请做驻村书记的事迹,近日受到媒体关注。这位老同志经中组部批准,下沉到村任"第一书记",一年来尽心做事,带领群众努力脱贫,受到当地群众好评。临近或已退休的高级干部,如何到广袤乡村发光发热,在当下是一个很有针对性的新课题。

随着人口平均寿命提高,60岁左右或退居"二线"的干部,很多仍然年富力强,且经过多年历练,有较宽的视野、丰富的阅历。"退而难休"的背后,除了较强的成事能力,更有已经看透沉浮、静下心做点具体事情的意愿。

另一方面,在当下中国的新农村建设与农村脱贫攻坚工作中,人的问题已成为最突出的矛盾之一。有能耐的年轻人纷纷进城,导致一些农村"空心化";有些乡村干部,身在农村,心和家庭却在城里,很难与乡村"同呼吸、共命运"。如果没有人才的"润泽",将资源导入并结合实际盘活,只是简单把钱和物投到农村,很难发挥可持续的造血功效。

上述两方面的诉求汇流到一起,有理由对此赋予更多期待。实际上,

中央充分认识到了离退休干部的意义。年初,中办、国办印发了《关于进一步加强和改进离退休干部工作的意见》,强调要发挥离退休干部的独特优势,按照自觉自愿、量力而行的原则,组织引导广大离退休干部在推进"四个全面"中作出新贡献。在此之后,湖南、湖北、江西等地已有不少退休官员主动下乡出力,成为奉献乡里的"新乡贤"。

与此同时,也有老干部在媒体上反映:自己也有到乡村做事出力的愿望和热情,就是不知道人家接受不接受,不知道自己能不能做好,怕"开始容易、成事儿难"。由此可见,"老同志下乡"目前虽然还属于自发的特例,但这种热情有普遍意义,应该加强引导,逐步探索工作机制,以组织规范和程序引导。

离退休干部有一定特殊性,中国农村更有着复杂的特殊性,这两方面的对接,并不如纸面上说起来那么容易,既可能两相契合带来积极可喜的变化,也可能出现各种各样的新问题。越是这样,越需要从一开始就要严谨、细致、边探索、边总结、边规范、边完善。对于新生事物,我们不能简单盲目地叫好,而应该鼓励尝试、完善机制、因势利导,让更多有能力、有能量、有意愿的离退休干部,到农村大地"释放激情"。如果简单寄托于个别老同志的高境界、高觉悟,而一旦出现失败案例,就又把这种现象一竿子打死,将两方面需求与热情简单扼杀掉,显然也是一种轻率。组织与群众监督机制,不胜任工作的退出机制,与现有治理机构的沟通机制等,都是必不可少的。

对改革与发展中出现的新事物,决策者应该保持敏锐的嗅觉。对"老同志下乡"的关注,有助于我们开阔视野,形成人才资源与乡村建设之间的良性循环。一方面,可以出台更多措施,鼓励领导干部、知识分子、工商界人士等多种类型的"告老还乡",推动乡村发展;另一方面,也急需加强乡村的文化建设,营造开放格局避免局部封闭,以文化为底色,形成更有效的吸纳社会能量的运行模式,让见贤思齐蔚然成风,努力弥合当下农村在现代化进程中存在的差距。这是非常有价值的努力。

(2016年08月15日)

以科技创新引领发展新境界

余建斌

"创新"不仅关乎科学技术研究本身,更关乎国民经济主战场,关乎面向科技前沿和面向重大需求

日前,《"十三五"国家科技创新规划》正式出台。这份首次以"国家"命名的科技创新规划,通过8篇27章的篇幅,创新主体、创新基地等六个方面的国家创新体系部署,以及12项主要指标,为未来五年中国科技创新描绘了一幅令人振奋的发展蓝图,也为中国迈向创新型国家提供了具体行动指南。

今年5月印发的《国家创新驱动发展战略纲要》提出,到2020年进入创新型国家行列。而作为实现这一目标的最后一个五年规划,"创新"是最大的看点。从此前的"国家科技规划"到这次的"国家科技创新规划",增加的"创新"不仅关乎科学技术研究本身,更关乎国民经济主战场,关乎面向科技前沿和面向重大需求。用一句话来概括这幅未来五年的国家科技蓝图,可以说是"以科技创新为引领开拓发展新境界"。正如有人评价:这不是"象牙塔"里面的规划,而是体现科技和经济结合的创新规划;不仅是要"建设高效协同的国家创新体系",也要"支撑国家重大战略,充分发挥科技创新在推动产业迈向中高端、增添发展新动能、拓展发展新空间、提高发展质量和效益中的核心引领作用"。

科技创新对经济社会发展的支撑和引领作用日益增强,其实是科技发展的趋势和规律。现在,科技创新不仅仅发生在研究机构、高校,也发生

在企业，发生在车库、咖啡馆等看似简陋的创客空间。从全球范围看，发达国家大都是科技强国，排在前列的跨国企业巨头，大部分也靠科技起步。尤其是近二三十年，一批高科技跨国企业如苹果、谷歌、微软等的崛起，对全球科技产业都产生了重大影响。中国的高科技企业如华为、腾讯等，也将创新融入技术研发和产品生命周期，通过科技进步和实力提升，使企业规模跻身世界前列。即便是看似比较小的创新，同样能换来在全球科技产业发展方向上的话语权。中国率先并广泛使用的二维码、移动设备在线支付等移动互联网应用，被一些硅谷企业包括顶尖科技公司学习效仿，扭转了中国企业对硅谷亦步亦趋的印象。

科技大国离科技强国并非一步之遥。对照建设世界科技强国的目标，中国还面临不少科技瓶颈，关键领域核心技术受制于人的格局没有从根本上改变，科技基础仍然薄弱，科技创新能力特别是原创能力还有很大差距。就科技支撑发展方面，许多产业仍处于全球价值链中低端，科技对经济增长的贡献率还不够高。就像中国的移动互联网虽然发达，但高端手机市场仍是国外企业主导，国产智能手机的操作系统、芯片等很大程度仍要仰仗国外。热门新兴领域如人工智能、虚拟现实和无人驾驶技术等，勉强算在并跑，还远远没有开始领跑。

抓住科技创新的重要战略机遇期，缩小与科技强国的差距，增强原始创新能力、培育重要战略创新力量是重中之重。无论是原始创新的基础研究，还是瞄准前沿的战略科技，都是拓展前所未有的科技领域。让创新地基越深越实，创新之塔才能够垒得越高。科技创新从以跟踪为主转向跟踪和并跑、领跑并存的新阶段，进而在全球创新版图上更具分量，离不开一批战略高新技术和基础研究的进步和突破。在更具体的行业领域中，这一幕已经开始呈现，比如一家深圳的小型创业公司，一边研发出全球首款真正意义上的虚拟现实眼镜，一边致力于新材料的基础研发工作，保持产品领先的位置。这样的创新，相信以后将遍地开花。

科技创新五年规划，着眼的不只是五年，而是为从量的积累向质的飞跃、从点的突破向系统能力提升积蓄力量。让创新成为国家意志和全社会的共同行动，开启建设世界科技强国新征程，我们充满信心和期待。

（2016年08月12日）

中影上市，产业升级呼唤文化担当

刘 阳

以中国电影股份有限公司为代表的电影"国家队"进入资本市场，意味着国有电影企业正式在资本市场上面对普通投资者，背负的期望将更重

8月9日，中国电影股份有限公司登陆A股市场，正式在上海证券交易所挂牌上市。首个交易日，中影股份即上涨43.95%被秒停，公司总市值冲至240亿元。高涨的股价背后，市场对整个中国电影行业的信心表现得牛气冲天。

中影股份并不是国内第一家上市的影视公司。早在2009年，中国影视第一股的称号便被华谊兄弟摘得。7年间，万达院线、光线传媒、华策影视等民营影视公司也相继登陆资本市场。此次中影股份的上市之所以获得非同一般的关注，原因恰恰在于，它不仅意味着又一家影视企业进入了资本市场，使得中国电影行业的市场化、金融化程度得到进一步提高，更重要的是，作为国有电影第一股，它代表着国有文化企业改革获得的不菲成就，也意味着中国电影国家队正式进入资本市场迎接更艰巨的考验。

国有文化企业改革是我国文化体制改革的重点和难点，尤其对于"国"字头的大型文化企业来说，改革的推进更是难上加难——企业历史积累越深厚，遗留问题就越多；规模越大，涉及方方面面的顾虑和负担就越多。

而电影行业与其他文化行业的不同则在于,自 2003 年电影产业化改革启动以来,中国电影的市场化程度和自我更新能力空前提升。可以说,电影已经成为国内产业化、市场化程度最高的文化行业。2003 年,全国票房还不足 10 亿元,2015 年,全国票房就已经突破了 440 亿元,中国不仅是全球第二大电影市场,也是全球增速第一的电影市场。

在市场规模迅速扩大的过程中,一大批民营企业也在政策和市场的激励中扶摇直上。机制活、反应快、效率高……这些国有企业不具备的特点,使民营企业在短短几年间成为中国电影市场的主力军。在华谊兄弟、博纳影业、光线影业、乐视影业、万达影业等民营电影企业及其出品的影片越来越为公众所熟知的时候,部分国有电影企业却在改革的进程中陷于困境而难以脱身,一些电影观众心目中的老企业、老品牌甚至已经不再葆有基本的创作力和生产力。

国有电影企业的出路到底在哪里?改革之难,犹行于蜀道。如果就此沉沦于困顿,错失当下市场与资本赐予的良机,中国电影的国家队或许将在行业与历史中彻底失去话语权,而这无疑与国有文化企业的文化使命和社会责任完全相悖。2010 年,中影集团联合央广传媒、江苏广电等 7 家公司共同出资成立中国电影股份有限公司,为上市做好了准备。2012 年 12 月,中影进入 IPO 初审名单,2014 年发布招股书。今年 7 月,证监会终于发布公告,核准了中国电影股份有限公司的首发申请。

敲钟的喜悦是在刹那间绽放的,但对于敲钟的期待,却凝聚了中国电影国家队多年的砥砺与心血,也承载着中国观众对中国电影国家队的深情和期望。我们无法尽知整合、剖离等改革过程中的纠结与痛楚,却完全有理由为改革推进到完成上市而感动和欢呼。但上市并不意味着国有文化企业改革就此安全着陆,更不意味着中国电影产业化、市场化发展的终点。相反,国家队进入资本市场,意味着国有电影企业正式在资本市场上面对普通投资者,它募集的资金越多,施展拳脚的空间越大,背负的投资者和观众的期望就越重。

有人说,当下的中国电影行业缺的不是钱,而是质量上乘的影片。进入资本市场的中国电影国家队在有了更丰富的资金渠道,具备了更游刃有余的竞争基础之后,下一步必须关注的则应当是如何提高中国电影的思想艺术水平。唯有如此，才对得起"国"字头的荣耀，也才不负观众和投资者的希望。

（2016年08月11日）

享受体育,迈向活力中国

陈振凯

> 只要你懂得运动的快乐,懂得体育带来的活力,懂得快乐会被传染,就一定会有信心:全民健身必然越来越热

里约奥运会,中国运动员的表情引起世界瞩目。

这些表情中,有胜利后的喜悦。淡定射落中国代表团首金的张梦雪,在200米自由泳比赛中夺冠、用实力"打脸"攻击者的孙杨,无不用自身的顽强拼搏诠释奥林匹克精神。而在冠军光环的背后,还有另外一种表情,也在诠释着体育精神。比如在女子100米仰泳半决赛后,以"萌翻"大众的表情迅速走红的"洪荒少女"傅园慧,还有在射击赛场上打完最后一枪的34岁老将杜丽,虽无缘金牌,却用脸上的灿烂笑容感动亿万观众。

中国运动员,正在国际赛场上诠释奥林匹克精神的多重内涵。的确,追求"更高、更快、更强",体现了奥林匹克运动不断进取、永不满足的奋斗精神,也代表着不断战胜自己、向新的极限冲击的体育精神。也要承认,冠军常是实力、心理和运气的完美结合。即便拿不到第一,但努力过了、拼搏过了,笑对结果,享受比赛,同样体现着值得尊重的体育精神。

对于坐在电视荧屏前的无数观众而言,后一种体育精神或许更有切身感。今年6月,国务院印发《全民健身计划(2016—2020年)》,将发展群众体育、倡导全民健身新时尚作为重点内容,提出到2020年,每周参

加1次及以上体育锻炼的人数达到7亿，经常参加体育锻炼的人数达到4.35亿。让更多群众享受体育运动、感受体育带来的快乐，是推进健康中国的题中之义。事实上，留心就可以发现，近几年，健身正在成为身边很多人的生活方式。办健身卡的多了，开始跑步的多了，甚至跑马拉松也不再稀奇。也有越来越多的城市开始举办马拉松比赛，即便是业余选手，也能在参与中获得快乐。

尤其值得欣慰的是，在全民健身的风尚中，很多都是90后的年轻人。对他们而言，泡吧、唱K已经不再流行，在朋友圈晒出健康的体型和肌肉才够"有型"。不久前，火遍网络的"搬砖小伟"，就是工地上的一名普通劳动者，草根健身达人。他身材精壮，"拥有雕塑般的八块腹肌"，可以轻松完成抓杠、蹬杠、顺风旗、俄式挺身等高难度动作，水平堪比专业人士。和傅园慧一样，"搬砖小伟"最打动人的，是他在运动中传递出的快乐。杂乱的建筑工地，是他的健身天堂，脚手架就是单双杠，砖头和木头就是练肌肉的器械。搬砖小工的职业，杂乱的环境，丝毫影响不了他享受健身的快乐。快乐可以传染，小伟的工友和他们的孩子，受他影响，也开始加入健身行列。

全民健身，营造出如火如荼的体育消费需求，让中国的体育产业迎来机遇期。据介绍，去年我国体育产业实现增加值4000亿元，占国内生产总值的0.7%。而早在2014年，国务院印发的《关于加快发展体育产业促进体育消费的若干意见》中，就将2025年全国体育产值目标锁定在5万亿元。业内人士指出，仅仅90后、00后的体育市场就商机无限。他们既是在互联网时代成长起来的一代人，也是玩着足球、篮球长大的体育迷，比如北京国安就有越来越多的90后、00后球迷。未来，以年轻人为主体的，涵盖赛事、明星、体育场馆、体育用品，以及体育彩票、培训等在内的全产业链，将会构成一个庞大的、高度跨界的超级体育产业。

全民健身计划和体育产业的未来，看似遥远，其实触手可及。只要你懂得运动的快乐，懂得体育带来的活力，懂得快乐会被传染，就一定会有信心：全民健身必然越来越热，中国体育产业也将迎来蓬勃发展。"只要有心，哪里都可以健身，因为汗水不会骗人"，健康中国，正在活力四射地向我们走来。

（2016年08月10日）

保护耕地应让种粮"有赚头"

李 斌

"监管侧"不能失位,"市场侧"亦应有更好作为,最终通过"收益侧"的显著成效,托举起粮食安全

据报道,在国家实施"最严耕地保护制度"的情况下,仍有一些地方违法占用耕地,屡禁难止。记者调查发现,有企业承包耕地后擅自改变土地用途,种植经济林,国土资源部门下达过限期整改通知书,然而时隔6年,企业仍没有恢复这些耕地的用途。

如果说粮食安全是一座楼宇,耕地无疑就是下面的地基。地基不牢,高楼难立。习近平总书记多次明确指示,耕地是我国最为宝贵的资源,关系十几亿人吃饭大事,要像保护大熊猫一样保护耕地。然而现实中,耕地保护在落实层面却往往变成纸上谈兵,一些地方采取"文件式"执法或是以罚代管,客观上纵容了违法占用耕地问题的滋生。耕地保护困境,表面上看是一个执法监管问题,从更深层次看,耕地收益下降、种粮积极性不高则是主要原因。当种粮收益不如种树收益高时,耕地种树便成为一种经济上"合算"的行为。在这样的情况下,耕地保护执法难免出力不讨好。

近年来,"70后不愿种地、80后不会种地、90后不提种地"的"谁来种地"问题,频频引起热议。年轻人嫌弃种地条件苦、不体面,一旦遇上旱涝病虫害,"种田还要倒赔钱"。耕地被擅自改变功能,同年轻人不愿种地,"病

根"某种程度上都在于种粮收益太低。一亩水稻能产多少粮,一斤玉米能卖几块钱,化肥、农药、种子花费多少钱,这些琐碎的农民账本,另一头牵动着的,正是国家的粮食安全。如果没有人愿意种粮了,粮食安全从何谈起?粮食安全不仅是政治问题也是经济问题,不仅是战略问题也是民生问题。诚如专家所言,粮食安全问题已经不是简单的供给量的安全问题,而是中国农业的产业安全问题和中国农民的就业与生计安全问题。

稻亦有道,粮食安全体现生存之道,也照见发展之道。农业是农民奔向全面小康的正途,无论是发展现代农业、推进新型城镇化,还是实现粮食稳产、保障国家粮食安全,都必须确保农民可以获得稳定收益。众所周知,粮食是生活必需品,需求缺乏弹性,如果完全交给市场来裁判,谷贱则伤农,谷贵则伤民。而如果全由政府来调控,粮食增产会使得库存增加,政府财政压力也会随之加剧。正因如此,农业被视作中国最重要也是最难处理的行业。"监管侧"不能失位,"市场侧"亦应有更好作为,最终通过"收益侧"的显著成效,托举起粮食安全。

从去年开始,国务院出台了建立健全粮食安全省长责任制的相关政策,各级政府逐步确立了保护基本农田、保护种粮积极性、落实粮食安全保障等方面的干部责任制,这对于确保政府权力行使到位、责任落到实处有很大裨益。而像延伸产业链、提高粮食附加值以更好抗御市场风险,推广规模经营、提高个体的单位产出以保障农民收益,探索理顺产销关系、保护农民利益的价格机制等,都需要以符合农业发展规律、尊重市场规律的方式深化改革、强化落实。靠留守老人、妇女,撑不起现代农业的未来,一些地方像培训"职业经理人"一样培育职业农民等做法,值得在实践中探索和完善。

习近平总书记强调,"中国人的饭碗任何时候都要牢牢端在自己手上"。粮食安全不容闪失,我们要保住18亿亩耕地,更要保证有人来耕种这18亿亩耕地。只有确保农民种粮致富,粮食安全才有坚实保证,国家发展才有更好未来。

(2016年08月09日)

文创升级须深耕文化土壤

盛玉雷

能否将更深厚的文化内涵融入文创产品，而非徒增一抹"文化唇彩"，决定这一行业的景深与未来

博物馆里的华美文物，远古文明展上的神秘符号，不知激发过多少孩子们的想象力，却只能隔着橱窗恋恋不舍。如今，人们可以把刻有甲骨文的水杯买回家，让案头平添几分古意；也可以把印有乾隆御笔的手机壳揣在兜里，让那份历史随身行走……各种文化创意产品琳琅满目，正在让文化和产品相结合，把历史和当代人的生活相结合。

文创产业从无到有的发展，既有赖于市场本身的发育，也离不开政策的扶持。今年5月，《关于推动文化文物单位文化创意产品开发的若干意见》出台，从政策角度对文创产品开发水平提出了要求，文创产业从缺章少规的"野蛮生长"阶段，迎来深耕文化土壤的创意时代。这一产业的发展和繁荣，将以令人耳目一新的方式标注当代中国的文化气质，推动传统文化的创造性转化和创新性发展。

目前的文创产业，已经在规模上实现了量的突破。以北京市为例，2014年其文化创意产业就已实现增加值2826.3亿元，占地区经济比重达13.2%，是首都经济中仅次于金融业的第二大支柱产业。但在产品形态方面还略显不足，大多数产品依然停留在"孩童刻画"阶段。市面上常见的

文创产品,依然属于传统的"IP(知识产权)周边"。在纯色的T恤上印远古图腾、在便携的背包上画文化符号、在把玩的扇子上绘传统字画……北京故宫博物院著名的文创品牌——"故宫淘宝"商店,2015年的收入达到近10亿元,但销量最大的,还只是胶带、书签、记事本等产品。能否将更深厚的文化内涵融入文创产品,而非徒增一抹"文化唇彩",决定这一行业的景深与未来。

营造更加繁荣的局面,需要文创的产业升级和自我革新。坐拥世界上最古老、最丰富的文化资源,经受互联网最富活力、最富创新精神的时代冲击,面对人口最多、潜力最大的广阔市场,中国当代的文创产业绝不应是勾勾画画那么简单。尤其要看到,在商业属性之外,文创产业也兼具文化传承的历史使命。五千年浓墨重彩的中华文化,孕育了无数艺术瑰宝、汇聚了灿若繁星的文明结晶。解读其中蕴藏的历史情感,传递延绵已久的思想脉络,是文创开发的发力点,也是产业增长点。

文创产业升级,变化正在悄然发生:在淘宝商城之外,故宫博物院相继开发了《胤禛十二美人图》《韩熙载夜宴图》等APP,与腾讯联手举办创新大赛,"故宫style"火爆线上;国家博物馆在上线天猫旗舰店的同时,与阿里巴巴打造"文创中国"平台,落户上海自贸区,从线上走向线下;苏州博物馆试水时装发布会,让博物馆里冰冷的文物行走在时尚前沿;南昌汉代海昏侯国遗址从发现伊始,就明确了打造文化创意品牌、建设文化旅游格局、构建项目运营的思路……多个集文化、馆藏、技术、人才等资源为一体的文创产业新形态,正勃然兴起。这里充满古色古香的韵味,遍布天马行空的想象,尽显技术进步的便利,让人徜徉于学术探索的乐趣,享受着产业价值的馈赠。

善于继承才能善于创新,对文创产业来说亦复如此。期待通过对传统的创造性继承、产业与文化的深度融合,涌现出更多的文创形态和文创产品,从而不仅让孩子们的眼睛熠熠发光,也能激发全社会的文化归属感和文明自信心。

(2016年08月08日)

海外"逆代购"呼唤中国品牌

王石川

> 品牌是一个国家的名片,体现着国家实力,从制造大国到制造强国,再到品牌强国,注定是一条漫长而艰难的道路,有抱负的中国将会选择拼搏奋进

能看电视的"盒子"、国产手机、中国无人机、中国微信……近年来,当中国人在全球热情"买买买"之时,越来越多的中国品牌也走向世界。这些"新国货"不仅受到华人华侨的喜爱,也开始引领一些外国本地人士的消费潮流,以至于海外的中国员工回国时,常有外国同事央求代购中国国货。对于这种现象,有人形象地称为"逆代购"。

"逆代购"风生水起,耐人寻味。越来越多被代购的国货中,有成名已久的"老干妈"、享誉中外的花露水,也有久负盛名的青啤、"神一般存在"的辣条,等等。这些国货之所以能塞满海外消费者的购物清单,自然与国货价廉物美、有口皆碑相关。早在数年前,一位美国记者出版了《离开中国制造的一年》一书,生动描绘了一个实验:整整一年不再购买"中国制造",但得出的"沉重"结论是,"没有中国商品你也可以照样生活下去,但你的生活会越来越麻烦,而且家庭开支也会大大增加。以后10年,我可能再也没有勇气尝试过这种日子了!"这是一个美国家庭的生活体验,代表了美国不少家庭的真实感受。

国货受宠于海外,提醒我们在追逐洋货时,别冷落了自己的"宝贝",中国完全有能力生产出叫得响又能走出去的产品。有人说,人们认识一个

国家,往往从认识这个国家的品牌和使用这个国家的产品开始。当国货越来越有"存在感",它们便能证明自己的价值所在;当越来越多的国货越洋过海,大受老外追捧,这是厂家的骄傲,也是国家的荣光。

也应该看到,海外畅销国货较多地集中于吃穿用领域,处于市场的中低端,尽管不愁销路,但并未形成足够的品牌效应。在全球各大知名商场,"中国制造"的身影处处可见,"中国品牌"却芳踪难觅。这背后映衬出一个令人遗憾的现实:我们是制造大国,却是品牌小国。是中国的制造能力跟不上吗?答案并非如此简单。美国《财富》杂志日前公布的2016年度世界500强企业名单中,中国上榜的企业高达110家,直追美国,再创历史新高。这是世界第二大经济体所应拥有的实力和荣耀,同时也有力证明,作为制造业总量全球第一大国,中国有了更多的制造实力,也应有理由打造出更多中国品牌,让中国品牌唱响全球。

打造响当当的中国品牌,靠的是自主创新,靠的是制度保障。如果说贴牌是很难省略的发展阶段,那么寄托于强大的科研力量,不断寻求技术突破之后,就应该从贴牌过渡到创牌,同时加大对现有国产品牌的保护力度。熊猫电视机、凤凰自行车、英雄钢笔……我们曾为伴随一代人成长的民族品牌而自豪,可是,很多沉淀在人们记忆深处的国产品牌,却一个个逐渐凋零,归于沉寂。它们有的正在市场大潮中艰难"泅渡",有的已折戟沉沙,还有的被跨国公司收购。不少国产品牌苦心经营数十年,且颇有人气和生命力,却无可奈何花落去,实在令人痛心。

推动中国制造向中国创造转变、中国速度向中国质量转变、中国产品向中国品牌转变,已是上上下下的共识,也是正在力行的国家战略。去年5月,《中国制造2025》公布,这是我国政府实施制造强国战略第一个十年的行动纲领。实施一年多来,在一些领域已见成效。品牌是一个国家的名片,体现着国家实力,从制造大国到制造强国,再到品牌强国,注定是一条漫长而艰难的道路,有抱负的中国将会选择拼搏奋进。

"竹密不妨流水过,山高岂碍白云飞?"在激烈竞争的全球市场中,一定会有越来越多的中国品牌书写风流。未来,一张张中国名片上,将更加清晰地标注中国产品的美誉度,也将见证中国民众的创造力。

(2016年08月05日)

网络时代,阅读可以更精彩

李待军

> 克服"阅读危机",不是在纸质书和电子阅读的选择中"有你没我",而是要选择一种全新的知识装订方式,从而给人们提供系统性的认知

日前,第二十六届全国图书交易博览会落下帷幕。据报道,本届书博会交易额逾40亿码洋,进场参观人数达71.6万人次,创下多个"第一"和"之最"。与之相映成趣的是,一些读书类移动应用软件也悄然占领人们的手机屏幕,比如有一款读书类APP,上线不到3个月就吸引了42万用户下载,用户付费比例达到20%。

墨香阅读和指尖浏览,到底哪种阅读才能通向未来?这个问题不仅关乎阅读方式的选择,更有着深刻的时代烙印,即阅读场景的变革。以前,人们的阅读场景比较明确,比如报纸杂志在办公室里阅读,书籍在家里的书房或者图书馆阅读,时间紧凑的上班族也可以在公共交通工具上阅读,等等。如今,随着移动互联网的发展,人们几乎可以在任何时间、任何地点阅读任何内容。以往在时间和空间上对阅读的限制,已经被移动互联网的技术全都解除。

阅读场景的变化,引发了一场知识领域的大变革:传统的知识载体——书籍上的图钉被网络撬开了,知识信息漂浮了起来,成为碎片化的存在。

网络放大了这些信息碎片,进而改变了人们的阅读心态。换句话说,面对海量信息,人们的信息焦虑症也更严重,时间不够用了,注意力也不够用了,读过的信息像手中的沙子一样,记不住、留不下。海量信息缺乏装订工具和装订方式,正是被很多人称为"阅读危机"的根本所在。

克服"阅读危机",正确的方式不是在纸质书和电子阅读的选择中"有你没我",而是要创造一种全新的知识装订方式,从而给人们提供系统性的认知。传统的阅读在这方面显然是有优势的,但电子阅读也并非无可作为,可以通过构建虚拟的阅读空间,为人们提供崭新的阅读体验。比如,微信朋友圈和微信群,就是典型的虚拟阅读空间,通过微信好友这一"装订方式",把人群聚集起来,形成信息交互的空间,从而吸引受众的注意力。

在信息世界,最早承担"装订知识"使命的是搜索引擎,它让每一个词语、每一种思想,都能从驳杂的网络信息中迅速进入其坐标位。每一个信息都可以被迅速带入需求者的阅读场景中供其推敲。如今,一些付费阅读APP的成功也启示我们,网络升级了阅读场景之后,获取知识和装订知识的方式也在进化,人工装订知识大有用武之处。比如,一些阅读APP倡导"把书读薄",通过后台加工,用更加精短的内容吸引受众关注,既让一些经典书籍获得了更多的读者,也为移动阅读增加了文化厚度。

当今时代阅读场景的变快,提示内容制造方必须以更加用心的方式装订内容,给人们提供新的阅读体验和知识服务。今天,制造信息的技术鸿沟已被网络填平,人人都可以提供有价值的个性化信息,这也是自媒体崛起的背景。先进的阅读工具非但不会破坏阅读效果,反而会大大提升"单位面积"内的阅读质量。网络时代的阅读,可以更精彩。

(2016 年 08 月 04 日)

让更多患者用得上"救命药"

李红梅

> 在病魔面前,谁都无法逃避,却可以共同面对。让有需要的居民都能用上药品,是一个国家社会保障功能的底线

国家药价谈判,是指对独家、专利等缺乏市场竞争的高价药,由国家采用统一谈判的办法确定合理药价。这项事关民生的改革自推行以来,让众多患者受益。一种名为替诺福韦酯的治疗慢性乙肝药品,被世卫组织推荐为临床一线药物,进入我国市场两年就降价67%,让患者每月费用平均少了1000元。

药价谈判不仅是历史性的国家药价改革事件,对药企来说,也是以价格换得进入医院采购目录和医保目录的重大机遇。然而,这项使民众、药企都受益的改革,却迟迟没有在地方落地。按照国家的要求,今年6月底各地必须挂网执行谈判药价。但国家卫计委统计数据显示,目前仅有14个省份出台了文件。国家谈判之前已有一些省份将药品纳入医保报销范畴,但谈判之后仅有新疆一个省份将谈判药品纳入城镇医保。于是,在一些执行了谈判药价的地方,出现了跨省买药的患者。

诚然,即使不能报销,不少患者已经直接受益,但是因为没有医保的补偿,大量患者仍然买不起药,或者不能承担长期的费用,导致有药用不上,好不容易降低的药价陷入尴尬境地。这明显有悖国家谈判的初衷。纳

入医保报销范畴是国家谈判的重要筹码,也是药企愿意降价的最主要原因。有药企直言,我家药品在市场地位数一数二,降价后没医保的换量将难以覆盖成本,无法继续研发新药。

医保基金并非承受不了。云南乙肝、肝癌患者不在少数,一些地区的女性肺癌发病率甚至居于世界前列,但当地新农合部门详细测算后发现,将谈判药品纳入大病补助项目,或是进入门诊大病统筹,基金仍然可以负担。城镇医保筹资水平更高,总量比新农合大,承受能力更强。实践证明,在那些谈判之前就已将吉非替尼、埃克替尼两个肿瘤靶向药物纳入医保的地区,降价后的药品可以为医保节约大量支出。

统一谈判药价的改革方向值得肯定,这也是国际上广泛采用的办法。美国、英国、德国、我国台湾地区等,用药的部门如医院,或是管钱的部门如财政或保险部门,会采集一个参考价,与药企或医药行业代表进行谈判,此后再根据市场竞争情况或是药企销售利润空间等进行微调。秉承了"谁用谁谈、谁花钱谁谈"的思路,这些部门有动力有砝码去谈下合理的价格,并协调好各方的利益。

以国际经验对照我国首轮药价谈判的实践,结合我国国情,各联席部门应总结经验,建立明确的分工责任制,比如药企协调、患者筛查、药品评价、资金准备、价格拍板、医保衔接等明确负责部门,建立良性的谈判运行机制,并形成刚性的落实制度,促使各地尽快执行谈判药价,让患者尽早享受到实惠。

在病魔面前,谁都无法逃避,却可以共同面对。救命药品作为战胜病魔的重要武器,攸关百姓性命。让有需要的居民都能用上药品,是一个国家社会保障功能的底线。各部门、各地方理应摈弃利益短见,站在同一个战壕里,携起手来应战病魔,让更多患者买得起、用得上救命药,延长生命时间,改善生命质量。

(2016年08月03日)

经费改革，激发科研生产力

叶竹盛

> 此次改革旨在推动科研经费与科研人员之间关系的转变，将"人围绕着经费转"，转变为"经费以人为核心"

近日，中办、国办印发了一份文件，在很多高校教师、科研工作者的微信朋友圈中"刷屏"。这份《关于进一步完善中央财政科研项目资金管理等政策的若干意见》，被冠以"科研经费大解放"这样兴高采烈的标题。人们期待，相关配套政策的出台和落实，能进一步解放中国的科研生产力，释放科研创新的巨大活力。

一直以来，各种繁琐的科研资金管理程序，让很多学者望而生畏。就在这份中央文件出台前不久，一位海归青年教师的"吐槽"还在学术圈广为流传：这位教师邀请海外学者来校短期访学，为了经费等问题，在多个部门间周旋奔波了数月之久，历经35道关卡才办完各项手续。在整个办理过程中，他甚至感到自己被当作"借机腐败"的人员一样对待。而类似的经历，许多科研工作者都曾程度不同地经历过。此次出台的文件，有望从根本上改善这一现状，助推中国科研新气象的形成。

总体而言，此次出台的《意见》旨在推动科研经费与科研人员之间关系的转变，将"人围绕着经费转"，转变为"经费以人为核心"。科研工作者只有掌握了经费使用的自主权，才可能掌握对科研活动的自主权，科研

活动才不至于陷入僵化和停顿。具体而言,《意见》首先改变了"经费指挥人"的局面。比如规定,项目承担单位可以根据科研活动规律和特点,自主调整部分科目预算,"原定打酱油的钱也可以买醋了"。其次是体现了科研人员的价值,规定了科研经费的绩效支出。以往,一些科研经费分配制度忽略了人的价值,研究者被定位为经费的管理者和使用者,却往往不是受益者。现实则是,使用科研经费越多的人,越需要投入更多劳动,也越有可能产出更多更好的科研成果,因此也理应获得更多激励,《意见》对此进行了明确。

现代科研不是单个研究者"孤独的旅程",而讲究团队作战。重视科研团队的建设、激发团队的积极性,是科研经费改革的另一侧重。以往,受制于科研单位的用人政策,科研经费并不能用于聘请专职的科研人员,只能采用合作或是临时劳务的方式组建科研团队,许多科研团队常常出于人事或是利益原因而发生变动。此次文件提出,科研经费可以用于聘用研究人员和科研辅助人员,甚至可以支付社会保险补助等。这意味着,科研项目带头人也可以利用科研经费聘请和组建相对稳定的科研团队。这项改革甚至可能改变科研人员的就业模式,提高科研人员的流动性,提高高校与科研单位用人的灵活度,从而为科研创新提供激励。

科研经费使用自然少不了监督和约束,但另一方面,科研是一项自发而自由的探索,只有在合适的制度和学术环境下,才能繁荣兴旺。因此,如何既能管好经费,又能避免"坏人推定",不让科研人员像上述那位青年教师一样感觉"时刻被提防",考验制度张力。而解决之道,正如《意见》所规定的,就是加强事中事后监管,取消各种不必要的限制和拘束,将每个学者都预设为悉心科研、热切探索的研究者。科研活动中,人是最大的生产力,优秀的科研成果总是与优秀的科研工作者结合在一起。所以,将科研工作者从繁琐的科研经费管理制度中解放出来,就是解放了科研生产力,使科研经费真正成为学术创新的助推器。

习近平同志不久前指出,成为世界科技强国,成为世界主要科学中心和创新高地,必须拥有一批世界一流科研机构、研究型大学、创新型企业,能够持续涌现一批重大原创性科学成果。实现这一要求,除了科研经费管理这一内部改革之外,还需要从科研课题立项、学术成果发表与评价等方

面入手,构建健康有序的外部环境。通过科研内外环境的共同改善,促进学术市场真正实现繁荣。

(2016 年 08 月 02 日)

改革强军标注军队未来

辛士红

> 战场胜负可能只是一朝一夕之间的事,但决定胜负的力量却消长于朝朝夕夕的改革与建设之中

穿过峥嵘岁月,走过风雨征程,人民子弟兵在盘马弯弓、变革图强中迎来了第八十九个建军节。

强国必先强军,强军必须改革。八一前夕,习近平总书记在中共中央政治局第三十四次集体学习时,深刻论述深化国防和军队改革的重要意义,高度肯定这轮改革"解决了一些多年来想解决但一直没有很好解决的问题,解决了许多过去认为不可能解决的问题"。

一个鸡蛋从外破壳,是毁灭、是终结;从内破壳,是突围、是新生。深化国防和军队改革,是一场"不用扬鞭自奋蹄"的自我革命,目的是为了设计和塑造军队未来,对军队组织形态、指挥方式、管理模式等"上层建筑",进行一次全方位、立体式的重塑。

按照总体目标要求,2016年,组织实施军队规模结构和作战力量体系、院校、武警部队改革,基本完成阶段性改革任务;2017年至2020年,对相关领域改革作进一步调整、优化和完善,持续推进各领域改革。政策制度和军民融合深度发展改革,成熟一项推进一项。这是深化国防和军队改革的目标,也是向全国人民和全军官兵明确的改革时间表。可以想见,未来的人民军队,

领导指挥体制必定更加高效，权力运行体系必定更加严密，力量规模结构必定更加优化，军事人力资源必定更具活力，军民融合发展必定更加深入。

有人说，衡量一次军事改革是否成功，标准可能有多种多样。但最根本的一条是看经过这种改革的军队能否经受得住战争的考验。军队是为保家卫国而存在的，能打仗、打胜仗是军队的最大价值，是人民群众的最大期盼，也是这轮改革的核心指向。翻开我国历史，赵武灵王推行"胡服骑射"、秦国商鞅变法奖励军功、汉武大帝改革军制大兴骑兵，都极大地提高了军事实力。在当前进行的这轮改革中，无论是打造灵敏高效的"中枢神经"，还是把"军区"改为"战区"；无论是优化规模结构，还是发展精锐作战力量，都是为了进一步解放和发展战斗力，提高我军实战化水平。

如果说前一阶段领导指挥体制改革是动"上头"，接下来的军队规模结构和作战力量体系改革则是动"大头"；前一阶段是动"棋盘"，接下来则是动"棋子"。涉及的部队更多，影响的范围更广，触及的利益更深，改革的阵痛更强。然而，"痛苦难道是白忍受的吗？不！它应该使我们伟大！"这是充满希望的阵痛，是一朝分娩的阵痛，改革强军标注着现代国防的未来。

全面深化改革各项事业都在稳步推动，可以说，军队改革是执行力最强的改革之一。陆军第27集团军从河北移防山西，成为全军第一个因改革而进行部署调整的军级单位。千人千车动，搬迁寂无声。66年前，同样是这支部队，打了胜仗，解放了上海，却恪守军令露宿街头，不入户、不扰民，秋毫无犯。以什么样的姿态对待改革、以什么样的行动投身改革，部队要从政治觉悟和思想境界上做出表率。军地双方特别是领导干部，也应自觉在大局下定位、思考、行动，把对党忠诚、听党指挥、向党看齐体现到落实改革任务上，真心实意地帮助官兵解决后顾之忧。

80年前的长征，是中国革命事业从挫折走向胜利的伟大转折。共产党和红军将一次危机四伏的被动撤退，变为一个开创革命新局面的起点；将一段险象环生的艰难跋涉，变成一曲气壮山河的英雄史诗。今天我们正在进行的改革，同样是一场决定前途命运的长征。如果说战场胜负可能只是一朝一夕之间的事，但决定胜负的力量却消长于朝朝夕夕的改革与建设之中。不断从改革走向改革的人民军队，必将能从胜利走向胜利。

（2016年08月01日）

在"唐山记忆"中汲取复兴力量

曹鹏程

唐山地震纪念墙上密密麻麻的名字是永远的创痛。逝去的生命提醒着后人,废墟中展现的"唐山精神"激励着国人。只有进一步增强忧患意识、责任意识,才能更好迈向未来

京东三百里,百里凤凰城。在中国人的记忆中,唐山就是凤凰涅槃的再现。7月28日,唐山抗震救灾迎来40周年纪念日。正在唐山考察的习近平总书记,前往唐山地震遗址公园敬献花篮并向纪念墙三鞠躬。40年前的大地震虽然摧毁了一座城市,但摧不垮唐山人民和全国军民的坚强意志。公而忘私、患难与共、百折不挠、勇往直前,英雄的城市,英雄的人民,为中华民族的文化血脉注入社会主义新的时代精神。

唐山记忆中,最撼动人心的是危急时刻人们展现的高贵良知。有位母亲回忆,大地震袭来时正要生产,医生都去救人了,是乡亲帮助接生,用铁片割断脐带;孩子的父亲救出产妇,回过头就去救别人,徒手扒出3位邻居,但自己的母亲、弟弟、岳母都遇难了;出生后,产妇吃的是代销点最后一点红糖,孩子吃的是村里"百家奶"……大灾骤至,活着的人没有等待、没有抱怨,表现出空前强烈的集体意识和互助意识,这成为后来被誉为"唐山精神"的核心。守望相助、舍己为人,一方有难、八方支援,是唐山记忆中不变的朴素底色。

唐山记忆中，最令人印象深刻的是举国动员的社会互助机制。当年唐山市委迅速建立的抗震救灾指挥部，以及基层支部建立的各种自救组织，在抗震救灾中发挥了至关重要的作用。在中央抗震救灾指挥部成立之后，全国的力量都被迅速动员起来，10万多名伤员被陆续运送到11个省市，14万名解放军、5万名干部和工程技术医务人员、数十万吨物资驰援唐山，10多万建筑工人参与重建。经过半年多时间的恢复，唐山城市基本生活就趋于稳定，随即开始新唐山建设，几乎被彻底毁坏的唐山最终以现代化新兴城市的雄姿重新崛起。究其原因，就是因为在大灾大难面前，社会主义制度的优越性得到充分发挥，"党的各级组织和广大党员、干部始终同人民群众同呼吸、共命运、心连心，吃苦在前，冲锋在前，成为人民群众的主心骨"。

俄新社曾这样评价中国的抗震救灾："一个能够出动十万救援人员的国家，一个企业和私人捐款达到数百亿的国家，一个因争相献血、自愿抢救伤员而造成交通堵塞的国家，永远不会被打垮。"唐山大地震，是新中国成立之后全国最大的一次灾难，从可歌可泣的唐山记忆出发，无论是九八抗洪的众志成城，还是汶川救灾的全民动员，我们党不断从磨难中汲取经验，推进治理体系和治理能力的现代化。"我姓的这个'党'，是中国共产党的'党'"——"唐山孤儿"的心声与习近平总书记的宣示遥相呼应："把人民凝聚起来，紧紧依靠人民，我们就能经受住前进道路上的各种严峻考验，战胜各种困难和挑战"。

防灾减灾救灾，是衡量执政党领导力、检验政府执行力、评判国家动员力、体现民族凝聚力的一个重要方面。今天的防灾减灾救灾，面临着更复杂的社会形势和更高的工作要求。从注重灾后救助转向注重灾前预防，从应对单一灾种转向综合减灾，从减少灾害损失转向减轻灾害风险，需要我们不断提升抵御自然灾害的综合防范能力。唐山地震纪念墙上密密麻麻的名字是永远的创痛。逝去的生命提醒着后人，只有进一步增强忧患意识、责任意识，坚持以防为主、防抗救相结合，我们才能防患于未然、临危而不乱。

40年间唐山人和凤凰城的巨大变化，引领人们穿越大地震的伤痛，迈向新的希望之路。从唐山到汶川、芦山，我们铭记一次次战胜灾难的历史记忆，凝聚起走向复兴的无尽力量。

（2016年07月29日）

提高规范执法"可见度"

萧　冲

> 执法的规范性连通着权威性，只有全社会对执法文明积累更多信任与共识，法治化进程才能得以顺利推进

查处路面交通违法时，违法者带有随行儿童怎么办？查验身份证件时，出现争议应该怎么处理？什么情形下民警可以依法使用武器……很长时间以来，对于到底什么是规范专业的执法，普通民众与许多一线基层民警有着同样的困惑。处置不当，也容易埋下警民冲突的隐患。

7月26日，全国公安机关除值班备勤外的全体民警，都在公安部组织的一场规范执法视频演示培训会上，通过视频好好上了一课。这场培训围绕现场接处警和执法执勤的关键环节，从法律要求、处置流程、言行举止、策略技巧等方面，对基层一线民警的基本执法执勤行为作出规范和示范。会上的一个细节，得到了舆论的一致点赞：演示中提到，民警执法时若遇群众围观拍摄，在拍摄不影响正常执法的情况下，民警须自觉接受监督，不得强行干涉群众拍摄，习惯在"镜头"下执法。

让规范执法被看到，也就是让公平正义被看见。经济社会发展到新的阶段，新媒体技术突飞猛进，更为复杂的利益诉求和全新的舆论传播格局，使社会监督力度空前加大，公平正义在社会生活中分量越来越重——不仅要求被实现，更要求被看见。这就让过去执法过程中的模糊地带、执法人

员的"差不多"思维,都需要在舆论场的聚光灯下被重新审视。

一段时间以来,多起与警察执法行为相关的社会热点事件,其关注的焦点最终往往落脚在"镜头"上。如何用可见的方式还原出公众信服的真相,成为增进警民互信的关键。最近正式实施的《公安机关现场执法视音频记录工作规定》明确要求,公安机关接受群众报警、当场盘问检查等6种现场执法活动,必须进行现场执法视音频记录,从而对于防止执法权的滥用加上一个硬性约束。所有这些提高执法"可见度"的努力,都是以制度化的形式保障执法规范化。事实上,每一次经得起检验的执法行为,都在促进全社会法治共识的形成。

"全面依法治国"不是抽象的,执法行为就是老百姓天天都在感受着的法治。现实中,我们不能忽视这样的现象:个别执法不规范的存在,损害了正常执法的权威性和公信力,导致部分民警特别是基层一线民警,不得不面对工作超负荷、执法压力大、尊严受挑战的难题,出现了不同程度的士气下滑和畏难情绪。执法的规范性连通着权威性,只有全社会对执法文明积累更多信任与共识,法治化进程才能得以顺利推进。当全社会的法治意识、权利意识、监督意识日益高涨,也意味着对公安公正执法的期待更加强烈、监督更加严格、制约更加刚性。

执法规范化的培训,是公安机关为适应新的执法环境迈出的可喜一步。执法活动是公安机关最基本的活动,执法行为是公安民警最基本的行为。未来,公安民警还将继续增强依法履职能力,学会在监督下工作、在法治轨道上履职,在尊法学法守法用法中自觉率先垂范。坚持严格规范、公正文明的执法,才可能全力维护人民群众合法权益,确保每项执法活动都经得起法律的检验,并在每一项执法活动、每一起案件办理中,让人民群众感受到公平正义。

(2016年07月28日)

让司法责任制改革落地生根

贺小荣

> 司法责任制改革是司法领域一场深刻的自我革命，改的是体制机制，革的是利益格局

去年3月，在中央政治局第二十一次集体学习时，习近平总书记强调，推进司法体制改革，"要紧紧牵住司法责任制这个牛鼻子"，保证法官、检察官做到"以至公无私之心，行正大光明之事"。不久前结束的全国司法体制改革推进会再次传递出信号：司法责任制改革正处于全面推开的重要时刻，各级政法领导干部要凝心聚力、勇于担当，当好改革的促进派和实干家，确保完成党中央确定的改革任务。能否将司法责任制改革全面推开，不仅关系到人民群众能否信赖司法，而且直接决定和影响司法体制改革之成败。

司法责任制是司法体制改革的基石。司法作为国家判断是非、定分止争、平衡利益之重器，理应获得至高无上的公信和权威。长期以来，以层层审批为特征的审判权运行方式，导致审者不判、判者不审，既侵蚀了司法的亲历性原则，又降低了司法的质量和效率。党的十八届三中全会明确提出"让审理者裁判、由裁判者负责"，抓住了司法体制改革的关键，也是让人民群众信赖司法的前提和基础。

司法责任制至少有三个方面的重要作用：可以让司法更公正，审理与

裁判的合二为一，增强法官对诉辩双方争议事实的真实感受，提高了裁判的准确性和公正性；可以让司法更高效，"让审理者裁判"排除了层层审批的行政化运行模式，减少了审理与裁判的环节，提高了司法的效率；可以让司法更权威，"由裁判者负责"相配套的责任机制、公开机制、说理机制和监督机制，才能让人民群众在每一个司法案件中感受到公平正义，大大增强人民群众对司法改革的获得感。

全面落实司法责任制，一要恪守审判的独立性，让一切干预无处藏身。只有确保法官在判断证据、发现真实和适用法律上的独立性，排除一切非法干预，才能真正实现司法公正。二要坚持司法的公开性，让审判权力阳光透明。只有实现了司法的过程公开、结果公开和理由公开，诉辩双方相互对立的主张和理由才能完整呈现，司法裁判的合法性、正当性与合理性才能充分彰显，法官的权力与责任才能更加清晰明确。三要坚守司法的专业性，让追责机制科学有效。任何不受制约的权力，必然导致任性与腐败。因此，建立科学合理的追责机制，让法官对证据能够证明或者不能证明的法律真实负责，对选择法律适用的准确性和合理性负责，对诉讼程序的合法性和正当性负责，可以大大提高法官的责任意识和职业良知，确保司法的质量与效率，有效提高司法的公信力。

司法权在本质上是一种判断权，也是在无数种可能性中选择、采信或者排除一种可能性的解纷方式。受各种证据灭失或取证方法的限制，法官要百分之百地还原和发现案件的客观真实存在较大困难。要让追责和免责的边界更加清晰，既要让徇私舞弊、枉法裁判的法官依法承担法律责任，又要明确法官责任豁免的范围和条件，确保法官裁量权的合理空间。这就要让审判和监督的范围更加明确，让裁量的空间和底线更加严格，对法官行使裁量权的尺度和范围进行必要的规范和限制，从而构筑起有效防范冤错案件的工作机制。

筑牢司法责任制这个基石，需要与之相配套的一系列改革举措同时发力、共同推进。当前，在确保法官、检察官员额制改革和省以下地方法院检察院人财物统一管理改革稳步推进的同时，还应当加快推进法院、检察院的职务序列改革和内设机构改革，尽快落实涉及法官、检察官职业保障的一系列改革举措。司法责任制改革是司法领域一场深刻的自我革命，改

的是体制机制，革的是利益格局，矛盾、困难在所难免。但我们坚信，只要勇于担当、知难而进，司法体制改革就会步入快车道，党的十八届三中、四中全会绘就的全面依法治国蓝图就一定能够实现。

（2016年07月26日）

"乡村升值"有助城乡统筹发展

张孝德

> 当中国经济进入新常态,我们需要顺应时势,以二元协同思维方式,从城乡双向流动来认识中国特色的新型城镇化之路

有记者近日赴安徽、四川、湖北等地调查发现,多数试点中小城市已经全面放开农民进城落户,但在"零门槛"前农民落户意愿普遍不高,有县城2015年农转非仅200多人。有相当一部分农民愿意在城市买房、工作、生活,但选择把户口留在农村。如何解读农民的这种选择,对于我们顺应中国国情和农村的变化,针对性地推动中国特色城镇化,具有重要意义。

首先需要调整一个认识,在推进中国城镇化过程中,农村的价值要科学评估,而不能低估。农村在农民心目中的价值,与我们处在城市的角度对农村认识的价值是不一样的。目前对农村价值,更多是从经济利益和物质的角度来认识。其实乡村的价值,在农民心目中,除了这些物质的价值外,还有被城市人忽略的另外一些价值。这就是乡村特有的社会资本与文化资本价值。

作为承载中国五千年文明的熟人社会,农村保持着一种特殊的亲情文化。这种文化具有一种混合的价值。其一,它是农民精神归属和文化生活的重要内容,给农民带来一种归属感和安全感。其二,在农村生活的礼尚往来中,形成了乡村特有的社会关系,从经济学看叫社会资本。这种社会

资本在农民遇到重大事情时就能发挥作用,其功能是货币不能替代的。改革开放以来,这些价值处在不断衰减中,但并没有消失,在农村继续顽强地存在着。由此可以理解,为什么一些地方的平坟遭到农民如此强力的反对,为什么许多华侨同胞,已经离开乡村有几代人之久,但仍然在老家修房子、修祖坟,每年清明节都要回来祭奠。

总之,我们对农民不愿意放弃农村户口这件事,不能用简单思维来认识。血脉、乡土文化与社会关系的价值,是构成农村户口含金量的一部分。如果我们对这个问题认识不到位,认为只要给农民足够的物质与货币,就可以让农民放弃农村户口,就可能事与愿违。

其次,还应该认识到,农民户口含金量的升值才刚刚开始,未来还有升值空间。最近几年,不仅农民不愿意放弃自己的农村户口,而且还出现了一些城市人想到农村去。值得我们关注的是,目前中国经济社会发展的三种力量正在推动乡村价值升值。一是正在兴起的绿色消费和文化消费,使乡村特有的青山绿水、有机生态食品、乡土文化的价值,越来越被城市的中等收入群体消费者青睐。在这种新消费的带动下,以农家乐为新业态的乡村旅游方兴未艾,潜力巨大。二是正在兴起的互联网,缩小了城市与农村在信息上的鸿沟。乡村电商使以前难以进入市场的乡村土特产品、乡村手工艺产品进入到城市消费市场,为乡村产业发展带来新希望。三是随着乡村价值逐渐上升,一批回乡的新乡贤,正在成为乡村文化复兴的中坚力量,在他们的作用下,乡村文化价值正在创造性复活,乡村价值自我认同感也出现了回升。

当中国经济进入新常态,我们需要顺应时势,以二元协同思维方式,从城乡双向流动来认识中国特色的新型城镇化之路。我们需要把中国城镇化发展的着力点,从关注农村到城市单一通道的疏通,转向城市与农村双向流动通道的疏通上来。我们需要认识到,不放弃农村户口的两栖式城镇化,在很长一段时间也许是一个常态。农民的选择,是农民自身收益最大化的选择,也是对中国特色城乡二元共生、双向流动城镇化的贡献。这不仅可以使中国五千年文明之根在乡村得以延续,也符合城乡统筹的城镇化要求,有利于多元文化的发展,也将为中国人提供多元化的生活方式。

(2016年07月21日)

不担当,半点忠诚都没有

何 勇

> 忠诚是共产党人毕生实践的政治品格,绝不是几句口号、轻松表态;不仅在于形式,更在于内容

近日,《中国共产党问责条例》正式颁布,引起党内外高度关注。翻开仅 1700 余字的《条例》,问责之箭指向一个清晰的靶心——担当。《条例》是全面从严治党的杀手锏,将激发各级党组织和党员领导干部的担当精神,提升凝聚力和战斗力。

对党忠诚、个人干净、敢于担当是当前考察干部合格与否的一个标准,这三者本是有机整体,缺一不可。有行动的担当是忠诚的最好诠释。在政治生活中,大多数党员能处理好三者之间的关系。可有些党员干部,硬把这道必答题做成了选择题:担当先放一边,"忠诚"一定要表现出来。

在一些地区和部门,这种干部并不鲜见:抓经济没思路,管班子没魄力,带队伍没章法;处置矛盾不敢迎难而上,遇到危险不敢挺身而出;接受任务时拈轻怕重、挑肥拣瘦,遇到考验就退避三舍;推动工作蜻蜓点水,瞻前顾后;推进改革前怕狼后怕虎,信奉"中庸之道",不敢为人先;解决具体矛盾,左推右挡、踢皮球、打太极拳;治党管党奉行好人主义,追求一团和气,对班子成员和下属,不愿管不真管,对违纪违法行为不做斗争。

这样的干部有个共同点,那就是面对经济新常态、面对全面从严治党、

面对日益复杂的各种矛盾还不适应,心态还没转变,本领恐慌明显。明明不作为、不干事、不担当,却还想要位置、握权力、上台阶,怎么办?便在形式上、表面上挖空心思做文章。时时把上级精神挂嘴上,口号喊得震天响,表态比谁都早,会议传达不过夜、一开到半夜;把喊口号、表表态、开开会当作"忠诚",一副积极先进的样子,可就是不爱找差距、不愿触矛盾、不敢碰具体问题,害怕一具体就露馅儿。

这种干部只求形式上的呼呼隆隆,不求作为、不敢担当,热衷于做表面文章,就是不善于解决实际问题。群众对这类人有着清醒的观察,称之为"泥菩萨"干部、"两面人"。这种"两面人"因为披上了"政治正确"的外衣,具有很强的欺骗性,有的还被提拔重用。这对一个地区的干部作风、政治生态,都有着恶劣的影响。

这些干部错误片面理解"忠诚",也唱歪了忠诚曲。邓小平同志说过,"不干,半点马克思主义都没有"。群众评价一个党员是不是对党忠诚、对人民负责,主要看敢不敢担当,有没有作为、出没出实绩,不仅在于你学了啥,更在于做了啥。正如习近平总书记指出的,"什么是作秀,什么是真正联系群众,老百姓一眼就看出来了。"

忠诚是共产党人毕生实践的政治品格,绝不是几句口号、轻松表态;不仅在于形式,更在于内容。担当是一名共产党人是否忠诚的试金石。不担当,半点儿忠诚都没有。正如有中央领导指出的,如果没有担当,不能尽职履责,本职工作都干不好,就算是浑身上下戴满了党徽,手抄党章千遍万遍,又哪里真正是对党的忠诚呢?

破解将虚头巴脑当"忠诚"的现象,关键在一个"实"字。是不是真担当,敢不敢真担当,实绩说了算,群众看得见。组织重实绩,干部重实干。用担当检验忠诚,就要将包括《条例》在内的党内法规运用好、贯彻好,把那些投机钻营、碌碌无为者晾一边,把那些干事担当、真正忠诚的干部选出来用起来,鼓励实干者、厚待实干者、成就实干者,营造"实"的政治风气。

(2016年07月20日)

以钉钉子精神将司改落实到位

傅达林

确保改革不走样、不变形、不悬空,需要一种"钉钉子"的精神,需要一种"不忘初心"瞄准既定改革目标原原本本抓落实的毅力

今年是深化司法体制改革的攻坚年。上半年以来,最高人民法院狠抓改革任务的统筹规划、精准落地和成果巩固。最新数据显示,全国693家试点法院绝大多数案件取消了院庭长审批案件制度;有7个高级法院、95个中级法院、469个基层法院完成员额法官选任工作,共产生入额法官24035名。以司法责任制为核心的四项基础性重大改革正在稳步推进。

一直以来,法院都是司法改革的主战场。新一轮司法改革要实现"让人民群众在每一个司法案件中都感受到公平正义",必须通过制度设计让法官成为"正义看门人",让审判回归司法属性。这意味着既要让法官成为庭审的主角,也要保障法官拥有只服从法律的自主意志。因而从一开始,法官员额制改革、司法责任制改革等,就吸引了包括司法人员在内的全社会关注的目光。

改革,针对的是过去司法实践中的问题与弊病。历史形成的院庭长审批案件制度,虽然一定程度上保障了领导对审判质量的监控,但随着时代的发展,其消极作用逐渐凸显。审批制遵循的是一种行政权逻辑,容易强化法院内部的行政化趋势,负责审批的庭长、院长往往没有亲自审理案件,

客观上造成"审者不判,判者不审"。同时,审批制还容易造成审判职责不清,让一线法官产生懈怠、依赖心理,甚至以院庭长审批来逃避责任。鉴于这些弊端,近年来取消院庭长审批案件制度,"让审理者裁判,由裁判者负责"成为改革共识。

从目前看,这些指向司法行政化病灶的改革措施,已经开始呈现出积极的效果。据了解,试点地区法院均将85%以上人员集中在办案一线,院庭长办案数量同比大幅提升,审判委员会讨论案件普遍下降。这一"升"一"降"之间,员额制改革让院庭长从行政职务回归审判职务,案件审批权下放给法官,让审判回归"亲历性"。这有助于依法独立公正行使审判权,从深层次确立和恢复司法的应有功能。

应当说,法院改革的目标很清晰,主旨是把本属于法官的裁判权还给法官,改变法官听命于庭长、院长的行政化羁绊,真正实现"审—判—责"相一致。但是也要看到,这些改革涉及的内容极为复杂,利益关系极为敏感,往往牵一发而动全身。它不仅涉及对法院内部权力的重新分配,关系到司法人员的切身利益,而且要求转变审判工作思维和方式,完善相应的配套制度和措施。这些都意味着改革在作出顶层设计之后,更艰难的任务在于打通"最后一公里"。

以法官员额制为例。该项改革措施一经推出,便在社会上引发了"谁能进入员额"的讨论。如何确保优秀的审判者进入员额?如何强化"员额制"产生充足的职业吸引力?如何保障进入员额的法官能够自主裁判?这些都需要在试点中积极探索、精准实施、完善规则。很显然,良好的司改设计只有落实到每一个法院,让每一次法官遴选都公平公正,才能顺利实现最初的改革意图。正因为如此,更应该增强改革定力,坚定改革信心,以"钉钉子"精神深入推进司法改革。

改革到了今天,主要任务已由顶层设计进入具体实施,焦点在于如何确保改革不走样、不变形、不悬空。改革攻坚,也就是要在改革措施落地中实质性触动现有的利益格局。因而进入这一阶段,更需要一种"钉钉子"的精神,需要一种"不忘初心"瞄准既定改革目标原原本本抓落实的毅力。只有在落实改革上打消"上有政策下有对策"的顾虑和猜忌,谨防好的改革措施在"最后一公里"变形变质,同时从实践中总结归纳出防范改革变

形走样的有益经验,打造一整套统一无缝隙的制度规则,才能确保改革目的得到完整实现。

(2016年07月19日)

暑假，去做做不一样的作业

李泓冰

暑假，就要给孩子一点偏离课业轨道的机会，人生多彩，但愿有更多的"好作业"让孩子们脑洞大开，释放他们无穷无尽的创造潜能

全中国的孩子，这会儿都开启了暑假模式。

——此处应该有掌声，有笑脸，孩子们应该冲到山里、海里、游乐园、电影院、运动场，爽个够不是？

事情并不那么简单，在私下场合，"小人精们"这样交流：暑假是啥，不光是吃不完的雪糕，看不完的电影，还有考不完的证和挨不完的骂……家长们也在抱怨儿女：地不扫，碗不洗，老赖床，宅家里，不是玩电脑，就是玩手机……有媒体做了一则《60年来，我们都是怎样过暑假的》，下面估计是孩子在跟帖质疑：我们还有暑假吗？

每年长达近两个月的暑假，在成长的岁月中分量很重。有些学校在面试学生时，总会问上一句：你的上一个暑假怎么过的？因为暑假的打开方式，足以窥见学生的兴趣、爱好、志向甚至是人生目标。

60年，三代人，暑假的打开方式大相径庭。

爷爷奶奶的暑假有踢不完的毽子、扔不够的沙包，也有捡不完的粪和爬不完的大山；爸爸妈妈的暑假则有读不完的连环画、去不够的少年宫和

江河里扎不完的猛子；轮到今天的孩子，更有天宽地广的世界，由着他们探索——网上惊心动魄的游戏，大洋彼岸的西洋景，平时没空学的舞蹈、击剑、羽毛球，和父母去旅行、去看不一样的乡野风光、穿越唐宋看看大历史，更有小伙伴一起玩K歌、桌球和"密室脱逃"……对农村留守娃娃们来说，暑假终于有机会去城市看望父母，探索城市，体味不一样的人生。

但是，焦虑的父母不容孩子错过铺天盖地的补习班，上课、考级、考证，让暑假成了地地道道的"第三学期"。用宝贵的假期补上课业学习的短板，无可厚非。只是过度补课，反而增加孩子对学习的厌恶，欲速不达，事倍功半。在孩子们的成长中，也许还有更重要的短板要补，这对课业学习、对孩子的身心健康和未来发展，都更有助益。

一是自主阅读。根据中国新闻出版研究院全国国民阅读调查课题组的研究，2015年我国公民人均阅读图书只有4.58本。国人不爱读书，很大程度上源于童年阅读习惯的缺失。暑假，把时间交给孩子自主阅读，关乎灵魂的滋养，读本好书，远比上个作文班要有意义。

二是亲子旅行。平时父母子女鲜有大块时间相处，缺少深度交流。暑假是个机会，合家旅行，不管去哪里，携手看了世界，也让家庭小世界更温暖更有人文情怀。

三是力所能及的公益活动。很多国家的孩子，从小就要承担社区公益或是有偿劳动，比如送报纸、在图书馆做服务、去快餐店打工。我们的群团组织、街道社区如果能给中小学生提供这样的机会，让孩子们体会劳动甘苦与助人快乐，会是他们走向社会、了解国情、理解人生的小小桥梁。

上海有个"中国好作业"网上暑期公益活动，让大学校长、知名作家、科学家布置作业，比如绘制一架远古人类飞行器并简单描述，一周不吃肉减少碳排放，用玻璃表现你想象的奇幻生物……很好玩也很"开脑洞"，全国的孩子们都可以在线提交这些作业，和出题导师约定时间交流。

暑假，就要给孩子一点偏离课业轨道的机会。人生多彩，只取一瓢饮，不但无趣，且限制了孩子的视野，苍白了他们的经历。但愿有更多的"好作业"让孩子们脑洞大开，释放他们无穷无尽的创造潜能。

（2016年07月18日）

正视"34亿人旧闻"背后的真问题

舒 也

如何看待今天城市房产的存量负担?就像我国当年成功地将"人口负担"变为"人口红利"一样,"存量负担"亦可以变为"存量红利"。

这几天,一则2014年初就曾爆出的"全国规划新城新区将装下34亿人"的旧闻,再次成为舆论热点。媒体报道援引的数据显示,截至2016年5月,全国县及县以上的新城新区有3500多个,这些新城新区规划人口达到34亿。这意味着,可以把一半地球人都装进来,的确耸人听闻。

这一数字是怎么得来的呢?我国对于规划用地有1万人/平方公里的标准,一般可由规划用地规模倒推出人口规模。需要说明的是,这种算法只适用于"建设区"规划。而对于大多属于"政策区"的新区来说,并不适用。如果混淆"建设区"和"政策区",那么占地1.68万平方公里的北京市,规划人口将要达到1.68亿,这显然不符合事实。从这个角度,新城新区规划人口达到34亿之所以可能是"神仙数",原因也在于此。

虽然"34亿人旧闻"的命题不真,但它再次引发的舆论关注,还是提醒我们要关注城市发展中的真问题。我们都知道,过去的20多年,中国城市的发展一定程度上依赖于土地财政,它对缓解地方财力不足、公共品供给融资难,创造就业机会和提升城镇化水平等,都曾有不小的促进作

用。但随着经济社会的发展,土地财政在缺少必要制度约束的情况下,手段往往成了目的,不仅不利于优化经济结构,还加大了金融风险、透支了未来收益。从2015年的统计数据来看,全国城市存量房产创历史新高,而房地产开发投资增速创历史新低,作为曾经的制度创新的土地财政亟待转型。

在这样一个发展阶段,大规模的"造城运动"恐怕已经难以持续——这也是"34亿人旧闻"引发公众焦虑的原因,人们意识到了盲目"造城"增量变存量的后果。

习近平总书记讲"问题意识","有什么问题就解决什么问题"。在中国城市发展的过程中,认清真问题,解决真问题,才能带来真正的变革发展。如何看待今天城市房产的存量负担?就像我国当年成功地将"人口负担"变为"人口红利"一样,"存量负担"亦可以变为"存量红利"。在2015年11月的中央财经领导小组会议上,习近平总书记就提出"要化解房地产库存,促进房地产业持续发展"。而随后召开的中央城市工作会议,更是为城市建设进行了顶层设计,提出了盘活存量、紧凑集约、高效绿色等发展目标。

可以说,未来中国的城市发展,不是大干快上,而是深耕挖潜;不是圈地盖楼卖房,而是盘活存量。通过盘活存量,为城市居民提供更高品质的城市空间,进而为居民增加生活便利、提升生活品质、创造消费条件。换句话说,今天的城市居民,不是没有更丰富的生活需求,而是缺乏这些新需求的载体。为什么上海的迪士尼生意如此红火?为什么北京的798艺术区游人如织?为什么一些城市的健身场所、文化艺术区开一个火一个?原因就在于此。今年5月印发的《京津冀协同发展土地利用总体规划(2015—2020年)》之所以提出,要通过建设用地"减量瘦身",倒逼城市功能提升,原则上新增建设用地严控,鼓励存量转化、存量挖潜,不宜再进行高强度大规模建设,原因也在于此。

目前,我国常住人口城镇化率已超过56%,相比改革开放之初不足20%的城镇化率,有了巨大进步。国际经验表明,城镇化率在30%到70%之间是城市快速发展阶段。目前我们的城市发展所面临的问题,并不是中国独有的,发达国家也经历过同样的问题。发展的问题要在发展中解

决,我们可以从发达国家经历中总结经验、吸取教训,通过"框定总量、限定容量、盘活存量、做优增量、提高质量",实现城市新旧发展动力的转换,真正实现以人为本、以经济规律为基础、以促进发展为目标的城市发展。这既是城市发展的必然要求,也是供给侧结构性改革的重要内容。

（2016年07月15日）

遏制非法强拆当坚守法治底线

王石川

"流水清浊，在其源也。"法治建设也是一场疏浚工程，时时事事把握住"法治的精神"，才能实实在在推动法治政府的建设

备受关注的长沙市岳麓区强拆事件，有了新进展。7月12日晚间，长沙市政府发布情况通报，包括岳麓区区委书记、区长在内的23名官员被追责，4名工作人员涉嫌过失致人死亡，被采取刑事强制措施。

对于这一强拆事件，情况通报说得很清楚，这是一起"为在村集体建设用地上建设安置房，茶子山村村民代表大会违反法律规定作出强制拆除房屋的决议，观沙岭街道办事处应茶子山村村委会的请求组织实施非法拆除房屋，在房屋拆除过程中由于疏忽大意而致人死亡的责任事故"。此事经媒体曝光后，长沙市迅速行动，调查事实、依规问责，努力还死者一个公道，彰显了应有的法治意识与法治方式。

早在2011年，"新拆迁条例"即正式实施，该条例的显著进步体现在，用司法强拆取代行政强拆。条例规定，"房屋征收应当先补偿、后搬迁"。这一条例规范了拆迁行为，对于保护被拆迁者的利益，发挥了巨大作用。然而也要看到，在少数地方，尤其是直接进行拆迁的基层政府和相关机构，仍然存在种种不规范行为。茶子山村委会与观沙岭街道办事处的行为造成恶果，也正是因为背离了法律的规范，背弃了法治精神。

十八届四中全会明确要求各级领导干部，"自觉提高运用法治思维和法治方式深化改革、推动发展、化解矛盾、维护稳定能力。"一说到拆迁，我们常常想到依法拆迁、阳光拆迁、和谐拆迁和平安拆迁。在拆迁的前置词中，依法无疑是重中之重。只有"依法"，才有和谐和平安拆迁。故此，将拆迁纳入法治轨道，本是法治时代的基本常识。但从一些强拆事件看，少数干部仍然缺乏法治思维，或者知法犯法，只要效率不要效果，只要看得见的政绩，忽略看不见的"政疾"。

建设法治政府，各级干部责无旁贷。想问题、作决策、办事情，都应该先问自己有没有铭记职权法定，有没有遵循法定程序，有没有捍卫法律规则。关键之处在于，需要把法治意识贯穿于工作全过程。不能于己有利时就用法，于己不利时就放弃法律；也不能推动工作容易时就守法，推动工作艰难时就违法。现实工作中，固然不是所有的情况都能以法律来规范，但需要时时事事把握住"法治的精神"，才能实实在在推动法治政府的建设。

法治政府的建设，离不开依法治国的大背景。当前，我们面对的改革发展稳定任务之重前所未有，矛盾风险挑战之多也前所未有，这更需要领导干部以身作则、率先垂范，让法治成为全体国民的信仰。在拆迁中，如果被拆迁对象和政府部门互相猜疑，我怀疑你不安好心，你怀疑我不知好歹；我信奉"会哭的孩子有奶吃"，你迷信"霸王硬上弓"，最终难免激化矛盾。不漫天要价，不乱开口子，严格守住法治底线，这是遏制强拆带来悲剧的必由之路。

"流水清浊，在其源也。"法治建设也是一场疏浚工程，要将有碍于法治进程的杂草污泥挖掉，将污染法治源头的落伍思维清掉。法治建设的过程，就是规范权力、保障权利的过程，也是塑造全民法治信仰的过程，当法治在每个公民心中成为神圣的图腾，非法强拆乱象才会逐渐消弭。

（2016年07月14日）

没有什么能撼动和平正义的力量

王传宝

> 今天的中国人民，有维护世界和平正义的决心，也有捍卫领土主权的能力。我们将坚定地走在民族复兴的道路上，没有什么能撼动我们的意志和决心

当地时间7月10日傍晚，中国赴南苏丹维和步兵营的1辆装甲车被交战中的当地武装用炮弹击中，中国维和人员2人牺牲，5人受伤。这已是一个多月中发生的中国维和人员第二起伤亡事件，惨痛的事实一再告诉善良的人们，和平之花是如此宝贵，以至于有时候要以鲜血的代价维护。

维护和平，是世界各国人民朴素的愿望，也是中国始终不渝的追求目标。在刚刚过去的庆祝中国共产党成立95周年大会上，习近平总书记再次强调，"坚持不忘初心、继续前进，就要始终不渝走和平发展道路，始终不渝奉行互利共赢的开放战略，加强同各国的友好往来，同各国人民一道，不断把人类和平与发展的崇高事业推向前进"。中国始终是世界和平的建设者、全球发展的贡献者、国际秩序的维护者，为推动构建以合作共赢为核心的新型国际关系，为推动形成人类命运共同体和利益共同体，中国付出了巨大的努力，对稳定世界局势、维护世界和平作出了有目共睹的贡献。

今天，中国是安理会五个常任理事国中派出维和人员最多的国家，中国承担的维和经费也已是发展中国家之最以及全球第二。中国维和部队大

多驻扎在世界上相对动荡的地区,他们承担着和平年代的巨大风险,维和官兵不惧艰险、不怕牺牲,以严明的纪律、杰出的表现,体现出良好的精神风貌,也代表着中国这个发展中国家对和平的美好向往和执著追求。

和平是美好的,但总有人以此之名肆意妄为。英国近日公布的《伊拉克战争调查报告》,认定英国卷入伊拉克战争是错误决定,时任首相布莱尔对此负有不可推卸的责任。布莱尔辩护称英国卷入伊战是由于"情报错误"所致,坚称当时做此决定是为了让英国和世界都"更安全"。这场美英主导,绕过联合国安理会而发动的战争,也是假世界和平之名,却让伊拉克这个主权国家从此陷入深渊,伊拉克人民付出了生命的代价。从此,中东更加动荡,恐怖主义的"潘多拉魔盒"被打开了。一些霸权国家,以所谓的战略思维,强加给这个世界的动荡,最终让人民饱尝苦果。对这样惨痛的教训,一些国家并没有进行深刻反省,却有变本加厉之势。

中国一贯奉行积极防御的军事战略方针,不搞武力威胁,也不炫耀武力。但是,中国的发展,却没来由地引起了一些守成国的惶恐和不安,它们以冷战思维和零和博弈来对待中国,炮制"中国威胁"的论调,视中国的和平发展为现实或"潜在"的威胁。围绕南海争端更是鼓噪不断。在菲律宾单方面诉诸国际法庭对南海问题进行仲裁的背后,是美国以捍卫"航行自由"为名助阵施压,世界局势真可谓树欲静而风不止。

曾记否,1839年,当英国政府得知中国禁止鸦片贸易,英国外相巴麦尊勃然大怒,声称对付中国唯一有效的办法,就是"先揍它一顿,然后再做解释"。历史的隐痛让中国人民难以忘怀,如果今天还有人以这样的嚣张蛮横来欺凌中国的话,恐怕是看错了形势。今天的中国,"不觊觎他国权益,不嫉妒他国发展,但决不放弃我们的正当权益。中国人民不信邪也不怕邪,不惹事也不怕事,任何外国不要指望我们会拿自己的核心利益做交易,不要指望我们会吞下损害我国主权、安全、发展利益的苦果",习近平总书记掷地有声的讲话,传递的是全体中国人民的心声。

蝉噪林逾静,鸟鸣山更幽。今天的中国人民,有维护世界和平正义的决心,也有捍卫领土主权的能力。我们将坚定地走在民族复兴的道路上,没有什么能撼动我们的意志和决心。

(2016年07月13日)

为担当者担当,让干事者无忧

鲁 平

> 容错机制是探索,也应是导向。容错内容是什么,为什么容错,怎么容错,不可封闭运行,要与党内监督、群众监督和媒体监督结合好

从某种意义上讲,改革是一场充满风险的探索。那么,万一探索不成功怎么办?日前,四川出台《关于充分调动干部积极性激励改革创新干事创业的意见(试行)》,提出建立容错机制,坚持依法依规、实事求是和宽严相济原则,区别对待探索失误和违纪行为,并明确容错免责七种情形。这是一项真正为担当者担当、为干事者撑腰的举措。

当前,经济进入新常态,改革进入深水区,改革的硬骨头有增无减,经济转型的担子日益加重,社会治理的难度在加大;在全面从严治党的大背景下,一些干部对又要干事、还要守规矩的新要求还不适应。一些干部在管住了手脚的同时,也懈怠了思想,不担当、不作为的现象屡屡出现。比如,有的地方,只注重严管干部,不注重调动干部积极性,一些干部信奉"多干多错、少干少错、不干无错";还有的地方领导干部遇事左顾右盼,在改革创新方面,信奉"中间主义",别出风头、别落后头。这些在一定程度上,令改革在一些领域一些地方雷声大雨点小。

全面深化改革,不是一眼见底的小池塘,随便挽起裤腿就可以蹚过;

也不是笔直平坦的林荫大道，可以踱着方步走过，要的是敢闯、敢试、敢破、敢立。每一次改革、每一步探索，都既需要非凡的勇气、不寻常的智慧，也需要突破某些条条框框的魄力，从小岗村的包干到户，到今天的让市场在资源配置中起决定性作用，无不如此。

改革是利益的重新调整分配，具有复杂性，人的主观认识存在一定局限性，外部条件有时也会出现不可抗拒因素，在改革创新、破解难题、先行先试中，未达到预期效果，甚至有曲折反复，难以避免。正如论者所言，每一项改革都只能"成功"，不许"失败"，本身就违背改革探索的内在规律。只有给改革者总结经验教训、重整旗鼓的机会，才能去其忧、消其虑。

事实上，对于改革中出现的难题，中央有着清醒的判断。中央全面深化改革领导小组第十七次会议上强调："要完善考核评价和激励机制，既鼓励创新、表扬先进，也允许试错、宽容失败，营造想改革、谋改革、善改革的浓郁氛围。"深改组第二十一次会议再次强调："引导干部树立与全面深化改革相适应的思想作风和担当精神，既鼓励创新、表扬先进，也允许试错、宽容失败。"

对此，去年以来，浙江、山东、湖北、湖南、江西等地做了一些探索。在干部管理的顶层设计中，这些省份既严守纪律底线，惩处违纪者、问责不为者，又旗帜鲜明地为担当者担当、为改革创新者撑腰，既严格管理干部，又最大限度调动广大干部积极性、主动性、创造性。

当然，容错免责必须有清晰的边界，那就是尊重科学决策、集体决策，有规矩意识和程序意识。容错免责绝不保护那些胡干蛮干、拍脑门决策、拍胸脯执行、拍屁股走人的"三拍"干部，也不是乱作为者的"保护伞"，更不是违法违纪的借口。

容错机制要形成合力。纪检部门既要惩戒违纪违法的"有心之过"，又要包容改革探索的"无心之失"，在给干部念"紧箍咒"的同时，还要贴上"护身符"；组织部门要真正把敢闯敢试、敢于担当的干净干部选出来、用起来，形成改革者上、不改者让的良好用人导向。

容错机制是一个探索，也应是一个导向。容错内容是什么，为什么容错，怎么容错，不可封闭运行，要与党内监督、群众监督和媒体监督结合

好,将"容错免责"的运行做到公开透明,让广大干部群众知晓了解,达到营造鼓励创新、宽容挫折、容忍失败、推进改革的目的。

(2016年07月12日)

有"中国内核"才能立于不败

何鼎鼎

> 大力推动原创节目,不仅是出于文化创新、文化竞争的战略考虑,更具有现实的利益关切

日前,北京知识产权法院宣布"中国好声音"节目名称归属案复议结果,维持此前的保全裁定。浙江卫视旋即声明,"2016中国好声音"节目将暂时更名为"中国新歌声"。此次裁定,并不意味着已判定该节目名称花落谁家,争议双方还将通过司法诉讼的途径确定最终归属。

这场纠纷之所以引人关注,固然因为该节目的知名度,还因为一波三折——前不久,香港国际仲裁中心仲裁庭驳回版权方荷兰某公司对其拥有"中国好声音"五个中文字节目名称的宣告要求,就在人们以为7月中旬即将开播的新一季节目还能出现"中国好声音"时,北京知识产权法院的复议,"冷冻"了"中国好声音"及相关注册商标。而中文名称到底归谁,更留下几分悬念。

版权问题的复杂性由此可见一斑。相比欧美,我们在知识产权保护方面,无论是意识还是实践,都起步较晚,在娴熟运用知识产权规则方面,未来很长时间或许都需要补课。另一方面,当越来越多的国际模式被引进,本土化的定名、创作,究竟该如何认定,是否应该承认和保护,也需进一步明晰。好在,这起纠纷的司法诉讼正在进行中。相信后续的判决,不仅

会成为一堂富有意义的"版权普法课",也会指引国内引进方的行为。

当然,眼下最该聆听的,恐怕是来自灿星总裁田明的那个"最大体会"。作为"中国好声音"前4季的制作方负责人,面对版权纠纷,他感慨:"只有拥有100%自主知识产权,才能永远立于不败之地"。事实上,就像一些人所说,即使司法最终裁定灿星仍然可以使用"中国好声音",可即便赢了官司,判决前的这段"禁用",或许已将制作方此前的努力耗损不少。版权有风险,引进需谨慎。原创,才是王道。灿星的痛感,是不是更可以让那些正热衷于引进海外模式的电视台或大众文化提供者们,冷静下来、调整发力呢?

从这个意义上说,力推原创节目,不仅是出于文化创新、文化竞争的战略考虑,更具有现实的利益关切。文化市场繁荣和自主创新能力之间,存在不可分割的联系。文化需要源头活水,引进国际版权也能引发"鲶鱼效应",但本末不能倒置。

在爆炸式成长中的中国综艺市场,如何终结简单的"模式输入"?如何解决持续的原创短缺?又如何产生拿得出手的文化产品?毋庸置疑,"中国内核"是激发出来,而非保护出来的。其实我们的一些优秀本土原创节目,比如《中国诗词大会》《中国好歌曲》等,之所以收获良好口碑,靠的也不只是对市场的把握能力,还有精当的制作水平。因此,引进海外综艺模式不可怕,但在这个过程中,激发自己的文化想象力,培养将想象力"变现"的专业队伍,才是正确的拿来主义。

在今年的上海电视节上,打造综艺的"中国模式"引发业界热议。的确,如此庞大的市场,我们必须重视和把握。模式也好,名称也罢,归根到底是靠作品、内容说话。我们能够把一档引进的节目模式打造成为表达中国文化、传递主流价值的"中国好声音",经过这么多年的培育和磨砺,又何惧打造完全拥有"中国模式"的更多更好的节目?

我们理应拥有这样的文化自信,也理应坚定这样的文化之路。

(2016年07月11日)

别让预付卡变成诚信滑坡带

李浩燃

> 小小预付卡犹如一面镜子,照见我们解决"老大难"问题的态度与能力,也检验各个职能部门对群众获得感的重视程度

剪发卡、美容卡、健身卡、洗车卡……打开钱包,相信不少人都会持有几张消费预付卡。在服务行业,这已成为不少商家的标配,但这种看似"双赢"的局面,其实很不稳定。以互信为基础的这种商业模式,存在商家失信带来的隐患。稍不留神,消费者可能就被形形色色的预付卡给"卡"住了。

现实中,由于准入门槛低、市场饱和度高、存续周期短等因素,预付卡消费渐成纠纷高发区。它甚至变成一些商家的"圈钱卡"、消费者的"糟心卡"。此前,遍布全国20余座城市的"水果营行"连锁店陆续关停,知名餐饮连锁企业"代官山"上演跑路事件、经营者完全失联,均导致相关预付卡用户蒙受损失,并引发广泛关注。据国家工商总局统计,"十二五"期间全国预付卡消费投诉年均增长35.7%,2015年达到2.93万件。广东省消委会近日也披露,全省2015年预付卡投诉受理案件数已逾7000件。

预付卡这种消费模式,和群众的日常生活密切相关,更影响大家对社会诚信度的直接观感。为蒙受损失的用户扫清维权障碍、畅通救济渠道,是法治社会的题中之义。然而,具体到预付卡的治理上,消费者发现维权难度是集成式的。比如,备案制度存在盲区,政府执法成本高,商家违规

成本低，社会征信体系不完善……都可说是造成这一问题的深层次原因。早在2012年，商务部就曾发布《单用途商业预付卡管理办法（试行）》，要求发卡企业在开展单用途卡业务之日起30日内备案，实行资金存管制度。实际上，主动备案的商户少之又少；这一办法针对的是具有法人资格的企业，无法阻遏"小店跑路"现象。正是不知道怎么有效地维权，许多人选择了忍气吞声。

近年来，我国在社会诚信体系的建设方面，有明显进步。不久前的国务院常务会议，决定实施法人和其他组织统一社会信用代码制度，进一步织密了制度之网；在执行层面，法治和市场化手段的应用也更加得力。然而，征信体系的建设不能缺角，否则其效用会大打折扣，甚至产生"破窗效应"。从这个角度看，预付卡乱象背后存在的监管缺位，如果不下大力气消灭，有可能形成社会诚信的滑坡带。

社会信用体系的效力，与市场秩序以及个人的创业、生活、工作、就业等直接挂钩，一端连着社会管理手段，一端连着日常生活体验。只有从这两个层面去清理信用秩序中的紊乱，才能让信用意识由外而内，成为社会公众心中共同的遵循。

小小预付卡犹如一面镜子，照见我们解决"老大难"问题的态度与能力，也检验各个监管职能部门对群众获得感的重视程度。尽快完善社会征信体系，进而真正在日常生活中把这套体系用起来，辅之以守信激励与失信惩戒机制，类似的信用风险才能得到控制，诚信社会的建设才会一步一个脚印地朝前走。

（2016年07月11日）

让医疗服务价格回归本位

李红梅

输液2元，给住院病人进行一级护理9元；十几个人做一台手术，总共才800元……可是药费成百上千、检查费成千上万并不少见。医疗服务不值钱，全靠卖药来贴补，这种拆了东墙补西墙的以药补医现象，由来已久。

不过，我们有望告别这种"畸态"了。7月6日，四部委发出《关于印发推进医疗服务价格改革意见的通知》，明确全面推进医疗服务价格改革，重点提高诊疗、手术、康复、护理、中医等体现医务人员技术劳务价值的医疗服务价格，降低大型医用设备检查治疗和检验等价格。这意味着，医疗服务价格有望回归其应有的价值。

从国际经验来看，以医疗服务而不靠药费来维持医院运营，是一个趋势。一所医院的收入70%来自于医疗服务收费，30%来自于检查、药品等收费项目，是比较理想的状态。而我国公立医院的收入来源中，药品加成是大头，一般占四成左右。因为医疗服务价格普遍低于成本，财政补贴又不到10%，只能靠药费、检查费贴补亏损。湖北省价格成本调查队曾对省内53家医院调查，发现绝大部分医疗服务的价格平均只有成本的41.7%，其中技术劳务性项目价格严重偏低，如静脉注射实际成本为6.7元，为湖北省实际价格的7.4倍；冠状动脉旁路移植术，实际成本高达5252元，收费标准却只有800元。因此，通过提高医生的成就感，来提升患者的获得感，是医疗改革的必由之路。

事实上,在当前公立医院的试点改革中,不少地方正在取消药品加成,药品变成医院的运行成本,不再是利润。问题在于,这"一降一升"的关系如何平衡?合理的医疗服务价格是什么水平?能不能体现医务人员的技术劳务价值?收入结构的变化,必然带来管理方式的改变,这又涉及医院、医务人员、患者等各方面的利益。换句话说,这更多是作结构调整,在药品和服务收费的"大筐子"里拿进拿出,不能外溢,也不能有亏空,才能实现医患双赢。

因此,医疗服务价格的调整,不是简单的涨价、补足,而是一个系统工程。取消药品加成,政府财政补贴须适当补偿,才好调整医疗服务价格。与此同时,医保也要做好测算工作,升多少降多少,并改变按项目付费方式,推行按病种付费等方式,多方控制医疗费用不合理增长,确保不增加患者负担。医疗、医药、医保"三医"需协同推进,缺一不可。

上世纪末我国发布的医改文件提出,要改革和完善卫生服务价格体系。时至今日,因协同不够、配套不足,"按下葫芦浮起瓢"的现象并不少见。比如,医疗服务价格降下去,药费检查费却上来了,或是让部分患者多掏了钱等。此次改革把协同推进放在重要位置,体现了清晰的问题意识。从实践来看,还是可以做好的。浙江、江苏、安徽、福建等省份城市公立医院均已取消药品加成,有升有降地调整了医疗服务价格,医院收入结构逐步优化,新的补偿机制正在建立,医务人员积极性提高,患者负担总体未增加。

令人欣喜的是,这份医改文件还提到了谈判机制、第三方成本核算等方法,给改革的落实以很大空间。只有通过这些具体可行的方法,推动医院建立科学合理的补偿机制,让医务人员有获得感,而老百姓也不再"被"买药,看病贵的问题才能从根子上得以解决。

(2016 年 07 月 08 日)

铁路版图升级 改革需要跟进

陆娅楠

从"四纵四横"到"八纵八横",高铁干线翻倍,中西部路网加密……日前在国务院常务会议上原则通过的《中长期铁路网规划》,让人们再次看到了中国铁路发展的巨大空间。

现阶段加快铁路建设,也是推进供给侧结构性改革的题中之义。铁路路网串联各级城市,投资规模数以万亿元,又关联着几十个产业的兴衰迭代,可谓牵一发而动全身。正因如此,当下加大铁路投资,不仅能丰富群众的出行选择,完善中西部贫困地区的运输结构,还可以对冲当下较大的经济下行压力,更有助于促进高端装备制造业转型升级,可谓补短板、惠民生、稳增长、调结构四箭齐发,一举多得。

然而,在市场需求普遍低迷的情况下,如此诱人的蛋糕被捧出来,怎么分、谁来吃、如何消化得更好,引人注意,也更需仔细权衡。其实,"中长期规划"对这个问题也有所谋划:培育多元投资主体,放宽市场准入。

中国铁路行业要想迎来一个良性大发展时代,不可能也没必要唱独角戏。总负债已突破4万亿元的中国铁路总公司,依靠银行借贷、发债,支付目前每年六七千亿元的基建投资已捉襟见肘,恐怕再难独自撑起投资翻番的新摊子。盘活现有资产,用市场化方式多渠道融资,是铁路总公司在新蓝图面前必须应对的新挑战。

不唱独角戏,意味着要吸引包括民间投资、外资等在内的社会资本参与进来，这也有赖于深化铁路改革。这些年，鼓励民间资本投资铁路的政策出台了不少，民间资本依然观望情绪严重。缺乏稳定投资回报的好项目是重要原因之一，而这又和铁路改革本身的进程有关。如果说，撤销铁道部建立中国铁路总公司，实行政企分开，理顺铁路与国家的关系，是中国铁路改革的第一步，那么，打破垄断引入平等竞争者，理顺铁路行业内部关系，则是中国铁路改革的第二步。这一步走好了，才能培育出公平公开、富有活力的市场环境。目前，效益好的、效益差的、经营性的、公益性的……各种铁路从投资到运营依然掌握在铁路总公司手中。也就是说，"铁老大"要有壮士断腕的勇气，以改革破垄断，进而以竞争促改革，才能为"中长期规划"的落实创造更大的战略空间。

解铃还须系铃人。更何况，增量改革是阻力最小的改革，而《中长期铁路网规划》无疑给铁路行业提供了又一次增量改革的契机。在当下"一家独大"难以为继、引入竞争满盘皆活的情况下，可否拿出一些优质板块、一些优质线路，以示吸引社会资本进入铁路市场的诚意？又能否以保障民间资本拥有铁路的所有权、经营权和收益权为前提，支持民间资本搞一些苗圃式的投融资模式创新、商业运营模式创新，探索产权明晰的利益分配机制，从而搅活行业一池春水？

从更高的层面上讲，《中长期铁路网规划》要优化盘活的，不仅是铁路建设的国土空间，更是行业浴火重生的改革空间。拿出真正的改革气魄，打破固化的利益藩篱，《中长期铁路网规划》带给我们的，就不只是中国铁路版图的升级版，还有中国铁路行业更接地气、更有活力、更富竞争力的明天。

（2016 年 07 月 06 日）

藏粮于地,让农田休养生息

冯 华

> 休耕不是让土地荒芜,而是采取保护性措施,从根本上提升我国耕地地力水平,加强耕地质量保护,促进农业可持续发展

近日,农业部会同中央农办、发展改革委、财政部、国土资源部等部门印发了《探索实行耕地轮作休耕制度试点方案》,提出在部分地区探索实行耕地轮作休耕制度试点,力争用3—5年时间,初步建立耕地轮作休耕组织方式和政策体系。这是中央确定的重大改革任务,也是我国主动应对生态资源压力、转变农业发展方式、促进可持续发展的重要举措。

近年来,我国粮食连年增产,农业稳定发展,但长期粗放的农业发展方式也让我国面临着资源环境的多重挑战。农业资源过度开发、农业投入品过量使用、地下水超采以及农业内外源污染相互叠加等带来的一系列问题日益凸显,这让生态修复治理成为农业可持续发展的必然选择。

农业以土而立。对农业的生态修复而言,耕地保护是最关键的部分。由于人多地少,资源禀赋不足,我国对耕地、水等资源要素的长期超强度利用,大大消耗了耕地的生命力。目前,我国大部分地区粮食生产一年两熟,南方多地一年三熟,土地长期高负荷运转,影响了粮食持续稳产高产。此外,耕地退化和污染现象也逐年扩大,东北平原耕地"隐性流失"加剧,原本富含有机质的黑土层越来越薄。让不堪重负的耕地休养生息,用地养

地相结合,在部分地区推进耕地休耕轮作势在必行。

当前推进耕地轮作休耕,时机比较成熟。现阶段国内外市场粮食供给充裕,国内粮食仓储日益吃紧,粮食收储财政压力增大,利用这一时机推进耕地轮作休耕,不仅能够保护耕地资源、巩固提升粮食产能、促进农业可持续发展,还有利于平衡粮食供求矛盾、稳定农民收入、减轻财政压力。

从技术上讲,我国有着悠久的轮作种植传统。最早的农书《齐民要术》中就提到了作物轮作的必要性。轮作是顺应自然规律的选择,可以调节土壤理化性状、改良土壤生态;休耕则能通过用地养地相结合,保护和提升地力,增强粮食和农业发展后劲,从而实现真正的"藏粮于地"。此外,耕地轮作休耕,也有利于我国推进农业供给侧结构性改革,调整优化种植结构,增加紧缺农产品供给,满足多元化消费需求,全面提升农业供给体系的质量和效率。

但是,推进耕地轮作休耕,事关13亿多人的吃饭问题,必须审慎对待。如何让试点不走样、让好的政策设计真正落到实处?要正确认识耕地轮作休耕,需要明确几个原则。首要原则就是"巩固提升产能,保障粮食安全"。开展这项试点,要以保障国家粮食安全和不影响农民收入为前提,休耕不能减少耕地、搞非农化、削弱农业综合生产能力,确保急用之时粮食能够产得出、供得上。休耕不是让土地荒芜,而是采取保护性措施,要坚守耕地保护红线,提升耕地质量,确保谷物基本自给、口粮绝对安全。

其次,要充分尊重农民意愿,不能让农民利益受损失。这次试点,强化了政策扶持,建立了利益补偿机制,对承担轮作休耕任务的农户给予必要补助,确保不影响试点农民收入。同时鼓励农民以市场为导向,调整优化种植结构,拓宽就业增收渠道。根据各地区的实际情况,发挥农民的主观能动性,不搞强迫命令、不搞一刀切。

推进耕地轮作休耕,除了试点的600多万亩耕地,我们的目光还应投射到更广袤的田野上。只有从根本上提升我国耕地地力水平,加强耕地质量保护,加快建设高标准农田,真正实施"藏粮于地""藏粮于技"战略,才能促进农业的可持续发展。

(2016年07月05日)

异地排污需要多方围堵

冯 嘉

> 遏制异地排污,需要提高违法成本,调动各个方面的环境监管力量,从源头监控和末端治理多方围堵

异地偷排污染物这种"以邻为壑"的环境违法行为,近年来有多发趋势。据报道,有用货车将大量危险废液从湖南岳阳运输到湘赣两省一些偏僻农村随意抛弃的,有从深圳"不远千里"将生活垃圾运至江西被当地村民拦截的……公安部门查获的此类案件日益增多。

异地排污已成部分地区水源、土地污染的重要原因。据专家研究估算,我国每年危险废物产生量超过1亿吨,约有7000万吨尚未纳入环保部门统计范围之内,给环境保护带来巨大压力,"几车废水下去,就可能让多年的治污减排努力化为泡影"。

据调查,一些企业之所以想钻异地排污的空子,是存在双重侥幸心理。一方面,尽管我国法律规定了危险废物转移联单制度,但受管理权限分割和地方保护主义的束缚,加上违法者往往选择偏僻的农村地区倾倒,运输时间也专挑夜间,"暗度陈仓"的现象屡禁不绝。

另一方面,是法律层面的错误认识。一些实施异地排污行为的企业认为,即便被发现和查处,监管部门只能查到运输者、处置者身上,他们还有机会金蝉脱壳。在不少案件查处过程中,企业负责人都声称,对运输

人或处置人跑到异地直接倾倒危险废物的行为毫不知情,以此逃避法律责任。但这种想法是错误的。2014年的江苏泰州"天价"环境公益诉讼案中,危险废物的产生企业与违法处置者试图通过订立运费补偿协议这种形式,来掩盖非法运输和处置危险废物的目的,但未能逃脱制裁,法院最终判决连带承担1.6亿元的生态损害赔偿与生态修复费用。

异地排污的违法成本过低问题,需要重视并解决。目前,合法处置危险废物的成本非常高,专家称1吨危险废液的合法处置费用可能高达7000元以上,而我国的固体废物污染环境防治法规定,未经批准擅自转移危险废物的,罚款最高上限为20万元。对于危险废物的产生企业来讲,违法反而有可能是更"经济"的选择。而一旦监管乏力,容易形成"破窗效应",让更多人铤而走险,并演化出黑色产业链。

正因此,遏制异地排污,需要提高违法成本。除了对倾倒行为的实施者提高处罚标准,还可以扩大范围,让危险废物的产生企业承担连带责任。比如,若企业明知处置人没有处置资质,却仍然将危险废物交由对方,不仅要一同承担连带的民事赔偿责任,甚至要承担污染环境的刑事责任。

当然,末端治理的力度再大,仍然是被动、滞后的,监管部门还需要在预防性管理措施上有所突破。目前的问题,主要是联合执法存在真空地带——异地排污的车辆和运输不归环保部门监管,而有监管能力的公安部门又不掌握危险废物管理的相关信息。因此,除了加强部门之间的信息沟通,更重要的是形成各有侧重的监管布局。比如,对异地排污的现场执法、追查,可由公安部门主导,而环保部门则对生产企业加强监督,督促企业完善台账制度,对危险废物的产生、运输及最终流向进行全过程管理。

调动各个方面的环境监管力量,从源头监控和末端治理多方围堵,异地排污才会逐渐得到根治。

(2016年07月05日)

从严治党离不开制度化问责

高 波

> 一系列党内法规接踵修颁，与问责条例一起形成了以党章为遵循、以责任为导向的"制度群"，为严肃党内政治生活、净化党内政治生态提供了重要条件

在中国共产党 95 周年华诞到来之际，中共中央政治局召开会议审议通过《中国共产党问责条例》，回应了党内法规制度建设的现实需要，也迈出了党内问责走向精细化、系统化和法治化的重要一步。

问责追责，治国之利器。在党内法规制度体系中，问责条例位阶高、效力大。根据"党内立法法"即《中国共产党党内法规制定条例》的规定，党内法规包括党章、准则、条例、规则、规定、办法、细则 7 种类型。2009 年发布施行的党政领导干部问责暂行规定，尽管在问责方面发挥了不小作用，但力度仍嫌不够，存在问责内容不聚焦、抓安全事故等行政问责多而抓管党治党不力问责少等问题。从"暂行规定"升格为"条例"，释放出"有责必问、问责必严"的强烈信号，也表明党内问责的内容、对象、事项、主体、程序、方式等更趋成型、更加规范，为严肃党内政治生活、净化党内政治生态提供了重要条件。

政党建设是一项系统工程，单独一项制度，不可能发挥整体上的作用。近年来，随着一系列党内法规接踵修颁，全面从严治党业已进入制度化、

法治化的快车道。其中,《中国共产党廉洁自律准则》是执政以来的首份廉洁自律"正面清单",重在立德向善;《中国共产党纪律处分条例》是纪法分开、纪比法严的"负面清单",重在立规纠错;《中国共产党巡视工作条例》是加强巡视监督的"任务清单",重在立威震慑。它们与问责条例一起形成了以党章为遵循、以责任为导向的"制度群",把党员干部"办公室内外、八小时内外"的党纪政德家风等方面要求具体化、对象化,体现了"治标为治本赢得时间"的战略纵深度。

动员千遍,不如问责一次。但问责在制度化的同时,还应该精准化。一方面,要把握问责条例的治理重点和实践"重音",紧紧围绕党的中心工作以及存在的紧迫问题开展问责。对于失职失责造成严重后果、人民群众反映强烈、损害党执政的政治基础的,既追究主体责任、监督责任,又追究领导责任,才能充分发挥其震慑效应。之前对湖南衡阳贿选案、南充拉票贿选案等进行的彻底调查、严肃问责,其实为实施问责条例"定了调、打了样"。另一方面,我们也要清楚,问责目的是唤醒责任意识,激发担当精神,永葆党的凝聚力和战斗力。治理党的领导弱化、党的建设缺失、全面从严治党不力等共性问题,以及"处处是高压线,就是从来不带电"的宽松软现象,还得以正反两方面的合力,督促各级领导干部把管党治党的责任担当起来。因此,要注意以实事求是的态度和方式,用好问责追责这件利器,不可只问后果而不问失责程度,只听舆论呼声而不问过错程度,甚至将严肃的问责制度庸俗化。

问责追责之要,在于公信力与执行力的比翼齐飞。责不在于重,而在于必行。只有让失责必问成为常态,才能层层传导压力,确保党中央的集中统一领导,确保党中央政令畅通,确保党的团结统一。首先要防止"制度空转",特别是防止好人主义、关门主义暗行,搞"家丑不外扬""大事化小、小事化了";其次是强化"监督的再监督、问责的再问责",把问责条例执行情况纳入专项巡视、监督检查等常态工作中,倒逼各级党组织把自己摆进去,瞪起眼来真问责、严问责;最后还要尽快积累形成问责案例库,促进"开门问责",提高党内问责的执行力、公信力和精准度,既不放过不负责的党员干部,又避免问责畸轻畸重。

(2016年07月01日)

打开法治大厦的每一扇门

傅达林

倘若一路打通从学院到法庭再到广阔社会之间的互动联系，有了更多具有共识的法律人，肯定会活力迸发

长期以来，从律师中遴选法官是法律界人士的美好愿景，如今，这扇门正在打开。近日，中共中央办公厅印发了《从律师和法学专家中公开选拔立法工作者、法官、检察官办法》，明确了律师和法学专家参加公开选拔的标准，并要求人民法院、人民检察院应当把从律师、法学专家中选拔法官、检察官工作常态化、制度化。这意味着，在法律职业共同体内，律师、法学专家与法官、检察官等将实现双向的职业转换。

法治社会的成长，离不开法律职业人的通力合作。正如一句法学家的名言，"法律是一个带有许多大厅、房间、凹角、拐角的大厦，在同一时间里想用一盏探照灯照亮每一间房间、凹角和拐角是极为困难的"。在法治大厦的复杂系统中，立法者、法官、检察官、律师和法学专家等，或许扮演着彼此不同甚至互相制约的角色，但在点亮法治灯塔的大方向上，他们是同路人。

然而，在过去的法治实践中，还存在着这样的现象：有的律师不尊重法官，采取"闹庭"方式或寻求网络舆论施加压力；有的法官轻视律师功能，"你辩你的，我判我的"；有的检察官从内心抵触律师的介入；有的法

学专家只在书斋里埋头做学问,"两耳不闻窗外事";有的立法者习惯"关门立法",民众参与不够……法律人所念兹在兹的法律职业共同体,难以拧成一股绳,共同推动法治进步。

法官、检察官队伍的来源,对于法律职业共同体的内部活力影响很大。由于种种原因,过去更多是法官辞职当律师的单向流动,造成了职业壁垒,进而形成了价值隔阂。近年来,律师闹庭、法官驱逐律师的事件偶有发生,不仅仅是因为站位不同,一定程度上也是因为自我认知的固化。从这个意义上讲,打开法律人职业转换的大门,不仅能优化法治工作队伍的人才结构,还能起到阻滞部分法律职业僵化的作用。

事实上,让不同法律职业者从抽象的换位思考变成具体的职业转换,会带来不一样的感受和理解。一位从律师转行过来的法官说,做律师的时候,不知道一线法官的辛苦。现在做法官,我举双手欢迎律师,没律师代理的案子是我最头疼的。

这种切身体会,就是法治共同体的黏合剂。近几年推行的法学专家到法院、检察院挂职,不仅为司法实务部门带来勃勃生机,也为法学研究注入了源头活水,堪称双赢。可以想象,倘若就此一路打通从学院到法庭再到广阔社会之间的互动联系,有了更多具有共识的法律人,肯定会活力迸发。

司法系统实行员额制改革后,从律师和法学专家中选拔法官、检察官,总体上还只是一种补充方式,但它依然具有很强的破冰意义。当然,人的职业选择有非常复杂的考量。过去法官、检察官向律师的单向流动,固然是因为有职业"玻璃门"存在,也不可否认和个人待遇尤其是经济地位的差别有关。吸引更多优秀的律师和法学专家进入立法和司法的职业序列,还需要相应的配套改革,通过制度性安排提高法官、检察官的职业尊荣,增强司法职业环境的吸引力。

法治事业说到底是人的事业。当改革充分释放出法律人的活力,让他们安心驰骋在更加自如的职业舞台上,就不难让这个旨在匡扶人间正义的职业迸发光彩,并引领全社会共筑法治信仰。

(2016 年 06 月 30 日)

中考少加分，教育更纯粹

赵婀娜

从我国教育改革的现实逻辑看，对"鼓励性加分"实行大幅瘦身，是大势所趋

事关全国考生利益的考试公平性问题，向来牵动着社会敏感的神经。中考刚落下帷幕，有关其加分政策是否科学公正的讨论，便成焦点，主要集中在两处：一是个别地区加分人数占比过大，有超过15%的考生可享受加分政策；二是加分项目和内容难以服众，比如，有的地区规定到当地投资的企业家子女即可获得一定加分额度。不少人认为，中考加分政策在一些地方正被异化为"硬通货"，教育政策成了拉动地区经济的手段，有违教育公平。

对中考加分政策的讨论，在过去十几年间从未停止。约十年前，深圳市对金融高管子女中考加分的政策，就曾引发热议，最终被教育部叫停。中考加分的政策，也在社会普遍关注、教育界反复论证讨论中前行。

近年来，教育公平总是被拿到聚光灯下审视。随着《关于深化考试招生制度改革的实施意见》的出台，在教育主管部门的推动下，高考加分政策瘦身显著，并于去年全面取消体育、艺术特长生等鼓励类加分项目，地方性高考加分项目原则上只适用于本地区高校在本地招生，全国性高考加分项目更是减至5项，且全部为政策性加分。相形之下，中考加分政策中

的一些问题格外引人关注。

客观地说,当年设立一些考试加分政策,有着增进公平或效率的合理性;时过境迁,今天重新把它们放到教育公平的天平上称一称成色,是顺理成章的。事实上,公众的批评也并非全盘否定加分政策,而是呼吁对政策性加分的比例进行更科学的论证,防止个别地方以公平之名,行不公之实。另一方面,也是寄望加分项目顺应教育规律,进一步推动教育公平。

对少数民族考生以及烈士子女等特殊人群的政策性加分,势必将在一段时间内长期存在,这符合我国教育发展的现状,是教育在当下需要承载的使命,也是社会公平的大义。然而从更广的范围看,公平的尺度也需要随着情况的变化相应调整。在这个过程中,如果做不到科学论证、审慎推进,无法加强信息公开与过程监督,那么,以公平为前提的政策,能否行公平之实、结公平之果,就可能得打个问号。

从我国教育改革的现实逻辑看,对"鼓励性加分"实行大幅瘦身,是大势所趋。当前,考试招生制度改革正全面展开,希望通过高考改革撬动基础教育阶段的改革,鼓励中学将育人方向从"单纯育分"调整为"全面育人",从追求学科成绩转向促进学生成长。同时,通过综合素质评价鼓励中学个性化教学,引导学生自我认知、找到自己的兴趣特长和个性所在。反过来讲,如果中考加分项目继续扩张,不仅可能影响这一阶段的教育改革质量,还可能会对冲掉高考改革的成果。

当前需要十分警惕的,是一些地方任性的"花式"加分。这种方式,既是不尊重教育规律,也是对教育公平的漠视。从根本上讲,改革考试加分政策,是要改掉个别地方把教育行政化的习惯,彰显教育化人、育人的本质。

教育界常说一句话,什么是教育?教育是用心灵感动心灵,用生命影响生命。因此,减掉当前教育所裹挟的过多无关内容,就是为了让教育更好地远离功利,坚守那份朴素与纯粹。

(2016年06月30日)

重建医患信任 媒体堪当桥梁

李泓冰

  矛盾总是存在,但冲突不应该是医患关系的常态。媒体要成为社会理性的沟通桥梁,让信任复苏,让医患始终站在同一战壕

  上海瑞金医院急诊室医生最近发现,向急难病症家属做解释容易了。这是十集纪录片《人间世》火遍网络的善果。
  8个摄制组长达两年的投入,在各家医院通宵达旦"蹲守式采访",让一些记者累得"丢了半条命"。忘我投入的深度调查,与死神赛跑的紧凑情节,贴身观察并如实呈现,换来了这部由上海广播电视台和上海市卫计委联合策划的纪实作品最珍贵的收获——医患之间信任关系的点滴复苏。
  信任,首先源于理解。医生是专业性极强的职业。一纸充满专业术语与符号的处方笺,一扇让病患家属可望难推的手术室大门,让医者似乎充满神秘的力量,但实际上他们常常力有不逮。《人间世》实录了救治成功的喜悦与家属的感激,更未回避挽救失败的悲伤故事。每一例失败之前,都有医护人员豁出命来不眠不休、用尽一切医疗手段去抢救的场景。"在有些疾病面前,真的感觉我们医生是渺小的",医生的无力与家属的悲痛,其实同样深重。镜头跟拍了48小时没有合眼的医生,抢救了三位病人,两位转危为安。迎接他的,有破涕为笑的家属,也有家属挥来的拳头;镜

头也跟拍着医生耗尽心力抢救危重病患,生的希望似乎清晰之际,死神却疯狂来袭……

中国的医生,有时候不得不背负整个医疗体制长期积累的历史欠账。他们不光要承受医术有限而带来的无力感,还要承受医疗资源稀缺导致的超负荷疲惫,承受医疗体制改革滞后带来的医药不分、医不如药的失衡感,以及职业尊严遭污名化的尴尬。而近年来,暴力伤医事件层出不穷,每年都多达几十起,令人心寒的是,类似事件的网络评价中,指责医生"自作自受"的言论甚至盖过了同情理解。

在世界范围,医生的社会地位和经济地位双高,让优秀学子趋之若鹜,这一行当也往往代际相传。中国从前亦颇多悬壶世家。然而,据中国医师协会此前的调查,近年来,不愿子女报考医学院校的医生比例在不断上升。夜班住院医师难觅,儿科医生匮乏,医学院录取分数线下降,在一些地方成为现实。

冰释尖锐对立的医患关系,媒体至关重要。这些年,有的媒体为吸引眼球,热衷炒作甚至编造医患关系的极端事件。像所谓安徽男子手术中"右肾被偷",医学摄片表明是因病萎缩消失;深圳儿童医院建议一病婴做造瘘手术,费用10万元,另一医院只开0.8元的药便缓解症状,媒体急忙以"八毛门"报道,遂物议沸腾,最终剧情反转,开方八毛钱药的医院,也做出需动大手术的诊断……

医药卫生报道,需要一些相关专业素养,更需要一点济世之心。病情纷繁复杂,记者不宜偏听偏信,轻下判断,抢发所谓大新闻。在这个方面,上海电视人用不偏不倚的视角,让公众的视线穿透医患之间的厚重门墙,看到医护人员拼尽全力与死神赛跑、挽留生命的不懈努力。这样的努力,比医生被砍杀之后的声讨更有力量。

矛盾总是存在,但冲突不应该是医患关系的常态。我们需要更多如《人间世》这般基于社会理性的沟通桥梁,才能为理解搭脉,让信任复苏,让医患始终站在同一战壕,携手迎击共同的敌人——疾病。

(2016年06月29日)

别把企业社会责任当口香糖

王石川

真正伟大的企业，其抱负必然要超越简单的赚钱逻辑而上升到让社会更美好的层面。即使是一般的企业，也需要坚守必要的社会责任，才能在其成长过程中避免触礁

为规范互联网信息搜索服务，保护公民、法人和其他组织的合法权益，维护国家安全和公共利益，国家互联网信息办公室6月25日发布《互联网信息搜索服务管理规定》，其中要求"提供付费搜索信息服务，应当依法查验客户有关资质，明确付费搜索信息页面比例上限"。消息一出，有网民戏称应"抄送"给有关搜索引擎企业，而百度已迅即表态，"将切实按照网信办相关法律法规加强自身管理，同时欢迎广大网民随时监督举报"。

魏则西事件之后出台这一规定，其现实意义不言而喻。人类进入丰裕时代后，信息的需求越来越大。而搜索业作为重要的信息接口，20多年来历经从无到有，进入了风生水起的竞放时代，但也出现了野蛮生长的蛮荒状态。魏则西事件正是搜索乱象的一种深层呈现，让监管部门乃至全社会不得不思索，如何在信息成为商品的时代更好地捍卫公共利益。这一规定的适时出台，意味着企业本身对公共利益要承担一定的主体责任。

关于企业的责任，有一种观点认为：最大责任就是追求利润最大化。

诚然，企业不赚钱就无法生存，多赚钱才能容纳更多就业岗位、多缴利税，但这不是全部。企业当然要追求自身盈利，然而"是在不违反法律和基本道德标准的前提下最大化该企业的盈利"，这在今天已经成为共识。

一本揭示公司运营之道的著作曾透露一个细节：在某公司的一个内部会议上，有人提出对广告体制做一项改变，可以为企业带来丰厚利润，但这种改变有违社会公德，最终，相关提议还是被否决。发展到今天，我们应该更能体会，讲社会责任，不是高不可攀的道德要求，而是自身发展的一条底线，是企业须臾不能忘的主体责任。生产问题食品、卖假药、污染环境的企业，之所以为千夫所指，影响全行业的形象，就是只图赚钱捞过了界。

止恶才能至善，自律方可自由。立规矩与守规矩是一枚硬币的两面，让企业履行必要的社会责任，还需要更明确可行的监督、追责及惩罚机制。基于以往教训，总有一些企业惰于纠错，或只是"口头认错总是再犯"，道歉或纠错都成了一种危机公关的手段。为此，还要把制度的笼子收紧一些，迫使企业内部形成一种制度文化，以免社会责任沦为企业管理层口中的口香糖，嚼一嚼就吐掉。

优秀的企业、伟大的企业，一定是勇于承担更多社会责任的。对它们而言，责任是企业做大做强必不可少的基石。社会责任，不仅能带来良好口碑和公共形象，增加企业的软实力和竞争力，更重要的是，真正伟大的企业，其抱负必然要超越简单的赚钱逻辑而上升到让社会更美好的层面。即使是一般的企业，也需要坚守必要的社会责任，才能在其成长过程中守住底线、守正航线，不至于触礁翻沉。遗憾的是，不少企业在气势如虹之际，最容易扔掉这块基石，最终失去把企业做得更强大的机会。

就像企业不仅仅是一个经济工具，社会责任也不仅仅是一种作秀工具，而应该内化为企业文化。把这种文化注入企业的基因里，使之生动而有活力，这样的企业才有更强的生命力、更远的未来。

（2016年06月28日）

给青少年一个没有毒品的未来

张 璁

> 堕入毒品深渊的青少年也是受害者,帮助他们戒断毒瘾、回归社会,是禁毒的题中应有之义

6月26日是第二十九个国际禁毒日,中国今年的主题是"无毒青春,健康生活"。目前我国整体涉毒形势之严峻,可能超出许多人的想象,如何防止青少年中的毒品滥用,成为重中之重。国家禁毒办数据显示,一年来,全国共破获毒品刑事案件16.5万起,抓获毒品犯罪嫌疑人19.4万名,缴获各类毒品102.5吨。并且,吸毒人员低龄化趋势明显,以青少年为主体的滥用合成毒品问题突出。

关于禁毒,社会上近年来关注更多的是"明星吸毒被抓"的现象。事实上,在当前全球毒品加剧扩散期,吸毒人群已经覆盖到不同年龄段、不同文化程度、不同社会职业的各个群体,明星吸毒只是冰山一角。有关部门发布的数字表明,截至2015年底,在全国明确登记职业信息的吸毒人员中,专业技术人员、企业管理人员以及公职人员、演艺界明星等仅占0.4%。由此可知,打击毒品并不针对某一特定群体或职业,而是一场全体民众和毒品的战争。

然而,从保护青少年的角度看,明星吸毒是不可忽视的影响因素。涉毒明星多是社会公众人物、青少年的偶像,其身份标签常会导致社会心理

上的放大效应，危害往往超出常规范围而指向青少年人群。对于人生观、价值观正处于形成阶段的年轻人而言，这些"偶像"缺乏自律、自重、自爱的涉毒行为，无疑是在传递具有误导性的错误信号。

与此同时，一些此前不曾遭遇的新风险也正向今天的青少年袭来。据专家介绍，近20年来，在一些以青少年为主的娱乐场所开始泛滥起一种"俱乐部毒品"——合成毒品。这种精神药品直接作用于人的中枢神经系统，一次足量尝试就可产生欣快感，并让人表现出比对海洛因更强烈的精神依赖，因此更易成瘾，也比传统毒品危害更加严重。事实上，青少年已经成为合成毒品泛滥的最大受害者。此外，互联网也加快了毒品传播蔓延速度，导致毒品违法犯罪转型升级，出现了从毒贩通过互联网发布信息，到吸毒人员在网上集体视频吸毒、交流吸毒体会、引诱发展新吸毒人员等一系列前所未见的新现象。这让保护青少年远离毒品的局面更为复杂，形势更为紧迫。

需要强调的是，吸毒现象有复杂的社会原因，帮助青少年远离毒品，不意味着要把吸毒者与其他社会人群完全隔离开来。堕入毒品深渊的青少年也是受害者，帮助他们戒断毒瘾、回归社会，是禁毒的题中应有之义。事实上，吸毒成瘾者的戒断巩固难是世界性难题，戒毒不仅仅是一个生理脱毒的过程，更是一个较长时期的身心康复、逐步回归社会的过程。在这期间，社会有必要对这一人群保持适当的宽容，正视社区戒毒和社区康复人员的就业安置困难。否则，这些无形的社会阻碍，往往会让吸毒成瘾人员戒毒后难以融入社会。

"禁毒工作事关国家安危、民族兴衰、人民福祉"。去年国际禁毒日前夕，习近平总书记对禁毒工作做出重要指示。目前，经过持续开展禁毒斗争，全国禁毒形势总体可控。也要看到，今后一段时期随着经济全球化和社会信息化加快发展，以及国际与国内多种因素的相互交织，青少年毒品问题将在相当长的一段时间内持续存在。禁毒是一场没有终点的战斗，厉行禁毒是事关民族未来的一道必答题，在这场战争中我们只能赢，不能输。

（2016年06月27日）

电视综艺呼唤"创客精神"

刘 阳

> 仅靠引进和模仿,无法成就原创大国,但治愈原创焦虑症,还有一个过程

已持续了近半年的《中国好声音》版权之争,近日再起波澜。23日,北京知识产权法院已受理该版权案,"好声音"的未来受到关注。

作为海外引进的电视娱乐项目,《中国好声音》这样的综艺节目并不让人感到陌生。细细数来,近年来走红的《极限挑战》《奔跑吧兄弟》《我是歌手》等节目,没有哪一档不是舶来品。于是,围绕引进节目出现了种种焦虑:中国人是不是真的没有原创能力,以至于在电视节目上"怎么玩儿"都要靠"外来的和尚"?以及,如果没有了综艺节目引进,本土节目怎么才能提高吸引力,以满足观众越来越高的欣赏标准?

上周出台的一项规定,加重了这一焦虑。根据国家新闻出版广电总局颁布的《关于大力推动广播电视节目自主创新工作的通知》,卫视在黄金时段播出的引进版权节目一年不得超过两档,同一档节目一年原则上只准播出一季。根据规定,像《奔跑吧兄弟》《极限挑战》等热门节目,将不得不重新拟定播出计划。如何才能克服电视节目的综艺原创焦虑症?要开出有效的药方实在棘手,因为原创能力的提高终究不是一朝一夕之事,可以说,越迫切才越焦虑。

谁都知道电视节目还是原创的好,综艺节目尤其如此。节目背后的原创力不仅关系一个电视台品牌的打造,更是一个国家文化原创力和软实力的体现。过去几年,国内各大电视台引进节目之多的确是不争的事实。有人说,在欧洲的一些国际电视节上,中国人购买节目从来都不惜成本。其中的原因并不高深。

一方面,中国电视产业起步本来就晚,当荷兰、韩国、日本等一些国家的电视节目已经形成了集创意、制作、宣传、发行等环节为一体的产业链,分工高度细化和专业化之时,中国的电视节目制作还处于小作坊阶段。引进和模仿,未尝不是一个学习的过程。另一方面,当综艺节目成为各家卫视竞争的筹码,谁将收视率高的节目收入麾下,谁就掌握了市场的主动权。在整个行业的原创和制作能力都有限的情况下,花大价钱买成熟的进口版权,自然成了短平快、低风险、高收益的捷径。

然而,仅靠引进和模仿,无法成就原创大国。需要看到,从几年前《中国好声音》播出到现在,国内的综艺节目原创和制作水准有了不小的提高。比如《来吧冠军》等节目,目前已经实现了国内团队自主原创和制作,综艺节目制作播出各个环节的分工也日益细分和专业化,综艺节目研发、综艺节目编剧、综艺节目营销等新行业正在兴起,越来越多专门从事综艺节目的企业在市场上出现⋯⋯这正是近年来引进综艺节目给中国电视行业带来的经验启示和鲇鱼效应。

治愈综艺原创焦虑症,必然是一个漫长的过程,这需要观众及整个社会对中国电视行业抱有足够的信心和耐心。几年前,很多人发问,在近14亿人的庞大市场上,国产电影为何无法匹敌好莱坞的钢铁巨人,中国电影是否真的没有希望?今天,这样的问题已经不成其为问题,国产电影的市场份额已经连续多年超过进口影片,中国电影市场已经成为全球第二大市场。中国的电视行业也需要走过类似的成长路径,背负着观众的期望,一步一步从学徒成长为创客和工匠。

(2016年06月24日)

"问题跑道"不能久治不愈

吕晓勋

除了矫正建设理念,更新行业标准,更重要的是唤起相关各方的责任意识与安全意识,真正做到各守其分,各尽其责

近段时间,全国多地中小学被曝出存在问题塑胶跑道,学生出现身体不适、流鼻血、眼睛红肿等症状。据报道,有些跑道竟是用废轮胎、废电缆等做成的。教育部有关负责人近日接受记者采访时指出,已要求各地教育部门立即采取措施:对经过环保、质检等权威机构检验确认不符合质量标准的塑胶跑道,立即进行铲除;利用暑假期间,邀请环保、质检等部门专业机构对近期新建的塑胶跑道进行一次检测和排查,根据排查结果进行分类整改;立即叫停在建和拟建的塑胶跑道,在确保施工质量万无一失的基础上方可继续施工。

"问题跑道"并非新话题。有媒体统计,2015年至今,被报道的校园"问题跑道"事件至少有21起,涉及多个省市,其中"仅4起最终检测出有毒物质超标,其余的或跑道再次检测结果合格、或无送检的相关后续报道"。这不禁让人对检测所依照的标准产生疑惑。

据报道,目前一些地方对塑胶跑道进行的检测是物理性能参数检测,而无论是《环境空气质量标准》,还是《室内空气质量标准》,对于塑胶跑道的某些疑似毒性成分,均没有明确规定。有记者调查发现,一些厂商为

了压低成本，用废轮胎、废电缆，以及说不清来源和品种的橡胶垃圾作为原料，施工时加多少胶水"全凭感觉"。虽然还不能断定这些工业废料就是"毒原料"，但劣质材料的使用，无疑增加了跑道变"毒"的可能性。

"祸之作，不作于作之日，亦必有所由兆"。问题跑道的出现，有着多重的现实根源。比如，本为促进办学条件均衡发展的校园标准化建设，无意中也催生了不少地方对塑胶跑道的旺盛需求。面对教育督导部门的检查，一些学校因为前期保障资金不到位，不得已采取突击应对方案，只求跑道迅速建成，很难顾得上质量把关。资质作假的中小企业低价中标，然后随意转包，施工方轻易在材料上"做文章"，监理方无法有效辨别原材料的优劣，职能部门还在为监管责任推诿扯皮……一个个环节的失守，给学生的身体健康埋下了隐患。这也提醒我们：从招标、生产、施工，到监理、验收、监管，除了矫正建设理念，更新行业标准，更重要的是唤起相关各方的责任意识与安全意识，真正做到各守其分，各尽其责。

从"问题校服"到"问题跑道"，从食品安全到校园安全，只要和校园相关的隐患，无不激起学生家长的巨大焦虑。客观而言，找到治理短板，明确责任主体，其中绝大多数问题解决起来并不难。但如果还是"头痛医头、脚痛医脚"，不从事发源头、运行机制上进行全面预防和精确管控，不在标准制定、法规执行上赋予相关部门更多"适应性管理"权力，类似"问题跑道"的事件可能还会上演。到时受损的，将不仅仅是学生的健康，还有社会公众的安全感。

增强标准的科学性、规范性和强制性，防止生产过程的监管缺失，对在体育场地建设过程中因徇私舞弊、玩忽职守等造成体育场地设施不符合质量标准甚至"有毒"的相关责任人，坚决予以严肃查处，决不手软……教育部的鲜明态度，让人看到治理"问题跑道"的希望。而随着深圳出台国内首个塑胶跑道工程建设标准、陕西省开通体育场地物理化学指标咨询热线，在塑胶跑道规范化、标准化建设方面，越来越多的地方开始进行有针对性的探索。期待这样的探索，能与顶层设计形成有效互动，早日清除跑道"毒质"，还孩子们一个安全清新的健康校园。

（2016年06月23日）

释放民营资本的创新活力

贾 壮

> 各地出现的民营资本投资实体,充分说明民营企业家仍然具备强烈的投资意愿,应该善加保护并适当激发

近日,江苏民营投资控股有限公司(苏民投)正式揭牌,成为继中民投、浙民投、渝民投和厦民投之后,又一个民营资本抱团运营的样本。从苏民投的筹建过程可以看出,政府认可和助力、民营资本参与等多重积极因素,合力释放出民营资本的创新激情。在经济转型升级需求迫切和民间投资增速不振的当下,此举有着很强的借鉴意义。

经过改革开放30多年的高速发展,民营资本的实力逐渐增强,民营企业在很多领域都占据着龙头地位。但是,当行业和企业发展到一定阶段之后,单纯的内生增长动力受到经济大环境的影响,从股权投资和产业整合层面寻找外生力量就变得重要起来。民营资本具备早知春江水暖的敏锐性,当单打独斗无法实现产业整合,抱团出海就成为理性选择,于是民营资本共同发起设立的投资控股实体应运而生。从提升民营资本投资效率的角度来看,这是一个符合商业规律的决定。

各级政府对于民营资本抱团出海一路绿灯,表现出"玉成好事"的积极态度,是因为民营资本的举动不仅有主观上的逐利意愿,还有着助力"三去一降一补"的客观效果。按照苏民投的构想,未来将围绕江苏的一些重

点行业和战略性新兴产业进行资本布局，对部分产能过剩、产业集中度不高的传统支柱产业进行整顿，另外还会对部分不良资产进行打包重组，激发资产潜力。民营投资实体的战略定位，恰好对应了地方政府发展经济中的一些症结，运营得当可以一举多得。

当前，我国经济下行压力较大，其中固定资产投资增速回落是重要原因，而民间固定资产投资占全国固定资产投资的比重超过六成，可以说稳住了民间投资的增速，就能改变投资增速过低的局面。各地出现的民营资本投资实体，既有大规模股权投资的想法，也有开展产业投资的计划，抱团投资提高抗风险能力可以提高投资意愿，联合出动有助于改善外部投资环境，这些对于推动民间固定资产投资应该会发挥积极作用。

改革开放以来，民营企业一直是中国经济的重要活力源泉，不同时期的明星民营企业家，持续点燃人们心中创新和创业的激情，比如华为公司的任正非、阿里巴巴的马云、福耀玻璃的曹德旺、娃哈哈的宗庆后，等等。企业家创新和创业的激情，根植于内心改善生活、改变命运和自我实现的原始动力，这种动力对于经济发展的促进不容小觑。各地出现的民营资本投资实体，充分说明民营企业家仍然具备强烈的投资意愿，应该善加保护并适当激发。民营企业活跃了，整个企业群体就不会差，企业经营好了，中国经济增速就不会慢。

要素投入数量有限的约束之下，提高经济潜在增长能力，关键要靠全要素生产率。而推动科技和制度创新，是提高生产率的不二法门，中国的民营企业恰好在这两个方面具备优势。以科技创新为例，中国大概20%的专利会在美国布局，其中民营企业占据这些专利的大部分；中国的华为公司连续两年在企业专利数量上排名世界首位，目前已经可以跟国际科技企业巨头平起平坐。客观地说，中国企业的整体科技创新能力还比较弱，但这正说明未来有很大提升空间。制度和商业模式创新同样是民营企业的拿手好戏，比如规范的公司治理和灵活的股权激励。

也要看到，创新需要的制度环境，目前还有待提升。据报道，各地民间投资仍然遇到不少障碍，有的存在准入歧视，有的克扣优惠"礼包"，一些经营者意见不小。保护民间的投资热情，扩散民企的创新基因，特别需要各级政府和相关部门创造更多便利。为实现经济的长久繁荣，应

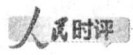

该营造良好的制度环境,为民营资本搭建足够大的舞台,释放它们的创新活力。

(2016年06月22日)

假如丰子恺遭遇今日"标题党"

萧师俭

> 尊重读者,就请不要误导读者,减少不必要的价值冲突;尊重同行劳动,就请确保转载传播不损害原意,这是最起码的职业道德

常言说"看文看题""题好一半文"。为文章取个"信"而"雅"的好题,是为了准确概括主题,也利于获取读者关注。然而如今,一些网站编辑在转载文章时,却习惯于"怎么刺激怎么来",常常以偏概全、断章取义,让标题与原文主旨相差十万八千里。

比如,本来文章标题是《"拼爹"难拼出美好未来》,网站"拿来"大笔一挥,改成《党报:"拼爹"只要不违法乱纪也是人之常情》,原文反对"拼爹"的核心意思,一下成了提倡"拼爹";《农村题材电视剧需升级换代》,被某门户网站转载后,成了《党报评农村题材剧,只字未提赵本山"乡村爱情"》,改标题竟达"无中生有"之境,令人瞠目。类似"标题党"式的整容,不胜枚举。这种在公共舆论场有悖职业道德的行为,与在公共景区乱写乱涂又有何异?

不禁想起20世纪30年代一家上海报纸登的一篇文章,是评论著名画家丰子恺的,题为《丰子恺画画不要脸》。这标题使丰子恺大吃一惊:我与作者素不相识,为何竟遭此辱骂?看完全文,原来是称赞丰子恺绘画技

艺高超,说他画的人物的脸部虽然没有眼睛、鼻子,却惟妙惟肖,极为传神。题虽取巧,却望之不雅。今天的新闻标题制作,早已不再是这样的"小打小闹"。正如一个段子所讽刺的:唐僧取经回京被记者问及对三陪小姐的看法,唐僧很吃惊:北京有三陪小姐?第二天,见报标题成了《唐僧飞抵北京,开口便问有无三陪》;后来被采访唐僧索性沉默不语,标题成了《面对三陪问题,唐僧无言以对》。如果遭遇这样的"标题党",不知丰老先生该如何惊之复惊之?

新媒体时代有新媒体时代的传播特点,从这些特点出发,对一些文章标题进行适度改造,以适应网络舆论场的传播,这样的做法不可一概否定。但有些"标题党",熟谙"舆论热点+社会痛点=新闻卖点"的操作套路,故意制作带有误导性、煽动性的标题,扭曲了原意,滋生了误读。有朋友在圈里晒了一组"文章标题的变迁",原文刊在人民日报上,标题是《给勇于担当的纪检干部"撑腰"》,到了一些网站那里,变成《纪检干部遭威胁:别把事办绝了 你家住址我知道》;到了另一些网站那里,变成《人民日报:有纪检干部遭威胁 对方称"别把事办绝"》;还有诸如《人民日报:有纪检干部坚信"多一事不如少一事"》《人民日报刊文:有纪检监察干部宁愿送人情也不愿做黑脸包公》——如此"标题变形",已与原文主题大相径庭,令人哭笑不得。有细心者对照不同标题下的跟帖,发现跟帖者的态度与标题内容关系密切,标题制作对读者的影响,可见一斑。

新媒体时代,传媒行业竞争日趋激烈。"用户数""点击量""转发数"等市场指标决定着各家媒体的喜怒哀乐。"标题党"热衷打擦边球,盖由此而生。然而,"人心所归,惟道与义"。尊重读者,就请不要误导读者,减少不必要的价值冲突;尊重同行劳动,就请确保转载传播不损害原意,这是最起码的职业道德。更何况国家版权局曾发布《关于规范网络转载版权秩序的通知》,规定"对标题和内容做文字性修改和删节的,不得歪曲篡改标题和作品的原意"。

没有一个整容医生会蠢到去毁用户的容,因为那毁的也是自己的名声,砸的是一生的饭碗。对"标题党"来说,自然要明白这个后果。而对读者来说,也得眼明心亮,时时提醒自己:小心,别中了"标题党"的招!

(2016年06月21日)

公平竞争,激活每一个市场因子

陈 凌

> 使每一个经济的因子都呼吸到发展的氧气,兴奋起来、活跃起来,让一切生产要素的活力竞相迸发,让一切创造财富的源泉充分涌流,市场的意义,正在于此

"一匹马如果没有另一匹马紧紧追赶着并要超过它,就不会疾驰飞奔。"有人曾用这样一句名言,来描述竞争对于激活市场活力的关键作用。的确,没有竞争,何来市场?一个公平有序的竞争环境,永远是保持市场肌体健康的"基础设施"。保护竞争,一定意义上也是保护生产力。

"不得设置不合理和歧视性的准入和退出条件""不得排斥或者限制外地经营者参加本地招标投标活动""不得违法给予特定经营者优惠政策"……日前,国务院印发《关于在市场体系建设中建立公平竞争审查制度的意见》,要求政策制定机构在政策制定过程中,从市场准入和退出、商品和要素自由流动等方面,对将出台的政策进行公平竞争审查。18个"不得",在为行政权力套上法治辔头的同时,也为打破地方保护、区域封锁,消除行业壁垒、企业垄断清扫了路障。

市场是发展的强劲推动器。使每一个经济的因子都呼吸到发展的氧气,兴奋起来、活跃起来,让一切生产要素的活力竞相迸发,让一切创造财富的源泉充分涌流,市场的意义,正在于此。也因此,党的十八届三中全会

才会强调,使市场在资源配置中起决定性作用。而市场的本质在于竞争。让"无形之手"起决定性作用,说到底,就是要充分发挥竞争的作用。"我们不需要政府补贴,我们就希望公平。"一位企业家在参加国务院经济形势座谈会时说的这句话,也道出了无数企业家的心声。只有在公平的环境下,竞争才不会成为造成市场失灵的"坏孩子"。

然而现实中,有的地方政府囿于自己的一亩三分地,为了保护地方企业,人为设限,看似大门敞开,实则"隐形门槛"高筑,让外地企业望而却步;有的"看人下菜",重大轻小、重公轻私,歧视小微企业、民营企业,对其随意"贴标签";还有的政策措施不落实、不同步、不到位,让企业有优惠政策却"春风吹不着",政策"温差"不小,甚至重新设限,松绑了企业家的脚,却送来磨脚的鞋。公平的环境被破坏,充分的竞争受到限制,很大程度上都与滥用行政权力有关。正是在这个意义上,我们才能理解公平竞争审查制度的重要意义,那就是,"规范政府有关行为,防止出台排除、限制竞争的政策措施",真正营造公平竞争的良好市场生态。

近来,民间投资增速放缓的话题引发社会关注。据统计,今年1至5月民间固定投资同比增长3.9%,比全部投资增速低5.7个百分点,占全部投资比重比去年同期低3.4个百分点。这从侧面反映出,民营企业的确存在投资意愿不足的情况。究其根源,恐怕仍在于民间资本准入门槛高企,政策"最后一公里"梗阻仍在。而这18个"不得",正是要打掉梗阻、消除痛点、疏通堵点,在降门槛、同规则、同待遇方面下功夫、动真格。可以说《意见》的出台正逢其时,既给民营企业家吃下了定心丸,也吹响了公平竞争的集结号。

一本名为《穷城市 富城市》的书中,有过这样一个发问:"富有创造力的企业会选择在哪些城市?"理论上的答案有很多,但一位长期在地方工作的干部的话,或许可以作为一个现实的回应:"优质企业选择在哪里,不是着眼于土地、政策、优惠,而是希望能有一个公平竞争的环境。"一言以蔽之,公平竞争,才能吹皱经济的一池春水。

(2016年06月17日)

发展是人权最坚实的依靠

支振锋

> 人权，好像是最基本最寻常的人的权利，但中国人为它付出的努力、汗水甚至牺牲却绝不寻常

2012 年起，异地高考逐步开放，受教育权得到更加充分的落实；2013 年，劳动教养制度被废止；2015 年，对四类服刑罪犯予以特赦，在立法上取消了 9 个罪名的死刑……沿着时间的切面，一项项具体而坚实的制度努力，正在呈现中国人权事业笃行致远的足印。6 月 14 日，国新办在《〈国家人权行动计划（2012—2015 年）〉实施评估报告》中公布，到去年底，中国如期完成了计划预定的主要目标任务，《行动计划》得到全面落实。

正如报告中所公布的，民生发展是中国人权事业的最大看点。在完成的主要目标任务中，50% 以上的涉民生指标提前或超额完成。巨龙飞跨南北，晨起广州喝早茶，晚间北京尝烤鸭，高铁建设正在让中国的时空距离变小；过去两年，取消和下放 557 项行政审批事项，终结了非行政许可审批，简政放权、设立权力清单制度，让老百姓办事更方便；信息公开让政府更透明，司法公开中的三大平台建设及庭审互联网视频直播，更让中国司法公开走在了国际前列。与此同时，国家发展也让海外公民更有底气，在罗马、巴黎，中国警察与当地进行警务合作，熟悉的身影让中国游客备感亲

切……事关民众生活方方面面的改变，标注着中国人权事业的成就。

全国基本医疗保险参保率95%以上，基本养老保险参保率超过80%，农村贫困人口4年里又减少了6663万人……如果河北农业大学的李保国教授还在世，对这一人权事业成就，一定会备感欣慰。这位太行山上的新愚公、农民教授、科技财神，三十五年如一日，长期奋战在扶贫攻坚和科技创新第一线，把毕生精力投入山区生态建设和科技富民事业之中，直到生命最后一刻。正是千千万万李保国们的卓绝努力，使得中国在30多年里贫困人口减少了7亿多人，超过同期全世界脱贫人口的90%，为全球减贫做出了最大的贡献。也正是各行各业李保国们的努力，才使得我国用短短的几十年时间，取得了其他国家用上百年甚至更长时间才取得的各项成就。

人权，好像是最基本最寻常的人的权利，但中国人为它付出的努力、汗水甚至牺牲却绝不寻常。中国人民深知人的价值、基本人权、人格尊严对社会发展进步的重大意义。但人权不是脂粉，搽在脸上让人看。人权是袋中米、篮中菜，人权是碗中羹、盘中餐，人权是有房住、有衣穿，人权是有学上、能看病，人权是能监督、能批评，人权就是能生存、能发展，有幸福、有尊严。而这些，都只能靠发展。不像有的国家那样，中国的发展不靠殖民和掠夺，更不靠战争和不合理的国际经济秩序，只能是自力更生，艰苦奋斗。梁启超说，"权利者，不断之勤劳也。勤劳一弛，而权利即归于灭亡。"中国的发展，正是最贴切的范例。

人权是普遍性原则，中国实际才是最真实的问题。不为流言所困，不为窠臼所绊，不信本本，不迷教条，将两者相结合，正是中国能显著提高人民生存权、发展权保障水平，促进经济社会和文化权利、公民权利和政治权利全面协调发展的秘诀，才是适合中国国情的成功的人权发展道路，也是中国人权事业对人类最大的启示和贡献。

"萧瑟秋风今又是，换了人间。"文明竞进，人权彰显。人权保障没有最好，只有更好。涉及经济社会发展等各方面的人权事业，依然有待在全面深化改革中持续推进。中国的人权计划，永远都在行动之中。

（作者为中国社会科学院法学研究所副研究员）

（2016年06月16日）

应对校园欺凌,不宜只靠刑罚

姚建龙

> 对未成年人的不良行为包括欺凌行为,应当保持必要的宽容和"容错率",尤其是刑法的干预要保留必要的"谦抑"

近年来,频频见诸媒体的校园暴力事件引发了全社会关注。在公众普遍的不满与愤怒之下,有一种声音很有市场,即主张降低刑事责任年龄,以动用刑罚严惩校园欺凌者。对这一主张,需要认真辨析。

客观地说,当前公众对校园欺凌现象的焦虑,某种程度上因为过度关注而被夸大了。西方发达国家校园欺凌的发生率一般均在80%以上,相较而言,我国的校园欺凌发生率总体上还是比较低的。根据笔者今年对全国29个县104825名中小学生的抽样调查发现,校园欺凌发生率为33.36%,其中经常被欺凌的比例为4.7%,偶尔被欺凌的比例为28.66%,远低于西方发达国家。当然,超过30%的校园欺凌发生率仍然是值得警惕的。

然而,试图通过降低刑事责任年龄来遏制校园暴力,无论从理论还是实践角度都行不通。在我国,以14周岁为刑事责任最低年龄不是"拍脑袋"想出来的,而是刑法发展与进步的结果。提高而不是降低刑事责任年龄,是从我国近代第一部刑法典至今百余年来刑法改革的重要内容。新中国成立后,1979年第一部刑法典便将刑事责任年龄确定为14周岁,1997年刑

法典则进一步将已满14周岁不满16周岁之人负刑事责任的犯罪范围限定为故意杀人等八类。如果以今天生活条件好、青少年发育早作为降低刑事责任年龄的理论基础,并主张降低刑事责任年龄,在逻辑上是站不住的。

尤其需要注意的是,一个人是否成熟,除了生理的标准,还有心理和社会的标准。现在的孩子尽管生理发育提前了,但心理发育却并未能同步提前。尽管校园欺凌"可恶",但必须指出的是,这种孩子之间的互相欺凌乃至实施其他不良行为,在某种程度上也是"成长中"的现象。大部分未成年人在度过青春期后,并不会把不良行为带入成年期,而会"不治自愈"。从这个角度看,降低刑事责任年龄的主张也是违背未成年人成长规律的。对未成年人的不良行为包括欺凌行为,应当保持必要的宽容和"容错率",尤其是刑法的干预要保留必要的"谦抑"。

面对校园欺凌现象频发,要更多反思家长、学校、社会乃至国家的责任,并进行相应的制度完善。首先,要坚持宽容而不纵容的刑事政策,一方面完善未成年人不良行为的早期干预制度,另一方面,对于未达到刑事责任年龄而不予刑事处罚的低龄未成年人,要有"以教代刑"的教育措施,绝不能一放了之。为此,除了要考虑完善和激活已有的责令父母管教、工读教育、收容教养等非刑罚措施外,还要考虑设计更加完善、系统且适合未成年人身心特点的教育措施。

"熊孩子"的产生与父母的失职密切相关,对于失职的父母要有必要的约束与教育措施。一方面要完善家庭教育指导制度,另一方面可以借鉴国外强制亲职教育制度,对放任未成年人违法犯罪的父母进行强制亲职教育,教他们怎么做父母,直至给予必要的处罚。学校也要切实履行好对学生的教育、管理责任,尤其是法治教育的责任,要教育学生尊重生命,树立行为底线意识。社会各界也要营造未成年人成长的良好环境,例如对于网络上随处可见、肆意传播的校园欺凌视频,有关部门不应坐视不管。

(作者为上海政法学院刑事司法学院院长、教授,
上海市法学会未成年人法研究会会长)

(2016年06月14日)

食品安全，消费者教育不可少

应飞虎

> 消费者教育不仅可以使消费者拥有正确的食品知识，还可以对生产者形成倒逼，推动市场提供消费者真正需要的安全、健康食品

6月13日，全国食品安全宣传周活动启动。自2011年起，这一活动已持续开展了6年，在加强宣传和科普教育方面取得了良好成效。食品安全社会共治，消费者教育必不可少，它不仅可以使消费者拥有正确的食品知识，做出有利于健康的消费选择，还可以对生产者形成倒逼，推动市场提供消费者真正需要的安全、健康食品。

以往在食品安全方面出现的反面案例说明，如果消费者能够对所购买食品的信息多一些了解，会有效降低安全隐患。比如，有些非法经营者为获得更好的卖相，通过非法添加、化学处理等方式改变食品颜色，如用硫酸铜浸泡的返青粽叶包粽子，用化学方法令绿豆糕呈深绿色，等等。如果公众能通过相关教育方式获知信息，就会谨慎购买这些产品。需要注意的是，当下信息社会，消费者往往面临信息缺乏和信息过度的双重困境，如何在信息缺乏时获取信息、信息过度时筛选信息，是进行消费者教育时需要解决的。

消费者教育对维护市场秩序与公共利益发挥着基础性的作用，但它是

一项长期工作，效果很难在短期内显现，因此应该通过强化立法和实施，设定各种食品消费者教育项目，以及有效的项目绩效评估制度，从而让消费者教育制度对个人和社会发挥最好效果。在这一制度体系中，政府应该承担基础性和主导性责任，因为教育本身是公共产品，只有政府主导和激励，其他社会主体才会长期、积极参与；由政府来统领安排不同种类的教育服务内容，也才能使消费者教育发挥最大功能。

近年来，消费者教育已经受到一些地方政府和社会组织的重视。比如，深圳市市场监管局龙华分局组织专业团队，编撰《预包装食品消费常识》和《进口食品消费常识》等消费教育读本，图文并茂，并在今年3月向辖区60多所中小学捐赠近两万册；浙江省投资3000多万元成立"国民消费教育中心"，推动消费教育的常态化、专门化，成为目前全国省级消费者委员会中规模最大、功能最齐的消费教育平台。这些地方实践证明，政府的重视和推动，能更加精准、及时地促进消费者教育，避免重形式而不重质量的走过场。

在我国，消费者群体之间存在的差异，导致他们在做出消费选择时的能力出现差异。比如，老年人更容易成为保健品消费方面的受害者，未成年人更容易成为垃圾食品的受害者，低收入者更容易成为不安全食品的受害者，等等。而不同教育程度的食品消费者，对同一个消费者教育资源的接受能力也有很大差异。因此，应该充分考虑这些差异，提供差异化的教育服务，提供最适合特定消费者群体的教育内容、形式和方法，使各个群体接受更为有效的食品消费者教育。

在移动互联时代，消费者教育资源的提供者还应充分考虑信息获取和查找的便利性，通过设定专门针对消费者的入口，运用精细的分类、搜索引擎等多种方式以便消费者查找。此外，还应创造条件，让消费者教育有效进入校园，让消费者意识从一开始就伴随个人的成长，使其终身受益。

(作者为深圳大学规制与公共政策研究中心教授)

(2016年06月13日)

别给菜市场贴上"非首都"标签

李 拯

> 菜市场搬到远方,但是居民的灶台却还在身边,新鲜便宜的菜买不到,会直接增大民生焦虑

批发市场外迁、工业企业转移、垃圾回收场搬走……一段时间以来,北京疏解非首都功能成效卓著,优化了城市治理,也撬动了京津冀协同发展。然而,在良好的局面中,也有一种现象值得关注:有群众反映,在一些街道、社区,大家常年光顾的菜市场面临动迁,街边小店纷纷清理,极大地影响了群众日常生活。更可疑的是,这些动迁和清理,也打着"疏解非首都功能"的旗号。

菜市场搬到远方,但是居民的灶台却还在身边,新鲜便宜的菜买不到,会直接增大民生焦虑。菜市场是非首都功能吗?群众的疑问并不难解答。按照标准说法,不符合首都城市战略定位的功能,才被认为是非首都功能,归纳起来有四类:一般性制造业,区域性物流基地和批发市场,部分医疗教育等公共服务,部分行政性事业性服务机构。菜市场显然不在此列。城市再瘦身,也不能影响人吃饭,又怎么能缺少菜市场呢?

从另一层面看,一些街道、社区清理菜市场和街边小店,客观上也搬走了一些做小买卖的外来人口,有助于控制北京人口总量。但是,同时搬走的,也是生活的便利。城市发展不能只要白领、不要蓝领,只要脑力劳

动、不要体力劳动。生活少了便利、多了负担，最终也可能导致人才的流失。控制人口总量必须坚持，但同时也要防止结构失衡，建设国际化大都市，既需要高层次人才，也需要一部分人来维护城市的运转。

古人云，"城，所以盛民也。"人们聚集到城市，是为了过美好的生活。只有城，没有市，生存尚难，何言生活？其实，对于菜市场等民生设施，北京市的定位是相当清晰的。北京市相关负责人曾透露，疏解非首都功能腾退出来的空间，要解决"缺停车场、缺菜市场、缺便利店超市"等民生问题；北京市市长王安顺明确指出，"人民群众急需的菜市场不能一刀切"；北京市发改委也强调，"区域性批发市场是疏解对象，但农贸市场是生活必需环节"，不是要搬走，而是"加强管理、逐步升级"。疏解非首都功能，原本就是为了治好"城市病"，让老百姓生活得更好。给菜市场贴上"非首都功能"的标签，与最初的目标可谓南辕北辙。

中央城市工作会议强调，坚持人民城市为人民，是我们做好城市工作的出发点和落脚点。城市的核心是人，关键是12个字：衣食住行、生老病死、安居乐业。从这样的视角来看，治理北京这样一个超大型城市，确实有复杂的问题、现实的纠结甚至难言的隐衷，但是再难，也应该保住最基本的民生底线。毕竟，解决好人的问题，是城市工作的价值指向；让人民群众在城市生活得更美好，是评价一座城市的根本标准。

中央提出"建设和谐宜居、富有活力、各具特色的现代化城市"，摆在首位的就是"和谐宜居"。"和谐宜居"究竟是什么样，或许言人人殊，但有一点是共通的：如果人们早上起来不知一日三餐何处安放，即使住在高楼大厦，也难称"和谐宜居"。

（2016年06月08日）

"让经费为人的创造性活动服务"

赵永新

科研经费的问题比较复杂，解决起来需要整体推进

"要着力改革和创新科研经费使用和管理方式，让经费为人的创造性活动服务，而不能让人的创造性活动为经费服务"——在5月30日上午召开的"科技三会"上，当习近平总书记讲到这里时，台下的科技人员报以热烈的掌声。这掌声，既包含着科技人员对中央领导如此"了解民情"的由衷赞叹，也反映出他们对改革完善科研经费使用和管理方式的热切期盼。

任何创新活动都离不开经费的支持。近些年来，国家财政对科研的经费支持逐年稳步上升，但在经费增多的同时，由于科研项目和经费管理的相关制度规章不合理，也出现了"人的创造性活动为经费服务"的种种怪现象。

比如，由于科研项目经费预算过细过死，"买醋的钱不能打酱油"的现象并不鲜见；由于到财务报销时要求与预算"无缝对接"，把许多科研人员特别是项目负责人逼成了会计。科研人员本来应该把时间与精力全扑在研究上，但现在则必须充分"发挥想象力"，对未来几年科研活动的每一项支出精打细算：买多少根试管、用多少盒试剂……

比如，在科技投入中，仪器设备购置费比例一直偏高，劳务经费比例

过低,有些项目负责人为调动项目参与人员的积极性,不得不"张冠李戴",想方设法从设备购置等科目中"调剂"出一部分经费用于劳务支出,甚至出现做假账、弄假票的现象,不仅有损自尊,而且损害了规定的严肃性。

再比如,由于财务报销严格"参公管理",差一点都不能报,加上经费审计过分苛刻,每到报账时,项目负责人只好发动学生,与数年前申报项目时的经费预算一一"对表",对不上的就想办法"嫁接",生怕过不了报销关。如此种种,既浪费了广大科研人员宝贵的时间和精力,又消耗了他们的创新热情,把经费与人的创新活动的关系颠倒了。

之所以出现上述现象,其根本原因,就在于相关管理部门在制定规章制度时,把科技创新这一复杂的智力创造活动等同于简单的建设项目,没有真正按科研的自身规律办事。

首先,科技创新是高级脑力劳动,最关键、最核心的因素是人,而不是仪器设备;如果离开了有创造力的人,再先进的仪器设备也是毫无用处的废铜烂铁。因此科研经费支出应多考虑人的因素。其次,科技创新属于智力探险,具有极大的不可预见性和不确定性,许多时候走哪条路、怎么走都不清楚,很难提前几年把做多少试验、用多少试管"计划"得一清二楚,经费使用应该留有一定的灵活空间。再次,不同类别的科研项目有自己的特殊性,理论推演、野外考察、实验室研究、技术开发……都有各自的特点,在经费安排和使用上不宜一刀切,应分类考量、区别对待。

科研经费的问题比较复杂,解决起来需要整体推进。6月1日召开的国务院常务会议,就"完善中央财政科研项目资金管理的措施,更大激发科研人员创新创造活力"做出了明确部署,就"简化中央财政科研项目预算编制""大幅提高人员费比例""差旅会议管理不简单比照机关和公务员"等明确了具体的改革办法。有关部门理应认真落实中央精神和部署,尽快出台相关细则。同时,广大科研人员也该洁身自好、照章办事,把好钢用在刀刃上,避免出现违规挪用、套用科研经费的不良行为。

只有上下同心、良性互动,中国科技的政策环境才会变得更好。

(2016年06月07日)

高考改革,筑牢教育公平的基石

赵婀娜

> 尽管各界一再呼吁改变"一考定终身",以平常心看待高考,但高考仍是当下促进社会阶层有序向上流动的重要途径,是寒门学子改变自身命运的最大希望,是守护教育公平及社会公平的重要底线

今年的高考,格外牵动人心。

新一轮考试招生制度改革已进入具体实施阶段,部分省份将迎来全面推行"新高考"之前的最后一次高考,能否完成从现行高考方式向"新高考"的平稳过渡?使用全国统一命题试卷的省份从去年的18个增至今年的26个,提升效率、力促公平的目标能否实现?江西与河南的高考替考案很多人还记忆犹新,高考舞弊屡禁不止,且日益呈现集团化、高科技化特征,能否从根本上杜绝扰乱考试秩序、谋取非法利益的行为,确保高考平稳公正进行?

每一个问号的背后,都凝聚着整个社会对于高考科学性与公正性的高度关注,自然也有对违背公平的教育现象的焦虑与担忧。

每年的高考日都是一年中最令人关切的日子。与高考有关的每一次政策调整,不仅关系到广大学子的切身利益,也会触动社会最为敏感的神经。究其原因,尽管各界一再呼吁改变"一考定终身",以平常心看待高考,但高考仍是当下促进社会阶层有序向上流动的重要途径,是寒门学子改变

自身命运的最大希望,是守护教育公平及社会公平的重要底线。

面对期待与瞩目,进一步完善考试招生制度改革,提升高考命题的科学性、提高考务组织能力、确保考试安全进行,就显得尤为迫切和重要。

我们看到,在教育改革已经进入深水区的当下,面对各种难啃的"硬骨头",全面推进中的新一轮考试招生制度改革,正在努力改变以往局部修修补补的状况,力求从考试与招生两个方面寻求根本性变革。文理不分科、一些科目一年多次考试、"3+3"科目组合、多元评价录取、合并录取批次,还有部分高水平大学全面推进大类招生与培养、宽口径招生、交叉培养,鼓励学生进入大学后,根据兴趣特长自由转专业……这些举措都意在从根本上改变"一考定终身""唯分数论",引导社会、学校和家庭从关注"学习成绩"到关注"学生成长",充分尊重学生的学科特长与个性特征。

确保试题试卷不泄露、确保考后评分阅卷不出错、严厉打击高考舞弊,考试管理和考务组织的严谨性与科学性也在提升。不久前,《刑法修正案(九)》明确,考试舞弊将入刑,新修订的教育法也对考试舞弊的相关处罚进行了规定,教育、公安、交通、保密等多部门联合开展打击替考作弊专项行动,都是要从根本上斩断考试舞弊的利益链条,杜绝舞弊行为,保证高考公平公正。

当然,高考是一项极其复杂的工程,是治理体系与治理能力的综合体现,在改革的过程中,仍然面临着一系列严峻的挑战。区域之间、省际之间高等教育资源仍不均衡,在缩小各省高考录取率之间的差距、促进教育公平的过程中,如何更好地兼顾群体利益与个体利益,实现改革效果的最大化;在推动解决"异地高考"等教育难题的过程中,如何平衡个体需求和流入地现实承载能力之间的关系;新一轮考试招生制度改革中,能否真正做到权利公平、机会公平、规则公平,能否真正彰显有教无类、因材施教与终身学习的理念……

考试制度的完善堪称"天下难事",但无论多难、多复杂,做好高考科学性、公正性这道时代命题,永远不能停下脚步。因为,高考的背后,是万千学子改变命运的可能,是民众对于社会公平正义的信心。

筑牢教育公平的基石,捍卫社会公平正义,高考正当如此。

(2016年06月06日)

产业扶贫也要遵循市场规律

冯 华

推进产业扶贫，首先要明确其经济属性，必须坚持市场导向，遵循市场和产业发展规律，找准产业项目与贫困户增收的结合点

近日，农业部、国家发展改革委、财政部、中国人民银行等九部门联合印发《贫困地区发展特色产业促进精准脱贫指导意见》，吹响了新时期产业扶贫的号角。根据规划，通过产业扶持，要解决一半以上农村贫困人口的脱贫问题，可谓是扶贫攻坚的重头戏、主战场。

我国多年的扶贫经验证明，产业扶贫是解决生存和发展的根本手段，是脱贫的必由之路。没有产业发展带动，很难脱贫；缺乏产业支撑的脱贫，也难以持续。给钱给物只能是救急解渴，兴办产业才能开流活源。通过产业扶持实现3000万以上农村贫困人口脱贫，打赢脱贫攻坚战就有了可靠的保障。

然而，贫困地区之所以长期贫困，是受资源、人才、资金、市场等诸多因素制约的，产业开发的难度可想而知。近年来，很多地方积累了产业扶贫的成功经验，但教训也不少。就连同一个地方发展同一产业，模式不同，方法不同，带来的结果也不相同。

在湖北大别山连片特困地区，同样是养殖"扶贫羊"，前几年选了热门的小尾寒羊，却不服南方水土，天热都病死了；现在养本土黑山羊，得

病少、长得快，价格也好。同样还是养殖"扶贫羊"，直接把羊羔分给贫困户，有的农民养不好，干脆把羊杀了卖钱；现在通过扶持龙头企业，建立起"政府＋金融＋保险＋公司＋贫困户"五位一体的精准扶贫模式，政策、银行提供贴息贷款，由企业为贫困户提供山羊，并全程技术保障，保险兜住网底，实现多赢，按照产业方式办，自然发展顺利。

因此，推进产业扶贫，首先要明确其经济属性，必须坚持市场导向，遵循市场和产业发展规律，因地制宜合理确定产业发展方向、重点和规模，提高产业发展的持续性和有效性。要根据各地的资源禀赋以及贫困户的经营能力和脱贫需求，不能不顾实际，盲目一哄而上，引进水土不服的产业。

产业扶贫，还要充分体现并突出"产业＋扶贫"的内涵，发挥产业对贫困户脱贫增收的带动作用，确保贫困户有长期稳定的收益，避免扶农不扶贫、产业不带贫。这一点在基层也有经验可循。有的地方变"资金到户"为"效益到户"，将扶贫资金提供给带动能力强、产业基础好的合作社，并将资金折股量化到贫困户头上，使这些发展能力差的贫困户也能享受到股金分红。这次出台的《意见》也进一步明确，要通过股份制、股份合作制、土地托管、订单帮扶等多种形式，建立贫困户与产业发展主体间利益联结机制。

贫困地区产业发展离不开龙头带动，没有龙头就没有市场，就没有价值链。因此，推进产业扶贫，要重视新型经营主体的带动作用。要创新机制，鼓励种养大户、农民合作社、龙头企业等新型经营主体与贫困户建立稳定的带动关系，向贫困户提供全产业链服务，切实提高产业增值能力和吸纳贫困劳动力就业能力。

如期完成"十三五"期间的脱贫任务，必须举全社会之力。推动产业扶贫，也不是一个地区、一个部门的事情，需要各级政府、各个部门通力合作。只有加大对产业扶贫的资金投入，健全金融、科技、人才等多方面的支撑保障体系，积极引导各方面力量参与产业扶贫，才能真正做到精准扶贫、拔掉穷根。

（2016年06月03日）

从"养"到"用",破解老龄化困境

李泓冰

在社会基本养老保障水准逐步提高的前提下,老龄化,原本也是一座有待开发的精神富矿与市场富矿

每一个人,都终将老去。而人均寿命不断提高的中国,以及中国的每一个家庭,正面临着前所未有、亟待突围的老龄化困境。

据世卫组织最新报告,中国人均寿命达76.1岁。一些"高寿"的城市和地区的人均预期寿命还超过了82岁。权威研究表明,1990年后的15年里,中国人骤然"长寿"了8年半。这意味着国力的增强,国人幸福指数的增加,也意味着养老需求的爆发式增长。

老龄化之所以成为世界性的难题,就是因为调整必须先行,而见效与否则在未来。国家层面如果未雨绸缪做好适合老龄化社会的建设,解围之道中也将蕴含着巨大的增长动力。中共中央政治局近日就人口老龄化形势和对策举行集体学习,习近平总书记用"三最"形容我国这个世界上人口老龄化程度较高的国家:老年人口数量最多,老龄化速度最快,应对人口老龄化任务最重。他将满足数量庞大的老年群众多方面需求、妥善解决人口老龄化带来的社会问题,提升到了"事关国家发展全局,事关百姓福祉"的高度,并要求党委领导、政府主导、社会参与、全民行动,可谓抓住了当前乃至未来的重要问题。

前所未有的挑战，得到决策层前所未有的重视。未富先老的家国困境，有了突围的希望。

据测算，2030年起，中国65岁以上人口占比将超日本，成为全球人口老龄化程度最高的国家。退休之后的国人，将继续拥有20年、30年甚至更多生命时长，和人们的工作年限相等或更久。中国用较短时间织就了世界上规模最大的普惠制养老保障网，然而总体上保障水准还比较低下。根据《中国老龄事业发展"十二五"规划》，到去年年底每千名老人也只拥有30张床位。养老依然要托付给忙碌于生计与个人发展的独生子女家庭。我国经济高速发展倚仗的重要人口红利在2013年前后达到顶峰，此后便缓慢下降。接近2亿人的"银发浪潮"就这样汹涌而来。

值得注意的是，决策层提出的破解之道，提到完善家庭赡养和扶养、社会救助、社会福利等政策，并未只讲"老"的负担，更强调了"老"的价值。比如提出要努力挖掘人口老龄化给国家发展带来的活力和机遇，积极看待老龄社会，积极看待老年人和老年生活，重视敬老爱老的中华民族传统美德。从"养"到"用"，从另一个侧面解剖老龄化，出路一下子就开阔了许多。

《礼记》早有诠释："孝有三：大孝尊亲，其次弗辱，其下能养。"这是一重重递进的境界。养老最为基础，弗辱其次，尊亲最高。先人以孝治天下，智慧通透。一方面，家和万事兴，由家庭伦理扩展为社会伦理，一生万物，纲举目张；另一方面，老人所积累的丰富精神资源，也是社会进步的动力和活力所在。因此，老少和谐的社会文化建设是题中应有之义，倘若我们还囿于老人倒地的扶与不扶，让老人陷于"寿则多辱"的尴尬，岂非连古人的境界都没有达到。

河南首创60周岁以上父母住院，独生子女可获20天带薪护理假；上海探索社区居家养老，为老人开设助餐服务等；山东出台政策遴选智库高端人才也包括了退休人士；众多企业为银发族量身定做创意产品，养老产业方兴未艾……面对老龄化，各地不同层次的创新百花齐放。在社会基本养老保障水准逐步提高的前提下，老龄化，原本也是一座有待开发的精神富矿与市场富矿。

如果在举国努力下，"老去"成为一个"有作为、有进步、有快乐"的过程，增加的将是每一位国人、每一个家庭的幸福感。

（2016年06月02日）

让陪伴成为孩子心底的阳光

李 斌

多一点陪伴和守护,才是给孩子的最好礼物。让我们俯下身去,处在孩子的角度感受他们的感受,思考他们的思考,寻觅他们的寻觅,给予孩子们最需要的关怀

又到"六一"国际儿童节,很多家长都在忙着给孩子准备礼物。然而,有媒体通过调查发现,多数孩子最希望得到的是家长的陪伴。在孩子看来,"讲个故事给我听",比物质更为重要。

陪伴确实是当下这个节奏飞快的社会的稀缺品。许许多多的父母,都在忙于加班、应酬、打拼,不要说与孩子朝夕相处,甚至连当面说一句"晚安"也不容易。那些形单影只的孩子,其实最需父母停下脚步等一等陪一陪。家长的监管和养育的欠缺,是任何其他外在的措施都难以弥补的。有时候,一个故事、一本书明明已经读过几十遍,仍然要求爸爸妈妈抱着自己再读一遍。对孩子来说,重要的不仅是获取新知,更重要的是倾听和感受。互相依偎的姿势,亲昵的接触,都会成为孩子心底的阳光。

而对于6000多万留守儿童而言,陪伴更是要按年来计算的奢侈品。当许多孩子至少能依偎在父母怀里进入梦乡时,留守儿童只能在父母缺席的环境中入眠。他们中的一些人,因为缺乏父爱母爱,情感沟通的能力受到影响;因为家庭的言传身教不够,所以只能野蛮生长;因为从小就缺少

安全感,性格渐趋孤僻闭塞……儿童的心灵天生敏感,得到的是关爱,开出的便是友善真诚的花朵,得到的是孤单,结出的便可能是麻木冷漠的果实。

近年来,为让少年儿童更好成长,特别是改善留守儿童群体状况,国家推出了许多重要改革举措。同时,社会层面关爱儿童的意识也在不断提高,许多公益机构联络志愿者,通过讲故事等方式帮助缺少陪伴的孩子。比如就在今年儿童节,蚂蚁金服公益平台发起"多陪你10分钟"大型线上公益活动,邀请黄菡、何炅、郎永淳、路一鸣、佟大为、张泉灵、周洲等知名人物,给孩子们讲一个晚安故事,借此呼吁更多人参与到关爱儿童的行动中来。

故事拥有直抵人心的柔性力量。一个故事对建构知识世界的帮助可能微乎其微,对心灵世界的成长却可能举足轻重。正是在那些温馨故事里,孩子心灵深处的伤痕得到抚平,善良之心、开朗性格得以生长,对美好的憧憬、对未来的期许得以安放。从睡前故事、小雨点广播等公益项目上线,到歌路营发起"新1001夜农村寄宿留守儿童睡前故事项目",再到今天"多陪你10分钟"线上公益活动的举办,儿童故事伴着公益的电波,进入无数孩子的梦乡,成为他们成长过程中的"亲密伙伴"。

教育家眼里,"教育技巧的全部奥秘,在于如何爱护儿童"。同一个屋檐下存在情感交流障碍,父母成为孩子眼里的陌生人,是一些家庭的真实写照。亲情是永恒的眷顾,趁着幼儿时期还没有结束,多一点陪伴和守护,才是给孩子的最好礼物。我们不妨俯下身去,处在孩子的角度感受他们的感受,思考他们的思考,寻觅他们的寻觅,给予孩子们最需要的关怀。

随着国家在教育领域的投入越来越大,相较于硬件设施的改善,像陪伴、交流这样的软件支持应该进一步加强。陪伴,对于改善儿童的心理状态和精神面貌丝毫不亚于生活条件改善对儿童成长的影响。在对少年儿童特别是留守儿童的关爱上,政府、学校和社会组织,教育改革、社会改革和公益守望,应形成合力,共同营造一个离孩子最近的成长环境。

(2016年06月01日)

"将知识传递给最需要的人"

盛玉雷

> 更新知识能够改变世界,传播知识也能改变世界,知识流动应该是"将知识平等传递给所需要的人"

这几天,哈佛大学毕业典礼上的一场演讲火了。来自中国湖南农村的何江博士,以毕业生代表的身份登上这所世界名校的演讲舞台。人们在回顾他"逆袭"轨迹的同时,也品味着他演讲中的故事,感受他对于知识的体悟。

何江在演讲中提到,被毒蜘蛛咬伤的地方,可以放在火焰上炙烤。这个中国农村的土方背后,隐藏着"热量能让毒液(蛋白质)失活"的生物化学原理。只是,在彼时落后闭塞的小乡村,人们不可能懂得如此"高级"的道理。何江是幸运的,虽然出身贫寒,但他因为有机会学习知识而改变了命运,并且能够以科学方法研究小时候的土方。而不如他幸运的人还有很多,在我们的世界,"每年有300万儿童死于营养不良,全球有3亿人受到疟疾的影响",因为没有得到知识女神的眷顾,庞大的贫困人口正饱受原本能够通过科学和知识消除的病痛。

不可否认,我们正在创造一个有史以来最好的时代:物质生活极大丰富、人类基因图谱不再神秘、偌大星空在望远镜中近在咫尺……然而,知识的分布并不平衡。发达地区的知识大量集聚,欠发达地区知识水平却亟

待提升。从这个意义上讲,知识流动应该是"将知识平等地传递给所需要的人"。不管是何江演讲的台下听众,还是受到感染的青年学子,都不能回避这个责任。"知识像烛光,能照亮一个人,也能照亮无数的人。"更新知识能够改变世界,传播知识也能改变世界,因为"教育能够改变一个人的生活轨迹,能够把一个人从一个世界带到另一个不同的世界"。让贫困地区的人也掌握知识的力量,是共享人类智力成果、实现社会公平正义的应有之义。

其实,何江的故事也是"中国故事"。世界著名经济史学家尼尔·弗格森曾建议何江将经历写成一本书,因为他"走过了很多不同的阶层,有农村的、城镇的、城市的,再到国际的,浓缩了中国发展的脚步"。何江从"农村娃"到"高材生"的蜕变,正是无数贫困地区中国人的心愿。最近两天,媒体都在报道四川凉山地区阿土勒尔村的孩子攀登悬崖上学的新闻。冒着生命危险坚持读书,就是为了有一天能够通过知识改变自己的命运。一个国家唯有不断创造更好的条件促成这种改变,才能保持一种勃勃向上的动力,才能从根本上扭转地区发展不平衡的复杂局面。

扶贫必扶智。习近平总书记曾在给"国培计划(2014)"北京师范大学贵州研修班全体参训教师回信时写道:让贫困地区的孩子们接受良好教育,是扶贫开发的重要任务,也是阻断贫困代际传递的重要途径。脱贫攻坚是一场硬仗,更是一场持久战,在物质上实现"精准扶贫"的同时,如何实现知识上的"精神脱贫",是每一个地区全面建成小康社会的重要课题。在接下来的"十三五"征程上,这必将是一场严峻的考验。

全社会携手努力,共同将知识之水引向干涸的土地,才可能在最偏僻的远方、最匮乏的孤岛,长出茁壮的有用之才。

(2016年05月31日)

禁烟先得治"烟草业之病"

王君平

> 禁烟需要从供给端施加压力,推动烟草业从增量扩能的老路,逐步迈向减量、提价深度转型

5月31日,我们将迎来第二十九个世界无烟日。尽管包括北京市在内的18个城市已经实施公共场所禁烟令,超九成的民众支持公共场所全面禁烟,但室内的吞云吐雾者仍不少。一个例证是,不久前一位演员在公共场所吸烟被罚50元,涉事餐馆被罚5000元,居然被有些人认为"小题大做"。多个部门掐不灭一个烟头,这让二手烟笼罩下的公众情何以堪?

公共场所是二手烟暴露最为严重的地方。世卫组织《烟草控制框架公约》第八条实施准则指出,"不存在符合安全标准的二手烟雾……排风、换气和使用指定吸烟区,不能避免接触烟草烟雾。"因此,所有室内公共场所必须全面禁烟,部分禁烟无效。有人尖锐指出,在室内公共场所设立吸烟区,如同在游泳池里设置便溺区一样。《公共场所控制吸烟条例》公开征集意见已经18个月,如果像有些人建议的那样,为禁烟令"开口子"设立吸烟区,无烟立法很可能沦为一纸空文。

对吸烟者来说,无烟立法只是外部环境的压力。烟民戒烟,更需要内在的动力。据加拿大滑铁卢大学对14个发展中国家烟民戒烟愿望的调查显示,中国烟民戒烟愿望倒数第一。2015年中国成人烟草调查报告显示,

我国现有吸烟人数比5年前增加了1500万,已高达3.16亿。经验证明,推动烟民戒烟,改变烟草包装、让警示图片上烟盒是有效措施。澳大利亚2012年实施烟草"换装"一年,烟民每日吸烟率由51%下降到12.8%,就是一个有力的说明。

今年的世界无烟日,世卫组织确定的主题是"为平装做好准备"。所谓平装,即对烟草进行标准化包装,限制烟草包装作为广告和促销的方式,降低烟草制品的吸引力,并增加健康警语、图案的有效性。截至2015年,全世界有85个国家和地区实施烟包图形警示,图形警示面积大于50%的国家有60个。连中国出口国外的卷烟,烟盒上也都印有大幅警示图片。2014年,我国卷烟产量约为1304.9亿盒,如果将图形警示印上烟盒,就相当于发放了上千亿份精准的"戒烟读本"。

国内的烟盒难以扒下美丽的"画皮",并非文化习俗不答应,而是烟草业利益作祟。有人说,让烟草商从改变包装开始,警示图片上烟盒,无异于"与虎谋皮"。而扭转这一点,需要从供给端施加压力,推动烟草业从增量扩能的老路,逐步迈向减量、提价深度转型之路。

烟草业供给侧改革势在必行。我国目前有烟草耕地1800万亩,长期种植烟草使土地板结,尤其在全球粮食危机愈演愈烈的情况下,大大挤占了本已紧张的土地资源。从经济上考虑,烟草业是典型的"健康危害型产业",其利税贡献完全不足以弥补全社会的成本付出。因此,压缩和限制烟草业必然成为我国未来经济转型、产业转型的"重中之重"。如果延续"先吸烟,后治病"的模式,那么由此带来的疾病负担将呈现井喷式增加,欠下的是一笔还不清的健康债。

伴随经济结构调整,烟草业供给侧改革正当其时。从改变烟盒外观、提高卷烟价格等措施入手,实现烟草消费减少、烟草危害减少,无烟中国才有望早日到来。

(2016年05月30日)

以翰墨书香养浩然之气

李泓冰

> 书法进课堂，毫端蕴秀、笔墨含香，寄寓着传统文化的接续，寄寓着春风化雨、润物无声的文明力量

饱经苦难的中华民族，能蹚过浩荡五千年历史长河而屹立不倒，从孔子屈子到卫青、岳飞、关天培，志士仁人薪尽火传；当代汉字与甲骨文"日""月""人"端然象形，一脉相承——在世界文明发展史上，这是绝无仅有的奇迹。文化传承，是要有载体有传人的，在眼花缭乱的信息时代，煌煌中华文明，还能不能心香相续，不绝如缕，希望就在孩子们身上。

孩子们在忙什么，教育部门的指挥棒很要紧。眼下，中国孩子们在课堂和课余，有了与书法亲近的机缘。两年前，教育部公布《完善中华优秀传统文化教育指导纲要》，增加书法在内的中华优秀传统文化内容在中考、高考升学考试中的比重，明确要求小学高年级要熟练书写正楷字，体会汉字的优美结构；初中要临摹名家书法，体会书法美感与意境。于是，很多书法名家走进校园，俯下身来教幼童习字；各种中小学生书法比赛次第进行，吸引了众多小小书法家；有的学校以书法为特色，将德育、美育贯穿其中。

可以想见，当千家万户氤氲的灯光下，都有一个孩子，在用稚嫩的手，敬畏地握住毛笔，屏息静气，诚心正意，敬畏地临摹书写，看那墨迹慢慢

慢慢地洇开来，丝丝缕缕渗进宣纸，他们或有机会领略王羲之曲水流觞兰亭序的充沛气韵，黄庭坚寒溪炊烟松风阁的沉郁端方，小小的童心开始沉醉于魏碑晋书，沉醉于唐烟宋雨，沉醉于宣纸与狼毫从滞涩到流畅、从生疏到亲昵的微妙感觉……

能够和祖先一样，享受如此美妙而独特的书写艺术，和记录着波澜壮阔文明史的文房四宝亲昵交流，如此坚持数年，孩子们真的可能借由笔墨机缘，从此灿烂开与先贤对话、做衣钵传人的梦想呢！

幼童与书法的关系，在中国的历史上曾非常紧密，却在浮躁喧嚣的现世，蓦然两下里彼此遗失。同样遗失的，更有和中国传统文化的绵绵情意。与文化母体的疏离，会让一代人都难以挣脱与精神家园隔绝的无根之痛。当我们将书法课纳入中小学正式课程，书店里醒目摆上了"描红帖"和名家碑帖，书法老师热心地在微博微信上开讲课徒，孩子们纷纷以诗文书法为载体，重续文化基因，重温祖先遗泽，这样的场景，让人温暖，也让人安心。

希望各地的中小学，不要看轻且疏慢孩子们与书法的亲近。这不仅仅是学习一撇一捺，更是学习先贤的曼妙哲学、绮丽文字，甚至是学习如何做人。运笔的方圆分明、刚柔相济，或可体味天圆地方、外圆内方的中国气派；纸墨铺陈、笔到意到，或可感知怡神养性、飘然出尘的精神境界；积年累月、日习百字，或可善养自我砥砺、坚忍不拔的浩然之气。

"一个民族的文明进步，一个国家的发展壮大，需要一代又一代人接力努力，需要很多力量来推动"。书法进课堂，毫端蕴秀、笔墨含香，寄寓着传统文化的接续，寄寓着春风化雨、润物无声的文明力量。

（2016年05月27日）

抓环保要"亮相"更要"亮剑"

严厚福

> 只有把追责的板子直接打到应该负责的干部身上，他们才会有更充分的压力和动力"真重视、真抓"环保工作

前段时间，环保部向社会公布了"2016年3月环境保护法及配套办法执行情况"，点名批评十个城市"环境质量还未得到有效改善，环境执法力度亟待加强"。此前，2016年1月，环保部在公布"2015年11月环境保护法及配套办法执行情况"时，就指出13个省（自治区）的22个城市存在"执法力度亟待加强"的问题。

很长一段时间，我国环境执法的重心在于督促企业守法；党的十八大之后，尤其是新环保法颁布之后，环境执法开始从督促企业守法为主转变为督促企业守法和督促政府守法并重，并且开始越来越强调党政领导干部的责任。由于种种原因，一些地方政府重经济、轻环保的现象仍然比较突出。一旦地方政府怠于履行环保职责，督促企业守法也就无从谈起。因此，可以说督促政府守法是督促企业守法的前提。

督促政府守法的手段，最常见的就是把那些环保不力的城市放到聚光灯下"亮相"，例如公布环保执法不力或者环境质量较差的城市名单、约谈环保不力的城市的市长或者区域限批等。"亮相"并不是一种"法律责任"，但通过舆论的压力，可以起到很好的震慑效果。2014年河北邢台曾经挂

出一条"为我市退出全国 74 个城市空气质量排名倒数第一而喝彩"的横幅,从一个侧面反映出了被"亮相"的城市心理压力。从某种意义上说,这种"亮相"也为这些环保落后城市提供了一个"奋发向上"的契机。例如,山东临沂市长被环保部约谈之后,临沂市迅速把大气污染防治摆上了前所未有的突出位置,以铁腕手段落实整改要求,企业环境违法问题得到有效解决,最终实现空气质量改善幅度居全省第一位,并且经济增长也高于全国平均水平的"双赢"结果。

但是,要真正落实"地方各级人民政府应当对本行政区域的环境质量负责",光"亮相"是不够的,还得"亮剑"。"亮相"是对某个地方政府的"负面评价",而"亮剑"则是直接针对该地方党政领导干部的追责。"政府"是抽象的,而党政领导干部是具体的,很显然,只有把追责的板子直接打到党政领导干部的身上,他们才会有更充分的压力和动力"真重视、真抓"环保工作。

新环保法规定了地方政府主要负责人"引咎辞职"制度,《党政领导干部生态环境损害责任追究办法(试行)》也规定了党政同责、终身追责制度,舆论普遍认为,这些党纪国法盯住了党政领导干部这些"关键少数",也就抓住了中国环境保护工作的"牛鼻子"。

习近平总书记多次强调,保护生态环境就是保护生产力、改善生态环境就是发展生产力。对那些不顾生态环境盲目决策、造成严重后果的人,必须追究其责任,而且应该终身追责。在我国面临的环境形势依然严峻,而某些地方党政领导干部仍然"对环境保护工作不是真重视,没有真抓"的情形下,说一万遍要重视环保工作,都不如实际追责一个环保工作不力的地方党政领导干部更能说明决心,更能督促其他环保不力的城市。

(2016 年 05 月 26 日)

"野鸡大学"何以滋生不绝

袁新文

"野鸡大学"滋生不绝的背后,有着崇拜文凭、迷信学历的教育观和人才观

高考临近,凡是与大学招生有关的资讯,无不博人眼球。就连虚假、冒牌、骗人的"野鸡大学"也引人关注。媒体报道,"中国虚假大学警示榜"日前由相关机构发布,自2013年以来,累计有400多所虚假大学榜上有名。什么"北京工商管理大学""北京现代经贸大学""北京科技师范大学"等等,不一而足。看校名很高大上,很忽悠人,但深究起来,其"三无"的品质、李鬼的面目便昭然若揭。

骗子们为什么热衷于"创办"虚假大学?"野鸡大学"为什么生意兴隆?原因并不复杂,概而言之,无外乎两点:一是有利可图,一是有机可乘。

在骗子们的眼里,"大学"不仅是金字招牌,更是一块肥肉。只要拿"大学"当幌子、作诱饵、揽生意,就会有人趋之若鹜,就会有人上当受骗,当然也就有利可图。尽管我国高校已有2800多所,在校生超过3700万人,高等教育毛入学率已达40%,但圆大学梦至今仍是许多学子的强烈愿望,仍是家庭和社会的旺盛需求。骗子们正是看中了这个市场,于是把假大学、假文凭、假证书连接起来,做成了"野鸡大学"一条龙产业链。

冠以"大学""学院"的唬人名头,借助网络教育等技术手段,"野鸡

大学"在线上线下打广告、做"推广",堂而皇之地招学生、卖文凭,政府有关部门难道一无所知吗?教育、工商、公安、网管等部门难道蒙在鼓里吗?"没有在教育部门注册,所以教育部门管不着""没有接到群众举报,所以没法立案""网上信息太多太乱,工商部门管不过来"……这些说法,难以成为监管部门不作为的借口。相关的法律法规不健全,政府有关部门监管缺位、查处不力,使得骗子们有机可乘,给了"野鸡大学"生存空间。

  原因并不复杂,根源却不简单。"野鸡大学"不独中国有,美国、英国等名校林立的国度,也不乏钱锺书在《围城》中曾讽刺过的骗子大学"克莱登大学"。这与他们注册大学条件少、门槛低有很大关系。然而,一个吊诡的事实是,美国的"野鸡大学"在本土并没有多少人买账,只能墙内开花墙外香,将触角延伸到海外尤其是中国,把留学生当作重点坑骗对象。美国一项统计数据称,近几年来,美国"野鸡大学"95%的学位证书"卖"给了中国人。既然外国的"歪嘴和尚"也如此吃香,那么,国产的"野鸡大学"同样会有市场。

  "野鸡大学"横行,既有信息不对称、考生受骗上当的情况,更有很深的文化根源。在某种程度上讲,"野鸡大学"滋生不绝的背后,有着崇拜文凭、迷信学历的教育观和人才观。且不说升学、求职、就业,就是晋级、升职、考核等等,文凭和学历都是必不可少的硬条件。很多高考失意的学子,不仅为学历焦虑,更为前途彷徨。无奈之下,读一所非正规的"大学",也不失为一条终南捷径。对于不少职场打拼的青年,学历就是求职的门票、进步的阶梯,哪怕是买一张"野鸡大学"的文凭,很多时候也能成为敲门砖,"野鸡大学"因此有了赖以滋生的文化土壤。

  运用法律和行政手段,加大打击和惩治力度,或许能把"野鸡大学"打回原形,遏制其野蛮生长;然而,若要把它消灭得无影无踪,还高等教育一片晴朗天空,则须久久为功,在培养正确教育观、人才观上下足功夫、做足文章。

(2016年05月25日)

以改革打开宏观调控格局

周人杰

> 用调控的效果衡量改革的绩效,决不能"纸上划划,墙上挂挂",而要细致入微"较真"起来,"既要督方案落实,也要督责任落实"

体制改革与宏观调控,常被视作经济工作两个方面。党的十八大以来,改革与调控越来越深度交融、相得益彰。在日前召开的中央全面深化改革领导小组第二十四次会议上,习近平总书记强调,"供给侧结构性改革本质是一场改革,要用改革的办法推进结构调整"。打赢新常态下的攻坚战、持久战,必须让改革成为调控的"常规武器"。

狭义的改革,一般是指经济体制机制的革故鼎新,比如商事活动的便捷、简政放权的深化;调控主要解决的是中短期宏观经济供给侧与需求侧的矛盾。正确理解中央提出的"在适度扩大总需求的同时,着力加强供给侧结构性改革",改革与调控不能再各说各话、各干各的,而要用改革的办法全面落实"三去一降一补"的五大调控任务,强力矫正供需结构的错配和要素配置的扭曲。

之所以如此,一方面是因为原有的招数有局限、见效太慢。比如化解过剩产能,不仅要刺激消费,也要对无药可救的"僵尸企业"出重拳、下狠手,该停的停、该关的关,更进一步则要终结地方政府的土地财政、政

绩工程。尽管这种"硬碰硬"的扭转较之"软绵绵"的间接性调节，可能会产生多一些阵痛，但是收益也更高，进而避免"不改革就是长痛"的悲剧。

另一方面，改革又不仅是调控的手段，长期看也为宏观政策规划出明确的路径指引。去年以来，有的省份房地产市场"去库存"力度不小，但放大成交量的同时也推高了价格，堆积起来的信贷泡沫更违背了"去杠杆"的目标。正因此，这次会议明确要求"现阶段推出的短期调控手段，也要注意同改革目标一致起来"。以改革的方式"去库存"，就是要让商品房回归商品、而非投资品的属性，让农民工跨越户籍的门槛，进城安居乐业。

改革也打开了宏观调控的格局。在通常的认知里，货币政策与财政政策堪称调控的"左膀右臂"，但如果只有左右手的协调配合，则与其他国家的政府干预并无二致，发挥不出我们的制度优越性。"提高改革效应，放大制度优势"，内涵正在于将公有制的优势注入宏观调控的行动。比如推动国企成为真正市场主体、终结人浮于事等大企业病，激发的提质增效要比单纯的货币加码、财政补贴疗效好得多。

世间无不变之法。经济发展步入新常态，宏观调控也要主动适应、引领新常态；让改革成为调控的利器，调控本身也要改革，也要在实践中反复探索、不断前行。各地各部门的决策与部署不能随意化，更不能朝令夕改，关键在于机制化建设，提高这一重要行政行为的法治化、科学化水平。宏观调控本质上是预期管理，加强对经济前景的预期引导，使市场和企业对我们的政策有信心、对我们的改革有信心、对中国经济的新常态有信心。

改革的时间窗口，稍纵即逝。"只要看准了的改革，就要一抓到底，务求必胜。"既然将改革纳入调控的"组合拳"，那就要用调控的效果来衡量改革的绩效。"降成本"有没有实实在在减轻企业的负担，"补短板"有没有真真切切打造升级版的产品与服务，都决不能"纸上划划，墙上挂挂"，而要细致入微"较真"起来，"既要督方案落实，也要督责任落实"。一具体就深入，一具体才深刻，把改革方案与调控目标相结合，把改革举措与调控手段相联系，供给侧结构性改革定能在"十三五"开局之年提振起制度自信的精气神。

（2016年05月24日）

公安执法,以专业化促规范化

傅达林

> 建立在分类管理基础上的专业化队伍,是确保执法正当、合法、有效的前提

日前召开的中央全面深化改革领导小组第二十四次会议,审议通过了《关于深化公安执法规范化建设的意见》,强调着眼于完善公安执法权力运行机制,保障执法质量和执法公信力不断提高。随后公安部召开会议,传达学习中央会议精神,并审议通过了《公安机关执法细则(第三版)》等有关改革文件。不难预见,未来公安机关执法将更加规范,执法过程"可见度"将进一步提高。

就改革而言,公安执法规范化议题被提上中央深改组会议,足见中央对这一问题的高度重视。从长远看,推进公安执法规范化建设,不仅仅是为了回应现实中出现的警察执法负面舆情,也不仅仅是为了应对公安执法面临的挑战;在更宏观的层面上,这是为了适应全面依法治国对公安执法的新要求,确保公安机关依法有效履行职能使命,以努力让人民群众在每一项执法活动、每一起案件办理中都能感受到社会公平正义。

近年来,随着社会转型中矛盾的增多,公共安全治理压力剧增,公安机关越来越面临着执法上的诸多挑战。一方面,现实中一旦曝光警察暴力执法、封闭执法,舆论就会质疑和批评警察权被滥用;另一方面,当公众

的人身安全陷入困境、公共秩序出现混乱，舆论又会指责警察失职渎职。这种看似"两难"的舆情，让公安执法面临权威性与有效性的双重挑战，也深刻影响到公安机关内部的职业认同感和获得感。

舆情的集中爆发固然有不少情绪宣泄的非理性成分，但也为我们提供了反思执法制度的契机。究竟如何确保公安执法的正当性、合法性，同时又能提高公安执法的有效性？深化公安执法规范化建设无疑是基本路径，中央的《意见》也从各个方面对此作出了系统设计。加强执法管理、规范行为标准、力推过程公开、强化实战演练，都不失为促进执法规范化的良好措施；而最基础也是最关键的问题，还是执法队伍的专业化建设。

目前，我国公安执法建设的一个突出问题，是立法赋予的多样化执法职能与警察的素质能力之间的矛盾。立法确立的是一种"大警察部门"，其职权范围包括公共治安、户政管理、刑事侦查、安全警戒等，不同类别的职权差异性较大，对执法者提出了不同的专业要求。但现实中，公安执法组织没有完全按照职权进行科学分类，警察执法专业能力不足，难以适应复杂社会治理的需要。例如基层派出所，几乎承担上述所有的一线执法职能，而在基层警察队伍建设上，却往往缺乏完善的分类管理和专业训练。

以广受关注的警察涉枪案为例。从一系列个案看，在警察配枪、用枪上虽然不乏明文规定；但从专业化角度分析，还没有完全纳入分类管理和训练当中。尤其是在什么情况下配枪、什么情况下拔枪、什么情况下鸣枪示警、什么情况下射击非要害部位、什么情况下当场击毙，需要在平时大量的实战演练中去培训执法者对危机情势的准确判断，以娴熟的经验做出合法正当有效的选择。现实中诸多看似不同的警察执法问题，都离不开执法专业化能力的增强。换句话说，倘若内功练不好，再多的外在约束和监督可能也效果有限。

因此，适应社会管理专业化、精细化要求，公安执法应当在确立基本的准入条件基础上，按照所承担的不同职能对警察进行科学分类，设计不同的专业标准和培训管理制度。这种分类管理的执法队伍专业化建设，是公安执法规范化、法治化的基础，也是提高公安执法公信力、增进社会公平正义的重要前提。

（2016年05月23日）

网络排行,为何惹人提防

李浩燃

> 祸莫大于无信,不专注于增强自身实力、提升内在品质,而是热衷于花钱买名气、烧钱刷口碑,无异于本末倒置,迟早会得不偿失

浏览电商平台,畅销热榜"虚实结合",产品评分真假莫辨;打开搜索引擎,网站次序以价排名,推广信息满屏飞舞……处身互联互通的信息社会,网络为人们获取资讯、理性决策提供了强大工具,但林林总总的排行乱象,也埋藏着形形色色的陷阱。

排名、排行古已有之,之所以"于今为盛",一大因素是搭上了网络传播的快车。如今打开微信,不仅各类榜单令人眼花缭乱,来自微友的投票、拉票也让人叫苦不迭。另一方面,社会分工越细密,信息不对称的情形就越普遍。纷繁多样的排行榜映照着现代社会的多元化,可以呈现不同地域、领域的竞争现状,能够方便人们快速了解具体情况,也有利于入榜者准确认知自我。但前提是,排行本身应当公正、客观。

现实中,不少排行常与利益紧密勾连。譬如高考临近,版本迥异的"大学排行榜"便会四处流传,而背后则是有的高校全凭交费上榜。今年央视的"3·15晚会",也曾曝光一些电商平台成为"刷单"重灾区,让观众见识了黑箱操作的"标准工序"。生活中那些有形或无形的排行,往往散发

着铜臭气息,既干扰公众视线、误导消费选择,又妨害公平竞争、损害他人权益,危害不容小觑。难怪有网友感慨,"排行排行,小心提防"。

前不久,一位大学生的求医经历引发热议,舆论直指医疗类商业推广带来的弊端。实际上,不少排行都具有社会性、公共性,能否做到权威、客观,至关重要。从这个意义出发,就不能仅靠呼吁广大网民、消费者练就"火眼金睛",增强辨别力。正如有专家所言,网络排行榜背后,是一些机构或个人将公共属性和商业属性混为一谈。因此,有必要尽快明晰制度准则,规范商业排名活动,廓清其基础业务与增值服务之间的边界。

从网络内容的视角来看,排名信息影响着网络生态,也离不开有效的治理予以规制。种种乱象潜滋暗长、难以根绝,固然受利益驱动,但更重要的是,违规者很少为之付出应有代价。因此,必须强化监管,让不守规则者受到惩罚。与此同时,注重分层施策,让市场机制、社会监督、政府管理、法治约束协同运转,以抵达"立治有体、施治有序"的治理境界。惟其如此,网络排行乱象才会得到规范。

古人说得好,"人之所助者,信也"。数据造假、竞价排名、恶意刷单等行为,现象上看生产了虚假信息、给"传播流"注入杂质,实质上违背了公平竞争原则,为自己打上了不诚信乃至欺诈的标签。祸莫大于无信,不专注于增强自身实力、提升内在品质,而是热衷于花钱买名气、烧钱刷口碑,无异于本末倒置,迟早会得不偿失。无论对于机构还是个人,少一些"排名心结"、多一些"质量意识",才是高明之举。

虚伪的真诚,比谎言更可怕。随着治理力度加大、平台监管趋严,加上公众甄别能力、警惕意识不断提升,可以预见的是,一些网络排行榜的包装必将更为精细,欺骗性会更强。网络空间的规则与秩序,需要每一位参与者共同构筑。如果任由少数人把这潭水搅浑,最终所有人都将是输家。

(2016年05月20日)

领导干部要提高"新媒体素养"

李未柠

各级领导干部要牢固树立底线思维，改进对公共事件的舆情处置方式

"各级党政机关和领导干部要学会通过网络走群众路线，经常上网看看，潜潜水、聊聊天、发发声，了解群众所思所愿，收集好想法好建议，积极回应网民关切、解疑释惑。"近期发生的几起公共事件，再次启示各级领导干部，要按照习近平总书记在网络安全和信息化工作座谈会上的要求，积极适应新媒体、善用新媒体，将其作为提高执政能力的重要抓手。

相较于传统媒体，新媒体是一个不断创新、快速革新的行业。空间维度上，它始终在吐故纳新。以"血友病吧""魏则西"等事件为标志，传统搜索引擎主导的公关效果评估体系逐渐落伍。而随着知乎、网络电台、网络直播、网络字幕组、笔记类分享应用等新媒体的兴起，特别是知乎等知识社区在公共事务中的源头作用越来越突出，"两微"二分"天下"的格局已经且将进一步被打乱。各级领导干部对新媒体的认知也应加快更迭，否则就会变旧、变错。时间维度上，自媒体人异军突起，他们闲暇时在相对私密的微信上创作、晚上才在相对开放的微博上分享，特别是重大事件中，每天晚上22点已经成为舆情新高峰点，客观上造成了"错峰"问题，对领导干部的适应性提出了更高的要求。

当前,新媒体的发展已经进入自媒体这一最新阶段,几乎人人都是传播者和受众,各个社会阶层的人都用上新媒体、当了传播者,民意及其背后的利益诉求表达,也就集中在了这里。比如,在北京和颐酒店女生遇袭、广东医生被砍重伤致死、北京雷某死亡等事件的背后,是公众对人身财产安全诉求。再比如,娱乐明星柳岩当伴娘被捉弄事件,激发婚礼陋习大讨论;护肤品以"剩女"为主题的广告,引发不同观点争论交锋,围绕的都是女性权益保障的议题。作为社会治理者,各级领导干部应当站在社会阶层结构和利益格局多元的角度,充分认识到新媒体利益诉求表达的必然性,认真分析各种表达背后的不同利益构成,有的放矢地回应关切、解疑释惑,寻找最大公约数。

新媒体不可能一尘不染、百利而无一弊。随着新媒体的分众化,基于职业、人际等线下因素,借由朋友圈、微信群表达共同诉求,彼此"赞同性反馈",从而形成"茧缚"效应。很多传播者都能找到网民的兴奋点,既提升了舆情热度,也强化了刻板印象,从而形成于己有利、为己所用的舆论力量。对此,领导干部要有充分的认识,并要深入研究如何才能灵活化解。事实证明,很多热点事件在发展中都会出现观点对冲的现象。及时充分披露信息,使内生的对冲机制自动触发,是解决这一问题的根本之道。

提高领导干部的新媒体素养,还要不断改进舆情处置方法,把握好"时、度、效"。应该看到,经过近年来多起公共事件的磨练,舆论对危机主体应对能力的期待也在逐步提高,如今,仅"快速回应"已不是新媒体的第一诉求,要有精准的时间概念,注重舆情的质变量变等关系,把握住分寸节奏,满足各方关切,特别要尊重受众的参与权,因势利导,才能取得最佳舆论引导效果。这就要求各级领导干部牢固树立底线思维,改进对公共事件的舆情处置方式,避免因"一刀切"式封堵而激发的"阴谋论"型怀疑,最大限度压缩非理性的遐想空间,使事件的性质限定于其本身,不做泛化解读,通过充分的探讨和具体的分析来纾解舆论情绪、凝聚社会共识,借助于自媒体内生的自净、对冲等能力做好舆论引导工作。

(2016年05月19日)

以制度完善凸显"权利的价值"

傅达林

> 法治的核心价值是权利。国家赔偿制度的不断健全,在一定程度上标志着公民权利价值的凸显以及公权力责任伦理和约束的强化

5月16日,最高人民检察院和最高人民法院下发通知,要求各级检察院和法院办理自身作为赔偿义务机关的国家赔偿案件时,执行新的日赔偿标准242.3元人民币,该标准较上年度增加了22.58元。新近刷新的国家赔偿标准,让人感受到国家保障公民权利的切实进步。

日赔偿标准的上涨,其实只是法律的"规定动作"。国家赔偿法第三十三条规定,"侵犯公民人身自由的,每日赔偿金按照国家上年度职工日平均工资计算。"每年国家统计局都会发布上年度职工年平均工资,"两高"再据此确立国家赔偿的日赔偿数额标准。此次调整,依据就是国家统计局5月13日公布的2015年全国城镇非私营单位在岗职工年平均工资63241元。这种动态的调整,意味着国家赔偿标准将持续刷新。

法治的核心价值是权利。在国家追诉犯罪的过程中,当公民最基本的生命自由权因为执法部门过错而受到侵害,理当获得体面的国家赔偿,这是现代法治尊重和保障人权的必然逻辑结果。新中国成立以来,从当初否定国家赔偿责任到确立国家赔偿标准,从严格的责任限定到赔偿范围的不

断扩大,国家赔偿制度不断健全,赔偿项目的扩展、赔偿程序的优化、精神抚慰的增加,都在一定程度上标志着公民权利价值的凸显以及公权力责任伦理和约束的强化。

与无可估价的生命自由相比,金钱上的数额标准可能显得冷冰冰。但就国家责任的承担而言,赔偿必须有一个相对公平合理的限额。我国国家赔偿法实施以来,侵犯人身自由权的赔偿标准,从1995年每天17.87元到如今的242.3元,20年来日赔偿数额增长了13倍。正是在不断上涨的赔偿标准中,国家赔偿的功能目的逐渐得到实现。

近年来,随着冤假错案平反力度的加大,一些错案被纠正后的国家赔偿日渐受到公众关注。就在国家统计局发布新的职工年平均工资数据当天,备受关注的陈满案国家赔偿尘埃落定,海南省高级人民法院和陈满就国家赔偿问题达成赔偿协议,向陈满支付国家赔偿金2753777.64元,其中包括精神损害抚慰金90万元。275万多元的赔偿金,不仅刷新了刑事错案的国家赔偿纪录,也将前些年坊间"国家不赔法"的戏谑抛进了历史的垃圾桶。

即便如此,我国国家赔偿制度尚有完善的空间。伴随着不断攀升的赔偿数额,公众也有这样疑虑:以职工工资来确定国家赔偿标准是否合理?将全天候的失去自由等同于一天8小时工作是否适当?随着公民权利价值的不断彰显,立法终须回应"以误工费代替赔偿费"的质疑,结合国情作出合乎法治潮流的制度改进。

另外,不断刷新的国家赔偿标准,也对赔偿金的支付制度提出了改进需求。由财政部门一次性支付虽然便捷,但对于保护申请人的生计和发展利益并不一定有利。以往一些案例提醒我们,由于种种原因,一次性全额支付很可能让申请人若干年后"家财散尽"。尤其对被长期关押的无辜者而言,促使其顺利回归社会、自食其力、长远发展,采取某种递减式的按年分期支付或许更好。

(2016年05月18日)

莫让极端天气酿成极端灾害

刘 毅

> 防汛减灾事关广大人民群众生命财产安全，对预测和提醒不能麻痹大意，更不能当成耳边风

入汛以来，南方地区接连遭遇强降雨。中央气象台预计，5月19日至21日，南方将迎来第十四轮较强降雨。

据统计，截至5月11日，长江中下游及其以南11个省区市平均降雨量比常年同期偏多四成，为1974年以来最多。南方多条中小河流发生超警戒水位洪水，部分地区遭遇暴雨引发的山洪、泥石流和城市内涝等灾害。

主汛期集中强降水阶段即将到来，更为严峻的考验或许还在后头。2014年9月至今，赤道太平洋中东部海水大范围持续异常偏暖，出现超强厄尔尼诺事件，受其影响，今年我国入汛早，汛情急，来势猛。目前厄尔尼诺的强度正在衰减，但它对大气的影响具有滞后性，防汛减灾丝毫不可松懈。气象、水利等部门预测，今年我国汛期很可能会遭遇极端天气气候的侵袭，后期发生严重洪涝干旱灾害可能性较大。

1997年至1998年的超强厄尔尼诺事件过后，1998年夏季我国长江流域和嫩江、松花江流域发生特大洪涝灾害。气候专家提醒，目前发生了很多与1998年类似的气候现象，一些地方有必要做好应对大洪水的准备。对较长时间以后的气候作出预测，具有较大的不确定性，不像天气预报那

样基本能做到"八九不离十"。长江流域等地是否会遭遇持续强降雨并发生大洪水,还存在不确定性,需要瞪大眼睛密切监测。防汛减灾事关广大人民群众生命财产安全,对这样的预测和提醒不能麻痹大意,更不能当成耳边风,应予以高度重视并采取有力应对措施。

千里之堤,溃于蚁穴。应对预案是否完善可行?防汛抗旱工程、队伍、物资等是否落实到位?预警信息能否畅通无阻地到达基层干部群众?滑坡、泥石流等地质灾害隐患点情况是否有新的变化?当前,不论是已经经受了强降雨考验的地区,还是未曾遭遇强降雨的地区,都应把防汛减灾工作进一步做细做实,仔细检查风险隐患和薄弱环节,坚持雨前排查、雨中巡查、雨后复查,不放过任何一个可疑之处。

近年来,我国大江大河治理取得明显成效,但中小河流、小型水库防御标准仍然偏低,中小河流洪水和山洪地质灾害成为防御难点和薄弱环节。据国家防总统计,去年,全国山洪灾害共造成276人死亡或失踪,占当年因洪涝灾害死亡或失踪总人数近七成。今年5月8日,福建泰宁县连续暴雨致山洪暴发,发生泥石流地质灾害,导致36人死亡或失联。山洪地质灾害已经成为汛期最致命的威胁之一。因此,加强山洪、地质灾害监测预警和防御是当务之急,特别要加强山区村庄、工矿企业、工地、工棚等的地质灾害隐患排查和防范。

凡事预则立,不预则废。"十三五"期间的第一个汛期,防汛减灾形势极其严峻。只有立足防大汛、救大灾,强化责任落实,全面排除隐患,细化应对措施,才能确保有备无患,安全度汛。对公众来说,主动学习和掌握一些防灾避险的知识和技能,也是很有必要的。在紧要时刻,这些知识和技能极有可能发挥重要作用。

(2016年05月17日)

让每一份情怀都能抵达观众

白 龙

　　文化市场的特殊性在于,它既是一个讲究市场规则的领域,也有着鲜明的文化属性,需要为情怀留下空间,用文化底蕴培厚市场土层

　　刚刚过去的周末,或许有不少人因为一个"跪求"走进了影院。几天前,一位电影人为国产片《百鸟朝凤》"下跪磕头求排片"的消息在网上风传,当事人称"希望能有更多观众看到吴天明导演最后这部杰作",其情恳切,令人动容。于是,商业与情怀如何兼得的讨论再次浮现。

　　和很多热闹的商业电影不同,《百鸟朝凤》以充满感伤的语调,讲述了一段逝去的时光和一群远去的"唢呐匠"。某种意义上,这部电影称得上一部双重绝唱。首先,它是"第四代导演"吴天明的谢幕之作,在完成电影剪辑仅一个月后,导演便遽然辞世。其次,作为传统手艺人群体的缩影,它又是唢呐匠人在现代社会中的一曲挽歌。正因如此,当这样一部用心之作、情怀之作呈现在大银幕上,电影人自然希望能被更多人看到。而这部电影的遭遇,与片中"唢呐匠"的命运一样,提出了共同的问题:电影市场有没有可能既讲商业,又有情怀?在讲究商业运作的现代社会,如何安放影人的文化坚守?

　　就事件本身而言,与其说制片人在"求排片",不如说是在"求市场"。

因为通常来说,排片多少并非影院主观决定,更多是由市场决定的。用一位观众的话说,有多少人愿意在周末花钱买票,去看"一个农村老头教农村小孩吹唢呐"呢?这听上去令人尴尬,却也是现实。尽管在"跪求排片"之后,《百鸟朝凤》的票房立竿见影地突破两千万元,但相比商业大片还是太少。换言之,电影作为一门大众艺术,始终是和市场无法分开的,观众有欣赏某种情怀的自由,也有不欣赏的自由。在周末的电影院里,人们既能看《百鸟朝凤》,也能看《美国队长3》或者《不二情书》。今天的电影市场和文化市场如此繁荣,不正是让消费者拥有更多选择吗?

事实上,情怀和市场从来都不是对立的。近年来,在电影市场上获得成功的情怀之作并不少见,从《钢的琴》到《白日焰火》,从《烈日灼心》到《师父》,观众从来都不吝啬自己的赞美。问题在于,在"叫好"和"叫座"之间,还隔着一道商业运作的河,很多优秀作品没能从容跨过。打通二者,有情怀的电影从业者不妨多做些功课。去年《大圣归来》的排片,就极好诠释了从份额极低到最终翻盘的"逆袭"。另一方面,观众也有义务为优秀作品起立鼓掌。今天的观众早已不再是单纯的消费者,也是评价者,以自己的反馈决定了电影的生产,因此构成了文化生态的一部分,欣赏水平提高也需要引导。

文化市场的特殊性在于,它既是一个讲究市场规则的领域,也有着鲜明的文化属性,需要为情怀留下空间,用文化底蕴培厚市场土层。可以说,文化属性才是使电影等文艺产品有别于一般商品的标识。正是在这一意义上,"唢呐匠"所代表的手艺人精神,"把唢呐吹到骨头缝里",那种对手艺的传承、对理想的执着、对誓言的忠诚从未过时,相反正是这个社会特别稀缺的,也是文化产业长远发展的根本。在充满商业气息的时代维护这一坚守,既需要影人的坚持,更需要各方共同努力。比如,文化企业要有更加充分的文化自觉,相关部门进行更多的投入和扶持,而院线也有必要克制"票房至上"的倾向,给"叫好不叫座"的作品多一点机会,为观众提供更多选择。

大众文化的缤纷舞台上,从来都不是一个人的独角戏。《百鸟朝凤》中,"唢呐匠"栖身其间的乡村礼俗秩序已经远去,把唢呐作为唯一精神娱乐的时代也已一去不返。现代社会中文化市场成熟的标志之一,就是不同定

位的作品都有自己的存在空间,并能找到各自的欣赏人群。今天,我们的文化景观已经大为丰富,在一个既传统又现代、既中国又世界的当代社会,让不同消费主体找到各自喜爱的作品,让每一份情怀都妥帖安放,正彰显着时代的文化观。

(2016年05月16日)

以税制改革促进绿色发展

陈柳钦

> 资源税改革是绿色税收制度建设的重头戏，通过资源税收的"国家态度"撬动"绿色发展"，正是题中之义

有句电影台词，"21世纪什么最贵？人才。"其实，把答案换成"资源"，也同样可以。资源是人类社会生存与发展的基础和保障。资源短缺、环境污染，是当今各国在发展中所面临的共同问题。

近日，财政部和国家税务总局联合发布《关于全面推进资源税改革的通知》，矿产资源税从价计征改革、水资源税改革试点等，将自今年7月1日起施行。继全面实施"营改增"之后，又一次重大税制改革，剑指资源领域的现状和问题。

中国发展成就巨大，但不可否认的是，发展迅速、人口众多，也使资源短缺、环境污染等问题更为严峻。这不仅与我国粗放型的经济增长方式有关，也与我国缺乏完善的资源税制有关。

以新中国成立初期的盐税制度为基础，我国在上世纪80年代中期正式建立资源税制度，历经多次重大调整，逐步形成了现有的制度框架，发挥了重要作用。但从实际情况来看，这一税制还需"与时俱进"。比如，计税依据缺乏弹性，不能合理有效调节资源收益；比如，征税范围偏窄，许多自然资源未纳入征收范围；比如，税权集中，不利于调动地方积极性。

一系列突出问题显示，改革已经是"不改不行"。

这次改革，着力解决的是税费重叠、功能交叉问题，取缔违规、越权设立的各项收费基金，合理确定计税依据和税率水平，结合我国资源分布不均衡、地域差异较大等情况，赋予地方适当的税政管理权。说到底，是为建立规范公平、调控合理、征管高效的资源税制度，有效发挥其组织收入、调控经济、促进资源节约集约利用和生态环境保护的作用。

从三个方面看，全面推进资源税改革，都能激发出一定的"红利"。从企业角度看，税费关系进一步规范，资源企业负担将总体减轻。从地方政府角度看，地方政府制定相关税收政策更加因地制宜，地方发展经济和组织收入的积极性将提高。从资源利用角度看，税收调节机制将更加完善，资源利用效率得到提高，资源浪费有望得到缓解。

当前，资源开发和使用中还存在一些问题。比如资源利用效率比较低，过度开采带来环境问题，"资源诅咒"使得资源枯竭后当地相对贫困，等等。资源税的改革，应该在一定程度上克服这些问题。同时，资源税分配方式的转变，也应进一步体现公平原则。而在计征方式上，要充分发挥税收杠杆调节作用，引导社会投资向节能型能源产品生产转移。这些，可说都是资源税改革的未来方向。值得注意的是，今年两会期间，环保部部长陈吉宁透露，环境保护税立法工作正在积极推进。环境税和资源税如能"双剑合璧"，对于资源持续合理利用、环境保护等，将产生更积极的影响。

资源税改革是绿色税收制度建设的重头戏。落实新发展理念，是当前我国经济发展的重要内容。通过资源税收的"国家态度"，引导生产经营消费，撬动"绿色发展"，正是题中之义。更重要的是，全面推进资源税改革，从党的十八届三中全会提出，不到三年改革行将落地，其速度之快、步履之稳，让人们对更广范围、更深程度的税改有了更大的信心。

（2016年05月13日）

期盼高考改革带来"教育新生态"

赵婀娜

近日,教育部、国家发改委公布今年高考跨省生源计划调控方案,12省份调出16万生源计划,引来广泛关注。对生源计划存量安排的宏观引导和调控,是这一轮高考改革的重要举措。而此前,多省份密集出台高考改革方案,迄今已有20个省份敲定路线图。

如果说2014年上海与浙江的改革试点,拉开了这一轮高考改革的序幕;那么20个省份方案的公布,则意味着高考改革正持续深入。这一轮改革,可说是21世纪以来最深刻的一次高考改革,是恢复高考近40年来改革力度最大、改革涉及链条最长、改革影响范围最广的一次改革。不同于过去改革针对考试科目、考试时间等局部的修补,这轮改革不仅涉及考试科目,也涉及招生编制、录取方式;不仅将改革的关注点聚焦于高考本身,更是一次招生录取方式的全方位系统性革新。

而这样一次系统性改革势必会对高考上下游都产生深刻影响,带来阵痛,引发不适。有考生感到困惑,科目可以自选,自主性得到尊重,却也会出现"并不真正了解自己兴趣与优长"的情况。有家长感到不满,省内招生计划被调出,是不是意味着孩子考大学更难了?有高中感到力不从心,当走班制和个性化课表成为常态,师资配置、课程组织与学校管理均不同往昔。大学也压力倍增,"3+3"新高考科目组合和文理不分科,使得生源结构更加多元,让高校人才培养方案的调整迫在眉睫;高考、高中学业水平考试以及综合评价三位一体的录取方式固然能更加全面地考量学生，但综合评价尚未成熟规范，加之改革后的考试区分度在一定程度上下降，也使得大学尤其是高水平大学在拔尖人才的精准选拔上颇感艰难……

面对不适，有人忧心忡忡，呼吁进一步优化改革方案，甚至质疑方案本身的合理性和科学性；有人则直面挑战，清醒地意识到，面对改革，学校、老师、考生所暴露出的种种不适，其实正是一直以来困扰教育领域、亟待破解的深层次教育难题。而这一轮改革的推进，正是整个教育链条各个环节正视不足、更新观念、完善机制、内涵提升的最好契机。与其消极牢骚，不如积极面对，顺应变革，主动求变，创造一个适应未来趋势的教育新生态。

当然，我们也必须同时认识到，任何改革的方案都不可能十全十美，任何改革的推进也不可能一蹴而就。要让改革取得最好成效，一方面，应充分尊重各方的合理诉求，正视改革过程中出现的问题，力求优化；另一方面，也要为改革的推进营造良好的空间，让改革在健康和宽容的土壤中稳定实施；此外，还要充分尊重各办学主体的主观能动性与自主权，最大程度实现中学与大学的有效衔接，实现公平性与卓越性的统一。

"教育即生长"。回望历史、放眼世界，每一次成功的教育改革，带来的都不仅是受教育者素质的提升，更有各办学主体能力的提升，一个国家、一个民族整体教育理念的提升，以及对教育本质更为科学、理性的认知。而这，也正是这一轮高考改革的深层次意义所在。

（2016年05月12日）

少些饭局 让"校园社交"更健康

毕诗成

聚餐、喝酒,已成为不少大学生社交生活的一部分。近日,一个面向460位大学生的调查显示,三成受访者聚会频率达每周两次以上,近四成聚会社交的开销占生活费比例超过30%,竟有人1个月有20多个饭局。

班级聚、舍友聚、社团聚、老乡聚、获奖聚,甚至连领到贫困助学金也要聚……调查显示,近六成的学生虽然心里不情愿,但接到聚餐邀请还是会去,一是想多认识人,二是担心被人说另类。流风所及,确实容易风行草偃。而对低收入家庭的孩子而言,聚餐社交本身就是负担。偶然、适度的应酬与交际,在所难免;了解一些基本礼仪,避免毕业后进入职场闹笑话,也无可厚非。但如果深陷其中、难以自拔,成为现象、文化,则就该警惕、须改变了。

在一个开放的时代,大学已不是象牙塔。大学校园的饭桌交际,在很大程度上也是社会上应酬文化的折射。而这样的饭局交往、酒桌社交,也只是大学校园风尚的一个折射。此前,关于大学学生会选举、社团争夺资源乱象的报道,也让人心惊。客观上,大学生已经成熟,大学也是一个小社会。但在思想还未成熟、价值还未定型之时,他们也容易被社会风气所影响,认为"世俗化""庸俗化"就是"灵光",就是"能混社会",视之为"主流"、以之为"上进",反倒让青春沾染上沉沉暮气。

大学生仍是时代的骄子,仍是走在时代风尚前列的人群。正因此,更

可以用健康向上的社交方式,来涤荡"吃喝酱缸"的熏陶渐染,建构更有意思也更有意义的社交文化。不用迷信"烟熏酒醉才是友谊的润滑剂",青春有自己的打开方式:对于热衷于此的校园"官油子",应该敬而远之;对于这套游戏规则的浸染,可以更多地说"不"。

不管是学校、教师还是社团,其实都可以有更好的方式来构建学生的社交生活。在大学里,有趣、有营养的交际其实很多:周末学术沙龙、咖啡馆创业交流会、线下读书会、校园外语角、各种社团活动,甚至操场草坪上的吉他歌会、自行车骑行、团队户外爬山……这些才应该成为大学社交生活的美好回忆,而不是一个个夜晚的沉醉不起。

青春,有更值得期待的东西。年轻人终究是要走出校园、走向社会的。正如毛泽东同志所说,他们是早晨八九点钟的太阳。"新来的年轻人"可以给一个单位注入活力,带来新的文化、新的风气。这样的年轻人多了,健康向上的文化就能不断引入社会,社会才会为之一新。如果还没入社会就被饭桌捆得死死的、被酒精泡得透透的,变成"小酒鬼""交际花",端起酒杯一套一套的、做起事来一愣一愣的,我们又如何寄希望于青春令社会更加昂扬?

改变风气,而不被风气肆意地改变。其实,"无聚餐、不社交",并不只是一些大学生的习气。马克思有句名言:友谊需要用忠诚去播种,用热情去浇灌,用原则去培养,用谅解去护理。这才是"人、关系与连接"的社交本质——以真诚、理解、健康、信任与热情作为核心理念,塑造并输出更健康、更向上的社交文化,让这个社会更好地形成人与人之间的联结,这同样关乎当代大学生的责任与使命。

(2016年05月11日)

预防校园欺凌需要规则教育

应飞虎

> 规则意识正是在不断矫正错误的过程中被强化的,没有批评和惩戒的教育不是完整的教育

近年来,校园恶性欺凌事件屡有发生,引起了全社会的关注。日前,国务院教育督导委员会办公室印发《关于开展校园欺凌专项治理的通知》,将对这一现象进行专项治理。此举有望克服对校园欺凌行为整体反应方案不足的问题,通过专题教育、人防、物防和技防建设等手段,从惩戒、教育、应对三个方面,规范学生行为、建设平安校园。

对校园欺凌的极端行为和极端事件作出惩戒非常必要,这一方面在于惩戒和教育施暴者,另一方面也是为其他学生提供一个安全的校园环境,保障他们的受教育权。从我国现有法律规定来看,对未成年人违法犯罪处理过轻。我国治安管理处罚法规定,不满14周岁的人违反治安管理的,不予处罚,但是应当责令其监护人严加管教。已满14周岁不满16周岁,或已满16周岁不满18周岁初次违反治安管理的,依法应当给予行政拘留处罚的,不执行行政拘留处罚。虽然我国刑法规定了收容教养制度,但实践中用得很少。而对一般的欺凌事件,学校缺乏有效的惩戒工具。综合考虑,未来立法中有必要改变法律中一刀切的做法,提高公权力介入严重校园欺凌案件的可能性,同时改革现有的政府收容教养制度,为应对恶性校

园欺凌案件提供一种有效的惩戒和教育方案。

另一方面，仅仅寄希望于刑事处罚或严厉处罚是不够的，这是对复杂问题的简单化。基于未成年人的特殊性，校园欺凌行为的预防应该从更长远着手，推行规则教育。多年来，与知识教育相比，我们的规则教育严重缺失。虽然有中小学生守则、中小学生日常行为规范等，但内容相对简单，宣示性的内容较多，且缺乏对各种情形后果模式的设定。除此之外，在学校中，越来越多的老师"不敢"轻易批评学生，"不敢"指出学生在行为规则上的错误。而规则意识正是在不断矫正错误的过程中被强化的，没有批评和惩戒的教育不是完整的教育。对一些家长来说，也需要改变对学习成绩的过分强调，提高对子女规则教育的重视，不能把这一责任全部推到学校。总之，应该通过建立一套行为规则及其教育体系，激励家庭、学校和社会承担应有的教育责任。

未成年人的心智具有很强的可塑性，教育部门需要制定一个内容详尽而具体，且含有相应后果模式的行为规范，让学生养成底线意识，告诉他们哪些行为是同学、老师、学校和社会不能接受的，以及这些行为可能产生的后果。在这方面，我们可以借鉴国外一些成熟的经验，比如有的国家对幼儿园至5年级学生，以及5年级至12年级的学生，分别设定了60类和62类禁止性的行为，其规定极其详尽，包括推碰他人、投掷物品、向他人吐唾沫，等等。同时，每条规范都设定了学校的多种指导干预措施，以及可以适用的处分，比如学校教学员工予以告诫、逐出课堂、勒令停止、开除等等。

此外，在校园欺凌案件的应对上，还应该建立起由学校主导、家庭和社会充分参与的、针对校园欺凌的信息系统和反应方案。由于校园欺凌事件涉及到较多学生，在案件的处理上，学校应该占主导，同时应该赋予学校一定的惩戒学生的权力。在目前的九年制义务教育框架下，对一般的校园欺凌行为，有必要找到一些合适的、有效的惩戒与教育相结合的措施，让学生更有规则意识、校园更安全。

（作者为深圳大学规制与公共政策研究中心教授）

（2016年05月10日）

"营改增"岂能成为涨价借口

李万甫

> 一些不法商家借营改增之名,集体串通涨价,或刻意曲解营改增而价外加税,已经突破了相关法律法规的底线,属于价格欺诈

全面实施营改增试点改革,是国家推出的助力供给侧结构性改革的重大战略举措。然而,就在5月1日营改增全面实施前后,社会上相继出现了一波涨价风,特别是以生活服务业为代表的部分商家,助推了涨价风潮,引发了社会各界对营改增的一些疑问,仿佛涨价都是改革造成的。这是对营改增改革的重大误解,需要予以澄清。

某商家一杯咖啡售价35元,再附加6%的"增值税",实际向消费者收取37.1元,还说成是营改增所致,显然这是对营改增政策和内在机理的一种曲解。实际上,售价35元的咖啡中,已经包含有税金了,再附加上2.1元所谓的增值税金,等于是"税上加税",背离了营改增的初衷,不符合增值税的计税原理。我国零售商品的价格属于"价内税"模式,其中已经内含了增值税金。因此,部分商家的"加税",是一种变相的涨价行为,并不是商家标榜的"为国家代收税费",只是为自身经营牟取不当利益,营改增无形背了"黑锅"。

营改增是一项为企业降税减负的重大减税举措,基本遵循是"确保所

有行业税负只减不增"，最大程度释放"减税红利"。与目前的一些认识误区恰恰相反，营改增试点改革的最大赢家，惠及面最广、减税幅度最大的行业，正是生活服务业。

按照营改增试点方案的规定，生活服务业一般纳税人（年营业收入500万以上）适用6%税率，小规模纳税人适用3%的税率；而原有的营业税制下，按收入全额的5%计征营业税。适用6%税率的增值税一般纳税人，按营业税口径返测，相当于5.66%的营业税税率，名义税率仅增加0.66个百分点。再考虑到外购项目所含税金的抵扣问题，一般而言，对于具有一定规模、构成增值税一般纳税人的企业，往往进货渠道比较规范、正规，取得外购项目可抵扣的专用发票的几率会比较高，实际税负水平肯定是下降的，这是毋庸置疑的。而对于小规模纳税人而言，由原来的全额计征5%的营业税到全额征收3%（按营业税下含税价格还原后为增值税下的2.91%）的增值税，净减税幅度约在42%左右，是空前的"利好"。

就目前市场上的一些涨价行为而言，如果价格在合理区间内波动，也属正常现象，因为按照经济学的一般原理，商品的价格是由市场上的供求关系决定的，商家理性定价的策略安排纯属企业自身的经营行为。然而，如果把涨价行为与全面减税的营改增试点改革联系起来，把涨价的理由归咎到营改增头上，则是本末倒置。本来营改增是给企业减负，根本上是向消费者让利，个别"精明"的商家，打着营改增的幌子，耍一些小花招，其行为是借机变相涨价，从中牟取不当利益。特别是一些不法商家，借营改增之名，集体串通涨价，或刻意曲解营改增而价外加税，已经突破了相关法律法规的底线，属于价格欺诈，是一种干扰市场秩序和损害改革稳定大局的行为，应当为其不当的发展策略付出代价。

营改增试点改革意义重大，影响深远，以5000亿元减税规模支撑的营改增试点改革，将几乎惠及所有的行业和企业，是重大的"改革红利"。在落实过程中，包括商家在内的各个方面，应该尽最大努力让改革原原本本落地，真正达到给企业减负、向消费者让利的效果，让群众有更多的获得感。

（作者为国家税务总局税收科学研究所所长）

（2016年05月09日）

以改革之力解"临时工"之困

李洪兴

> 临时工问题,本质上是一个从"身份管理"到"岗位管理"转变的问题

微信热传一篇"职场法则",其中一条是"低调一点,再低调一点,比临时工还要低调"。然而现实中,临时工这一群体,却总是不期然成为主角,站到舆论的聚光灯下。

前不久,浙江杭州协警礼为奇因及时专业的处置,避免路面塌陷造成惨剧,成为"世界网红";而在另一些地方,聘用上岗的"临时"人员违规执法的新闻也时有耳闻;在各地,山东将在6月底告别临时工执法,吉林明令禁止临时工执法,四川成都规定党政群机关今后原则上不得使用临时工……临时工问题,可说是我们在走向现代治理的过程中,需要直面的课题。

"临时工"是现实中存在很久的群体,却也是法律上并不存在的概念。电视剧《生命中的好日子》,一开头就呈现了上世纪70年代清退国企临时工的场景。到上世纪90年代转变劳动用工体制,用人单位以劳动合同明确双方的权利与义务,"临时工"这一说法在法律意义上不再存在。不过现实生活中,双轨制用人模式,还是让行政机关、事业单位里的劳动合同制人员、劳务派遣人员、临时借调人员等被视为"临时工",而且情况并不鲜见。

存在，就证明有需求。编制不足与事务繁杂之间的矛盾，是不少地方"偏爱"临时工的主因。现代社会治理越来越精细化，行政机关和事业单位的职能不断扩展，人员需求量增加，而编制配额却难以跟上。比如，有地方的城管部门反映，其工作职责多达100多项，城市也越来越大，编制却卡得严，只能招临时工来分担任务。理顺体制机制需要时间，事实上的"临时工"恐怕会在很长一段时间里继续存在。

值得重视的是，由于不少舆论事件中，暴力执法、上班打牌、公车私用、雷言雷语常常和"临时工"联系在一起，有人由此形容，临时工有双面属性：犯事儿与扛事儿、干活与顶雷、"壁虎的尾巴"与"鸵鸟的屁股"。到底是被推到了矛盾第一线还是本身就在制造矛盾？究竟发生在个别领域还是具有普遍性？当行政机构尤其执法部门成为矛盾焦点，行政权力被"外包"后，如果没有科学管理、不建章立制，"临时工惹祸""临时工担责"就难免不断上演，损害的是法律严肃性，侵蚀的是政府公信力。

清理和清退临时工，是一个很合理却也很艰难的过程。去年底印发的《法治政府建设实施纲要（2015—2020年）》中要求，2016年年底前，各地各部门对行政执法人员进行一次严格清理，未经执法资格考试合格，不得授予执法资格，不得从事执法活动。但是，即便合理的政策设计，实施起来也存在一些现实困境。比如，解决不了编制员额与职能事务的匹配问题，就没办法无视需求；解决不了法律上的身份认定问题，在招用管理甚至协助执法上很难于法有据。立足实际，分阶段、分步骤、分领域、分类别地在编制与人员配置上下功夫，才能更有效率地让政策落地。

临时工问题，本质上是一个从"身份管理"到"岗位管理"转变的问题。从身份到岗位、从差异对待到同权利等义务，用人管人要实现质的突破，还要在人事制度改革的背景下来统筹考虑。人员聘用，要建立在岗位需求之上，一岗一职、一职一责，不以身份定高下，更不以固定与流动、长期与临聘来区别对待。而这，无疑需要从理念到制度全方位的提升，需要人事管理改革上更深入的探索。

在观念层面摒弃"临时思维"，在制度层面建立"长效机制"，才能让临时工问题的解决成为一个宝贵契机，完善治理制度、提升治理水平。

（2016年05月06日）

民营医院如何有序生长

张宏强

> 做强公立医院公益性,规范与发展社会办医,才能既有公平又有效率,真正以"全民健康"助力全面小康

近日,大学生魏则西之死,引起广泛关注。起家于福建一个小镇的"莆田系"民营医院,也因而被推上舆论的浪尖。

从"大数据"揭疑似莆田系医院名单,到网曝民营医院承包公立医院科室并贿赂医生,再到记者暗访发现一些民营医院"检查结果未出,治疗方案已定",传言纷纷或许不尽准确,但背后存在的问题却也可见一斑。

目前,网信办等组成的调查组已开始工作,对涉事医院的调查也正在进行,工商总局受理了"百度推广涉广告"申请,号贩子和"网络医托"也会被集中整治,相信这些调查和措施,对于民营医院行为的规范,应能起到一定作用。

民营医院求生存、求发展,这可以理解。按照国家卫计委网站最新发布的数据,社会办医疗卫生机构数已达到43.8万所,占比为45%,其门诊量占全国门诊总量的22%。这样的数据说明,民营医院在市场化竞争中快速发展,在一定程度上做大了医疗资源蛋糕,缓解了整体不足的状况。

所以,一个基本的判断应该是:社会资本进入医疗领域渠道应该畅通,社会办医应该鼓励。毕竟,无论是从政策层面,还是在实践层面,社会办

医都是改革的重要路径之一。不能因为出现了问题,就回到"前改革状态",也不能因之而质疑市场化的改革方向。这只是因噎废食,不可取。

但也正如魏则西事件暴露出的,民营医院的监管,还有很多缺失;民营医院的发展,还有一些失序。此次舆论集中关注的,是医院大量进行虚假宣传、承包公立医院科室等问题。而此前不久,"手术中强行加价""患者被医生殴打"等新闻,也都指向民营医院。这同样不能忽视。何况,民营医院已经从原来的男科、肛肠、美容整形等,扩展到了产科、心脑血管甚至肿瘤等"高风险"领域,这就更不能不把监管挺在前面了。

对于民营医院乱状,监管部门其实一直在大力纠偏。比如"科室外包",2000年即被叫停,2004年曾被列入"严肃查处"之列,2015年国务院发布的《关于促进社会办医加快发展的若干政策措施》中仍被明令禁止。但也不能不承认,问题总是比办法跑得快。比如,面对信息时代的"竞价排名+医疗",如何形成从资质认定到信息提供的联合监督?对于民营医院这样的市场化主体,如何将监管深入到医疗行为的全过程?社会办医蓬勃发展之际,如何完善医疗机构及从业人员信用记录,并向社会公开?

说到底,对于民营医院,需要促进其生长,但必须是有序的生长。除了监管,如何给予社会办医在医生从业、医保报销等方面以同等待遇?如何实现公立医院与民营医院的差异化发展?如何更大范围实现包括医疗资源规划、医院资质认定在内的信息共享?这些,其实都可以是对社会办医的有效服务和引导。换个角度看,唯有以自律加他律,以管理加引导,更好地形成行业规则、确立严格规范,才能赢得市场的认可和信赖,获得长远发展。

有人半开玩笑地说,官网首页是行风建设、学术会议、研究进展等内容的是"好医院",而挂着24小时在线咨询窗口、主治各种疑难杂症的则是"坏医院"。这固然是揶揄,却也折射出各自的问题。魏则西事件启示我们,既做强公立医院公益性,又规范与发展市场化的社会办医,才能既有公平又有效率,真正以"全民健康"助力全面小康。

(2016年05月05日)

不"企"无以立业

杨 莘

去香港旅游时经常在地铁站内看到一块标语牌，上面写着"扶握手，企定定"，问了当地人才知道，"企"是"站立"的意思。由此联想到，虽字同义不同，但"企业"这个词拆开来，也可以看做是"站立着的商业主体"。企业何以站立？我以为，靠的是道德、使命和责任。

近一段时间，"e租宝、中晋系案件""魏则西事件"受到人民群众广泛关注，以及舆论质疑。一些企业如果把本应承担的社会责任抛于脑后、只顾经济效益不顾社会效益，就难以挺起胸膛站立起来，到最后危害的还是自身发展。

我们搞社会主义市场经济，企业是市场主体，市场经济越发达，企业同老百姓的关系就越紧密。习近平总书记指出，"企业要承担企业的责任，党和政府要承担党和政府的责任，哪一边都不能放弃自己的责任。"无论在我国古代，还是在现代西方成熟的市场经济体，对"百年老店"都倍加尊敬和赞誉。企业只有增强道德感、使命感、责任感，真正"站立起来"开展经营活动，才能基业长青，才不至于留下"本公司距百年老店还差九十九年"就轰然倒塌的坊间笑料。

（2016 年 05 月 04 日）

别让暴力执法侵蚀公信力

孟祥夫

近日,一段执法人员打人的视频在网上热传。视频中,一些身着制服的执法人员戴着头盔、手执棍棒,对一群妇女和儿童进行殴打。

视频流传出来后不久,相关情况就得到证实。4月30日,海南海口秀英区琼华村拆除违建,过程中出现了"暴力抗法",现场个别执法人员在处置过程中违反规定殴打群众。对此,海口市委市政府连夜进行处理,秀英区区长引咎辞职,参与殴打群众的联防队员被警方拘留。

拆违现场,确实有扔石块、放烟花、烧煤气罐等阻挠执法的行为。但是无论如何,野蛮执法、暴力执法,都不该发生。更何况,被殴打的人中,还有妇女、老人和儿童。群众思想工作没有做通、利益诉求没有妥善回应、不愿意拆除,相关部门应该更耐心、更细致地去解决问题、理顺矛盾。使用暴力、殴打群众,能解决的问题解决不了,原来占理的也没理了。

暴力执法固然简单直接,但看起来的"见效快",背后却是极高的公信力成本。前些日子在地方采访时,当地干部的一句话让人印象很深:老百姓接触不到更高层的领导,基层干部是什么样,老百姓眼里的党和政府就是什么样。由此可见,基层执法者暴力执法,对党和政府形象的影响该有多大!

中央一再强调,要努力将矛盾纠纷化解在基层、化解在萌芽状态,避免小问题拖成大问题。应该说,随着公众的权利意识大大增强,无论是拆

违还是禁摩,我们面临的工作环境更加复杂。对拆违行动组织不力、对风险评判不够、对干部教育管理不到位,海口市委对辞职的秀英区区长所犯错误的判定,道出了执法过程中需要特别加以重视的问题。要把矛盾纠纷化解在基层、化解在萌芽状态,需要更多的方法与技巧,绝不能戴上头盔、拿着棒子粗暴行事。

在当前情况下,即便是依法行事,也需要更多考虑社会影响;更不能把"依法拆违"变成殴打群众,这不仅让自己陷入被动,更会付出公信流失的代价。老百姓对党和政府的信赖,是靠像焦裕禄、谷文昌、杨善洲这样的一批批好干部,以数十年之功换来的。这样的信任,不能在三五个执法者的暴力中流失。

(2016 年 05 月 04 日)

丢掉责任,企业还能走多远

王石川

唯有"坚持经济效益和社会效益并重",才能让网络技术回报社会、造福人民

这两天,一篇关于搜索和医院的网文,在一些媒体平台刷了屏。

患有罕见病的大学生,通过网络搜索找到一家医院,在花光东凑西借的20多万元后,仍不幸去世。尽管有人指出,搜索引擎的主要责任在于鉴别参加竞价推广者的医疗资质,难以对每位患者的疗效负完全责任,但作为医疗机构或医疗技术的网络推广平台,搜索引擎承担了公共媒体的社会功能,能否因此就放弃自己的社会责任?个中疑问,引发人们对搜索引擎"良知"的强烈关注。

互联网信息泥沙俱下、冗杂繁多,很多人依赖搜索引擎来寻找需要的内容。很大程度上,搜索引擎提供的信息,决定了搜索者的认知和理解。正因此,在信息真假的鉴别、排序的先后上,搜索引擎不能不谨慎处理、严肃对待。对于那些"利用网络进行欺诈活动,散布色情材料,进行人身攻击,兜售非法物品"的信息,则需要更加警惕地进行筛选和剔除,才能"让互联网更好造福人民"。

现实中,做到这一点可能还有这样那样的困难。但一个底线是,不能在利益的驱使下,有意让误导性甚至欺骗性的信息,首先进入用户的搜索结

果。在前不久召开的网络安全和信息化工作座谈会上，习近平总书记就要求，"办网站的不能一味追求点击率，开网店的要防范假冒伪劣，做社交平台的不能成为谣言扩散器，做搜索的不能仅以给钱的多少作为排位的标准"。

尤其是，不同于一般的信息，医学信息与患者生命健康息息相关，更需规范、严谨。不管是"竞价排名"还是"推广"，都应恪守这样的底线。如果病情危急的患者轻信吹嘘，除了钱包被掏空，更可能因贻误救治而死于非命。如何给用户提供有效、管用、靠谱的医学信息，不管是对于网站还是对于搜索，甚至对一些专业医疗软件而言，都是一个根本性的问题。

哲人有言，每个人都被生命询问，只有负责任才是对生命最好的回答。那些被用户寄托以生命希望的企业，尤需谨守责任。基于对企业的信任，亿万用户使用搜索、创建贴吧，企业有责任善待这种信任，更有义务承担社会责任。这种责任，应是坚守企业伦理，在自身发展的同时思量，该如何饮水思源、回报社会。

将"贴吧"卖给生意人更有利可图，开发"竞价排名"可坐地生财，问题是，如果只追求经济效益而忽略社会效益，如果挥霍信任、丢掉责任，企业还能走多远？只有富有爱心的财富才是真正有意义的财富，只有积极承担社会责任的企业才是最有竞争力和生命力的企业。很显然，一个企业的价值，不只体现在拥有多少市值，更体现在如何造福民众，在多大程度受人尊重。

互联网企业如此，其他企业也是如此，医院更是如此。南宋名医张杲说过，医者须守仁义，"绝驰骛利名之心，专博施救援之志"。其实，求利很正常，但是不能见利忘义。不管是公立医院还是民营医院，不管医院科室归谁管理，医者都需要宅心仁厚，把救死扶伤当做第一责任，而不是"戚戚沽名，龌龊求利"。

互联网企业更该思忖，如何更好地塑造价值观。如果仍然被动应对质疑，而不能理清责任链条，拧紧责任螺丝，进行彻底的内部整饬，结果就可能让人们对互联网世界失去信任、对技术失去尊重。唯有"坚持经济效益和社会效益并重"，才能形塑风朗气清的网络生态，让网络技术回报社会、造福人民。

（2016 年 05 月 03 日）

网红经济应有益于公序良俗

韩立勇

> 正因为网红的一举一动和无数互联网用户的"体验"息息相关,决定了人们不能仅仅将其作为一种商业模式,还应作为需要引导和规范的社会文化现象

"我未来的理想是当网红。"面对"长大以后你想做什么"的问题,一位小学三年级女生的回答让家长瞠目结舌。显然,"网红"这一近年来的流行现象不仅和互联网经济挂上了钩,还影响着很多青少年,成为一种社会文化现象。如何面对孩子们的这一"理想",不仅让家长踌躇,也在测试主流文化的回应能力。

孩子们的理想大多是单纯的,网红之所以成为他们羡慕的对象,无非是粉丝众多、收入颇丰,而且似乎没什么门槛。北京多所小学的抽样调查显示,有八成小学生希望成为网红,一些家长甚至为孩子报了"网红培训班"。然而与此同时,一些网红的表现却令家长们失望,炫富、炫身材、爆粗口,甚至还有一些少儿不宜的淫秽色情内容。如果任由这类内容主导青少年的价值观,将是互联网作为一种文化的失败,也是成年人社会的失职。

网红作为互联网文化的产物,从一开始就有着草根化、粉丝化的特点。他们最早是一类网络名人,或者热点新闻的主角,其中不乏励志型人物,

比如"布鞋院士""最美教师"等。然而,随着一些人刻意"博出位"吸引大量粉丝,一些商业公司从中嗅到商机,靠炒作、制造话题等模式"吸睛、吸粉、吸金",开启了一个泥沙俱下的"网红2.0"时代。目前这一轮则可以称为"网红3.0"时代,与之前单靠"颜值""出位""打擦边球"等走红模式相比,这一轮网红经济在内容策划上更加精准,粉丝运营更加商业化,网红本身的形象和能力要求也更高。

网红之所以能够开启一种互联网经济模式,有其深厚的社会心理基础,那就是"心理唤起",或者说网民的自我认同。在网红们和粉丝之间,有着某种微妙而又息息相关的情感体验。当众多粉丝看到自己所认同的网络偶像日益走红,粉丝数量噌噌上涨,那种巨大的心理满足感足以让他们倾囊相助,纷纷"打赏"。比如,某网红在自己的公众号推荐一个单价1500元的砧板,10分钟就销售了1.5万个,超过该产品在全亚洲一年的销量。如果说,传统媒体主要靠读者付费和客户广告来维系内容生产,那么今天的网红自媒体则以用户体验来维持。"体验"正在成为网红经济形态中最惹人注目的现象。

正因为网红的一举一动和无数互联网用户的"体验"息息相关,决定了人们不能仅仅将其作为一种商业模式,还应作为需要引导和规范的社会文化现象。移动互联时代,影响力越大,社会责任越大。尤其是考虑到那些关注网红且深受影响的青少年,网红经济更应有益于世道人心。从公众的角度,网红就是那些通过网络走红的人。既是能在自身的专长领域发挥到极致的草根达人,比如通过写作成名的当年明月、南派三叔等人,也有凭借爆料隐私、行为出格、装萌邀宠走红的各色人等。甄别良莠、择其善者而从之,应该成为社会公众的自觉意识。

互联网的兴起荡平了传统社会的成名壁垒,创造了成为公众人物的平等机会,使每个人都可以凭自己独特的才能获取关注度和影响力。在这一过程中,网红需要善意运用自身影响力、主动维护社会公序良俗,让网红经济真正成为创业创新时代的一道风景。

(2016年04月29日)

互联网金融,挤尽泡沫是春天

杨 成

互联网金融行业在历经了野蛮生长、风险频发、监管收紧的阶段之后,如今面临变局,这也意味着转型机遇的出现

近年来,互联网金融行业在蓬勃兴起的同时,也产生了一些乱象。不断曝出的风险事件,更是让大家谈虎色变,似乎互联网金融成了"P2P圈钱、跑路"的代称。有鉴于此,国务院近日组织14个部委召开电视会议,将在全国范围内启动为期一年的互联网金融领域专项整治。舆论认为,此举将有助于营造一个更加成熟、规范的行业环境。

随着监管的升级,另一种观点开始出现,即认为互联网金融行业或将"步入冬天"。持此论者认为,目前互联网金融平台的日子举步维艰,筹钱越来越艰难。数据也显示,今年一季度,近百家P2P网贷平台主动关停。然而,这一观点错误理解了规范与发展的关系,政府对这一行业的整治更不是所谓"打压"。今年《政府工作报告》提到互联网金融,核心词就是"规范发展"。规范是为了更好地发展,规范是前提,发展是根本。

事实上,扫描一下行业现状就能看到,一些平台倒掉的同时,互联网金融融资并未遇冷。今年平安陆金所、苏宁金服等几家互联网企业先后宣布获得巨额融资。日前,蚂蚁金服又宣布完成B轮融资45亿美元,成为全球互联网行业迄今为止最大的单笔私募融资,提振了整个行业的信心。

可见，互联网金融平台仍被市场认同，并到了发展壮大的阶段，远非有些人所说的"步入冬天"。

与其说互联网金融行业遇冷，不如说，这一行业在历经了野蛮生长、风险频发、监管收紧的阶段之后，如今面临变局，这也意味着转型机遇的出现。互联网金融作为传统金融领域的补充，特点在于金融模式的创新，以及新技术的应用。第三方移动支付、网上银行、小微贷款、保险、股权众筹等，都属于"互联网+金融"的范畴，在这些领域内运用互联网技术创新的空间非常大。一些互联网平台恰恰是把住了金融创新的脉搏，才得以准确捕捉市场机遇。未来，不符合监管要求的、实力薄弱的平台将会出局。不创新、不转型就有被淘汰的风险，而优胜劣汰正是互联网金融行业健康成长的必然，也是可持续发展的需要。

当前，我国经济发展新常态要求加大供给侧结构性改革，为互联网金融行业提供了可以发挥重要服务的机遇。服务于供给侧改革大局，互联网可以使得金融更好地联通工商领域、惠及千家万户、服务国计民生。譬如，通过大数据支持，能够帮助生产者进行有效的供给，精准地匹配需求，对消化库存和产能起到积极推动作用。在创业创新过程中，一些小微创新创业者的资金需求往往被传统金融机构忽略，互联网金融则可以为这些创新创业活动提供资金支持，实现金融资产和需求之间的精准对接，从而满足创新创业者的资金需求。而在支持"三农"投资、精准扶贫等方面，互联网金融都可以发挥重要的补充作用。

互联网不会颠覆金融，与传统金融机构并不是对立关系，而是互为补充。政府在监管从严的背景下，不能忽视对互联网金融的扶持。监管从严不意味着增设不必要的门槛，简政放权扶持小微企业成长的政策也不会变。服务大局，助力经济转型，普惠民生，是互联网金融发展的正途。行业整治，不意味着寒冬的到来，恰恰意味着属于互联网金融的春天才真正开始。

（2016年04月28日）

永葆敢为人先的改革气质

吕晓勋

> 改革进程中兼具披荆斩棘的勇气、勇往直前的毅力和雷厉风行的作风，依然是切实提升民众获得感不可或缺的重要气质

进农家了解经营状况，下麦田察看小麦长势，询问农技人员培养和待遇情况……暮春时节，习近平总书记来到安徽省滁州市凤阳县小岗村考察工作，看望广大干部群众，又一次让世人的目光聚焦到了中国农村改革的起点。

38年前的初冬，18位村民为了填饱肚子，在偏僻贫穷的小岗村，以"托孤"的形式按下红手印，农村改革响起第一声春雷。如今，小岗村已是小楼林立，道路平整，并聚集了数家亿元企业。从"吃粮靠返销，用钱靠救济、生产靠贷款"，人均收入还不足20元的"三靠村"，到2015年人均可支配收入超过14000元，被农业部确定为"美丽乡村创建试点乡村"，小岗村的蝶变，无疑是改革理念与地方实践融会贯通的真实投影。

当年贴着身家性命干的事，变成中国改革的一声惊雷，成为中国改革的标志。坚决告别贫穷、强烈渴望现代化，可以说是改革开放以来全体国民的共同追求。而当"低垂的果子"基本已被摘完，呈现在我们眼前的，不仅仅有不同群体之间的利益交织与交融，还有来自国际社会的风险与挑战，步入深水区的改革所遇到的阻力可谓前所未有。从这个角度看，兼具

披荆斩棘的勇气、勇往直前的毅力和雷厉风行的作风,依然是改革进程中不可或缺的重要气质。

说到小岗村进入新世纪后的发展,不能不提到村党委原第一书记沈浩。兴办工商,筑乡村旅游胜地;发展养殖,建葡萄文化芳园……凭着敢想、敢干、敢为人先的"大包干"精神,他带领村民走出了"一年越过温饱线,20年没过富裕坎"的困境,群众甚至两度在他三年任期届满时集体摁手印将他留任。"告慰过去的最好方式就是继续前进",正如沈浩生前的美好展望,改革的生机与活力,既来自顶层设计顺应时代发展的创新与完善,也来自亿万群众无比坚定的支持和推动。以百姓之心为心,打开思路、广开言路、开拓进取,改革才有可能迸发出更强劲的动能。

尽管近年来城乡一体化的进程不断加快,但城乡发展不平衡不协调,仍然是我国经济社会发展中的突出矛盾。实际上,小岗梦也是广大农民的梦,改变"城市像发达国家,农村像发展中国家"的现状,让农村的有效资源留下来,产生效益,支撑可持续发展,让农民有自己的造血机能,跟上社会发展,还需要在推进基本公共服务均等化、农民工市民化、脱贫攻坚精准化等方面持续发力。实现农民平等参与现代化进程、共同分享现代化成果的关键,也正在于此。

"耕地累死牛,用水打破头,拖拉机不用了,大片土地成了花布头。"上世纪70年代末,社会上曾流传这样一句顺口溜,质疑和批评当时的"大包干"。时过境迁,人们的思维、视野较之以往有了极大的开拓,对于新生、未知事物的容纳度也有了显著地提高,能够更加全面、客观、长远地看待周遭的积极变化。"纪念改革最好的方式就是继续深化改革",正如小岗村将横贯全村的长路命名为"改革大道",无论何时何地,我们都应该怀着"改革在路上"的警醒,为了人民的利益,坚定、大胆地向前走。

(2016年04月27日)

产业扶贫,精度决定效果

朱 磊

> 对市场机遇的敏感、"能人"的带动、政策的及时跟进,以及产业规模的适时培育,都可以作为产业脱贫的普遍经验予以推广

"要脱贫也要致富,产业扶贫至关重要",习近平总书记日前在安徽考察时强调,产业要适应发展需要,因地制宜、创新完善。这一要求为进入决胜阶段的扶贫攻坚工作指明了方向。

做好产业扶贫工作,关键在于各地找准自身定位,在精准定位的基础上创新完善。以往,在基层采访扶贫工作中,最常听到的问题就是"资本下不来""农民不动弹",以及"没规模、没市场",等等。矛盾与问题虽然五花八门,但背后的成因却有着相似性,那就是对自身定位的不清晰。看到周边县乡靠某个项目脱贫致富了,便不考虑自身特点,一拥而上,结果造成极大的浪费。

民间有句大白话:"一团乱麻,找出线头"。对于产业扶贫而言,这个线头就是基于精准定位的产业与项目。以项目带动,形成品牌与规模,激发农民的致富内生动力,才能对资本、人才产生吸引力,形成"穷人看能人、能人盯项目、项目贴市场、市场引资本"的良性循环。比如,陕西户县东韩村的农民画,脱胎于刺绣、年画、剪纸等民间艺术,从少数人创作

到家家户户执起画笔,从民间行为到政府专项支持,经历了几十年的发展与酝酿,成为响亮的农民画品牌。如今仅仅在东韩村,创作农民画的家庭年毛收入就有数十万元。

事实上,类似东韩村的故事还有不少。比如笔者采访过的宁夏固原彭阳县陈沟村,该村曾是个贫困村,借着生态建设的机遇大力发展苗木产业,从几个人的小打小闹到全村跟着学,再到如今发展多元化经济林产业,不仅仅实现了脱贫致富,还涌现出不少科技能手、土专家。这些地方的产业脱贫经历告诉人们,脱贫致富的路径既有偶然性,更有必然性。对市场机遇的敏感、"能人"的带动、政策的及时跟进,以及产业规模的适时培育,都可以作为产业脱贫的普遍经验予以推广。

产业扶贫,关键在精准定位,难度也在精准定位。如何"嗅出"根植于这片土地上的特色与优势,因地制宜地发展?这就需要深入本地农村实际,进行深度市场调研,否则只会形成盲目跟风之势,与扶贫初衷相背离,最终"一哄而上、一拍而散"。动不动就喊出"百万亩、十万头"口号的丰满理想,往往会遭遇现实的骨感。而一旦实现了产业的精准定位,就要在基础设施上舍得投入,在技能培养上深耕细作,在资本引导、龙头企业培养、知识人才下乡等方面,加大机制创新力度,整合资源,科学规划,打造完整的产业链条,形成具备竞争力的市场品牌,让贫困者不仅仅实现脱贫,更能够致富。

实现精准的产业扶贫,更要持续发力,久久为功。宁夏盐池县的滩羊产业,经过十余年发展,已经大名鼎鼎。该县以特色滩羊产业为抓手,从2004年开始打造高端羊肉产业,连续多年出台"滩羊产业发展实施方案",加大科研攻关力度,推动金融、产业、人才下乡,实现扶贫目标。如今,瞄准高端市场的滩羊肉,一公斤价格近400元,滩羊的品牌价值高达68.9亿元,民间资本也慕名而来,涌现出一批龙头企业。只要继续细化与推动,何愁贫困者不摘帽?

"主大计者,必执简以御繁"。实现精准产业定位,以精度来推动力度,是扶贫工作千头万绪中的关键抓手,需要的不仅仅是智慧,更是真心、细心、耐心与决心。

(2016年04月26日)

筑牢航天梦想的阶梯

余建斌

> 中国航天人巨大的荣耀和梦想的种子,将年复一年地广泛播撒,为普及航天知识、激励科学探索、培植创新文化带来巨大感召力

4月24日,首个"中国航天日"。当清晨的阳光洒在世界三大航天员中心之一的中国航天员中心,注视着国旗冉冉升起的航天员们,或许回想起了太空中"晨曦"照进舷窗的那一刻。

46年前的4月24日,中国第一颗人造地球卫星"东方红一号"发射成功,成为中国航天事业发展历程中的开创性、奠基性事件。国家将这一天设立为航天日,它既是航天人的节日,也是公众每年一次与航天亲密接触的嘉年华。中国航天人巨大的荣耀和梦想的种子,将借此年复一年地广泛播撒,为普及航天知识、激励科学探索、培植创新文化带来巨大感召力。

航天日的设立,是为了铭记历史、传承精神,这是对几代航天人不懈追求航天梦的褒奖和崇高致敬。今年恰逢中国航天事业发展60年,如果将1956年起步的中国航天的60年浓缩在一个小时,一定是一部分分秒秒都掀起高潮的史诗巨片。"两弹一星"、载人航天、月球探测为代表的里程碑式成就,22颗北斗导航卫星,近150颗各种类型的在轨卫星,累计发射226次、成功率超过96%的"长征"系列运载火箭,以及基于这些空

间技术不断提升的科学探测能力和研究水平,无不显示出中国"航天大国"的称誉已是名副其实。回应伟大时代的呼唤,60年间,中国航天人自强不息、接续奋斗,走出了一条自力更生、自主创新的发展道路,积淀了深厚博大的航天精神。如今,一支让航天强国都艳羡不已的年轻的航天人队伍,将续写这一伟大事业的辉煌,致力于为人类探索并和平利用太空。

航天梦,中国梦。中国航天白手起家、发力创新的经历,和这个国家从一穷二白到繁荣昌盛的过程相伴相随。航天成果广泛服务于经济建设和社会发展各个领域,进入普通人的日常生活;强盛起来的国力则为航天事业提供更稳定的保障。"探索宇宙永无止境……未来的征程仍将充满机遇与挑战,需要我们以更大的智慧和勇气去探寻未知世界的奥秘",中国航天人的梦想不断向前延伸。空间站建造、火星计划、月球采样,直到"2030年实现整体跃升,跻身航天强国之列",无疑都需要航天人将一座座科技高峰踩成一个个梦想的阶梯。

"从小培养孩子们对航天的热爱,可能会影响他们的一生"。173公斤重的"东方红一号"卫星至今仍在围绕地球飞行。孩提时代的中国载人航天工程总设计师周建平,通过收听电台的预告,看见了夜空中的中国首颗人造地球卫星,从此有了自己的梦想。"一个国家对航天知识的普及程度,代表着这个国家的发展进步水平。"每一个航天日,都是航天梦想的又一次启航。

习近平同志指出,探索浩瀚宇宙,发展航天事业,建设航天强国,是我们不懈追求的航天梦。在太空俯瞰过地球的人,才知道地球多么的美丽,太空多么的深邃,宇宙多么的广袤无垠。与生俱来的好奇心,已经带领我们走出自己的后院,完成了在月球的"我的一小步,人类的一大步"。对梦想的期待,对创新的期许,将伴随着航天日奔涌向更广阔的天地。

(2016年04月25日)

中国品牌当能纵横四海

王石川

民族工业有基础也有实力,中国制造有市场也有潜力。在百花竞放的世界知名品牌大舞台上,中国品牌有理由也有责任占有一席之地

中国何时造出"高大上"的智能马桶盖?面对大批中国游客赶赴日本抢购马桶盖,有识之士发出忧心之问。如今,这一问题有了答案。国务院办公厅日前印发《贯彻实施质量发展纲要 2016 年行动计划》,以空气净化器、电饭煲、智能马桶盖等公众普遍关注的消费品为重点,开展改善消费品供给专项行动、组织实施消费品质量提升工程,增品种、提品质、创品牌。

一个小小的马桶盖,备受热议,与其说触及了"中国智造"的痛点,毋宁说触碰了中国品牌的"弱点"。那些卖断货的日本马桶盖,实际上不少产自中国,返销日本,又被中国游客买过来。媒体曾披露了一个案例,杭州一名居民在日本大阪购得一个马桶盖,发现产地竟为杭州下沙,感叹"兜了一大圈,买到的居然还是自家门前生产的东西。"这真切说明,中国有能力制造高质量的产品,却未能拥有与之匹配的品牌,以至于有人叩问:"墙内开花墙外香,国货国外被抢光。出口内销不一样,此中缘由费思量。"

很多时候,国货不是质量不行,而是知名度不够;不是价格高企,而是没有形成与品质相匹配的品牌效应。稍微上点年纪的中国人都会记得,

中国品牌有过一段群星灿烂的历史。从熊猫彩电、燕舞录音机、雪花冰箱，到双星球鞋、回力运动鞋、海鸥照相机，再到英雄钢笔、乐凯胶卷、龙虎牌清凉油，国产品牌装点着那个年代中国人的日常生活。中国品牌曾经有过的辉煌，足以说明民族工业有基础也有实力，中国制造有市场也有潜力。在百花竞放的世界知名品牌大舞台上，中国品牌有理由也有责任占有一席之地。

也要看到，在今天的世界市场上，叫得响、立得住的中国品牌还不够多，从"连圆珠笔头上的笔芯钢珠，我们都生产不了"，到中国游客在海外被称为"会走路的钱包"……一幕幕场景逼迫人们思考：如何才能打造更多树得起的中国品牌？其实，今年的《政府工作报告》已经给出答案："培育精益求精的工匠精神，增品种、提品质、创品牌。"此次《行动计划》从实施层面加以推进。没有品质，就形成不了品牌；不增品种，就难以满足消费者所需。没有"做专、做精、做细、做实"的工匠精神，就没有精致产品。培育精益求精的工匠精神，就是要对所从事的工作锲而不舍，对每一个细节精益求精，对用户的良好体验倾尽全力，对质量追求永无止境。

一个伟大的时代，应该有伟大的企业，应该有纵横四海的品牌。品牌被称为"企业的无形资产、商业竞争的核心要素"，不仅是一家企业的名片，也是一个国家软实力的象征，甚至决定着这个国家在全球经济体系中的话语权。对于当代中国来说，亟待推动中国制造向中国创造转变、中国速度向中国质量转变、中国产品向中国品牌转变。品牌建设之路没有奇迹，只有努力的轨迹。惟有不断厚植"中国智造"的土壤，让大国工匠代不乏人且更有保障，让原创精神茁壮生长并获得保护，让诚信成为全社会的道德空气，让企业家精神得到更好发展，我们才能在这一轮转型升级的过程中，促动中国品牌厚积薄发，脱颖而出。

（2016年04月22日）

新兴金融机构应把好准入关

贾 壮

中国改革开放 30 多年,"志在富民"是很重要的目标。百姓的财富得来十分不易,金融行业切不可为了"把冰箱卖给爱斯基摩人"而放低门槛

在演艺界,很多明星既忙演出又操持基金,早已不是什么秘密。而最近,他们中的一些人需要通过一场考试,才能重新获得基金从业资格。这是因为,中国基金业协会日前发布了《私募投资基金募集行为管理办法》,对从业人员资质提出明确要求。

演艺界人士深度参与基金管理行业,是我国私募基金行业发展繁荣程度的一个侧影。统计数据显示,截至今年 3 月底,基金业协会已登记私募基金管理人 25901 家,备案私募基金 27553 只,认缴规模 5.7 万亿,实缴规模 4.61 万亿元,私募基金从业人员达到 44.65 万人。私募基金行业勃兴的同时,也伴随着"野蛮生长"的乱象。比如,一些机构滥用登记备案信息非法自我增信,一些机构从事公开募集、内幕交易,一些机构以私募基金的名义从事非法集资等违法违规活动。正是在这一背景下,从今年初开始,包括中国基金业协会在内的相关部门对整个行业进行整肃,以切实保护投资者合法权益。

根据其他国家的经验,私募基金往往是产生世界级投资大师的摇篮,

也是金融支持实体经济发展的生力军,所以全行业的整肃规范非常有必要,只有规范,才能有更好的发展。私募投资基金行业只是金融市场的一个角落,但其存在问题和有关部门采取的监管措施,却具有适用于整个金融行业的普遍意义。此次的整肃大致包括两个方面:一是严格把好私募基金管理人的准入关口,用严格的条件筛选出合格的基金管理人;二是规范私募基金日常的运营管理,特别是投资者适当性管理的内容,比如近期出台的《私募投资基金募集行为管理办法》,规定了募集主体、募集程序、账户监督、信息披露和人员法律责任等多方面内容。

近年来,伴随各类细分金融市场的蓬勃发展,百姓财富存量上升带来的理财需求激增,以及互联网技术的推广普及,各式各样的理财服务机构以惊人的速度急剧膨胀。应该说,这些机构所提供的服务,对于填补传统金融机构投融资服务空白、践行"普惠金融"理念,发挥了一定作用。但值得警惕的是,有相当一部分理财机构打的是理财的幌子,做的却是非法集资和"庞氏骗局"的勾当,骗局一旦败露,投资者就会血本无归。

保护投资者的合法权益,是监管部门的职责所在,要想有效保护投资者,首先要把好行业准入关。近期暴露风险的理财平台,多数存在监管职责不清、准入门槛过低和从业人员鱼龙混杂等问题,这些问题与行业准入的把控有很大关系。目前,传统金融机构的准入和退出已经有了比较严格的规定,而一些新兴的理财类金融机构却处于监管盲区,要想切实防范风险,必须厘清监管职责,尽快将其纳入监管的视野之内。

投资者的风险识别和风险承受能力千差万别,所以理财机构和产品也要分出层次,投资者的风险偏好和理财产品的风险收益特点应当恰当匹配。一方面要对机构准入、从业人员准入和日常运营进行严格规范管理,另一方面也要加强投资者适当性管理,把合适的产品卖给合适的人。中国改革开放30多年,"志在富民"是很重要的目标。百姓的财富得来十分不易,金融行业切不可为了"把冰箱卖给爱斯基摩人"而放低门槛,吞噬老百姓的血汗钱。

(2016年04月21日)

向着"两个有利于"深化改革

李 斌

"改革既要往有利于增添发展新动力方向前进,也要往有利于维护社会公平正义方向前进",在中央全面深化改革领导小组第二十三次会议上,习近平总书记以"两个有利于"深刻阐述了改革方向论问题,为落实改革方略、厚植发展优势、增进人民获得感指明了行动遵循。

发展是执政兴国的第一要务,经济不发展,一切都无从谈起;公平是社会主义的本质所在,社会不公平,发展便失去基本价值。统筹好促进经济发展与维护社会公平正义的关系,改革才能蹄疾步稳地推进,更高质量、更可持续发展的目标才能落到实处。

新的发展动力带来新的变化,对已有的格局带来冲击,这就需要运用好公平正义的原则予以平衡。厚植发展新动能、培育经济新业态,既是一个享受新生与繁荣的过程,也是一个不断摧毁旧的发展方式、产业形态和社会结构的过程,风险矛盾暗流汹涌,发展烦恼层出不穷。比如,"互联网+"带来网络约租车服务的兴起,但对传统出租车行业形成冲击。如何既鼓励共享经济的新业态,为其留出空间,又能为传统出租车行业厘清发展定位?这就需要在监管规则、利益分配等方面做出规范。事实上,在这一轮改革中,从网络电商对商贸物流业的重构,到3D打印对传统制造业的冲击,再到去产能、去库存过程中产生的转岗下岗问题,都需要在"增添发展新动力"和"维护社会公平正义"中寻找结合点。在培育发展新动力、引领经济新

风向的同时,更好地平衡发展权利、兼顾各方利益。

由此观之,在当前中国经济转型升级、爬坡过坎的关键时期,"两个有利于"提供了方向和指针。循着这一思路就不难理解,为何"供给侧结构性改革"与"社会事业改革"两项内容在本次深改组会议上受到格外重视。前者最终目标是形成经济增长新机制,后者则事关社会民生和公平正义。只有坚定不移地围绕经济结构的制度性问题推进改革,才能加快形成引领经济发展新常态的体制机制和发展方式;只有坚定不移地推进社会事业改革,在就业创业体制机制、教育体制、收入分配制度、社会保障制度等领域深入推进,才能谋民生之利、解民生之忧、增强发展的普惠性。

今天的中国,兼顾效率与公平、统筹经济发展与民生改善,对改革发展提出了更高的要求。用长远眼光来看,只有实现了公平正义,才有真正的发展效率。增添发展新动力同维护社会公平正义,在实现共享发展的方向上实现了一致。本次深改组会议审议通过《关于建立公平竞争审查制度的意见》,正是为了维护公平的市场竞争,兼顾公平与效率,更好地激发市场活力。

"器大者不可以小道治"。落实好全面深化改革的各项任务,以新发展理念为统领的发展全局变革,方向和路径至关重要。"两个有利于"的论述,明确了改革是动力,发展是目的,公平是前提。以实现共享发展为出发点和落脚点,把握好改革的各项重大关系,我们一定可以用先进的发展理念开创国家的光明未来。

(2016 年 04 月 20 日)

"土地大限"忧虑须依法化解

舒 锐

> 随着全面深化改革的持续推进,类似"土地使用权到期后该怎么办"的问题还将出现,解答宜早不宜迟

近日,浙江温州部分市民发现,自己的房屋面临土地证到期影响买卖的问题,续期可能要重新缴纳占房价总额约1/3的土地出让金。温州市国土局回应称,已着手研究相关方案,近期将报上级研究决定,妥善化解这类问题。土地使用权到期怎么办,再次引起广泛关注和讨论。

关于土地使用权的"大限",我国物权法已明确规定"自动续期",但如何续期,是否需要缴纳土地出让金,以及缴纳标准等问题,物权法并未给出详细规定,也没有出台相关的法律解释,这是引发温州土地续期争议的原因所在。从温州此次的事件本身来看,的确有历史原因,因为这批上世纪90年代初期的住宅用地的使用权为20年,当时物权法尚未出台,相关法律也不完善。然而,在社会主义法律体系已经形成,强调法治思维和法治方式的今天,如何尽快给出回应、化解群众忧虑,应该成为相关部门的当务之急。

国有土地使用权出让,意味着任何单位和个人进行建设,使用土地,必须依法申请,向政府购买国有土地的建设用地使用权。在我国的改革实践中,这一制度经历了一个从无法可依到有章可循的过程。我国土地使用

权的有偿、有期限使用，始于1988年，早先的使用年限从20年到法定最高年限70年不等，也就是人们常说的"土地大限"。1990年，国务院出台城镇国有土地使用权出让和转让暂行条例，1994年国家又出台了《中华人民共和国城市房地产管理法》，对这一领域进行规范。2007年颁布的物权法，则是这一领域最为重要的立法，其意义在于明确了私人对其合法的房屋享有所有权。这意味着即便土地使用权到期了，房屋所有权也不容剥夺，同时，住宅用地续期无须申请而自动续期。

然而，物权法在自动续期的操作上却留下了一些模糊之处。比如，住宅建设用地使用者往往是较为分散的业主，政府有无义务帮助他们实现自动续期？是否需要缴纳土地出让金？缴纳标准如何？若是部分业主不愿缴纳土地出让金该如何处理，是否会影响到其他业主？非住宅建设用地续期又该如何操作？这些模糊之处，立法者当时或有其他考虑，但目前已经影响到群众的生产和生活。一方面，土地"70年大限"的隐忧一直盘桓在人们心头，这既不利于产权制度的落实，也让人们因为担忧在到期后缴纳难以承受的出让金而处于不安之中。另一方面，这为相关市场交易行为埋下了纠纷隐患。目前，已经出现了土地使用权到期后，房屋因未能自动续期而不能交易过户的案例。不难预见，如果相关规定仍不明确，还将出现诸多房屋买卖后续纠纷，以及因缴纳出让金而出现的争端。

国有土地使用权出让制度的产生和完善，是我国改革历程的重要组成部分，成果来之不易，而相关立法则是对这一成果的有力维护。在全面深化改革的过程中，一方面要坚决维护和严格落实物权领域的立法成果，另一方面，对上一轮改革中的模糊之处也要进行有连续性和建设性的修补。相信随着全面深化改革的持续推进，类似"土地使用权到期后该怎么办"的问题还将出现，解答宜早不宜迟。期望相关部门能够着眼公民合法权益，立足于现实可行性、法律稳定性，从细节出发，拿出于法有据、于情有理、于民有益的具体解决方案，早日消除盘桓公众心头的忧虑。

（2016年04月19日）

黄花菜能治中医的"抑郁"吗?

王君平

中医强筋壮骨,重要的是培植中医发展的沃土,培养懂得中医、认同中医的社会土壤

"很简单,用黄花菜煮成水治抑郁就没问题……所有的抑郁症都没有了"——尽管国家卫计委的新闻发布会结束了,但"黄花菜"没凉,反而越炒越热。随着网络热议,甘肃省卫计委主任刘维忠又一次踏上舆论的风口浪尖。

黄花菜又名忘忧草,能在一定程度上改善情绪,这在中医典籍中早有记载。之所以争议巨大,主要因为全球医学界至今未能准确地辨别抑郁症的病因,有普遍效果的治疗方法亦十分有限。加上中医西医是两种异质医学,治疗的理念大相径庭,西医理念无法衡量中医,而西医治不好的病,在中医看来"死马还能当活马医"。

从猪蹄厅长、打通任督二脉到黄花菜治抑郁,有人归结为不准确的传播让人对中医产生误解。诚如斯言,相关说法的确过于简单,中医需要更精确地传播,不能因此消解中医的严肃性。不严肃的传播达不到传播效果,甚至给抹黑中医的人以口实。但同时也应注意到,理解中医需要比理解西医更复杂的文化基础,电影《刮痧》那样的剧情,普遍存在于当今"中医粉"和"中医黑"公然撕裂的社会现实之中。

古人讲，春雨如膏，滋生万物，农夫喜其润泽，行人恶其泥泞；秋月如镜，普照万方，佳人喜其玩赏，盗贼恶其辉光。如果受众缺乏最起码的认同，无论传播再巧妙精确，也进不了人家的耳朵。在很大程度上，人们对中医的认识和态度，隐含着对中国传统文化的认识和态度。上世纪80年代德国波克特教授就曾这样说道："中医药在中国至今没有受到文化上的虔诚对待，没有确定其科学传统地位而进行认识论的研究和合理的科学探讨，所受到的是教条式的轻视和文化摧残。"

事实上，从西医的手术刀切开中国人传统思维的那一刻开始，中医就开始"抑郁"，西医似乎成为唯一正确的认知方式和思维方式。背负"不科学"之名的中医，面临着生存的土壤越来越削弱的困境。中医的典籍都是用文言文和繁体字写就的，在古代，秀才学医，如同笼中抓鸡，并不完全是一句戏言。而在现代，由于对传统文化日渐陌生，中医典籍对很多人无异于"天书"。可以说，文化语境的缺失是中医"抑郁"的病根，再多的黄花菜都无法治愈。

习近平同志说，"中医药学凝聚着深邃的哲学智慧和中华民族几千年的健康养生理念及其实践经验，是中国古代科学的瑰宝，也是打开中华文明宝库的钥匙。"中国悠久的传统文化如同中医的"根"和"魂"。汲取到中华民族丰富的文化基因，中医药固本培元根深叶茂，名家大医悬壶济世人才辈出才不是梦想。

岐黄之术发扬光大，不只是输血式扶持，更需要造血式发展。中医强筋壮骨，不只需要敢于担当身体力行的"刘维忠们"，也不只需要从中医药受到启发、拿下国际顶级声誉的"屠呦呦们"，重要的是培植中医发展的沃土，培养懂得中医、认同中医的社会土壤。

（2016年04月18日）

个人信息安全，不能止于"打补丁"

姜 赟

一个国家的网络安全掌控能力，既体现在对经济社会发展的护航上，也同样反映在个人信息安全的保护上

5分钟就能搞到上千条银行卡信息，而且密码大部分正确！近日，有媒体曝光了一条盗取银行卡信息的黑色产业链。其中"下料人""洗料人"等分工之明确，架设伪基站、拦截验证码等技术之"高级"，令人咋舌。"卡在身上，钱莫名其妙地被转走了"，把公众吓出一身冷汗。

其实，许多人都有过类似经历：公务员考试刚报名，卖"答案"的就来联系；孩子刚出生，卖奶粉的就发来信息；新房尚未交付，就有搞装潢的来电……我们一方面惊讶于对方神通广大，一方面却不得不面对隐私泄露泛滥的尴尬现实。可以说，保障个人信息安全已是互联网时代的民生刚需。

《中国网民权益保护调查报告（2015）》显示，去年因个人信息泄露等原因，遭受经济损失1000元以上的，就有大约4500万网民。不仅如此，个人信息被盗还会带来无穷麻烦和心理阴影。比如陕西一名男子，因遭人冒用身份，"被吸毒"长达10年，出行住店处处受限；再如，济南20多万条婴幼儿信息被泄，地址精确到小区门牌号，让家长"一想到黑手可能伸向孩子就不寒而栗"。

是谁让我们"裸奔"在商家与不法分子的视野里?从源头来看,许多手机APP未经授权采集用户信息,有些经营机构罔顾法律买卖用户数据,更为可怕的是"内鬼",在警方查获的犯罪嫌疑人中,有电信公司人员,也有快递公司、银行、医院、学校、工商局的工作人员。信息安全问题涉及面之广、黑色产业链条之长,需要引起高度重视。

"网络安全和信息化是一体之两翼、驱动之双轮"。网络社会带给人们更多方便与快捷,但如果这个社会缺失信息安全,人们怎敢放心在电子银行存转财富?何以放心在网购时写下实名地址?安全感少一分,经济社会发展的活力可能就会少十分。一个国家的网络安全掌控能力,既体现在对经济社会发展的护航上,也同样反映在个人信息安全的保护上。

个人信息安全,尤其是网络时代的个人信息如何保护,对世界各国来说,都是一个新课题。事实上,我国也在积极迎接这场挑战。从顶层设计看,中央在2014年就成立了网络安全与信息化工作领导小组,"加强个人数据保护,严厉打击非法泄露和出卖个人数据行为"亦写入"十三五"规划纲要;从法治层面讲,泄露个人信息的行为已经入刑,相关部委也出台了不少保护政策与法规,司法打击力度不断加大。可以说,个人信息的"安全堡垒"正在逐步加固。

当然,与现实的安全风险、公众的满意程度比,这种"加固"还需要提速增效。这就包括,加快相关法律条例的研究跟进、系统配套,加强相关部门的"握指成拳"协调共治,进一步明确运营商、银行、电商等的权责,提高对信息泄密者的处罚成本,切实保障个人信息、展开依法维权。可以说,今天,要解决好个人信息的安全漏洞,已非简单"打补丁"就能堵上,亟须系统整顿、源头治理。

维护个人信息安全是场持久战,也是场前所未有的遭遇战。美国也曾发生过约1.91亿选民个人信息外泄,英国巴克莱银行曾有数万客户的个人资料被盗。网络犯罪的"进化"程度,有时会超过法律法规的制定速度。从技术上寻求防护对策,在理念上提高网民安全意识,多方用力、立体防护,才能打赢个人信息安全保卫战。

(2016年04月14日)

让文物"沃土"滋养民族心灵

陈 凌

今天的我们,需要拥有对历史文化的敬畏之心,具备创造性的转化能力,才能让沉寂的文物,完成从文化资源到精神资本的转换

"文物承载灿烂文明,传承历史文化,维系民族精神,是老祖宗留给我们的宝贵遗产,是加强社会主义精神文明建设的深厚滋养""各级党委和政府要增强对历史文物的敬畏之心,树立保护文物也是政绩的科学理念"……4月12日,被文物圈刷屏、称之为"极为隆重"的全国文物工作会议,在北京召开。来自全国的会议代表,感受着新时期文物工作者的机遇与责任,思考着如何"努力走出一条符合国情的文物保护利用之路"。

文物是不可再生的宝贵资源,承载着历史的记忆,印刻着文明的痕迹。一页页山河变迁,一段段历史影像,凝结在这一砖一瓦、一瓶一罐的文物之中。有人曾言:"每一个民族的文化复兴,都是从总结自己的遗产开始的。"正是这些历史记忆和文明底蕴,构成了我们这个民族的文化基座。

其实,文物从来都不只是见证历史的"藏品",更是滋养未来的"甘泉"。就在这段时间,《我在故宫修文物》这部纪录片让不少90后"泪目",而此前,故宫"石渠宝笈"特展引发"故宫跑",首都博物馆"海昏侯"特展带来"首博热"……当传统文化与现代相遇,不仅让文物"活"了起来,也令今天

的人们"燃"了起来。

"无其器则无其道"。凝结在文物之中的"道",既标刻着一个国家文化河床的厚度,也在不断为这个民族生生不息、发展壮大提供着"文明养分"。正因此,我们才能理解,习近平总书记为何多次强调,"要把凝结着中华民族传统文化的文物保护好、管理好……让历史说话,让文物说话"。在这个意义上,保护文物绝不是一项无关紧要的工作,它在传承中华传统文化、彰显文明大国形象中发挥着不可替代的作用。

回望刚刚过去的"十二五",文物工作迎来发展的最好时机。令很多老文物工作者感慨的是,十八大以来,仅习近平总书记关于文物保护的重要批示,就有20多次;而这5年里,国家对文物工作的投入,以年均16.5%的速度增长,保护力度前所未有;全国注册博物馆每年新增近300个,年接待观众7.2亿人次,文物正在"活"起来;而《文物保护法》的修订、《博物馆条例》的颁布、国务院印发的《关于进一步加强文物工作的指导意见》等,则让人们看到了日益健全的文物保护制度体系。

然而也毋庸讳言,在文物的保护、抢救、利用、管理上,一些地方还存在"脱靶"现象。有的重视不足,文物保护"说起来重要,做起来次要";有的挖掘不够,让文物"躲进小楼""深藏深宫";还有的开发不当,只讲眼前利益、不顾长远发展,过度开发、忽视保护……如此种种,无不说明,激活文物价值、传承文化血脉,任重道远。

城镇化进程加快,怎样在保护和开发之间找到平衡点,使文物保护成果更多惠及人民群众?新技术浪潮涌动,能否让文物保护搭上"互联网+""大数据""云计算"的便车?今天的我们,该如何确保对历史文化怀揣敬畏之心,让沉寂的文物,完成从文化资源到精神资本的转换,让古老文明的基因,在时代的血脉中汩汩流淌?

有人曾如此论述文化遗产的意义:"当历史的尘埃落定,许多喧嚣一时的东西都会烟消云散,惟有优秀的文化会长留世间,给人以思想的启迪、心灵的温暖和精神的慰藉"。行进在民族复兴的征途上,让文物"沃土"滋养心灵,让凝结在文物中的历史记忆和"文明光芒"照进现实,我们未来的道路必能越走越宽。

(2016年04月13日)

以营改增释放经济活力

贾 壮

> 营改增是创新驱动的"信号源",也是经济转型升级的"助推器"。这步棋下好了,实体经济就会"活"起来,经济发展有机会更上一层楼并实现良性循环

早春4月,营改增氛围渐浓,从财政到税务部门,从中央到地方,正为打通营改增的"最后一公里"展开倒计时准备——距5月1日开始的、在所有行业和全国范围推开的营业税改增值税,已到了最后攻坚时段。这是自1994年分税制改革以来,我国财税体制的又一次深刻变革。全面推行营改增之后,营业税将淡出历史舞台,增值税成为我国名副其实的第一大税种。此次营改增,在推动财税体制改革之外,还有着更广阔的意义——以减税的"放水养鱼"效应,推动经济转型升级。

宏观上看,当前世界经济形势错综复杂,我国经济下行压力依然较大,要想保持住稳中向好的势头,积极的财政政策必须更加有力。从实施路径看,要么是更大规模的增支,要么是更大力度的减税。今年我国增加了5600亿元财政赤字,为大规模减税提供了空间。而全面推进营改增,正是落实减税措施的重要突破口。

微观上看,一般生产型企业特别是外向型企业,面临着产品价格持续下跌和生产成本持续上升的双重挤压,生存比较艰难。成本上升表现为多个方面:一是劳动力成本不断攀升;二是企业融资成本居高不下;三是企

业的税收负担较重。从激发微观经济活力的角度讲，降成本是今年经济工作的一项重点任务，而减税能够收到立竿见影的效果。

根据历史经验，我们有理由对全面推开营改增的减税效果，抱以乐观的期待。我国的营改增试点于2012年在上海开始，取得一定经验后逐步推开。从实际运行效果来看，刚开始试点时会有一些行业出现税负增加的情况，后经逐步探索完善，营改增的减税效果开始显现。据财税部门统计，截至2015年底，累计实现减税6412亿元。在经济下行压力持续加大和企业负担居高不下的情况下，营改增的减税效应发挥了积极作用。

全面推行营改增，还能形成四两拨千斤的政策效应。国务院日前就全面实施营改增召开的座谈会指出，这次全面推开营改增的政策取向，突出了推动服务业特别是研发等生产性服务业发展，这可以有力促进产业分工优化，拉长产业链，带动制造业升级。可以说，营改增是创新驱动的"信号源"，也是经济转型升级的强大"助推器"；既是当前的让利，更是在培育未来的"新动能"。是用当前的"减法"为未来做"加法"。

全面推行营改增，也是推进供给侧结构性改革的题中应有之义。推进供给侧结构性改革，要提高我国经济发展的技术含量，增大全要素生产率对经济增长的贡献。创新创业的主体是企业和个人，降低他们的税收负担，可以释放出技术创新的活力和动力。这步棋下好了，实体经济就会"活"起来，经济发展才有机会更上一层楼并实现良性循环。

值得注意的是，当前各级政府财政收支压力较大，一定程度上影响了减税降负的积极性，有些地区甚至存在征收过头税的现象，增加了企业的负担。这些认识和做法其实非常短视。税收政策是天然的稳定器和安全阀，具有逆周期调节的作用，削峰填谷方可换来持续稳定。减税降负，放水养鱼，值得大家细细思量。

不过，全面推行营改增是一项系统工程，关系到方方面面的切身利益，涉及复杂的调整，具体执行时应注重调动中央和地方两个积极性，处理好中央和地方增值税分成比例等细节性问题。身处营改增第一线的政府职能部门，只有毫不走样地落实这项惠民政策，努力让好钢用在刀刃上，才能"确保改革后所有行业税负只减不增"。

（2016年04月12日）

别让改革的红利"卡纸"

何鼎鼎

> 改革要顺利推进、政策要切实落地,对执行环节与配套工作是一个重大考验。既需要吃透改革精神,更需要不折不扣,打通并确保"最后一公里"乃至"最后一米"的通畅

近日有媒体报道,自去年 8 月 21 日以来,没有一家企业能从国家工商行政管理总局商标局拿到一张商标注册证,原因仅仅是"商标局没纸了"。媒体曝光当天,工商总局即就此事公开致歉,并称纸张已经到位,承诺 5 月底前将积压的商标注册证全部发放。

因为一个部门"卡纸",商标注册证全部断供,如此"低级"问题出现,难怪人们"难以理解"并有各种调侃与质疑。这些调侃的背后,是对慵懒散漫工作作风的讽刺,对有关部门履职能力的怀疑。尽管工商总局迅速给出了回应,但纸张采购部门为何成了"树懒"?手续流程为何繁琐至此?具体经办问题出在哪里?都有待进一步澄清说明。

随着我国商事制度改革的推进,商标注册量一直在猛增,这给提前预估和精准协调带来了新难度。然而,从去年 8 月商标注册证因缺纸停发,到今年 1 月发布采购公告,并不是没有解决问题的时间。事实上,根据中国政府采购网上的信息,从 2016 年 1 月 14 日,国家工商行政管理总局办公厅资产处发布"商标注册证采购项目采购公告",到 1 月 26 日,采购项

目成交,仅仅用了12天。可见,尽管注册证用纸特殊,但并非难以采购,更非"洛阳纸贵"。

有人估计,这7个月来,有数量巨大的注册商标或多或少受到影响。商标注册证是商标权证明也是商标维权的法律凭证,因为证件迟迟不到位,这7个月中,不少企业的产品被天猫、京东和各大超市下架,不少商标侵权案件的维权不得不搁置下来。一个部门的不作为,让不少企业与个人很受伤;一个环节上的慵懒懈怠,会导致整个产权保护链条脱节。认识到一张纸背后的利益关切,才能真正做到想商标申请人之所想。

近年来,很多部门都为对接改革"最后一公里"付出了不小努力,成效有目共睹。拿工商管理部门来说,自《商标法》修订以来,为方便商标申请人注册,就已经做了大量工作,积极推进商标注册便利化、推动营造良好的品牌发展环境。仅从企业项目审批看,以前三个月办下来的手续,有些地方现在三天就能搞定,以前要跑遍十几个分管部门盖章,现在到"一站式"窗口两次就能解决。

然而,流程优化从来都需要系统推进。如果仅仅是降低了注册门槛、简化了对外流程,却没有降低内部的协调沟通成本,改变部门推诿的工作机制,只会导致"采购环节手续繁琐、部门衔接不畅"。我们都说,要打通政策落地的"最后一公里"不容易。事实证明,假如缺乏责任意识、服务意识、问责意识,薄薄一张纸也可能成为"最后一公里"的障碍。小处不改,必耽大局,老百姓也就难以真正从简政放权中受益,良性的行政服务生态也难以确立起来。

都说"纸上得来终觉浅,绝知此事要躬行",而这次,"纸"上的教训非常深刻。捅破惰政的"窗户纸",照见更多积弊,还需各级领导干部、各单位部门自省、自查,明确职责,改变作风。随着改革的不断深入,惠及民生、盘活市场的红利政策还会相继推出,但改革要顺利推进、政策要切实落地,对执行环节与配套工作是一个重大考验。既需要吃透改革精神,更需要不折不扣,打通并确保"最后一公里"乃至"最后一米"的通畅。只有坚决克服消极懈怠的工作态度、强化政府的服务意识,改变不作为、不会为、不善为的工作作风,跟上改革节奏,才能杜绝"卡纸"事故,让人民真正受益。

(2016年04月11日)

强化"零死角"的反腐预期

李浩燃

> 不定期"回头看",时不时"回马枪",有助于打破少数腐败分子的"避风"心态、侥幸心理,防止"破窗效应"

日前,中央纪委监察部网站发布消息,辽宁省委常委、政法委书记苏宏章和山东省济南市委副书记、市长杨鲁豫涉嫌严重违纪,目前正接受组织调查。两条"打虎"简讯,为反腐无例外、无死角增添了新注脚,也因涉及中央巡视组首批"回头看"省份而备受关注。

今年2月,2016年中央第一轮巡视工作正式启动时,专门部署对4个省开展"回头看",辽宁、山东两省即在此列。2016年刚刚过去第一季度,全国已有13名省部级干部被查处,其中辽宁就占3席。"把中央巡视'回头看'和对王珉、王阳、苏宏章涉嫌严重违纪进行组织调查作为推动全省党风廉政建设和反腐败斗争的重要契机",辽宁省委的态度,警示着当前的反腐败形势依然严峻复杂,也从一个侧面映照着巡视工作"回头看"所取得的实效。

去年8月,中共中央印发《中国共产党巡视工作条例》,明确了巡视组的履职责任,在制度层面推进巡视工作进一步常态化、规范化。以此为契机,各地纷纷出台意见、措施,着眼于完善巡视工作。在这种背景下,从中央到地方,形式多样的"回头看"也渐成各级纪检监察机关增强履职能力的有效途径。例如,江苏常州武进区纪委对2015年办理的信访件进

行排查并开展"回头看",回访举报人、征求群众对处理结果的意见,收获到良好效果。

俗话说,"纵贪欲如落水"。不定期"回头看",时不时"回马枪",有助于打破少数腐败分子的"避风"心态、侥幸心理,防止"破窗效应"。正如廉政专家所言,通过"回头看"可以传导压力,让巡视监督像一把利剑,时刻悬在头上。更重要的是,这也向全体党员干部明确传递信号:中央正风肃纪是常态工作,"打虎拍蝇"不仅剑指每一处角落,而且坚持久久为功,千万莫伸手,伸手必被捉。

官多一分廉,民增一分福。党的十八大以来,中央坚持有腐必反、有贪必肃,始终以零容忍的态度坚决惩治腐败,凝聚了党心,赢得了民心。"实时更新"的肃贪反腐成果,印证着惩防腐败的高压态势丝毫未减,也是对"运动式反腐""权力式反腐"等论调的现实回击。也应看到,反腐利剑高悬,让腐败现象趋于隐蔽,有的人甚至"在位预约、退休受贿",玩起了"期权腐败"。要想让每一个尸位素餐、蝇营狗苟的腐败分子无处逃遁、不敢妄想,关键是要织细、织密制度之网。

实际上,随着《中国共产党巡视工作条例》《中国共产党廉洁自律准则》《中国共产党纪律处分条例》等法规条例的颁布或修订,在全面从严治党的时代要求下,党内法规体系逐步健全,反腐迈入制度化、法治化的轨道。"法立,有犯而必施;令出,唯行而不返"。持之以恒对抗腐败,就必须依靠制度、坚持法治。一方面,矢志增强制度的刚性,通过法治方式为反腐赋权,助力反腐败工作驰而不息、不受干扰;另一方面,深化细化规定、条文,限制和规范权力,从根本上铲除滋生腐败的土壤,让权力真正运行在阳光下。

"禁微则易,救末者难"。反腐是一场必须赢的价值观较量,更是一场输不起的生死仗。当前,全党正深入开展"两学一做"学习教育,"把全面从严治党落实到每个支部、每名党员",体现出的就是中央对党的纯洁性、先进性、战斗性坚持不懈的追求。筑牢"零容忍"的反腐常识,夯实"零死角"的反腐预期,推动全面从严治党向基层延伸,必能促进党员干部更清正、政府更清廉、政治更清明。

(2016年04月08日)

传统文化呼唤"现代相遇"

张 铁

既有大国工匠沉心传递我们民族的文化符号,也有优秀导演用心建构当今时代的文化方舟,文化的长河才能源远流长

"燃"——一个"90后"表达热血沸腾的字,却用来形容一个"呼吸都不敢太大声"的地方,这样戏剧性的对比,足够让人点开这部叫做《我在故宫修文物》的纪录片,看看历史、传统和文化,如何一脚踏进了年轻人的心灵。

绘有800多个人物的《清明上河图》、金丝刺绣满满的万寿屏风、面容肃穆安详的木雕菩萨像……精美绝伦的文物,经历岁月风尘而破旧残损,却在一双双神奇的手中重新焕发光彩。《我在故宫修文物》讲述的,是故宫文物修复工作者的"日常"。这部3集纪录片在聚集了大批年轻人的弹幕视频网站,收获超过百万次点击,跻身热门搜索。而片中的故宫工匠,则成了新生代的"男神""女神"。

在爱好动漫的年轻人眼里,"设定"是个关键。也就是说,能创造一个有自己的规则和趣味的"世界",一部作品才算成功。从这个角度看,《我在故宫修文物》正有着自己的"世界观"。擦掉黄花梨箱柜铜组件上的锈,显出黄澄澄的光;一个个齿轮的调适,大座钟上的野鸭终于能扇动翅膀;颜色已经黯淡了的瑟,一层一层刷上新漆后华彩焕然……用目光穿透时间,

用指尖对话历史,文物修复的世界充满了生机与活力,也充满了专注与从容。这或许就是"燃",纯粹地、执着地、充满敬畏地做一件事。

正如一位纪录片导演所说,"好内容和新人类之间并不存在隔阂"。而关键之处在于,需要与文物修复一样保持"匠心",才能制造更多"文化的相遇"。"空口袋立不起来",一些热衷大投资、大场面的文化产品,即便全是高清航拍、数字特效,也难掩内里的空虚和苍白。好的文化产品,总能找到有共鸣的视角、发掘有故事的人物、展现有深度的思考,这样才能让传统文化与现代表达"美美与共",以"工匠精神"收获更多人的热爱和尊重。不要低估年轻人的鉴赏力,如果你认为他们"接收不到",可能只是因为你不够好。

很多时候,我们对传统文化的表现,还是汲汲于各种符号:卷轴、瓷器、昆曲、武术……要知道,失去了时代的连接、缺少了情感的沟通,这些不过是一堆零散的符号、呆板的素材,正如挂满了折扇、脸谱和中国结,也不过是仿古街的纪念品摊位。如果历史只剩下戏说,止步于胡编乱造的穿越剧;如果传统只剩下皮毛,演变成空洞乏味的实景秀,失去的将不仅仅是市场,更是让文化持续生长的内在力量。新一代的年轻人成长起来,向他们传递中国传统的器物之美、精神之美、价值之美,才能与来势汹汹的"日风""韩流""美剧"对抗。

精美的大座钟,即便是上百年前制造的,在匠人的精心呵护下,仍然可以运转如常。我们的文化传统,同样需要更多人参与进来,去发现、去呵护、去激活,才能不断焕发生机与活力。当此之时,传统越来越受到重视。但一些人打着"传统"的旗号,或是为了上项目圈钱,或是为了吸眼球博名,造出一些莫名其妙、徒具形式的文化垃圾,反而让传统"污名化"。"为往圣继绝学",终究是要落实到实践之中去。习近平总书记强调,"要系统梳理传统文化资源,让收藏在禁宫里的文物、陈列在广阔大地上的遗产、书写在古籍里的文字都活起来。"如何让传统文化活起来?最重要的,是要有创造性转化和创造性发展的能力。文化的长河里,既需要大国工匠沉心传递我们民族的文化符号,也需要优秀导演用心建构当今时代的文化方舟,才能让文明古国的河流绵延不绝、源远流长。

当修复无痕的文物被送去展出,网友的弹幕纷纷感叹,"看到这里居

然泪目""表白修文物的男神女神""致敬中华文化"。这些情难自禁的年轻人们,或许不会真的投身文保事业,但对于传统文化的精神气质和价值追求,肯定会有更多理解和认同。一部纪录片,能达到这样的效果,可谓殊为不易;而更多的文化产品,如若能有同样的效果,那就善莫大焉。

(2016年04月07日)

提稳菜篮,需用好两只"手"

冯 华

保持菜价稳定在合理水平,是一道考验管理者智慧的民生必答题。既要保障城里人的吃菜问题,不能菜贵伤民,又要解决菜农的增收问题,不能菜贱伤农

"现在的菜怎么这么贵呀?!"最近一段时间,不断上涨的菜价引发广泛关注。有家庭主妇晒出购物清单,因为菜价上涨,三口之家一个月多花了近200元菜钱。据农业部蔬菜生产信息网监测,580个蔬菜重点县信息监测点显示,3月中旬42个蔬菜产品平均地头批发价同比上涨29.5%。

对于菜价上涨,首先应理性看待。这次上涨,既有当前正处"春淡"期、供应整体偏紧的原因,也与前一阶段罕见的"霸王级"寒潮突袭、南方产区蔬菜大量减产有关。还要看到,大白菜、结球甘蓝、大葱等一些蔬菜的涨幅较大,是由于近年来效益偏低、种植面积呈下降趋势,对供给产生了一定影响。

市场经济条件下,蔬菜价格受供求关系影响出现波动,正常。但对于超出合理区间的暴涨暴跌,则须予以重视。农业部负责人表示:特别要推动落实"菜篮子"市长负责制,切实保障常年菜地保有量、重要蔬菜产品自给率和蔬菜产品质量合格率的稳定。菜价一头连着市民的"菜篮子",一头连着农民的"菜园子",两头都是大民生。既要保障城里人的吃菜问题,

不能菜贵伤民,又要解决菜农的增收问题,不能菜贱伤农。保持价格稳定在合理水平,是一道考验管理者智慧的民生必答题。

深层次观察菜价上涨,反映出蔬菜供给的结构性失衡问题。近年来我国蔬菜生产呈现出"大生产、大流通"的格局。从生产环节来看,蔬菜产区由城市郊区向农区集中,生产方式由露天向设施转变,生产组织结构也趋向专业化和规模化,这些都带来蔬菜成本结构的变化。土地、人工等生产资料价格不断上涨,推动蔬菜生产成本明显增加;流通环节的链条过长、环节过多等情况依然大量存在,都在无形中推高了蔬菜价格。

提稳"菜篮子",需要市场和政府两只手都发挥好作用。蔬菜对市场供求反应灵敏,最有效的手段还是加大对生产的支持力度,从政策、补贴、保险等环节入手,加强对"民生菜"的扶持,依靠市场来拉动生产。同时,有关部门的监测预警与调控措施还应更科学。比如,针对灾害性天气频发的情况,应提前做好预案,合理调整生产、调度供应,尽量减小市场波动;做好反周期调节,而且调控也不是只"管涨不管跌",不合理高涨时要管,低迷时也应"该出手时就出手",切实维护菜农的合理收益,进一步完善现有的蔬菜动态储备及应急机制。

进一步看,推动蔬菜产业的升级才是治本之策。要以农业供给侧结构性改革为契机,加快转变蔬菜的生产方式,打通生产、加工和流通环节。提高蔬菜产销组织化程度,引导农民按市场需求进行生产。同时积极改善蔬菜流通设施条件,降低农产品储藏、流通成本,引入农产品电子商务等新型业态,推动"农超对接",让百姓的"菜篮子"更丰富实惠。

回顾过往,农产品价格"过山车"现象,屡有发生。从"姜你军"到"蒜你狠",到"'二师兄'身价上天",民间戏语也反映了这一点。在探索如何走出农产品的涨跌异动、周期性怪圈的过程中,"注重发挥市场形成价格作用,农产品价格主要由市场决定",已成为基本共识,并写进了2015年10月中共中央、国务院发布的《关于推进价格机制改革的若干意见》中。但"市场决定"并不意味着政府就可以"大撒把"。

习近平总书记在今年两会上指出,深化经济体制改革,核心是处理好政府和市场关系,关键是加快转变政府职能,该放给市场和社会的权一定要放足、放到位,该政府管的事一定要管好、管到位。对农产品来说,如

何"放到位""管到位",怎样保护农民利益、维护市场的基本稳定、避免价格大起大落带来的伤害,政府非但不能缺席,更应有所作为。

(2016年04月06日)

让改革带着温度落地

毕诗成

> 很多重要的政策，涉及复杂而普遍的调整，可谓牵一发而动全身，必须以系统性改革的齐头并进为呼应

二孩政策全面放开，社会反应很积极，但随即也出现了新的烦恼。据当地媒体报道，河南郑州中牟县一所中学推出"怀孕二胎指标"，有老师甚至排到2020年之后，而且指标到期不用将作废。

类似"排队生育"的情况，早就屡见报端，属于放开二孩政策后出现的极端事例。指责当事学校不人性、太荒谬、太滑稽非常容易，有关部门若要求学校取消土政策，也分分钟可以做到，问题是，学校的苦恼谁来解忧？生二孩的教师短时间内太集中，影响上课，家长们能答应吗？教育秩序如何保障？

简单粗暴地"排号生育"不妥当，简单粗暴地棒喝"排号生育"同样不解决问题。"放开二孩"是国家着眼于经济可持续发展、家庭社会幸福的重要政策调整，意义重大。但好的改革能否带着温度落地，则需要各种相关政策及时跟上。就学校这样的事业单位而言，并非无路求解。比如：公办学校通过教育局在大学区内人员协调，私立学校以市场手段加强社会聘用，用人单位建立人员储备制度……实际上，很多用人单位长期以来就是一个萝卜一个坑，生育保障、带薪休假等原本就贯彻得不彻底，等到国

家放开二孩、做出休假制度调整,压力骤然增大,自然捉襟见肘。

任何重要改革都有一定的成本,保证改革能够推动全局的同时,也要注意代价的系统性分担。近日还有媒体梳理发现,全国已有吉林、海南、云南等20多个省份先后修订了计生条例,所有省份均对女性产假进行不同程度延长。对于酝酿生二孩的家庭来说,这不啻一种激励,但对于工作单位来说,无疑会造成一定的负担。这个成本需要全社会正视,也需要摊到桌面上讲解清楚、化解到位,实现全社会的共同承担,而不是简单地压到某一方肩上。

"十三五"大幕已经拉开,相当多重要的政策,都涉及复杂而普遍的调整,可谓牵一发而动全身,必须以系统性改革的齐头并进为呼应。就生育二孩而言,绝不只是小两口关起门来的决定,它不仅需要妇幼医院、儿科医生、小幼教育等资源的配合,还需要休假机制、教育资源、社会聘用等改革的跟进。再比如当下很热的房地产去库存,如果没有人的城镇化、没有对新市民的切实保障、没有教育医疗服务的提升,简单鼓励更多的农民进城买房,反而容易制造新的问题。又如去产能,坚定不移做的同时,转岗就业、职业培训、产业升级、夯实新增长点等一大堆事情也要做。

说到底,深水区的改革,几乎每一项都面临着系统性的资源配置调整,"没有随随便便的成功"。所以,我们绝对不能低估任何一项改革的复杂性,不能盲目地只看到进步的方面,而不去面对成本、代价等困难的一面,更不能任由各地变通、政策调整,将代价压到缺乏话语权的弱势群体身上。国家之所以要求以战略思维系统谋划"十三五",原因也正在这里:单兵突进,孤掌难鸣,再好的改革措施,如果任由新的矛盾不断累积,最终不仅难收全局之效,甚至也会延误改革本身的进程。

当然,挑战与机遇永远并存。每当完成系统性的资源配置改革,都无异于社会肌体的一次完善,带来各种子目录改革的契机。矛盾不可避免,问题总是存在,但我们既不能因为畏惧困难就裹足不前,也不能只凭暴虎冯河的一腔血勇。方法是具体而微的,是因人而异的,原则却是统一的,那就是从确保人民的获得感出发,从因势利导确保改革红利出发,不"跑冒滴漏",不异化变形,让好政策真正生出好结果。

(2016年04月05日)

共筑阳光扶贫的法治屏障

王松苗

> 查办和预防扶贫领域职务犯罪,是检察机关服务和保障扶贫开发工作的重要举措,也是检察机关作为反腐败职能部门必须承担的重大责任

当前,脱贫攻坚到了啃硬骨头、攻坚拔寨的冲刺阶段。打赢脱贫攻坚战,既需要党委政府凝神聚力,社会各界众志成城,也离不开法治部门强力保障——确保惠农资金在阳光下运行,真正做到廉洁扶贫、阳光扶贫。

扶贫资金是贫困群众的"救命钱",一分一厘都不能乱花,更容不得动手脚、玩猫腻。在中央扶贫开发工作会议上,习近平总书记要求各级党政部门,"要加强扶贫资金阳光化管理,集中整治和查处扶贫领域的职务犯罪,对挤占挪用、层层截留、虚报冒领、挥霍浪费扶贫资金的要从严惩处!"查办和预防扶贫领域职务犯罪,是检察机关服务和保障扶贫开发工作的重要举措,也是检察机关作为反腐败职能部门必须承担的重大责任。

不让扶贫资金成为不法分子觊觎的"唐僧肉",是阳光扶贫的第一要务。由于扶贫对象量大面广、资金使用环节多、监管机制不完善、扶贫信息不公开不对称等多种原因,扶贫资金常常成为"蝇贪""蚁贪"蚕食的对象。从近年办案情况看,扶贫领域职务犯罪案件涉及政策落实、资金使用、公共服务等多个环节,犯罪主体以村"两委"成员、村民组长、乡镇站所工

作人员和部分县级职能部门工作人员居多。犯罪手段则花样翻新，层出不穷：有的雁过拔毛，见缝插针，层层截留；有的无中生有，虚列户头，套取资金；有的借鸡下蛋，隐瞒实情，账外私分；有的权力寻租，猫鼠一窝，上下其手。据统计，2015年全国检察机关依法查办三农领域相关职务犯罪11839人。2013年到2015年，检察机关依法查办扶贫开发领域职务犯罪2295人，占全部职务犯罪案件人数的1.4%。

扶贫资金发放到哪里，法治监督就跟进到哪里。特别是检察机关，要加强与政府扶贫部门的联系沟通，始终以"扶持谁""谁来扶""怎么扶""如何退"为问题导向，梳理扶贫资金的底数标准、政策依据与发放程序，排查漏洞与隐患，加大对落实扶贫政策"最后一公里"的法律监督。"十三五"时期，中央和地方政府扶贫资金投入不断加大，扶贫项目日益增多，利益调整复杂多元，如何防止"扶贫投入加上去，干部贪腐倒下来"，成为社会各界的普遍关切。

为最大限度减少扶贫领域职务犯罪发生几率，确保惩防到位、帮扶到位，真正做到阳光扶贫、廉洁扶贫，根据近年来检察机关查办涉农职务犯罪的实践经验，最高检和国务院扶贫办决定从2016年1月至2020年12月，在全国范围内共同开展为期5年的集中整治和加强预防扶贫领域职务犯罪专项工作。下一步，各地检察机关将运用精准监督高度对位精准扶贫，梳理廉政风险点，及时提出完善内控机制、加强风险防范的建议，并配合发案单位加强整改，建章立制，惩防并举，最终实现法律效果、社会效果与扶贫成效的有机统一。

跃迁之时，当有智勇之策；攻坚之际，最需法治助力。只要我们坚持运用法治思维和法治方式，齐心协力，筑牢扶贫开发的法治屏障，就一定能补齐农村贫困人口脱贫这块短板，最终实现全面建成小康社会的奋斗目标。

（作者为最高人民检察院办公厅主任、新闻发言人）

（2016年04月05日）

用法治营造和谐医患关系

白 龙

> 凡事依照法律，让正常工作的医护人员"有人撑腰"，让遭受损失的群众"有地说理"，是"平安医院"建设的题中之义

"有理无理，闹大了再说"，是一些人遇到医患纠纷时的想法；与之相应，"有责没责，赔点钱得了"也是一些医院处理纠纷时的态度。今后，这样的做法将被叫停。根据国家卫生计生委会同中央综治办、公安部、司法部联合印发的《关于进一步做好维护医疗秩序工作的通知》，滋事行为制止前不得调解、纠纷责任认定前不得赔钱。

近年来，因医疗问题引发的纠纷层出不穷，已经成为社会新闻中的一个类别。从围殴医护人员，到花钱雇医闹、强迫医生下跪，医疗领域的暴力事件和违法犯罪已经成为社会痛点。任由这一现象发酵，不仅将影响正常的医疗秩序、破坏医患之间的信任，也将滋生社会戾气，让非理性的行为在社会中蔓延。正因如此，四部门此次出台文件，以法治思维和法治方式解决医疗纠纷、惩处涉医犯罪，不仅剑指"花钱消灾"，更力图建立一个正常的医疗秩序、和谐的医患关系。

不可否认，对有些医院负责人而言，"花钱消灾"是最简单的一种问题处理方式，只要对方喊出的价码能够承受，就巴不得"赶紧打发他们走"。这种解决问题的方式模糊了法理上的是非，看似"简单快捷"，实则埋藏

了很大的隐患,变相鼓励了一些无理取闹甚至职业医闹的产生。究其原因,很大程度上是医院现场处置能力不足造成的。医生都是知识分子,让他们承担职责之外的纠纷处理,实在是强人所难。正确的做法,应该由相关机构对涉医事件做到充分预案、及早介入,确保事件从一开始就进入法治轨道。除此之外,还应推动完善院内调解、人民调解相结合的医疗纠纷调解体系,及时做好医疗纠纷调处工作。

无论是对医生还是对患者而言,遇事一断于法都是最好的处理方式。此次出台的文件,并不存在有人担忧的偏袒谁的问题,而是重申法治之于和谐医患关系的重要意义。就像很多人指出的,对一般患者而言,医疗领域存在着巨大的"信息不对称"现象,很容易被非理性情绪误导。算不算医疗事故、责任由谁承担?应该交由专业机构和法律来认定。正因如此,我国侵权责任法专门规定了医疗损害责任,这对作为损害方的患者来说,是公正的体现。遇到事故求助法律、依靠法律,对患者而言也是正确的选择。换言之,依法解决纠纷,让正常工作的医护人员"有人撑腰",让遭受损失的群众"有地说理",是"平安医院"建设的题中之义。

也要看到,产生医疗纠纷的原因是复杂的,依法维护医疗秩序,应该与打击非法行医,治理医德不端、过度医疗等现象同时进行。毫无疑问,医生行业是中国最苦最累又最受气的职业之一,76岁老中医边啃烧饼边加班、医生连续加班晕倒手术台等新闻,让大家感动并感叹医护行业的不易。然而,也有像"手术中遭两次加价""能动手术就不开药、能开贵药就不开便宜药"等失序行为刺激着公众神经。因此,此次出台的《通知》也特别强调,优化服务流程,改善医疗服务,加强医患沟通,深入开展进一步改善医疗服务行动。

"十三五"规划的一个重要目标,是实现"健康中国"。这既是一项国家战略,又和每个人的日常生活息息相关。迈向这一目标,需要解决一系列深层次的体制机制障碍,攻克一批老大难问题,医患关系无疑是其中的重要部分。事关人人的"健康中国",不妨从人人皆可做起的健康医患关系开始。

(2016年04月01日)

别让"帽子"遮蔽科学的眼睛

柏木钉

> 一些地方按照类似实行招商引资优惠政策的方式招徕人才，而这些人才究竟按照何种科学的评价体系予以界定，却越来越少有人关注

"过多的人才计划可能会耽误科研""不要再人为创造不平等了，让学者们静下心来做学术吧"！日前，本报刊发的《人才"帽子"那么多究竟效果怎样》，在科技教育界引发热烈反响。

据粗略统计，各部门和各省市的"人才计划"，加起来有近百项之多。今年全国两会上，就有政协委员直言：这种人才"帽子"满天飞的现象，在世界上都不多。应该说，相关部门和地方出台人才计划对我国的人才引进、培养发挥了积极作用，其贡献应予充分肯定。但令人眼花缭乱的"帽子"产生的负面效应，也同样值得警觉。

现实中，我们的科研评价体系本来就存在"以论文数量论英雄"的弊端，一些科研人员为了应付考评，想方设法快发、多发论文，专做那些短平快的跟风式研究；至于所做研究的创新性有多大，就无暇顾及了。其结果，就是产生了堆积如山的平庸论文，而原创性的重大成果却不多见。我们实施各项人才计划，理应注意和努力克服这样的弊端，防止一些人的"路径依赖"，为了博取"帽子"而走到"唯论文数量""唯项目规模"的老路

上去，真正给人才成长以正向的激励。

令人遗憾的是，随着一些地方和研究机构把人才作为"形象工程"，出现了按"规格"订制"帽子"、以"帽子"配置科技资源的现象。甲类人才享受某种待遇、乙类人才可得多少安家费、丙类人才有资格竞争某类项目……一些地方按照类似招商引资优惠政策的方式招徕人才，而这些人才究竟按照何种科学的评价体系予以界定，却越来越少有人关注。以至于有人说，前些年广受诟病的"院士崇拜"现在已经演化为各类"帽子"比拼，人才计划的良好初衷在执行中走了样。

不仅如此，良莠不齐、标准不一的人才"帽子"，还可能加剧本来就屡禁不止的"拼关系"和浮躁学风，无形中把科研人员划为三六九等，妨碍平等的学术交流，使追求真理、崇尚创新的科研活动日趋名利化……难怪科教界的有识之士呼吁：不能再让五花八门的"帽子"满天飞了！

终结人才"帽子"满天飞的乱象，首先要"正心"。实施人才计划的目的，是从建设创新型国家的大局出发、为具备创新能力和潜力的科研人才提供充足的经费，让他们安安心心、踏踏实实搞创新。如果暗存私心，就会使人才计划异化为显示政绩的工程和谋取利益的手段，把一本好经念歪。

其次，要"务本"。这个"本"，就是人才成长的客观规律和科学研究的自身规律。无论是人才成长还是科学研究，最重要的是心无旁骛、长期积累，最关键的是淡泊名利、回归学术。因此，在实施人才计划时，应真正尊重、遵循这些特点，着眼于为具备创新能力和潜力的科研人员提供持续稳定的经费支持，尽量把"帽子"与待遇、晋级、评奖等非学术因素区隔开来。

再次，要"齐家"。人才"帽子"满天飞的一个重要原因，就是当前与科研管理相关的政府部门较多。如果每个部门都要搞自己的人才计划，自然避免不了各行其是资助重复、资源浪费。因此，应借鉴此前中央财政科技计划（基金、项目）改革的经验，加强、完善顶层设计，合理统筹各类各种人才计划，该取消的取消、该整合的整合，尽量减量提质。

当然，除了政府部门要正本清源、求真求实，科研人员也要正确对待"帽子"，不要为了追"帽子"而迷失方向。毕竟，真理的发现，科研的突破，首先需要的是一颗宁静淡泊的心。

（2016 年 03 月 31 日）

撤销学位点体现质量导向

沈文钦

日前,教育部网站发布了《国务院学位委员会关于下达 2014 年学位授权点专项评估结果及处理意见的通知》,42 所高校的 50 个学位授权点被评为"不合格",将面临撤销,并且 5 年之内不得重新申请,其中包括部分"985 工程"高校,引发社会热议。学位点撤销工作既体现了政府教育提质的决心,也传递出研究生教育的质量导向、问责导向和改革导向。

今年的《政府工作报告》明确指出,要发展更高质量和更加公平的教育。2015 年,我国高等教育毛入学率已经达到 40%,但是高等教育人才培养质量仍然不能满足人民群众日益增长的多样化和个性化需求。研究生教育学位点是高校办学水平的象征,因此受到各个高校的普遍重视。但是,一些高校"重申报、轻建设"的现象确实存在。打破学位授权的"终身制",有利于督促培养单位更加重视质量建设。

质量监管是政府依法治教的重要手段。从国际比较来看,学位点撤销是各国普遍采取的做法。近年来,我国研究生教育规模已经位居世界前列,在快速发展过程中,开始出现一些质量问题。日前被广泛报道的多起硕士论文严重抄袭事件表明,我国高校研究生教育质量的内部质量保障存在比较严重的缺失,一些导师和高校尚未树立起质量自律的意识。因此,在质量保障体系建设初期,在第三方机构质量评估尚不成熟的情况下,政府部门的监管显得尤为必要。

研究生教育是教育的最高层次,具有很高的专业性和复杂性,因此政府的质量监管需要依赖学术共同体的专业判断。据了解,此次随机抽评的学位授权点评估结果完全按照专家评议意见认定,被撤销的学位点均属于一半以上参评专家认为不合格者,这表明了政府对专业意见的尊重。但与此同时,我国学位点撤销在程序、方法等方面尚存在改进的空间。在发达国家,学位点撤销包含一系列复杂的程序,如同行评议、内部评估、校友与公众听证会、协商申诉等。与之相比,我国目前的评估程序相对简单,评估指标和数据并未完全公开,未来应该进一步推进此项工作的程序规范化、方法科学化和过程透明化,特别要给高校提供申诉的渠道。

长远来看,研究生教育质量的提高根本上依赖于高校自身质量意识的建立、质量文化的形成和质量保障措施的落实。在此次评估中,哈尔滨工业大学、中国农业大学等高校主动撤销工程管理硕士,北京大学、吉林大学等高校主动撤销资产评估硕士,体现了这些高校的质量自律。政府部门在履行外部质量监管职能的同时,应进一步落实"管办评分离"的原则,培育第三方评估机构,进一步扩大高校办学自主权,使学校更多通过自律机制保障和提高研究生教育的质量。

(2016 年 03 月 30 日)

给留守儿童更多"精准关爱"

李 拯

"我国今年将首次摸清留守儿童底数",在天津大学日前召开的一个研讨会上,民政部官员透露的这一信息,迅速引发广泛关注。据悉,民政部与教育部、公安部等,决定今年开展留守儿童全面摸底排查工作。留守儿童,这个令人牵挂的群体,将有更加精确的"生存地图"。

留守儿童不是一个抽象的群体,而是由一个个鲜活的个体组成,有着独特的年龄结构、个性特征和多样需求。关爱留守儿童不能笼而统之,而应该在"精准"上下更多功夫。全国究竟有多少留守儿童?精确数字一直付之阙如,而各种统计又莫衷一是,倘若连底数都摸不清,那就谈不上摸清情况、给予关爱,遑论在此基础上的精准帮扶、因人施策。因此,摸清留守儿童底数,正是迈出"精准关爱"的关键一步。

这些年来,无论是政府的帮扶政策,还是社会的公益活动,关爱留守儿童越来越精准化、精细化。今年年初,国务院出台《关于加强农村留守儿童关爱保护工作的意见》,明确要求"建立翔实完备的农村留守儿童信息台账,一人一档案,实行动态管理、精准施策",把"精准"固化为制度原则。而从"三元免费午餐"致力于身体健康,到"上学路上""爱心妈妈"着眼于精神陪伴,"精准"也是各类公益活动的关键词。关爱留守儿童固然需要政府、社会、专业机构等协同合作,但协同合作的前提正是要针对具体需求实现"精准关爱"。

事实上,在留守儿童这个庞大群体中,有的孩子掰着手指头数着父母回家的归期,更多需要精神抚慰;有的孩子与爷爷奶奶守着家徒四壁的农屋,更多需要物质资助;有的孩子在孤独寂寞中变得行为孤僻、性格内向,尤其需要心理辅导……每一个孩子都有独属于自己的"小宇宙",只有倾听他们内心的声音,给予他们渴望的关爱,才能抚平流动时代的家庭之伤、社会之痛。

目前,尽管"精准关爱"已经开始发力,但是真正做到"精准"仍然任重道远。有的地方,政府部门逢年过节组织慰问看望,仅仅是"节日性"问候,而缺少日常性的帮扶与关爱;有的公益项目组织捧着"爱心"上山下乡,但是时间太短,以至于还没有熟悉情况,大学生、志愿者就已匆匆离开。这正如有人指出的,"问题并非出在关爱资源的不足上,而是我们的救助结构有缺陷,帮扶的姿态形式感太强"。无论是政府部门、专业机构,还是社会组织、志愿团体,关爱留守儿童都应该摒弃"形式思维",不是胡子眉毛一把抓的笼统关爱,更不是忽强忽弱、乍有乍无的随机爱心,而是真正融入到孩子的内心世界,给予他们真正需要的关爱与呵护。

哪个孩子不眷恋父母的怀抱,又有哪个父母不愿意在孩子牙牙学语中感受快乐、在孩子茁壮成长中体味幸福?既然城乡二元结构带来的撕裂不可能瞬间填平,既然"霓虹灯下你们身影迢迢,乡间的小路我们形单影只"的分离无法短期弥合,那么,就让我们给予留守儿童更多"精准关爱",以他们渴望的形式抚慰孤独、陪伴成长。

(2016年03月28日)

以铁的纪律护航换届风气

李 斌

> 好干部是"管"出来的,也是"选"出来的。如果说反腐败是解决"什么人不能当官"的问题,选人用人则着重解决"什么人才能当官"的问题

"严禁拉帮结派、严禁拉票贿选、严禁买官卖官、严禁跑官要官、严禁造假骗官、严禁说情打招呼、严禁违规用人、严禁跑风漏气、严禁干扰换届",在地方领导班子迎来集中换届之际,中组部近日召开全国干部监督工作座谈会,要求突出抓好地方领导班子换届风气监督工作。"九严禁",既是定心丸,也是预防针。

选人用人之所以是风向标,就是因为对干部而言,给位子、给机会,都不如给一个公平的"赛马"机制;对公众而言,关注地方换届,相比于关注谁上谁下,更看重干部能力素质承载的未来预期。这就是为何中央多次强调,要坚持正确用人导向,"把好干部及时发现出来、合理使用起来";要严肃组织人事纪律,"对违反组织人事纪律的坚决不放过,对跑官要官、买官卖官的决不姑息"。

集中换届期,往往是跑要风、说情风、拉票贿选风等不正之风和腐败行为的高发期。不仅是领导岗位,"两代表一委员"也被许多人当作拉拢对象。湖南衡阳破坏选举案、四川南充拉票贿选案等案件,就暴露出领导

责任落实不力、拉票贿选盛行等违纪违法问题。问题是纪律的靶心，纪律是管理的准星，"九严禁"的换届纪律，既指向候选人违反换届纪律的行为，也对领导干部和组织部门违反选拔任用干部纪律的做法施以禁令，显示出强烈的问题导向和现实针对性，为换届工作换出新风、换出干劲提供了保障。

此次地方领导班子换届，适逢全面建成小康社会冲刺阶段的开局之年，选出忠诚干净担当的好干部、配出结构优功能强的好班子、换出心齐气顺劲足的好面貌，为决胜全面建成小康社会开好局起好步提供有力组织保证，可以说是地方班子换届"最大的政治"。抓好选人用人助力全面小康，首当其冲就是严明纪律、保证公平公正公开的换届环境。以"九严禁"为抓手坚决防止带病提拔、带病上岗，想干事、肯干事、能干成事的干部才会有机会脱颖而出，改革的实干家和促进派才能放心无忧地把精力投入到改革攻坚中。

以铁的纪律护航换届风气，以好的风气选出好的干部，不仅是营造干事创业积极局面、凝聚改革发展万众合力的必然要求，也是巩固扩大良好政治生态的题中之义。推进全面从严治党，关键是抓好领导干部这个"关键少数"。好干部是"管"出来的，也是"选"出来的。如果说反腐败是解决"什么人不能当官"的问题，选人用人则着重解决"什么人才能当官"的问题。只有牵住牵好人事工作这个"牛鼻子"，选准用好公道正派、清廉有为的干部，山清水秀的政治生态才能成为现实。

不让老实人吃亏，不让投机钻营者得利，归根结底要靠制度来保障，要由组织来兜底。查处是最严厉的震慑，对于违反"九严禁"的行为，要坚持露头就打，从快从严查处，决不姑息迁就，始终保持整治不正之风的高压态势。问责是最有力的落实，对那些纵容换届歪风、惩治违纪行为不力的领导干部，应严格执行"一案双查"，既查处追究选拔任用之责，又查处追究风气监督之责，把党纪廉政责任落到实处。

（2016年03月25日）

以改革落实新发展理念

曹鹏程

> 真正以改革实践落实新发展理念,我们就不难找到瓶颈和短板,精准对焦、协同发力,在增强创新能力、推动发展平衡、改善生态环境、提高开放水平、促进共建共享上取得新突破

"夺取全面建成小康社会决胜阶段的胜利,很关键的一条是通过全面深化改革推动落实新发展理念。"近日召开的中央全面深化改革领导小组第二十二次会议上,习近平总书记再次强调"落实新发展理念",并将其与全面深化改革紧紧联系在一起,体现了中央以发展理念引领发展行动、以改革实践落实发展理念的战略部署。

理念是思想的精华,理念进步所带来的思想解放,往往能够为体制机制的创新提供巨大的空间和动力。"十三五"直接对接着全面建成小康社会的目标,连接着决定中国未来的重大发展转型要求,能不能跟高度依赖人口红利、土地红利等要素驱动的发展模式告别,能不能实现协调、平衡、可持续发展,能不能克服高污染、高能耗的发展方式,能不能实现更高水平的开放,能不能走向共同富裕和共享发展,全在于能不能在实践中贯彻落实新发展理念,时刻以新理念来应对改革推进过程中所遇到的问题,并不断用改革实践来丰富新理念。

有人认为,理念存乎于心,一夜就能改过来。现实中,并没有这么简

单。当年辜鸿铭梳着辫子走进课堂,面对学生的哄笑说过,"老夫头上的辫子是有形的,诸君心中的辫子却是无形的"。实际上,旧的理念在思路上、习惯上、行动上会留有深深的刻痕。十八届五中全会以来,很多地方和领域都在认真学习和领会新发展理念,但也有一些地方和领域,昨天还是"旧的"发展方式,一夜之间就断言已经懂了"新的"发展方式,这样的表态未免轻率。以新理念引领新发展,如果停留在口头上,止步于思想环节,而不在经济社会发展中大胆实践,那就真的只能"存乎于心",从概念走向概念,以文件落实文件,失去了生命力。

翻开"十三五"规划纲要,每一个关于发展的篇章,也都是全面深化改革的篇章。实施创新驱动发展战略,离不开科技管理体制、人才发展体制、金融财税体制改革的推动;推进农业现代化,离不开土地制度、城乡关系、现代产权制度等方面的改革完善;加快改善生态环境,离不开环境综合治理改革的推进、生态安全保障机制的健全……只有将改革对准瓶颈和短板,新理念才能真正在发展中落地;也只有在与新发展理念的不断对表中,改革才能找准抓手、坚持正确的方向。

实事求是地说,深水区的改革要比以往难度更大,新发展理念是不可分割的整体,必须要一体坚持、一体贯彻。今天我们的改革对象,已经是一个无比复杂的治理系统,依靠零敲碎打、单兵突进已经难以解决问题。正如深改组会议所强调的,推进改革要树立系统思想。只有以系统思想实现改革举措系统集成,才能触发体系本身的自我改善和自我超越。因此,落在现实中的改革举措,必须是紧扣顶层设计和路线图的一种配套组合,同一领域的改革举措则要注意前后呼应、相互配合、形成整体。

哲人说过,"我的心脏在这里,但到处是我的精神"。好的理念,具有在发展时空中不断扩散和激荡的精神力量。全面建成小康社会是摆在今人面前的一道必答题,也是一道关于未来新发展方式的抢答题。思路一变天地宽,真正以改革实践落实新发展理念,我们就不难找到瓶颈和短板,精准对焦、协同发力,在增强创新能力、推动发展平衡、改善生态环境、提高开放水平、促进共建共享上取得新突破。

(2016年03月24日)

打击医院"号贩子"须求根治本

傅达林

> 整治号贩子既要回应现实社会诉求,更要立足长远针对背后的病灶求根治本

线上"秒杀"紧俏号源,线下雇人排队搞"人海战术",两种不同模式成为一条黑色产业链条的起点。在号贩子的倒卖下,一张不过10余元的挂号单,普通售价300元,最高被抬至3000元出售。近年来,医院号贩子现象屡屡击中社会痛点。

号贩子不仅扰乱就医秩序,还挑战了公民在获得医疗服务上的公平权利,蚕食的是市场的公平法则与法治守护权利的有效性,实乃市场与法治的共同大敌。基于此,这些年有关医疗改革的话题中,根治号贩子一直都是重要议题。与之相伴,从卫生部门单打独斗到多部门打出"组合拳",相关部门的打击力度也"水涨船高"。在前不久的全国两会上,打击号贩子也成为代表委员议论的焦点,有的建议要将号贩子入刑,有的建议完善立法,有的则主张标本兼治。

客观而言,政府为整治号贩子所下的功夫不可谓不大,国家卫计委日前正在部署打击号贩子专项行动,北上广等城市则保持着打击号贩子的高压态势,北京更是首次动用"打黑刑警"深挖网络号贩子的幕后团伙,一举抓获29名涉案人员。采用"打黑"的力度整治号贩子,这决非"杀鸡

用牛刀",而是凸显出这一现象整治之艰难。

任何违法犯罪现象的滋生,总有其特定的土壤。号贩子滋生的土壤,是优质医疗资源的过度集中和相对稀缺,在这种背景下倘若管理制度上再出现漏洞,则自然成为衍生违法犯罪的病灶。警方加大打击力度,号贩子可能会在短期内有所收敛,但只要造就这一畸形群体的土壤还在,便难以绝迹。因此,整治号贩子既要回应现实社会诉求,更要立足长远针对背后的病灶求根治本。

第一层乃是治标,即对号贩子坚持零容忍的常态化打击。以前,由于没有形成严厉的常态化打击,号贩子违法成本较低,侥幸心理作祟,故而愈演愈烈。因此,执法的关键是要严格且有耐力,防止陷入运动式治理的怪圈,坚持对非法倒卖挂号等公共资源行为保持高压态势,才能形成执法的预期效应,防止号贩子卷土重来、死而复生。

第二层是治标兼顾治本,即完善制度机制,让号贩子无机可乘。执法重拳出击只能遏制号贩子的猖獗势头,健全完善相关管理制度才有可能斩断号贩子的利益链条,铲除号贩子生存土壤。近年来号贩子被揭出的行动路径,早已暴露出号源管理和挂号制度设计方面存在诸多疏漏。例如北京早于2003年就开始实行实名挂号,但由于缺乏配套的身份核实程序机制,大多医院网络挂号平台至今尚未与公安部门的身份信息系统联网,使得实名制在防范号贩子上近乎形同虚设。可见,建立一整套既治标也治本的管理制度,如完善的实名挂号制度、健全的网上挂号制度、多部门信息共享机制等,是打击号贩子、建构公平就医秩序的必然要求。同时还可针对稀缺资源领域屡屡出现的票贩子、号贩子等现象,考虑从立法上完善处罚条款,以防止今后新"变种"出现而法律打击产生空白。

第三层是治本,通过深化医疗改革,形成均衡合理的医疗资源配置结构,消除号贩子的生存土壤。号贩子现象的症结在于医疗资源配置不合理,就医分级分流不科学、不理性,这和票贩子一样,都是资源稀缺情况下衍生的某种怪相。因此,打击号贩子难,说到底还是看病难的问题,要真正让号贩子绝迹,同时铲除就医中的一切"找关系""走后门"等不良现象,归根结底还必须从医疗资源配置着手,改变目前的优质资源过度集中的状况,形成医疗资源均质化供给。同时,在医疗资源总体供小于求的背景下,

需要建立理性的分级医疗制度,以降低专家号的非理性需求,从而压缩号贩子的生存空间。

(2016 年 03 月 23 日)

全面实施营改增要有紧迫感

徐立凡

尽快实施以营改增为主的税制改革,是创造公平竞争环境、推动经济结构的优化转型,生成新的经济增长点的迫切要求

在《政府工作报告》提出全面实施营改增,承诺"确保所有行业税负只减不增"后,3月18日,国务院常务会议作出决定,自5月1日起,全面推开营改增试点,将建筑业、房地产业、金融业、生活服务业纳入试点范围。这意味着,占税收收入半壁江山的增值税和营业税即将完成合并,自1994年分税制改革以来最重要的一项税制改革将在近期全面铺开。

为什么要全面实施营改增?简言之,就是减少重复征税,降低整体税负。过去,增值税主要以第二产业为征收对象,营业税主要以第三产业为征收对象。税制的不统一,助推了产业发展的不平衡,同时也加剧了税收不公平的问题。而且,营业税重复征税的现象尤其突出,且缺乏明晰的抵扣机制设计,在第三产业往往是新技术、新业态、新经济的孵化器的市场格局下,营业税"叠床架屋"甚至征收过头税的弊端,无疑对于疏导资源合理配置,扩大第三产业规模,促进大众创业、万众创新,形成了极大制约。因而,尽快实施以营改增为主的税制改革,是创造公平竞争环境、推动经济结构优化转型、生成新的经济增长点的迫切要求。

正是因为营改增有牵一发而动全身的重要作用,因此对于在全面落地

时可能面临的考验，需要有足够的估计和充分的准备。比如，尽管过去4年多的营改增试点经验表明，大多数行业和企业都会受益，但建筑业、交通运输业、餐饮业的一些企业，或因营业税率低于增值税率，或因难以获得足够多的进项抵扣，实际税负有可能上升。如何保证特定行业税负只减不增？需要在确保税收公平的前提下，拿出更多的优惠政策，鼓励这些行业通过扩大投资、购买设备、吸纳就业等方式扩大进项抵扣范围，平稳完成营改增的衔接。此外，试点情况也表明，由于不同纳税企业和纳税人的资产规模、运营情况、应税范围迥异，实施营改增存在效果差异。因此，让纳税人正确认识行业减税与企业税负的关系，算清降低整体税负的大账与履行缴税义务的小账，控制好征税成本，税收征管体系需及时改进征管方式，加大宣传普及力度，让税改新政得到正确解读。

其中，最关键的"考题"是，过去实施的是增值税由国税部门征收、央地按比例共享的税收政策，其中中央财政占75%，地方财政占25%。这也就决定了地方财政更加依赖于由地税部门征收的营业税而非增值税。在营业税退出历史舞台后，地方财政的缺口有可能增大，地方财政支出责任与事权不匹配的矛盾有可能进一步凸显。这就要求，在全面实施营改增的同时，理顺央地财税关系的相关改革步子要迈得更大一些、更快一些。

实际上，理顺央地关系并不缺乏顶层设计。而营改增为理顺央地关系的深化改革提供了难得的契机。这个契机因为今年供给侧结构性改革的全面铺开，而趋于成熟。供给侧改革，既包含去产能、出清"僵尸企业"、为企业减负的命题，也包含优化和增加制度供给的命题，而后者本就是供给侧改革的核心。营改增的目标诉求和性质，同时涵盖了供给侧改革的这两大命题。因此，对于全面实施营改增，要有推进的紧迫感，也要有以此带动重点领域深化改革的使命感。按照十八届三中全会、"十三五"规划纲要提出的路线图，缜密设计、果断推进，营改增就能克服障碍，为激发经济活力、突破改革坚冰提供新的巨大能量。

（2016年03月22日）

从"抄无可抄"中读懂尊重原创

王石川

当原创被保护,当作者获得激励,更有品质的内容会源源不断生产出来,互联网世界将因精品迭出而精彩,媒体融合之路也将越走越宽

日前,一篇有关武钢一个普通钢铁家庭命运的报道,"刷爆"互联网。然而,刊登该文的自媒体却备感失落,究其因,"众多全国知名新闻平台和媒体网站,都是直接抄袭式转载,绝大部分没有联系过我们获取授权,甚至转载也不屑于注明出处和作者来源。"

"抄无可抄,新闻已死",报道作者的8字感喟,交织着伤心与失望。历时三月、五易其稿,"整个过程耗费的时间与心力,自不待言",这篇报道被无数网站转载,确是对稿件、对作者的最好褒奖。然而,不署作者名、不注明出处、也不支付稿酬,这种未经授权的"三不"转载,与窃贼何异?作者痛晒手记,直陈心曲,未必是博同情,索要稿酬,或向转载者宣战,却提出了一个令人沉重而不安的议题:像饕餮一样直接无偿抓取和抄袭优质新闻内容,变成自己的用户流量,再去换取巨额的广告收入,这种模式真的可以一直持续下去吗?

原创不易。每一篇高质量的新闻报道,都凝结着记者的汗水,是记者用脚写出来的,甚至冒着生命风险"换"来的。去年4月22日,国家版

权局下发通知明确要求:"互联网媒体转载他人作品,必须经过著作权人许可并支付报酬,并指明作者姓名、作品名称及作品来源,转载他人作品时,不得对作品内容进行实质性修改"。网络转载,一要获得授权二要付钱,谁使用、谁付费,本是最起码的版权常识,却被异化为"我转载、不付费"。

"原创是用心血浇灌的花,用情感酿造的蜜。抄袭可耻,剽窃可恶,模仿可怜,复制可悲,创新可贵,原创可敬。"今年两会,有全国政协委员呼吁尊重原创。诚然,崇尚创新,须从尊重原创开始。但是,一些网络媒体没有版权意识,甚至店大欺客,居高临下,认为转载你的作品是对你的抬举,帮你扬名,替你扩大影响,你感谢还来不及,提条件、讨价还价太不识抬举。还有一些网络媒体一边从传统媒体中汲取营养,大啖免费午餐,一边宣判传统媒体的死刑,嘲笑传统媒体"末日来临"。

而原创者往往面临着维权成本高的尴尬,甚至陷入"追回一只鸡,得杀一头牛"的困境。有律师告知报道作者:"这个著作权维权成功,大概也就能赢个几千块钱。你还要先去公证处做证据保全,得几千块,还得支付律师费几千块。"或正因程序繁杂、耗时耗力,一些作者被侵权后只能忍气吞声,选择沉默,这也导致一些网络媒体有恃无恐,得寸进尺,任性地将别人的作品改头换面,掐头去尾,俨然是自家生产。

"你们互联网,光吃免费午餐,奶牛谁来养?"全国人大教科文卫委主任委员柳斌杰谈及媒体融合,曾作幽默比喻。当前,媒体融合方兴未艾,但是问题接踵而至。如果不尊重原创,谁还愿做优质内容"供应商"?如果千辛万苦采访的报道,动辄被人顺手牵走,却无须承担应有代价,原创作者岂不心寒?如果劣币驱逐良币,好报道只会越来越少,泥沙俱下的内容就会泛滥于网络空间。长久下去,原创作者不仅失去动力,还可能失去能力。

当前,保护版权、尊重原创的法治建设,正在不断健全,使著作权法更有权威,就需要让侵权者存畏惧、守法者不孤单。当媒体融合进入新阶段,传统媒体依然是主要的内容生产者,而新兴媒体最需要优质内容,重构新闻伦理,强化版权意识,媒体融合才能更有内涵。保护版权与媒体融合并不矛盾,当原创受到保护,当作者获得激励,更有品质的内容会源源不断生产出来,互联网世界将因精品迭出而精彩,媒体融合之路也将越走越宽。

(2016年03月21日)

让历史文物"活"起来

杨雪梅

与其简单抱怨公众对历史、对文物不感兴趣,不妨问一问,我们是否能够"让收藏在禁宫里的文物、陈列在广阔大地上的遗产、书写在古籍里的文字都活起来"。

一个是2000多年前西汉的海昏侯刘贺,一个是3000多年前殷商时期的王后妇好;一个是自2011年起挖掘至今的考古进行时,一个是40年前的重大考古发现……正在首都博物馆举办的这两个精品特展,甫一开展便引来热切关注。为了让观展有更好的体验,博物馆对每天观展人数作了限制。尽管两个特展展期要到6月结束,尽管自19日起开始的个人预约名额已增加至每天5000人,但几天之内的预约都已全满。

这样的场面,不禁让人想起去年故宫推出"石渠宝笈"大展引发的"故宫跑"现象。确实,越来越多的文博展览正成为城市最亮丽的文化风景。苏州博物馆的"吴门四家"系列展,汇聚了国内外十数家博物馆的精品,自2012年起开展,持续4年吸引了上百万的海内外观众;敦煌莫高窟一直是中外游客的游览胜地,为了保护脆弱的文物,也不得不实行预约制度……文物是文化的重要载体,国之瑰宝所唤醒的旺盛的文化需求,折射出传统文化所蕴含的恒久魅力。

想起16日总理中外记者招待会的一幕。有媒体注意到,两会前最后

一次国务院常务会议，有一个议题是部署加强文物保护工作。记者向总理提问，中国这么大，要解决的问题这么多，政府的工作又这么忙，这个问题有这么紧迫吗？

总理的回答，相信全世界都听到了——保护文物实际上也是在推动文化事业的发展，滋养道德的力量，传承我们的优秀传统文化。而换个角度看，从"故宫跑"到"首博热"，老百姓不也是用自己的态度提供了一个注脚？

说起来，文物展览曾经被认为是远离大众的、具有一定知识门槛的、高高在上的享受，现如今，竟然变得如此风靡、如此大众，值得深思。无论是拿着放大镜来，对着一枚玉器细细观察的老人；还是那些被罕见金饼"亮瞎眼"的年轻人；无论是好奇于"妇好"这个亦王后亦将军的传奇故事，还是被在位仅27天的西汉废帝刘贺的戏剧人生吸引，一件件出土文物，一个个考古故事，足以让每个观展者沉浸在千年历史之中。

很难想象，3000多年前的工匠，是如何将一块玉石切割成型又琢磨成器，才有了高8.1厘米、厚只有0.3厘米、憨态可掬的对尾鹦鹉。那一套套大气而不失华丽的西汉编钟，虽静默无声，却仿佛让我们听到了古老的宫商角徵羽……选择与古老历史对话，那些走向博物馆的热切步伐，与其说，是经济快速发展后对"精品文化"消费的需求，不如说，这是现代人对自己从哪里来、到哪里去的一种历史敬畏。文物是国家的"金色名片"，每一件文物都是中国好故事的讲述者。果如其言！

常听到这样的观点，认为历史文物在今天的流行文化中，"曲高和寡"甚至"乏人问津"。但故宫特展的蜿蜒长队、首博特展的观展热情，让人欣喜又不失为提醒：公众不是没有"文化追求"，而是他们能够触摸到的有质量、有品位的文化产品不多。与其简单抱怨公众对历史、对文物不感兴趣，不妨问一问，我们是否能够"让收藏在禁宫里的文物、陈列在广阔大地上的遗产、书写在古籍里的文字都活起来"？除了走进博物馆、"面对面"对视，我们是否还可以通过各种高科技手段、通过互联网平台，让更多的人接受文化洗礼？

"让文物说话、把历史智慧告诉人们"。两年前的2月，在参观首都博物馆时，习近平总书记说的这些话，至今仍让文博人深思，也深感责重在肩。实际上，只有始终对历史文化保持一种敬畏，让那些在历史长河中积淀下来的文化珍存走近百姓、走进当代，才可能让中国文化走向未来、走向世界。

（2016年03月18日）

破除以药补医,下好医改一盘棋

李红梅

> 破除"以药补医"不仅是取消药品加成,而必须同步建立公立医院的补偿机制,完善药品的采购方式,改变医保支付方式

"北京市医改放大招了!"日前,《北京市城市公立医院综合改革实施方案》公布,方案明确所有在京公立医院实施医药分开,到2017年底全面破除"以药补医"机制。

北京市集中了大量优质医疗资源,好医院、好医生、好技术扎堆。"全国人民上协和""留着最后一口气、最后一笔钱到北京看病",虽然夸张,却也折射普遍现象。北京市的医改举措,因此格外引人关注。

此次方案总结了北京友谊医院等5家医院的试点经验,用医疗、医保、医药"三医"联动,改革管理体制,治"以药补医"顽疾。在此基础上,推出防止"有病乱投医"的分级诊疗、完善医生薪酬体系。不仅回应了各方关切,也让人充满期待。

我国的"以药补医",要从1954年开始算起。当时医疗机构实行收支两条线,财政对医疗机构进行补贴,同时允许医疗机构将药品价格的15%加成留用。上世纪80年代后期,政府投入占比越来越少,医院运行成本却越来越高。医院要"养活自己",一个重要的收入渠道,就是药品加成收入以及医疗服务收入。而医疗服务即各种医疗活动的费用一直比较低廉,

相应的是,药品、耗材的收入节节攀高。目前,这已占据医院收入的四成以上,成为医院的收入大头。

在很多发达国家,医院药品收入一般只占10%—20%,医疗服务收入反而占大头,医院"以医养医",收支结构合理,医生因而能够也愿意专心治病。而在"以药补医"机制下,医院收入与药品收入直接挂钩,医院通过多开药、用贵药增加收入,不规范的诊疗行为难以避免。看病越来越贵,医患关系恶化,并形成灰色的药品购销利益链,影响了医药行业的发展。要打破"药品利益",医院、医生、药商、患者、政府就可能"一损俱损"。历史与现实的原因、复杂而交错的利益,考验着改革的智慧、勇气和决心。

2012年,北京友谊医院、朝阳医院等5家公立医院试点医药分开改革,取消药品加成,同时设立医事服务费,由医保实时补偿。改革成效明显,截至去年10月门诊患者的次均医疗费减少54元,下降12.6%,次均药费减少83元,下降27.6%,住院患者例均医疗费减少1706元。15%的药品加成,整体"平移"为医事服务费。这样"暗账变明账"的利益计算,让制度设计更科学合理,给了自我革命以底气和勇气。

不过,这样的改革举措,仅仅是成功的第一步,仍有很多现实的问题待解。医药分开改革,让这些试点医院成为药费洼地,很多人尤其是外地患者,到别的医院看病,到试点医院抓药。另外,医疗服务价格、药品采购方式、支付方式改革等,还没有进一步开展,难以从根本上形成合理的收入结构,并最终倒逼出管理机制的转变。

从这个角度看,治疗"以药补医"的顽疾,不是单纯取消药品加成,必须同步建立公立医院的补偿机制,完善药品的采购方式,改变医保支付方式,才不致"按下葫芦浮起瓢"。如果没有"三医"联动及财政、人事、分配等配套措施的改革,就难免"换汤不换药",让改革难以落地。而北京改革试点的经验也表明,唯有把各个环节、各方利益都纳入"改革一盘棋",才有可能把这盘棋下活、下好。

如何总结经验,牵住医改"牛鼻子",打好这场点、线、面结合的战役,解决这个"世界级难题",实属不易。在刚刚结束的全国两会上,福建三明的医改广受代表委员好评。情况更加复杂的北京,能否成就"北京经验",

破除"以药补医"机制,实现患者、医务人员、政府"三满意"的效果,我们充满期待。

(2016年03月18日)

"饿了么"警示监管升级

毕诗成

> 对于阶段性发展之后暴露出来的问题,不应简单"唱衰"甚至"一刀切"禁止,而应视为改进与升级的契机

今年央视的"3·15"晚会,曝光了网络订餐平台"饿了么"。食物制作现场"污水横流",厨师"尝完的菜扔回锅里",平台引导商家虚构地址、虚假宣传,甚至默认无照经营的黑作坊入驻……虽然北京食药监局在节目刚播出就查处了"饿了么"五店合一食品加工点,上海食药监局也约谈了"饿了么"相关负责人,但习惯叫外卖的年轻人还是吐槽,感觉"像吃了一只苍蝇"。

"互联网+"为我们的生活带来巨大变化,从上网购物到手机叫餐,衣食住行都已经被网络改变。然而,"饿了么"的情况也揭示,"野蛮生长"难免积累下种种矛盾和问题,"井喷"的背后可能是泥沙俱下、良莠不齐的消费品质。"饿了么"虽然是个案,但在"数字化生活"的大趋势下,不及时构建起良性的市场秩序,就会导致劣币驱逐良币,成为既影响行业发展、更降低公众福利的问题。

"互联网+"的概念意味着,互联网要与其他行业搭配,才能产生乘数效应,进一步提升价值。以网络订餐服务为例,从消费者下单到食物的制作、配送,涉及的主体很多,远不是一个软件那么简单。我们对一家餐馆、

一个网站怎么管很在行,但一个网络平台连接起无数餐馆,构建起一个庞大的系统,这该怎么管,可能就缺少点经验了。"互联网+"时代,会产生很多社会治理的新课题。

与网络约租车等服务一样,网络餐饮消费如何准入、如何监管,将成为今后很长一段时间里备受关注、也极具挑战的问题。对于这样的新业态,既要避免"一管就死",管得太细太具体,扼杀了行业的活力;也要避免"一放就乱",监管跟不上,让投机者得利、消费者受损。这确实考验着管理部门宏观的智慧、微观的耐心。

从监管层面讲,必须界定好外卖平台与接入餐饮商家之间的关系,规定好责、权、利的主体。平台负哪些责任、餐馆负哪些责任,出现什么样的问题应该由谁来管,"谁的娃娃谁抱走"。同时加大市场检查系统、市场评价系统的建设,线上线下一起建构起良性的市场秩序。酝酿许久、即将出台的网络食品经营监督管理办法,对网络平台的义务做了明确表述;部分省市也做了一些管理创新,包括实行平台向监管部门报送制度等等,都在尝试勾勒清楚这个责权利的框架。

对于各个网络订餐平台来说,也应该有更多自律意识。互联网经济竞争激烈、更新换代快,然而,"唯品质不破"。中国消费者必然会走过图快图便宜的阶段,进入"品质时代"。不管是坚守严格的审查底线,还是以即时视频监督等方式增加透明度,网络平台方显然有很多工作可以去做——眼里不能只是圈更大的地、做更大的份额。没有品质与口碑保障,丢失市场与份额是"分分钟"的事儿。

不管是网络订餐,还是其他基于网络的服务,对于阶段性发展之后暴露出来的问题,不应简单"唱衰"甚至"一刀切"地禁止,而应该视为改进与升级的契机。衣食住行无小事,这样的治理,表面看是管理互联网平台,但本质上是管理公众的生活,可以说是另一种"民生"。政府部门的监管模式,必须以改革之心、利民之志,努力实现创新升级。

(2016年03月17日)

"有态度"的发布更有含金量

李洪兴

> 重点、难点、痛点,往往是社会绷得最紧的弦,含糊其辞、敷衍了事还是坦诚面对、真诚回应,既体现水平,也体现态度

"实行街区制是一个过程,不是一天要完成的""京沪港深4城市有能力有条件稳定房地产市场"……两会接近尾声,3月15日上午关于"棚户区改造和房地产工作"的记者会,却异常火爆。截至目前,除两位新闻发言人首场答记者问外,全国政协十二届四次会议、十二届全国人大四次会议已分别举行了4场和15场新闻发布会。这样的数字,让人直观感受到一个更加开放、透明的两会。

不管是代表委员谈看法、提建议,还是部长们解热点、释政策,两会上的新闻发布会,可谓热点频现、看点十足。一个共同的特点是,每场新闻发布会都突出"问题导向",集中回应了大量热点问题、关键问题。"答记者问",真正成了两会中直面热点、直击问题的"声部"。

例如,政协举行的新闻发布会,涉及推进供给侧结构性改革、惠及民生共享发展、绿色发展保护生态环境、提振经济发展信心等,主题看似宏大,实则照应了当前经济社会发展的关键性问题。人大举行的发布会,部长们关于农业、外交、科技创新、全面二孩、金融改革、教育改革、出租车改革等国计民生的话题,无一不是在回应"呼吸的痛""养娃的苦""打

车的难""投资的困"等社会关切。

"环球时报一向问题犀利""今天天气很好，我以为记者问的第一个问题不会是和大气有关的问题"……部长们"答记者问"的这些感受，来自于记者提问的"尖锐"与"犀利"，也体现着新闻发布会的水平与开度。重点、难点、痛点，往往是绷得最紧的弦，是含糊其辞、敷衍了事还是坦诚面对、真诚回应，既是水平的体现，也是态度的折射。发布会要开得好，必须有这样的"问题导向"，那些答非所问的大话、无可奉告的托词，只会让人给出"负分"。

不管是代表委员还是部长们，"应对媒体"肯定不是其首要职责。不过，"部长""代表委员"这样的身份，本身就是极有号召力的标签，媒体希望听到他们权威的声音与表态。换个角度看，在发布会上表现出充分的诚意，以答记者问为契机进行充分沟通，何尝不是一次寻求支持和认同的机会？回看一些发布会实录，环保部部长手边一摞摞的资料，卫计委一位副主任解答分级诊疗时的"一二三四"，翔实而严谨，赢得不少加分。

不仅是新闻中心的专场发布，备受关注的"部长通道"，其实也在进行着一场场小型的新闻发布。可以说，"部长通道"的开放开明、主动有为，折射着今年两会新闻发布的整体气质。"部长们真的'拼了'""这是一个'意外福利'"……从记者的反应也可见，部长们做足了工作、展示了诚意。公开感谢"痛斥号贩子的姑娘"、驳斥"网上流传的延迟退休时间表"、增加免税店"促进境外消费回流"等，都不是问出来的，而是"抖"出来的料，可谓"百姓有关切、部长有回应"，难怪媒体呼唤"让'部长通道'更长些"。

"你的关心在这里能得到回应"。走上发布台应成一种常态，也该是一种姿态。越敏感越复杂就越该说清楚，阐述政策，解疑释惑，这样的发声才更有含金量，这样的声音才是"两会好声音"。

（2016年03月16日）

在碰撞中找到改革突破口

曹鹏程

> 各种利益群体共同参与政策制定的过程,其实也是帮助利益各方去理解别人、认清全局、掌握自身处境的过程

公众关注两会,一个重要原因,就是这里常有回应群众关切的声音、提供解决现实问题的"钥匙"。

14日的"深化出租汽车改革与发展"主题记者会就是如此。现场媒体在提问时,点出去年两会部长"尽快出台出租车改革意见"的承诺,传递着社会的情绪和期盼。对于具体操作改革的政府部门来说,政策研究如果没有进展、解决问题如果没有干货,很难让公众相信已经"尽快"。

公允地说,政府部门对出租车改革保持了客观进取的势头。针对网约车管理,不仅明确了发展定位,依法实行许可管理,而且提出规范经营行为,建立多部门联合监管机制。而对于整个出租车行业,目前也已经有了六个方面的改革框架。无论是明确应优先发展公共交通,还是建立运力规模的动态调整机制;无论是实行经营权期限制和无偿使用,还是给"份子钱"以更多协商和分配空间……这一难题,在保证群众获得感的前提下,在兼顾各方诉求的原则下,在逐步推进的方法下,解题正在逐渐展开。

在改革实践中,解决一个看起来很小的问题,常常涉及很多系统性矛盾,而且往往是做起来才认识到其复杂性。经过一年的紧张工作,交通部

长杨传堂坦言出租车改革有"三难":统筹兼顾不同群体的利益、平衡公众当前利益和行业长远发展、提升城市公交供给水平和服务水平。三个难点,在去年对外公开征求意见时已经浮现。乘客要求更好服务体验、传统出租车承受内外压力、对政府的监管要求不断提高、规范网约车需要大量政策配套……新老问题叠加、新旧矛盾交织,既有观念体制束缚之绊,亦有利益固化藩篱之阻,又伴随着城市交通供给侧结构性改革的大背景,难处确实很多。

去年出租汽车行业改革和网约车管理两个文件公开征求意见,一个月里就分别收到了5008件、6832条意见和建议。交通部负责出租车改革的一位干部回忆,当时部里的同志是白天黑夜"两班倒"做归纳整理,就是为了不让任何一条意见"沉没"。各种利益群体共同参与政策制定的过程,也是帮助利益各方去理解别人、认清全局、掌握自身处境的过程。很多事情的推动,都是先有碰撞,才有融合。有了这样的过程,把利害摆清楚,把原因弄明白,就容易接受什么是"不可抗拒的公众需求",什么是"需要改善服务才留得住的利益",什么是"不能放手的安全底线",找到最大公约数、找出突破口,改革也就不是难事。

原国家体改委主任陈锦华在回忆上世纪90年代初的改革时曾说,"当时中国的改革真是'急不得、慢不得、左不得、右不得'。"在社会主义市场经济等重大问题定性之后,这样的"四不得"迅速缓解。同样,全面深化改革推进已三年,下一发展阶段的重大问题也已经有了清晰的判断,重要的四梁八柱已经明确标注,在接下来的落实中,最难的就是"改到深处是利益",最重要的是改革者也要找到利益的最大公约数。

交通部领导在记者会上表示,政府部门在改革中是没有任何利益的,也不存在与民争利的问题。这句话说得很对,也是当前几乎所有具体改革都需遵循的铁律。人民的支持是改革最可依赖的力量,要想顺利推动深水区改革,政府部门必须厘清自己的价值排序。说到底,解决人民群众最集中最紧迫的需求,才是政府部门在改革中最大的利益。

(2016年03月15日)

两会新词构筑发展"新地平线"

柯仲甲

> 两会的新词凝聚着对历史的思考、对现实的把握、对未来的期待,有着相当高的含金量

"工匠精神""达尔文死海""大众旅游时代""脑计划"……无论是政府工作报告,还是代表委员发言,今年两会上出现的一系列"新词",提出了新思考,打开了新视野,既有意思,更有意义。

这些新词,不一定是首创。相反,很多是有一定的实践基础,有操作性且值得推广的。借由两会这个平台,一些"成熟的新词"进入国家政策,成为政策导向;另一些不那么成熟的,则会在讨论中凝聚智慧、不断完善。从这个角度看,两会新词中,既有"我们这样做了"的总结,也有"我们做得不够好"的分析,更有"未来我们会这样做"的决心。对历史的思考、对现实的把握、对未来的期待,积聚在这一个个新词上,让它们有着相当高的含金量。

语言是时代的风向标。这些新词,呈现中国崭新的发展图景。"苟日新,日日新,又日新","中国号"航船一日千里,两岸的风景肯定也是日新月异。政府工作报告中,"海外仓"助推电子商务走出去,"光网城市"打造数字生活升级版;代表委员的发言中,"量子互联网"瞄准信息技术最前沿,"'一带一路'健康命运共同体"让"健康外交"跨越大陆大洋……站在巨

人的肩膀上,就能看到更远的远方——经过几十年的快速发展,我们已然能在这些新词中,看到中国未来的"地平线"。

之所以会产生新词,并非生造概念,而是因为旧的思路、旧的方式"边际效应"减少,需要找到新领域,发现新蓝海。"众创、众包、众扶、众筹平台"激发蕴藏于社会的伟力,"'人地钱'挂钩"推进新型城镇化进程,"智慧经济体"提高全要素生产率……一个新词,就是一个发展的"新风口",呈现未来蓝图的同时揭示着力的方向。"凡益之道,与时偕行",很多新词颇具前瞻性、预判性,应该能推动转型升级,引领各个产业更长远的发展。

这些新词虽然领域不同、内涵各异,但仔细体察,其中也有着共同的"理论底色",那就是十八大以来党中央治国理政新理念新思想新战略。"工匠精神",呼唤创新发展驱动"中国制造"向"中国质造"升级、"中国品牌"向"中国名牌"转型;走出高端科技成果转化的"达尔文死海",期待研究机构、市场和政府多方协调发展;"舌尖上的海外中餐馆"彰显开放活力,让中国美味唤醒五湖四海的味蕾……两会上的生动表达,正是新发展理念的逐步落细落实,也是发展指挥棒发挥效力的最好例证。

体会这些崭新、凝练的表达,也为让新词进入更多人视野的代表委员点赞。对新现象的总结、对新事物的思索,折射代表委员参政议政水平的提高、责任的增强——若没有对新发展理念的深学笃用,若没有俯身聆听大地的脉动,若没有抬头观察世界的大势,又岂能敏锐地捕捉到这些中国转型升级节点上的热点、难点和爆发点?一个个追问现实议题的新词,将锐意创新的勇气、敢为人先的锐气和蓬勃向上的朝气,融入到了一股持续不断的创新激情之中。

两会是一个凝聚共识、确定步调的平台。倘若止步于理念、停留在概念,那么这些生动的表达,就难以与现实对接,真正推动改革发展。我们期待两会把握住时代发展的脉搏,涌现出更多新词,更期盼这些新词能落地生根、开花结果,促成中国经济新的生长。

(2016年03月14日)

从"董姐饭局"看工匠精神

李洪兴

"白色的小餐盘里,放着4勺白米饭,这就是她请的饭。"两会期间,有个"饭局"引来各方关注。坊间称之为"董姐"的格力董事长董明珠,请人品尝4勺米饭,进行"盲测",结果用国产电饭煲煮出的米饭完胜。尽管有人认为这不过是场营销活动,但还是给中国制造平添了几分底气,也让人对政府工作报告中的"提升消费品品质"有了直观感受。

"制造大国怎么造不出让人心动的产品?"当不少国人去海外抢购保温杯、电饭煲、马桶盖时,这样的"拷问"也接踵而至。经过几十年的发展,中国早已成为制造业第一大国,"Made in China"随处可见,但给人的印象,似乎就是低端产品和廉价产品。这从消费者的"用脚投票",也可看出。商务部数据显示,2015年我国境外消费1.5万亿元人民币,其中至少7000亿至8000亿元用于购物。如何在国内激活这样巨大的消费力?一个最简单的道理是,谁能提供高品质的产品,谁就能赢得市场。消费能力上去了,产品质量、性能和用户体验,就变得更加重要。

不过,正如此前中国游客在日本抢购的马桶盖被证实是中国制造的一样,此次"董姐饭局"的结果也在一定程度上说明,一方面,我们需要加快推动供给侧结构性改革,生产出更多高技术含量、高品质的产品;另一方面,也需要加强品牌推广、品质宣传,让我们已有的国产优质产品能被消费者认可。

从这个意义上讲,产品的比拼、质量的比拼,到最后都是精神与文化的比拼。"鼓励企业开展个性化定制、柔性化生产,培育精益求精的工匠精神,增品种、提品质、创品牌"。政府工作报告中提出的"工匠精神",可谓一个关键词。

其实,中国并不缺少技术精湛的工匠。给导弹铸造衣服的"大国工匠"毛腊生,"39年,他只做了一件事——读懂砂子,铸好导弹";胡双钱在35年里加工了数十万个飞机零件,没出现过一个次品。然而长期以来,为了追求速度和规模而导致的粗放型生产,使得技术条件难以提高精度;"有供给就有需求"的卖方市场,也在看不见的层面上损害了追求质量的态度。培养"工匠精神",仍然任重道远,需要一代又一代企业家和工程师的赓续接力。

"工匠精神"也包括着创新的内蕴。工匠的耐心坚守与创新的弯道超越,本身就是一体两面。产品的升级换代一方面在于"人无我有、人有我优",另一方面在于把"匠心"融入生产的每个环节,既要对职业有敬畏、对质量够精准,又要富有追求突破、追求极限的创新活力。有人说,"手艺人往往意味着固执,缓慢,少量,劳作;但是这些背后所隐含的是专注,技艺,对完美的追求。"抓创新,要在抓住技术突破的同时,抓住一丝不苟的态度、精益求精的精神、"认真做事"的品质,这样才能真正"占领先机、赢得优势"。

有人说,对未来越有信心,对现在就越有耐心。大国匠心、卓越品质,是一种制造业的耐心,更是一种发展的信心。一个"饭局"可能说明不了太多,电饭煲技术的高下也自有市场来检验,但用工匠精神开启一场品质革命,才能真正"让世界爱上中国制造"。

(2016年03月11日)

期待慈善法催生"大慈善"

王振耀

> 作为我国第一部慈善法,这部法律的突出意义,在于全面系统地确立起国家慈善事业发展所需要的现代规范

9日下午,十二届全国人大四次会议举行第二次全体会议,听取了全国人大常委会副委员长李建国关于慈善法草案的说明。这次审议,注定要在中国社会发展史上留下划时代的意义,它的通过与实施,也将标志着我国慈善事业发展进入全新的历史时期,并对社会与经济发展产生广泛而深刻的影响。

作为我国第一部慈善法,这部法律的突出意义,在于系统规范全社会的慈善行为。法律拟制定的各项规范,既针对各级政府的管理行为,也针对社会组织的运行管理与每个公民的慈善方式,是依据我国实际并借鉴国际经验,从而全面系统地确立起国家慈善事业发展所需要的现代规范。

慈善法草案将慈善定义为"大慈善",是一次巨大的慈善理念与公共伦理的升华。在相当长的历史时期,由于我国社会需要解决温饱问题,只能将慈善定义为解决贫困问题,因而只能是国家救助政策的补充。一旦将慈善的范围扩大到教育、医疗、文化、体育、环保和社会服务等领域,慈善事业就自然和社会发展与提升有机地结合了起来。人们投入慈善事业,完全可以举办多个方面的公共事业。这既为社会公益事业的发展开创了广

阔的发展空间，也会激发社会大众将善行善举与社区发展、生活提升结合起来，使社会事业成为社会大众自身积极参与的事业。

在慈善法草案的框架内，慈善事业也将成为国家发展的重要产业。根据国际社会的经验，如果采取积极的政策促进慈善事业的发展，该领域的就业人口可以达到整个社会就业人口的 10% 左右，而志愿服务的人口往往可以超过 40%。更为重要的是，现代慈善将提供大量以人为本的社会服务，是养老服务与儿童照料的重要载体。只要政策措施得当，慈善事业完全可能成为国家的重要产业，贡献出 5% 左右的国民生产总值，推进我国第三产业长足发展。

现代的慈善法，必然是规范公共伦理的基本法之一。对于依法推进公共伦理建设，中国社会还面临着较大的挑战。这主要是由于我国曾经长期没有解决温饱问题，社会保障体系缺乏，家庭承担的社会功能过大，只能更着重于私德建设，甚至在许多方面以私德代替公德。客观上，公德与私德既有密切联系，也有重大区别。一个发达的社会往往是公德不断发展的社会。慈善法草案对于积德行善的每个基本环节进行规范，必将对我国的公共道德建设产生重大的促进，对我国的治理体系建设也会带来积极的影响。

对于慈善法草案的审议，社会上也有一定的担心，比如是否会限制目前的一些慈善行为。其实，该法的目的是促进慈善事业的广泛发展，立法的目的是鼓励而不是限制公众的慈善行为。比如对捐赠的一些规范，也完全是借鉴国际惯例并依据我国的实践所制定的。事实上，曾经发生的几起公众捐赠案例，某种程度上就是缺乏慈善组织管理造成的。因此，规范捐赠行为，就是保护大众积极性。

立法总是在与社会公众的互动中不断推动的。慈善法草案一审稿的一些规定，在二审稿中就进行了修改，这也是大众参与的结果。代表们应该还会有更多更好的修改意见。我们相信，只要立法机关与社会大众之间形成良性的互动机制，得到法律支持的"善时代"将会自然呈现。

（作者为北京师范大学中国公益研究院院长）

（2016 年 03 月 10 日）

读懂年轻人的两会关注

徐立星

两会是一年一度共商国是的盛会，对两会的关注，折射年轻人对国家政治生活的关心

两会召开，爱刷微博、爱发朋友圈的年轻人怎么看？近日，有媒体对5652名30岁以下年轻网友做的一次调查显示，关注两会，他们有着自己的视角；参政议政，他们有着自己的方式。

一般印象中，年轻人往往个性、自我，"90后"的标签更是让一些人产生他们"活在自己世界"的刻板印象。但调查数据让人欣喜，年轻人对两会的关注度还是比较高的。受访者中，对人大代表"不太关注"和"非常不关注"的，仅占不到两成。而55.48%的受访者最希望了解代表们的议案，也显示了这样的关注是"有内涵的关注"。两会是一年一度共商国是的盛会，对两会的关注，折射出年轻人对国家政治生活的关心。

以年轻人的视角审视，两会要开得好，得"接地气""有实效"。"贴近性"，显然是年轻人政治关注的兴趣点所在。71.39%的受访者认为贴近民众、了解民众心声的是好代表；67.73%的受访者认为，能推动实际问题的解决，代表才"称职"。超五成年轻人希望"一线代表"人数增多，应该选企业基层职工当代表。年轻人对代表身份与履职的关注角度，其实与自身的利益诉求息息相关。房价、物价、就业等现实问题是年轻人关注

的重点，也是两会走近年轻人、吸引年轻人的关键。如果在会场上尽讲些空话套话、如果代表委员高高在上不接地气，年轻人很可能就不会"买账"。

最引人注目的，可能就是年轻一代的关注方式了。年轻人是网络的"原住民"，在微博微信上记录生活、获得信息、消遣娱乐是他们的生活方式。这样的网络化，同样会出现在他们的政治参与中。调查显示，48.76%的年轻人选择通过微信、微博关注了解代表们。不过，仅有6.60%的人自认为对代表非常了解。年轻人对新技术手段熟练掌握，"互联网+两会"正可以打造出一个对年轻人参政议政颇具吸引力的平台。当然，如何更好地与年轻人交流互动，仍是需要回应的命题。

其实，不仅仅是关注，年轻人更以自身的方式参与并改变着政治生活。调查中一个出乎意料的数据是，超过1/3的年轻人联系过代表们。显然，自媒体是最快捷的手段，39.26%的年轻人也是这么认为的。现实中，"90后"代表已经出现在全国人大会场，1992年出生的铁飞燕是全国人大代表中年龄最小的一位。而在地方两会上，更多"90后"的代表们，或关注"蚁族"权益，或关注农民工子女教育，他们都有着细致扎实的调研、紧贴地气的关怀。铁飞燕曾对媒体说，"别人越不愿意面对的问题，我们越是要关注，毕竟回避不是解决问题的方法"；"90后"贵州省人大代表刘萍也曾说，"不能等上了会再说是来学习的"。年轻人正在用自己的行动表明他们的认真和执着、活力与担当，让人看到他们身上蕴藏着的推动经济社会前行的力量。

两会年年开、年年新。今天在网络上填问卷的年轻人，明天可能就会走进共商国是的会堂。让更多年轻人参与进来，两会这一"重要的政治生活形式"一定会继往开来，越发活力四射、朝气蓬勃。

（2016年03月09日）

给"推动摇篮的手"更大舞台

王石川

"推动摇篮的手,就是推动地球的手",妇女有力量,国家就有力量;妇女有希望,国家就有希望

两会又逢妇女节。一身职业装扮的女性代表委员,优雅从容;坚守岗位站成风景的女交警,英姿飒爽;穿梭在采访现场的女记者,因敬业而美丽……广大女同胞,让这个春天更加摇曳生姿。

孙中山先生曾说过:这世界上如果没有了女人,就少了百分之五十的真,百分之七十的善,百分之百的美。这是对女性由衷的礼赞。老舍说,我之能长大成人,是母亲的血汗灌养的。我之能成为一个不十分坏的人,是母亲感化的。这是唱给母亲的赞歌,也是对女性的致敬。

三八国际劳动妇女节,属于每个女性。妇女节的设立初衷,正是为了彰显女性人格独立、权利平等的价值。有学者说:"在任何一个社会中,妇女的解放可以作为一般社会解放的尺度。"没有妇女的解放和进步,就没有人类的解放和进步。设立妇女节 105 年来,妇女所享有的权利日益丰满,争取独立自主之路永在延伸。

有人说,21 世纪是"她世纪"。如今,"她时代"正强势来临。在创业大潮中,女性创业比例越来越高;在政治舞台上,女性领导人展现着不一样的施政魅力。"妇女能顶半边天",日益深入人心;"妇女离不开锅台,

上不了讲台，登不上舞台"的状况，渐行渐远。相反，越来越多妇女离开了锅台、走出了家庭、步入了社会，为人类社会发展进步繁荣，做出了越来越大的贡献。

在我国，妇女地位不断提高，与之相匹配的是，女性正展现她们卓越的才华。屠呦呦获得诺贝尔生理学或医学奖，这是中国的骄傲，也是全体中国女性的荣光。中国女排再夺世界冠军，女排精神熠熠生辉。除了这些"夺冠"明星，更多女性坚守在不同岗位，展现着中国女性自尊、自信、自立、自强的精神风貌。

毋庸讳言，在今天，男女权利、机会、资源分配方面，不平等现象依然存在，社会对妇女潜能、才干、贡献的认识仍然不充分。比如，就业歧视仍是女性遭遇的一大困扰。一项调查显示，86.6%受访的女大学生称就业时受过歧视。"仅限男性"的招聘门槛，让女性应聘者黯然神伤；而那些看不见却能感受到的隐形歧视，更让女同胞无可奈何。

家庭暴力也损害着不少女性的身心。来自全国妇联的数据显示，我国2.7亿个家庭中大约有30%存在家庭暴力，有16%的女性承认遭受过配偶的暴力，14.4%的男性承认打过自己的配偶。更遗憾的是，遭受家暴，少数女性仍选择隐忍。"我们要努力消除一切形式针对妇女的暴力，包括家庭暴力。"去年9月27日，习近平总书记在全球妇女峰会上如此强调。今年3月1日，反家庭暴力法正式实施，让包括妇女在内的每个家庭成员，在面对家暴时有了法律的护身符。

在中国人民追求美好生活的过程中，每一位妇女都有人生出彩和梦想成真的机会。这是习近平总书记对女同胞的期许。在中国这个巨大的"梦工厂"里，每名妇女都是追梦人。妇女的成就和地位，清晰地测量着时代进步的刻度。有人说，"推动摇篮的手，就是推动地球的手"，妇女有力量，国家就有力量；妇女有希望，国家就有希望；她们的人生更阳光、更灿烂，这个国家的未来才会更明亮、更健康。

（2016年03月08日）

让"创新"激荡发展的春潮

李洪兴

> 唯有抓住改革与创新，中国的发展才能如东风浩荡、春潮澎湃

"创新发展理念首要的是创新。"5日，习近平总书记参加上海代表团审议时，再次强调创新的重要意义，并鼓励上海保持锐意创新的勇气，"当好全国改革开放排头兵、创新发展先行者"。而在今年的政府工作报告中，"创新"也可谓高频词，总共出现了61次。

成绩来之不易，离不开创新之举；未来潜力无限，更需要创新驱动。全年新登记注册企业增长21.6%、国产C919大型客机总装下线、工商登记前置审批精简85%……回顾过去一年，流程优化激发创业热情，发展新动能带动产业增长，创新驱动实现技术突破。面向未来，从启动一批新的国家重大科技项目，到建设一批高水平的国家科学中心和技术创新中心，再到2020年力争科技进步对经济增长的贡献率达到60%，无论是适应经济新常态还是落实发展新理念，都需要继续向创新要动力。

"抓创新就是抓发展，谋创新就是谋未来。不创新就要落后，创新慢了也要落后。"创新是发展的加速器、改革的方法论。有代表认为，经济发展分生产要素导向、投资导向、创新导向、富裕导向四个阶段，中国应尽快转为创新驱动。"唯改革者进，唯创新者强，唯改革创新者胜。"唯有

抓住改革与创新这一对"孪生词",中国的发展才能如东风浩荡、春潮澎湃。

创新,需要以问题导向来破解深层次难题。居民和企业跑断腿办不成事,各种"奇葩证明"不胜其烦,不知扼杀了多少创新的种子。鉴于此,需要创新政府服务,推行"互联网+政务服务",实现部门间数据共享;针对跨境电子商务配送时间长、成本高、障碍多等难点,需要鼓励创新商业模式,支持建设"海外仓",让电商企业真正走出去;充分调动民间创新积极性、激发年轻人的创业热情,打造众创、众包、众扶、众筹平台就是重要的机制支撑。老问题需要新方法,新问题要靠新思路,这才是政府要作为、会作为的关键。

创新,也离不开以科技为先导。有人曾测算,在航天科技上投入1块钱,可以产出15块钱,创新带来的"乘数效应"由此可见一斑。如何在基础研究领域作出大的创新,如何在关键核心技术领域取得大的突破,这既是习近平总书记对科技创新提出的要求,又是实现创新驱动亟待破解的问题。这就不难理解,一些代表委员、科技工作者在畅谈科技创新时,为何一方面深感自豪,另一面也希望好政策能落到实处,例如把科研经费的"好钢"用在"刀刃"上等。

创新,更需要在制度设计上着力、在机制建设上突破。"我国各种创新资源、创新要素分散。如果能够通过体制机制创新,整合汇聚资源,将有非常大的'创新供给侧'潜力。"一些代表委员的热议给人启发,创新需要通过体制机制变革实现资源利用最大化。当然,制度创新不仅要完善基础体系,围绕难点、痛点、堵点实现"点点击破",也应该在配套制度如商事制度、金融开放制度等方面发力。从基础出发,再到配套支撑机制,用"创"和"闯"来激活全盘,才能突破瓶颈。

"保持锐意创新的勇气、敢为人先的锐气、蓬勃向上的朝气",创新是一种理念、一种方法,也是一股子精气神。站在新起点,面向"十三五",正需要以创新添动力、增活力,用创新激荡起发展的春潮。

(2016年03月07日)

中国两会,为世界注入信心

白 龙

中国信心,不仅仅来自两会等场合向外界传递的积极态度,更来自中国经济基本面的表现

"对于中国观察者而言,接下来的两周是需要集中精力的两周"。全国两会开幕前夕,《爱尔兰独立报》发文,表达了对中国两会的密切关注。每年3月,来自世界各国的媒体都会云集北京的两会会场,但今年的两会尤为引人注目。这不仅因为今年是全面建成小康社会决胜阶段的开局之年、推进结构性改革的攻坚之年,还因为随着中国国际地位的不断提高,两会议题对世界正在产生深远的影响。

过去的一年,全球经济进入"新平庸时代",缺乏激动人心的亮点。而中国经济在转型升级、步入新常态的同时,无论就经济增速还是消费市场等指标而言,仍然是全球经济增长的重要贡献者。最近有英国媒体称,过去,经济学家经常说,"美国一打喷嚏,全世界都会感冒",形容美国对全球经济的重要性;而过去一年的情况表明,世界"免疫系统"对中国"抽鼻子"的敏感程度要超过之前的想象。正因中国对世界经济的巨大影响力,今年中国两会上将要公布的预算报告和2016年的增长目标,关乎低迷的全球市场能否重拾信心和动力,自然引起世界各国媒体的广泛关注。

"2016年中国经济能否实现预定的增长目标?""中国政府又将如何

推动经济改革?"对于这些问题,境外媒体希望能从中国两会的会场上找到答案。外媒关注中国两会,最为看重的自然是中国对全球经济增长的拉动作用。在德国《商报》和英国《金融时报》等媒体眼中,关于这一点已经毋庸置疑。而包括《日经亚洲评论》在内的多家境外媒体,更是毫不掩饰地对2016年中国GDP增长目标表达了特别关切。事实上,在此前刚刚落幕的二十国集团(G20)财长和央行行长会议上,中国的经济决策者,以及中国货币和财政政策,已经赢得了包括彭博社在内的很多境外媒体的赞许。国外媒体引用英国经济学家杰索普的观点称,"唱衰中国经济论已经触顶。"而今年中国两会的议题,由于涉及2016年中国经济的方方面面,自然一举一动都引人注目。

不少外媒认为,中国政府已经以成功的举措,有效平息了此前唱衰中国经济的论调。两会上即将审议通过的"十三五"规划如何延续这些有效的做法,成为各国媒体的一大看点。正如德国驻华大使柯慕贤对外表示的:"我很关注中国的'十三五'规划,也希望在今年的两会上听到更多关于中国经济结构调整和进一步开放市场的讨论,这些内容对中国及其海外合作伙伴而言都非常重要。"在此议题之下,中国经济改革中一些更为具体的内容,也为部分外媒关注。比如和中国经济联系非常紧密的韩国,对中国化解产能过剩的问题非常关心。韩国投资证券业专家称,"这一次中国政府表现出了强烈的决心,缓解过度生产问题。"凡此种种都说明,中国经济这艘巨轮的走向,将影响世界经济的走向。而中国经济的发展,也将使世界受益。

中国将怎样清理"僵尸企业"?如何增强创新能力、在"互联网+"以及"中国制造2025"等方面有所推进?中国是否会加大环境治理工作的力度?这些问题既是很多境外媒体关心的内容,也是今年两会上的重点议题。正如习近平主席在G20峰会上倡议的,推动创新驱动和打造新增长源,加快新旧增长动力转换,共同创造新的有效和可持续的全球需求,引领世界经济发展方向,是中国在未来很长一段时间的努力方向。而转型升级、新旧转换,自然是今年工作的重点目标,也是代表委员们关注的焦点。相信随着两会日程的展开,境外媒体关注的这些问题,将会在会场内外得到满意的回答。

在分析中国经济时,一位经济学家说,"经济学有一半是心理学"。而中国正以自己坚实的发展脚步,为世界经济注入信心。中国信心,不仅仅来自两会等场合向外界传递的积极态度,更来自中国经济基本面的表现。创新引擎不断涌现、新的增长动力加快形成、对世界经济增长的贡献率保持在25%以上……在各国媒体眼中,中国仍是世界经济重要动力源。两会是外界观察中国的一个重要窗口,而中国也将继续释放出巨大能量,成为世界经济新的增长源。

(2016年03月04日)

中国司法在公开中积厚行远

支振锋

> 司法公开实现了从静态到动态的飞跃,逐渐从传统庭审旁听的"现场正义",报纸广播的"转述正义",到电视直播和网络直播的"可视正义"

人民群众最期待司法公开透明,中国法院正刷新司法公开历史。在全国两会召开前夕,最高人民法院发布了《中国法院的司法改革》白皮书,以一串串翔实的数据,生动地展示了我国司法公开的巨大成就。

刚刚过去的一年,人民法院沿着党的十八大以来铺设的关于司法公开的制度轨道,深入推进审判流程公开、裁判文书公开、执行信息公开三大平台建设。白皮书显示,截至去年底,全国所有省份基本建成辖区统一的审判流程信息公开平台,中国审判流程信息公开网总访问量达87.85万次,中国裁判文书网已公布裁判文书1448万余份……凡此种种,都为人民群众带来"看得见"的正义,拓展了司法公开的广度和深度。

值得一提的是,新媒体的出现与运用,为司法公开提供了新的平台和工具。随着最直观、最动态的庭审视频直播的铺开,司法公开实现了从静态到动态的飞跃,逐渐从传统庭审旁听的"现场正义"、报纸广播的"转述正义",到电视直播和网络直播的"可视正义"。尤其是,在新媒体时代,利用云数据与微博等社交媒体,我国很多法院已经在一定程度上打破时间

和空间限制,实现了随时随地观看庭审直播的"即视正义"。小小手机,三寸屏幕,即可打开司法公开的无限空间。

司法权作为一种国家定分止争、实现社会正义的手段,公开透明是本质要求。但由于其专业化,往往也具有神秘主义的倾向,成为世界范围内司法公信力普遍不高的一个因素。而中国的司法公开,正在为世界范围内的司法公开担当表率。白皮书显示,在最高人民法院的指导下,各级人民法院通过建设法院政务网站、法院微博微信、移动新闻客户端、院长信箱等,打造了全方位、立体式的信息公开平台。舆论普遍认为,中国法院正在通过一刀不剪的直播、完全透明的司法、身临其境的庭审,创造触手可及的正义。

信任源于了解,了解促进公信。实践已经证明,司法公开在很大程度上提高了司法公信,增强了司法权威。"十围之木,始生如蘖",司法公开始终在路上。也要看到,在司法人员素质、司法能力上,人民法院依然存在短板;司法腐败时有发生、涉诉上访压力未消,新情况新问题不断出现,司法公信和司法权威仍然有待继续提高。也正是在这个意义上,按照中央部署,人民法院去年从司法责任制、法官员额制、跨区审理与巡回法庭等多渠道入手,推进诉讼便民措施、保障律师权利、切实推进司法民主、重拳打击"老赖"、防范外部干预过问案件等举措。这些努力与司法公开一起,形成系统合力,共同推动了新形势下的司法改革。

"大道行思,取则行远;上德若谷,不弃不休"。党的十八大以来,通过打造全方位、立体化的信息公开平台,人民法院不仅在防止司法腐败、倒逼司法公正、提高司法权公信力上成就巨大,更使人民群众切实感受到了诉讼的便利,增强了对法院公正司法的信心,彰显了中国司法的价值和德性。通过司法改革,实现司法能力与司法公开的齐头并进,中国司法公开正积厚行远。

(作者为中国社会科学院法学研究所副研究员)

(2016 年 03 月 03 日)

妥善安置职工，为转型升级蓄力

李华东

把化解产能过剩看做实现整体经济健康发展战略的一部分、适应市场发展规律的必然选择，才能客观看待由此造成的部分职工下岗问题

日前，人力资源和社会保障部部长尹蔚民在国新办发布会上表示，针对化解过剩产能可能会涉及的 180 万名煤炭、钢铁系统职工，今年中央将拿出 1000 亿元，用于职工安置。这一表态为相关行业的职工注入了信心，也表明了中央通盘考虑化解产能过剩、实现转型升级的决心和准备。

化解过剩产能，是优化产业结构、保障经济健康与可持续发展的必要之举。以钢铁和煤炭两个行业作为此次化解产能过剩的切入点，意味着全面化解产能、实现企业转型升级的大幕已经拉开。今后相当长的一段时间，包括水泥、平板玻璃、电解铝等严重产能过剩和高能耗、高污染行业，都可能面临同样的任务。虽然化解过剩产能不可避免会造成行业职工的下岗失业，但无论是社会和市场就业环境，还是人们的思想观念，都已非上世纪 90 年代末的国企改革可比。因此，有人把这次化解过剩产能理解为"第二次下岗潮"，显然与事实不符。

随着我国经济发展进入新常态，国内实体经济发展"三去一降一补"的需求日益显现。曾有业内人士调侃，一吨钢材的利润买不来一支冰棍，

煤炭卖不出黄沙价。正因如此，才需要以壮士断腕的决心化解过剩产能，转变生产方式，通过转型升级让其涅槃重生。这也是不少发达工业国家都曾经历过的阵痛。尤其是煤炭和钢铁行业，无论是曾经的"如日中天"，还是如今的产能过剩乃至进入"暮年"，都是市场规律在起作用，对此，人们不必过于悲观。

化解产能过剩是实现整体经济健康发展战略的一部分，也是适应市场发展规律的必然选择，认识到这一点，才能客观看待由此造成的部分职工下岗问题。妥善安置这部分下岗甚至失业职工，事关整体改革的推进，也关系到这些企业职工的切身利益。财政拿出1000亿元资金用于职工安置，既体现出国家对相关企业下岗职工的责任意识，更体现出人文关怀。有国家巨大投入的支持，有各种保障制度的维护，有创业优惠政策的辅助，有企业自身转型升级和创造条件的吸纳，有广阔的再就业市场环境，解决好180万下岗职工重新就业，并不是太大的难题。

尤其要看到，目前我国劳动力市场继续保持供不应求格局，为吸纳这部分下岗职工提供了广阔的空间。特别是随着"互联网+"新业态的不断涌现，新兴服务业的就业形势乐观，交通运输服务、技工、操作工和销售业务等职业求职竞争压力较低，就业形势相对较好，这些都和上世纪90年代的国企职工下岗再就业有着很大不同。而经济发达的东部沿海地区更有充分的就业岗位，加上下岗的这些国有企业职工本身具有良好的职业和文化素质，仍然具有一定的竞争力，因此，只要政府部门善于引导，市场完全可以消化。

妥善安置下岗职工，关系到企业职工的民生，也影响甚至决定着未来全面化解产能过剩的顺利推进。在保持信心与乐观的同时，更应探索建立和完善相应的配套制度，让相关的国企职工得到妥善安置并引导就业，为进一步全面推进化解产能过剩，实现转型升级提供可资借鉴和复制的行动指南。

（2016年03月02日）

以"岐黄之术"助力健康中国

王君平

> 解决世界性的医疗、医改难题，建设健康中国，都离不开中华民族的国粹——中医药

九九消寒图还没写完，中医药就迎来了拂面而来的春风。近日，国务院发布《中医药发展战略规划纲要（2016—2030年）》，中医药产业列为国民经济支柱产业，中医药正式纳入国家发展战略。拉开天时地利人和的发展序幕，古老的中医药站在新的历史起点。

中医和西医属于两套不同的医学体系。当作为"舶来品"的西医进入中国，"爬山、吃肉、骂中医"曾被当作一种时髦，中医药被贴上"不科学"的标签，进而被人忽略、忘却，乃至一度沦落到被废除的边缘。但随着医学模式的转变，人口老龄化进程加快，健康服务业蓬勃发展，中医药如同遗落的珍珠重放光彩。拭去厚厚的历史灰尘，中医药独特的价值正在重现。《纲要》明确：中医药是我国独特的卫生资源、潜力巨大的经济资源、具有原创优势的科技资源、优秀的文化资源和重要的生态资源。

"中西医并重"一直是我国的医疗卫生工作方针。有人说，中西医早已不是"并重"问题，能"并存"就不错了。话虽偏激，却反映了现状。1949年，西医师8.7万人，中医师27.6万人。经过60多年的发展，西医师增加了30多倍，中医师只增加了不到1倍。《2014年我国卫生和计划

生育事业发展统计公报》显示,2014年,全国医疗卫生机构总诊疗人次76.0亿人次,其中中医类总诊疗人次8.7亿人次,只占11%左右。

中西医发展不对称,原因之一是中医药不被重视。中医药国情调研组曾做过统计,上世纪80年代,国家财政拨出的卫生事业费,西医占97%,中医占3%。而在拨给中医的这一块里面,中西医结合的占97%,纯中医的占3%。由于历史欠账太多,再加上造血功能不强,导致中医严重"发育不良"。用当时流行的话说"打着梅兰芳的牌子,却唱着流行歌的调子"。"以西养中"的结果是中医院普遍西化,两者差距越拉越大。

《纲要》提出:"坚持中西医并重,从思想认识、法律地位、学术发展与实践运用上落实中医药与西医药的平等地位"。如此明确地要求二者"一碗水端平",在中医药发展史上是第一次。在目前西医药一家独大的现状下,中医药如何赢得平等的发展机会,让《纲要》落到实处?需要完善中医药事业的政策机制,激发中医从业的热情,培植中医发展的沃土。更为关键的,是给中医药"松绑",借中医药立法的时机,营造良好的法律氛围,让岐黄之术薪火相传生生不息。需要提醒的是,落实《纲要》不能变调走样,以西律中、以中适西,让中医药变得不中不西,名存而实亡。中医药的发展,须打好传承的根底,决不能背离本来规律,更不能重蹈历史的覆辙。

《纲要》要求,到2020年,实现人人基本享有中医药服务,每千人口卫生机构中医执业类(助理)医师数达到0.4人。我们离这个目标尚有很长的路要走,需要以提高中医药发展水平为中心,深入挖掘中医药这个伟大宝库。赢得中西医平等地位,拼的是发展实力,靠的是创新方法。通过现代科技、引入"互联网+"思维等手段,让中医药谱写新篇章,必能助力健康中国,为人类健康造福。

(2016年03月01日)

让职业教育铸造更多"大国工匠"

何鼎鼎

> 职业教育要推动劳动者自身可持续的职业发展,而高素质技术技能人才的不断产生,也将为制造业强国奠定坚实的人才基座

近日,一组数据让职业教育话题再次引起人们的关注。根据教育部长袁贵仁向全国人大常委会所做的报告,我国中职毕业生初次就业率连续9年超过95%,高职毕业生半年后就业率连续3年超过90%。从就业率来看,职校生已经成为比普通高校毕业生更加抢手的热门人才。

职业教育的发展,体现国家的经济发展水平和教育现代化水平。近年来,我国职业教育在人才培养模式、职业教育理念等方面都取得了长足的进步,全社会也逐渐扭转了读职校"低人一等"的错误观念。这既为广大"蓝领"赢得更多尊严,同时也验证了职业教育的一般发展规律,那就是:职业教育要推动劳动者自身可持续的职业发展,而高素质技术技能人才的不断产生,也将为建设制造业强国奠定坚实的人才基座。

也要看到,职业教育依然是我国教育领域的软肋。一些人对职业教育的傲慢与偏见还普遍存在。寒假期间,浙江海盐某中学向学生群发短信,提醒"不要和职高生混"。这虽然是个案,但也反映出社会观念的滞后和少数教育者的偏见。职业教育要想找到自己的蓝海,需要通过改革,与经济社会发展接轨,与市场需求结合。"在黑板上耕田""在课本上开机器",

职业教育这朵"野百合"就不会有春天；只有站在田埂上、守在机床旁、蹲在车间里，紧贴结构调整、密切服务城镇化和中小企业发展，精准对接社会发展用工需求，才能为职业教育赢得应有尊重。

在经济结构处于调整期的今天，职业教育人才培养要更加精准。春节过后，广州某制衣厂日工资400元招工遭受冷遇；福建泉州某工艺品公司月薪4000元并包住宿，也鲜有人问津；与此同时，四川成都不少"火锅厨师"却过剩了。劳动力的结构性短缺，折射出我国技术人才、专业人才培养的滞后，也在拷问职业教育的精准性。尤其在今年去产能、清理"僵尸企业"、精准扶贫与精准脱贫的大背景下，职业教育不能缺位。通过创新农学结合、弹性学制模式，促进下岗工人走进职业教育课堂等方式，有助于培厚人力资本的土壤，真正实现职业教育和产业实践的精准结合。

打造"职教升级版"，越来越成为社会共识，也是面对激烈的国际人才竞争、经济转型升级和企业自身发展的内在需求。这同样是其他国家正在采取的做法。比如，去年，日本文部省决定关停一些院校文科专业，侧重培养实用型人才，就是这一趋势的反映。2014年，我国提出《现代职业教育体系建设规划（2014—2020年）》，正是为了在新一轮国际竞争中建立巩固的、可持续的人才和技术竞争优势。为了对接"中国制造2025"的国家战略、适应"机器换人"催生的人才需求，各地已开始迅速部署。如浙江绍兴职业技术学校推出工业机器人技术专业，沈阳中德新松职业教育集团并购了有百年历史的德国陶特洛夫职业培训学院，等等。顶层设计、校企合作、产教融合，当职业教育的关键环节环环相扣，高质量技术人才输送的途径就会更加畅通。

高质量的职业教育，关乎国计民生。习近平总书记曾指出，要高度重视、加快发展职业教育，努力培养数以亿计的高素质劳动者和技术技能人才。相信随着我国现代职业教育体系建设的深入推进，职业教育这朵"野百合"，一定会开遍原野，让更多的"大国工匠"，为更高更强的"中国制造"筑基。

（2016年02月29日）

让国民健康成为"幸福资本"

吕晓勋

> 推动全民健身的普及和体育产业的发展，是增进民生福祉，增强人民获得感的必要之举

结伴登山健身，邀亲友一起打球、游泳……刚刚过去的春节假期，运动成了不少人的假日休闲方式。既锻炼体魄，又能在交流中增进感情，体育锻炼的"魅力值"正在不断攀升。然而，各地体育场馆数量不足与长期闲置并存的尴尬，总是会或多或少地影响到大家的运动生活。正因如此，当近日有媒体重提这一话题时，再次引发公众热议。

增加体育公共服务设施的呼声，首先来自公众的健康需求。目前，一些地方的大型体育场馆，与公众真正的使用需求存在脱节，在高维护成本的现实面前，运营常常会陷入难以为继的窘境。数据显示，我国现有的大型体育场馆中，标准体育场占据体育场馆总数超过60%，但每周吸引超过500人次健身的仅占不到55%。收费过高、管理不善、发展模式陈旧、服务理念落后……种种因素的叠加，使其难以发挥出应有的辐射效应。

学校的体育场馆和中小型健身场馆同样面临这个问题。《全民健身条例》规定，"公办学校应当积极创造条件向公众开放体育设施"，可是，由教育系统管理的体育场馆，占全国体育场馆总面积的53.01%，目前整体开放率仍在低位徘徊。而中小型、社区型健身场馆，因为总体数量少、消

费价格不菲,远远无法满足民众需要。至于30多万个小型室外体育场地,在部分城市甚至面临着逐渐消失的危机。

据调查,在20岁以上参加体育锻炼的人群中,有超过20%的人认为当前体育场地设施离期望值"相差较远",有65.2%的人希望建设社区(乡镇)健身活动中心。"健身热情高,奈何场地少",可以说,体育场地供给的结构性失衡,是制约公众将锻炼计划转化为行动的重要客观因素。唯有继续加强部门间的协同配合,为吸引社会力量的参与搭建好服务平台,切实解决好场地不足、设施、服务配套跟不上需求等问题,城乡居民体育锻炼的参与度才有可能"水涨船高"。

从这个角度来说,扫清观念、体制障碍,推动全民健身的普及和体育产业的发展,是增进民生福祉,增强人民获得感的必要之举。也正因此,近年来,国家体育部门多次督促各级政府提供公共体育服务,各地政府也逐渐把全民健身纳入当地国民经济和社会发展规划。

满足市民不断增长的体育锻炼需求,关键在于"对症下药,辨证施治"。"适合老人、妇女和儿童的健身路径多,专项场地少;适合晨晚练、女性和文体合一的利用性场地多,专用性场地少;室外场地多,室内场地少。"有学者曾用"三多三少"概括国内的公共体育设施配置。体育事业的改革,需要盘活资源存量,做好增量文章,打通影响产业发展的"肠梗阻"。当更多的体育场地进入"全民健身"模式,公众每一份激情、每一滴汗水,才能找到释放与挥洒的合适空间。

"今年笋子明年竹,少年身壮老年福。"国民的健康,是国家繁荣昌盛的基础,体育运动则是实现健康的最有效投资。人均约1.5平方米,约合23张A4纸大小的体育场地面积,比10年前增长了40%,但相比发达国家仍有不小的差距。从现在起,相关单位主动"干"起来,老百姓主动"练"起来,全民健身蓬勃发展,国民身体素质不断提高的愿景,必能早日成为我们深以为傲的"幸福资本",工作、生活的"动力之源"。

(2016年02月26日)

改革要深化,落实得抓紧

曹鹏程

> 躺在功劳簿上睡大觉,遇到困难先放放,不仅中央要问责,老百姓也不会答应

猴年的第一次中央全面深化改革领导小组会议,开得极具特色和意义。会议并没有审议通过新的文件,而是听取了十项具体领域改革的落实情况汇报,同时专门对如何抓好改革落实做了系统全面的布置。中央给出的精神相当明确:集中力量把主要改革举措推出后,更要集中力量一项一项抓好落实。

制定好改革纲领,当然至关重要,而能不能把纲领细化为具体实践中的有效做法,能不能把纲领精神化为改造现实世界的强大力量,同样至关重要。前20次中央深改组会议,审议通过了100多份重要文件,涵盖了几乎全部领域的改革,夯基垒台、立柱架梁的工作已经告一段落。但是,在改革的具体落实和探索实践层面,不少问题仍待解决。最近有不少研究者指出,在一些地方和部门,改革成了一种"修辞",上级忙着发文件,下级忙着学文件,动作倒是很快,但指导意见与具体实施之间的衔接却有些慢。如"改革空转"的批评,虽然不尽全面,但畏缩懈怠的苗头确实值得警惕。

改革在执行层面遭遇困难,并不是一个新问题。好吃的肉逐渐吃完,

剩下来的是越来越难啃的骨头；好安排的改革逐步改完，剩下来的都涉及全面而复杂的利益协调。比如，中央在1995年制定"九五"计划时就正式提出经济发展方式转型，但直到20年后的今天，转型仍然处于未完成时，时间越来越紧迫。一方面固然有因时代变化、经济发展要求不断提高的因素，另一方面也是因为落实不力，阻碍了改革进程。机遇不会等着我们，问题不会绕开我们，如果改革走得太慢，不仅会延误解决问题的时机，生活在"未改完"状态中的人们也会形成一种利益，给改革者造成越来越复杂的利益调整局面。

如果不顺应供给侧结构性改革的变化，怎么能找到契合市场需求的突破口？如果不下决心整顿"僵尸企业"，怎么解放被低效占用的发展资源？如果不能拿出"给自己动手术"的勇气简政放权，又怎么激发高水平、多样化的创新？中央这一次提出主体责任、督办协调、督察落实、完善机制、改革成效、成果巩固等6个方面的抓手，明确要求对敷衍塞责、拖延扯皮、屡推不动、重视不够、研究甚少、贯彻乏力等6种做法问责，就是在"遵循改革规律和特点，建立全过程、高效率、可核实的改革落实机制"。抓好改革落实，刻不容缓，需要所有改革者在具体落实中发挥进一步解放思想、进一步解放和发展社会生产力、进一步解放和增强社会活力的作用。

邓小平说过："我们要赶上时代，这是改革要达到的目的"。习近平总书记更提出："我们不仅要赶上时代，而且要勇于引领时代潮流、走在时代前列"。抓好改革，是一项政治任务，也是一个时代命题。躺在功劳簿上睡大觉，遇到困难先放放，不仅中央要问责，老百姓也不会答应。明知山有虎，偏向虎山行，才能与时俱进、攻坚克难，凝聚起推动全面深化改革破浪前行的动力。

（2016年02月25日）

文化产品要走近"小镇青年"

王石川

最近,文化娱乐市场中的"小镇青年"成为一个现象级话题。得益于这一庞大观影群体的贡献,今年春节档票房6天超过30亿元,同比增长67%。去年春节档电影票房超过17亿元,已被称为"内地电影市场迎来了一次强烈的爆发"。而猴年电影票房再创新高,堪称中国电影史上又一"彩蛋"。

猴年票房为何这么火?除了影片本身的因素,业内人士分析,随着二、三、四、五线城市的影院建设逐步完善,使得有文化消费能力、也有消费意愿的"小镇青年"崛起为票房生力军。有人乐观预测,未来两到三年内,中国将超越北美,成为世界第一大电影市场。谁来撑起这一新兴的电影市场?小镇青年堪称主力军,构成这一群体的,既有长居城镇的青年,也有春节期间的返乡青年。

早有人断言,得三、四、五线城市得票房,"国产电影要看小镇青年脸色"。据相关调查机构的统计数据,今年三、四、五线城市票房增幅明显,三线城市较去年则增长65.8%,但最大增长则为四线及以下城市,达104.97%。可见,小镇青年虽然被很多人认为在"主流"市场之外,但他们对电影票房的贡献不容忽视;他们的品位或口味,也影响着电影产业的内容和制作。

正因如此,我们才需要重新审视作为文化消费主体的"小镇青年",

了解并引导他们的需求，贡献能为他们接受的文化产品。关于小镇青年，以往不少作品中刻画的形象要么木讷、沉默，要么前卫、出位，总之和现实中的他们有不小距离。比如电影《心花路放》中，就有一个周冬雨饰演的小镇青年：黄头发、黑皮肤，顶着一头"杀马特"造型，大大咧咧，行为出格。其实，被标签化的小镇青年，需要正名，他们的精神需求、文化消费的渴望，同样需要被尊重和满足。

目前，我国城镇差距仍很明显，但鸿沟正在填补。在信息和资源共享时代，对于生活在小城镇的青年来说，口袋富起来了，脑袋也想富起来；解决了口腹之欲，还想大饱眼福。可以说，他们对更高生活质量的追求不断被唤醒。从搬起小凳子到村头看露天电影，到买票走进豪华电影院；从盼星星盼月亮一年看不上几部电影，到最新的国内外大片同步上映……电影的变迁沉淀着基层民众的心灵河床，改变着小镇青年的审美观，甚至见证着他们的文化成长过程。

毋庸讳言，在某种程度上，小镇青年是被长期忽视的文化消费群体。面对这个庞大而生动的群体，包括电影在内的文化产品，既需要向小城辐射文化魅力，也需要尊重他们的趣味。电影技术再先进，如果不接地气，就可能水土不服；投资再高，如果缺乏穿透力，就难以渗入基层的文化肌理。当然，正如老艺术家吕中所称，"观众是需要好好引导的，而不是一味去迎合"。别高估了庸俗的力量，也别低估了小镇青年的审美能力。

"美食和美酒，足以使平凡的一餐变成一场恋爱。"这是一部奥斯卡最佳外语片的经典台词。当小镇青年逐渐喜欢上电影，当越来越多的影片以独特品位吸引住小镇青年，双方就会谈一场令人心动的"恋爱"。由此才可以说，国产电影会更有市场，未来也更有底气。

（2016年02月24日）

房地产去库存,重在释放潜能

贾 壮

> 中国的房地产市场有着鲜明的地域特点,房价过高和库存过多都不是全局性问题,解决问题要因地施策,留下弹性空间

据媒体统计,截至目前,全国已有超过130个城市出台政策,通过公积金新政、降低税费、鼓励农民进城购房等手段,主动推进房地产去库存。此举不仅关乎亿万群众的安居梦想,更关涉房地产市场稳定、经济健康运行,自然引起广泛关注。

对安居的重视和渴求,既是中国人的现实需求,也是文化传统。从上个世纪90年代末住房制度改革开始,中国的房地产走过了近20年的市场化道路,市场的力量得以充分体现。一方面,房地产行业的蓬勃发展及其带动效应,为城镇化步伐的加快和经济持续稳定增长提供了充足的动力;另一方面,群众的住房需求通过市场得到充分满足,住房条件得到前所未有的改善。与此同时,市场的发展也带来了种种问题,最为突出的是部分超大城市房价过高、一些地区房地产库存过多。这是目前各地出台各项政策的背景。

去年底,中央经济工作会议提出"去库存",为改革指明方向、注入信心。衡量房地产库存的过剩与否,关键要看潜在的购买群体。对城市户籍人口来说,目前的房地产库存可能的确有些多,但是,如果算上工作和生活在

城市的两亿多非户籍人口，目前的房地产库存并不算多。可以说，我国房地产市场的供需矛盾是结构性的，而户籍制度、住房制度和产业重组，则是解决问题的途径所在，需要各地因地制宜。

户籍制度改革，是释放"去库存"潜能的关键之一。一方面是城市里房地产库存积压，一方面是大量进城农民工住房条件较差，推进户籍制度改革成为打通供需衔接的桥梁。前不久召开的国务院常务会议要求，放宽农业转移人口落户条件。解决了户籍问题，农业转移人口容易形成在就业地买房或者长期租房的预期，把"隐藏"的需求释放出来。

化解房地产库存，也是继续深化住房制度改革的过程。市场的功效虽大，却不是解决住房问题的万能药。健全的住房制度需要有完善的保障体系，现有的房地产库存可以为增强保障水平提供支持。目前，已经有不少地方利用棚户区改造，通过货币化安置、政府回购商品房等政策措施化解房地产库存。比如，甘肃省今年计划建设的4.6万套保障房中，有3.3万套准备从存量商品房中回购；山西、广西、安徽等省区已将货币化安置作为棚改的重要渠道，等等。

随着我国房地产市场高速发展时代的逐渐远去，整个行业面临着结构调整和产业重组。作为房地产库存的卖方，房地产企业自然不应作壁上观，过时的营销策略应及时调整，偏高的市场定价需适当降低。就整个行业来说，需加快兼并重组的力度，抛弃零敲碎打的"野蛮生长"，迎来产业集中后的"精耕细作"。相关的政府职能部门，也要为行业整合创造良好的制度环境。

中国的房地产市场有着鲜明的地域特点，房价过高和库存过多都不是全局性问题，解决问题要因地施策，留下弹性空间。比如，此前出台的降低购房首付、契税和营业税的政策，就把北上广深等地排除在外。同理，化解库存既没有万能药，也没有速效药，各地结合实际探索出的经验，才最有效。

（2016年02月23日）

有效公开，提升政府治理能力

王 旭

> 全面推进政务公开意味着，政府治理的全过程充分透明，随时通过公开治理的各个环节，获得更多的民主讨论，得到更多的及时监督，从而提升政府治理的实践理性

近日，中共中央办公厅、国务院办公厅印发《关于全面推进政务公开工作的意见》，部署全面推进各级行政机关政务公开工作。这份新形势下政务公开的纲领性文件，体现出对传统政府信息公开工作的升华。其中最核心的一点，就是将公开不仅作为夯实政府行为合法性的基础，而且作为提升政府公共治理能力的制度支撑，更加强调公开的有效性与延伸效应，从而建构起兼顾"合法行政"与"良好行政"的制度框架。

以政府信息公开条例为核心的传统信息公开制度，主要功能是针对"民可使由之，不可使知之"错误认识，强化政府行为合法性及方便群众的意识。而从更高层次的政府治理现代化角度看，信息公开除了做好与群众切实相关的信息披露以外，还必须通过公开促进公共治理的提升，充分发掘出公开的制度红利。无论是"信息公开"还是"政务公开"，表明"公开"正走向细化和深入。全面推进政务公开意味着，政府治理的全过程充分透明，随时通过公开治理的各个环节，获得更多的民主讨论，得到更多的及时监督，从而提升政府治理的实践理性。

在刚刚公布的这份《意见》中，可以看到对政务公开的很多具体制度设计。例如，文件中提到的"重大决策预公开制度"，将涉及重大公共利益的决策事先公开。此举一方面将行政的民主合法性要求延伸到行政决策的过程之中，另一方面也打造了一个公共理性的平台，可以对重大决策进行"压力测试"和后果考量，发现其社会效应与评价，从而更加理性而灵活地调整决策，确保决策出台后的有效畅通。又如，文件强调加强政策解读工作，也是提升政府治理能力的重要举措。这一做法改变了以往认为公开仅仅是客观披露、不进行分析评价的做法，而是将政策解读与政策制定工作结合，形成了一个与社会充分进行理性沟通的全过程，从而促进了公开的实质有效性，增加了公开制度的"附加值"。

治理现代化理念要求，政府应该具有"回应性"，这在文件中也有体现，即对"重大政务舆情回应督办"的强调，目标在于塑造"回应型政府"的实践能力。按照传统理解，政府行为及其运转有其专业性和一定程度的封闭性，但在一个全面深化改革与信息技术革命方兴未艾的时代，重要政务既是影响社会的资讯，也需要建立在充分与社会互动的基础上。对于社会舆情聚焦关注的问题，通过公开回应、解释与阐明，有助于及时发现社会反响，找到决策短板，提升治理能力。

公开的有效性既关乎理念，也受制度与技术影响。在信息本身成为一种治理手段的"互联网+"与大数据时代，公开的有效性直接取决于信息网络的技术建设。在这一时代背景下，必须有效消除政府部门的信息壁垒，通过移动互联网等技术，塑造政府部门之间在信息分享上的友好关系，避免各自为政。为此，《意见》提出"稳步推进政府数据共享开放"，推动政府内部形成通畅的信息交流、共享、联动的机制，最大程度回应社会、调整决策。

相信通过《意见》的有效实施，将塑造出更加注重后果评估、积极回应、与社会充分商谈等现代治理品质，形成以公开为媒介、以民主和理性为内核的现代施政格局。

（作者为中国人民大学法学院副教授）

（2016年02月22日）

脱贫攻坚检验"落实能力"

马望原

> 脱贫攻坚要落实,《考核办法》也要落实,才能形成五级书记抓扶贫、全党动员促攻坚的局面

刚刚过去的春节,"城乡中国"再次成为舆论热点。社会对城乡差异的强烈关注再次提醒我们:全面建成小康社会,最艰巨的任务是脱贫攻坚,最突出的短板在于农村还有几千万贫困人口。

继2015年底中西部22个省区市党政主要负责人向中央签署脱贫攻坚责任书之后,中办、国办日前又印发了《省级党委和政府扶贫开发工作成效考核办法》。把"扶贫攻坚"改为"脱贫攻坚",先立"军令状"表明决心,再以"指挥棒"引导脱贫,中央的意志彰显无遗:到2020年实现"两个确保",确保农村贫困人口实现脱贫,确保贫困县全部脱贫摘帽。这是全面建成小康社会的一个标志性指标,也是一场必须打赢的战役。

"全面建成小康社会,13亿人要携手前进。让几千万农村贫困人口生活好起来,是我心中的牵挂。"习近平总书记曾深情感慨。党的十八大以来,从太行深处的阜平,到乌蒙山区的昭通;从甘肃中部的定西,到内蒙古边陲的阿尔山,看真贫、知真贫、真扶贫、扶真贫,成为总书记"花的精力最多"的事;"扶贫先扶志""扶贫必扶智""实施精准扶贫",新时期打赢脱贫攻坚战的战略思想清晰明确。

改革开放以来7亿农村人口成功脱贫,有力证明了中国特色扶贫开发道路的优越性,但到2020年实现"两个确保",依然不是轻轻松松一冲锋就能拿下的战役。为什么这么说?一是实现到2020年六七千万农村贫困人口脱贫,需要每年减贫1000多万人;二是脱贫攻坚先易后难,越往后成本越高、难度越大、见效越慢;三是让数千万农村贫困人口脱贫需要投入巨额资金,据测算,未来每年需要投入2000多亿元;四是农村新的贫困人口还会出现,因灾、因病、因学返贫情况还会时有发生;五是经济下行压力较大,贫困人口就业和增收难度增大,一些农民因丧失工作重新陷入贫困。

所有这一切都说明,脱贫攻坚已经到了啃硬骨头、攻城拔寨的冲刺阶段,必须以更大的决心、更明确的思路、更精准的举措、超常规的力度,众志成城实现脱贫攻坚目标。所有这一切也都意味着,脱贫攻坚,空喊口号、盲目蛮干不行,搞大水漫灌、手榴弹炸跳蚤也不行,新时期的脱贫攻坚,必须在精准施策上出实招、在精准推进上下实功、在精准落地上见实效。

动员千遍,不如考核一次。《考核办法》体现的正是精准扶贫导向。这种考核,不仅有贫困人口数量、贫困群众收入等脱贫"硬指标",还包括群众认不认可、满不满意的"软指标";不仅依据扶贫开发信息系统、全国农村贫困监测等"官方"数据,还参考有关科研机构和社会组织的第三方评估。把"不清不楚"变成"一清二楚",精准扶贫导向下的精准考核,就是为了有效避免可能出现的弄虚作假、"数字脱贫"等问题,也为省对市地、市地对县、县对乡镇、乡镇对村的督查问责指明了方向。脱贫攻坚要落实,《考核办法》也要落实,才能形成五级书记抓扶贫、全党动员促攻坚的局面。

"见之不若知之,知之不若行之。"历史上,我们党一直善于以目标带领群众,这是我们党的一大优势。而我们党区别于其他政党的更大优势还在于,我们善于把目标变为现实。习近平总书记曾在不同场合多次强调"关键在于落实"。以想抓落实的觉悟、敢抓落实的担当、会抓落实的能力,把脱贫攻坚作为"十三五"期间头等大事和第一民生工程来抓,我们将在"脱贫"中完成使命,在攻坚中成就光荣。

(2016年02月19日)

让协同发展变成刚性约束

朱竞若

从各描前景,到一张蓝图;从各自为政,到携手并进,京津冀协同发展战略实施以来,三地治理思路和融合方式的重要转变说明,在京津冀整体层面的规划越硬,更有利于三地发挥各自的"软优势"

京津冀协同发展,近日有两件各界十分关注的事。一件是《"十三五"时期京津冀国民经济和社会发展规划》印发,另一件是北京新的城市总体规划完成修编,2月17日经北京市委常委会审议通过,将上报国务院京津冀协同发展领导小组办公室。

把两件事放在一起说,是因为两者有太多相通相联的地方。指导思想一致,上位约束一致,都在《京津冀协同发展规划纲要》的总框架下,分工不同,但目标一致,路径一致。

北京治堵,常有一个说法,叫"交通拥堵,根子在规划"。发展中的乱象,为何会追根溯源到规划上去呢?这就是过去各描前景带来的问题,城市有城市规划,行业有行业规划,市里有考虑,区里也有考虑,各事其主。此次北京修编城市总体规划,有两个根本改变,一是"多规合一",二是"左顾右盼"。

"多规合一",就是30多项规划,合并为一个。梳理各类规划的发展

目标和实施时序,将城市规划、国民经济和社会发展、土地利用、产业、交通、市政、历史文化保护、生态资源、城乡统筹等各项规划,在同一张底图上落实和叠加,最终呈现"一张蓝图"。此次修编,也不再只种自己"一亩三分地",而是要"左顾右盼",与天津、河北的规划实现无缝对接,从而在更大尺度内,合理展开城市空间布局。

这个转变,不可谓不大。而更深层次的转变,是将蓝图式变成实施式,也就是说过去是柔性约束,将来是刚性约束。以人口为例,北京的规划从上个世纪80年代开始,先后提出了多个人口限制数,但屡限屡破,问题却不断叠加。现在,《京津冀协同发展规划纲要》、京津冀"十三五"规划均明确了2300万人口总量的"天花板",北京的城市规划则将这个限制具体承接落地。北京市委市政府以此为硬约束,将指标逐年逐地分解。2015年初,当年指标分解时,市内16个区都觉得是个天大的难事,但到年底考评,全部完成了人口调控目标!规划的刚性约束,威力初现。

发展与生态并重,是新的发展理念在规划中的具体体现。过去的规划,更重视发展指标,缺少生态保护的刚性约束指标,缺少城市开发边界约束,使得"摊大饼"式的无序蔓延,自然资源过度消耗,成为城市建设中的普遍现象。此次京津冀"十三五"规划提出要建设生态修复环境改善示范区,北京新修编的总体规划,全面统筹融合山水林田湖等生态资源,搭建全域空间的管控体系,具体划定生态红线、城市增长边界,目前已初步划定的生态红线区面积约占市域面积的73%,生态不可侵犯的刚性约束正在确立。

让约束硬起来,还有无处不在的协同意识。年初,北京把推进京津冀协同发展,作为市委市政府的头等大事;年尾,把协同发展作为一个重要部分,落实到政府各部门一把手的年度述职中。也就是说,推进三地协同发展,不是口号和目标,而落实到了干部考核的刚性约束中。

从各描前景,到一张蓝图;从各自为政,到携手并进,京津冀协同发展战略实施以来,三地治理思路和融合方式的重要转变说明,在京津冀整体层面的规划越硬,更有利于三地发挥各自的"软优势"。作为区域协同发展的国家级试验区,京津冀正在完成的"高难度动作",必能提升整个地区的"发展指数",推动三地发挥各自优势,实现区域经济的深度整合。

(2016年02月18日)

吃鱼纠纷背后的旅游业纠结

曹鹏程

> 人们对旅游目的地的服务业素质、执法水平乃至当地人的文明程度,释放出了强烈需求

社会新闻上升为舆论热点,最大的意义往往不在于判断当事者的对与错,而在于触碰到了社会"绷得最紧的那根弦"。"哈尔滨万元铁锅鱼"之所以在短短几天内迅速发酵,就是因为直接撞上了人们的旅游体验。

对于消费者在网帖中提到的价格问题、执法态度、消费金额等疑问,当地都给出了回应,认为"明码标价"并不违规,同时公众也确认了"鳇鱼售价不在指导范畴"等认知,了解到实收餐费"打了七折"等事实。而对于是否"缺斤少两"、到底"谁先动手"等问题,还在继续核实中。好在调查组终于在15日下午联系上了消费者,事件的全部细节有望水落石出。应该说,当地政府部门的介入和调查比较迅速,但舆论对立的局面却还在持续。究其原因,正是因为大家现在谈论的已经不仅仅是吃鱼纠纷,而是对于旅游产业的纠结。

根据国家旅游局发布的最新数据,今年春节公民出境游人数(不含港澳地区)达到519万人次,同比增长约10%。无论是东京的银座,还是首尔的乐天,到处可见国人"如逛超市"般提着大包小包的身影。从去年开始,中国人已经荣登全球出境旅游消费第一位。有位游客在接受采访时说得很

实在,"春节期间国内旅游和一些出境游的成本差不多,而且国外的服务、配套还好些。"游客用脚投票,不仅反映了中国旅游产业内外竞争激烈的现状,也生动阐释了旅游需求与旅游供给之间的矛盾。

中国坐拥世界上最丰富的旅游资源和最庞大的旅游消费群体,这也让不少地方政府以为发展旅游难度并不大。当年仅仅因为一部《丝绸之路》纪录片,就让大批外国游客蜂拥而至,即使当地服务配套并不完善,也足以带火丝绸之路游二三十年。依傍名胜古迹、名山大川经营吃住行的店家甚至直言不讳:中国人这么多,就算只做一锤子买卖也足够吃一辈子。这样的产业状况和业态心理,一旦碰到游客们不满足于"上车睡觉、停车撒尿、下车拍照",开始追求"到日本做健康检查,到马尔代夫拍婚纱照,到大堡礁考潜水执照",马上显露出尴尬和不适。

旅游者对旅游产业的期待,早已超出了我们既有的一些供给认知。旅游体验,不仅包括吃行住玩,旅游产业,更需来一次转型升级。从近年来屡屡出现的旅游纠纷可以看出,游客对旅游目的地的服务业层次、执法水平乃至当地人的文明程度,都释放出了强烈需求。与其说游客是在吐槽某地区的旅游环境,不如说是在追问整体发展水平和全面管理能力;与其说舆论是在谴责旅游产业"硬实力"不足,不如说是在期待与旅游体验有关的"软实力"进步。

现在越来越多的地方,对发展旅游业寄予厚望,期待这个产业能成为地方经济的新增长点。实际上,开发旅游与搞工业园、做房地产不同,尤其需要有手段平抑被旅游拉高的物价,需要有思路提升本地文明习惯。只有那些能够接受"最挑剔意见"的景区,只有那些真正领悟"功夫在诗外"的地方,才能修炼好管理和布局的"内功",做到宾客盈门。

(2016年02月17日)

别让"留守"固化为成长标签

李浩燃

"全面"二字,意味着"一个也不能少"。如果没有全体农村留守儿童的幸福,数千万个普通家庭的小康就会打折扣

"我和哥哥弟弟在家里很孤独,我真的很想你"。猴年新春来临之际,一名广西留守儿童稚嫩的笔迹,道出了无数孩子朴素的心声。春节假期已过,很多人开始回味团圆的美好,而对于农村留守儿童来说,一年一次的短暂重逢更是漫长的等待。正因如此,国务院日前出台的《关于加强农村留守儿童关爱保护工作的意见》,再次凝聚了全社会对留守儿童的目光。

统计显示,近年来我国关于留守儿童的舆情事件增幅显著,直接印证了这一群体面临的"成长危机"。去年初夏,贵州毕节某家庭四名留守儿童集体服毒自尽,曾令全社会为之震惊。监护缺位、教育缺失、关爱不足,导致"留守一代"在人身安全、教育启蒙、心理健康等方面出现一系列问题,已经成为一种"时代的伤痛"。

《关于加强农村留守儿童关爱保护工作的意见》这份全文超过6000字的文件,无论是分析成因、把脉症结,还是统筹兼顾、布局对策,都反映出中央对留守儿童问题的深切关注,也展示了对症下药、标本兼治的治理决心。综观方案,既对做好农村留守儿童关爱保护工作提出总体要求,又着眼于完善关爱服务体系、建立健全救助保护机制,还强调从源头上逐步

减少儿童留守现象。如此系统的安排与部署，称得上破解农村留守儿童难题的一套完整方案。

从"乡土中国"到"流动中国"，留守人群成为在城乡二元结构背景下，城镇化进程中的特殊群体。除了诸多"治标"的配套手段，正如国务院此次出台意见所指出的："农村留守儿童问题是我国经济社会发展中的阶段性问题，是我国城乡发展不均衡、公共服务不均等、社会保障不完善等问题的深刻反映。"正是在这个意义上，要想从根本上破解留守问题，就必须改变"留不下的城市、回不去的乡村"，尽可能减少父母与未成年子女的时空分离。

近年来，多地纷纷施策吸引农民工返乡就业创业，正是致力于从源头上消除留守现象的努力。以重庆为例，据统计，从2012年的107万人到2015年的89万人，3年时间全市留守儿童总量减少约18万人。另一方面，城市也应更加包容，为农民工筑梦城市降低门槛，想方设法降低他们的生活成本，让他们有能力将孩子安置在自己身边。去年在户籍和居住证等方面的一系列重大改革，一部分意义就在于此。

保护儿童的健康成长权利，是人类在历史长河中逐步夯实的价值认同，更是中华文明流淌着的文化血脉。更重要的是，全面建成小康社会已进入决胜阶段，"全面"二字，意味着"一个也不能少"。如果没有全体农村留守儿童的幸福，数千万个普通家庭的小康就会打折扣。正因此，下一步关键还是要把"意见"落细落小落实，努力在实践中形成一套更为细致、更可操作的规范体系，有效扩大对农村留守儿童的福利供给，通过改革发展给予他们以力量和希望。

"没有一种服装比爱更合身，没有一种装饰比爱更迷人"。对儿童而言，父母的关爱与陪伴，永远没有替代品。此次《意见》的印发，应该唤起方方面面的切实行动，让家庭的亲情陪伴、社会的多元救济与国家的制度保护汇集成强大合力，避免让"留守"固化为一代人的成长标签，带给孩子们一个正常的童年，同时给中国的未来带去更美好的希望。

（2016年02月16日）

传承人类自己的"引力波"

余建斌

> 对科学的信念和坚持,比起黑洞相撞激起的涟漪,更具有穿越时空的力量

这些天,"引力波"三个字震荡了全世界,刷爆了朋友圈。沉浸在传统佳节的中国,由此掀起了一轮崇尚科学的热情,激发了对浩渺宇宙的奇妙想象与对探索宇宙规律的向往。透过"引力波",人们对"基础科学艰辛而美丽"有了真切的认知,科学工作者们对如何推动创新有了深切的思考。

这一场科学的心跳,源于一个来自宇宙深处的、久远而微弱的信号,被这个蓝色星球上的人们捕捉到了。如果爱因斯坦听到广义相对论发布100年后引力波被探测到,会为此欣喜若狂,还是淡定地吐吐他的大舌头?很可能他会和参与这一历史性发现的科学家们逐一握手,向他们的坚持和耐心表达钦佩,并且愉快地收回他的那句预言:"这些数值是如此微小,它们不会对任何的东西产生显著的作用,没人能够去测量它们。"

这一次,通过LIGO(激光干涉引力波天文台),人类首次直接探测到引力波,从而"发现和记录了一个关于大自然的、迄今未被发现的基本事实",验证了"爱因斯坦是正确的"。选择方向,设计实验方案,长达几十年的"等待"……不得不说,这是一次科学眼光和科学耐心的胜利。也

让人们再一次见识到科学研究尤其是基础科学中时常演绎的悖论:"它是辛苦的、严谨的和缓慢的,又是震撼性的、革命性的和催化性的。"

这种悖论显然非常折磨人,没有强大的毅力无法承受。就像成功的一刻,参与其中的科学家感到巨大的解脱和喜悦,但更多是解脱:"40年了,好像有一只一直坐在我肩膀上的猴子,在我的耳边唠叨嘲弄我:'呃,你怎么知道这一定能成功?你让这么多人参与进来,如果这一切永远不会成功怎么办?'"LIGO的科学家们或许并没有料到,自己能够这么快地站在全世界的聚光灯下,如果那两个黑洞转得再慢一点,碰撞得再晚一些,他们或许还要再等待很多年。

在LIGO科学合作组织宣布成功消息后,美国麻省理工学院校长在致信全校时提到,"(这个研究)在一个广袤的背景上展示了,对深入的科学问题人类为什么要探索,如何探索,以及为什么至关重要。"对于科学探索的价值所在,这样的说法并不是第一次,也不会是最后一次。但并不是总有像引力波探测这样巨大的科学发现来证明这一切,显然这一次我们的感受尤为深刻。

每一次重大的自然发现、科学突破,和观测新工具的诞生,都是人类认知圆圈的扩展,对世界了解深度和广度的拓展。就像有科学家所描述的,500多年前人们用自己的跋涉发现新大陆;400多年前光学望远镜发明后,人类发现自己生活在太阳系;随后的电磁波、中微子信号,让人类的"眼光"能够脱离银河系乃至到达宇宙边缘。现在,引力波的发现,则让人类不仅能看宇宙,也能听宇宙,"打开了一扇前所未有的探索宇宙的新窗口"。而伴随着每一次新的视界的打开,人类的世界观、宇宙观得以刷新。

有时候不得不感叹人类的伟大。来自13亿年前遥远宇宙的引力波细微到难以捕捉,能用长达40年的时间去验证100年前的科学理论,这种对科学的信念和坚持,比起黑洞相撞激起的涟漪,更具有穿越时空的力量。这一次的引力波探测成果,更像是两代科学家穿越时空的联手,为人类开启了一场新的探索旅程。而接收和传承这种来自人类自身的"引力波",对只有30多亿年的地球生命史和几百万年的人类史,更具有生命和梦想绵延不绝的实际意义。

(2016年02月15日)

"你在哪儿,家就在哪儿"

李洪兴

> 近 30 亿人次的匆匆脚步,刻画着不变的文化轨迹,春运未尝不可视为当代中国的心灵史诗

车辆承载着回乡的期盼,数据描绘了行车的轨迹。今年春运,大数据让这场世界上规模最大的短期人口迁徙,变得更加可视化。其中一个耐人寻味的统计是,向来是年前"往外走"的"北上广",这次成了人口流入地,"逆向迁徙"开始变成了"双向迁徙"。以春运首日为例,北上广、北渝沪分别位列人口流出地和流入地的前三甲,且北京和上海的流入流出都不相上下。

这让人想起那句听到每每会心头一热的话:"你在哪儿,家就在哪儿。"老家的院落有童年的记忆,接父母进城来可以感受到现代的气息。不管何种方式、去往何地,流动中国始终不变的主题还是"回家"。大家庭相聚也好,小家庭守岁也好,团圆相守诠释着家之为家的意义。相爱相扶、相帮相衬、相知相守,家庭结构虽然突破了大家族、大院落,但"爱相随、不离弃"早已跨越了岁月和距离。实际上,"拥有"才是最大的幸福,与多少平方米、是否豪华无关,一个属于"我们的地方",不就是真正的家吗?

"回家",两个字如此牵动人心,正是因为流动时代,这是一个情感归属。年前,纪录片《舌尖上的中国》制成电影版《舌尖上的新年》登上大屏幕。

其实,"舌尖"何尝不是"心头"?传统中国的社会结构中,饮食往往与家、与乡相连。当"固态社会"变成"液态社会",个人获得了发展空间,却也与过往的时间少了些情感羁绊。最简单的吃食都蕴藏着最复杂的情愫,正如《舌尖上的新年》里一家人朴素的呼唤,"过年了,回妈老汉屋头吃饭"。还是原来的配方、还是熟悉的味道,不知道异乡团聚之时的"家里饭",能否填满在外打拼的游子们一年乃至几年的期待?

而"回家"二字,背后更有一个"文化"的概念。哲学家说,"文化是一个连续的统一体,文化发展的每个阶段都产生于更早的文化环境"。如果舌尖上的家留住人的依恋,那么,家乡和故土才让文化的根脉成为"连续的统一"。还记得小时候拎着浆糊桶,跟在大人后面贴春联;除夕夜前,一拨又一拨的同姓人去祭奠祖辈。多少年过去了,父辈头发花白,少年长大成人,一年又一年,一代又一代,有哪些习俗、有什么禁忌、如何对待长幼,这些无不始于从小的耳濡目染。家,给了一个人认知社会关系的一束光,也在无形中播下了文化传承的一粒种。春运到来,近30亿人次的匆匆脚步,刻画着不变的文化轨迹,从这个角度说,春运未尝不是当代中国的心灵史诗。

慰藉情感、滋润心灵、赓续文化,"家"是个关键。房子不住人就容易年久失修,它需要温度和人气,而家正是聚集人气的地方。所谓家国天下,家是社会的细胞、国家的肌理,"回家"也是在为国家为社会涵养人情、人气和人味。也许在外打拼很苦,家人会轻声安慰;也许工作很忙,回家就能靠岸;也许心里藏着城市的孤独,乡音乡情最能让陌生融化。情至深处则是爱,"望得见山、看得见水、记得住乡愁",终究,离不开的还是人情人心。

这一年,有人哭、有人笑、有心酸、有成绩;这一年,有遗憾、有长进、有擦肩而过、有一见钟情。不管怎样,幸福或者是孤独,回家吧,抱一抱父母、诉一诉辛苦、拍一拍灰尘、等一等安抚,再无言的眼神交流都诉说着流动中国不变的情愫。而来年,还是有不止的奋斗,不变的归途。

(2016年02月05日)

在"更"字上书写"舌尖安全"

姜赟

> 开年讲话聚焦食品安全,既是给"年味儿"送上安心味道,也是打响"十三五"期间食品安全工作的发令枪

春节将近,准备年夜饭的心情是幸福洋溢的,储备年货的表情是笑意融融的。这个时候,无论谁都不希望问题食品来添堵。不仅如此,翻检老百姓2016年的心愿清单,食品安全名列前茅。而《2016年广东省十大民生问题调研报告》中,食品安全名列"什么都敢吃"的广东民众关心事项的首位。可见,"吃得放心"是百姓心中天大的事。

民心是最大的政治。在"十三五"开局之年的第一个月,习近平总书记强调,确保食品安全是民生工程、民心工程,是各级党委、政府义不容辞之责。人民群众热切期盼吃得更放心、吃得更健康,要落实"最严谨的标准、最严格的监管、最严厉的处罚、最严肃的问责"的要求,切实保障人民群众"舌尖上的安全"。民间有"百姓开门七件事,柴米油盐酱醋茶"之说,总书记的开年讲话"锁定"食品安全,既是给"年味儿"送上安心味道,也是打响"十三五"期间食品安全工作的发令枪,预示着未来要在"更"字上下足功夫,给保"胃"战的胜利注入更强信心。

写好"更"字,要把准国情,才能握好如椽大笔。我国食品安全总体向好,但形势依然严峻,既发生过"陈年冻肉"上餐桌、五常大米掺假等法治失序、

道德失范的老问题，又有网购年夜饭不新鲜、"慢"快递导致食物变质等"互联网+食品"的新挑战。面对食品安全问题，要有只争朝夕的紧迫感，还要拿出更大决心、更有效措施。也要看到，食品安全问题并非中国独有，美英德等发达国家过去也曾经历了问题食品泛滥的阶段，现在亦不时有食品安全事故发生，因此，治理食品安全不会一劳永逸，要发扬钉钉子精神，驰而不息、日拱一卒，用解决问题的成效累积性换来舌尖安全的持续性。

写好"更"字，需要摆好制度的笔砚、磨好法治的水墨。客观地讲，政府对食品安全的监管渐趋成熟。但也还存在不少短板，如食品生产加工透明度不足，监管还存在人手不足、力量有限的问题，质量认证体系的权威性也还不够，食品可追溯体系尚处于起步水平……如何进一步织密制度的笼子，如何让"史上最严"的食品安全法发威，需要在"十三五"期间重点攻克。

写好"更"字，政府、企业、百姓都是执笔人。记得作家毕淑敏讲述过一顿乡下美味，食材看似与城里没区别，却是老农取之于"土法"种植的自留地，而他拥有的另一块使用农药化肥的庄稼地，则是专供城里人。讽刺的是，老农的孙女考上了大学，即将成为"专供"的城里人。作家讲述的如一个醒世喻言，问题食品危机四伏，人人都是受害者。从这个意义上讲，与每个人相关的食品安全问题，也将成为多元社会主体共同治理转变的"试验田"。除了政府要把"为民之心"端上桌，生产经营主体也要流淌"道德血液"，消费者更要多点较真的权利意识，一个严密高效、社会共治的食品安全治理体系才能形成。

中央"一号文件"明确规定，把保障农产品质量和食品安全作为党政领导班子政绩考核的重要指标；许多省市正在积极创新监管方式，有的省市将开展食品安全城市创建试点；不少企业主动加入"明厨亮灶""透明车间"等活动，多数地方的街头乡间流动着义务监督员的身影……展望未来，星火正成燎原之势，相信2016年，"舌尖上的中国"会让更多人吃得放心、吃得开心。

（2016年02月02日）

"人心就是力量"

朱永新

> 人民为国家之基,人心则为国家之根。根的力量,表面难以看见,却在深层发挥着本质的作用。人心所向,则如根系牢固

1月29日,习近平等党和国家领导人同党外人士欢聚一堂迎新春。在讲话中,总书记提出了一个非常重要的命题:"人心向背、力量对比决定事业成败"。这是今年以来总书记第二次强调这个观点。前不久在全国政协礼堂举行的新年茶话会上,我刚刚聆听到总书记的要求:"问题是时代的声音,人心是最大的政治。推进党和国家各项工作,必须坚持问题导向,倾听人民呼声。"

人心就是力量。人心向背决定力量对比,从而决定事业的成败得失。这个简单而深刻的道理,是中国共产党人90多年以来最重要的心得之一,是党的群众路线与统一战线法宝的形象解读,也是新时期治国理政的根本遵循。

人心就是力量,这是中国历史给我们的启示。漫漫五千年文明,早已深刻体现出"夫与民共其乐者,人必忧其忧;与民同其安者,人必拯其危"。先秦思想家管仲则干脆总结:"政之所兴,在顺民心;政之所废,在逆民心。"

人心就是力量,这是中国共产党历史给我们的启示。有人请教毛泽东为什么能够打败蒋介石?毛泽东的回答就是:共产党赢得了民心。

人心就是力量,这也是战胜汶川大地震等重大灾难给我们的启示。从某种意义上说,灾难也是一块试金石。那场地震,震垮了楼房,却震不垮民心的坚强、善良与团结。

人心就是力量,这更是我们当下应该充分调动的力量,因为,困难面前,尤其需要全民同心。人心齐泰山移。众志成城,就没有跨不过的坎,过不了的关。目前经济出现了下行的现象,但我们的发展空间仍然很大,回旋余地仍然很大,存量盘活的财力与人力资本仍然很大。仅仅接受过高等教育的人数就达到1.2亿,超过了日本总人口和美国的劳动力总量。把这些人的能量充分发挥起来,就能够创造出惊人的奇迹。

人心就是力量,就要求社会各界尽力而齐心。我国经济社会发展的航船正在全力以赴抵达全面小康社会的彼岸,需要中国共产党为这艘巨轮掌好舵,也需要包括各民主党派成员在内的全国人民与中国共产党一起划好桨。同舟共济,才能乘风破浪,才能将暴风骤雨笑看为沿途风光。

人心就是力量,当然要求我们了解民意、倾听民声。老百姓在想些什么?老百姓最需要什么?老百姓最憎恨什么?老百姓希望日子过得更好一些,期盼有更好的教育、更稳定的工作、更满意的收入、更可靠的社会保障、更高水平的医疗卫生服务、更舒适的居住条件、更优美的环境。想老百姓所想,急老百姓所需,恨老百姓所憎,才能够赢得人心。当人民对幸福的向往,真正成为我们的奋斗目标,我们就和人民站在了一起,就自然赢得了民心。

人民为国家之基,人心则为国家之根。根的力量,表面难以看见,却在深层发挥着本质的作用。人心所向,则如根系牢固。就像一种红杉,虽然是浅根型植物,可是它们成群结队地成长,并将树根在地底相连,形成一张牢固的大网,狂风暴雨也无法摧毁它们,以至于它们能够高耸入云,成长为近百米的树林,让人叹为观止。

我们相信,如果人民如此心手相牵,没有什么困难不可克服,没有什么风雨可以阻挡,因为人心是一种神奇的力量,孕育着未来,催生着希望。

(作者为全国政协副秘书长、民进中央副主席)

(2016年02月01日)

以"新理念"培厚农业土壤

朱 隽

> 农业供给侧结构性改革,说到底,就是围绕市场需求进行生产,让农产品供给不断适应需求的变化

27日晚,2016年中央"一号文件"发布。与此前12年一样,这一引人注目的文件,再次聚焦"三农"工作。而此次,"新理念"成为这份文件的一个关键词。

颇有意味的是,与13个"一号文件"相伴的,是粮食产量从2004年至2015年的"十二连增"。"历史未有,世界罕见",业内人士如此评价这份沉甸甸的成绩单。

这个成绩的确来之不易。但是,农业生产中的一些现象也值得我们关注。一边是粮食产量连年增长,一边是进口量创历史新高;一边是价格低廉的国内农产品销路不畅,一边是高端高价的进口农产品屡被抢购;一边是农药化肥过量使用推高农民种植成本,一边是土地水源已经难以承受污染之重……种种矛盾倒逼之下,中国农业该以怎样的姿态开始新的征程?正如今年"一号文件"中所说,我国的"三农"工作,"既面临诸多有利条件,又必须加快破解各种难题"。

现象背后是问题。今年全面深化改革的一个重点,是推进"供给侧结构性改革",农业发展同样是重中之重。从供给侧看,生产成本过高,资源透支利用,部分农产品供给不适应需求变化,一些品种亟须压产能、去

库存。直面矛盾，破解难题，必须运用创新、协调、绿色、开放、共享的发展新理念，做好推进农业供给侧结构性改革这篇大文章。落实"一号文件"强调的"发展新理念"，这是一个重要抓手。

推进农业供给侧结构性改革，说到底，就是围绕市场需求进行生产，让农产品供给不断适应需求的变化。当我们告别了短缺，物质供应日益丰富时，农业生产不能再简单地以产量论英雄。现实中，还屡屡出现一些地方农产品滞销的情况，让农民"丰产"却不"丰收"。而且，当人们对于农产品质量和安全不断提出新要求时，农业生产更要在提高质量效益和竞争力上多下功夫。正因如此，"一号文件"才专门强调，要"加强农产品流通设施和市场建设"。

推进农业供给侧结构性改革，是一篇涉及生产力调整和生产关系变革的大文章。当前，就是要按照"一号文件"的要求，既做好减法，也做好加法，把该减的减下来，该补的补上去。去库存，就是要千方百计地把个别农产品过大的库存量减下来；降成本，就是要通过发展适度规模经营、减少化肥农药等的不合理使用，把农业生产成本降下来。补短板，既要补农业基本建设之短，也要补农业生态环境之短；提品质，就是要适应消费升级的需要，把农产品质量安全水平提上去。

在我们这样一个拥有13亿人口的大国，要实现谷物基本自给、口粮绝对安全，在任何时候都得绷紧粮食生产这根弦。因此，不能把推进农业供给侧结构性改革简单等同于压缩粮食生产，更不能搞运动式调整。保障国家粮食安全、稳定提高粮食产能，仍然是推进这项改革的基本前提和重要任务。

既然是改革，就会产生阵痛。面对改革可能产生的矛盾和问题，应提早应对。其中，保障农民利益是关键。正如"一号文件"所言，要把坚持农民主体地位、增进农民福祉作为农村一切工作的出发点和落脚点。比如，在"镰刀弯"地区压减玉米产能，调整种植结构。如何保证调整的方向农民能接受，调整过程中农民利益不受损，这些既需要提前做好规划和设计，也需要其他农业农村改革给予配合。

让农业成为充满希望的朝阳产业，让农村成为可以大有作为的广阔天地，发展新理念正当其时，改革新举措正当其用。

（2016年01月29日）

让反腐败的"制度链条"环环相扣

秦 宁

> 从申报、抽查到问责,这样的领导干部个人事项报告"三部曲",可以看出反腐败的制度链条正在环环咬合

这两天,领导干部个人事项报告再次引来社会关注。既有"房产面积少报1平方米也不行"的更细更严,也有对于不实报告的"动真格":去年的抽查中,3900多人因不如实报告被取消提拔资格,124人受免职、降职等处理,160人因抽查核实发现问题受到党纪政纪处分。这样的数字,让人感受到领导干部报告个人有关事项制度的分量。

如果如实报告、有一说一,这3900多名领导干部或许不至于仕途受阻。这也是一个警示:报告个人事项,绝不能走过场;凡提必查,绝非说说而已。无论"家产"还是"家事",如果报告不真实、不准确、不完整,难免会栽跟头。领导干部再想象征性地报告一点蒙混过关,可能会有极大的"风险成本"。

是否如实报告个人事项,本质上是一个讲不讲政治纪律、守不守政治规矩的问题。有贪官落马后称:"财产申报等重大事项报告制度,我从来没有执行过。纪委每年春节后登记收受红包礼金情况,我只是象征性地登记一点。"尽管只是极少数,却折射出不少人对这一制度"躲猫猫"的心态。有明文规定的报告制度,还避重就轻、敷衍了事,哪怕是"1平方米",

也是触碰到了纪律和规矩的高压线。

去年,对于领导干部个人有关事项的抽查核实,比例由3%至5%扩大到10%,全年共抽查副处级以上干部43.92万人,近4000人因之无法提拔,可说是规定从"纸面"到"地面"的落实。河北省怀来县原县长李玉清,因不如实报告个人有关事项等原因,被依法罢免。江西省原副省长姚木根报告时,只填写两套房产,却被核实出12套。这样的抽查核实,既能发现腐败线索,也能对腐败行为形成震慑,确确实实让"申报制度真正长出了'牙齿'"。

2014年,全国向组织报告个人有关事项的领导干部,已经远远超过百万。有专家用4个字总结了中国领导干部报告个人事项制度的特点:广、全、实、严。大范围抽查,动真格问责,也在一个侧面印证了这样的特点。领导干部个人事项的"大数据",在全面从严治党中是一项基础性工程,在反腐败斗争中正可发挥更重要作用。

经过3年多强力的打虎拍蝇,反腐败已经进入了一个攻坚期、深水区。在这一阶段,让反腐败走入制度化的轨道,是必然的选择。从申报、抽查到问责,这样的"三部曲",也可看出反腐的制度链条正在环环咬合。在习近平总书记的改革方法论中,注重协同性、耦合性,是一个重要内容。而反腐败的各项制度,同样也需要有"协同"、有"耦合",进行更精准的节奏把握、更有力的流程控制。比如,在干部人事管理制度中,"能上能下"的规定与个人事项报告结合起来,应能更好地优进劣退;比如,在巡视制度中,对干部个人报告事项进行抽查,可以进一步提高巡视的针对性和有效性。制度反腐,需要打出更多这样的"组合拳",才能达到更好的效果。

"国以贤兴,政以才治,为政之要惟在用人。"领导干部个人有关事项的报告和抽查核实,可以防微杜渐,让更多人干干净净做人、清清白白为官、勤勤恳恳做事,涵养和保持山清水秀、风清气正的政治生态。

(2016年01月28日)

以"复方"根治滋补品乱象

何鼎鼎

> 无论药品补品,不减人工物力,是企业常青的第一法则,也是行业兴盛的不二法门

近期媒体报道的一个数据,让阿胶行业陷入"集体尴尬"。据统计,以目前中国市场阿胶销量估算,每年需驴皮400万张左右,而国内供应不足180万张,即使算上进口,可供制胶的驴皮也只够实现当前产量的六成。

"驴唇不对马嘴"的数据缺口,反映了阿胶行业"偷工减料"的事实。报道称,目前市面上食药用阿胶产品,鱼龙混杂,有的阿胶糕甚至根本不含阿胶成分。其实,此前媒体对于阿胶企业制假就屡有报道,而此次估算,更让人进一步看到行业乱象。

"皮之不存,毛将焉附?"对于阿胶这个"以皮为本"的行业而言,原材料是首先需要保证的。"役用养驴"向"商品养驴"转型导致原料短缺是客观事实,但是"马皮阿胶""狗皮阿胶"却并非必然选择。阿胶传统悠久、接受度高、市场需求大,以次充好甚至以假乱真,损害了消费者最基本的权益。不管是通过全产业链模式实现毛驴养殖规模化,还是通过提价保质实现市场出清,抑或是通过开发替代品的技术创新,都是解决问题的正道。

事实上,不仅是阿胶,许多传统滋补品都面临类似的困境。如虫草,

屡有喷水、胶合、加面粉乃至金属粉的造假报道，鹿茸、灵芝、雪蛤、人参等，也都存在这样那样的问题。如若任凭劣币驱逐良币，不仅危及食药品安全，更危及行业长远发展。

长期以来，从建立标准到专项整治，相关部门一直在规范与引导营养保健品行业的发展。但事实证明，面对连年涨价的高收益，"道德"常常失效；面对横行的"潜规则"，监管也难免法不责众。规范营养保健品行业，不仅需要道德自律的方剂，也需要强化监管、产业健全与法治建设的"复方"。

对于各种滋补品，需要有从生产到销售的全链条监管，不管是对随意夸大疗效的广告建立评价标准，还是对相关生产企业的审批提高准入门槛，都需要主动作为。另一方面，滋补品的监管不仅是个行政问题，也是一个技术问题。如阿胶，之前原料鉴定还有困难，但如今 DNA 全检技术已经可以实现 100% 测出阿胶成分。以技术创新来推动"疑难杂症"的攻克，应该成为从企业监测到政府监管的新思路。

同时，这一行业存在的问题，也需要用"发展"来解决，通过更健全、更健康的市场，在行业内部实现优胜劣汰。完善市场驱动机制，才能让滋补品的质、量、价更合理调节；避免过多的资本向初加工领域集聚，才能实现产业深化发展；打通上下游实现全产业链生产，才能破解原材料困局，让高附加值不再遥不可及；而更好地树立品牌意识，才能让传统的金字招牌屹立不倒。

要保证源于传统文化的特色优势能充分发挥，也应该让政策法规与行业的特点规律相衔接，一帖"法治"的方剂必不可少。广义上看，传统滋补品也可纳入中医药体系，如阿胶、虫草、人参等，本身已被收入《中国药典》。去年末，全国人大常委会初次审议了《中华人民共和国中医药法(草案)》，中医药法治化进程已经开始。以法治手段理顺治理体系，让监管有法可依、有规可循，依法制药、依法治药，才能减少"狗皮阿胶""问题虫草"。

同仁堂门前有一联：炮制虽繁必不敢省人工，品味虽贵必不敢减物力。无论药品补品，不减人工物力，是企业常青的第一法则，也应是行业兴盛的不二法门。

（2016年01月27日）

让"春运拼车"一路顺风

吕晓勋

> 给企业、社会优化出行方式的探索更大空间,相关部门可以结合"互联网+交通"的发展情况,不断创新管理模式、提供有针对性服务、完善法治保障

"有钱没钱,回家过年。"春节临近,交通运输部表示,鼓励不以营利为目的的拼车出行。随着私家车增多、高速路延伸,如何让"拼车"成为春运的有益补充,正是管理部门可以思考的问题。

对于拼车回家,公众有着较强的诉求。一个网络约租车平台公布的数据显示,目前跨城拼车预约订单已经超过58万,数量还在激增。的确,火车票难抢,飞机票太贵,拼车回家虽非最优选择,但方便、便宜,应该会受到欢迎。交通运输部的表态,体现了对社会关切的回应,对社会力量参与春运分流的肯定,是管理理念、服务手段的与时俱进。

春运拼车回家,并非新鲜事。从上网发帖邀拼车、求拼车,到在公益平台上共享拼车信息,这几年春运,拼车都是一种"自发形成的运力",满足了不少人的出行需求。不过,由于对司机个人品质、驾驶技术、车辆状况等方面的顾虑,以及明确相关责权的法律法规的空缺,不少人对于拼车回家的方式,仍抱持观望、怀疑态度。如何让顺风车更"顺风",需要的不仅是鼓励。

其实，去年交通运输部关于网络约租车的管理办法征求意见稿中，就明确了"不以盈利为目的"的拼车、顺风车可以存在。地方层面，北京市交通委2014年发布了《关于小客车合乘出行的意见》，规定市民签协议拼车，将不会被认定为非法运营的"黑车"，同时可以合理分摊费用。这些都是拼车取得"合法身份"的一个标志。

不过，和平常出行不同，春运期间，拼车有很大一部分是跨城市、跨省份的。远距离、长时间的驾驶，让拼车面临的各种"老问题"，更加凸显。如何最大程度确保不出意外，是乘客最为关心的问题。如何分摊行驶成本、能否收取驾驶费用等，也需要有明确标准。而各地管理拼车的态度尚不明朗，执法标准和尺度也不统一，拼车上路会不会有汽车被查扣的可能？从这个角度来说，保障好拼车双方的合法权益，主管部门有必要尽快拿出具体、可行的管理方案，明确执法底线，为非盈利性质的拼车出行提供准确的规范参照。

今年春运讨论拼车，网络约租车平台是个绕不开的话题。春节前，已有多款打车软件推出"跨城拼车"业务。毋庸讳言，利用打车软件拼车回家，今年肯定会大量存在。在这样的情况下，对于这些平台提供的拼车服务，更需要做好规范和管理。应该规范和约束打车软件运营商，在司机资质审核、准入门槛设定、车辆安全性能、交通保险保障等方面，坚持"高标准、严要求"。防止他们为了抢占出行市场，而忽视了最起码的保障司乘安全的社会责任。

客观地说，面对短期陡增的人流、形态各异的需求，世界上任何一个国家，都不可能拿出十全十美的交通解决方案。无论是以"大数据"研判旅客出行规律提前做好部署，还是给企业、社会优化出行方式的探索更大空间，应对不断变化的春运形势，相关部门的治理"工具库"里，完全可以添加几样"新物件"，结合"互联网＋交通"的发展情况，在创新管理模式、提供有针对性服务、完善法治保障等方面，做出新的探索，实现新的突破。鼓励拼车出行开了个好头，期待有进一步的法规、意见来保障政策善意的落地。

"分享，带来温暖"，爱"拼"才会赢……当春节拼车回家这一互助型出行方案成为越来越多人的交通选择，明确司乘双方的权责，才能打通拼车之路的"堵点",使之能够更有效率地公众出行,减轻交通压力。而这,恰恰是群众期盼和交通部门工作的交集所。

(2016年01月26日)

"罂粟壳混上餐桌"的真问题

李洪兴

食品安全问题,背后有管理问题、文化问题、人心问题,决不能让美味和安全成为"鱼和熊掌"、非此即彼的选择题

近日,国家食药监总局通报了35家涉嫌违法添加罂粟壳的餐饮服务单位,其中还包括京城一家天天排大队的饭馆。舆论的一个共识是,不管是小餐馆还是大品牌,无论是袋装熟食还是现做"堂食",只要涉嫌添加有关致瘾品,就应依法处置。

毒品还是调料?人们对罂粟壳的认识,还存在一些模糊之处。由于被认为有香料价值甚至致瘾功能,在一段时间内,使用罂粟壳成了一些餐馆留住回头客的"公开秘密"。一些不良商家大动歪脑筋,专门用罂粟壳熬制"老汤",想要用"舌尖上的成瘾"换来"腰包里的大钞"。

2000年,最高法关于审理毒品案件定罪量刑标准有关问题的解释中,罂粟壳已经被归类为"其他毒品"。2008年时,原卫生部明确把罂粟壳列为非食用物质。国家禁毒委等还曾下发通知,要求"严厉打击在食品中添加罂粟壳行为"。事实上,罂粟壳如果食用过量,轻则乏力、面黄肌瘦,重则损害神经系统、呼吸系统。显然,以罂粟壳调味,既有损身体健康、践踏商业伦理,更是严重的违法行为。

在餐饮已经产业化的今天,往食物中加哪种香料、加多大剂量、有无

副作用，可能决定着食用者的健康。小小罂粟壳提示我们，既想吃到美味，也要健康安全，这绝不能是一道"鱼和熊掌"、非此即彼的选择题。

食品安全大于天，这首先是个管理问题。就以罂粟壳为例，"部分药用"变成了端上餐桌、"法律禁止"变成了公开售卖，哪怕就像有些餐馆声称的"供应商设备残留"，仅仅靠执法打击的"末端治理"，恐怕仍难以打消人们对管理违禁物品的忧虑。源头在哪里、如何从各个环节入手管控、怎样普及添加剂使用标准等等，如果回答不好这些问题，那么通报的35家餐饮单位就可能只是违法添加的"沧海一粟"。

食品安全关乎人，这其实也有个文化问题。中国农业大学一位副教授曾做过一个实验，将罂粟壳和形似罂粟壳的草果，分别加入火锅中烧煮半小时，结果并没吃出火锅味道上的差异。中国药物依赖性研究所教授陆林也认为，罂粟壳本身没有味道，有些甚至带有酸涩的苦味。行业中、社会上的"以讹传讹"，竟然能让这么多人趋之若鹜、铤而走险，甚至让一些食客也为使用罂粟壳"辩护"，不能不说安全意识和守法意识都有待加强。

食品安全重于山，这最终是个人心问题。多年来，从穿山甲到果子狸，从二噁英超标的烧烤到如今再受关注的罂粟壳，食品安全的警钟一再响起，可还是屡屡出问题。中国人爱吃会吃，但饮食安全应该有底线。不管是政府监管者、餐饮企业，还是消费者，哪些可以食用、哪些不能添加、哪些可在一定剂量范围内使用，都应该明白准确，不能因为"潜规则"而使之含糊过关。"地沟油再便宜也不能用"的观念不仅应成为共识，还得变成实际治理作为、自主选择，否则难免再出现跟罂粟壳类似的"香料"。

"夫民者，国之根也，诚宜重其食，爱其命。"从古至今，"民以食为天"绝不是小事。正如习近平总书记所言，"我们党在中国执政，要是连个食品安全都做不好，还长期做不好的话，有人就会提出够不够格的问题。所以，食品安全问题必须引起高度关注，下最大气力抓好。"狠抓且抓好，在寒潮来袭的冬日里，老百姓就不会为"去哪儿喝碗放心羊汤"而顾虑。

（2016年01月25日）

续写丝绸之路的传奇

吕晓勋

> 当命运共同体理念日渐深入人心,当自由贸易已成全球性共识,续写丝绸之路的传奇,就不仅仅是中国和中东的历史使命

在对中东地区进行国事访问之际,习近平主席在埃及《金字塔报》发表了一篇题为《让中阿友谊如尼罗河水奔涌向前》的文章,提出中阿要做自主发展道路的实践者,做地区和平的捍卫者,做互利合作的推动者,做文明多样性的倡导者。这些坦诚开放的建议,既是中国与阿拉伯国家友好关系的秘诀,也道出区域合作共赢的关键。

"四通八达的商品集散之地,傲视群伦的文化灿烂之所"。自古以来,被誉为"五海三洲之地"的中东地区,就是推动并升华东西方交流的重要场域。世界上最悠久的文明从这里发源、最古老的城市由这里筑起、最早的成文法典在这里产生……阿拉伯人和波斯人有力推动了世界贸易体系形成的进程,以及科学文化的交融。中东的繁荣和发展得益于跨区域的大交流,其实处在两端的东西方也一样。从西汉使臣到访安息(古代伊朗)、远抵今天埃及的亚历山大,到唐朝时与大食、波斯等国频繁来往、互通有无,再到明代航海家郑和远航吉达、麦加、麦地那等地,古丝绸之路留下的无数故事,已经"在人类文明交流史上留下了深刻印记"。

"驼铃古道丝绸路,胡马犹闻唐汉风。"古代的各国商人,之所以能够克服艰险的旅途,硬生生走出一条古丝绸之路,根本上得益于自由贸易的力量,"看不见的手"所启示的道理,历经岁月的锤炼和打磨后,正焕发

出新的亮丽光彩。如今,行走在浙江义乌、广东广州等城市的街头,不难发现大量中东商人的身影。相应的,中国商人也大规模地活跃在利雅得、开罗、德黑兰的市场中。朴素的市场力量,无形间构成了"一带一路"的活力源泉。正如澳大利亚经济学家贝哲民所说,"当这种单线与成千上万条其他的线交织在一起时,就会成为巨大的贸易走廊的一部分。"

近代以来,中东成了世界版图的"十字路口",既是"文明的熔炉",又是"冲突的心脏"。百余年来,尤其是中东发现石油以来,世界大国纷纷深度介入中东,但往往不是带着文化优越感,就是带着所谓的"战略"意图。持续不断的动荡与纷争,某些国家刻意的指手画脚,让中东地区国家的发展道路险阻重重。也因如此,中东人民对和平、稳定、发展的诉求异常强烈。中国不仅真心尊重每一个国家的主权和领土完整,也真心尊重中东的历史经纬,更真心尊重中东人民的发展愿望。这恰恰是中东国家都把中国当成朋友的关键。

阿拉伯有句老话叫"独行快,众行远",中国人常讲"朋友多了路好走",伊朗谚语说"哪里没有相互间的和睦,哪里就没有生活的富裕"。老道理能够存续至今、能够穿越不同文明,自然有最牢固的东西在支撑。如果说和平是外部条件,梦想就是内在驱动。无论国际风云如何变幻,转动发展的钥匙,打开通向美好未来的大门,需要各方的共同努力,追求的则是人民对幸福生活的梦想。目前沙特、埃及、伊朗排名前三的贸易伙伴中,无一例外地包括了中国,这或许可以从一个侧面说明,共建"一带一路",对接发展战略,在优势互补中实现互利共赢,深深契合各自发展的实际需要。正如埃及驻华使馆前新闻参赞艾哈迈德·萨拉姆所说,习主席文章提及的"一带一路"构想,不仅是中国人民的梦想,也是阿拉伯人民的梦想。"一带一路"构想一旦实现,将给中东地区各国经济和社会带来巨大变化。

今天的人们,不应该忘记古丝绸之路的历史性功绩和启迪,那是人类第一次践行的跨文明的世界性"大交流"。推动这个等级的交流,从来都不是一件易事,但它给人类带去的繁荣红利却也是蔚然可观。当命运共同体理念日渐深入人心,当自由贸易已成全球性共识,续写丝绸之路的传奇,就不仅仅是中国和中东的历史使命,也是全世界都在求解的时代命题。

(2016年01月22日)

走出"水困局",只能赢不能输

严厚福

> 治水的目标,不仅是让人民喝上干净的水,也是让整个生态系统都喝上干净的水

洞庭湖区小镇,水井挖到地下150米依然没水;淮河一条支流,"活鱼烧好是臭的";冬天草长得太高太密,鄱阳湖还要防火……近日,媒体一篇关于中国水安全形势的调查,引发公众对于中国"水困局"的关注。

这样的水困局,可以归结为两点:一是水量短缺,二是水质污染。水量短缺的原因,一是经济发展,各行各业对水的需求量上升;二是各种水利工程导致上游来水减少;三是一些大城市人口过于集中,超过了当地水资源可以供应的总量;四是水污染导致大量原本可以饮用或者使用的水不可用。水污染的原因,主要是生产、生活排放的废水超过了水体的自净能力。由于执法能力和守法意识的欠缺,我国企业超标超总量排放废水的情形十分普遍,农业面源污染更是长期处于缺乏监管的状态。

水是生命之源、生产之要、生态之基,不仅关系到防洪安全、供水安全、粮食安全、公众生命和财产安全,而且关系到经济安全、生态安全、国家安全。治水,已经得到从上到下的广泛重视,成为一件"国之大事"。为了应对严峻的水困局,2015年国务院出台了"水十条",提出了水污染防治的工作目标。从大幅减少污染严重水体,到严格控制地下水超采;从

提升饮用水安全保障水平，到近岸海域环境质量好转，这些目标无不是为了改善水环境质量、恢复水生态系统功能，实现生态系统良性循环。

要实现这个目标，难度很大。以美国的水污染治理历史为例：1969年，美国俄亥俄州克利夫兰市凯霍加河因油料废弃物污染而再次着火，《时代》引用当地人说法："掉进凯霍加河的人不会被淹死，只是会腐烂。"这一事件成为催生美国现代环境法的"导火索"，1972年美国国会通过了《清洁水法》，提出两个国家目标：在1985年底实现污染物零排放，一些可能水域在1983年7月达到"可以垂钓"和"可以游泳"的水质标准。然而，这两个目标至今未能完全实现。受1969年登月成功鼓舞希望10年解决水污染问题的美国人才意识到，与解决水污染问题相比，"登天"简直可以说是相当容易，需要花费的资金也只是"小意思"。

中国目前面临的水困局，不但有严重的水污染，还有严重的水资源短缺。中国还处于工业化阶段，减少水资源需求以及污染物排放的压力大，治理难度显然也很大。但无论多难，治水已经没有丝毫退路，因为，"让群众喝上干净的水"，是政府对人民应尽的承诺。事实上，治水的目标，不仅是让人民喝上干净的水，也是让整个生态系统都喝上干净的水。在这个问题上，中国只能成功，不能失败。

如今，技术的进步、理念的更新、共识的形成，也给我们走出水困局增添了信心。从大方向上来说，治水需要全社会的共同努力：政府应当制定良好的法律、规划和标准，引领经济、社会的绿色转型，加强对领导干部的"绿色"考核，并严格执法；企业应当主动守法并积极承担环境社会责任，争当环保"领跑者"；公众应当自觉践行节俭、绿色的生活方式，并积极监督政府和企业的环境违法行为。

治水是攻坚战，也是持久战，我们要有一万年太久只争朝夕的紧迫感，也要有愚公移山的毅力和耐心。相信，在全社会的共同努力下，"湖清霜镜晓，涛白雪山来"的景致，必将遍布美丽中国。

（2016年01月21日）

根治"年末讨薪"需共同使劲

毕诗成

> 法律兜底之外,还必须从管理机制、文化认知、社会结构等更多维度上,全方位、全过程地为农民工群体"赋权"

时近农历年末,农民工讨薪的报道,渐次出现。河南郑州七旬老人讨薪路上的辛酸生日、陕西西安农民工讨薪时意外死亡,虽是极端个案,但农民工被拖薪、欠薪的现象,还较普遍。

应该看到,这些年在化解农民工欠薪问题上,上上下下做了很多努力:"恶意欠薪罪"入刑了,行政执法更主动,监察执法与法律援助联动更通畅,工资保证金等制度也在完善之中……有各方的重视、有法律的保障、有治理的给力、有制度的支撑,欠薪问题相对过去有所缓解。但在现实之中,在一些地方,这一道道防护墙还是时有失灵。

法律是维权的重要武器,此类纠纷理应被纳入法治轨道解决。但也要看到,农民工被拖欠工资的问题,原因错综复杂,拿起法律武器清欠,门槛不低、成本也不小。作为一个涉及数亿农民工权益的大问题,在法律兜底之外,还必须从管理机制、文化认知、社会结构等更多维度上,全方位、全过程地为这个庞大群体"赋权"——要想年底不集中讨薪,必须致力于平日的不欠薪,这是最朴素的道理,也是最核心的逻辑。

从高度重视到有效根治,并不是发文表个态、出几条规定那么容易,

甚至也不是"挤压"开发商和承建商给钱了事那么简单,而是既要有系统思维,也要做细致工作,通过提升社会治理水平,将"协调发展""共享发展"等理念,落实到每一个有血有肉的个体身上。

从管理机制上讲,层层分包与转包在建筑业比例非常高,在层层拖欠的责任逃避中,农民工处于最末端,自我保护能力较弱,缺乏议价话语权。因此,必须果决有效地推进工资保证金制度、劳动合同制度等,对各个环节进行约束和规范,把"不能欠"置于"不想欠"之前。

从治理结构上讲,政府部门、司法部门、企业协会、公益组织、劳动者个体,在各自努力的基础上,更需要形成合力,让每一处背离法律规章的隐患,在第一时间排除。否则,就难免发生"哪里有窟窿就先拿农民工工资去填补,等到年底'补'不了后跑路逃薪"的情况。

从社会认知上讲,客观上,很多用工形式不规范,农民工往往被视作"零工""散工",这也造成一种印象:似乎农民工到年底"一次性数钱",是一种"理所当然"。对于一个接近3亿人的群体,这种"理所当然"应该改变,加强用工规范、保障劳动者权益才是应有之义。

这几日,农民工巨晓林当选中华全国总工会副主席的消息广为传播。与之前的农民工当选人大代表、党代会代表一样,这同样释放着强烈的信号:近3亿农民工参与到社会治理的运行体制当中来,正在成为现实。巨晓林表示,他要"做农民工的代言人",将着重调研农民工薪酬、安全防护、劳动合同等方面的问题。这是一个很大很难,也必须直面的命题,需要巨晓林的努力,也需要更多巨晓林们的持续努力,更需要全社会的共同努力。

脚手架上的建筑工、寒风里的快递员、忙前忙后的餐厅服务员、流水线上的制造业工人……"再低微的骨头里也有江河"。关注这些可能淹没在"大词"中的个体,带着感情去正视解决,不断提升社会治理水平,相信,在一个农民工大国里,可以蹚出一条更从容、更安全、更正义的权益守护之路,让他们能够带着笑容、带着尊严,播种希望、走向明天。

(2016年01月20日)

激发公共治理的群众力量

李元昊

发挥群众的重要作用,从政府的"我治理"转变为全民共治的"我们治理",能提高我们社会的"免疫力"

"西城大妈""朝阳群众""海淀网友""丰台教导队"……最近一段时间,这类公民群体"频频立功",在公共安全治理中发挥着重要作用。这些群体分布在城市的每一处,连接着安全系统的神经末梢。近日,北京市公安局又发布消息称,在首都的网络安全治理中,3000名"网警志愿者"协助警方铲除网络毒瘤。

诸多公民群体参与到社会公共安全治理之中,体现了群众作为社会治理主体参与意识的回归。不管是在现实生活还是在虚拟空间,这些公民群体的背后,都是群众被纳入到整个社会治理体系之中,实现了群众和政府治理的有效对接。

动员群众力量参与公共安全治理,我们对这样的方法并不陌生。上世纪60年代的"枫桥经验",就是与群众共同管理、一起治理,取得了非常好的效果。很多类似的成功案例证明,发挥群众的重要作用,从政府的"我治理"转变为全民共治的"我们治理",也是公共安全治理理念和方式现代化的一个重要内容。

群众和政府在公共治理中的角色定位,绝不是管理与被管理的工作关系，更应该是合作关系，这已经成为可贵的共识。十八届三中全会曾明确提出，必须创新社会治理方式，要"坚持系统治理""发挥政府主导作用，鼓励和支持社会各方面参与，实现政府治理和社会自我调节、居民自治良性互动"。今天，公共安全领域能突破传统治理模式，吸引更多公民的参与，不仅创新了治理方式，更让"公共安全"这个统一的公共价值，将公民和政府连接起来，在一定程度上，也是涵养社会"价值理性"的可贵尝试。

现代社会，在公共治理的方方面面，群众力量的动员与发挥变得更加重要。以"朝阳群众"为例，自2014年以来，多名涉黄、涉毒明星接连遭北京朝阳群众举报，被警方查获。网友戏称，朝阳群众是"世界第五大情报组织"，对犯罪行为的威慑作用大大提升。的确，如果将社会比作肌体、把危害社会安全的因素比作病毒，那么动员和发挥群众力量便是提高肌体免疫力，相比单纯靠公共安全部门监管治理的药物去疴，显然是更优选择。"朝阳群众""海淀网友"以及"网警志愿者"等公民群体的宝贵之处，正在于初步显示了我国社会环境治理具备了"自净能力"。我国公民已经开始主动提升自己所在社会的道德标准，自愿维护自己所在空间的法律基础和社会秩序。

群众的力量不仅体现在现实公共领域，在互联网带来的虚拟公共空间也大有作为。有人说，互联网不仅是技术变革，也带来了社会变革。互联网空间同样有威胁公共安全的隐患，并且由于相关标准与规则还未建立，公共安全问题愈发迫在眉睫。首都3000名"网警志愿者"的出现，将使这个领域的公共安全得到更为有效的保障。如果用"互联网+"的思维来解释，可以认为"互联网+群众力量"将带来更干净安全的互联网生态。

在公共治理中，群众有着最真实的感受、最广泛的"覆盖"，因而有着无穷的力量。我们需要思考的是，如何最大限度地激发这股巨大的力量，为公共治理找到"提高免疫力"的治本良方。

（2016年01月19日）

理顺医患纠纷需以"理"服人

王石川

近日,一产妇在北医三院抢救无效不幸离世的消息引发关注。亡故产妇杨女士所在单位发函称,希望医院对死者的离世原因做出公正、透明、翔实的调查。医院则表示,初步判断猝死原因为主动脉夹层破裂,而杨女士去世后其家属数十人滞留产科病房,大声喧哗、打砸物品、追打医务人员。杨女士家属否认打砸医院和天价索赔。

"生平最爱听的声音,就是婴儿出生后的第一声啼哭。"有"万婴之母"之誉的我国著名妇产科专家林巧稚曾如是说。短短一句话,或许道出了所有妇产科医患人员的心声。妊娠26周多的杨女士不幸离世,医护人员不愿意看到这一幕,家属自然更是难以接受,这是最正常的情感反应。

家属不认同结果,可寻求医疗纠纷第三方调解;不满意调解,可拿起法律武器。面对调解,院方有权利辩解;面对被诉,院方更有责任直陈事实。这是解决医患纠纷的最好路径。最糟糕的方式,则是将法律抛在一边,互相指责,甚至使用暴力。在"医闹"已入刑的情况下,如果维权手段过激,恐怕难逃法律规制;而根据侵权责任法等法律,若属医方有过错,同样需要承担赔偿责任。

杨女士究竟死于何因,尚需调查;杨女士家属究竟有无打砸医院,同样需要调查。而在这关口,死者所在单位、医院、医师协会三方各自发出声明,一时被人称为"某某院大战某某医院",也属于过度解读。法治时

代,无非讲究一个"理"字。这个理,既是道理,也是法理。理直才能气壮,而不是比谁嗓门大。一起医疗纠纷,演变成围观者众的舆情事件,恐怕也非各方所愿。

多年来医患关系紧张,甚至催生了频繁出现的专业"医闹",不仅让医护人员惶恐,也给很多患者带来不安。曾有医生感叹,不怕你告、就怕你闹,不怕流泪、就怕流血。化解医患矛盾,已到了必须重装"操作系统"的时候了——不再是小修小补,安装"杀毒软件",而应该重建医患伦理,重构调解规则。

当前,处理医患纠纷,既不缺调解机制,也不缺诉讼手段。但是,对于少部分患者来说,由于信息不对称,以及专业医疗知识匮乏,导致他们不确定调解机构能否保持公正,也不确定司法机关能否主持正义,于是不相信规则,也不相信法律。如何确保规则透明,如何力求信息对称,如何使法治的公正运送到世人心中,亟待破解。规则有公信力,法治有生命力,暴力"源代码"就失去意义,"大闹大解决,小闹小解决,不闹不解决"的固化思维就失去滋生空间。

更应看到,司法救济毕竟是最后的手段,而且事实上也不能"包治百病"。化解医患纠纷,更需重在防范。这既需要患者意识到,现代医术再发达,也有无能为力之时;也需要医者有严谨态度,有慈悲情怀,医生给病人开出的第一张药方,应是关爱。正如"现代医学之父"威廉·奥斯勒所说,我们面对的不是机械也不是冰冷的石材,而是一个个热血沸腾的生命,要求我们不仅是用头脑去思考该怎么治疗,还应该用心去感受、去帮助、去安慰。

医护人员和患者是不折不扣的命运共同体。在医疗水平贫瘠、医疗资源匮乏的年代,医患同舟共济,共驱病魔;如今,医疗卫生条件已经大为改观,医患可说是同乘"豪华游轮",更应齐心协力,毕竟病魔才是共同的敌人。你若深信不疑,我必全力以赴。不断增进互信,不断激活制度的力量,相信医患关系终能走向融洽,实现共赢。

(2016 年 01 月 18 日)

安全生产需要更多"笨功夫"

刘志强

> 重特大事故频发绝非偶然发生、外力所致,而是叠加着一系列必然因素、串联着一系列内部原因

据了解,2015年全国安全生产统计数据显示:与2014年相比,全年亿元GDP事故死亡率等主要相对指标持续下降,较大以上事故起数和人数继续减少,重特大事故起数下降、死亡人数持平。

安全生产总体平稳的背后,我们依然不能忘记去年重特大事故频发给人们带来的心灵创伤。天津港"8·12"火灾爆炸、深圳"12·20"滑坡、陕西咸阳"5·15"交通事故、河南平顶山"5·25"老年公寓火灾……去年,全国共发生37起重特大事故,平均约10天就有一起,人员伤亡惨重,社会影响恶劣。相比统计数字,那些触目惊心的凄惨场景、失去亲人的锥心伤痛无疑更能触动人民群众对安全感的体认。

我们必须清醒地看到,重特大事故频发绝非偶然发生、外力所致,而是叠加着一系列必然因素、串联着一系列内部原因:

从生产经营主体看,有些企业发展"粗线条",工艺落后、能力有限,对生产线上的隐患浑然不觉;有些企业对安全"缺根弦",意识淡薄、重视不足,隐患排查不力、安全投入不够、日常管理不严;还有些企业扎着"松紧带",业绩好了抓一抓、经营差了放一放,怀揣侥幸心理、跟风险讨

价还价。

从监管体制机制看,"篱笆墙"还远谈不上牢靠。一些地方将重视留在口头、行动止于文件,没有真正地把管理落实到岗、把责任具体到人;一些地方基层监管人手紧张、专业水平不高,既缺精力也无能力堵漏洞去风险。

人的生命高于一切。只要重特大事故还时有发生,只要不期而至的灾难还无法避免,我们就没有丝毫理由放松对每个生命的悉心防护、对绝对安全的不懈追求。当前,安全生产领域最紧迫的任务、最有效的抓手正是遏制重特大事故频发势头。为此,我们必须踏踏实实下些笨功夫,从根本上提升全社会的本质安全水平,把风险隐患排查清楚,将事故概率降至最低。

历史是最好的教科书。长期以来,矿山、尾矿库、危化品、油气管道、道路交通、建筑施工、涉爆粉尘等一直是事故"高发地带"。各地区理应结合实际,定下重点监管领域、拉出企业排查清单,经常说、反复管、不厌其烦地查,督促企业将隐患环节整改到位、把培训投入强化到位、把防范机制覆盖到位。同时还要在高风险行业建立风险分级管控机制,构建预防性的"双保险",将安全生产关口前移。

追责是最好的警示灯。目前,全国大部分省市县都已构建起"党政同责、一岗双责"的安全生产责任体系。要让责任意识入心入脑,最有效的手段就是对失职失责行为进行严肃追惩。越是发生重特大事故,我们就越要不留情面地问责党委政府有关责任人,就越要依法让企业为漠视安全生产主体责任付出惨痛代价,就越要以此为契机向社会发出强有力的警示。

技术是最好的泄压阀。在高危行业,我们尤其要大力推进"机械化换人、自动化减人",通过技术进步把人从高风险的生产环节上解放出来;要优化作业场所布局,采用空间物理隔离、技术监控等措施掐掉事故发生的"捻子",将其拒于千里外。

岁末年初,既是事故易发多发之际,也蕴含着事业起承转合之机。在新一年能在安全生产上付出更加扎实有效的努力,让重特大事故不再频发,我们才能让老百姓的日子过得更安宁更顺当。

(2016年01月15日)

科研经费改革应促进学术活力

叶竹盛

> 回归符合学术规律的学术自我管理,以健康、合理的学术评价和激励机制,激发学术共同体的活力,并促进学术共同体的自律

科研经费是对学术的投入,期待的是科学研究的高产出,也是衡量一个国家科研水平的重要指标。作为科研大国,中国的科研经费投入逐年增长,目前每年已达万亿之巨。但是,近日有媒体报道,过去数年间,只有四成左右真正用于科研,多数则用于开会、出差,在一定程度上反映了学术界的乱象。

除了经费的滥用,令很多学者感到苦恼的还有报账难甚至是科研腐败问题。近年来,高校反腐已经从以往的基建和招生领域,扩展到了科研经费的滥用上,已有多名教授因贪污科研经费被查处。如果说科研腐败还只是小范围事件,那么大部分学者都面临着报账难的折磨。作为一名高校教师,笔者加入过几十个QQ群,现在大部分都沉寂了,唯独学校的财务咨询群异常活跃,每天都有老师提出科研经费报账方面的各种难题。大学财务处的几位同事只好"在线办公",随时解答这些困惑。有时候,如何报销科研经费,竟比完成科研本身还困难。科研经费的分配和使用不是去适应学术的规律,反而成了学术的紧箍咒和指挥棒。

改变科研经费乱象,首先要依据科研活动的规律,回归学者的本质定位和学术的自身规律。科研投入,既包括硬件投入,也包括人力投入,尤其是一些纯科学项目或人文项目,人力投入应该占大头。然而,在实践中,很多项目都是作为工程项目来进行管理,有购买硬件或者出差开会的发票才能报销,甚至许多项目实际上成了功名榜,等级分明,投入多少经费的标准不是研究的实际需要,而是课题是否"重大",项目主持人是否"重要"。还有一些项目,先拨付一些经费,要求结项后才下达剩余经费。有些高校甚至直接以下拨项目经费的方式"奖励"老师。一些本来可以直接发放的奖金,也要求像项目经费一样用发票报销——凡此种种,给人的观感是,经费并不是对研究的"投入",而是对研究的"奖励"。这种实践与制度上的错位,经常让很多学者无所适从,甚至有人想尽办法"套取"自认为"应得"的经费。

科学研究是自由的知识探索,在学术规范之外,不应加诸各种行政化的条条框框。尤其应当注意的是,不能把学者当作公司职员或是政府公务员,进行行政化管理,认为学术研究只有硬件投入,人力投入可有可无,这方面的经费不是作为"必要项"而是作为与项目重要程度相匹配的"奖励项",这样必然限制学术活动的创造力和活力,对一些基础学科和人文社会科学研究尤其如此。当然,这不是说学术经费可以放任使用,学术活动可以信马由缰,而是要回归符合学术规律的学术自我管理,以健康、合理的学术评价和激励机制,激发学术共同体的活力,并促进学术共同体的自律。科研经费的管理制度应该服务于这个目标,而不是束缚科学研究。

刚刚发布的《国务院办公厅关于优化学术环境的指导意见》强调,要着力构建符合学术发展规律的科研管理、宏观政策、学术民主、学术诚信和人才成长环境。无论是经费滥用,还是报账难,都是科研经费管理上出了问题。进一步完善管理制度,激活科研经费的分配激励功能,才能确保学术研究活力,真正释放创新潜能。

(2016 年 01 月 14 日)

强化责任,搭好改革"主体框架"

白 龙

今日中国,改革事业依然是最能鼓舞人心、凝神聚气的旗帜,这需要方方面面的改革主体真正把责任落到实处,把手中的改革接力棒当成冲刺的一棒来跑

全面深化改革进入新一年,各项工作应如何推进?刚刚召开的中央全面深化改革领导小组会议上,习近平总书记强调,今年要力争把改革的主体框架搭建起来;扭住全面深化改革各项目标,落实主体责任,拧紧责任螺丝。这一要求从目标和责任两方面,为今年全面深化改革任务指明了方向。

回顾过去的三年,全面深化改革在各个领域都取得了意义深远的成就,是夯基垒台、立柱架梁的三年。20次中央深改组会议,审议通过100多份重要文件,涉及经济、司法、文化、教育等多个领域的复杂改革,有力推动各领域改革走上快车道。随着顶层设计的不断完善,如何让改革的靴子真正落地,让改革蓝图最终实现,对各地各领域都是一个挑战。正是在这一背景下,今年开年第一次深改组会议提出了上述要求。对要求的落实程度,将直接决定改革的整体效果。

明确标注各领域具有四梁八柱性质的改革,既是中央的具体要求,落实中又考验改革推动者的认识水平。各项改革任务纷繁复杂,如何纲举目张?五大发展理念,如何在具体工作中见真章?这就需要在对各领域改革

全面评估的基础上，坚持问题导向，排出优先顺序，重点推进。既有的改革经验也不断说明这一点。司法改革不可谓不难，但抓住司法责任制这个"牛鼻子"，很多配套措施就能顺利推进；国企改革不可谓不复杂，抓住股权结构这个着力点，便可很好激发企业内生动力。人们在改革过程中不断认识到，一子落而满盘活，各领域改革在做到精准全面认识的基础上，坚持问题导向，扭住关键环节，才能找准改革的着力点、突破口，从而精准发力、持续用力。

中国的改革，从来都是有担当、敢进取者勠力推进。此次中央强调落实主体责任，同样是对各领域改革操盘手责任意识的要求。这不仅仅是因为，各领域的改革需要以主体责任为驱动力，更在于，今天的改革早已打破旧的权力边界，必须以主体责任回应群众呼声，以主动作为追赶时代脚步。细数群众反映最集中的问题，诸如"以文件落实文件""以会议落实会议"以及种种"不作为""懒作为"现象，背后都是主体责任没有到位。回想改革开放之初，登高一呼、八方响应的盛况，不正是思作为、勇担当的改革精气神迸发？今日中国，改革事业依然是最能鼓舞人心、凝神聚气的旗帜，这需要方方面面的改革主体真正把责任落到实处，把手中的改革接力棒当成冲刺的一棒来跑。

全面深化改革汇聚着方方面面的力量，把这些力量调配好、发挥好，是中央此次会议的重要考虑，也将促进主体责任更加细致化、制度化。会议提到的国有企业、财税金融、科技创新、土地制度等具有"牵引作用"的11个领域，无不是关涉群众感受和改革成败的重中之重，落实过程中尤需主体责任的灌注。"既各司其职、各负其责又相互协作配合""全程过问，每一个环节都要有可落实、可核实的硬性要求""党委书记作为第一责任人，既要挂帅、又要出征，亲力亲为抓改革"等，既体现了"严"的一面，又体现了"细"和"实"的一面。各地各领域将这些要求实化细化、落实到时时事事，才能让群众真正感受到全面深化改革和每一个人的命运息息相关，才能让改革和群众的获得感紧密相连。

今年是"十三五"开局之年，各项改革任务既多且繁，各种挑战既艰且巨。按照中央的要求，牢牢扭住关键、激发主体责任，方能不断激发改革活力，把汇聚亿万人民希冀和福祉的改革事业持续推向深入。

（2016年01月13日）

遏制"后院腐败"何处着力

刘成友

"父母之爱子，则为之计深远"，与其冒着风险给子女留下大笔钱财，不如给子女留下好家风、好作风，那才是让子女受益无穷的东西

骨肉相亲的儿女，却让自己身陷囹圄；情同手足的兄弟，却把自己送上法庭……日前中央纪委公布去年被查处的34名部级及以上领导干部中，有62%的违法违纪涉及亲属，其中一半以上属于利用职务上的便利为亲属经营活动谋取利益。

在近年来查处的贪腐案件中，人们对"父子兵""夫妻店""全家'腐'"等，已见惯不惊。有的主政一方，家人经商办企业，包揽工程、批发项目，套取巨额利益；有的搞"一家两制""前门当官，后门开店"，大发横财，自己成了"权钱交易所所长"。多年前山东一名贪官在法庭上曾忏悔说，"冰冷的手铐有我的一半，也有我妻子的一半"，再形象不过。

关心家人，照顾亲属，本是人之常情。不同于一般群众的是，领导干部手中拥有很大权力，容易被利用。家人一旦把这种权力当作捞钱资本，拉大旗作虎皮，为所欲为，原本温馨的"避风港湾"，就会演变成"亲情陷阱"。而一些领导舍不得"情分"，拉不下"面子"，一味的"义气"，到头来不过是害了自己，害了家人。

领导干部手中的权力，经过亲友或身边人完成寻租，有专家把这种现象称为"权力递延"。这其中，有的是领导本人有意递延权力，认为权力过期作废，不用白不用，所以主动与亲属和身边人一起贪腐；有的是领导亲属或身边人打着领导旗号，狐假虎威，利用其职务影响为自己谋利。从一些腐败案件看，往往是领导干部地位越高，权力越大，其权力的递延效应也就越强，其亲属以此谋取利益的空间也就越大。

不久前，中央政治局召开专题民主生活会，围绕"三严三实"，习近平同志提出领导干部要管好亲属子女和身边工作人员，发现问题及时提醒、坚决纠正。这对于遏制权力递延，防止"后院起火""亲属腐败"，无疑是很好的提醒。

严以用权，提高"免疫力"。位置越高，权力越大，越要时刻牢记"权为民所用，利为民所谋"，经常提醒自己不为亲情所误、不为亲情所累，决不能纵容亲属"靠山吃山、靠水吃水"。要做到"思想不放松，耳根不发软"；大事管得住，小事不马虎；常打"预防针"，增强抵抗力。

树好家风，严管才是厚爱。古人说："居官所以不能清白者，率由家人喜奢好侈使然也。"要看到，好的家风，能系好人生的"第一粒扣子"。"修身、齐家"，才能"治国、平天下"，领导干部首先要"正好家风、管好家人、处好家事"，才能看好"后院"、堵住"后门"。"父母之爱子，则为之计深远"，与其冒着风险给子女留下大笔钱财，不如给子女留下好家风、好作风，那才是让子女受益无穷的东西，才是真正的"为之计深远"。

加强监督，戴好"紧箍咒"。对领导干部配偶、子女及其配偶经商办企业行为，应当加以规范。对领导干部个人有关事项申报制度，应该加强抽查，及时纠正处理。对领导干部用权行为，党内监督、舆论监督以及群众监督正在逐渐强化，需要进一步发挥好监督的力量。事实表明，只有扎紧制度的篱笆，权力才不敢乱伸手、寻租、递延。

（2016年01月12日）

用法治方式读懂"快播案"

白 龙

> 新技术时代的到来，改变的不仅仅是我们的日常生活，也将对我们已有的法律观、权利观以及道德感带来冲击，我们需要跟上这种变化

最近，北京市海淀法院开庭审理的快播公司及相关被告人涉嫌传播淫秽物品牟利案（以下简称"快播案"），在网上引起激烈讨论。透视舆论热点背后，民意与司法、技术与法律的关系，足可为网络时代的司法实践提供一个生动的样本。

从一开始，快播案就呈现出鲜明的网络色彩。首先，被告方快播公司是一家互联网企业，其开发的播放器软件被称为"宅男神器"，拥有海量网络用户，从"出事"时起就引起众多网友关心。另一方面，北京海淀法院通过互联网主动进行司法公开，运用视频直播技术对该案件审理过程进行全程直播，使本案原原本本、"一刀不剪"呈现在网友面前，也让本案迅速成为2016年"互联网开年第一案"。

无论争论各方的观点如何，我们都要为本次庭审的公开程度点赞。正是法院的网上直播，使这一事件的影响力超出了狭小的法庭，进入广阔的公共领域。据统计，这场总时长达20多小时的"司法大剧"，吸引了100余万人观看视频。司法公开是最好的普法教育，让如此之多的人尤其是年

轻人关注这次庭审,快播案无疑是一次成功的普法课。而本案所涵盖的实体问题与程序问题、证据问题与技术问题、控方表现与辩护策略、互联网发展与法律边界等主题,都让本案有理由成为一则经典案例。在这个意义上,不论最后的结果如何,快播案本身就是司法信心的昭示,是中国司法敢于将棘手案件晒在阳光下的进步之举。

正由于快播案本身的法治意义,决定我们不能从各自的生活经历、身份立场来衡量其中是非,更不能像围观娱乐新闻一样,仅仅关注其中的"精彩语录",最后以各种"段子"收场。特别是,中国法治进程走到今天,人们不应该再从"法治ABC"开始讨论,更不应该把法律问题涂抹上道德色彩,诸如被告人的辩护权、基本法律程序,应该成为讨论的起点而非焦点。基于这一法治常识,关于被告人的罪与非罪、罪轻罪重,应该交由审理者裁判。在此之前,他们只是犯罪嫌疑人,享有法律赋予的相应权利,而法院也有权、有责根据法律独立作出裁判,不受外界干扰。如果通过网络的审判公开最终变成"网络审判",变成比谁的嗓门大、谁的发言"机智巧妙",既偏离了本案网络直播的本意,也是对法治理念的背离。

关于快播案,目前网上已经有许许多多的专业讨论。有来自法律界的探讨,也有来自网络技术人士的分析,这是有益于法治进步和技术发展的正确态度,也将使通过个案推动法治进步成为可能。毋庸讳言,从快播公司前年被查处时起,关于网络技术的法律边界与道德底线,就已引起业内人士的广泛关注。讨论背后反映出的是一个核心命题:立法和司法如何应对突飞猛进的互联网发展?如何让网络技术既便利生活又无损于社会善良风俗、更不能冲撞法律的底线?包括此次一些网友的吐槽,也不妨视为对司法能力的一个提醒,督促司法工作者时刻保持对社会发展和技术进步的关注。

技术从来都是双刃剑,人类文明史一再从正反两面说明这一点。技术进步若要真正成为"福利",离不开规则和法律的守护,而法律也在不断的挑战与回应中得以完善。越来越多的人意识到,新技术时代的到来,改变的不仅仅是我们的日常生活,也将对我们已有的法律观、权利观以及道德感带来冲击,我们需要跟上这种变化。如同互联网刚出现时,没有人觉得盗版是件大事,如今已全然改观。快播案终将尘埃落定,但由此引发的思考应当继续。

(2016年01月11日)

"新的发展理念就是指挥棒"

李 斌

> 解决深层次矛盾和问题、推动供给侧结构性改革,一体坚持、一体贯彻五大发展理念,握指成拳形成突围合力,才能推动发展全局的深刻变革

古人有言,"提纲而众目张,振领而群毛理"。提纲挈领、把握关键,是做好任何事情的前提。今年是全面建成小康社会决胜阶段的开局之年,也是推进结构性改革的攻坚之年。新开局要有新作为,以什么样的理念引领发展,以什么样的方式推进改革,至关重要。

"新的发展理念就是指挥棒,要坚决贯彻"。习近平总书记在重庆调研时的讲话,再次凸显了"创新、协调、绿色、开放、共享"这五大发展理念的引领性作用,也为我们在新的一年如何开好局、起好步指明了方向。今年改革发展各项工作,就是要以五大发展理念为总指南、总抓手;今年的改革任务和重点,就是要在统筹贯彻新的发展理念上有新突破、新进展。

思想的高度决定了行动的高度。对于今天的中国来说,五大发展理念是针对我国经济发展进入新常态、世界经济复苏低迷开出的药方,凝聚着对经济社会发展规律的深入思考,体现了"十三五"乃至更长时期我国的发展思路、发展方向、发展着力点。在"五位一体"的总体布局中,五大

发展理念是价值层面的思想引领；在"四个全面"战略布局中，五大发展理念是实践层面的行动指南。以五大发展理念为指挥棒落实各项改革发展任务，以全面深化改革为方法论对接发展所需、基层所盼、民心所向，我们才能克难前进、臻于新境。

用好这个指挥棒，就要有"除旧布新"的改革勇气。越是对旧事物有依赖，越是会阻碍新事物的成长壮大。譬如"速度情结"，如果拘泥在高速增长中，难免会放松甚至忽视去产能、去库存、去杠杆等转型任务，就难以实现发展方式和发展质量的超越。没有不痛不痒的蝶变，也没有一帆风顺的转型，要实现壮丽新目标，就必须走出"舒适地带"、摆脱"路径依赖"。就像习近平总书记强调的，对不适应、不适合甚至违背新的发展理念的认识要立即调整，对不适应、不适合甚至违背新的发展理念的行为要坚决纠正，对不适应、不适合甚至违背新的发展理念的做法要彻底摒弃。

用好这个指挥棒，就要有"直面问题"的责任担当。五大发展理念是针对我国发展中的突出矛盾和问题提出来的，贯穿着鲜明的问题导向。以五大发展理念为指挥棒，就要直面发展中的突出矛盾和问题。解决城乡、区域、"四化"发展不平衡问题，坚持协调发展是基本思路。化解商品房高库存，必须推进创新发展，加大供给侧结构性改革力度。脱贫攻坚时不我待，有赖坚持共享发展，拒绝等靠要、图虚名。冲着问题去，问题才不会积重难返，跨越追赶的"机会窗口"才不会转瞬即逝。"时来天地皆同力，运去英雄不自由。"抓住时机进行战略性调整、结构性改革，是顺势应时、对焦问题的必然选择。

用好这个指挥棒，就要有"一体贯彻"的系统思维。创新、协调、绿色、开放、共享，统一于"四个全面"战略布局和"五位一体"总体布局，在逻辑上相互联系、相互贯通，在实践中不可分割，不能顾此失彼也不能相互替代。正如专家指出的，五中全会《建议》把坚持以经济建设为中心、坚持以提高发展质量和效益为中心、坚持以人民为中心并提，正是五大发展理念统筹一致的新意所在。解决深层次矛盾和问题、推动供给侧结构性改革，一体坚持、一体贯彻五大发展理念，握指成拳形成突围合力，才能推动发展全局的深刻变革。

"前景令人鼓舞、催人奋进，但幸福不会从天降"。因循守旧必然无所

成就,顺势而为才能大有作为。以五大发展理念为指挥棒,扎实笃定地办,驰而不息地干,我们一定可以书写出属于 2016 的新篇章。

(2016 年 01 月 08 日)

谁动了城市的文明神经

王石川

元旦过后,一段拍摄于上海地铁的视频,在网上热传。视频中,一名女乘客在吃泡椒凤爪,并有数粒骨头残渣散落车厢,在遭到指责后,她与周围乘客产生言语冲突,还拿出手机与人对拍。后在接受采访中,当事人坚称"没有乱扔,没有妨碍他人,没有影响公共环境"。

无独有偶。1月3日,广州一男子在地铁上嗑瓜子,随地吐瓜子壳;1月4日,一名身穿红衣、在南京地铁上脱鞋的女子,被人拍照并发到微博上。这些说起来并不算令人"深恶痛绝"的举止,之所以引起广泛热议,在于挑起了"城市的文明神经"。今天的社会,人们的文明素养较过去不可同日而语,过去"膀爷"满街晃也见怪不怪,现在谁要是衣冠不整,至少在正式场合会招致异样眼光;过去"房间那么大,吐痰还要找什么痰盂",现在随地吐痰的现象在很多地方连小朋友都会制止。往大了说,这是社会主义核心价值观日益深入人心的表现,往小了讲,"仓廪实而知礼节",人们对不文明现象的敏感度在不断提高。

"城市,让生活更美好",一说到宜居城市,我们就会想到优美的环境、洁净的空气和成熟的配套等等,宜居不只是体现在硬件,还体现在软件层面。如果城市没有人文关怀,人人冷漠,缺乏助人为乐的风尚,如果市民公德稀缺,乱扔杂物成为家常便饭,也就谈不上宜居。于此而言,人们念兹在兹的城市文明,不只需要光鲜的城市外貌,还需要市民拥有健康的精神风貌，这体现在市民举止优雅、言行得体等方面，比如在公共场合能够保持克制，展现公德，尊重他人。

城市文明建设是一项系统工程，表里两方面都需兼顾。如果说屡禁不绝的乱贴广告，是城市的"牛皮癣"，垃圾遍地、污水横流是城市的"粉刺"，下水道拥堵、逢雨必涝是城市的隐患，那么少数市民缺乏公德，就是城市的"暗疮"，它更让人忧虑，也更需要医治。建筑繁华，人心荒芜，两者就会违和；物质文明发达，精神文明滞后，城市文明建设就会崴脚。

做好城市文明这篇大文章，并不容易。从一事一人的行为开始改变，却不难。著名散文家梁实秋就曾感慨："不要以为不守秩序、不排队是我们的民族性，生活习惯是可以改的"。今天，我们并不缺少法律，也不缺少制度规范，问题是如何使规范贴地而行。我们也不妨自问，生活在这座城市里，我们有没有不文明的行为？看到不文明行为，我们有没有制止？再比如，我们平时有没有流露出优越感，对外来人居高临下？"城市是我家，爱护靠大家"，如果只是流于口号，并不把她当家，一切都是白搭。

生活其间，你优雅，城市便不粗俗；你精神明亮，城市便不灰暗阴沉。当文明传递在城市的每个神经末梢，流进每个居民的血液之中，我们就敢说，这是一座有品位的城市，一座宜居的城市，一座闪烁着文明之光的城市。

（2016年01月07日）

别让"去哪儿"成问题

吕晓勋

> 如果在线旅游网站和航空公司,或继续卖弄低价的噱头、或摆出一副"爱买不买"的傲慢态度,恐怕很难与消费者建立"强关系"

年末岁初,四大航空公司相继与"去哪儿"网的"分手剧",引发各方关注。虽然同时爆出了"去哪儿"网被携程收购后高层大换血的消息,但且不论商战风云,仅从各家航空公司的公告来看,近期收到多起乘客在"去哪儿"网购买机票引起的投诉,乘客权益受到严重损害,是暂停或中止合作的主要原因。

随意修改退改签标准、退票不退款、捆绑销售、不及时通知非正常航班信息……在线旅游网站机票购买服务"掺水",近年来不断遭人诟病。半个月前,上海市消费者权益保护委员会就曾召开新闻通气会,点名批评各大在线旅游平台存在或多或少的违规问题。此次"去哪儿"网遭航空公司"下架",充分暴露出在线旅游代理商的发展痼疾,也足以为行业敲响警钟:玩文字游戏也好,加霸王条款也罢,抱着侥幸心理给消费者"挖坑",结果很可能是"多输"。

横看成岭侧成峰,远近高低各不同。市场经济环境下,市场主体照应民意的重大决定,背后往往暗含了更为复杂的利益考量,走近一步,才能

看到问题"沉在水里"的另一面。

回顾航空公司和机票代理商的"牵手历程",不难发现,双方曾有过比较稳定的"蜜月期"。本世纪初,由于航空公司自有直销网点过少,机票销售基本依赖全国数目庞大的社会代理商,佣金最高时达到12%。随着降低销售成本的压力、移动互联技术的进步,航空公司开始拓展直销渠道,通过网站与移动端迅速积累用户,以减少对传统客票代理的依赖。因此,及时对玩各种小动作、让航企背黑锅的票务代理说"不",不仅是保障消费者的正当权益,其实也符合航企"提直降代"的战略调整需求。只要不是借维权之名,行打压、垄断之实,客观上还是有利于机票销售市场的秩序规范。

然而,"断交"并不意味着服务的改进。相反,如果在线旅游网站和航空公司,不能以此为契机,补好各自的发展短板,或继续卖弄低价的噱头、或摆出一副"爱买不买"的傲慢态度,恐怕很难与消费者建立"强关系",最终受损的也只能是自己的利益。毕竟,从消费者的角度来看,航企和代理商在不在一起并不重要,他们更关心的是怎样"快、好、省"地买到一张机票。"互联网+"时代,供需双方间的信息壁垒正在逐步瓦解,消费者对于出行服务品质的要求也在不断提高。无论航企还是代理商,"分手"之后,如何实现"华丽转身",显然更值得事件相关方思考。

"'去哪儿'?哪儿也去不了。"网友的戏谑,既是对客票代理服务的不满,也是对提升用户体验的期待。不管航企与在线旅游平台今后能否"复合",努力找到自身发展和消费者利益的交汇点,是任何想做强做大的旅游服务提供商都必须"加持"的。说到底,让机票预订更简单,机票价格更透明,后续服务更贴心,才是赢得广阔消费市场的最有效手段。

(2016年01月06日)

让"90后"成为创新发展的鲜明注脚

申孟哲

> 作为最具活力的年轻人,"90后"在中国的转型过程中颇具希望

从"80后"到"90后",这些年来都曾被贴上"代际标签"。正如"80后"以富有时代色彩的奋斗为自己正名一样,今天的"90后",也在各个领域涌现出堪称楷模的代表。

最近的一则消息是,在第十二批青年千人计划中,最年轻的入围者,是两名出生于1990年的女性青年科学工作者。一位,从英国牛津大学博士毕业归国,已经是电子科技大学的教授;另一位,曾在香港科技大学担任访问助理教授。有媒体惊叹:这已经不能用"学霸"相称了,得叫"学神"。

"青年千人计划"的本意,就是让更多具备海外经历的科研人才回国创业,申请者的年龄不能超过40周岁。此次入选的青年学者,2/3出生于1980—1984年,即32—36岁之间;出生于"85后"的学者,也占据了11%的比例。

普通大众的"冲击感",来自于"新鲜"——年纪轻轻,就做出了如此成绩,拥有极高的事业起点,在同侪中当属翘楚。而从社会层面看,我们应该让这种"冲击"越来越多,并成为常态。

自古英雄出少年。根据人才成长的一般规律,青年本就是最有创新激

情和创新能力的群体。古代的王弼、王勃、骆宾王，近代的莫扎特、安培、高斯、薛定谔，都是年纪轻轻就在不同领域内做出了卓越的贡献。

"我劝天公重抖擞，不拘一格降人才"。"降人才"不难，难的是给年轻的人才以更好的空间、更优质的生长土壤，既不让他们因为"捧杀"而成"仲永"，更不让他们因为体制机制的保守、闭塞而感到没有希望、远走他乡，或者是在体系内无望地论资排辈、熬年头等晋升。

一位参与过"千人计划"评审的专家曾撰文指出，这些优秀的年轻学者，本就应该在科研机构中获得应有的一席之地；但是这项在国外类似于终身教职评定的工作，却不得不通过国家层面的"运动式选才"，本就说明改革的空间依然很大。"青年千人计划"，一定程度上打破了国内高校"师门传承"的裙带关系和门第观念，对于中国在全球择优选才有一定突破。

有数据显示，在很长一段时间内，北大、清华培养出的优秀本科生，在结束海外留学后，选择回国的仅有1/3。但现在，情形正在起变化。笔者曾问一位留学海外多年的友人：为什么选择回国？他的回答是：在当今世界，还有哪一块土壤，比中国更有活力、更适合创新和发展？

的确，中国大地上的空间是最为辽阔的：无论是结构转型的迫在眉睫，还是对"人才红利"的急切呼唤；无论是中央层面提出的"供给侧改革"，还是十八届五中全会"五大发展理念"中排在首位的"创新"，都表明，今天的中国，决心要走一条以创新为引领、以科技为驱动的转型升级之路；也都意味着，人才作为创新发展"第一资源"的作用越来越凸显。

作为最具活力的年轻人，"90后"在中国的转型过程中颇具希望。他们是互联网的原住民，熟悉这一时代；他们对体制、传统、等级的眷恋和束缚感更少，更适合投入创新性的工作；他们的表达、分享欲望更加强烈，对创业、科研、公益的热情度也更高。

科技改变生活，创新成就未来。二三十年前，很多孩子都曾有一个"科学家梦"。当时他们的偶像，是华罗庚、陈省身、陈景润；而现在，无论是屠呦呦的获奖，还是"90后"入选千人计划，我们更愿意把它视为一种科研的"正向激励"，不仅让更多的孩子对创新更有热情，也提醒我们推动相关改革，释放更多有利人才成长的活力和空间。

（2016年01月05日）

让每个人的奋斗更有力量

刘天亮

> 发展起来以后的问题，不可能一蹴而就地解决，也不可能在豪言壮语中消散，但我们每一分务实的努力、每一次加速的步伐，都能让人们看到以人为本的理念，也必将激发众志成城的斗志

时间是伟大的作者，她能写出未来的结局。

站在2016年开始的地方向未来眺望，能看到时间写下的新变化：有些"闸门"打开了，"全面两孩"政策正式实施，驾照考试有望试点直考，一些城市基本公共服务向所有居民提供；有些纠结明晰了，宽带网络继续提速降费，航班延误将受严格管控，网购"七天无理由退货"将执行更到位；有些规制收紧了，大气污染防治法强化了地方政府责任，不动产统一登记制度全面实施，首部反家庭暴力法让同在一个屋檐下的人更文明……

"只要坚持，梦想总是可以实现的"，习近平主席在2016年新年贺词中这样说道。经过30多年的发展，经过13亿人的齐心奋斗，我们成长为不可或缺的全球经济大国，随着人民币被纳入国际货币基金组织特别提款权货币篮子，亚洲基础设施投资银行、金砖国家新开发银行和"一带一路"倡议得到国际上广泛认同，我们的"朋友圈"越来越大，中国梦和世界梦的共鸣点也越来越多。

今天,我们身处的这个世界,已经"越来越小"。2016年,国际上许多精彩故事需要我们共襄盛举,奥运会首次在南美洲举办,巴西里约热内卢无疑期待中国健儿拿出最多的激情;有些则在期待中国智慧,9月的杭州将迎来二十国集团领导人第十一次峰会,全世界都在看中国如何定义"创新、活力、联动、包容的世界经济"……在这样普遍联系的世界中,没有谁可以独善其身,打造人类命运共同体,将中国作为全球化体系的一部分来治理,用"开放发展"眼光处理我们与外部世界的关系,正是我们这一代人必须承担的使命。

对于未来真正的慷慨,在于向现在献出一切。肩负赓续传统与开拓未来的责任,用好国内和国际两个市场、两种资源、两类规则,对于今天的中国来说,无疑要按照既定目标,集中精力继续做强自己。2016年起,全面建成小康社会进入决胜阶段,我们在多个关键领域吹响了冲锋号,提出了让6000万贫困人口跟上发展步伐的艰巨任务,这和"十三五"规划的全面实施、经济发展方式的龙门一跃,高度同步,高度相关。"用志不分,乃凝于神"。继续做强自己,就要看到时与势仍在我们这边,洞察战略机遇期内涵的深刻变化,"贯彻创新、协调、绿色、开放、共享的发展理念,着力推进结构性改革,着力推进改革开放,着力促进社会公平正义,着力营造政治上的绿水青山",让中国梦因我们的奋斗而清晰。

世界那么大,问题同样多。2016年头几天,许多地方又遭遇了雾霾,人们对蓝天白云的期盼,再次提醒我们加速转型升级的步伐。当前,人民群众对更清洁的空气、更干净的水、更安全的食物,有迫切期待;对更优质的教育、更公平的司法、更充分的就业、更健全的保障,有殷切企盼。这些发展起来以后的问题,不可能一蹴而就地解决,也不可能在豪言壮语中消散,但我们每一分务实的努力、每一次加速的步伐,都能让人们看到以人为本的理念,也必将激发众志成城的斗志。让所有人都分享发展成果,才能让每一个人的奋斗更有力量。

有人在一首寄语2016的诗中表达的美好希望:"人们衣食无忧的同时,更能内心无忧;生活脱贫,精神脱困","蓝天之下,有清风掠过,沉重的身体变得轻灵","敲响每一扇房门,都会有热情的笑脸相迎"……正是一个个普通人的美好梦想,构成了雄浑壮阔的中国梦;也正是一个个普通人的不懈奋斗,让我们不断抵达心中梦想。新的一年,让我们带着梦想出发,在13亿人的携手前进中,拥抱一个更加美好的未来。

（2016年01月04日）

人民观点

人民日报评论年编·2016

人民观点

人民日报社评论部 编

人民日报出版社

图书在版编目（CIP）数据

人民日报评论年编.2016.人民论坛、人民时评、人民观点/人民日报社评论部编.--北京：人民日报出版社，2017.3
ISBN 978-7-5115-4508-4

Ⅰ.①人… Ⅱ.①人… Ⅲ.①《人民日报》—时事评论—2016—文集 Ⅳ.①D609

中国版本图书馆CIP数据核字(2017)第026247号

书　　名：人民观点（人民日报评论年编2016）
作　　者：人民日报社评论部

出 版 人：董　伟
责任编辑：曹　腾　高　亮
制作排版：阮全勇

出版发行：人民日报出版社
社　　址：北京金台西路2号
邮政编码：100733
发行热线：（010）65369527　65369512　65369509　65369510
邮购热线：（010）65369530　65363527
编辑热线：（010）65369523
网　　址：www.peopledailypress.com
经　　销：新华书店
印　　刷：北京鑫瑞兴印刷有限公司

开　　本：710mm×1000mm　　1/16
字　　数：1044千字
印　　张：68.25
印　　次：2017年2月第1版　2018年4月第5次印刷

书　　号：ISBN 978-7-5115-4508-4
定　　价：138.00元（共三册，含光盘）

编辑说明

评论是报纸的旗帜和灵魂,"以高质量的评论取胜"是党中央对人民日报的要求。2016年,人民日报评论不避热点、直面问题,设置议程、寻找现象,弘扬主旋律、传播正能量,以恒定价值对话社会舆论,以主流声音构建主流叙述,既发挥着舆论场上"中流砥柱""定海神针"的作用,又始终"击中社会最紧绷的弦",在党心和民意的同频共振中保持朝气、锐气。

本书汇集了"人民论坛""人民时评""人民观点"三个专栏2016年刊发的全部文章,其中"人民论坛"230篇,"人民时评"232篇,"人民观点"33篇("人民观点"文章的作者均为人民日报评论部,不再一一标明),并附有电子版,敬请读者参阅、指正。

人民日报社评论部

2017年1月

目 录

开启转型发展的新引擎
　　——开局之年看"进取中国"（上）　　　/ 1
做国际新秩序的建设者
　　——开局之年看"进取中国"（下）　　　/ 4
民意的底色是"正能量"
　　——2016舆情观察与思考①　　　/ 7
怎样对话网络"新世代"
　　——2016舆情观察与思考②　　　/ 10
搭建公共生活"经纬线"
　　——2016舆情观察与思考③　　　/ 13
算法盛行更需"总编辑"
　　——2016舆情观察与思考④　　　/ 16
分配注意力别忘"深观察"
　　——2016舆情观察与思考⑤　　　/ 19
建设各国共享的百花园
　　——世界格局中的"中国担当"①　　　/ 22
让中国发展更好惠及世界
　　——世界格局中的"中国担当"②　　　/ 25

为全球治理贡献中国智慧
　　——世界格局中的"中国担当"③　　／28
充分交流减少"信息逆差"
　　——让公共政策"行稳致远"①　　／31
科学决策要有"效果意识"
　　——让公共政策"行稳致远"②　　／34
利益多元如何"合理维权"
　　——让公共政策"行稳致远"③　　／37
众声喧哗如何"听清事实"
　　——让公共政策"行稳致远"④　　／39
以规则呵护内容生产
　　——构筑融合发展的制度保障①　　／42
时代呼唤"懂技术的管理者"
　　——构筑融合发展的制度保障②　　／45
既要管得了，也要用得好
　　——构筑融合发展的制度保障③　　／48
讲分享别忘尊重原创
　　——坚守融合时代的媒体信仰①　　／51
重创新别失思想内核
　　——坚守融合时代的媒体信仰②　　／54
求关注别丢理性定力
　　——坚守融合时代的媒体信仰③　　／57
以民为本，唱响两会好声音
　　——寄语两会代表委员①　　／60
深化改革，助力转型攻坚战
　　——寄语两会代表委员②　　／63
凝聚共识，开创治理新境界
　　——寄语两会代表委员③　　／66
牢记"文以贯道"的职责使命
　　——切实提高新闻舆论传播力引导力①　　／68

新闻工作贵在"拨云见日"
  ——切实提高新闻舆论传播力引导力②   / 71

让新闻作品更有"时代温度"
  ——切实提高新闻舆论传播力引导力③   / 74

增强对外传播的"自塑能力"
  ——切实提高新闻舆论传播力引导力④   / 77

以"使命意识"拓展中国道路
  ——开创治国理政新境界①   / 80

以"改革意识"完善国家治理
  ——开创治国理政新境界②   / 84

以"历史意识"激荡复兴伟业
  ——开创治国理政新境界③   / 88

以"忧患意识"锻造领导核心
  ——开创治国理政新境界④   / 92

以"世界意识"成就共同梦想
  ——开创治国理政新境界⑤   / 95

以"为民意识"凝聚磅礴力量
  ——开创治国理政新境界⑥   / 98

开启转型发展的新引擎

——开局之年看"进取中国"(上)

坚定地做改革的促进派和实干家,坚定地贯彻新发展理念、开拓发展新境界,时间在我们这边,形势在我们这边

"时间是人的生命的尺度,是人的发展的空间"。2016年就要过去了,奋进的中国留下了怎样的身影,又有怎样的发展展望?

日前,"2016年十大流行语"发布,"洪荒之力"名列榜首,同样入选的还有"供给侧"。回望2016年的改革发展历程,正是一年来供给侧结构性改革攻坚克难,为经济平稳健康发展注入"洪荒之力"。前三季度6.7%的经济增速表明,中国依然是最让人放心的"世界经济火车头"。中央深改组起步三年,打出了一系列改革"组合拳",深刻改变了中国,也令国际社会瞩目。环顾当今世界,没有哪个国家能够像中国这样以一种说到做到、只争朝夕的方式全面推进改革进程。"纷繁世事多元应,击鼓催征稳驭舟。"扎实笃定、驰而不息,正是过去这一年中国的真实写照。

发展如征途,治国如弈棋。今天的中国,处于新的"千年未有之大变局"中,来到了决胜全面小康、开创民族复兴新局面的关键一程,转型发展机不可失,改革攻坚时不我待。事在四方,要在中央。这一年,十八届六中全会正式确立"以习近平同志为核心的党中央",为加强党的领导、发展中国特色社会主义伟大事业提供了根本保证。这一年,中央坚持用新发展

理念统领发展全局,把供给侧结构性改革作为经济工作主线,中国经济在多向度都呈现积极变化。一年的实践充分证明,惟把握大势者强,惟锐意改革者胜。

今天,在中国,每一天有4200多列高速动车组疾驰在大地上,有8000多万个快递包裹送达各个角落,有近8万辆汽车销售一空,有22万场电影在影院放映……曾经"苦瘠甲天下"的宁夏西海固,万亩冷凉蔬菜基地见证脱贫攻坚的攻城拔寨;小桥流水的江南乌镇,智慧养老、智慧医疗等智能应用,让智慧生活成为现实。2016年的"双11",仅阿里巴巴一家零售平台的交易额就超过了1200亿元,比2008年全年的网上交易额还要高。每一天的中国,都在呈现新的面貌,我们往前进的每一步,都在开创历史。

过去的一年,不仅展现出冲刺全面小康的"加速度",也呈现出党的十八大以来改革成果的"大汇总"。为解决清洁供暖、垃圾分类问题,中央专题研究直接发力;医保并轨,看病报销不再区分"城里人"与"乡下人";收入分配增加知识价值导向,科研人员、高校教师、医务人员等迎来增收"礼包";前三季度全国居民人均可支配收入增速跑赢CPI,老百姓钱袋子无缩水之忧……民生连着民心,民心关系国运。中央深改组这一年又审议通过96份改革文件,涉及社会民生的有25份,涉及生态改革的有17份。想群众之所想、急群众之所急、解群众之所困,从关系广大人民群众生活的民生工程入手抓改革、补短板,就能推进好全面小康社会建设,焕发当代中国的发展活力。

志士惜年,贤人惜日,圣人惜时。2017年要召开党的十九大,也是实施"十三五"规划的重要一年和推进供给侧结构性改革的深化之年。新的一年,全面深化改革将打开更多工作面,"四个全面"战略布局的"总盘子"需要一体推进。供给侧结构性改革的担子依然不轻,实体经济运行成本过高、市场资金"脱实向虚"等问题也依然存在。任务和挑战只会比以往重不会比以往轻,矛盾和问题只会比以往多不会比以往少。紧紧扭住全面建成小康社会这个战略目标不动摇,增强战略定力,保持从容心态,才能行稳致远。坚定地做改革的促进派和实干家,坚定地贯彻新发展理念、开拓发展新境界,时间在我们这边,形势在我们这边。

"时间就是金钱，效率就是生命。"上世纪80年代，这一从深圳蛇口叫响的口号，向全国传递着改革发展的春天气息。如今，我们比过去更加懂得"时间"的宝贵，更加理解改革的意义。在全面建成小康社会、实现中华民族伟大复兴的新长征路上，我们激励初心、奋发有为，一定可以无愧历史，开创未来。

（2016年12月28日）

做国际新秩序的建设者

——开局之年看"进取中国"(下)

> 从全球经济治理到区域发展合作,从大国交往到"南南合作",
> 中国传递的信息犹如灯塔,在照亮前路时,也把一个个问号拉直

时间匆匆前行,在即将过去的2016年,中国为世界带来了什么?前不久,一段名为《习近平总书记的一天》的视频广为流传,这是中国领导人在G20杭州峰会期间繁忙的一天,更是"进取中国"的行动节奏。

有人将2016年的关键字总结为"变"。世界经济持续低迷,"逆全球化"暗流涌动;中东地区,大国角力之下乱局交替升温;英国脱欧刚刚让世界"不敢信",特朗普赢得大选又让世界"没想到"。这一年,不断飞出的"黑天鹅",呈现着国际秩序变革的现实压力,也呼唤有担当者挺身而出,在新挑战中抓住新机遇,为人类命运共同体提供维系和平与繁荣的方案。

暮色苍茫看劲松,乱云飞渡仍从容。中国这一年留下的身影,正是一种稳重和开拓的"变"。G20杭州峰会,"让世界经济从中国再出发",主场外交开出"中国药方";习近平主席出访12个国家,外交布局愈加完善、朋友圈不断扩大;不到一年里,中央政治局两次集体学习全球治理,引领全球治理体系变革……更加主动、更加进取、更加自信、更加成熟的中国外交气度,契合了"中国不能缺席"的多数国家共识。当全球瞩目东方,中国不仅"谨慎地走入大国角色",并且"为世界经济指明方向、为全球

增长提供动力、为国际合作筑牢根基",成为乱局中的压舱石。

国际秩序已经走到了历史的十字路口,"放下吊桥还是升起吊桥"?我们对方向的选择,决定着人类未来。成为行动队,而不是清谈馆,何去何从之间,中国方案向世界提供了通往明天的路线图。G20杭州峰会上,中国倡议建立eWTP(世界电子贸易平台),为中小企业、年轻人提供参与全球化的机会;联通非洲大陆的亚吉铁路开通,"新坦赞铁路"见证了新时期中非友好,也让"一带一路"开花结果;APEC利马峰会,中国继续高举"开放型经济"旗帜,为推动强劲、可持续、平衡、包容增长提供方案……怎么看?怎么办?从全球经济治理到区域发展合作,从大国交往到"南南合作",中国传递的信息犹如灯塔,在照亮前路时,也把一个个问号拉直。

中国为国际合作夯实基础,是一个从"入口"到"平台"再到"连接"的过程。一方面,中国作为贸易规模第一大国,近4万亿美元的进出口总值,每交易一美元,都是与各国互利互惠的"入口"。而承载货物运输的每一段铁轨、每一趟专列、每一个集装箱,都系紧着利益的纽带,"一带一路"倡议下的基础设施建设、文化互鉴、人员交流等,更拓宽了"入口半径",成为你中有我、我中有你的"平台"。另一方面,"看不见的连接"才是国际合作的秩序基础,从利益共同体到人类命运共同体,从发展观、安全观、合作观、正确义利观到全球治理观、国际秩序观,中国特色大国外交理论体系为构建新型国际关系,描绘了"中国路线图"。

有外国学者直言,"没有中国,世界已陷衰退"。新常态下6.7%左右的经济增速,依旧是引领世界经济增长的重要引擎;人民币"入篮",提升了发展中国家货币的国际地位;中国成为欧洲复兴开发银行的股东,有力推动"一带一路"倡议与欧洲投资计划对接;亚洲基础设施投资银行和金砖国家新开发银行,开创了发展中国家建立多边金融机构的先河……在全球化遭遇逆风、贸易保护主义抬头时,"中国开放的大门永远不会关上"的承诺格外响亮。亚投行运行半年,董事会就批准了4个项目,既有与世界银行的合作,也有独立的贷款。"中国速度"与"合作意识"有目共睹,在"一带一路"建设中让各国受益。西哈努克港经济特区作为"开放之窗",是中柬务实合作的样板;帕德玛大桥作为"梦想之桥",既是孟中印缅经济走廊上布局的大项目，也是中企迄今承建的最大海外桥梁工程。真正提振世界经济信心的，不仅是一个倡议、一个方案，更是一个个项目、一次次合作中踩下的坚实脚印。

半个多世纪前，智利诗人聂鲁达写下《新中国之歌》："从大海到大海，从平原到雪山，所有的人都注视着你啊，中国……"注视的目光，穿越了时间；建立"更加公正合理、更好维护广大发展中国家共同利益、更多促进人类和平与发展"的国际秩序，中国任重道远，驰而不息。

（2016年12月29日）

民意的底色是"正能量"

——2016舆情观察与思考①

> 每个人的表达汇成了心灵的洪流,让正能量从虚拟空间中奔涌而出,激荡在我们朝夕于斯的土地上

365天的日升日落,将无数人、万千事浓缩成一圈年轮。即将过去的2016年,亿万网民在互联网的言说,汇聚成一个巨大的声场。恰如时间和重力能澄清泥沙俱下的浑浊,回望2016年的舆情,一个最明显的感受是:即便仍有不同立场、不同观点,即便仍有"槽点"、仍有"失焦","正能量"却正在成为舆情的主流、民意的底色,在沧海横流之际"透出人心向上的力量"。

有这样一个小视频:很多节拍器放在一起,虽然启动时间不同、节奏不一,但在强大的共振之下,慢慢统一了节奏,一片嘈杂最终变成让人震撼的铿锵声响。几年来,舆情的节拍也如这般日渐清晰。中国网民都已是"老司机",在阅读时代中学会了阅读内心;而互联网管理也日渐规范,在堵与疏之间激浊扬清。2016年,如果你曾转发"中国一点都不能少"的图片,如果你曾跟着《马克思是个九零后》一起哼唱,如果你曾资助过那些陷入困境求助的人们……那么,向你致敬,你就是舆情正能量的生产者、传播者,你就跟千千万万网民一起,以蓬勃的朝气、厚重的底气,在一步一个脚印中推动着社会的前行。

毫无疑问，互联网正重塑着当代中国的精神价值。这一年，郎平带着女排时隔12年重登奥运之巅，中国精神让多少人热泪盈眶；这一年，"胖五""天宫二号""墨子号"升空，中国纪录让多少人热血沸腾；这一年，"中国航海第一人"郭川不幸失联，"金孔雀"余旭将美丽定格长空，聂树斌沉冤21年终得昭雪，中国面孔让多少人心潮澎湃……有人说，"刷"可谓中国2016年年度汉字，从移动终端到人工智能、从纪录到速度、从刷洗冤屈到刷新形象，"刷"出的是时代最生动的速写。无数人为了这些人、这些事，为了这个国家、这个时代，欢呼、呐喊或者哭泣，以一次次点击转发，"刷"出了自己的存在感。"蜂群的声音是春天的脚步"，每个人的表达汇成了心灵的洪流，让正能量从虚拟空间中奔涌而出，激荡在我们朝夕于斯的土地上。

这样的正能量，不仅关乎时代的前进，更关乎心灵的成长。一张照片，成为冬日里的暖流：漆黑的路上，男子骑三轮车载着一个头发花白的老人，一辆警车打开大灯缓慢前行，为他们照亮前路。类似的"热镜头"，一年来在互联网上如涟漪般荡开：怀孕几个月的医生累得倒地睡着，公交车司机昏迷前最后的动作是踩刹车，杭州协警车流中准确预判塌陷位置……网友为什么会被这些普通人、平凡事所打动？正因为他们让普通的人生呈现出另一面，让我们的时代看到了另一种可能，生命的价值得以彰显，人生的意义得以超越。博眼球、求关注者仍然甚多，但当网络成为我们赖以栖居的精神家园，对主流价值的期待也日渐彰显，人们在这里寻找娱乐也寻找感动，寻找慰藉也寻找力量，寻找着确定不移的价值，寻找着为何出发的初心。

约30年前，北京大学教授钱天白发出了中国的第一封电子邮件。到今天，年轻人已经成为互联网的原住民。很多人曾认为有堵"次元墙"，隔在网络"二次元"与现实"三次元"之间。但2016年的舆情或许表明，年轻人主动感受着时代，他们在与国家、与社会、与他人的对话中，让家国情怀超越"次元壁"，成为青春的一部分。2016年，看大势，反腐专题片《永远在路上》累计播放量超千万，全面从严治党引来广泛点赞；说大事，长征胜利80周年、建党95周年，微博相关话题总阅读量超10亿，"不忘初心"成为流行语，"半床被子"打动年轻网友。南海仲裁案等事件中，

"爱国"二字更是在 90 后的心底激起最强烈的情感。这一代人见证了国家发展、国力强盛，对国家和民族充满自豪，乐于传播每一点进步和每一份感动。当年轻一代更多地把视线从风花雪月转向"星辰大海"，也就在与时代的同频共振中完成着自身的蜕变与成长。

"每个人的心里都有一团火，路过的人只看到烟；但是总有人能看到这火，然后走过来，陪我一起。"在声气相求的网络，相信会有越来越多人看到心中的火、点亮眼中的光，延伸"红色地带"，唱出"最美和声"，一起见证、参与并改变这个时代。

（2016 年 12 月 20 日）

怎样对话网络"新世代"

——2016 舆情观察与思考②

共享、共鸣、共情,折射网络新世代的"三观"。他们有自己崇尚的规则、认定的标准,他们是自由的、多元的、复杂的

网络有着"无人可以预测的未来",无数人在这里寻找下一个忽然而至的风口。不过,以变化为唯一不变的世界里,有一个明天却已经来临。正如人民网舆情监测室《2016年中国互联网舆情分析报告》得出的结论,网民的迭代正在完成。网络"新世代"将新的关注、新的表达、新的形式、新的状态,呈现于生机勃勃的网络世界。

截至2016年6月,中国7.1亿网民中,"2"字头的占去30.4%,19岁以下的也有23%。与之相应的,是网络从1.0、2.0到3.0的升级。论坛里蔚为壮观的"盖楼""灌水"已不多见,热闹一时的博客也田园将芜,门户网站不再是网民唯一选择,微博、微信的平台化日益明显……当信息的传递不再拘泥于某一种形式,流量的产生不再垄断于某一个入口,技术的变革不再受限于某一个环节,也意味着个人选择更多元,诉求表达更多样,思想意识更多变。有无限可能的青春,有无限可能的网络,共同构成有无限可能的未来。

"老年人相信一切,中年人怀疑一切,青年人什么都懂。"王尔德的戏言,投射到当前中国的网络语境中,也未尝不是一幅简笔画。这一年,我

们在"魏则西事件""血友病吧事件""雷洋事件"中，感受到网络知识型社区的崛起。你提供医学知识、我负责媒体分析、他思考工程技术……不同身份、不同背景的网民，从各自擅长的角度进行"包抄"。知乎、分答、果壳、豆瓣、喜马拉雅，青年人不是相信一切也不是怀疑一切，而是在"什么都懂"的基础上，感受一切、思考一切。"共享"，让舆情中广场式的情绪表达，向着知识的"补完"、思想的沉淀转变。

追求个性，也寻找共性；特立独行，也求其友声，在年轻人的网络空间中，"共鸣"是另一个关键词。年末，纪录片《我在故宫修文物》进入院线。此前，这一作品意外获得B站网友集体致敬，在热闹的弹幕中，年轻人羡慕故宫里的日常、感叹文物人的专注、欣赏艺术品的精美……他们发现，传统与现代、"二次元"与"三次元"、手工时代与数字时代，竟也能穿越时空相遇，更何况那些"爱着你的爱"的同好者、"梦着你的梦"的同路人？专注与深入、探索与发现、执着与热爱，年轻人的网络世界，呈现出更为丰富的色彩。"共鸣"，带来分众化与圈层化，让网络的"长尾"覆盖更多维度。

"共情"，是新世代的另一个追求。一年来，种种网络流行语，往往因为让人捧腹而进入时代的语料库。奥运赛场上，"元气少女"傅园慧让"洪荒之力"奔涌了大半年，王健林的"小目标"释放强大气场形成"反差萌"，"葛优躺"则在妙趣横生中变成一种修复、治愈乃至对抗的姿态；"友谊的小船""吃瓜群众""一言不合就××"……这些一时的热点、热词，有着不同的幽默元素，在让人解颐之时流传开去。甚至网络直播，也有人分析，是在高颜值之外，提供了一种"无聊的趣味""探究他人生活的欲望"，因而如此风起云涌。"共情"，让有趣成为强大的传播力，也带来"娱乐至死"的隐忧。

其实，无论是共享、共鸣还是共情，都折射着网络新世代独特的"三观"：并未拒绝崇高，而是不喜欢板起脸的说教；绝非颓废消极，而是要去发现自己的故事；不是排斥意义，而是希望在探索自身中实现价值。他们有自己崇尚的规则、认定的标准，他们是自由的、多元的、复杂的。2016年的舆情显示，网络新世代正以对社会热点的广泛关注，对事实真相的执着探寻，对公共生活的积极参与，对个人情感的真实表达，消除既有成见、突破条条框框、展现新的可能,他们完全可以成为网络平台最强大的正能量。与他们对话,不是迎合,也不能假装,而是要积极拥抱、全心投入,在此基础上,才谈得上沟通交流、有效管理、合理引导。

有作家曾说,"把个人和时代的交叉点写出来,就是伟大的故事。"没有人可以预言互联网的未来,但握着鼠标、看着屏幕长大的新世代,注定将影响时代前进的方向。赢得了他们,或许就赢得了未来。

(2016年12月21日)

搭建公共生活"经纬线"

——2016舆情观察与思考③

> 理解了网络时代非同一般,社会面貌会变得年轻;而理解了网络与现实社会并无二致,时代思维会变得成熟

毋庸讳言,互联网已经成为舆情的最大集散地。而互联网公共生活这个子集,也正以加速度不断接近全社会公共生活的全集。

21年前,北京中关村大街立起巨幅广告牌:"中国人离信息高速公路有多远?——向北1500米"。时至今日,我们不仅早就驶入"高速路",更在加速前行。网络高速路上,能否清晰分配"路权""责任",能否树立更显眼的指示牌和界碑,决定着公共生活的秩序和品格。

如果说河流奔腾靠地势高低落差是规律,以河岸约束控制流速就是规则。对于网络"新集体生活",越来越多的人认识到:规律无可抗拒,规则也不可或缺。的确,小如微信群,一旦乘以8亿多用户,即便是"封闭式"的朋友圈,也有海量受众。这就决定了公众与监管者都不能"躲进小楼成一统"。今年,一份"群成员违法群主要担责"的判决,让微信群主"有压力",而"快播案"的判决则让更多人认清:技术可以中立,行为却可能剑走偏锋。

在某种程度上,理解了网络时代非同一般,社会面貌会变得年轻;而理解了网络与现实社会并无二致,时代思维会变得成熟。一年来,现实中的法律规则正用比以往更短的时间向新领域漫溯,公共生活的"经纬线"

不断确立，界定着这个时代的公序良俗。恰如人民网舆情监测室在《2016年中国互联网舆情分析报告》中所指出的，网络平台对公共生活的影响需要依法制约。

显然，公共舆论的判断力不能被新产品、新平台牵着鼻子走，而公共治理的方向则应该尊重民意。这一年中，魏则西事件催生了"魏则西条款"，我们见证了国家工商总局第一次将"付费搜索广告"定义为互联网广告；快播案网络直播破除了"技术无罪"的迷思，"守护技术创新初心"的社会意识在深化；几起侮辱英雄名誉案中，法庭一锤定音，英雄名誉权背后的言论是有边界的；网上订餐平台黑作坊入驻被接连曝光后，各方都在推动订餐平台的职责从资质等形式审查向经营情况的实质审查过渡；面对公众对电商删除差评、泄露隐私的集体吐槽，电子商务法草案正提请全国人大常委会审议……民意与法律的交响，构成了2016年互联网公共生活的法治底色。

不难发现，各大互联网平台承载舆情喜怒哀乐，也难免偶有失控、稍显混乱。个人固然不能免责，但平台也无法靠怪罪公众无"方向感"而脱责。仅从支付宝"圈子"上线引发的争议看，经过20多年锻炼的中国网民，虽或多或少还在抱怨互联网规矩束身，但正是他们，不自觉地熟练掌握规则的逻辑，呼唤规则的治理，叩问技术的伦理，对照法律看问题，面向监管找答案，让行为越界的互联网巨头屡陷"危机"。从这个角度看，各大平台与其说是在应对监管者，不如说是在应对它们的"上帝"，是在回应时代的新要求。

舆情背后是"事情"，舆情对公共生活的关注，必然会从互联网平台延伸到现实平台。无论关注魏则西，还是医患关系，又或者是个人信息泄露，公众的问题是技术之外的生命权、安全权、隐私权，是现实生活场景中的普遍正义，这就需要治理的逻辑向生活更广阔的腹地延伸。

同样是关注热点，这几年来的一个变化是：公共事件日益变成法治事件，舆情对热点问题的关注中，情绪的表达、信息的搜集之外，法治的思考、制度的诉求有了更重的分量。这样的趋势，体现在对毒跑道事件的持续关注中，也出现在对山东疫苗案的拷问中，体现在对聂树斌案的热议中，也彰显在对电信诈骗案法治出路的求索中。那些不断深入的观点、表达，聚焦成有建设性的"光束",对接着公共治理最前沿的议程,倒逼出更深领域的法治进程,照亮了公共生活的更多角落。

回头看,2016年网络公共生活中一个有影响力的收尾,或许是罗尔事件。从故事的开始看,它只是现实生活中众多募捐的一个;从故事的发展看,它演变成新媒体时代关于个人行为边界的激辩;而从故事的结尾看,它又趋向于这样一种共识:公共生活不应以网络技术为壁障,而要有更清晰成熟的规则实现自定义,去安放善心,去实现善治,抵达"从心所欲不逾矩"的境界。

（2016年12月22日）

算法盛行更需"总编辑"

——2016 舆情观察与思考④

算法主导的时代，更需要把关、主导、引领的"总编辑"，更需要有态度、有理想、有担当的"看门人"

早晨起床，看新闻客户端，关注天下事；中午休息，登录社群网站，讨论新鲜事；晚上睡前，刷刷朋友圈，了解身边事……这是中国网民的普通一天，也是互联网时代舆情生成过程的一个切片。信息的生产、扩散、接收，观点的表达、传播、汇聚，就像是浪与浪的激荡、云与云的交汇，让舆论场风生水起。

连接一切的豪迈宣言，开放共享的技术架构，把信息时代变成了舆情时代。来自人民网舆情监测室《2016年中国互联网舆情分析报告》的数据显示，2016年我国微信用户已达8.46亿，微博月活跃用户达到2.82亿，微信公众号早已是千万级别。互联网技术的力量、计算机算法的红利，提升你我互动交流的效率，也让我们有了更宽的视野、更深的思考。人人都有麦克风，小事也能成为"现象级"，背后是技术和媒介的强大支撑。

然而，每一枚硬币都有两面。技术让信息蓄水池迎来供给侧的开闸放水而日渐丰沛之时，也难免泥沙俱下。技术可以是生产力、发动机，但目前也还难以胜任瞭望者、把关人的角色，网络世界的信息与观点，因而既生繁花，亦长稊草。年初引发大讨论的"上海女孩逃离江西农村"事件，

最终证明只是一场子虚乌有的闹剧;年末一再反转的罗尔事件,让许多"爱心"伤了心,也促使我们重新审视舆论场中的是非曲直。一个去中心化的传播机制,在扩大公众表达权的同时,也在滋生着谣言和假新闻,让建立在此基础上的舆情表达总有几分尴尬。

　　打开水闸,不仅需要滤网,也需要导流。算法主导的信息分配机制,高效地打造了一个"私人订制"的时代。然而换个角度看,技术、算法与其说是引领者,不如说是迎合者;与其说是提供思考的导师,不如说是强化偏见的囚徒。运用大数据分析,"越用越懂你"的智能新闻客户端给每位用户推送专属消息;依托于社交网络,朋友圈不停上演"英雄所见略同"的默契。2016,微信公众号新推出置顶功能,一些自动聚合类资讯客户端继续强势崛起,都固化着这样的信息传播的闭环。在某种程度上,新技术和新架构可能为我们架设了通往新天地的轨道,却也可能让轨道上的列车只能通往特定的目的地。当"迎合"成为信息资源分配的主题,沿途的风景和多样的可能性,也就只能一闪而过了。

　　技术为用户量身打造信息,开启了符合读者口味的一扇窗,却关上了多元化的一道道门。我们或可名之为"孤岛效应"——在自我重复、自我肯定、自我强化中,公众的知识、思想逐渐固化,成为海面上的一座座孤岛。只看自己喜欢的、只读自己认同的,难免会带来固执己见、固步自封的危险。小区围栏拆不拆、网络约车坐不坐、高速路上救狗行不行……2016年,舆论空间的冲突仍时有发生。难怪有网友概括:一句不拢就脸红,一言不合就开撕。概括得虽然有些简单,却也让人思考:互联网的开放就一定带来心灵的开放吗?技术上的专断是否会强化人们的情绪化气质?信息极大丰富的时代我们应该如何去认识与表达?

　　必须承认,虚假信息也好,争吵掐架也好,根源于社会发展的深层土壤,不能让算法"背锅"。但毋庸置疑的是,全面、权威的信息,深入、理性的观点,才是社会舆论与心态最稳固的基础。如若唯"眼球"马首是瞻、让算法主导一切,优质的内容、理性的辨析,就可能被边缘化而成为可有可无的下脚料。说到底,技术和算法终究是工具,是末;思考的乐趣、价值的塑造、知识的完善,才是目标,是本。算法主导的时代,更需要把关、主导、引领的"总编辑",更需要有态度、有理想、有担当的"看门人"。

德国哲学家韦伯曾经区分了工具理性和价值理性,前者意味着发挥技术的最大效用,后者则强调价值、伦理的重要性。社会的进步,离不开先进技术的开拓者,更离不开基本价值的守望者,毕竟,我们将抵达的未来,不仅是信息自由流动的丰饶之海,更是构筑全新文明的坚固之岸。

(2016年12月23日)

分配注意力别忘"深观察"

——2016舆情观察与思考⑤

> 媒体还需担当、个人还有责任、舆论还有公义。乱云飞渡的舆论场，考验着身处其中每个人的自处与自持

登高而招见者远，顺风而呼闻者彰。古人"善假于物"的智慧，在互联网时代得到最生动的体现。在这个"人人都是评论员"的时代，当拇指滑动间形成时代的和声，真与假、取与舍、思与言、知与行，都促使我们叩问：面对如潮的资讯、海量的观点，如何取得那最好的"一瓢饮"？

如果说互联网的信息共享，是一个传播民主化的过程；那么，社交媒体平台的观点生产，则是一个视角民主化的过程：思考问题的角度、方式各有千秋，每个人都可以基于自己的知识与认识，形成不同的判断。话语权的分配呈现出多元、散点的格局，让每个人都能更好地获取信息、分享观点，也让时代更好地被记录、被观察、被诉说。

然而，当信息与观点相继"爆炸"，"流量"也就迅速成为稀缺资源。2016年，部分微信公众号刷量的新闻，正是眼球经济的一个侧影。一些自媒体不仅生产"爆款"，也无底线地迎合受众，贩卖着注意力、点击量。这样的情况，让"标题党""谣言党"越走越远、让"搏出位""抖机灵"越来越贫，语不惊人死不休的背后，是失实的信息、失衡的观点、失重的态度。从"上海女孩逃离江西农村"的一场闹剧，到"王宝强离婚事件"

的一地鸡毛，再到"罗尔事件"的一再反转，这一年的舆情，往往有着注意力经济的烙印。

有人调侃，互联网上那些假信息，全是"我们为智商交的税"。比如"政府工作人员假扮电焊工接受领导视察"，比如"深圳水贝村拆迁改造每户赔偿近2亿"，更不用说时时出现在微信群、朋友圈的明星八卦、"养生之道"了。换个角度看，互联网其实也重塑着新闻真实的获得过程。信息源和传播主体的扩大，让人们不仅是新闻事件的见证者，更是新闻真实的推动者，正如早上"卖文救女"的文章还在疯转，几小时后关于当事人隐藏信息的种种就曝光于众。公众的参与，让探寻真相的过程呈现在舆论场中，也让人更加理解了这样的判断：新闻真实是一个动态的过程，是一个以接近真相为目标的持续过程。

应该说，注意力经济有其存在的客观必然，但也要看到，媒体还需担当、个人还有责任、舆论还有公义，在追求经济价值的同时，也需要看顾好社会价值。乱云飞渡的舆论场，考验着身处其中每个人的自处与自持。

今年，《牛津词典》发布的年度英文词汇为"后真相"（Post-truth），即相较于客观事实，情感和个人信念更能影响民意的走向，"相信自己愿意相信的"。另一方面是，技术让传播直观化、也让传播去中心化，不少媒体、自媒体因而唯点击量是从、唯粉丝数马首是瞻。两相结合，让舆情容易被各种各样的信息牵引，既不明真相，也不辨真假，甚至不问是非。新媒体时代，每个人都是信息源、传音筒，多一点深入的观察，多一些耐心的了解，多一份理性的判断，让信息飞一会儿，让情绪等一等，才能让舆论场多一些良性的互动，让我们的注意力多一些有价值的滋养。

只有"深观察"，才能带来"深思考"。传播学家麦克卢汉曾说，"媒体不仅只是被动地提供信息渠道，而是在传输资源的同时改变思考的模式"。今天，事件发生、传播，受众接受、反馈之间的时间差不断缩短，这给人们带来了更多"此时此刻"的共同体验，也在不断挤压着深入观察、思考、判断的时间。当此之时，我们尤须有"逆向生产"的意识，不仅关注单个热点、只言片语，不仅是"吃快餐""吃便餐"，而且要有将沙子聚拢成砖瓦、将碎片粘合成整体的功夫，有效训练思维，辩证看待问题，打破固化的认知，拒做偏见的囚徒。

互联网正在经历从工具到环境的转换、从网端到云端的飞跃，互联网时代的舆情，也会更为汹涌激荡。无论是网上的净土，还是云端的美好，都需要善意守护，都需要理性护航，这考验着我们的智慧，更决定着我们的未来。

（2016 年 12 月 27 日）

建设各国共享的百花园

——世界格局中的"中国担当"①

> 面对世界经济形势的发展演变,中国正尽己所能,为国际社会提供更多公共产品

历史学家曾以"此起彼伏的大海"比喻人类的历史。不断变化的世界格局,总会将一些国家推上潮头。当时间走进21世纪,这个勇于弄潮的国家叫中国。

8年前,G20首次从财长会议升级至首脑峰会,次年又在伦敦、匹兹堡举行第二、第三次峰会。匹兹堡峰会声明的第五款只有两个单词:"It works"。中文意思是,"它起作用了"。有学者分析,仅仅两年时间,G20就遏止了那场百年罕见金融危机的蔓延,主要原因之一就是以中国为代表的新兴市场国家的"参战"。

"新兴市场国家和一大批发展中国家快速发展,国际影响力不断增强,是近代以来国际力量对比中最具革命性的变化。"正如习近平主席的判断,当前世界格局深刻变化,全球治理体制变革正处在历史转折点上。摆脱全球经济长期低迷不振,找到新的增长动力,有效协调各国政策,需要从变革中寻找更有效的解决方案。

回溯三个多世纪以来全球治理体系变革的历史轨迹,国际秩序的变迁始终没有走出列强争霸的阴影。直到二战结束,在构建公平公正国际秩序

的联合国宗旨下,通过对话协商、以和平方式解决国家间的分歧和争端成为世界潮流。人类第一次品尝到长久和平的硕果,有了走上持久和平道路的可能。

然而,"历史的道路不是涅瓦大街上的人行道"。放眼今日世界,一方面,保护主义抬头,国际贸易和投资低迷,多边贸易体制发展面临瓶颈。据统计,2008年以来,G20成员共推出3500多项新的保护主义政策,这些政策中的81%现在仍然在执行。另一方面,地缘政治因素错综复杂,政治安全冲突和动荡、难民危机、气候变化、恐怖主义等地区热点和全球性挑战不断凸显,为全球治理蒙上阴影。在经济复苏高度脆弱的当下,如果任由贸易萎靡、争端纷起,宏观政策各自为政,全球经济增长的"新平庸",极有可能演变为更多领域的"新现实"。

"要跟上时代前进步伐,就不能身体已进入21世纪,而脑袋还停留在过去"——习近平主席的讲话,道出了许多国家改善全球治理体制的心声。共同维护和平稳定的国际环境,共同构建合作共赢的全球伙伴关系,共同完善全球经济治理,G20杭州峰会的"中国主张",得到众多与会国家的认同和赞赏。

"未来难以预知,但未来可以塑造"。靠创新开辟增长源泉,以开放拓展发展空间,凭联动凝聚互动合力,用包容夯实共赢基础——习近平主席代表中国开出的这剂"药方",为推动世界经济健康发展指明了方向。事实上,首次将发展问题置于全球宏观政策框架的突出位置,首次围绕落实2030年可持续发展议程制订系统性行动计划,发表G20历史上第一份关于气候变化问题的主席声明……自正式接任G20主席国以来,中国一直为这些"首次"努力作为。小智治事,大智治制,面对世界经济形势的发展演变,中国正尽己所能,为国际社会提供更多公共产品。

大国走向强盛的过程,往往充满着坎坷、反复与猜疑的挑战。面对"国强必霸"的陈旧逻辑,面对"修昔底德陷阱"的各方忧惧,中国始终以和衷共济、和合共生的东方智慧推动共同发展。在中国看来,今天的世界,早已不再是雅典和斯巴达两雄相争的时代,经济全球化的程度愈益加深,各国紧密地联系在一起,任何人也承担不起大国冲突、对抗的代价。只有共同推动完善而不是重构全球治理体系,共同构建人类命运共同体而不是以邻为壑、恶性竞争，人类才会有光明的前景。

"中国倡导的新机制新倡议，不是为了另起炉灶，更不是为了针对谁""不是要营造自己的后花园，而是要建设各国共享的百花园"。习近平主席以铿锵的宣示告知世界，作为第一个在《联合国宪章》上签字的国家，作为现行国际体系的参与者、建设者、贡献者，中国真诚希望与其他国家一起，推动全球治理体系更完善、更符合世界生产力发展要求、更有利于世界各国共同发展。

"如果没有合作共赢和协同治理，我们无法在经济全球化大潮中继续前进。""在杭州，中国将目标明确的讲话和建设性的行动结合在了一起。"从北美大陆，到印度洋之滨，人们对正在召开的 G20 杭州峰会充满期待，对实现更加完善的全球治理充满信心。毕竟，今天的人类，比以往任何时候都更有条件朝和平与发展的目标迈进。

（2016 年 09 月 05 日）

让中国发展更好惠及世界

——世界格局中的"中国担当"②

> 随着中国迈上"同世界深度互动、向世界深度开放"的新起点,中国的发展越来越多地惠及其他国家,为他们提供了更多搭乘"中国快车"的机会

44年前,美国总统尼克松访问杭州。笕桥机场的跑道只有2200米长,不能起降大型飞机。两万多军民奋战3个月,完成了机场的扩建和改造。今天的杭州,早已建成世界上最大的电子商务平台。国家自主创新示范区、跨境电子商务综合试验区、梦想小镇、基金小镇……"江南韵味,凝结着世代匠心""点击鼠标,联通的是整个世界"。在这里,参加G20杭州峰会的各国嘉宾感受"人间天堂"的古今神韵,听得见中国发展的轻快脚步。

38年改革开放,中国发展给世界带来太多惊喜。亨利·基辛格博士坦承,他第一次访华时,绝对不曾想到中国的实力地位能在国际体系中有如此巨大的跃升。全球第二大经济体、世界第一大制造业国、世界上第二大消费市场、1.7亿多高等教育和专业技能人才、对全球经济增长贡献率超20%……几十年里,中国人探索前行,真抓实干,在走向世界的进程中走向共同富裕,这本身就是对人类巨大的贡献。

经济全球化时代的一个重要特点,就是超越了过往"你的发展,我的噩梦"的发展模式。在全球范围合理配置资源,各国协作打造产业生态链,

让国与国之间互利共赢成为可能。从"两头在外""三来一补"的低点起步，中国近40年来汇入世界经济大循环，广阔无边的中国市场吸引了无数外商，物美价廉的"中国制造"风靡全球，"世界工厂"的强劲动力带动了整个上下游的繁荣和兴旺。

在德国高中的汉语课上，学生们的"中国心愿"是学中医、吃烤鸭，"让中德超越简单的买卖关系"；在坦桑尼亚，中资企业东奥服装有限公司雇佣1600余名当地员工，年出口额1800万美元，产品主要销往美国和欧洲……随着中国迈上"同世界深度互动、向世界深度开放"的新起点，中国的发展越来越多地惠及其他国家，为他们提供了更多搭乘"中国快车"的机会。

中国能有今天的成就，离不开自身艰苦的努力，也得益于和平发展的世界环境，得益于对经济全球化红利的分享。正因如此，中国在推动全球共同发展的问题上更加由衷和自觉。从构建开放型经济新体制，到加快实施自由贸易区战略，从推进"一带一路"建设，到完成筹建亚洲基础设施投资银行，中国人不但自己牢牢攥紧发展的钥匙，也希望为世界发展问题精准开锁。

"世界繁荣"与"中国增长"齐奏交响，"世界困境"与"中国问题"同样没有隔离墙。全球增长动能衰减，中国也在全力点火"稳增长"；世界主要经济体为加剧的老龄化"愁白头"，"银发浪潮"同样牵扯出中国方方面面的隐忧；全球保护主义、内顾倾向抬头，温州的小企业主马上皱起眉头；当华尔街决心刺破泡沫，中国各级政府也在紧锣密鼓地"去杠杆"……经济联动、深度融合，一荣俱荣、一损俱损，面对困境，没有谁能例外。加强政策规则的联动，夯实基础设施的联动，增进利益共赢的联动，习近平主席提议的"三个联动"，就是要与各国联手，凝聚互动合力，在世界经济共振中实现联动发展。

这次二十国集团工商峰会，有记者捕捉到这样一个细节：阿里巴巴集团向大会提交了一份创设世界电子贸易平台的倡议。这是一份富有前瞻性又颇具象征意义的"中国议程"。15年前，中国尚在世贸组织大门外苦苦谈判，深度融入全球贸易体系，曾是举国上下的期盼。15年后的今天，为推动世界贸易规则的变革与完善，中国民营企业同样不失世界担当。

  三十多年高速发展,几乎平地起高楼,很少有人比中国更理解发展的意义;三十多年改革开放,因全球化获益无穷,很难有人比中国更懂得开放包容的价值。"中国所取得的举世瞩目的成就,尤其是通过创新推动发展这方面,为其他发展中国家应对类似挑战、实现联合国可持续发展目标提供了宝贵的经验和参考。"这是比尔·盖茨对 G20 杭州峰会的寄语。"把你们的发展经验都传授给我们吧!"这是坦桑尼亚总理马贾利瓦的呼吁。"计利当计天下利",更多地共享成果、更好地惠及世界,中国的贡献行胜于言。

(2016 年 09 月 06 日)

为全球治理贡献中国智慧

——世界格局中的"中国担当"③

灵活、务实的解决方案背后,是中国对支配性、排他性思维的坚决摈弃,对和衷共济、合作共赢理念的坚定支持

G20杭州峰会落下帷幕。为世界经济指明方向、创新增长方式、完善全球经济金融治理、重振国际贸易和投资两大引擎、推动包容和联动式发展,习近平主席的闭幕致辞如大吕黄钟,传递全球治理的"杭州共识",彰显和谐共生的"中国智慧"。

"中国提出的主题和议题设置非常契合当前世界经济的需要,可谓'恰逢其时'",知名智库欧亚问题研究所专家汉内斯·德凯泽如此评价。一个"时"字,点出了杭州峰会对全球走势的精准把握。审时度势为世界经济开出"药方",匡时济世谋划全球发展未来,"中国将成为一个全球性的领导者,因为它为不明朗的全球经济和充满冲突的政治现状提供了解决方法"。

随着经济全球化深入发展,世界各国利益和命运更紧密地联系在一起,很多问题不再局限于一国内部,很多挑战也不再是一国之力所能应对。因此,从本质上说,全球治理体现为一种秩序性追求,核心是如何在制度上摆脱集体行动的困境。放眼当今世界,虽然以西方国家为主导的全球治理体系出现变革迹象,但由于受国内政治经济现实的制约和干扰,一些主要

大国在全球治理上短视现象严重，缺乏长远考虑和全球视野，经济全球化与"政治当地化"矛盾突出，"高效组织集体行动"常面临选择矛盾与逻辑困境。

"世界那么大，问题那么多，国际社会期待听到中国声音、看到中国方案，中国不能缺席。"有人注意到，在法国近代的《人权宣言》，及第二次世界大战后联合国发布的《人权宣言》中，都引用了《论语》"己所不欲，勿施于人"的论断。事实上，无论是"四海之内皆兄弟"的大同理想，还是讲信修睦、善待他人的平和禀性，在中国人的世界观念中，和谐共存是最基本的关键词。从"仁者爱人""民惟邦本""言必信，行必果"到"君子喻于义""和而不同""出入相友，守望相助"，诸多中国百姓日用而不觉的处世之道，如同一股清流，为完善当前全球治理注入了新内涵，提供了新思路。

于强烈的纷争对抗中寻找共同点，引导各方换位思考，巧妙化解分歧，直到最终达成各方满意的结果——在不少国际观察人士眼中，不管是调解地区争端，还是倡导解决危机，中国人的方法总能"令人耳目一新"。灵活、务实的解决方案背后，是中国对支配性、排他性思维的坚决摈弃，对和衷共济、合作共赢理念的坚定支持。

从"亚洲命运共同体"到"人类命运共同体"；指出"国家无论大小、强弱、贫富，都应该做和平的维护者和促进者，不能这边搭台、那边拆台，而应该相互补台、好戏连台"；在多个外交场合强调世界上的事情需要各国"商量着办"，主张在国际合作中"要注重利，更要注重义"……回顾3年多来习近平主席每一次在国际舞台的亮相，所宣介的中国对全球治理的主张及方案，无一例外引起会场内外听众的强烈共鸣。究其原因，正在于它所代表的中国声音，"荡涤着利己、功利的价值取向，弥合着对抗、冲突造成的鸿沟"。

作为曾经的全球治理体系的"边缘人"，很长时间里，中国饱尝不公正游戏规则带来的痛楚。近100年前的巴黎和会期间，外交家顾维钧致信友人："中国以战胜国的身份参加和会，却要被瓜分领土，已经沦为战败的德国的地位。"1945年的雅尔塔会议上，中国又一次赢在了战场、输在了会场。今天的中国，早已是全球各种重大场合的"主人"，有中国与没有中国，世界的风景确实不一样。

从建立亚投行到创设金砖银行，从举办APEC会议到主办二十国集团峰会，针对重大跨国性和全球性挑战日益增多的现状，中国以前所未有的信心和力量，不断为完善全球治理体制机制提出"中国方案"、贡献"中国智慧"。同时，中国也用自身经历告诉世界：一张公平公正的"圆桌"往往更重要。

孤山，西湖边遗世独立的胜景。然而，世界发展不应单峰耸立，更不应有孤岛。经济全球化浪潮中，只有"每一朵浪花有它的精彩"，彼此声浪相助，才能形成滚滚发展的春潮。中国愿为全球治理搭台铺路，为世界各国和人民谋求实实在在的好处。正如习近平主席在闭幕辞中所言，杭州峰会"将成为一个崭新起点"。

（2016年09月07日）

充分交流减少"信息逆差"

——让公共政策"行稳致远"①

> 与公众情绪"交流"、与社会舆论"对话"、与利益群体"沟通"——这也可以说是一种有目的性、有引导力、有对象感、有效果意识的"公开"

"网约车合法了!"7月底,随着出租车改革方案与网约车管理暂行办法的出台,围绕出租车改革这一"改革硬骨头"的众多争议和猜测基本尘埃落定。与此前很多人担心的火爆场面不同,全球第一个国家层面的网约车监管法规亮相可谓波澜不惊。

我们总说,改革进入深水区。深水区,顾名思义,"水很深"。一个问题背后,会有过去种种情况的累积,会有现实种种利益的交叠,也会有未来种种路径的考量,就如同出租车改革,既需要革除传统出租汽车管理的历史积弊,又需要规范网络约车发展,还要平衡好乘客、驾驶员与公司之间的利益分配关系,格局之复杂令人头痛。深水区因而也绝非一眼能看到底,很多事情如果不认真对待,不仅可能"难以说清",而且可能"一说就错"。如何实现信息公开的及时与充分,如何做到各方沟通的有序与有效,在很大程度上决定着公共政策的"公共性"。

把关键的"过程信息"压在箱底,只摆出一个简单的结论,并非好的选择。近年来,从多地抵制 PX 项目,到垃圾焚烧站引发"邻避效应",

再到围绕"禁摩限电"的争论、菜市场动迁激起的舆情,面对公众的疑问、诉求与焦虑,一些职能部门澄清的声音往往显得既微弱又迟缓。在该说话的时候失声、该对话的时候回避,只会错失增进互动、凝聚共识的良机,久而久之,难免让人"习惯性质疑"。

应该说,"公开"一词,已成共识。从新世纪初开始,这一概念就慢慢植入了中国的政治运行中。2003年的非典,无论对公众还是政府,都是一次大范围"启蒙"。10余年过去,从政府信息公开条例到新闻发言人制度,从政府信息网站到政务微博、微信,公开的理念、方式都在升级。另一方面则是,公众对权益的敏感、对公开的要求、对信息的把握,也今非昔比。公开的步伐与公开的诉求在赛跑,如果"群众都过河了,你还在摸石头",难免就赶不上趟,不仅尴尬,而且被动。

不可否认,相比以往,现在的信息来源更加芜杂,信息质量也是泥沙俱下。也正因此,人们更需要权威而不装腔作势、专业而又通俗易懂的"官方回应"。这类信息一旦供给不足,就会产生"信息逆差",让那些片面、偏激,甚至是虚假、错误的信息占据了舆论市场。这启示我们,仅仅是"公开"还远远不够,更需要与公众情绪"交流"、与社会舆论"对话"、与利益群体"沟通"——这也可以说是一种有目的性、有引导力、有对象感、有效果意识的"公开"。

诚如中央领导强调的,主动做工作,说错一两句话,是可以原谅的。如果遇到重大问题静默失语,不主动做工作,不敢担当,造成更严重的舆论误导,那才是不可原谅的。的确,要相信公众的理解力,也要相信社会的承受力,更要相信人民群众的善意。如果政策出台确实是为了公共利益、长远利益,公众的信任、支持甚至是奉献,也需要建立在合理补偿与耐心疏导的基础上。机动车限牌、房产限购,曾在多个城市以"民间传闻—官方辟谣—政策突袭"的套路上演,如果谣言总成"遥远的预言",再怎么用尽心思,也难免弄巧成拙。

围绕出租车改革,从前年7月开始,交通运输部就着手调研,不仅分赴全国21个不同类型城市深入了解情况,而且研究了美、日等国和我国香港、台湾等地的出租车法律法规和政策,召开了数十次不同范围不同层次的座谈会、论证会和咨询会。去年10月,管理部门又就改革草案公开

征求意见,搜集到了10个方面6000多条意见和建议,并吸纳进正式版本,为"有争议"变成"挺满意"奠定了扎实基础。摒弃"我说你听"的单向传播,注重"我说你评""你问我答"的双向沟通,把公众视为平等的对话对象,正是消除信息不对称,增强公众安全感与获得感的最基本途径。

公开也好、交流也罢,说到底是对公众的"预期管理"。有研究者坦言,"真正意义上的稳定是一种心理期许,先决条件是透明、公正与公开"。转变思路,放下身段,以"政府不发言,舆论就发炎"的自警自省,做好政策发布前的说明、遭到质疑后的解释,才有可能在不断改善的政民互动中,找到获取公众信任的最佳"打开方式"。

(2016年08月03日)

科学决策要有"效果意识"

——让公共政策"行稳致远"②

> 要考虑政策出台和实施之后的利益影响、舆论影响、社会影响,杜绝"好事蛮办",摒弃"好事虚办",警惕"好事滥办",才能防止"负溢出效应",真正落实好意、办成好事

近年来,经济下行压力加大,多地出台了大同小异的天使投资风险补偿管理暂行办法,即如果项目失败,政府会给予一定补贴。然而,该类政策不仅引来舆论争议,也遭遇市场冷遇。一位投资者道出其中关键:投资公司最重信誉。凡是去申请政府补贴的投资机构,就等于证明自己是个失败者,政府需要你证明自己的无能才来补贴你,这是什么商业逻辑呢?旨在鼓励投资的政策,却被投资者敬而远之,这让人反思公共政策"初衷"与"效果"之间的辩证关系。

习近平总书记多次强调,做工作要注意"时度效",最终要看效果。社会实践及其效果是检验主观愿望或动机的标准,揆诸公共政策,就是要有"效果意识",考虑政策出台和实施之后的利益影响、舆论影响、社会影响,多角度考量、全方位把握,尤其是要换位到利益受损群体的角度想想,以底线意识防止"负溢出效应"。

现实中,有不少抱着良好初衷的公共政策,由于少了点"效果导向",往往横生枝节,甚至好心办坏事。比如,为了调整农业产业结构而强制铲

除原有作物，为了实现产业扶贫而盲目跟风上马一些项目，引发公众不满；为了市容整洁而对小商小贩"一刀切"，在争议声中被叫停。这样的情况，不仅造成了"决策浪费"，更侵蚀到政府公信。

公共政策事关公众福祉，考量政策出台后的利益影响、舆论影响、社会影响等，乃是题中应有之义。这要求决策者的思考，行走在科学的轨道，避免陷入各种误区。比如，过于重视经济效益而忽视社会效益，只考虑局部利益而忽略利益平衡，只看到短期的积极效益而轻视长远的次生影响，片面强调对目标群体的好处而忽视对利益受损群体的补偿，只注重决策的合理性而忽视做好相关配套的必要性。绕开这些误区，决策才称得上科学，也才能从源头保证效果。

而对政策效果做出前瞻性预测，则有赖于决策前的扎实调研。许多好政策施行后才暴露出许多原来未曾想到的问题，一个重要的原因是一些领导干部"情况不明决心大，心中无数点子多"。有的眼睛朝上瞅着领导的偏好，而非身子朝下了解群众的需求；有的一线调研蜻蜓点水多，办公室里机械照搬国外经验多；有的选择性采纳有利于方案通过的信息，对政策依赖的具体环境视而不见，对专家的建议与警告充耳不闻。如果事前考察不足、不准，再怎么强调"效果意识"，也是无源之水、无本之木。

效果好不好，归根到底是群众说了算。把民意请进门，是"效果意识"的必然要求。要知道，没有公众的参与，就没有民意的护航，本应在决策之前完成的意见交锋和利益博弈，就会延宕到决策实施当中，为决策推行埋设暗礁。公众参与不仅是民主程序的要求，也能检视修正专业主义、工具理性的盲点。可以说，民意是决策过程中的活性炭，能去除影响决策效果的有害杂质——那些未曾看到的风险、没能觉察的隐患。以欠缺专业知识而排斥公众参与、以"一提涨价就反对"而认为公众"非理性"的观点，无疑片面而偏颇，容易让决策失去最基本的公共性。

保持"效果意识"，公共政策不仅要制定好，还要解释好。"舆论者，造因之无上乘也，一切事业之母也。"在很大程度上，舆情就是民情，舆论代表民意。要意识到，选择合适的公布时机与方式，采取恰当的应对态度与策略，是推动政策实施的基本要求。在众声喧哗的"舆论敏感期"，公共政策需要"舆论反应评估"，把舆情反馈纳入决策过程，做好群众关切的回应预案、社会质疑的权威解释。

习近平总书记强调,"为群众办实事既要有诚心,也要讲方法"。脱离实际地"浑沌开窍"、一厢情愿地"帮蝶破茧"、罔顾规律地"拔苗助长",只会适得其反、事与愿违。始终以"效果意识"审视政策,杜绝"好事蛮办",摒弃"好事虚办",防止"好事滥办",才能真正落实好意、办成好事。

(2016年08月04日)

利益多元如何"合理维权"

——让公共政策"行稳致远"③

> "磨合"是利益调整不可或缺的过程。公共利益并不是个体自我利益的简单相加,而是源于对共同准则、共同价值的对话协商

利益调整,往往相当敏感,"磨合"是不可或缺的过程。私家车变"专车",可能影响出租车的生意;禁摩限电,可能让快递小哥"举步维艰"……公共政策的制定与执行中,往往会有利益的摩擦,甚至引来对立和冲突。

公民对自身权益的得失更积极地表达关切、提出疑问,是值得珍视的趋势,也是社会进步的表现。不过,利益分化也必然带来利益主体的多元、利益选择的多样。你不赞成在离家不远处建垃圾焚烧厂,但在人口密度较大的地区,又该让它建到谁家门口?一己得失,拨动算盘珠子能算清楚;但放在社会层面,以什么样的原则协调利益才算公平,以什么样的方式主张权利才有共识?这值得深思。

如果说多元化社会有一个优点,是让"每一种利益都有权利和渠道去伸张自己";那么,不同群体间的利益冲突如何协调,就成了一个难以回避的问题。我们常说,改革"低垂的果子"已经摘完,利益调整无人受损的"帕累托改进"时代已经过去。这意味着,一项公共政策能否落地生根,既取决于政策设计的合理性,也要看全社会的利益调整能力,尤其是如何协调个体、小集体和公共利益的关系。

改革的难度也就在于：很多时候每一种利益都有其合理性，如果各方都寸步不让，那么公共政策陷入僵局的可能性就很大。这些年，从医改艰难行进，到教改复杂博弈，从国有企业改革面对公平与效率、发展与稳定等多重考量，到户籍制度改革的各种刚性约束难以朝夕之间解除，一个趋势很明显，即利益咬合越来越紧，打破政策僵局的难度越来越大。

在这样的情况下，一些人表达诉求时"不容置喙、不由分说"，一些人维护权益时"一言不合就上街"，这些不假思索的本能冲动，往往让利益博弈的绳索套得更紧。更何况，在信息传递过程中，还难免有误读、有失真。比如，增加医事服务费其实是为了根绝药品加成，"养老金出现巨大缺口"也一再被证明是谣传，而前段时间江苏、湖北等地发生的"高招指标被跨省调走数万个"风波，事后证明完全是由于信息不对称造成的误解。

怎样才能从紧张的"你争我斗"中跳出来，透一口气？很多时候，不妨把距离拉远一点，看看自己的利益源自何处，再换位看看对方的坚守有何依据，想一想"面对面站在独木桥上应该让谁先走"。这样的反身自省，或许不是每一次都能得出令双方都满意的答案，但至少可以分辨出哪些是值得捍卫的权利，而哪些只是自利或者偏好的表达。有诚意地讨论、建设性地维权，才能在满地荆棘中寻找到解题的出路。

在一个多元化社会，主张权利绝非"能闹的孩子有奶吃"。协商过程中发挥作用的是合理的观点，而不是情绪化的表达。不管是堵路砸车的巡游出租车司机，还是举牌抗议的学生家长，都应在获得最具说服力信息的基础上提出主张，并接受"批判性审视"。公民能够平等互动，从问题中学习，才能共同努力为公共政策提供最能体现公共利益的建议。当然，前提是让各种利益都能充分表达，并通过程序保证使之能够被听见、被采纳。

公共利益并不是个体自我利益的简单相加，而是源于对共同准则、共同价值的对话协商。如果说利益冲突是多元化社会的宿命，那么我们最不坏的选择就是"有话好好说"。能互惠互利自然最好，实在不行也要互相宽容，最不济还可以对簿公堂，争取以不带来额外精神损失的方式，维护好最重要、最有共识的那部分利益，也给社会一个机会去安顿好每个人都可以有的幸福。

（2016 年 08 月 08 日）

众声喧哗如何"听清事实"

——让公共政策"行稳致远"④

> 成熟的价值观,必然是稳定的价值观;如果没有一个健全的事实观,就不可能有一个稳定的价值观

"全国人民一起点击同一条新闻",新媒体的发展,让信息传播进入了读秒时代。置身这样一个舆论场,有人说,"天下武功,唯快不破",在众声喧哗的网络时代,快意味着先机、优势;也有人担心,"萝卜快了不洗泥",不辨方向的快,很可能欲速则不达。

比如,取消高考英语考试、"僵尸肉"风波、中国老人日本碰瓷、中国女游客在美掌掴店员……这些时有耳闻的乌龙新闻、反转新闻,让许多人"前一秒为之或喜悦或愤慨,下一秒就可能完全变了态度"。不仅如此,在求新求快的舆论场上,政府出台的许多政策、文件也容易被"误读":《事业单位人事管理条例》被理解成为事业单位人员涨工资提供依据,《不动产登记暂行条例》出台被解读成为"以人查房"做准备,《关于加快发展养老服务业的若干意见》被视为"政府要推卸养老责任""政府要'算计'老人的房子"……

近年来,无论是影响国计民生的国家政策,还是具体而微的地方文件,类似的误读并不少见。其中,既有因相关部门遣词造句不严谨、细节考虑不周全造成的误读,也有因媒体要找"亮点"、专家要找观点、网友要找

情绪点而导致的误判。尤其是在比拼速度、抢抓眼球的背景下,媒体都在抢第一时间第一落点,甚至以点概面、以偏概全,更会让这种误读被加速传播、成倍放大。其结果往往是,义正辞严的批评、一腔热血的声援话音未落,新闻剧情就发生逆转,各种混乱影响了政策的落地率、执行力,也损伤了媒体的公信力、感召力。

当然,媒体偏好的背后,是社会的"观点市场"。比如,不同群体对政策的理解,往往从自身利益的角度出发,从而增加了政策被弹性解读的空间。再比如,现代社会的专业化趋势,让很多政策背后都有专业逻辑,而公众对此缺乏系统性了解。又比如,人们出于对改革的迫切期待,而对某些政策进行"善意"误读,希望借此推动改革尽早破题……无论哪种,都忽略或者遗漏了一个基本前提,那就是公共政策的真实意图,及其依托的基本事实。正所谓"对于事实问题的健全的判断是一切德行的真正基础",否则,皮之不存,毛将焉附?

政府治理现代化,既包括多元协同的公共性,也包含遵循规律的专业性。换句话说,政府出台的公共政策,既要通过"公共性"来体现群众意愿,也要通过"专业性"来实现公共利益。认识到后一点,才能明白为何要有"无罪推定"原则,为何"程序正义"如此重要,才能理解化工项目背后的邻避效应,明晰拆迁背后的权利界限……这提醒我们,一方面,政府需要尽可能多做政策说明工作,多一些社会预期管理,让专业决策尽量通俗化;另一方面,媒体公众也可以多一些细心耐心,"让子弹飞一会儿",学会用专业思维来评判公共政策,用系统思维来把握"全部事实"。

几年前,有人曾写文章发问:雄辩胜于事实的时代,谁关心真相?这话可谓振聋发聩。听清事实,是一切判断的基础。真、善、美,"真"是第一位的。事实判断、利害判断、价值判断,事实判断是前提。在一个众声喧哗的舆论场,我们不缺乏多元多样的观点,却往往缺乏完整可靠的事实。正如有人感慨今天的调查记者越来越少了,贴近事实本原的"就事论事"也已经成为一种稀缺的品质。的确,随着信息流动速度的加快,有时候不得不对事实作出快速判断。但即便如此,我们并非没有选择。比如,媒体至少可以明确一下消息来源,而不是盲目追求"首发";至少可以多问几个为什么,而不是一味追求"新奇特"。

成熟的价值观,必然是稳定的价值观;如果没有一个健全的事实观,就不可能有一个稳定的价值观。正如周恩来曾经说过的,"只有忠实于事实,才能忠实于真理"。成熟的政府,理性的公民,都可以从中得到启示。

(2016年08月09日)

以规则呵护内容生产

——构筑融合发展的制度保障①

> 困难永远都不是不作为的理由。行政和司法部门不能总是处于"补课""救火"的状态,而应该进一步提高法律制定的预见性,不断创新和完善规则、提高监管效率,让知识产权制度适应新的时代场景

100多年前,大作家狄更斯在访美时遇到一件很恼火的事,自己的著作被美国的盗版书商卖得到处都是。不仅如此,一些美国媒体还批评他"抠门":小说畅销暴得大名,还斤斤计较什么版权?这样的事,在知识产权保护成为常识的今天看来,已是笑谈,但随着移动互联的发展、媒体融合的加速,"狄更斯的烦恼"却改头换面,以不同的形式困扰着今天的创作者。

这样的困扰,主要来自互联网技术迅速发展与相应版权法规制定滞后之间的矛盾。事实上,直到2001年,我国才对著作权法进行修改,第一次以法律方式确立"信息网络传播权"这一民事权利。而这次修订并不彻底,对于信息网络传播权的具体表现形式和保护方式,留下了一个"由国务院另行规定"的尾巴。直到2006年7月1日,国务院制定的《信息网络传播权保护条例》正式施行,才明确了信息网络传播权的保护方式。又过了7年,国务院对《信息网络传播权保护条例》进行修改,加大了版权保护力度。而此时,互联网又已经发生了翻天覆地的变化。

拓荒者开辟了原野，治安官却姗姗来迟。这就在飞速向前的网络列车上留下了不法者钻空子的巨大空间。比如，一些微信公号把别人的原创文章稍加改造，就规避了"原创保护"的设置；把纸媒的作品进行二次加工，音频化或者视频化，就躲开了"抄袭"的指责。广告铺天盖地的内容聚合类新媒体，到底是"新闻的搬运工"还是"媒体的行窃者"？新媒体技术的迅猛发展和广泛应用，让知识产权保护问题，如扫地时的灰尘"旋扫旋生"。

怎样以制度呵护内容生产，让知识产权制度成为内容创新的强大动力和有力支撑？从现实情况看，知识产权保护的规则并不少，但重要的是，当网络突破了传统介质的边界，这些规则如何更好地渗透与落实到新媒体领域。当前，直接侵权行为已经比较好处理，但一些网络服务提供商通过搜索链接、视频分享、APP、网盘等方式传播盗版作品，只提供技术服务、不直接提供内容，这种情况下应该承担怎样的法律责任，成为司法实践的难点。而当云计算、P2P、网络聚合、文字转码、网络电视、快速建站等新技术被违法用于网络盗版时，原始版权方以及被授权网站更难以有效控制版权内容的传播。

困难永远都不是不作为的理由。在版权保护方面，我国现在实行的是行政保护与司法保护相结合的双重保护，这有利于立法、司法、行政以及权利人在内的多元主体共同参与。行政和司法部门作为规则的"裁判"，不能总是处于"补课""救火"的状态，而应该进一步提高法律制定的预见性，唯有不断创新和完善规则、提高监管效率，知识产权制度才能适应新的时代场景。

魔高一尺，道高一丈，技术进步在给版权保护带来难题的同时，也为版权保护开辟了新的路径。"版权印""时间戳"等网络版权保护新手段，可以在"让正版流通起来"的同时，解决"招呼不好打，授权不好拿"的问题。著作权法也可以针对网络版权"优化细节"，例如删除侵权作品的时间规定、侵权行为的利益返还等。在欧洲，德、法、英等国家已经对内容聚合平台征收俗称的"谷歌税"，用所得税收扶持受互联网非法下载等行为影响的文化创意产业。而更多的探索，还需要立法者、司法者、监管者和运营者在不断出现的个案中填补漏洞、积累经验、发现规律、完善规则。

现代媒体业诞生以来，对知识产权的尊重与维护是始终不变的准则。也要看到，移动互联时代的知识产权规则不是为了对智力产品进行垄断，而是为了更好地促进媒体融合，因此需要以动态的眼光来看待业界发展。以对原创文章的"分享"为例，一方面，一些新媒体的无授权转载需要得到应有的规制；另一方面，绝大多数作者也希望自己的文章传播越广越好，很多传播者也是出于善意的目的去分享自己认为有价值的文章，而思想和观点的广泛传播也是对原创者的最大认可，能更好激发创新动力。因此，新的规则需要在保护作者基本权利的前提下，尽可能促进传播，这就需要我们不断革新知识产权保护的观念，以动态思维不断调整快速变化的传播边界。

有人说，中国互联网的20多年，是"快速发展的20多年"，也是"野蛮生长的20多年"。在Web1.0时代，我国门户网站用极低成本、依靠传统媒体廉价的内容获得迅速发展，很多新技术新应用都有知识产权保护不力的阴影。今天，互联网不再是知识产权的"化外之地"，唯有以更加开阔和前瞻的视野制定更为完善的规则体系，才会激发出更加多元多样的原创作品，养活媒体融合发展的"一团春意思"。

（2016年04月18日）

时代呼唤"懂技术的管理者"

——构筑融合发展的制度保障②

> 技术与知识产权、技术与法律法规、技术与新闻伦理之间的张力，凸显了新技术成长与旧方法滞后之间的冲突，考验着管理部门呵护技术进步的服务能力与引导社会潮流的监管智慧

戴上一副眼镜，你就可以进入一个360度的虚拟世界，行人擦肩而过，星辰触手可及……很多人可能都体验过这样的"虚拟现实"（Virtual Reality，简称VR）。普通人可以尽情享受技术的奇思妙想，但对于监管者，时常需要"递进一层"想想，当新技术迅速为媒体所用，可能出现什么监管漏洞，又会提出什么新的管理课题？

"新技术＋媒体"的组合，已经一再出现。作为一个巨大的变量，技术始终处于"不断地动荡"状态，未来必将更深刻地影响媒体和传播。在高速公路上，警察不可能骑着自行车来执法。同样，新技术不断拓展媒体的边界，媒体管理也离不开新的技术手段。从门户网站时代到WEB2.0时代，再到移动互联时代，我们已经探索出很多媒体管理的新办法，管理体制也发生了巨大变化，但互联网"未知远远大于已知"，唯有不断创新，才能回应技术带来的持续挑战。

比如，内容发布管理上，由于缺乏传统意义上的"把关人"，对于海量存储、大量自发的内容生产，如何进行筛查甄别？又如，行业秩序管理

上,快播事件的"缓存说"、今日头条的"链接说",相关责任如何界定?被誉为"自万维网产生以来最大的革命",P2P技术大大促进了信息共享,却让侵权变得明目张胆、让责任认定"法不责众",如何在道德与法律层面"给技术一个交代"?把医患新闻融入《急诊人生》的游戏、把战乱新闻做成《叙利亚之旅:选择你自己的流亡路线》,"新闻游戏"意在增强报道互动性,但如何避免喧宾夺主以致"用娱乐消费苦难"?技术与知识产权、技术与法律法规、技术与新闻伦理之间的张力,凸显了新技术成长与旧方法滞后之间的冲突。这一冲突,考验着管理部门呵护技术进步的服务能力与引导社会潮流的监管智慧。

在技术上,管理者处于"追赶"状态,是一个不争的事实。前几年,相关部门为了净化青少年上网环境,曾要求我国销售的所有个人电脑出厂时必须预装"绿坝—花季护航"绿色上网过滤软件,旋即因为无法阻断不良信息、被黑客破解改写等技术问题,而引来极大争议。类似的案例,不能仅仅是"花钱买教训",更需要思考其后的问题:我们现在不缺技术条件、不缺物质资金,但为什么在管理上还"跟跑"得有些狼狈?

人工智能、穿戴设备等还在发展,虚拟现实技术已从游戏行业进军新闻行业,物联网更可能让一切都成为媒体⋯⋯要做好管理、做好服务、做好引导,需要有前瞻性的眼光。从这个意义上讲,监管者需要有"技术敏感",密切注视技术与媒体结合的前沿走向,与时俱进地以制度创新堵住传播漏洞;也要保持"技术思维",从根本上把握住新媒体内容生产与管理的技术关系,适应和研究新技术、新传播、新模式,既不能只知简单应用而不懂技术原理,也不能沉溺于技术本身而陷入细枝末节的应对。如何以系统思维统领监管创新,建立起技术发展的动态跟踪机制?如何整合各方资源,破除新媒体管理创新上的"撒胡椒面"现象?如何动员社会力量,让市场化的技术为我所用?只有以体制、观念上的一系列创新支撑,对媒体融合发展的未来趋势有深刻的把握,我们才能做到"因时而变,随事而制",在服务中实现监管,在管理中实现引导。

"中国的互联网迫切需要懂技术的管理人员。我们走了很多弯路,企业的创业者和经营者对此都要进行深刻的反思。""当代毕昇"王选的这句感慨不只是对企业管理者而言,也可视为对媒体融合发展的有力提醒。在舆论环境、媒体格局、传播方式深刻变化的大势下，监管的创新不仅是技术要求，也是治理要求；不仅是业务素养，也是管理素养。用创新回应技术挑战，才能让互联网这个"最大变量"变成"最大正能量"。

（2016年04月19日）

既要管得了，也要用得好

——构筑融合发展的制度保障③

> 新媒体是科技进步给人类的馈赠，用得好了，就能成为强大正能量。从这个角度看，"管"和"导"同样重要，"堵"与"疏"并行不悖

近日，一个自称"集美貌与才华于一身"的"网红"，因为在视频中屡爆粗口，其作品被管理部门下架整顿。借助网络平台聚拢人气，从papi酱到咪蒙、同道大叔，这些自媒体主角的影响力已经不亚于很多传统媒体。纵观新兴媒体，发展方兴未艾、欣欣向荣是事实，网友追捧喜爱、人气爆棚是事实，内容良莠不齐、泥沙俱下也是事实，面对这样的"三重门"，如何更好地引导和管理，成为一个摆上桌面的问题。

4月19日，网络安全和信息化工作座谈会在京召开，习近平总书记强调，"网络空间是亿万民众共同的精神家园。网络空间天朗气清、生态良好，符合人民利益。"的确，在麦克卢汉"媒介即讯息"的论断已成常识的今天，从热门资讯的跟帖区到社交媒体的朋友圈，从无所不在的弹窗到满屏飞舞的弹幕，甚至连网游、输入法、电子红包等都能传播信息、触发互动。虚拟世界的"泛媒体化"，集聚起海量用户，拓展了媒介影响，也模糊了媒体边界。无论网页还是应用，无论"PC端"还是"移动端"，围绕人们的使用习惯，纷繁多样的信息链条萦绕在网络空间，渲染出灿烂

多姿的媒介图景,也给新媒体管理带来压力和挑战。

尽管有强弱之别,诸多网络平台的媒体属性却是客观存在的。日前,文化部将斗鱼、六间房等网络直播平台列入查处名单,许多人才发现,某些大型直播平台高峰时段在线用户竟高达百万数量级。更不用说有着月活跃用户逾6.5亿的微信上,近2000万个公众号每天推送超过70万条群发信息。自由发展,不是"野蛮生长"。对于新媒体,注重规范、进行规制是必要的。也正因此,仅去年,全国网信系统就依法取消违法违规网站许可或备案、依法关闭严重违法违规网站共4977家,有关网站依法关闭各类违法违规账号226万多个,这也是"对社会负责、对人民负责"。

传播分众化、对象化趋势日渐凸显,也警示对新媒体、融媒体的管理,切忌"眉毛胡子一把抓"。抵达"立治有体、施治有序"的境界,需要的是在明确媒体属性基础上"向前一步"的认识。从文字、图片到音频、视频,从论坛、网站到微博微信客户端,"内容形态+发布平台"有着海量组合。各种形态、各个平台有着什么样的特点、面对什么样的用户、形成什么样的生态,都需要花心思去仔细界定。新媒体平台、融媒体形式、自媒体状态,总有绕开禁令的办法、变通规矩的后门,用老办法应付新问题,难免会踩乱了鼓点、打错了节拍。怎样做到管控而又包容,让创新与秩序并行?如何做到"致广大而尽精微",既管得住、又用得好?厘清属性、分门别类,恐怕是有针对性地进行管理与服务的基础工程。

其实,新媒体是科技进步给人类的馈赠,用得好了,就能成为促进社会进步的巨大正能量。从这个角度看,"管"和"导"同样重要,"堵"与"疏"并行不悖。正如习近平总书记所要求的,对广大网民,要多一些包容和耐心,对建设性意见要及时吸纳。在新媒体上,主流媒体的微博微信客户端已经成为主力军,既有强大的影响力,又有强大的引导力,仅人民日报的新媒体就已经覆盖了3.5亿用户。同样,如果能够多包容、多理解、多借力,将不同属性的"媒体小船"纳入传播舰队,借用他们生动活泼的表达、灵活多样的形式,在"说他们想说的"同时"讲我们想讲的",才能真正实现"看不见的宣传"。唯有清晰界定各类互联网产品附着的媒体属性,正本清源、激浊扬清,才能最大限度地让一切媒介都运行在无损他人、有助公益的框架之内。

"一种新媒介的长处,将导致一种新文明的诞生"。信息载体本身对于文明、文化的影响,潜移默化,不容小觑。构筑制度保障、提升监管水平、重申媒体属性,"善治""善用"并举,传统媒体与新兴媒体融合发展的大潮,方能激荡出更为绚烂的浪花,而媒介作为"人的延伸",也才能更好地回馈人类自身。

(2016年04月20日)

讲分享别忘尊重原创

——坚守融合时代的媒体信仰①

> 媒体是思想的生产者。一旦抛却了对原创作品应有的敬畏与尊重，简单搬运、跟风抄袭，盲目追求点击率和转发量，无论传统媒体还是新媒体，都将在无视知识价值的风潮中坍塌

"阳光分走一半还是阳光"，有人曾以此来形容"分享"的意义。随着移动互联网的快速发展，"点击、分享"成为人们阅读新知、传播信息的日常方式。懂得分享、乐于分享，也逐渐成为移动互联时代的重要品质，使得人们在"独乐乐不如众乐乐"中感受新媒体时代的魅力。

然而，在一些互联网媒体从业者眼里，知识和信息的"分享"似乎等同于"免费"。从不久前武钢一个普通家庭命运的报道被"抄袭式转载"，到问答社区"知乎"上的网友原创文章不时被微信公号剽窃；从"今日头条"获得融资引发"谁的头条"争议，到深圳市南山区人民法院去年首次对公众号抄袭行为立案……凡此种种，都掀起一阵阵舆论热浪：在这个倡导"共享精神"的时代，如何在分享经济与尊重原创之间找到平衡点？

不错，开放、平等、协作、分享，是互联网精神本质。但正如有人反问的：如果拿的是别人家不允许拿的东西，那叫什么分享？纯属偷盗。这也难怪，当年《华尔街日报》总编罗伯特·汤姆森公开怒斥谷歌无偿使用报纸内容为自己牟利，称它无异于网络时代的"寄生虫"。

把眼光推远一点，为什么近代中国由技术领先转而逐渐落后于欧洲，在工业革命的浪潮中败给了西方？有人分析，专利制度在其中起到了至关重要的作用。当中国人还在为各种秘方绝活"传男不传女"而计较的时候，专利制度一方面突破了知识分享的障碍，一方面对知识生产给予了充分的保护。工业革命的标志性发明飞梭、珍妮纺纱机和瓦特蒸汽机正是在这样的背景下横空出世。同样地，也正是由于知识产权保护制度的存在，印刷术的发明才没有造成"四海无闲田，农夫犹饿死"的知识生产困境。

相比传统印刷术，互联网的效率不可同日而语，其内容分享对传统媒体造成的压力，更大大超过了书籍盗版。正因如此，无论互联网"原教旨主义者"如何强调其公益性，欧美国家在知识产权保护问题上始终抱持坚定的态度。早在1997年，日本新闻协会发表了《关于网络著作权的声明》，明确要求互联网企业、电子媒体在转载新闻信息前必须取得同意，并注明转载来源。声明得到了全社会的响应。在美国，当年两个20岁的年轻人创建了音乐分享平台Napster，9个月即拥有了超过1000万的注册用户，获得巨大成功。2001年2月，美国法院判决Napster侵权。美国人用这样的判决来表明立场：提倡共享精神，但绝不能践踏版权底线。

反观我国，因为产权意识的淡薄和产权保护的不力，在PC互联网时代，新媒体与传统媒体的竞争就是高度不对称的。当时，众多商业新闻门户网站大量免费使用传统媒体的内容，一些网站赚得盆满钵满，而那些默默为它们提供信息资源的传统媒体却江河日下。讽刺的是，许多惯于吃"免费午餐"、缺乏原创能力的门户网站并未能将竞争上的优势延续太久。进入移动互联时代，自媒体对门户网站的不对称竞争让那些过去的抄袭者无路可走，逼得后者也不得不起而"维权"，或者另辟新途。

事实雄辩地证明，媒体融合时代，传播格局、舆论生态都在发生深刻变化，平台和渠道的重要性日益凸显，但"内容为王"的发展信条，并不能因此而捐弃。媒体是思想的生产者，从始至终都要置于保护知识产权的语境之中。一旦抛却了对原创作品应有的敬畏与尊重，简单搬运、跟风抄袭，盲目追求点击率和转发量，无论传统媒体还是新媒体，都将在无视知识价值的风潮中坍塌。

毫无疑问，互联网是我们这个世界上最伟大的发明之一。人类那些永

恒的知识和瞬息万变的信息之流,在互联网搭建起的知识之树上,日夜不息地汇集。那些原创的、散发着鲜活的思想热力的作品,需要像生命一般被重视,它是人类知识之树的根基。正如一位政协委员在今年两会所呼吁,"只有保障原创的智慧成为永久的实惠,才会有十年磨一剑的精品问世。"当我们点击电脑鼠标、手机屏幕,分享知识和信息时,不要忘记,尊重原创、保护版权,才能更好守护人类思想的尊严与活力。

(2016年03月28日)

重创新别失思想内核

——坚守融合时代的媒体信仰②

> 无论时代怎么变化，人们看重媒体的地方，仍然是它能生产有思想、有价值的内容；社会倚重媒体的地方，还在于它对这一共同体有不可或缺的促进作用

每次传播载体的改变，都带来社会思想的重大变迁。网络自走入日常生活以来，一直以其贴近性的各种创新，改变着人们的思想生活。作为一个开放度极高的试验工场，互联网给各种奇思妙想和新生活形态打开了难以预计的可能性。

当然，技术进步并不必然让世界更美好。互联网媒介高歌猛进的浪潮中，也留下一些滥竽充数者的痕迹，它有时还会放大社会和人心里潜藏的不良偏好，比如媚俗、浅薄、娱乐一切等。2015年，就有一个叫"俺瞧瞧"的网站利用视频直播分享技术一夜走红，它号称能提供世界各地的摄像头实时监控视频画面：有的来自街道、景点等公共场所，有些则来自餐厅、超市，甚至办公室、宾馆、私宅……有不少当事人表示，对"被直播"这事一无所知。这样的"创新"，打着新技术的幌子，实则肤浅庸俗，有损社会公共利益，自然很快就门庭冷落了。

许多时候，创新者迷恋走捷径，不是因为这会使成功来得更快，而是出于思想上的惰性。譬如，在新闻史上，"向公众提供他们想要的东西"

这一原则历史悠久，尽管它强调了对受众的重视，但却被一些继承者简单理解为一味地投其所好。在各种各样的新媒体平台，我们会看到，有人喜欢刺激猎奇，"标题党"就大行其道；有人热衷明星八卦，"娱乐化"就风靡一时；有人喜欢以偏概全的想象、一鳞半爪的揣度，"乌龙新闻""反转新闻"就不时出现……碎片化、浅俗化、无聊化，看上去始终站在"用户"端，说到底不过是无原则的迎合罢了。无论是在信息稀缺时代，还是如今的信息过载时代，任何形式的媒体都不可能因为"迎合"的"功力深厚"而获得持久的传播力，更遑论公信力和影响力了。无论时代怎么变化，人们看重媒体的地方，仍然是它能生产有思想、有价值的内容；社会倚重媒体的地方，还是它对这一共同体有不可或缺的促进作用。

媒体的一项重要使命，就是传递有质量的信息。如果承认"用户是上帝"的信条，那么媒体就有义务提供更值得公众倾听的信息和观点，提升公共生活的品质，而不是相反。如果新的媒体平台，只是让我们比以前更便利地让社会低俗化、媚俗化、娱乐化；如果新的技术，只是让我们比过去更方便地制造大量缺乏严肃思考、缺乏精神营养、缺乏审美趣味的产品，那么这种"新媒介"，真的能带来媒体进步、增进社会福祉吗？在媒体的转型工具箱中，应该有比"迎合公众"更高级的东西。否则，即便是转型成功的弄潮儿，也未必能成为最后的赢家。因为，无论是融合发展还是彻底转型，仅有拼点击、博眼球的创新，还远不能解决互动时代的媒体价值问题。这个挑战，不管是转型中的传统媒体，还是含着互联网时代"金钥匙"出生的新媒体，都需要全力以赴面对。

到今天，我们也许可以说，互联网媒介对传统媒介来说是一场真正的革命，它可以承载文字、视频和音频等所有传统的新闻生产方式，并形成截然不同的交互感受。然而，仅仅宣告旧介质的式微，并不值得欢庆。在大数据时代，媒体如能在专业姿态、思想含量上更上一层楼，克服"强调例外甚于常规、强调煽情甚于重要性"的不良偏好，同时还能吸引最大数量的受众，才是配得上掌声的胜利。

思想是会享用它的人的财产。在媒体转型的路上，很多人害怕谈思想，甚至对坚持社会责任的媒体发出嘲讽——因为不会走市场，所以才会谈思想；因为不懂赚利润，所以才会谈责任。其实，思想从来不是传播的敌人，自我矮化更不是服务公众的最佳方式。有位学者说得好，销售，决不是降低身份去取悦客户，而是像朋友一样给予合理的建议。你刚好需要，我刚好专业。掌握了强有力传播武器的新媒体，如果不能超越眼球效应，把目光投向那些有着深远社会影响的活动，记录下时代风云，真的会愧对这个时代。

有人相信，当一个人忘掉了他在学校接受的每一样东西，剩下来的才是教育。某种意义上讲，在每一次媒介革命冲刷中"剩下来的东西"，或许才是新闻事业最值得珍视的价值：它包括不为环境所动的理想、对所遇问题最准确的知识和思考、最真诚的道德责任感。正是这些优秀的品质组合，让新闻在时代的交响中获得生命。

（2016年03月29日）

求关注别丢理性定力

——坚守融合时代的媒体信仰③

> 媒体不管怎样融合，质疑、求证、核实的本领不能丢，客观、真实、理性的原则不能忘，求真、扶正、祛邪的精神不能弃

山寨"李鬼"频频包围原创"李逵"，为求"10万+"人为制造"尖叫效应"，滥发虚假信息诱导用户分享……打开手机微信公众号，林林总总的"吸粉歪招"令人瞠目。有网友调侃，如今对于网上的许多报道，"只能微微地信"。

微信公号上的"求关注大战"日渐白热化，可谓媒介集体躁动的现实注脚。时代为新媒体打开了前所未有的机遇窗口，也将传统媒体推送到"互联网+"的变革风口，让它们直面着"用户数""点击量""转发数"这些市场指标带来的喜怒哀乐。日前，就在不少平面媒体慨叹广告份额持续走低之时，网络红人"papi酱"获得上千万元融资，又一次验证了"粉丝经济"的强大。对接用户需求、深谙营销之道，或许恰是其成功的秘钥。

无论是在市场化中诞生的新媒体，还是肩负着社会稳压器功能的传统媒体，都越来越明白，缺乏传播力，何来影响力，更遑论引导力？"酒香也需粉丝尝"，面对汹涌澎湃的媒介竞争，优质内容资源的确离不开互联网思维的"包装"。

从微博、微信到客户端，随着新媒体技术的应用与发展，传播分众化、

对象化趋势愈加显著，不仅改变了单向度的传受关系、赋予受众更大的传播权，更倒逼传播者增进用户意识、提升服务能力。然而，现在也出现一种趋向：由点击、分享产生的流量，似乎正异化为衡量信息价值的唯一标尺，甚至成为判断媒体成败的主要标志。有的媒体急功近利、情绪浮躁，为求速度不顾真相，为赚噱头自乱阵脚，为博眼球"节操"扫地，传播失范现象层出不穷。最近一段时间，从"上海女孩逃离江西农村"到"北京天价学区房每平方米46万"，从"河南乡村教师26年后才知被辞退"到"中国游客泰国铲虾"，种种"乌龙新闻"误导公众，令人反感。"无论是什么媒体，为了追求时效而忽视真实性，带来的损害是多少个'第一时间'都无法弥补的"。这警示所有人，必须辩证看待媒体融合进程中的变与不变。

"一份好的报纸，是一个民族在同自己谈话"。时代在变迁，但媒体作为瞭望者、守望者，其维护社会良性运行的职责不能变。在这个意义上，媒体不管怎样融合，质疑、求证、核实的本领不能丢，客观、真实、理性的原则不能忘，求真、扶正、祛邪的精神不能弃。如果为求关注热衷打擦边球当"标题党"，为博眼球不惜出位失格，为营销甚至敢碰道德和法律底线，即使求得一时的点击，也无异于"坑粉""害粉"，付出的必是自己的公信力与影响力。终有一天，这样的媒体会为自己鸣响丧钟。

"照耀人的惟一的灯是理性，引导生命于迷途的惟一手杖是良心"。媒体的特殊属性，决定了其身上肩负的社会使命。能否坚守事实、站稳立场，在泥沙俱下时做社会舆论的稳定器，在乱云飞渡中做国民心态的压舱石，在琐碎庸常前做真知灼见的熔炼炉，检验着媒体的专业能力与价值底色。新闻界有句老话，"人有人格，报有报格"。这个"格"，很大程度上就是媒体的理性与定力，传统媒体切不可将之束之高阁，新媒体亦不能对其敬而远之。失去媒体的应有操守，代价无疑是沉重的。

1941年，第二次世界大战阴云笼罩，茨威格在《昨日的世界》一书中反思："作为整体的人类，在我们之前既没有露出过像我们所见到的那种恶魔般的狰狞面目，也没有建树过那种好像是神明创造的业绩。"人类的理性，从根本上决定了科技应用的后果。在21世纪的今天，技术进步让人类"无所不能"，更给媒体插上腾飞的双翼。明日的世界该如何书写，正取决于我们这一代人当下的行动。

几十年前,国外一家电视台打出标语:让电视埋葬广播。如今,电视也成传统媒体,广播依旧生机盎然,这说明,比媒介形态更重要的,乃是传媒恒久的价值。处身传统媒体与新兴媒体融合发展的大势,任何类型的媒体都不应抛弃理性与良知,向点击或流量屈膝。捍卫事实真相、守望理想信仰、不忘责任担当,新闻媒体必将赓续优秀的媒介文化,不断培厚人类文明的河床。

(2016年03月30日)

以民为本，唱响两会好声音

——寄语两会代表委员①

> 找准问题的症结所在，呼应公众对美好生活的期待，应当充分体现在代表、委员的议案、提案里，体现在会场内外互动、讨论的细节中

又近全国两会时。临近3月，各地代表委员即将聚首北京，赶赴这场"春天的约会"。共商国是、建言献策，热烈的讨论、频繁的互动，反映着960多万平方公里土地上的可喜变化，也折射出未来中国发展的走向。

两会年年开，时势各不同。今年两会最重要的议程之一，就是审议"十三五"规划纲要草案。翻开《中共中央关于制定国民经济和社会发展第十三个五年规划的建议》，"必须坚持以人民为中心的发展思想，把增进人民福祉、促进人的全面发展作为发展的出发点和落脚点"映入眼帘。你的期待，我的关切，"以人民为中心"谋划未来五年的发展蓝图，由是成为本次两会的关键看点。

逾百万名网友参与的人民网"两会调查"中，"社会保障""居民收入""医疗改革"，成为目前排名前三的热点话题。网络民意的集中流向，反映了当下社会的普遍关切：如何让人民生活水平和质量随着经济社会发展不断提高？如何充分体现全面深化改革的含金量，让人民群众有更多获得感？找准问题的症结所在，呼应公众对美好生活的期待，应当充分体现在代表、

委员的议案、提案里,体现在会场内外互动、讨论的细节中。

今年是"十三五"开局之年,也是全面建成小康社会决胜阶段的起步之年,各项改革都进入"啃硬骨头""涉险滩"的攻坚期,谋民利、惠民生需要在"四个全面"战略布局下予以整体考虑、综合推进。尤其要看到,今年我们既有"四个没有变"的整体经济良好形势,也有发展不平衡、不协调、不可持续的风险和挑战,会给造福于民带来一定压力。"合军聚众,务在激气",正因如此,才更加需要通过两会这个"中国式民主"制度平台,进一步凝聚改革共识、提振发展精气神,从而为奔向全面小康提供重要的牵引力和推动力。

落实有力,发展才有含金量。回望党的十八大以来民生建设的巨大进步,或许不难理解,为何有外国民众会发出"学中国把钱花在民生上"的感慨:2011年到2014年,累计减贫5221万人,相当于一个中等国家的人口总量;2015年,城乡居民基本医保财政补助标准提高到380元,人均预期寿命预计比2010年提高1岁;截至去年末,全国96%的县城实现二级及以上等级公路连通……然而,正如习近平总书记所说,"保障和改善民生没有终点,只有连续不断的新起点",成绩属于过去,未来只会垂青永不停步、勇于进取的探路者。让幸福的阳光照射到每一个角落,尤须增强时不我待、只争朝夕的忧患意识与紧迫感,在怎样打通全面小康"最后一公里"的问题上多做谋划,多下苦功。

系统改革,发展才有持续性。以农村精准扶贫为例,无论是实现贫困地区7000个建制村通硬化路,还是推进农村物流与电子商务融合发展,要害都在于通过协调谋划,让贫困人口连上生产、消费网络,进入整个社会的分工系统,从而共享改革红利。从消除信息联通障碍,到协调解决改革推进难、落实难,补齐管理短板、提高部门运行效率,着眼于完善整个社会治理系统工作的转型升级,改革举措才能早落地,见实效。

"人民对美好生活的向往,就是我们的奋斗目标。"从群众视角来看,判断政府工作好不好,服务到不到位,最主要的就是看承诺兑现了没有,生活改善了没有。正因如此,那些既当改革促进派、又当改革实干家的干部,总是能受到老百姓的欢迎和支持;那些遇到"复杂问题"先算百姓利益大账的改革,也总是能收获群众的点赞和口碑。同样的道理,当今年两会这个政治生活的窗口,再次与时代风云际会的大窗口重合,代表委员们更需要展现自己"为民代言"的智慧、决心和勇气,汇集众智,凝心聚力,奔向"不让一个人掉队"的全面小康。

"一切为民者,则民向往之",以百姓之心为心,唱出民情民意"真声音""好声音",方不负代表、委员身份背后的万千期待。

(2016年02月29日)

深化改革，助力转型攻坚战

——寄语两会代表委员②

> 代表委员们肩负职责使命，应认清我国经济发展的基本面，分清"势"与"形"的辩证关系，认清"潜力大、韧性强、回旋余地大"的客观规律与具体的矛盾问题

经济建设是政府工作的主战场，关乎国家实力、关系民生福祉，历年两会都是各方关注焦点。时值中国经济爬坡过坎、转型升级的关键时期，如何看待结构调整的阵痛？怎样认识新常态带来的新变化？如何防范与化解国内外累积、释放的各类风险与矛盾？在全面深化改革中呈现的经济议题，离不开各位代表、委员的咨政建言、献计献策。

回顾过往，代表委员们关于宏观调控的不少建议，既接地气、又识大局，富有针对性、可操作性，不同程度为决策部门吸纳，为助力改革发挥了积极作用。究其缘由，成功的议案和提案大抵离不开"求真"与"务实"两种特点，于科学分析基础上肯定成绩、识别问题、研判出路，从而聚起同心奋斗的宝贵合力。如今，面对错综复杂的经济形势，更需要各位代表委员秉持一贯的责任感，以脚踏实地、求真务实的建言献策，助力结构改革，推动经济转型。

秉持理性，才能求真实、建箴言。回顾过去一年我国的经济形势，"四个没有变"是基本态势和未来趋势，也是我们认识中国经济的出发点。很

多时候，各类经济活动纷繁芜杂，如果只看表象，或只关注局部一隅的损益，很容易被迷惑。比如大学生的就业问题，有调研显示，很多灵活就业、创业尚未及时纳入统计，若仅凭个别数据的短期波动得出结论，恐怕有失客观。又比如，在创新驱动作用下，传统领域低效率低水平的过剩产能加速退出，如果就此得出经济衰退的印象，无疑是对高效益高质量的经济新增量视而不见。代表委员有责任帮助公众认清我国经济发展的基本面，分清"势"与"形"的辩证关系，认清"潜力大、韧性强、回旋余地大"总的客观规律与具体的矛盾问题。

中国宏观经济行稳致远，投射在民众身上，到底会带来哪些实实在在的获得感？这是衡量改革成效的重要标尺，也是落实各项改革举措的目标，需要代表委员以务实的态度，最大限度汲取民意、提振信心，为改革凝神聚气。比如，一些产能过剩的行业"水落石出"之后，对相关上下游领域"僵尸企业"的处置，既关乎宏观经济，又关乎百姓生计，必须慎之又慎。再比如，房地产"去库存"在缓解压力的同时，会不会造成房价的异常波动，也需要相关部门做好预案。经济政策往往都是双刃剑，拿捏好调控的科学性与艺术性，根本上还要看老百姓的得与失。这方面，代表委员们联系面广、专业性强，需要认真对待"一言兴邦""一言利民"的职责与担当。

供给侧结构性改革，是中国经济问题倒逼的必经关口。如何打赢这场攻坚战，老百姓的选择最有发言权。比如，感冒药、马桶盖，国货产品那么多，为什么不少消费者还会从国外背回来？一个小小圆珠笔尖，为什么我们的市场反应、生产能力每每慢半拍？从增量扩能为主转向调整存量、做优增量，供给侧创新迫切呼唤来自群众身边有生活气息的真知灼见，这也正是代表委员大有可为之处。

"十三五"开局之年，也是决胜全面小康的关键之年。越是发展任务繁重、下行压力较大的时候，越蕴含着代表委员履职的生长点。精准扶贫如何攻坚，持续增收如何保障，进出口如何重塑平衡，城镇化如何更加以人为核心，钱如何花到实体经济上去……种种难题亟待扎实研究、理性破解，拿出化大震为小震、积小胜为大胜的切实可行的办法。代表委员们中间不乏经济工作的行家里手，不妨带着问题来、领回课题去，为"十三五"规划的落地生根培植厚土。

　　成绩来之不易，困难不可小觑。过去的一年，尽管存在这样那样的经济唱衰论调，我们仍然保持定力、沉着应对，国民经济目标基本实现。由历史看大势，中国无愧于世界经济复苏的发动机，绝非风险之源、动荡之源。13亿人口，9亿劳动力，7000多万市场主体，这正是信心所在、动力所在。全面深化改革系统工程的头绪多、任务重，要想"上来就必须有气势"，代表委员们的担子不轻。瞻望前路，前景依旧光明，期待两会会场上传出更多求真务实"有气势"的好声音。

（2016年03月01日）

凝聚共识，开创治理新境界

——寄语两会代表委员③

> 在举世瞩目的"两会时间"，治国理政新理念、新思想、新战略，必然成为主题主线贯穿始终，起到振奋人心、凝聚共识、汇聚力量的重要作用

过去与未来在这里交汇、国计与民生从这里起步，在中国的政治坐标中，"两会时间"具有特殊的意义。在全面建成小康社会进入决胜阶段、"十三五"规划即将扬帆远航之际，今年的两会被寄予了更高期待：这个重要的政治平台，将以怎样的价值引领，为未来中国凝心聚力？

不妨以"两会时间"为节点，把视野拉长、将目光回溯。党的十八大以来，经济发展稳中有好、各项改革蹄疾步稳、法治建设稳步推进、从严治党呈现新气象、大国外交开创新局面……中国能从前所未有的问题和挑战中迎难而上，能从盘根错节的利益交织中挺身向前，能在风云变幻的国际竞争中风景独好，一个根本的原因，就是以习近平同志为总书记的党中央形成一系列治国理政新理念、新思想、新战略，为"中国号"巨轮破浪前行提供了科学理论指导和行动指南，开创了治国理政的新局面、新实践、新境界。

纵览两会前夕的民意激荡，治国理政新理念、新思想、新战略，激发了广泛的社会共鸣。根据人民网"两会调查"排名前十位的热点话题，无论是"社会保障"背后"共享发展"的新理念、"打虎拍蝇"体现的"从

严治党"新思想,还是"一带一路"折射的"新型国际关系"新战略,都传递着党心民意的同频共振、上下贯通。这从一个侧面表明,党的理念主张已成为人民心声、形成社会共识。

正因为此,在举世瞩目的"两会时间",治国理政新理念、新思想、新战略,必然成为主题主线贯穿始终,起到振奋人心、凝聚共识、汇聚力量的重要作用。全国人民代表大会是最高国家权力机关,人民政协是参政议政的重要平台、协商民主的重要渠道。代表委员是党和政府联系人民群众的桥梁和纽带,应通过自己的参政议政、大胆建言、积极履职,使治国理政新理念、新思想、新战略在两会的政治舞台上进一步深入人心,成为凝聚整个社会共识的精神标识、价值引领。

梦想需要信仰驱动,社会需要共识引领,国家需要价值导航。正如学者所论,"在那些重大的社会历史转型时期,都会伴随着社会心态的转变和重塑"。改革发展的实践表明,什么时候社会共识坚如磐石,什么时候就能释放发展活力、激发改革动力;什么时候共识遭到消解,改革发展就会陷入困顿和迷茫。尤其是面向"十三五"时期,面对经济发展层面的"中等收入陷阱"、社会发展层面的"风险社会"、国际关系层面的所谓"修昔底德陷阱",更需要凝聚最广泛的社会共识,坚持以治国理政新理念、新思想、新战略为价值引领,战胜这些不期而至的风险挑战。

治国理政新理念、新思想、新战略,为社会转型、改革发展提供了难能可贵的价值引领,而"两会时间"正是将这个价值引领凝聚为社会共识的绝佳契机。完成这样的使命,是广大代表委员理应肩负的职责。广大代表委员,或许只是立足某个工作领域、来自不同的行业和地域,但无论是提交提案议案,还是会场内外互动,都应将治国理政新理念、新思想、新战略作为理论指导贯穿其中,和自身的工作相结合、和各地的改革实践相结合,让新理念、新思想更加鲜活生动,让新战略更能深入人心。

马克思曾说,理论一经掌握群众,也会变成物质力量。此时此刻,全国两会召开在即,让我们寄望于5000多名代表委员,以治国理政新理念、新思想、新战略凝聚起最广泛的社会共识,而13亿多人民和衷共济的力量,必将为全面深化改革、开创治国理政新境界注入强大的正能量。

(2016年03月02日)

牢记"文以贯道"的职责使命

——切实提高新闻舆论传播力引导力①

> 这个"道",从立场上说,就是要"为党为民";从原则上看,就是要坚持"正确导向";从方法上讲,就是要注重"效果意识"

"党的一项重要工作","治国理政、定国安邦的大事"。上周五,在党的新闻舆论工作座谈会上,习近平总书记这样论述新闻舆论工作的重要性,同时提出了新闻人的职责使命:"高举旗帜、引领导向,围绕中心、服务大局,团结人民、鼓舞士气,成风化人、凝心聚力,澄清谬误、明辨是非,联接中外、沟通世界"。

这48个字,既有方向要求、责任要求,也有能力要求、创新要求,是新的历史条件下新闻舆论工作的一个总纲。而在所有这些要求中,方向要求无疑是第一位的。用流行的一句话来说,方向对了,就不怕路远。反之,方向错了,前进就是倒退。在知识和信息爆炸性增长的时代,一只蝴蝶的飞舞,就有可能引起千里之外的一场风暴。可以说,社会情绪的起伏、社会心态的悲欢、社会秩序的好坏,很大程度上与新闻舆论相关。作为新闻信息的甄别者、新闻传播的主导者,新闻工作者肩上的担子前所未有的重。也正因如此,习近平总书记强调"把政治方向摆在第一位,牢牢坚持党性原则,牢牢坚持马克思主义新闻观,牢牢坚持正确舆论导向,牢牢坚持正面宣传为主"。

古人讲，"文者，贯道之器也。"对于新闻舆论工作，这个"道"，从立场上说，就是要"为党为民"。换句话说，就要加深理解党性和人民性的统一，要看到，党性寓于人民性之中，没有脱离人民性的党性，也没有脱离党性的人民性。那些"你是替党讲话、还是替人民讲话"，"你是站在党一边、还是站在人民一边"的论调，把党性和人民性对立起来，在思想上是糊涂的，在理论上是错误的，在实践上是有害的。坚持党性，新闻舆论才能有明确的立场和方向；坚持人民性，新闻舆论才能获得活力源泉和动力根基。

这个"道"，从原则上看，就是要坚持"正确导向"。传播理论中有一个"把关人"的概念，任何新闻报道都有导向，报什么、不报什么、怎么报，都包含着立场、观点、态度。新闻媒体是社会舆论的放大器，我们这么一个大国，有13亿多人，每天发生大量事件，存在大量问题。如果只看黑暗、负面，不看光明面、正面，虽然报道的事是真，却是一种不完全的真实。以新春期间的"返乡日记"体报道为例，有人看到的是返乡创业的激情，有人看到的是农村"空心化"的凄凉；有人看到的是山水如画的故园，有人看到的是无处不在的污染；有人赞颂乡村淳厚质朴的民风，有人则悲叹物欲侵袭下的陋俗……哪个才是真实的中国？什么才是我们应有的态度？只有把握好局部真实和整体真实的关系，避免"一叶障目，不见泰山"，我们的报道才能真实准确、分析客观，引导人们分清对错、好坏、善恶、美丑，激发人们向上向善的力量。

这个"道"，从方法上讲，就是要注重"效果意识"。批评报道做得好，就会有正面效果；正面报道做得不好，也会产生负面舆情。随着舆论环境、媒体格局、传播方式深刻变化，正面报道也要注重提高质量和水平，不能只有立场、没有效果，只有原则、没有方法。换句话说，正面宣传绝不等于"剪刀加浆糊"，更不能搞假大空式的宣传。增强"效果意识"，先要有"问题意识"，看看我们是不是还在用老办法、老调调、老习惯写报道、讲故事，看看究竟有多少受众真正爱看、爱听我们传播的内容。不断提高新闻舆论工作的适应能力，不断提高面对不同口味受众的"烹饪水平"，我们才可能增强对外传播的"自塑能力"，让新闻作品更有"时代温度"。

作为党的政策主张的传播者、时代风云的记录者、社会进步的推动者、公平正义的守望者,"记者笔下有财产万千,记者笔下有毁誉忠奸,记者笔下有是非曲直,记者笔下有人命关天"。牢记"文以贯道"的职责使命,尊重新闻传播规律,创新方法手段,切实提高新闻舆论传播力、引导力、影响力、公信力,这是每一名新闻工作者不可缺少的职业素养,也是我们回报时代的光荣梦想。

(2016年02月22日)

新闻工作贵在"拨云见日"

——切实提高新闻舆论传播力引导力②

在纷繁复杂的舆论场上保持定力,提高新闻素养践行真实性原则,这是媒体的公信力所在,也是媒体的生命力所在

"新闻媒体要直面工作中存在的问题,直面社会丑恶现象,激浊扬清、针砭时弊,同时发表批评性报道要事实准确、分析客观","真实性是新闻的生命。要根据事实来描述事实,既准确报道个别事实,又从宏观上把握和反映事件或事物的全貌"……在党的新闻舆论工作座谈会上,习近平总书记提出了一个重要命题:在人人传播、多向传播、海量传播的今天,媒体人如何提高自己的甄别力,在真伪是非前保持清醒?又如何提高自己的发现力,见人之所见、亦见人之所未见?

春节期间,一名上海姑娘嫌弃"江西农村年夜饭"的帖子引爆微信朋友圈,这一事件经媒体关注后迅速上升为社会议题,触发了反思城市与农村关系的讨论,甚至激起城乡不同"阵营"之间的争鸣和交锋。然而随着时间的推移,真相逐渐浮出水面,当事人不仅编造身份、虚构情节,甚至连"年夜饭"照片也属张冠李戴,整个事件被指为假新闻。"虚假发帖"行为欺骗了公众,但一些新闻媒体因一味求快而疏于核实、把关不严,对不实信息的传播也起到了推波助澜的负面作用。

年初舆论场的这个话题,堪称检验新闻真实的生动案例。一位诗人曾

说,"通往真实之路,既严酷又艰险。"真实性是新闻的生命,事实是新闻的本源,虚假是新闻的天敌;在人人都有麦克风的自媒体时代,眼见都不一定为实,通往真相的道路肯定不会平坦。俗话说,造谣张张嘴、辟谣跑断腿,"虚无谲诡,此乱道之根也"。这些年来,从"纸馅包子",到"名人去世",再到"僵尸肉"风波,"反转新闻"很大程度上消解着媒体的公信力。在纷繁复杂的舆论场上保持定力,提高新闻素养践行真实性原则,这是媒体的公信力所在,也是媒体的生命力所在。

今日之中国,既面临转型的阵痛,也有"成长的烦恼"。一点小问题,乘以13亿人,就可能是天大的难题。正因此,如果只看黑暗、负面,不看光明面、正面,即便所报道的具体事实为真,也容易一叶障目、不见泰山,或者只顾一点、不及其余,成为一种不完全的真实。新闻媒体是社会舆论的发射器、放大器,也是社会舆论的稳定器、整流器。从事新闻舆论工作,理当揭露丑恶、针砭时弊,但也须注重总体平衡,把握好舆论监督与正面宣传的统一。惟其如此,媒体才能激发更多正能量,实现更大的社会价值。

舆论是一种复杂的信息存在形态和传播方式,时常"横看成岭侧成峰,远近高低各不同"。古人说得好,"欲穷千里目,更上一层楼"。要想"见人之所未见",惟有多思勤想,涵养非凡眼力与脑力。1939年,毛泽东为《新中华报》题词"多想"二字,报社将其制成匾额,专门悬挂在编辑部窑洞显眼位置。占领思想上的制高点、练就一双火眼金睛,去粗取精、去伪存真、由表及里、由浅入深,才能穿透迷雾、抵达本质,做到"以我之洞见,解人之疑惑",进而"以我之价值,化人之心结"。

当年,带着对摧毁旧世界的思考,萧楚女挥洒"字夹风雷,声成金石"的慷慨文字;带着对解放工农大众的思考,恽代英留下与人民"声入心通"的热血篇章;带着对国家前途命运的思考,邹韬奋写出为社会"尽忠代谋"的激情著作。党的十八大以来,几十万新闻工作者落实"三贴近"、深化"走转改",在实践中发现复杂而真实的中国,更多人越来越深切地体会到:心中有思考、胸中有全局,我们的新闻报道才能分辨主流支流、弄清来龙去脉,才能把准政策的脉、点到社会的穴,才能顺应改革发展的大势、服务治国理政的全局。

无论哪个时代,主流舆论总是一股重要力量。深刻领悟新的时代条件

下党的新闻舆论工作的"职责使命论",练就"拨云见日"的功夫,在团结人民、鼓舞士气上凝心聚力,在澄清谬误、明辨是非上做好文章,我们就一定能在风云变幻时站稳政治立场,在众说纷纭中唱响主流价值,为实现中华民族伟大复兴的中国梦凝聚不竭动力。

(2016年02月24日)

让新闻作品更有"时代温度"

——切实提高新闻舆论传播力引导力③

> 如果说社会责任是传播有"温度"新闻的基础，主流价值是呈现有"温度"新闻的方向，那么百姓视角是传递有"温度"新闻的路径

有人说，21世纪是一个"自带火箭"的时代，很多事情从量的变化到质的飞跃，往往只在一夜之间，新闻生产迎来了潮涌世纪。对于新闻人而言，这是充满挑战的时代，也是大有可为的时代，理应产生伟大的作品。

时代的机遇在中国。迅速崛起的世界第二大经济体，推动国家社会面貌的巨变；波澜壮阔的改革发展，标注前行中国的努力，这是历史记录者的幸事。铸就辉煌的地方，每天也发生着命运的跌宕、人生的悲欢，心灵需要安放、痛苦需要抚慰，这是时代守望者的义务。诚如人言，谁能解释清楚中国经济，谁就能获得诺贝尔经济学奖，同样地，谁能报道好中国，谁就能收获新闻人的最高勋章。在中国道路、中国经验和中国特色社会主义事业日益吸引世界目光的今天，新闻人站在了历史的风口。

赶上好时代，更要担起大责任。笔下有个人的命运，也有时代的洪流；镜头里有浓缩的世界，也有历史的变迁。一支笔一张纸，一个镜头一块屏幕，承载起推动社会进步的力量，这是担当，也是挑战。要读懂并呈现给读者一个"复杂而深刻"的中国，不仅需要理性的头脑，也需要滚烫的心肠。

有个问题问得好：什么才是媒体人所需？众人的眼球么？看客的嘘唏么？世界的哗然么？答案是否定的。从《饥饿的苏丹》到韩国KBS电视台直播男子跳江，再到记者"进入太平间拍摄"歌手遗体，这些新闻作品传播广泛，却无一不受质疑。就是因为，它们缺乏人性的光辉，没有新闻的温度。融化内心的坚冰，弥合社会的裂痕，鼓荡人们的雄心，唤醒沉睡的良知，书写时代的坚强与自信，最终加速实现中国梦，这才是媒体人共同努力的方向。

外交官吴建民曾说，民主革命时期，我们党写的东西"看了要掉脑袋"，但热血青年是"掉脑袋也要看"，体现了对人民的感召力。上个世纪50年代，魏巍的《谁是最可爱的人》，被周恩来称赞为"感动了千百万读者，鼓舞了前方的战士"；后来，穆青一篇《县委书记的榜样——焦裕禄》，在亿万人民心里播撒了党的好干部"绿我涓滴，会它千顷澄碧"的精神种子；改革开放初期，徐迟的《哥德巴赫猜想》唤起一代代年轻人投身科学、报效祖国的青春激情……经典的作品穿过时光的隙缝，依然震撼着人们的心灵。

面对媒体格局和舆论生态的深刻变化，今天的新闻人遭遇着前辈们不曾遇到的挑战。在"你有登场权利，我有围观自由"的时代，如何凝聚共识、筑牢底线？在观点交流交融交锋的时代，能否在激流中坚守核心价值观？面对新媒体的冲击，如何适应分众化、差异化趋势？勘破这些新时代传媒棋局，新闻作品才能传递时代的温度，呈现人文的高度。需要强调的是，这样的作品绝不是盲目赞扬或一味抱怨，不能门缝里看成绩、放大镜下看问题，它要求媒体人，在市场竞争中不能为了抢收视率而偏离了主流价值，在灾难中不能为了抢现场而耽误了救援工作，在司法审判中不能凭一己好恶而行媒体干预。否则，当手段成为目的，就会忘记自己为何出发。

如果说社会责任是传播有"温度"新闻的基础，主流价值是呈现有"温度"新闻的方向，那么百姓视角就是传递有"温度"新闻的路径。尽管现在能够"千里边关一日还"，但若抱着走马观花的心态，迈得进群众的门槛，却走不进群众的心坎。只有深入乡村，聆听留守儿童的思念，伴着空巢老人的孤灯，才能理解消弭城乡二元差距的紧迫；只有跑遍城市角落，倾听"房奴""蚁族"的心声，才能读懂群众对"获得感"的期盼……对于新闻人而言，在路上心里才有时代，在基层心里才有群众，在现场心里才有感动，腿上的泥土、身上的灰尘正是声入心通的"通行证",正是推动进步的"积分卡"。

习近平总书记强调,新闻舆论工作者要转作风改文风,俯下身、沉下心,察实情、说实话、动真情,努力推出有思想、有温度、有品质的作品。让新闻作品更有"时代温度",是新闻人"职责使命论"的生动注解。牢记48字职责使命,与时俱进,不忘初心,我们的作品就不会辜负读者,不会辜负时代。

(2016年02月25日)

增强对外传播的"自塑能力"

——切实提高新闻舆论传播力引导力④

> 将一个客观真实的中国呈现在世界面前,让世界都能听到并听清中国声音,关键在于加强中国自身的国际传播能力建设,加快提升中国话语的国际影响力

"联接中外、沟通世界",这是党的新闻舆论工作座谈会上,习近平总书记提出的48字"职责使命论"的重要部分。在全球化背景下、国际传播格局中,如何实现这一要求?这就需要增强对外传播的"自塑能力",通过自身国际传播能力的提升,塑造好中国形象,表达好中国声音。

改革开放30多年来,中国创造了令人瞩目的"中国奇迹"。许多实地到中国的人惊讶地发现,无论是新疆西藏等边疆地区的进步幅度,还是广大农村地区的生活水平,常常与从国外媒体上收获的印象大相径庭。究其原因,是不少国外媒体有意无意让自己的认知水平落后于中国的发展速度,这使得国际舆论格局中常常出现"两个中国"的反差:一个是客观真实的中国,能够基本呈现今日中国的改革面貌和发展势头;另一个则是国际上部分戴着"有色眼镜"人士眼中的中国,在他们的观念中,中国社会仍然保留着几十年前的单调色彩,一些人甚至将中国的发展看作威胁和挑战。

要改变这种局面,被动地等着别人来塑造我们的形象是不行的。将一个客观真实的中国呈现在世界面前,让世界都能听到并听清中国声音,关

键在于加强我们自身的国际传播能力建设，加快提升中国话语的国际影响力。为什么一些确凿无疑的事实会在国外舆论中受到歪曲？为什么我们良好的意愿有时候会遭遇误解？为什么有时候我们在国际上处于有理说不出、说了传不开的境地？除了有时受到恶意的歪曲，更多时候还是因为存在着信息流进流出的"逆差"。这些年来，我们的对外传播取得了令人称道的成绩，但同一些发达国家的知名媒体相比，我们的嗓门还不够大，我们的经验还不够老到，国际传播对于我们来讲还是一个需要深入研究的新课题。

提高对外传播的影响力传播力，讲故事是最佳方式。"事实胜于雄辩"，一个个精彩的故事，能更好激发受众共鸣，起到四两拨千斤的效果。这些年来，无论是催人泪下的"感动中国"，还是引人入胜的"美丽中国·寻找最美乡村"，无论是原汁原味的"新春走基层"，还是鲜活生动的"深化改革的基层创新"，都在故事和细节中，让受众得到对中国发展的直观感受。事实证明，讲好中国故事，是消融"语言壁垒"和"文化隔膜"的最好方式，是中外交流的桥梁。通过真实而动人的细节，使国外受众了解到中国的历史、文化及当代社会，才能让中国梦得到理解、尊重和认同。

对外传播需要打开大门，讲好中国故事同样需要融通中外，让不同国家、不同地区的受众爱听、想听，听有所思、听有所得。中国当代作家麦家的小说在西方出版界刮起"麦旋风"，就是中国故事、中国作品"走出去"的一个成功范例。中国每年向海外出口的电视剧、纪录片、动画片等超过1万小时，《舌尖上的中国》《茶，一片树叶的故事》在海外热播、"一带一路"沿线各国涌现大批追捧中国影视作品的"华粉"……这些现象都说明，中国文化、中国故事正在迅速走向世界、影响世界，重新塑造世界对中国的认识，不断扩大中国的国际影响力。将这一过程推向深入，新闻舆论工作大有可为。

讲好中国故事，更深层次的内涵，是把中国故事、中国发展背后的"道"讲清楚、呈现出来。我们不是为了讲故事而讲故事，话语的背后是思想、是观念，即中国之"道"。这既是中国传统文化之"道"，也是今日中国改革发展之"道"，还是中国参与世界治理、和各国携手打造命运共同体之"道"。以生动的故事、活泼的语言把这些思想和理念展示出来，把中国近年来的发展讲述清楚,才能扭转西方一些人对中国存在的"认知错位",让我们的讲述成为世界表达中国故事的源头、读懂中国的标识。

有学者曾说,"中国"既是一个国家概念,也是一个文化概念。随着中国人越来越多地走出去、世界越来越关注中国,中国话题、中国故事正在成为世界性的议题。增强对外传播的"自塑能力",自己讲好,才能引导别人讲好,让中国的发展为世界所认同,让中国智慧为世界发展做出贡献。

(2016年02月26日)

以"使命意识"拓展中国道路

——开创治国理政新境界①

"人民在期待着我们,历史在期待着我们,世界在期待着我们。"辞旧迎新之际,习近平总书记如此彰显信心、宣示决心。

党的十八大以来,"期待",一直是政治语汇中的关键词。"把人民的期待变成我们的行动""随时随刻倾听人民呼声、回应人民期待""把中央的要求与人民的期待紧密结合起来"……深情的话语背后,是党心民意的同频共振,是执政者的情怀担当,是本届中央领导集体对人民负责、对历史负责、对世界负责的"使命意识"。

三年多来,"再出发"的中国进入了新的发展境界。由布点而铺面,由部署而落实,各个领域、各个方面,都有令人耳目一新的新理念、新思想、新战略,都取得了令人瞩目的新实践、新成果、新进展。这其中,一个最为鲜明的特点,是以"使命意识"举旗定向,丰富了中国特色社会主义道路的深刻内涵,激发了我们的道路自信、理论自信、制度自信。

"中国特色社会主义是社会主义而不是其他什么主义。"几代共产党人接续奋斗,写下了中国特色社会主义的精彩篇章。我们这一代共产党人的使命,就是继续把这篇大文章写下去。以"无比广阔的舞台""无比深厚的历史底蕴""无比强大的前进定力",砥砺信心,告诫我们必须坚持走自己的路;以"中国与世界的关系在发生深刻变化""端起历史规律

的望远镜去细心观望",开阔视野,告诫我们必须顺应世界大势;以"中国梦归根到底是人民的梦""中国特色社会主义是亿万人民自己的事业",把握根本,告诫我们必须代表人民利益……习近平总书记以深邃的思考、深刻的论断,强调中国特色社会主义是一面团结的旗帜、奋进的旗帜、胜利的旗帜,是当代中国发展进步的根本方向,划定了未来中国的前行航标。

从确立"两个一百年"奋斗目标到提出民族复兴"中国梦",从提出"五位一体"总体布局到协调推进"四个全面"战略布局,从把握中国经济发展"新常态"到牢固树立"五大发展理念",从统筹"国内国际两个大局"到构建"人类命运共同体"……有对方向的坚定自信、有对问题的深刻洞察、有对大势的准确把握,以习近平同志为总书记的党中央承前启后,形成的一系列治国理政新理念、新思想、新战略,丰富了中国经验、拓展了中国道路。

三年治国理政的实践,体现了共产党人对历史的使命感,回答了"什么是发展""如何更好发展"的问题。"进京赶考",治理中国就是答卷,一代代共产党人的实践前后相续,一步一个脚印,摸着石头过河,最终需要把脚印连成道路、用石头建筑桥梁。三年来,本届中央领导集体治国理政的新理念、新思想、新战略,可谓"集其大成"。"四个全面"串起中国发展的总纲,经济发展稳中有进,各项改革蹄疾步稳,法治建设进入快车道,从严治党呈现新气象,大国外交开创新局面,勾绘出社会主义中国的未来图景。"五大发展理念"既各有侧重又相互支撑,创新、协调、绿色、开放、共享的理念,贯穿于经济社会发展方方面面,构成了关系发展全局的深刻变革。通观全局的战略,深化了对共产党执政规律的认识,丰富了中国特色社会主义道路的时代性。

三年治国理政的实践,寄托着共产党人对人民的使命感,回答了"什么是社会主义""怎样建设社会主义"的问题。"中国特色社会主义民主是个新事物,也是个好事物",深深扎根于中国社会土壤的政治制度更加合理;"处理好政府和市场的关系,使市场在资源配置中起决定性作用和更好发挥政府作用",理顺经济体制改革中的核心问题;"人民有信仰,民族有希望,国家有力量",社会主义核心价值观12个词24个字,确立当代中国价值观的最大公约数;"要把促进社会公平正义、增进人民福祉作为一面镜子",从以法律维护群众利益的底线到建成不让一个人掉队的全面小康,标注社会主义的本质追求。当世界社会主义运动陷入低迷,西方学者做出"历史终结"的判断,中国认真总结、深入探寻、与时俱进,扛起了社会主义的大旗。脚踏实地的实践,深化了对社会主义建设规律的认识,丰富了中国特色社会主义道路的人民性。

三年治国理政的实践,承载着共产党人对世界的使命感,回答了"什么是中国道路""如何拓宽中国道路"的问题。有经济学家研究,能够从中等收入进入高收入的经济体非常少,经济发展层面的"中等收入陷阱",国际关系层面的"修昔底德陷阱",横亘在各国的发展之路上。三年多的实践证明,中国有能力应对这样的"中程风险"、有信心跨越这样的"发展困境"。从认识、适应和引领新常态,到把握战略机遇期内涵的两个转变;从以互利共赢理念积极参与全球治理,到一系列经济政治社会政策的调整,这些"中国方案"丰富了世界现代化的经验,中国道路不仅通向中国的未来,也是整个世界未来的一个方向。高瞻远瞩的思考,深化了对人类社会发展规律的认识,丰富了中国特色社会主义道路的世界性。

在第一次以总书记的身份亮相之时,习近平就明确"接过历史的接力棒"的责任,为民族复兴而努力奋斗,为人类作出新的更大的贡献。"担当起该担当的责任""有多大担当才能干多大事业""伟大的事业呼唤着我们,庄严的使命激励着我们""把使命放在心上、把责任扛在肩上"……铿锵的话语,彰显当代共产党人的使命意识、历史担当。我们正在拓宽这条新路——这是一条既不同于前人、也不同于他人,既是史上、也是世上独一无二的中国特色社会主义道路。三年治国理政的实践,本届中央领导集体以"改革意识"完善国家治理、以"忧患意识"锻造领导核心、以"历史意识"激荡复兴伟业、以"世界意识"成就共同梦想,让中国特色社会主义道路进入一个崭新境界。

一代人有一代人的使命。新的一年开始,决胜全面小康的历史大幕已经拉开,冲刺第一个百年目标的使命落在我们肩上。"冲刺是咬紧牙关的时候,是屏息聚力的时候,是比拼意志的时候",三年多来的治国理政新实践，开创治国理政新境界，激励我们以必胜的信心、昂扬的斗志、扎实的努力投身这场新的历史进军，"不负重托，不辱使命"。

（2016年01月05日）

以"改革意识"完善国家治理

——开创治国理政新境界②

改革就是破旧立新,30多年改革开放,极为重要的一条经验,就是必须处理好破与立、发展活力与社会稳定的关系。这是我们这样一个超大规模国家搞改革、谋发展必须回答的考题

一个超大规模的文明古国,一个超大规模的发展中大国,一个超大规模的社会主义国家……有人用多个"超大规模"来形容中国。如同巨轮在大海上航行,推动中国这样一个大国破浪前行,既要有明确的航标引领,也要有充沛的动力支持;既要有扬帆搏击的激情斗志,也要防止出现颠覆性错误。

习近平总书记曾用"铁达尼克号"与"小帆船"的不同,来说明大国治理之不易。小帆船遇风浪,可以在水里打转,绕几个弯又起来了;而像铁达尼克号这样的大船,一旦倾覆,就可能真的沉了。正因如此,治理中国,被外国观察家称为"世界上最艰难的任务之一"。党的十八大以来,以习近平同志为总书记的党中央治国理政的一个鲜明特点,就是以革故鼎新的魄力,提出了"国家治理体系和治理能力现代化"的目标,并以全面深化改革和全面依法治国为之护航。三年来,朝着治国理政的新目标,一手抓改革,一手抓法治,让改革的活力与法治的刚性水乳交融,让中国在深刻变革中既生机勃勃又井然有序。

"改革开放是决定当代中国命运的关键一招,也是决定实现'两个一百年'奋斗目标、实现中华民族伟大复兴的关键一招。""依法治国是党领导人民治理国家的基本方略,法治是治国理政的基本方式。"三年多来,本届中央领导集体治国理政的决策中,改革与法治有如"车之双轮""鸟之双翼",成为上下贯通的"姊妹篇"。三年来,司法体制改革、财税体制改革、户籍制度改革、军队改革、足球改革等一个个硬骨头被砸开,一些涉及深层次利益调整、多年未有进展的改革纷纷破题,把改革方案的含金量充分展示了出来,让人民群众有了更多获得感。用法治思维和法治方式推进改革,把改革主张转换成法治规范,让改革的"破"与法治的"立"、改革的"进"与法治的"稳"相辅相成、相互促进,这正是今天中国的治理新路。

这条治理新路,有着清醒的政治方向。方向涉及根本、关系全局、决定长远。纵观世界,因方向错误而人亡政息的例子,并不罕见。无论促改革还是抓法治,习近平总书记都一再强调方向的重要性。"如果路走错了,南辕北辙了,那再提什么要求和举措也都没有意义了"。正因如此,全面深化改革的总目标,"完善和发展中国特色社会主义制度"与"推进国家治理体系和治理能力现代化"是一个有机整体,不能顾此失彼。全面依法治国,是为了"坚持和拓展中国特色社会主义法治道路",是"党在治国理政上的自我完善、自我提高,不是在别人压力下做的"。无论推进改革,还是实现法治,都是"有方向、有立场、有原则的",都是为了中国特色社会主义制度的完善和发展。没有这种坚定的制度自信,就不可能有全面深化改革、全面依法治国的勇气;同样,离开了改革和法治,制度自信也不可能彻底、不可能久远。换句话说,我们推进全面深化改革和全面依法治国,"是要使中国特色社会主义制度更好;我们说坚定制度自信,不是要固步自封,而是要不断革除体制机制弊端,让我们的制度成熟而持久"。

这条治理新路,有着鲜明的问题意识。改革是"由问题倒逼而产生,又在不断解决问题中而深化",法治要"同推进国家治理体系和治理能力现代化相适应"。在治国理政的基本思路和执政风格上,习近平总书记反复强调问题意识和问题导向。问题意识的背后,是求真务实的科学态度,是励精图治的使命担当。由此可以理解,全面深化改革为什么"零敲碎打的调整不行，碎片化修补也不行，必须是全面的系统的改革和改进，是各领域改革和改进的联动和集成"；全面依法治国为什么要"坚持依法治国、依法执政、依法行政共同推进，坚持法治国家、法治政府、法治社会一体建设"。无论提出思路清晰的认识论，还是明确切实可行的方法论，无论成立"深改组"对改革进行顶层设计，还是提出"让人民群众在每一个司法案件中都感受到公平正义"，坚持"不回避矛盾，不掩盖问题"，正是为了"解决中国的现实问题"，在国家治理体系和治理能力现代化上"形成总体效应、取得总体效果"。

这条治理新路，有着完善的系统设计。改革就是破旧立新，30多年改革开放，极为重要的一条经验，就是必须处理好破与立、发展活力与社会稳定的关系。这是我们这样一个超大规模国家搞改革、谋发展必须回答的考题。这三年来，党中央主动将科学的顶层设计做在前面，"在法治下推进改革、在改革中完善法治"成为新时期国家发展的集成动力。"凡属重大改革都要于法有据"，在整个改革过程中，强调重视运用法治思维和法治方式，以法治凝聚改革共识，以法治引领改革方向，以法治规范改革行为，以法治化解改革风险，以法治确认和发展改革成果。同时，也强调"解决法治领域的突出问题，根本途径在于改革"，全面推进依法治国，要在全面深化改革的总体框架下全面推进，用改革的思维、勇气、智慧来推动法治中国建设。尤其是，在中国这样一个人治传统比较浓厚的国家，推进国家治理体系和治理能力现代化必然引发一场广泛而深刻的社会变革。昭告"没有法律之外的绝对权力"，彰显法治权威；强调"政府职能转变到哪一步，法治建设就要跟进到哪一步"，发挥法治力量；要求"领导干部要做尊法学法守法用法的模范"，塑造法治信仰……这三年，法治成为治国理政的关键一环，以法治引领和规范改革全过程，改革与法治得以舟楫相配，国家治理因此动力十足。

"新的觉醒，新的长征，新的革命"，有人用这三个"新"，来概括十八大以来的治理新局。而从更宽广的视野来看，60多年的社会主义实践，前半程我们建立了社会主义制度，在这个制度基础上进行了改革；后半程就是要完善和发展中国特色社会主义制度，推进国家治理体系和治理能力现代化，建设一整套更完备、更稳定、更管用的制度体系。这正是党中央以"改革意识"完善国家治理的深邃眼光、让改革与法治"双轮驱动"的战略选择。这也是我们这一代人所要肩负的历史使命。

周虽旧邦,其命维新。

(2016年01月07日)

以"历史意识"激荡复兴伟业

——开创治国理政新境界③

> 中国梦传递绵延已久的家国天下情怀,唤醒内心深处的命运共同体意识,凝聚振兴中华的探索与奋斗,成为亿万人民认同的最大公约数,激发起中华民族强烈的归属感和豪迈的进取心

每一代人,都从历史中走来,又向历史中走去。

"我们的责任,就是要团结带领全党全国各族人民,接过历史的接力棒,继续为实现中华民族伟大复兴而努力奋斗"。纵览党的十八大以来以习近平同志为总书记的党中央治国理政的实践,一个特色引人注目,那就是:重视历史、研究历史,以史为师、以史为鉴;一种品格分外鲜明,那就是:高度的历史责任感,高度的历史自觉性,高度的历史自信心。

"回首过去,全党同志必须牢记,落后就要挨打,发展才能自强。审视现在,全党同志必须牢记,道路决定命运,找到一条正确的道路多么不容易,我们必须坚定不移走下去。展望未来,全党同志必须牢记,要把蓝图变为现实,还有很长的路要走,需要我们付出长期艰苦的努力"……时至今日,人们对习近平总书记等7位中央政治局常委参观《复兴之路》展览的情形仍然记忆犹新。"学习党史、国史,是坚持和发展中国特色社会主义、把党和国家各项事业继续推向前进的必修课。"三年多来,本届中央领导集体以科学的历史观引领正确的发展观,以深厚的"历史意识"激

荡复兴伟业,在实现中国梦的征程上弘扬中国精神、凝聚中国力量。"两个一百年"奋斗目标,犹如不息的历史进程中令人振奋的灯塔,历史自觉与历史担当成为鼓舞亿万人民奋发有为实现中国梦的壮美底色、激励国家和民族前行的磅礴伟力。

环顾世界,很少有哪个民族像中华民族这样,历经沉沦与抗争、奋斗与崛起;也很少有哪个国家像中国这样,在漫长奋斗中始终坚持着同一个梦想。"实现中华民族伟大复兴,就是中华民族近代以来最伟大的梦想。""实现中华民族伟大复兴的中国梦,就是要实现国家富强、民族振兴、人民幸福",习近平总书记从亿万人民共同的历史追求中破题,"中国梦"传递绵延已久的家国天下情怀,唤醒内心深处的命运共同体意识,凝聚振兴中华的探索与奋斗,成为亿万人民认同的最大公约数,激发起中华民族强烈的归属感和豪迈的进取心。沿着中国特色社会主义道路奋力实现民族复兴,这是历史的选择、人民的选择,是任何力量都无法阻挡的历史潮流。

梦想需要信仰驱动,社会需要共识引领,国家需要价值导航。党的十八大以来,党中央把培育和弘扬社会主义核心价值观作为凝魂聚气、强基固本的基础工程,夯实了中国特色社会主义的思想道德基础。习近平总书记深刻地指出,牢固的核心价值观,都有其固有的根本。博大精深的中华优秀传统文化源远流长,积淀着中华民族最深层的精神追求,代表着中华民族独特的精神标识,是我们在世界文化激荡中站稳脚跟的根基。三年多来,从参观考察孔府、孔子研究院,强调"中华民族伟大复兴需要以中华文化发展繁荣为条件,必须大力弘扬中华优秀传统文化",到与北京大学师生座谈,指出"一个民族、一个国家的核心价值观必须同这个民族、这个国家的历史文化相契合,同这个民族、这个国家的人民正在进行的奋斗相结合,同这个民族、这个国家需要解决的时代问题相适应",习近平总书记反复阐述中华优秀传统文化的历史渊源、发展脉络、基本走向,反复强调中华文化的独特创造、价值理念和鲜明特色,强调"让历史说话,用史实发言",以正确的历史观、文化观和价值观,坚定中国人民的道路自信、理论自信、制度自信,凝聚中国人的"精气神"。

历史中有奋斗的不竭动力,也蕴含着巨大的治理资源。今天的治理,绝非无源之水无本之木,而是对历史继承中的发展、改革中的扬弃。三年多来,习近平总书记始终强调"深入挖掘和阐发中华优秀传统文化讲仁爱、重民本、守诚信、崇正义、尚和合、求大同的时代价值""要处理好继承和创造性发展的关系,重点做好创造性转化和创新性发展"。从协商民主制度的完善,到依法特赦的施行,再到核心价值观在全社会的践行,一系列重大举措的背后,都闪烁着鲜明的中国传统。"人民对美好生活的向往,就是我们的奋斗目标""使改革发展成果更多更公平惠及全体人民",一系列改革的落脚点,无不体现出兴礼作教、抚民化俗的传统理想。中国迈向治理现代化的过程,也需要以历史意识激活优秀传统,在具体制度中实现千百年来的治理理想。

历史中有中国对世界文明的贡献,蕴藏着全球治理的政治智慧。从打造人类命运共同体,到构建以合作共赢为核心的新型国际关系;从亲诚惠容的周边外交理念,到"坚持正确义利观"的郑重承诺……三年多来,习近平总书记在不同场合向世界表明,中国本身的发展,也在推动全球治理体制变革。"要推动全球治理理念创新发展,积极发掘中华文化中积极的处世之道和治理理念同当今时代的共鸣点",中国正以自身的历史意识,推动着世界文明的进步。平等相待、互商互谅的伙伴关系,公道正义、共建共享的安全格局,开放创新、包容互惠的发展前景,和而不同、兼收并蓄的文明交流,尊崇自然、绿色发展的生态体系……中国基于自身文明传统提出的全新主张,正在为世界治理贡献智慧,从而为世界擘画一个更加美好的未来。

历史是最好的教科书,也是最好的清醒剂。综观本届中央领导集体治国理政的新思想新战略新理念,深厚的历史意识背后,是历史唯物主义的世界观和历史发展的辩证法。只有坚持历史唯物主义,系统、具体、历史地分析中国社会运动及其发展规律,我们才能不断把对中国特色社会主义规律的认识提高到新的水平,不断开辟当代中国马克思主义发展新境界。也只有把改革开放30多年探索史、中华人民共和国60多年发展史、中国共产党90多年奋斗史、中国人民近代以来170多年斗争史和中华民族5000多年文明史统一起来,我们走自己的路,才会有无比深厚的历史底蕴,有无比强大的前进定力。

凡是过去,皆为序章。历史的航程由不同的水域组成,从革命、建设

到改革,从救国、兴国到强国,坚守历史赋予我们的道路自信、理论自信、制度自信,中国这艘承载着亿万人民梦想的巨轮,必将驶入一片光明而开阔的水域,激荡出中华民族伟大复兴的壮丽图景。

(2016年01月11日)

以"忧患意识"锻造领导核心

——开创治国理政新境界④

强烈的忧患意识是一种责任,更是一种担当,坚持居安思危的底线思维,催生出全面从严治党的新思想新战略,既深化了党的建设的理论内涵,又拓展了管党治党的实践境界

到去年12月4日,中央政治局八项规定出台整三年。截至去年底,全国共累计查处违反八项规定精神的问题11万多起,15万多人受到处理。这样的数据,是我们党正风反腐的一个直观结果,更从一个侧面深刻表明党要管党、从严治党的决心与毅力。党的十八大以来,以习近平同志为总书记的党中央以作风建设开局起步,从治理"四风"向纵深延伸,逐步拉开从严治党的大幕,党风政风为之一新,党心民心为之一振,其力度、深度与广度在新的历史时期前所未有。

"历史使命越光荣,奋斗目标越宏伟,执政环境越复杂,我们就越要增强忧患意识,越要从严治党,做到'为之于未有,治之于未乱',使我们党永远立于不败之地。"三年多来,本届中央领导集体正是以深重的忧患意识推进从严治党,逐渐形成了全面从严治党这个"治党方略"。

这个"治党方略",首先就是以对执政地位与执政根基的忧患意识与责任意识,深入回答了"为何治党"这一重大理论课题和时代问题。

"全党同志必须在思想上真正明确,党的执政地位和领导地位并不是

自然而然就能长期保持下去的，不管党、不抓党就有可能出问题甚至出大问题，结果不只是党的事业不能成功，还有亡党亡国的危险。""如果管党不力、治党不严，人民群众反映强烈的党内突出问题得不到解决，那我们党迟早会失去执政资格，不可避免被历史淘汰。"习近平总书记多次这样谆谆告诫全党，强调"人心向背关系党的生死存亡""全党必须警醒起来"，警告"党执政后的最大危险是脱离群众"。2013年7月，他在革命圣地西柏坡重温中国共产党人"进京赶考"前定下的规矩，告诫全党"党面临的'赶考'远未结束"。2014年3月，他在河南兰考发人深省地发问：革命战争年代我们党同敌人作斗争，一刻也离不开老百姓的保护和支持，党执政了是不是能做到一刻也离不开老百姓？全面从严治党，是我们党应对国际国内风险考验、完成党的执政使命的客观需要，更是保持党的先进性纯洁性、巩固党的执政地位的必然要求。诚如习近平总书记所言：如果我们脱离群众、失去人民拥护和支持，最终也会走向失败；始终依靠人民推动历史前进，才能做到坚如磐石。

这个"治党方略"，核心是加强党的领导，基础在全面，关键在严，要害在治。深刻体认"党的领导是中国特色社会主义最本质的特征"，着眼稳固执政大厦、锻造领导核心，着手思想建党、作风正党、反腐净党、纪律严党、组织强党、制度治党，在"全面"上发力、"严"上用劲、"治"上见功，深刻回答了"怎样治党"这一重大理论与实践课题。

怎样治党，首先体现为一系列管党治党的新理念新要求。从把理想信念比喻为共产党人精神上的"钙"，强调拧紧世界观、人生观、价值观这个"总开关"，到把不良风气比作"一座无形的墙"，强调"作风建设永远在路上，永远没有休止符"；从强调反腐败以"零容忍"态度、保持"高压态势"，宣示没有免罪的"丹书铁券""铁帽子王"，到提出"既严以修身、严以用权、严以律己，又谋事要实、创业要实、做人要实"的党性修养法则，强调"纪严于法、纪在法前""要把党的纪律和规矩挺在前面"；从提出"信念坚定、为民服务、勤政务实、敢于担当、清正廉洁"的好干部标准，强调"从严管好用好领导干部""保证能者上、庸者下、劣者汰"，到提出"依规治党"，强调"把权力关进制度的笼子"……强烈的忧患意识是一种责任，更是一种担当，坚持居安思危的底线思维，催生出全面从严治党的新思想新战略，既深化了党的建设的理论内涵，又拓展了管党治党的实践境界。

怎样治党，还体现为一系列见真章见实效的好做法好办法。以八项规定为切入口和动员令开启作风建设，以开展群众路线教育实践活动为抓手对"四风"问题大排查大扫除，以"三严三实"专题教育为载体对领导干部在思想、作风、党性上进行集中"补钙"和"加油"，思想建党与制度治党紧密结合，治标与治本有机统一，自上而下与自下而上双向互动，主体责任与监督责任同时用力，攻坚战与持久战相互协调，见事见人与抓早抓小相得益彰……强烈的忧患意识转化为一系列抓铁有痕、踏石留印的治党举措，让全面从严治党的过程成为经受宗旨意识和作风建设考验的过程，成为形成风气、形成习惯、形成长效机制的过程。

全面从严治党从认识论和方法论两个层面构建起新时期的"治党方略"，具有很强的系统性、预见性、创造性、实效性。它是以习近平同志为总书记的党中央认识和把握共产党执政规律的新飞跃，是推进党的建设新的伟大工程的新开拓，是对我们党正反两方面经验的总结与世界其他政党经验教训的借鉴，构成"四个全面"战略布局的坚实基座，目的就是使我们党始终成为中国特色社会主义事业的坚强领导核心。

"得民心者得天下，失民心者失天下"，党坚强有力，事业才能兴旺发达，国家才能繁荣稳定，人民才能幸福安康。全面从严治党、锻造坚强领导核心，彰显的是我们党深邃的历史使命感，见证的是我们党自我净化、自我完善、自我革新、自我提高的能力和决心。把全面从严治党进行到底，形成风清气正的政治生态，实现干部清正、政府清廉、政治清明，中国共产党就一定能担当好自己的历史使命，引领"中国号"巨轮劈波斩浪、行稳致远。

（2016年01月13日）

以"世界意识"成就共同梦想

——开创治国理政新境界⑤

>十八大以来中国的政治话语中,"世界"从未缺席,而且分量越来越重,中国正在以"世界的尺度"规划航线

任何国家都在时间的长河中航行,它们"不能创造或控制时间",却"能以不同的技能和经验驾驶航船前进"。历史告诉我们,从古至今,大国的兴衰都会无可避免地与技术革命、国际形势和世界力量对比相互影响。不谋万世者,不足谋一时;不谋全局者,不足谋一域。怎样从"世界的尺度"来规划航线,是我们这样一个大国始终要面对的时代命题。

"中国需要更多地了解世界,世界也需要更多地了解中国""世界那么大,问题那么多,国际社会期待听到中国声音、看到中国方案,中国不能缺席"。从党的十八大闭幕时本届中央领导集体首次亮相,到一次次振奋人心的新年贺词,在习近平主席等中国领导人的政治话语中,"世界"从未缺席,而且分量越来越重。"更好统筹国内国际两个大局,坚持开放的发展、合作的发展、共赢的发展",无论是硕果累累的外交成绩单,还是全面系统的开放任务单,都当得起"世界的尺度"这一评价。

"中国梦是和平、发展、合作、共赢的梦",而世界所看到的,也是这样一个为了梦想而奔走的中国。从庄园会晤、到瀛台夜话、再到白宫秋叙,足够大的太平洋,见证了新兴大国和超级大国关系的创新;从首访莫斯科、

到索契冬奥、再到红场阅兵，历史最好时期的定位，牵动着中俄两个走向复兴的大国携手向前；从"一带一路"战略构想全面铺开，到迟滞多年的亚太自贸区路线图终在雁栖湖畔划定，再到西子湖畔摆下的"创新、活力、联动、包容"四大命题，中国已经化身为近年来最积极推动世界自由贸易的大国。十八大以来，习近平主席共计出访19次，累计133天，行程38万多公里，相当于绕地球飞行了近10圈。同期在国内会见外国元首、政府首脑165人次。在"一步一个脚印"的交往中，丰富和平发展战略思想，强调建立以合作共赢为核心的新型国际关系，倡导构建不冲突不对抗、相互尊重、合作共赢的新型大国关系，提出打造人类命运共同体的宏大倡议，一系列新理念新思想新战略相继成熟。

几乎每一次国际关系理论的突破，都源自实现共同梦想的基础。中国正在用一种传统大国还没有尝试过的方式、一种和平发展的方式、一种合作共赢的方式去实现伟大复兴。有人担心，"修昔底德陷阱"就在眼前。习近平主席反驳，我们都应该努力避免陷入"修昔底德陷阱"，强国只能追求霸权的主张不适用于中国，中国没有实施这种行动的基因。"世界上本无'修昔底德陷阱'，但大国之间一再发生战略误判，就可能自己给自己造成'修昔底德陷阱'"。有人认为，"文明的冲突"总是无法消除。习近平主席认为，文明因交流而多彩，文明因互鉴而丰富。"只有交流互鉴，一种文明才能充满生命力。只要秉持包容精神，就不存在什么'文明冲突'，就可以实现文明和谐。"有人惆怅，"零和博弈"的困境无法走出。习近平主席坚持，把合作共赢理念体现到政治、经济、安全、文化等对外合作的方方面面，"只有合作共赢才能办大事、办好事、办长久之事。要摒弃零和游戏、你输我赢的旧思维，树立双赢、共赢的新理念，在追求自身利益时兼顾他方利益，在寻求自身发展时促进共同发展。""中国方案"确实与众不同，"和平、发展、合作、共赢"的国际关系理念，"亲、诚、惠、容"的周边外交战略，以义为先的正确义利观，为走向复兴的中国拓展了广阔的国际空间，也为推动全球治理体制向着更加公正合理方向发展提供了新的道路。

"中国将越来越开放，中国利用外资的政策不会变，对外商投资企业合法权益的保障不会变，为各国企业在华投资兴业提供更好服务的方向不

会变。"习近平主席曾这样描述中国的开放:就像阿里巴巴芝麻开门一样,开开了就关不上了。三年多来,中国不仅站在呼吁开放型世界经济的前排,而且站在建设开放型经济新体制的前列。不是要我们做,而是我们要做。在开放的语境中,最近三年治国理政的最大变化之一,就是以对内开放牵动对外开放。在"大胆闯、大胆试、大胆推"的要求下,自贸区改革形成一批"可复制、可推广,行之有效的制度",以上海为先,广东、福建、天津纷纷开启各有特色的探索,实行市场准入负面清单等制度,已经成为构建开放型经济新体制的重要底色;在打破自家"一亩三分地"的压力下,京津冀协同发展逐渐展现出"自觉性、主动性、创造性",一批城市群呼之欲出,居住证正式启动,在"强调坚持权利平等、机会平等、规则平等"的原则下,地区间资源趋向合理流动与优化配置。从对内对外同步开放,到市场和资源双向开放;从开放领域更宽,到开放水平更高,通过融入世界改变了世界,通过跳出中国发展了中国。

内政是外交的基础,外交是内政的延续。有学者认为,"成功的政治领导人必须在参与国际事务与可用资源之间找到平衡点,同时兼顾对外承诺和国内需求。"以更加宽广的视野审视本届中央领导集体的治国理政,无论是大国外交创造的巨大"外交红利",还是立足国内国际两个大局,把握战略机遇期内涵的深刻变化,谋求中国的全面发展,三年多来,以习近平同志为总书记的党中央连结目标与梦想,统筹中国与世界,不仅给梦想赋予了承载历史、期许未来的意义,也给梦想插上了胸怀天下、命运大同的翅膀。这个梦想和各国人民的美好的梦想是相通的,这个梦想可以"同周边各国人民过上美好生活的愿望、同地区发展前景对接起来""为实现共同梦想而奋斗,实现梦想的力量就无比强大,我们每个人为实现自己梦想的努力就拥有广阔的空间。"

基辛格在《世界秩序》中写道:"评判每一代人时,要看他们是否正视了人类社会最宏大和最重要的问题"。面对复杂变化的世界,中国领导人这三年抓住了"最宏大和最重要的问题",以"世界意识"成就共同梦想没有终点,中国的成就和责任刚抵达新的起点。

(2016年01月15日)

以"为民意识"凝聚磅礴力量

——开创治国理政新境界⑥

> 三年多来,以人民为中心的理念,执政为民的信念,为民服务的价值,始终贯穿于这个国家向前迈进的每一个足迹

"我们的人民热爱生活,期盼有更好的教育、更稳定的工作、更满意的收入、更可靠的社会保障、更高水平的医疗卫生服务、更舒适的居住条件、更优美的环境""人民对美好生活的向往,就是我们的奋斗目标"。2012年11月15日,刚刚当选中共中央总书记的习近平,用朴实的语言,道出了人民心中的梦想,拨动了无数普通百姓的心弦。三年多来,以人民为中心的理念,执政为民的信念,为民服务的价值,始终贯穿于这个国家向前迈进的每一个足迹。

这样的路线图,胜过激昂的乐章。从驱车300多公里深入太行山深处,只为看到真贫,到不远千里踏进湘西武陵山区,深入少数民族贫困村访贫问苦,再到在江苏的基层卫生院询问看病方便不方便……党的十八大以来,习近平总书记足迹踏及发达的城市街头,也抵达偏僻的贫困乡村,风雨兼程的足迹、饱含深情的探访,展现出念兹在兹的为民情怀、须臾不忘的人民意识。

"人民"被放在治国理政的最高位置。"接地气"的务实行动背后,是以习近平同志为总书记的党中央一系列执政为民的新理念、新思想、新战

略。阐述民族复兴的中国梦,指出"中国梦归根到底是人民的梦,必须紧紧依靠人民来实现,必须不断为人民造福";论述执政党的建设,强调"一个政党,一个政权,其前途和命运最终取决于人心向背。如果我们脱离群众、失去人民拥护和支持,最终也会走向失败";提出五大发展理念,强调共享是中国特色社会主义的本质要求,必须"坚持发展为了人民、发展依靠人民、发展成果由人民共享"……从实现中华民族伟大复兴中国梦的高度,从事关党的生死存亡的高度,从关系发展全局深刻变革的高度,本届中央领导集体赋予"人民"更重的话语分量,开创了以人民为中心、执政为民的新实践、新成效、新境界。

贯穿于执政为民的新实践,"人民"是不变的价值指向。全面建成小康社会,"最艰巨最繁重的任务在农村、特别是在贫困地区""小康不小康,关键看老乡""一个民族都不能少";全面深化改革,"必须以促进社会公平正义、增进人民福祉为出发点和落脚点""把改革方案的含金量充分展示出来,让人民群众有更多获得感";全面依法治国,"坚持人民主体地位,切实保障公民享有权利和履行义务""努力让人民群众在每一个司法案件中都能感受到公平正义,决不能让不公正的审判伤害人民群众感情、损害人民群众权益";全面从严治党,"核心问题是保持党同人民群众的血肉联系""与人民同呼吸共命运的立场不能变,全心全意为人民服务的宗旨不能忘,群众是真正英雄的历史唯物主义观点不能丢"……纵览协调推进"四个全面"战略布局的过程,"为人民"是不变的价值追求,"人民性"是永恒的价值底色,这正如习近平总书记指出的,"让老百姓过上好日子是我们一切工作的出发点和落脚点。"

体现于执政为民的新实践,"人民"是不变的奋斗目标。党的十八大以来,面对经济下行压力增大、财政收入增速放缓,各项民生指标却逆势上扬、全线飘红。建立世界最大的社保体系,为亿万人民生活兜底;解决世界最难的就业问题,就业人数达到7.7亿;攻坚世界最复杂的扶贫难题,使得全世界每10个人脱贫,就有9个来自中国。这些来之不易的成绩,印证着保障和改善民生"没有终点站,只有连续不断的新起点"的誓言,兑现了"在经济社会不断发展的基础上,朝着共同富裕方向稳步前进"的承诺。而当时间的钟摆标注出全面建成小康社会的崭新目标,本届中央领导集体顺应人民的新期待,"逐步建立以权利公平、机会公平、规则公平为主要内容的社会公平保障体系""哪里有不符合促进社会公平正义的问题,哪里就需要改革",从户籍改革破冰,到异地高考试水,从推进简政放权,到建立权力清单,日益公平的社会环境,"生活在我们伟大祖国和伟大时代的中国人民,共同享有人生出彩的机会,共同享有梦想成真的机会,共同享有同祖国和时代一起成长与进步的机会"。

融汇于执政为民的新实践,"人民"是不变的动力源泉。正所谓,"大鹏之动,非一羽之轻也;骐骥之速,非一足之力也",中国要飞得高、跑得快,就得依靠13亿人民的力量。无论是解决"发展起来以后的问题",还是应对经济发展新常态的风险挑战,习近平总书记反复强调"人民是历史的创造者,是我们的力量源泉""尊重人民主体地位,发挥群众首创精神,紧紧依靠人民推动改革""无论遇到任何困难和挑战,只要有人民支持和参与,就没有克服不了的困难,就没有越不过的坎"。三年多来,斩钉截铁的理念宣示,正在转化为掷地有声的实际行动。从改革过程中"鼓励和允许不同地方进行差别化探索",到推进人民陪审员制度改革、强化司法民主功能,从完善协商民主、"找到全社会意愿和要求的最大公约数",再到开通八项规定曝光台、吸纳民间的反腐力量,正是因为每个人的努力,才汇聚成实现梦想的磅礴合力。这正是,我们每个人在这艘巨轮上,都是"梦之队"的一员,都是中国梦的参与者、书写者。

在更大的坐标系中审视,中华民族5000多年的文明史,中国人民近代以来170多年的斗争史,中国共产党90多年的奋斗史,中华人民共和国60多年的发展史,都是人民书写的历史。而在时间之轴上,从嘉兴南湖上的一条小船,到世界上规模最大的执政党,一个政党由小到大、由弱变强的成长轨迹,标注着永不褪色的人民本色,彰显着浩浩荡荡的人民力量。本届中央领导集体沿着这条来自历史的轨迹,不断开创执政为民的新实践、新成效、新境界,不断汇聚起13亿人的智慧和力量,不断凝聚起亿万人民的磅礴之力。

国家主席习近平发表2016新年贺词后,有媒体注意到办公桌上新增的一张照片，那是习近平回到当年插队的梁家河村看望父老乡亲的场景。一张照片，一种牵挂；一份纪念，一种情怀。这是一个政党向人民许下的不变承诺：与人民心心相印、与人民同甘共苦、与人民团结奋斗。

（2016 年 01 月 18 日）

人民日报评论年编·2016

人民论坛

人民日报社评论部 编

人民日报出版社

图书在版编目（CIP）数据

人民日报评论年编. 2016. 人民论坛、人民时评、人民观点 / 人民日报社评论部编. -- 北京：人民日报出版社，2017.3
ISBN 978-7-5115-4508-4

Ⅰ.①人… Ⅱ.①人… Ⅲ.①《人民日报》—时事评论—2016—文集 Ⅳ.①D609

中国版本图书馆CIP数据核字(2017)第026247号

书　　名：人民论坛（人民日报评论年编2016）
作　　者：人民日报社评论部
出 版 人：董　伟
责任编辑：曹　腾　高　亮
制作排版：阮全勇
出版发行：人民日报出版社
社　　址：北京金台西路2号
邮政编码：100733
发行热线：（010）65369527　65369512　65369509　65369510
邮购热线：（010）65369530　65363527
编辑热线：（010）65369523
网　　址：www.peopledailypress.com
经　　销：新华书店
印　　刷：北京鑫瑞兴印刷有限公司
开　　本：710mm×1000mm　　1/16
字　　数：1044千字
印　　张：68.25
印　　次：2017年2月第1版　2018年4月第5次印刷
书　　号：ISBN 978-7-5115-4508-4
定　　价：138.00元（共三册，含光盘）

编辑说明

评论是报纸的旗帜和灵魂,"以高质量的评论取胜"是党中央对人民日报的要求。2016年,人民日报评论不避热点、直面问题,设置议程、寻找现象,弘扬主旋律、传播正能量,以恒定价值对话社会舆论,以主流声音构建主流叙述,既发挥着舆论场上"中流砥柱""定海神针"的作用,又始终"击中社会最紧绷的弦",在党心和民意的同频共振中保持朝气、锐气。

本书汇集了"人民论坛""人民时评""人民观点"三个专栏2016年刊发的全部文章,其中"人民论坛"230篇,"人民时评"232篇,"人民观点"33篇("人民观点"文章的作者均为人民日报评论部,不再一一标明),并附有电子版,敬请读者参阅、指正。

人民日报社评论部
2017年1月

目　录

摈弃科研"短视思维"	刘根生 / 1
在城市中安放我们的精神	仲　洁 / 3
改革得会"转盘子"	李　拯 / 5
"焦门家风"为何历久弥新	任　飚 / 7
落实都在"具体"中	李　斌 / 9
群众需求就是发展契机	范正伟 / 11
全面小康的中心是人民	李　拯 / 13
当领导的要敢于"认账"	徐文秀 / 15
"前悔"之悟与"后悔"之哀	马祖云 / 17
向"逆向激励"说不	李浩燃 / 19
用一片云推动另一片云	乐　其 / 21
稳中求进看中国	米博华 / 23
"甘为民仆耻为官"	向贤彪 / 25
"勿撕破我的历史"	杜善国 / 27
培厚家庭文明的"累土"	李　斌 / 29
走进每一位受难者的世界	曹鹏程 / 31
素朴之美 莫之能争	张校邦 / 33
既要知足，又要知不足	清　风 / 35

换届最是心静时	李济沧 / 37
让"交往圈"清清爽爽	魏建明 / 39
文艺当为英雄而歌	刘汉俊 / 41
让"廉"成为一把文明标尺	李 斌 / 43
以匠心守护文艺创新	李浩燃 / 45
"聚天下英才而用之"	陈家兴 / 47
"深挖井"方能"饮甘泉"	李树杰 / 49
敢于试错是一种改革智慧	李 拯 / 51
最是"心力"见不凡	徐腾跃 / 53
勿忘权力的"原味"	陈星东 / 55
为政恪守"俭、简、检"	陈思炳 / 57
"亲清"与亲情	徐文秀 / 59
成大事当养静气	刘绪斌 / 61
学贵日新，政贵日进	向贤彪 / 63
让语言之河澄澈明净	史晓韵 / 65
"领先者"与"跟随者"	李树杰 / 67
整饬人生的"精神牧场"	陈 峰 / 69
用当代创新理论武装头脑	张首映 / 71
把时间变成历史	李 拯 / 73
"万里功名莫放休"	马祖云 / 75
用好故事感染每个心灵	殷陆君 / 77
让初心照亮远方 ——写在第十七个记者节	李浩燃 / 79
"为敢于担当的干部担当"	辛士红 / 81
守正固本品自高	康井泉 / 83
批评如何带点"辣味"	欧阳辉 / 85
扣好人生的每一粒扣子	徐文秀 / 87
能度顺境方英雄	习 骅 / 89
让每个党员都有力量	李 斌 / 91
既已出发，何惧倒下	许 诺 / 93

用团结铸就"新的生命" 　　　　　李秦卫 / 95

为什么中国能一再飞跃 　　　　　叶小文 / 97

每一个牺牲都是不朽 　　　　　　辛士红 / 99

心有所信，才能行远 　　　　　　向贤彪 / 101

永恒的"政治钢铁" 　　　　　　　马祖云 / 103

"过错"与"错过" 　　　　　　　方　光 / 105

做一朵抱守初心的雪莲 　　　　　韩立群 / 107

下田流汗谷满仓 　　　　　　　　谢振华 / 109

干事，就要理直气壮 　　　　　　清　波 / 111

城市要望得见"天际线" 　　　　　吴樵人 / 113

做老实人，不做"老练人" 　　　　雷正西 / 115

每个人都是"中国主人翁"
　　——国庆之际话国家① 　　　饶文靖 / 117

筑牢爱国的"双螺旋结构"
　　——国庆之际话国家② 　　　何鼎鼎 / 119

爱国情怀如何"打开"
　　——国庆之际话国家③ 　　　孟祥夫 / 121

涵养更大气的"国民意识"
　　——国庆之际话国家④ 　　　陈　凌 / 123

读懂长征的精神力量 　　　　　　辛士红 / 125

崇尚英雄，就是坚守正道 　　　　陈　凌 / 127

敬畏历史，就是捍卫良知 　　　　李浩燃 / 129

放飞故事里的文化精灵 　　　　　陈家兴 / 131

"向下"方能"向上" 　　　　　　李根萍 / 133

常问自己"最缺什么" 　　　　　　朱华贤 / 135

清谈馆与行动队 　　　　　　　　曹鹏程 / 137

别让速成毁了匠心 　　　　　　　郭震海 / 139

给世界更深拥抱 　　　　　　　　关　航 / 141

"中国印记"为何值得期待 　　　　卢新宁 / 143

为理想奋斗者最快乐 　　　　　　吴齐强 / 145

有一种享受叫拼搏	李金芳 / 147
多看群众表情	徐文秀 / 149
不妨多点"耐心资本"	张天培 / 151
你的拼搏，我的力量	李 拯 / 153
人生需要"顶住"	李秦卫 / 155
让休假成为惯例	余清楚 / 157
时代何以重唤"女排精神"	赵 鹏 / 159
"最好的医生是自己"	李 斌 / 161
"待怎么才是称心"	田之章 / 163
为国争光永远是奥运赛场的主旋律	周人杰 / 165
做一棵低头的稻穗	习 骅 / 167
文化"积微"方能"积胜"	肖伟光 / 169
山河激荡英雄气	李秦卫 / 171
文化自信与文艺繁荣	叶小文 / 173
"比赛不在，体育仍在"	李洪兴 / 175
爱，就是到老的坚守	张 洋 / 177
要争气不要斗气	徐文秀 / 179
"心正"方能行正	刘汉俊 / 181
取长弃短说用人	雷正西 / 183
"不疯魔，不成活"	陈鲁民 / 185
常摸头上长"角"没	谢振华 / 187
点燃比自己更亮的灯	刘根生 / 189
把"军人气质"融入时代精魂	金 苍 / 191
种上庄稼最能除杂草	邓佑标 / 193
"守正"与"出新"	李树杰 / 195
挺胸·收腹·抬头	周建华 / 197
匠心之道"守破离"	刘根生 / 199
不做别人思想的"跑马场"	王艺锭 / 201
有所戒才能有所成	徐文秀 / 203
为政岂容"愿赌服输"	顾伯冲 / 205

换届以何为重?	双 瑜 / 207
扮好"三种角色"	陈小红 / 209
既要慎独,也要慎众	孟祥夫 / 211
涵养"赶考"心态	高 天 / 213
打铁莫怕火烫脚	谢振华 / 215
谋求特权是"极大的耻辱"	黄 涛 / 217
"文化自信"三喻	金 苍 / 219
石破不可夺其坚	马祖云 / 221
常思自己能留下点什么	陈怡如 / 223
"你的幸福我包了"	郑端端 / 225
"实事求是就是最大的党性" ——从红色记忆中汲取力量①	吕晓勋 / 227
"信仰是我们的真正优势" ——从红色记忆中汲取力量②	李 斌 / 229
"汝是党之子,革命是吾风" ——从红色记忆中汲取力量③	李洪兴 / 231
"脑子一固定,就很危险" ——从红色记忆中汲取力量④	李浩燃 / 233
"批评我们就是帮助革命" ——从红色记忆中汲取力量⑤	陈 凌 / 235
"不要使我同群众有距离" ——从红色记忆中汲取力量⑥	何鼎鼎 / 237
"断章取义"要不得	陈家兴 / 239
寒门多出贤	张保振 / 241
受得委屈,可养格局	仲 洁 / 243
做"有办法的干部"	李树杰 / 245
没有风暴的海洋是池塘	陈 凌 / 247
学会"重用"自己	刘根生 / 249
做好人生的"选择题"	徐文秀 / 251
成长是与自我的搏斗	李洪兴 / 253

让端午唤醒文化记忆	吴迪龙 / 255
今天，我们该怎样教育男孩	白　龙 / 257
别让"功利"缚住翅膀	
——突破创新的思想瓶颈①	王　品 / 259
"匠心"并非守旧的别名	
——如何突破创新的思维瓶颈②	吕晓勋 / 261
向可能性保持"开放"	
——如何突破创新的思维瓶颈③	张宏强 / 263
"榜样"是用来超越的	
——如何突破创新的思维瓶颈④	何鼎鼎 / 265
别总"踩着别人脚步走路"	陈　凌 / 267
学术是一场"寂寞的长跑"	张顺亮 / 269
习惯在"玻璃房"中工作	李　斌 / 271
"民信"比天大	张保振 / 273
别把混浊当高深	于保月 / 275
一味低调非良策	鲁　平 / 277
"软落实"岂能成避风港	徐文秀 / 279
"有事向组织说一声"	完颜平 / 281
把"不简单"做到"简单"	赵　畅 / 283
"领导样"是什么样？	李林宝 / 285
文艺不能单纯娱乐化	王　蒙 / 287
常回头看看	刘汉俊 / 289
母亲是一种岁月	张建星 / 291
技术也可以"诗意盎然"	刘根生 / 293
世上没有单翅的鸟	习　骅 / 295
敢做先锋 不当看客	辛士红 / 297
跨越"双曲贴现"陷阱	何冠军 / 299
以工匠精神雕琢时代品质	李　斌 / 301
把问题摆到桌面上	李树杰 / 303
善于倾听下面干部的意见	徐文秀 / 305

事必躬亲与甩手掌柜	辛士红 / 307
多读史以知"治"	贾世江 / 309
为敢于作为的干部撑腰	顾伯冲 / 311
岂能"不做一万，以防万一"	李 俭 / 313
愿宁静成为心灵的常态	
——让我们的人生更开阔①	林治波 / 315
别在"成功焦虑"中迷失	
——让我们的人生更开阔②	乐 其 / 317
把紫罗兰的香味留在心里	
——让我们的人生更开阔③	周人杰 / 319
审视那些你已适应的事物	
——让我们的人生更开阔④	李浩燃 / 321
不妨多一些"历史情调"	
——让我们的人生更开阔⑤	陈家兴 / 323
因为阅读而平视世界	
——让我们的人生更开阔⑥	李 斌 / 325
"特事特办"还是少些好	李浩燃 / 327
"焦头烂额"与"曲突徙薪"	姜 赟 / 329
"严实"之风从家始	崔文武 / 331
爱子女应当"铁骨柔情"	吴齐强 / 333
莫怕"偶尔说错话"	徐文秀 / 335
在独处中遇见不同的自己	李 斌 / 337
讲规矩就难有作为吗	王成长 / 339
自励在心，自行于途	江作苏 / 341
"不得不从"，何如"和悦而诤"	邓佑标 / 343
风口上没有"偷懒的人"	张 璁 / 345
孝乃德之本	谭用发 / 347
我们都是风气"一分子"	习 骅 / 349
长处 难处 好处	徐文秀 / 351
"你是谁的人？"	周人杰 / 353

最好的支持是"容错"	刘成友 / 355
涵养创新的精气神	李秦卫 / 357
实干是最好的"定心丸"	姜 赟 / 359
让城市诠释"文明的使命"	李 拯 / 361
精神成长是一生的功课	李洪兴 / 363
开放时代要"放开心态"	李浩燃 / 365
让"精准"成为习惯	孙先富 / 367
把身影植根在群众中	张志锋 / 369
"拨云见日"先要"不畏浮云"	洪乐风 / 371
崇"亲"尚"清"两相宜	辛士红 / 373
信心满满气自华	余清楚 / 375
激活家风中的"她魅力"	李秦卫 / 377
读懂"绿叶精神"的蕴含	欧阳辉 / 379
商量,中国的民主智慧	郝长清 / 381
"零容忍"与"零发生"	张 炜 / 383
做好"减法"就是做"加法"	李秦卫 / 385
媒介素养是门基本功	李浩燃 / 387
有思想 有温度 有品质	辛士红 / 389
错爱子女意味着毁灭	习 骅 / 391
创新表达也是传播力	李 斌 / 393
世事变迁,勿忘初心	盛玉雷 / 395
故事可载"道"	陈家兴 / 397
赓续"红透底"的血脉基因	李 斌 / 399
鲁班的"拙"与墨子的"巧"	秦 强 / 401
以"有愧"之心求"无愧"之境	马祖云 / 403
"决胜要有决心,开局重在开头"	辛士红 / 405
让幸福覆盖所有的人	梁 衡 / 407
在亲情守望中再出发	李秦卫 / 409
团圆,是一次文化之旅	王 癹 / 411
让城市更有"温度"	思 远 / 413

家，我们共同的信仰	肖伟光 / 415
"泥菩萨"当戒	吴樵人 / 417
放开"思维缰绳"	姬建民 / 419
有感于"四十描红"	谭介辉 / 421
"唱衰"中国只是自欺欺人	何振华 / 423
"做空"中国只会做空自己	何振华 / 425
"看空"中国毫无依据	何振华 / 427
"低调"不是装饰品	习 骅 / 429
把"冷板凳"坐热	徐文秀 / 431
家国情怀是立身养德之本 ——谈谈领导干部的家风①	李 斌 / 433
家风传统是干事创业之基 ——谈谈领导干部的家风②	李 拯 / 435
家风建设是作风涵养之要 ——谈谈领导干部的家风③	李浩燃 / 437
让城市散发"文化的光束"	李 拯 / 439
激发全面小康的"群众力量"	艾 梧 / 441
格局定荣枯	周人杰 / 443
千里马与懒牛、犟驴	丁 鼎 / 445
祥和之音在民声	张保振 / 447
守护技术创新的初心	李 斌 / 449
话风是领导干部的"软实力"	李章程 / 451
最好的守业是创业	汪晓东 / 453
不做奇迹的坐等者	仲 洁 / 455
脚力 眼力 脑力	李浩燃 / 457
让"看齐"意识更强些	辛士红 / 459

摈弃科研"短视思维"

刘根生

有学者云：很多时候，我们被淘汰，绝对不是因为这个世界的变化，也不是因为技术或者外部环境，而是旧思维使然。对于科研管理而言，尤其应摈弃"短视思维"，多些长远眼光。

瓦特发明蒸汽机的故事尽人皆知，资助瓦特的两位企业家——约翰·罗巴克和马修·博尔顿却很少有人注意。煤矿主罗巴克帮瓦特偿还债务，并且提供经费支持瓦特开展蒸汽机研究。当财务恶化导致罗巴克破产，博尔顿及时伸出援手，瓦特终于成功改良蒸汽机，将人类文明带入蒸汽时代。着眼长远、立足创新，不被当前市场和利润左右，往往能涵养重大发明创新。

陈景润年轻时曾靠摆书摊维持生计。厦门大学校长王亚南知悉后惊叹"浪费人才"，将陈景润调入厦门大学，还多次关心他的工作和科研。陈景润初露锋芒后，华罗庚想调他去中科院数学所，王亚南不为厦门大学局部利益所囿，坚决支持。后来陈景润攻克了"哥德巴赫猜想"中"1+2"难题，成就中国数学界的一段传奇。做科学家的守护人，默默为"天才"培土施肥，科学往往就会孕育惊人的创造。

那些"短视思维"，往往就是只看眼前、不看长远，只关心省钱、不关心效果，安于现状、看不到危机，等等。有的科研立项片面追求用时短、花钱少，结果"浅水区拥挤不堪，深水区无人问津"，应用类学科因见效快越来越热，基础研究因见效缓慢而成薄弱环节，"创新"矮化成了修修补补、步人后尘。有的"守着咸鱼吃淡饭",舍不得在科研成果转化上投入,任科技成果"烂在窝里"。还有"马太效应"横行,许多中青年科研工作者因为名声不大很难得到科研经费支持。事实上,原创性成果诞生时常面临不理想的市场环境考验,基础研究耗资巨大却不大可能"马上得实惠",是否能顶住世俗压力挺"先驱""前瞻",往往就取决于能不能摈弃"短视思维",看到震撼性的、革命性的、催化性的"未来已来"。

做"利润的觉者",如今频繁被企业家提及。"觉"就觉在不因短视而受当下的好处困扰,勇于以未来价值定取舍,谋求领跑位置;不是专注于利润,而是更专注于创造消费者和社会所需要的价值。科研管理做"利润的觉者",意味着转变过去单纯以论文、著述为标准的考核模式,正确评价科技成果的科学价值、技术价值、经济价值,乃至社会价值和文化价值。"价值"是一个核心问题,在价值上觉悟了、洞明了,才能够避免舍本逐末、眼光短浅、急功近利的毛病。

古语云:鹏之水击三千里,抟扶摇而上者九万里,则风斯在下矣。摈弃科研管理"短视思维",关键在于制度创新,这正是科技创新之"风",决定着科技创新的高低远近。思路决定出路,思维决定思路。走出"用时越少越好,花钱越少越好"的误区,推崇"花得值",释放创新驱动最高性价比,变"现在决定未来"为"未来决定现在",激励和引领科研"钻厚木板",科技高原之上必将竖起更多高峰。

(2016年12月30日)

在城市中安放我们的精神

仲 洁

"人们为了生活而来到城市,为了生活得更好而留在城市",2000多年前,亚里士多德如此描述城市。其中关键,正在于何为"生活得更好"。

城市生机勃勃,予人无限可能。从经济学上看,这是"集聚效应"产生的强大向心力。然而,生活并不仅仅是经济学。现实中,每天都在拔节的城市,往往与"生活得更好"演出二律背反:钢铁丛林里看不到日升月落,雾霾围城让人不敢深呼吸;小区越盖越好,孩子却不懂什么叫"远亲不如近邻";网络越来越快,低头族们却忘了给身边的老人让座……很多人在反思:物质丰富,就能生活得更好吗?

美国社会学家芒福德认为,历史上几乎所有重要城市,在物质要素形成之前,就已具备了强大的精神要素,包括对自然的敬畏、对安全感的需求、对新鲜事物的渴望,等等。这也意味着,满足人们最本质的精神诉求,才是城市存在的目的,也才是让人在城市中生活得更好的关键。

打开历史的视野就会发现,面貌多样的城市,背后是对"如何安放精神"的不同回答。古希腊的雅典开民主风气之先,阿戈拉广场成为聚集人的公共空间;明清时代的北京,布局严谨、建筑恢弘,展现大一统下的治国理念;巴黎卢浮宫珍品荟萃,层叠的历史也层叠下人们对文化艺术的追寻……城市是由人所建造的,物质只是载体,决定一个城市风貌的,最终是张扬其间的人类精神。

人在自然环境中，感到舒适需要适宜的温度、湿度；构建城市的精神宜居，同样需要让心灵的各种仪表读数始终保持最优。

身暖通体舒泰，心暖城市如春。一座城市有没有温度，体现在规划上是否有初心、管理上是否走了心。落脚城市的人们不是候鸟，他们不仅为了生活，更为了寻找归宿感和身份认同，为了寻找"我是谁""来自何处""去往何处"等永恒问题的答案。让城市从"地产"回归"土地"，让建筑从"房子"回归"家园"，才能规划好更多精神的空间。"暖"既是人文精神的普照也是人本细节的呵护，来自公园、博物馆、图书馆，也来自可以让拾荒者入馆阅读的管理，来自让孩子们也能悉心与艺术对话的布展。提升温度，保持温度，城市才不仅是高楼大厦、钢铁丛林。

生命的诞生与存在不能缺少水，保持心灵健康也同样需要文化"湿度"，构建精神宜居，应致力于涵养城市的文化水源。前段时间，有公益组织进行了"地铁丢书"活动，希望让更多人加入地铁阅读的行列。虽然效果可能有限，但也提出了城市文化建设的问题。一群诗歌爱好者自发"为你读诗"，让诗意充满手机的移动空间；各类民间剧社、合唱团，在大小剧场里演绎着"城会玩"；读书会在悄然生长，严肃的阅读与讨论凝聚起志趣相投的人……让城市氤氲"浓得化不开"的文化气，城市就会因文化的滋养而年轻，文化更会因城市发展而生机盎然。

"此心安处是吾乡"。从某种意义上说，一部城市的发展史，就是一部人类向着美好生活前行的历史。让我们致力于构建诗意的栖居、精神的家园，愿我们在城市中生活得更好。

（2016年12月29日）

改革得会"转盘子"

李 拯

十几个盘子,在竿头快速转动,交替起伏而又井然有序——"转盘子"的杂技让人们在眼花缭乱之际,感受到平衡和秩序。这里面的要领,就是要统筹兼顾,哪个盘子失去转速了就要赶紧加力,不能让一个停下来。当前,改革任务之繁难复杂,发展目标之千头万绪,何尝不像是在"转盘子"一样?

"转盘子"所启发的,正是统筹兼顾、全面协调的治理艺术。放在以前,各项改革或许还可以按轻重缓急排出顺序,但在今天,经济进入新常态、改革进入深水区,经济转型的压力、民生改善的期待、生态环境的挑战……各种因素交替而来、相互叠加,已经很难攻其一点、不及其余,必然是齐头并进,一个都不能少。如果把各项改革任务比作一个个盘子,那么领导干部就要学会"转盘子",实现任务之间的耦合协调,才能同时转动多个盘子,下好改革一盘棋。

"转盘子"首先需要一种大局意识,并由此认识到,一个地区、一个领域的工作,何尝不是大局下的一个个盘子?面对复杂形势,各级领导干部都应该跳出自己的一亩三分地,自觉把工作放在大局中去考量。比如治理空气污染,行政区划是客观存在的,但空气污染物却变动不居,如果只希望搭别人淘汰落后产能的便车,自己仍然暗地里偷排超排,那就会造成治理雾霾的"囚徒困境",损害生态文明建设的大局。事实上,在去产能、去杠杆的过程中,都应该防止这种"坐等别人先行一步"的侥幸心理。如果自己这个盘子不服从大局,数十个盘子如何能有序运转起来?

"改革发展稳定各方面头绪那么多,都要照看好,不要抓了一头忘了另一头。""转盘子"的治理艺术,也是一种系统思维。今天推进改革,"系统谋划、整体推进"是根本的方法论。比如说,推进供给侧结构性改革,最终目的是满足需求,主攻方向是提高供给质量,根本途径是深化改革,这就要求总体考量需求结构和供给结构,并以系统性的改革实现供给侧与需求侧的平衡。再比如说,振兴实体经济,就要综合考虑金融、房地产和实体经济的关系,而要为实体经济降成本、补短板,则涉及土地、财税、行政审批等各方面的改革。可以说,供给侧结构性改革要转动很多盘子,没有系统思维就难以转好盘子。

"转盘子"的治理艺术,也体现为一种风险意识。"转盘子"的要义,是一个盘子都不能掉下来,否则就满盘皆输。正因此,掌握"转盘子"的治理艺术,还要坚持底线思维、具备风险意识。比如说,房地产如果偏离了"房子是用来住的、不是用来炒的"的定位,那就可能进一步诱使资金脱实向虚,为经济社会的长期健康发展埋下隐患。坚持稳中求进,就要像"转盘子"那样不能掉下一个盘子,坚决守住金融风险、社会民生、生态环境等底线。

春秋时期,晏子曾以煮羹设喻论述"和",各色食材"齐之以味,济其不及,以泄其过",羹便美味可口。音只一色,食仅一味,怎么能成悦音美味?其中的"和合"思想,与"转盘子"异曲同工。努力实现各领域改革既整体协同又重点突出、既全面协调又施治有序,就能凝聚起改革合力、取得改革突破。

(2016年12月28日)

"焦门家风"为何历久弥新

任 飏

家庭是人生的第一个课堂,父母是孩子的第一任老师。在会见第一届全国文明家庭代表时,习近平总书记再次强调家风的重要性,要求各级领导干部向焦裕禄、谷文昌、杨善洲学习,为全社会建设家庭文明当好表率。

因为工作关系,笔者与焦裕禄的女儿焦守云有过多次交往,从她身上感受到了优秀家风的强大力量。在焦守云眼中,"焦门家风"有3个核心理念:付出才能有收获;孩子要比学习和艰苦朴素;懂得平等的真正含义。3点内容,看似朴素,却意味深长。

古人云:"身是菩提树,心如明镜台。时时勤拂拭,莫使惹尘埃。"良好家风的养成与修身养性一样,都是一个久久为功的过程。相比普通人,领导干部的家风更需时刻砥砺、不断修炼。为什么强调付出才能有收获?就是因为,权力的不当使用,会让孩子产生不劳而获的思想。为什么要孩子们比学习和艰苦朴素,而不是比家庭优越?就是因为惟俭可以养廉,惟俭可以兴家。为什么要孩子们懂得平等的真正含义?就是为了防止特权思想的滋生,消除腐败隐患。

好家风不是自然传承的,需要不断"熏染"。焦裕禄即便营养不良、健康恶化,也从没给自己破例"加餐"。他对孩子的要求更是达到了无一物可以浪费的程度,一个铅笔头用了再用,最后还想办法安上个"铁皮的小圆筒"继续使用。看戏、骑自行车、买东西……这些生活细节,无不成为焦裕禄培养孩子谦逊、朴素、平等观念的课堂。身教胜于言教，好家风不是一句口号，需要从点滴细节中养成。

今天，相比于当年物资匮乏的时代，很少有人再会为了一顿饭、一个铅笔头、一张电影票"计较"，但这些举动背后的精神内核并没有过时。有人统计发现，80%的高官腐败案都与家庭成员有着密切的关系。为了让家人过得更好，就纵容他们奢靡生活、胡作非为，继而受人恩惠、收人钱财、非法牟利，最终演变成"全家腐败""敛财总动员"。习近平总书记因而明确要求，"各级领导干部要教育亲属子女树立遵纪守法、艰苦朴素、自食其力的良好观念，明白见利忘义、贪赃枉法都是不道德的事情"。

一代人有一代人的考题。今天，"焦门家风"之所以穿越时空、历久弥新，就在于它提出了领导干部如何看待权力、如何严格要求家人、怎样关爱子女等永恒命题。有什么样的家风，往往就有什么样的价值观、财富观、人生观。"父母之爱子，则为之计深远。"爱子女、爱家人，都是如此。过分溺爱和提携，可能好心办坏事，让他们掉入"甜蜜的陷阱"。无论任何时候，清廉都是对家人最好的馈赠，正直都是对子女最好的教育。

"书记的女儿不能高人一等，只能带头艰苦，不能有任何特殊。"50多年过去，焦裕禄的话仍回荡在子女耳边，曾令焦守云委屈不满的"家风"，如今是她的骄傲。每个人或许都该想一想，我们能从革命前辈的红色家风中学到些什么，我们又能给接过接力棒的下一辈人留下些什么。

（2016年12月27日）

落实都在"具体"中

李 斌

有人说,世界上最遥远的距离,莫过于从"想到"到"得到",因为它们中间隔着"做到"。我们共产党人解决"做到"的问题,一个重要方法就是抓具体、具体抓,因为一具体就深入,要落实必具体。

住房问题、食品安全、垃圾分类、冬季清洁取暖……习近平总书记主持中央财经领导小组会议专题研究这些人民群众普遍关心的突出问题,就是要把解决这些具体问题作为抓手,推动全面小康建设取得实实在在的成效,不断增强人民群众的获得感。

"天地之大,黎元为先。"建设全面小康社会任务重、头绪多,致力于落实以人民为中心的发展思想,就抓住了根本。从解决好人民群众普遍关心的突出问题入手,想群众之所想、急群众之所急、解群众之所困,在学有所教、劳有所得、病有所医、老有所养、住有所居上持续取得新进展,全面小康才能一步步实现。决战决胜全面小康的宏伟目标、"全面小康一个也不能少"的美好愿景,就是这样在解决好一个一个突出问题、办好一件一件实事中走向现实的。

许多时候,落实之难,不仅难在恪尽职守、责无旁贷,也难在纷繁复杂、盘根错节的"基层语境"。比如,民情千差万别、民声千言万语、民忧千头万绪,如果不是具体问题具体分析、具体对待,自然就是"一种味道,众口难调"。又如,各领域、各部门、各环节各有自己的考虑,如果政出多门、相互掣肘，就必然导致"九龙治水水不治"。再如，利益博弈、发展权益之争越来越复杂，我的获取可能会动你的奶酪，你的权利可能撞上我的利益，如果具体的沟通协商不到位，各种矛盾问题就会易发多发。还有，随着经济社会发展进步，民生需求也在"转型升级"，人们对安全、健康、环境、生活质量等的要求越来越高，该如何提高供给侧的适应性？凡此，都是抓落实时必须面对的命题。

解决问题没有统一答案，具体抓是关键一招。凡是问题解决得好、群众满意的事项，靠的都是实事求是、不躲不绕，具体抓、抓具体。实践告诉我们，具体抓才能接地气，有公信力；具体抓才能解决问题，有战斗力；具体抓才能明确责任，有执行力。

具体抓也见思想方法。比如换位思考，有了"一枝一叶总关情"的同理心，民生工作才能同百姓见面、对账，做到点子上。比如钉钉子精神，一锤接着一锤敲，才能让民生福祉落地生根，才不会虎头蛇尾、雷声大雨点小。比如"精准"思维，项目安排和资金使用不搞"大水漫灌""手榴弹炸跳蚤"，才能避免"心中一团火、脑中一团麻、办事一团糟"。

小康社会的历史考题，中国人为之思索了数千年、奋斗了数百年，我们从未像今天这样距离全面小康如此之近。小康是百姓的小康、全民的小康，惟有抓具体、具体抓，才能让全面小康走进千家万户。

（2016年12月26日）

群众需求就是发展契机

范正伟

冬季清洁取暖、垃圾分类、畜禽养殖废弃物处理、养老院的服务质量、住房问题、食品安全,这些都是人民群众普遍关心的突出问题。日前在中央财经领导小组会议上,习近平总书记再次强调,保持经济增长速度、推动经济发展,根本还是要不断解决好人民群众普遍关心的突出问题。这是以人民为中心的价值观,也是推动改革发展的方法论。

从大包干到土地流转,从发展民营企业到深化国企改革,由高度集中的计划经济走向充满活力的社会主义市场经济,"改革是由问题倒逼而产生,又在不断解决问题中得以深化"。正是在不断破解矛盾和问题的过程中,我们的事业一步步发展,我们的国家一天天昌盛,我们的人民有了更多获得感。

问题是时代的声音,也是改革的命题。党的十八大以来,党中央治国理政的一个鲜明特点,就是强化问题意识,坚持问题导向。"在认识世界和改造世界的过程中,旧的问题解决了,新的问题又会产生"。改革开放以来,"短缺经济"状态下长期得不到满足的消费需求如井喷般爆发,拉动经济强劲增长 30 年。现在到了这样一个时候:"短缺经济"状态总体上不复存在,而且出现了结构性产能过剩,这是经济发展进入新常态的一个根本性原因。新常态下,消费需求发生深刻变化,消费拉开档次,个性化、多样化消费渐成主流,在相当一部分消费者那里,对产品质量的追求压倒了对价格的考虑,国货满足不了需求,大家就到国外买洋货。供给侧结构性改革,说到底是满足需求。只有低质量的产能才会过剩,顺应市场需求不断更新换代的产能不会过剩。

换句话说,发展的"新动能"就蕴含在解决好人民群众普遍关心的突出问题当中。推进北方地区冬季清洁取暖,是能源生产和消费革命、农村生活方式革命的重要内容,可以创造清洁能源的巨大需求;普遍推行垃圾分类制度,关系13亿多人生活环境改善,垃圾减量化、资源化、无害化处理可以形成庞大新产业;推进畜禽养殖废弃物处理和资源化,关系6亿多农村居民生产生活环境,关系农村能源革命,关系能否不断改善土壤地力、治理好农业面源污染,同样蕴含着巨大的市场化运作潜力;养老问题、住房问题、食品安全问题所涉及的潜在市场更是摆在那里。正如习近平总书记指出的,从解决好人民群众普遍关心的突出问题出发推进全面小康社会建设,符合推进供给侧结构性改革的要求,有利于创造新的增长点、提高长期增长潜力。

当年,毛泽东同志曾指出,我们的同志不要以为自己还不了解的东西,群众也一概不了解。许多时候,广大群众跑到我们前头去了。今天,在中国改革发展的关键阶段,如何真正把群众需求作为发展契机,把问题意识转化为问题导向,这不仅关系能否落实以人民为中心的发展思想,也关乎我们能否引领中国经济发展走向更加光明的未来。

(2016年12月25日)

全面小康的中心是人民

李 拯

北方地区怎样实现冬季清洁取暖，让群众温暖过冬的同时也让雾霾天少下来？垃圾分类制度如何才能有效推行，让人们的生活环境不再被垃圾困扰？农村畜禽养殖废弃物处理如何实现资源化，让农村能源来一场革命？养老院的服务质量该怎样提高，让2亿多老年人颐养天年，让他们的子女无后顾之忧？住房租赁和房地产市场怎样规范发展，让全体人民住有所居？食品安全该如何监管，让13亿多人"舌尖上的安全"更有保障？

习近平总书记在主持召开中央财经领导小组第十四次会议时，强调要准确把握全面建成小康社会的内涵，在保持经济增长的同时，更重要的是落实以人民为中心的发展思想，想群众之所想、急群众之所急、解群众之所困，在学有所教、劳有所得、病有所医、老有所养、住有所居上持续取得新进展。党中央从解决好人民群众普遍关心的突出问题出发推进全面小康社会建设，为全党树立了最好的榜样。

这样的路线图，胜过激昂的乐章。从驱车300多公里深入太行山深处，只为看到真贫，到不远千里踏进湘西武陵山区，深入少数民族贫困村访贫问苦，再到在江苏的基层卫生院询问看病方便不方便……党的十八大以来，习近平总书记的足迹遍及繁华的城市街头，也抵达偏僻的贫困乡村。风雨兼程的调研、饱含深情的探访，展现出念兹在兹的为民情怀、须臾不忘的人民立场。

冬季取暖、垃圾分类、畜禽养殖废弃物处理、养老院的服务质量、住房问题、食品安全，这些民生实事在习近平总书记心里，都是大事，关系广大人民群众生活，是重大的民生工程、民心工程。以人民为中心的发展思想，不是一个抽象的、玄奥的概念，不能只停留在口头上，而要体现在经济社会发展的各个环节。以上6件民生实事成为中央高层会议的议题，给全社会以明确的导向：坚持以人民为中心的发展思想，就不仅要注重经济增长，更要确保发展成果惠及广大人民群众；全面建成小康社会，就要靠把一件件民生实事办成办好。

人民对美好生活的向往，就是我们的奋斗目标。准确把握全面建成小康社会内涵，对实现第一个百年奋斗目标至关重要。全面小康的中心是人民，这决定了在全面建成小康社会的整个过程中，都要始终坚持把人民作为发展的价值指向和最终目的，让人民群众有越来越多切身的获得感。党中央率先垂范，为全党树立起崇高的标杆。

从嘉兴南湖上的一条小船，到世界上规模最大的执政党，我们这个政党的成长轨迹，标注着永不消褪的人民本色。让发展的每一步都踏准人民的需求，这样的小康才更全面，这样的幸福才更实。

（2016年12月24日）

当领导的要敢于"认账"

徐文秀

年关在即,回顾总结走过的路、做过的事、取得的成绩,很有必要。其中,对于曾经的承诺,特别是对于那些问题、差距和不足,当领导的带头坦诚面对、敢于认账,显得尤为重要。

认账是对自己言行事实的一种确认,也是对既成事实的一种态度。然而,现实中当领导的不认账现象还是屡见不鲜。有的喜欢争功诿过,见成绩和荣誉争着往前拱,一味往自己脸上贴金、往功劳簿上"贴花",热衷于向上表功邀功,而对于工作中的毛病、问题和不足,讳莫如深,或闪烁其词、虚晃一枪;有的对之前的表态和承诺,语焉不详,只字不提,似乎压根就没有说过;有的出了责任事故时,第一反应是搞"封口""统一口径",急着灭火而不是救火,忙着撇清,或找人代过、推给他人,避之唯恐不及;有的对于决策失误,一味归咎于客观,对自身造成的过失、过错死扛硬撑,最后拍屁股走人,等等。

不认账,就是不担当、不负责,是一些干部不作为的反映,是一种不良习气。不认账,无非是"怕"字当头。一怕失面子,觉得认账会在部下、同事、媒体和社会上失去作为领导的尊严和体面,有损自身形象,感到很难看;二是怕打板子,害怕认账会脱不了干系,被问责追责,挨批评、受处分,惹火烧身;三怕丢帽子,担心认账后位子保不住,饭碗被砸了,等等。这怕那怕,说到底是私心作怪,只考虑自己利益得失、却忘了人民利益取舍，只顾及自己面子是否受伤、却不管党的形象是否受损。

"言必信，行必果。"当领导的要说到做到，没做到的就公开承认，讲明情况、讲明原因，这本没什么大不了的事情。"一捂二瞒三掩盖"的结果就是适得其反，甚至欲盖弥彰，越捂越捂不住，越盖越被揭"盖子"。认账，说白了就是有人出来认这个责任，说话算数。领导意味着责任。延安时期，毛泽东同志有一次曾当众脱帽、鞠躬担责，他在延安党校礼堂开会时说：这个党校犯了许多错误，谁人负责？我负责，我是校长嘛。整个延安犯了这许多错误，谁人负责？我负责，我是负责人嘛。"为官避事平生耻。"当领导的就是要不避事、不推诿、敢担责，认账就是最好的担当和负责。

俗话说，"瓜无滚圆、人无十全"，人难免有过失过错，有则改之无则加勉。而改之的前提是认之，所谓"知耻而后勇"，体现的是一种实事求是的精神。当年焦裕禄在讨论一个事件时，面对工作中的错误，曾坦诚地说：你不敢承认我们瞎指挥、犯了错误，你就得不到人民的信任。我们要向兰考百姓、父老认错啊。这就是一种胸怀和境界。最近，一些地方纠正几年甚至几十年前误判、错判的案件，不放过旧账、敢于认账，赢得了人心。

还账不赖账，交账不欠账，当领导的应当时时刻刻心中有本账，经常算一算，敢于认账、及时还账，让人民群众真正对你买账。

（2016年12月23日）

"前悔"之悟与"后悔"之哀

马祖云

骏马飞奔在茫茫原野上,当它判断前方有不能越过的河沟障碍、嗅到有威胁安全的险恶敌情时,便能立刻止蹄不前。而人往往无此"前悔"而有"后悔"。古语云"马有前悔,人有后悔",此之谓也。

不禁想起正风反腐的自警自律问题。近日,听六中全会精神宣讲团成员剖析一些贪官的忏悔录,指出落马者痛心疾首、悔不当初,恨感对不起党的教育培养、断送了奋斗大半生的前程。后悔是一种良知的唤醒。然而,"覆水不可收,行云难重寻"。走路跌倒可以爬起来,违法犯罪则踏上的是不归路。这就警示党员干部面对"乱花渐欲迷人眼",必须有抵御腐败风险的"前悔"特质。

不迷心志、不生后悔,是先贤留下的人生箴言。北宋政治家寇准作《六悔铭》,第一条便是"官行私曲,失时悔",告诫官吏要自我警惕以权谋私,否则事发便后悔莫及。《近思录》一书中写道:"然其明而刚,故一有不善,未尝不知;既知,未尝不遽改,故不至于悔。"举凡胸有大志、心存敬畏的仕者,诸如范仲淹、于谦、海瑞、张伯行等,正因为"明而刚",即便在污浊的官场中亦能守身如玉。

共产党的干部身为人民公仆,奉崇立党为公、执政为民,当具备封建清官不能企及的崇高精神境界和自省自律操守,需有信念自守,而无迷魂之悔;有党性自励,而无蜕变之悔;有守纪自明,而无出格之悔;有拒腐自警,而无堕落之悔;有终身自豪,而无中落之悔,以"忠诚、干净、担当"的风范书写完美的从政人生。焦裕禄、孔繁森、杨善洲、谷文昌等一系列模范干部,就是共产党人的不朽典范。

然而,有的党员干部起初志存高远,进而奋发蹈厉,不乏荣耀功业,但随着职位升高、环境变化,渐次放纵自己,逐步变质堕落,吞下了无法挽回的"后悔"恶果:或陷进"四风"淤泥而不能自拔,或"一天不进钱,心里就难受",或滥用权力任性谋私,或编织"小圈子",苦心经营利益共同体,当东窗事发后便懊悔失去了政治生命、人身自由、家庭团圆等最宝贵的"无价幸福"。

"自我心存道,外物少能逼。"可悲的是,极少数官员每每把落马归咎于制度缺失、环境险恶,甚至埋怨组织和上级对自己"平时没人管,一管就被关"。这种遇事无"前悔"、事后无悔过的心态,当予以棒喝猛醒:你落马所犯的哪一项不是党纪国法所明令禁止的?所作所为的哪一件没有前车之鉴?自食其言的哪一条自个未曾表态过?追根溯源,忘了初心、背弃信仰,"总开关"出问题必有溃堤之险。

"举头三尺有神明"。对于党员干部而言,此"神明"就是党的纲纪。随着关于新形势下党内政治生活的若干准则和党内监督条例出台,党规党纪日臻完善。然而,他律监督为外因,自律警醒是内因,外因需靠内因发力。如果内有"心魔"、利迷心窍,必会冒险"探汤"、以身试法。每个党员干部,都应有怀在内心的自省之悟,始终信仰不渝、忠诚不变、法纪不忘、本色不。

(2016年12月22日)

向"逆向激励"说不

李浩燃

在经济学领域,政策设计初衷与实际执行效果呈现"事与愿违"的现象,被形象地概括为"逆向激励"。经验表明,逆向激励效应一旦被激发,不仅会导致现状恶化,损害政策制定者的信用,还将进一步强化相关负面后果,最终造成恶性循环。

对于人员管理使用而言,也存在着逆向激励的陷阱。北宋时期,宋神宗为整顿吏治、严明司法,颁令凡刑审官员能从已审结案件中找到违法不公事实者,即可官升一级。结果,新旧两派势力只看立场、不问是非,让这一政令沦为互相攻讦的武器,极大损耗了行政效能。逆向激励所带来的反作用力与预期外结局,由此可见一斑。这提醒人们,要想科学运用激励方式,必须做到部署周密、赏罚分明、机制健全,有效规制具体政策的"逆向空间"。

有群众反映,尽管现在有些部门"门好进、脸好看、话好说"了,办事却不灵了。究其原因,有的干部"不求有功、但求无过",甚至错误认为"大干大错、小干小错、不干没错",于是宁可庸政懒政、虚与委蛇,也不愿担当担责、勤于开拓,导致"劣币驱逐良币"。"多干多出事、少干少出事、不干不出事"的逆向激励状况,在基层局部地方酝酿蔓延,切不可小视。

干部不想干事,固然有自身思想认识方面的问题,然而也应看到,个别地方在贯彻落实中央精神方面尚存偏差,在制定干部激励措施等方面并不周全。譬如,有的地方把"不以 GDP 论英雄"异化为"不要 GDP",念歪了经;有的部门出台文件缺乏调研、朝令夕改,结果"政策总在奔跑";有的单位在惩处上层层加码、在奖励上一概回避,消解了积极性。试想,如果奖与惩"一手软""一手硬",或者干多干少一个样、干好干坏没差别,就很难给人以稳定的心理预期,也不利于营造激浊扬清、优胜劣汰的用人环境。

从这个意义出发,遏制逆向激励、解决干部不想干事的问题,关键在于周密施策,既让不干事、不想干事、干不成事的人失去市场,也要为想干事、能干事、善成事的干部搭建舞台。其中一个重要方面,就是完善政绩考核评价体系,规范干部政绩考核机制,切实健全正向激励机制。多措并举、形成合力,鼓励干部愿作为、多作为、善作为,及时把敢担当、想干事、能干事的干部用起来,不断强化正向激励的用人导向和制度环境,方能切实增强干部队伍的活力,最大限度挤压逆向激励潜存的基础与条件。

哲人有言,"出台一项糟糕的政策并不难,难的是改变这一政策所要花费的精力与成本。"更深层次地把握干部队伍建设的本质与规律,有的放矢、对症下药、完善制度,致力于从根本上消灭不良行为产生的土壤,我们方能扭住破解逆向激励难题的"牛鼻子",为决胜全面小康筑造坚不可摧的人才长。

（2016 年 12 月 21 日）

用一片云推动另一片云

乐 其

1973年,周恩来总理找83岁的竺可桢谈心。面对竺老因"文革"受迫害的怨气,周总理先耐心倾听,继而开导:现在到21世纪还有四分之一的时间,你还有17年才100岁,章士钊写书写到92岁,你还可以为国家做很多事情嘛!总理的一席话,化解了竺老心中的块垒,竺老感叹道:周公真是旷世奇才!一下子就能把话说到人的心里去。

不是"我说你听"的单向输出,而是放下身段、态度平和,在倾听交流中达到情感交融、心灵相通,这就是谈心的魅力。谈心,堪称同志之间打开心结、增强团结的一把金钥匙。早年在部队时,每当夕阳西下,在营区的角落边、小路旁,常能看到官兵促膝谈心。通过一番推心置腹的交谈,有的消除了误解,有的解开了思想上的"扣子",有的增强了继续前进的信心。这样的谈心,不仅起到了相互帮助的作用,也可以使干部及时发现问题苗头,增强工作的针对性。难怪一些老首长说:"把谈心这个方法用好了,能起到政治教育达不到的效果。"

谈心交心,心心相印。延安整风时,就提倡用谈心的方法消除隔阂、化解矛盾,促进了亲密无间的同志情谊。"得了'外快',大家可以到集市上吃顿羊杂碎;受了批评,散会后受批评者的口袋里反多了几包自卷的香烟。"一位"老延安"回延安时,曾激动地对着窑洞向同行者发问:"你看,它像不像同心同德的'同'字?"那椭圆的洞口,那横楣,那方窗,的确神似。而中国革命的胜利,不正是同心同德、团结奋斗的结果吗?

"谅解、支援和友谊比什么都重要。"同志之间经常开展谈心活动,不仅可以敞开心扉、"打开窗户说亮话",促进彼此的理解和信任,而且有利于及时克服缺点和不足。党内政治生活提倡"咬耳扯袖、红脸出汗",其中一个重要方面,也在于通过经常的谈心交心尽早发现问题,发挥修枝剪叶、除尘去垢的作用。尤其对领导干部而言,坚持同干部群众谈心,既是《关于新形势下党内政治生活的若干准则》的制度性安排,也是联系群众的一个重要渠道,万不可小觑。

同志之间清若泉,是好同志就要做挚友、诤友,对别人的错误要坦率指正,对自己的缺点要勇于承认。对错误视而不见、将问题藏着掖着,思想之尘只会越积越厚,作风之病也只能越来越重。谈心是个好办法,但把好办法用好却不易。它呼唤真诚,也需要艺术。敞开心扉,在严于律己、宽以待人的和谐气氛中,促膝而谈、交流互鉴,才能抵达以情感人、以理服人的境界。

谈心,何尝不是"用一片云去推动另一片云,用一棵树去摇动另一棵树"。多些谈心交心,多些掏心见胆,方能在党内形成一种平等相待、心无芥蒂、纯洁健康的良好氛围,从而净化政治生态,改善社会风。

(2016年12月20日)

稳中求进看中国

米博华

"稳中求进",是一种很好的状态:不急不躁、冷静理智,不停不顿、步步为营;默默积攒优势,牢牢掌握主动,稳稳赢得成功。

在推进现代化建设、实现"两个一百年"奋斗目标的进程中,稳中求进,行稳致远,是工作总基调、科学方法论,也是一种国家面貌与国民气质。

正像大家所见,过去一年,尽管困难很多、干扰不少,中国发展还是给出一份让人羡慕的成绩单。喜欢挑刺的西方媒体也承认,中国是拉动全球经济增长的巨大引擎。有报道说,"中国制造"让不少过去被少数国家垄断的产品大规模普及:十多年前,15英寸进口液晶面板近300美元,现在六七十美元;而在20多年前有些必须高价进口的集成电路板,现在还不如一瓶啤酒的价格。中国在自我发展同时,也促进全球制造业升级,使无数人分享公平和福祉。

中国经济规模巨大,一年新增量大致相当于欧洲一个中等发达国家经济总量。即使中高速增长,速度和体量在全球仍名列前茅。这种情势,要求我们一方面必须有新发展理念,适应引领新常态,推进供给侧结构性改革;另一方面,必然会面对更多外部竞争挤压,或者恶意搅局、捣乱乃至围堵。2016的世界大舞台很有些手舞足蹈的表演,轻率中透着焦虑,轻佻中露出妒忌。这些溢出常理的人和事,是各种力量消长的反映,也证明我们坚持稳中求进,是治国理政的正确选择,是中国人应有的定力和底气。

稳，源于充分自信。尽管改革发展面临很多难题，社会生活有不尽如人意之处，但中国特色社会主义理论、道路、制度，具有强大生命力。国家政策和发展思路，对不对、好不好、行不行，要靠实践检验，用事实说话。忽悠"中国威胁"，预言"中国崩溃"，如果不是偏见，一定是睁着眼说瞎话。经验表明，只要稳稳当当谋发展搞建设，日子就会一天比一天好，中国崛起谁也挡不住——老百姓信这个，不信邪。

进，是我们崇尚进取。百多年来教训和三十多年改革开放告诉我们："全面小康"是硬道理，"一带一路"是硬道理，安定祥和是硬道理，腰包鼓了是硬道理，绿水青山是硬道理，老有所养是硬道理，文明素质是硬道理……而这一切离不开向前、向上努力。正如习近平总书记所说，不能因为包袱重而等待、困难多而不作为、有风险而躲避、有阵痛而不前。人民有勇气，不乱于心，不短于志，就没有克服不了的困难。

"稳"与"进"有着内在联系。"稳"不是消极等待无所作为，一味求稳未必得之，进攻有时就是有效防守。"进"也不是万马奔腾不测深浅，盲目进击有时不进反退。正如"夜半临深"，稳是必要前提：稳则定，改革发展有序推进；稳则实，脚不踏空事不失手；稳则固，支点坚实发力集中；稳则妥，审时度势进退得当。进是应有状态：进必迎前，不能见着矛盾绕开；进必争先，抓住机遇绝不放过；进必向上，没有最好追求更好；进必担当，不惧风险又容错纠错。总之，稳得有道理，进得有章法，是治大国的重要能力。

中国的崛起，必然带来各方面格局调整。我们要充分认识这种变化的客观必然性，保持战略清醒和战略定力，做好长期应对各种挑战的准备，坚忍不拔，稳扎稳打，奋发有为。如此，实现中华民族伟大复兴中国梦，为期不。

（2016年12月19日）

"甘为民仆耻为官"

向贤彪

"群众是从实践中来选择他们的领导工具、他们的领导者。被选的人，如果自以为了不得，不是自觉地作工具，而以为'我是何等人物'！那就错了。"

当年毛泽东同志这句掷地有声的话，今日听来依然振聋发聩。共产党人无论职务多高、功劳多大，都不是什么特殊人物，而只是人民群众中的一员；在任何时候、任何情况下，都不能有特权思想、当特殊人物，而只能当好人民公仆。惟其如此，我们才能同人民保持"鱼水关系""血肉联系"，正所谓"得众则得国，失众则失国"。

朱德在担任国家副主席期间，曾到昆明视察工作。一位省委干部发现他每天吃的都是马豆荚、春蚕豆等素食，伙食费用低于规定标准，便为他加了一道好点的菜。朱德见后眉头直皱："我们每天吃得很不错了嘛，群众能这样吗？"朱德60岁生日时，董必武写下贺诗，称赞朱老总"半生戎马为人民""甘为民仆耻为官"。"甘为民仆耻为官"，正是党的优秀干部的生动写照。

历史上有个"三命而俯"的故事。春秋时期宋国大夫正考父是几朝元老，但他对自己要求很严，他在家庙的鼎上铸下铭训："一命而偻，再命而伛，三命而俯。循墙而走，亦莫余敢侮。饘于是，鬻于是，以糊余口。"意谓每逢有任命提拔时都越来越谨慎，一次提拔要低着头，再次提拔要曲背,三次提拔要弯腰,连走路都靠墙走。党员干部出任公职,是为了壮大党和人民事业,而不能搞个人风头主义。权力的行使者应当谦逊,非谦逊不足以清醒看待权力所附带的诱惑力,非谦逊不足以执政为民、用权为公。

反观许多涉腐高官,傲慢不逊、为所欲为、唯我独尊,几乎是共同的特点。有的出则前呼后拥、高人一等,入则享受超标准住房、配车等特殊待遇;有的喝酒要喝年份茅台,一顿饭花几万元吃得心安理得;有的公款雇保姆为自己养宠物,拨专款建豪华游泳馆、会所……身居高位后忘记了自己是人民的公仆,把自己当作高人一等的"官老爷",犯错误岂不是必然?苏联部长会议主席雷日科夫说过一句很深刻的话:当权力是负担时就会稳如泰山;而当权力变成一种乐趣时,那么一切也就完了。此言不虚。

党的十八届六中全会公报重申:"各级领导干部是人民公仆,没有搞特殊化的权利。"建党95年来,"人民至上"始终是我们党最鲜明的标识,始终是我们党与其他政党的区别所在、力量源泉所在。如何秉公用权、如何执政为民、如何遵规守纪,每一个党员干部都应找准"度量衡"、增强"主心骨"、严守"警戒线"。"把人民放在心中最高位置",真正做到"拒腐蚀、永不沾"。

一位地方干部曾以"牛"勉励自己和他人:"俯下去做群众的牛,站起来做群众的伞。"牛的品质在于忠诚,一辈子为人民"拉套"不松劲;伞的精神在于奉献,只身向前,力挡风雨。共产党人应学习牛和伞的品格,为人民大众遮风挡雨。

(2016年12月16日)

"勿撕破我的历史"

杜善国

1935年,面对敌人6天内9次劝降,瞿秋白不为所动:"人爱自己的历史,比鸟爱自己的翅膀更厉害,请勿撕破我的历史。"最终,这位年仅36岁的殉道者在枪声中倒下。他以高贵神圣的精神追求,诠释了"忍看山河碎?愿将赤血流"的悲壮。

坚持"勿撕破我的历史",折射出灵魂的高贵和人格的伟岸。它是革命者在生死抉择面前"砍头不要紧,只要主义真"的从容呐喊,是奋斗者战斗到人生最后的坚定执着。这种崇高的情怀,滋润着思想的蓓蕾,驱动着精神的帆樯,引领着前进的航向。它让人受命忘"难"、临阵忘"惧"、面对诱惑而忘"私",不断走出"小我"的羁绊,成全公义、守望正道,一步步抵达纯粹的精神殿堂。

秉持"勿撕破我的历史"理念,本质上是对理想信念的坚守。回溯革命史,不胜枚举的共产党人,既有雷厉风行的作风又有韬略在胸的气质,他们完全可以选择其他的道路,过上物质富足的生活。然而,无数人还是选择站在党旗下郑重宣誓,为自己的人生掀开崭新一页。他们甘作铺路石、马前卒、先行者,以"明知山有虎,偏向虎山行"的血性胆气,将生死置之度外,奋勇向前、不惧牺牲。始终葆有坚定的理想信念,无疑是他们最根本的力量之源。

"舟覆乃见善游,马奔乃见良御"。革命战争年代,极端残酷的斗争熔铸着每一位共产党员的信仰与党性。方志敏被捕后，面对高官厚禄的诱降，他与国民党法官激辩信仰的力量；面对敌人高高举起的屠刀，他以笔代枪，写下《可爱的中国》等"宛如星辰一般永远散射着光辉"的名篇。杨靖宇被日军"讨伐队"围堵，面对喊话劝降，他"连答应的神色也没有"，最终在敌人的猛烈开火下"被打倒而绝命"；敌人对他如何在多日断粮的苦寒环境中坚持下来感到困惑，于是切开他的肠胃，发现里面都是草根棉絮。中国革命之所以能取得胜利，不正是凭着千千万万共产党员以生命为代价的坚守吗？

今天，我们早已远离战火纷飞的艰险，但"撕破我的历史"的考验却同样时刻存在。面对先烈先贤们的豪情壮志、流血牺牲，每一位党员干部都应扪心自问：得失之间，是否多了一点私心杂念？困难面前，是否多了一些患得患失？一个人一旦理想信念发生动摇，一旦被一己之私遮蔽了双眼，便会很快走上"下坡路"。朱德同志生前常说："我别无他求，只求做一个自自然然的共产党员。"不忘初心、一身正气、朗如日月，才会将个人得失置之度外，也才能让人生之路越走越开阔。

人生每迈出一步，其实都是在书写自己的历史。擦亮"勿撕破我的历史"的信条，坚定高远的理想信念与精神追求，我们才能在面对考验时保持"泰山崩于前而色不变"的定力，作出问心无愧的抉。

（2016年12月15日）

培厚家庭文明的"累土"

李 斌

说家史、晒家书、写家训、谈家风、议家规,建设文明家庭、廉洁家庭、书香家庭、低碳家庭……

"家庭和睦则社会安定,家庭幸福则社会祥和,家庭文明则社会文明。"正如习近平总书记在会见第一届全国文明家庭代表时所强调的,我们注重家庭、注重家教、注重家风,千千万万个家庭就会成为国家发展、民族进步、社会和谐的重要基点,成为人们梦想启航的地方。

地理学上,有个标示东西南北位置的"四至点"概念。建设家庭文明,亦可有"四至"。

一曰至"理"。时代在变,情理不变。像"家和万事兴""孝老爱亲""克勤克俭"这样极富哲理的"老理儿",是我们在变动不居的时代不可或缺的价值坐标。中华民族历来重视家庭,不论生活格局发生多大变化,不论社会观念如何多元,我们都需要协调好家庭关系、整饬好家庭生活、教育好子女后代。传统与现代一脉相承,国家与家庭同声相应,把传统家庭美德的"老理儿"发扬好,方能"理"至而"脉"顺,从厚重文化底蕴中生长出现代家庭文明。

二曰至"善"。"家之兴替,在于礼义,不在于富贵贫贱。"不同的家庭有不同的家风,或是勤俭持家、诗礼传家,或是重诺守信、轻财尚义,或是扶老携幼、邻里互助,或是清廉简朴、公而忘私。虽然道德主张和行为规范不一样,但崇德向善是共同的主题。家庭是德行培育的第一站,重视家风建设最重要的就是注重价值观建设。结合中华传统美德的"国风"、社会主义核心价值观的"世风",涵养好淳厚正派的家风,我们才能扣好价值观养成的扣子,构筑起滋润亲情、培育灵魂的精神家园。"善"至则"魂"成,此之谓也。

三曰至"微"。风起于青萍之末,浪成于微澜之间。拿教育孩子来说,同样是关怀备至,是体现在日常指导和示范上,还是体现在凡事替孩子做、替孩子想上,结果大不相同。同样是处理交际难题,是告诉孩子宽以待人、友善为先,还是怂恿孩子吃了亏就"打回去",结果差别巨大。文明风尚润物无声,细节成就完美,习惯决定未来。"微"至则"根"筑,不重视细节,就无法筑牢文明风尚的根基。

四曰至"诚"。一位作家说过:心中拥有太阳,才能给人阳光。家风建设的最大原动力,莫过于父母长辈的亲情心和责任感。父母是孩子的第一任老师,家风传承、品德养成,更多是靠耳濡目染、言传身教。努力做一个文明建设的"主人翁""播种者",而不是"局外人""坐等者",方能帮助孩子形成美好心灵,促使他们健康成长。自然界把大气从高气压处向低气压处的移动定义为风,美好道德观念从父母长辈往下一代的渲染和传递,正是家风的首要含义。"诚"至则"风"成,真切诚恳的态度绝不能少。

古人说,"读书之味,愈久愈深",文明风尚同样如此。越是深入其中,越能品味到其中奥妙,也越能受益不断。家庭文明是社会文明高塔的"累土",建设家庭文明,形成爱国爱家、相亲相爱、向上向善、共建共享的家庭文明新风尚,定能雨润世人、泽被万。

(2016年12月14日)

走进每一位受难者的世界

曹鹏程

第三个国家公祭日来临之际，一些来自国外的消息引人注目：加拿大安大略省议会二读通过议案，意在将每年的12月13日定为安大略省"南京大屠杀纪念日"；麻省理工学院教授、物理学家郑洪以大屠杀幸存者的真实经历为题材，历经10年创作的《南京不哭》问世；南京大屠杀史实展第一次走进法国，名为《共同见证：1937南京大屠杀》的展览，突出了欧美人士对大屠杀的见证……作为惨绝人寰的战争悲剧，南京大屠杀的记忆正在更深切地进入西方人的精神世界。

西方世界对南京大屠杀的研究和认识，如今到达新的阶段。去年10月，联合国教科文组织正式将《南京大屠杀档案》列入《世界记忆名录》。入选的11组档案，均为最典型的南京大屠杀第一手史料。从南京市民罗瑾冒死保存下来的16张侵华日军自拍照片，到美国牧师约翰·马吉的16毫米摄影机及其胶片母片；从南京军事法庭审判日本战犯谷寿夫判决书的正本，到美国人贝德士以及幸存者陆李秀英的证词，还包括亲历大屠杀人士的若干日记。这些具有毋庸置疑权威性、真实性和唯一性的材料，对于在全世界形成一种感性记忆，具有极为重要的价值。

很多人提起南京大屠杀，第一印象就是"30万"的死难者数字。作为二战三大惨案之一，在国际上却没有形成与其相适应的强大记忆，除了某些势力别有居心地掩盖罪恶和篡改历史，也跟大屠杀记忆在具体层面的建构不足有关。犹太人历史学家舒衡哲认为，大屠杀意味的不是数字，"而是一个人，加一个人，再加一个人"。在一点一滴中显现军国主义的疯狂，在一个又一个故事中显现人性的破碎，更能够让今天的人体味大屠杀受难者对战争犯罪的控诉。

抗战研究要深入，就要更多通过档案、资料、事实、当事人证词等各种人证、物证来说话。习近平总书记的这个要求，针对的正是弥补和丰富人类共同记忆的重要工作。南京大屠杀幸存者的口述史整理，其实是从新世纪才集中进行的，这些工作在近些年取得了突破性的进展。南京大屠杀幸存者口述史大部分已经整理完毕。通过这些资料，人们更能体会切肤之痛的无助与恐惧。就像杰弗里·哈特曼说的那样："在奥斯维辛之前，我们是只能在想象中体验罪恶的儿童，而在奥斯维辛之后，我们已经不再是儿童。"南京所蕴含的"感情记忆"，只有在深深剖析精神创伤的基础上，才能真诚传递给外面的人，传递给后来的人。

走进每一个受难者的世界，是一件艰难的事，但对于人类命运共同体来说，其意义巨大。纳粹集中营幸存者保罗·策兰在《死亡赋格》中写道：每日每夜，我们饮下黑色牛奶，为自己挖掘一座不再拥挤的空中坟墓。所谓的"黑色牛奶"，指的就是无法痊愈的人道伤痛。属于南京的"黑色牛奶"，需要被今天热爱和平与发展的人们，特别是在心理上一直远离东方战场的人们所饮下。南京大屠杀应成为沉埋在人们心中的活生生的历史记忆，因为如果人类没有直面真正的黑暗，就无法解释光明从何而。

（2016年12月13日）

素朴之美 莫之能争

张校邦

《庄子·天道》有言："素朴而天下莫能与之争美。"的确，沁人心脾的美往往是朴素的。怀有淳厚素朴的赤子之心，方能体悟朴素的可爱、恒久、有力。

素色是基础色彩，同时也是一切颜色的调和。比如，日光是自然之光，从中又可析出七彩之色。古人说"绘事后素""画缋之事后于素功"，表明绘画若离开"素"的对比、调和，则难成其美，犹如人缺乏自然的素美之质，即便辅以绚烂的修饰，也只会显得失真、浮夸。从这个意义上讲，美好的人生终须从繁华回归平淡，留下一份淡泊名利、返璞归真的淳朴。

朴素者可爱又可敬。回溯历史，在抗美援朝的疆场，志愿军战士努力克服恶劣的环境，以顽强的意志、不屈的品格展现出对祖国对人民的真挚感情。诚如魏巍在《谁是最可爱的人》一文中由衷赞叹的："他们的气质是那样的淳朴和谦逊，他们的胸怀是那样的美丽和宽广。""最可爱的人"成为志愿军的闪亮标签，那种内在的朴素作风绵延至今，依然绽放在人民军队的官兵之中。朴素者最可亲，其赢得的爱也必将历久弥新。

朴素的感情往往最恒久。"君子之交淡若水"，醇厚的情谊不尚虚华，贵在朴素。钱锺书就曾如此评价一个"素"字："在我一知半解的几国语言里，没有比中国古语所谓'素交'更能表出友谊的骨髓。一个'素'字把纯洁真朴的交情的本体，形容尽致……"在精神上清透素淡，友谊才能经得起长久考验。正因此,党内同志之间也贵在志向相同、精神相通。同心同德、清清爽爽、坦坦荡荡,就能结成牢靠的命运共同体,持续不断地为我们的理想和事业凝心聚力。

朴素中蕴藏着看不见的力量。艰苦卓绝的革命战争年代,共产党人之所以能凭借"小米加步枪"战胜装备精良的反动派,其中一个重要因素就是艰苦朴素的优良作风。今天,从强调"两个务必"到开展群众路线教育实践活动,从出台八项规定到持续深入反"四风",中央以上率下、久久为功,毫不手软抓作风从严,党风政风为之一新,党心民心为之一振,老百姓由衷称赞"共产党的干部又回来了"。观察当今世界政治舞台上的各大政党,中国共产党对朴素作风的执着与推崇,可谓一以贯之、独树一帜。这也充分说明,无论时代风云如何变幻,对朴素的认识与坚守都不能淡漠。

朴素中有真情,朴实中见立场。我们党自创立之始,就一直与人民群众心连心、共命运。这份朴素、坚实的血肉情谊,一直照亮着我们的前行之路。在庆祝中国共产党成立95周年大会上,习近平总书记告诫全党同志要"永远保持对人民的赤子之心"。永葆朴素作风、永怀朴实情怀,不忘初心、继续前进,每一位党员干部才能在新的历史征程中激发新的动能,书写新的荣光。

(2016年12月12日)

既要知足，又要知不足

清 风

"知足知不足，有为有弗为"，这是冰心的祖父谢子修所撰的自勉联。领导干部的修养、行止，也需要把握好这样的辩证法，既要知足又要知不足，在此基础上，有所为有所不为。

所谓知足，是说在个人待遇上要懂得满足。遵纪守法，靠外力约束，更靠内心自觉。"知足不辱，知止不殆，可以长久。"一些落马的领导干部，职位不可谓不高，权力不可谓不大，为何还走上违法犯罪之路？一个重要原因，就是不知足。不知足，则不知止。对政治待遇不知足，因此野心膨胀，不守政治纪律，不讲政治规矩，结党营私，做"两面人"；对生活待遇不知足，因此贪得无厌，大搞权钱交易，纵容家人利用其影响非法敛财。

"祸莫大于不知足，咎莫大于欲得"，知足才会安全，知足才会快乐。平心而论，领导干部政治待遇已经不错，工资、住房、医疗等生活待遇也不低，完全能够满足基本生活需要。对此，应该感到很知足。当然，希望政治上进步、生活上改善，是可以理解的，但必须严守政治纪律、政治规矩，决不能越雷池半步。如果想升迁就搞非组织政治活动，跑官买官；想发财就搞权钱交易，索贿受贿，触碰了党纪国法的红线，最终必然受到严惩，落得个身败名裂的下场。身为领导干部，应该常思贪念之害、常怀知足之心、常持感恩之情，否则难免如古人所说："欲而不知足，失其所以欲；有而不知止，失其所以有。"

所谓知不足,就是指在党性修养上要清醒认识差距,增强律己修身的紧迫感。人贵有自知之明。一方面,人都有弱点、有惰性,没有谁天生就是完美无瑕的圣人,天生就是百毒不侵的共产党员;另一方面,掌握一定权力的领导干部,也无时无刻不面临着各种诱惑、腐蚀的考验,受到各种各样的"围猎"。俗话说,苍蝇不叮无缝的鸡蛋,苍蝇是客观存在的,关键是自己有没有让别人能钻的空子。面对同样的环境,为什么有的人能洁身自好、全身而退,有的人却身陷囹圄、身败名裂?根本原因在操守、在定力,在反躬自省清理思想和行为上的灰尘,补好蛋壳上的缝。

正如许多腐败分子忏悔时所讲,把他们送进监狱的不是别人,而是他们自己,是因为自己有贪念、有弱点,才会在"温水煮青蛙"式的腐蚀过程中,一步一步被拉下了水。"知不足,然后能自反也;知困,然后能自强也。"作为一名领导干部,只有知不足,清醒看到自己身上存在的弱点,加强党性修养才有源源不断的动力,使自我净化、自我完善、自我革新、自我提高成为终身习惯。也只有知不足,加强党性修养才更有针对性,不断克服缺点,及时补上短板,增强自身的抵抗力和免疫力。

知足,目的在"止",有所不为;知不足,靶向在"行",要有所为。懂得知足,面对名利才有风轻云淡的胸怀;懂得知不足,锤炼党性才有永无止境的追求。写好"知足"和"知不足"这两篇文章,才能如习近平总书记所要求的,算好"政治账""利益账""良心账",做一个忠诚、合格的党员领导干部。

(2016年12月09日)

换届最是心静时

李济沧

换届之际,与一位县委书记闲谈。他说,换届最是心静时,自己干了整整一届,尽了最大的努力,做到了心地坦然、问心无愧,工作的好与坏,组织和百姓都清楚,无论升、留、转,全凭组织安排。

的确,换届期间干部调整较多,也是一些干部心里最容易浮躁的时候。有的想得到提拔重用,但又怕领导和组织不了解自己。有的认为自己从能力到业绩都没有问题,但就怕领导和组织考虑到别人,没有考虑到自己。有的担心,别人可能拉关系找门路,自己不跑不送是不是会吃亏。这些矛盾和纠结,使一些干部的心浮躁起来,甚至陷入自我烦恼之中。

让自己"心静"下来,不失为干部换届期间心理调节的最佳手段。正所谓"不是幡动,也不是风动,是心在动"。倘若心静下来,就像随风飘摇的船儿有了压舱石,看问题做事情立马会多一份笃定。

比如,可以实事求是地把自己的情况向组织积极汇报,然后一切交由组织安排,除此之外,心里不再瞎想也不再琢磨。比如,坚定自己的为官做人之道,坚信进步提拔靠自己的本事,坚决不走旁门左道。比如,客观看待自身的作用,少沉浸在那些"非我莫属""我最合适"的自我感觉中。比如,让自己多一份满足感,"天空不留下鸟的痕迹,但我已飞过",我奋斗过了,我为百姓留下了许多,了无遗憾。

换届最是心静时。如同静置一杯含有泥沙的水,让所有的杂质都沉淀下来，水才能清澈见底。放下那些无谓的纠结、多余的执念，透过那颗平静的心观察自身，也许就会感到浑身上下轻盈和放松，也许就会"内视群疑，犹冰释然"。原先的那些冲动、担忧，就会消减许多。"晴空一鹤排云上，便引诗情到碧霄"的超然心境也会洋溢起来。同时也会发现，自己也许并非原以为的那样完美，还有许多事情没有做好，还有许多技不如人的地方，无论组织重用与否，其实也都在情理之中。

《围炉夜话》有言："人品之不高，总为一利字看不破。"一些干部之所以沉静不下来，在职位上纠结，说到底还是"名利"二字放不下，还是自己的人生境界不够开阔。从历史来看，官员实现自我价值与其职务高低并非完全成正比关系。历史上很多被老百姓所铭记、名留青史的官员，许多都不是多大的"官"。当然，真正消除干部在换届时的内心纠结，让干部真正心静和服气，还要进一步建立和完善公平公正的干部考核评价体系，还要进一步将干部选拔任用程序制度化、透明化，还要让更多的老百姓参与到干部的考核评价中来，坚决杜绝用人上的不正之风，坚决刹住"跑官要官"之风。

有人说，人生如处荆棘丛中，心不动，则身不动，不动则不伤；如心动，则人妄动，动则伤其身痛其骨。实际上，许多人在换届前不但静不下来，还"妄动不已"，最终害了组织也害了自己。比如辽宁拉票贿选案中的苏宏章、王阳、郑玉焯，令人警醒。

（2016年12月08日）

让"交往圈"清清爽爽

魏建明

"君子之交淡如水,小人之交甘若醴。"人之相交,有患难之交、刎颈之交、莫逆之交,也有萍水之交、势利之交、酒肉之交。在党内,我们都是同志之交,有的还有幸成为朝夕相处的同事。"同德则同心,同心则同志。"尽管每名党员爱好、性格、禀赋各不相同,但大家都是"为了一个共同的革命目标"。在交往过程中,保持清清爽爽的同志关系、规规矩矩的上下级关系,不但是党组织规范和纯洁党内同志交往的"风向标",也是党员驾驭交往关系的"护身符"。

然而,在个别单位,功利交往很有市场,同志关系、上下级关系变得混浊不清。有的把交往等同于交易,你投之以桃,我报之以李;有的把同志情谊等同于江湖义气,整天拉拉扯扯、吃吃喝喝、称兄道弟;还有的把"关系学""圈子文化"推到极致,热衷于搞团团伙伙、山头主义那一套。形形色色的关系网越织越密,各种各样的潜规则越用越灵,肝胆相照成为奢谈,忠言诤友不见踪影,本该清爽、规矩的交往关系,染上了很多铜臭味、市侩气。

鲁迅先生说过,人生圈"或者是美的圈,或者是真实的圈,或者是前进的圈"。党员的交往圈特别是党内同志的交往,如果都是"美的圈",自然在播种和收获友谊的同时,也能不断开阔自己的视野,提高自己的品位。而一旦交往变了味,不但会"圈"住自己干事创业的担当和激情,也会"圈"

倒自己在群众心目中的威信和形象,甚至被自己所编织的交往之网所捕获。

势利之交,难以经远;奔竞贪缘,难得善终。《开元天宝遗事》中有一则张彖不肯"依冰山"的故事。当时杨贵妃之兄杨国忠权倾天下,不少人趋之若鹜。进士张彖不但不去攀附,还对别人说:"尔辈以谓杨公之势,倚靠如泰山;以吾所见,乃冰山也。或皎日大明之际,则此山当误人尔。"从这些年查处的腐败案件看,功利交往已成为政治塌方、抱团腐败的重要诱因,也是党内政治生活庸俗化的突出表现。像周永康、郭伯雄、徐才厚、令计划等,拉帮结派,显赫一时,最终不也受到了党纪国法的惩处吗?

"党内不准搞拉拉扯扯、吹吹拍拍、阿谀奉承""不准在党内搞小山头、小圈子、小团伙""任何人都不准把党的干部当作私有财产,党内不准搞人身依附关系"……党的十八届六中全会就严肃党内政治生活、纯洁党内同志关系亮明了态度,画出了红线。全面从严治党只能加强,不能削弱。规范和纯洁党内同志交往,谁也不能轻视。

交往之中见党性,交往之中有纪律。让"交往圈"清清爽爽,要求党员对上级尊重但不阿谀取巧,对下级关心但不结党营私,对同事真诚但不以利相交,自觉做到有境界地交往,远离功利、势利、唯利之交;有底线地交往,远离违规、违纪、违法之交;有品位地交往,远离低俗、媚俗、庸俗之交,让同志之情、同事之谊回归本真。

(2016年12月07日)

文艺当为英雄而歌

刘汉俊

一位专家透露,在一项针对小学生的问卷调查中,不少孩子在"你所崇拜的英雄"一栏里填写的名字,不是青春剧里的"闹角色",就是宫斗剧中的"狠角色"。这一话题引起文艺家们的热议和担忧:难道我们真的没有英雄、不需要英雄了吗?创作过《青旗·嘎达梅林》《林则徐》等英雄题材作品的作家郭雪波疾呼:"今天是一个呼唤英雄、敬重英雄、书写英雄的时代。我们不能放弃讴歌英雄的职责!"

尊重英雄,是一种高贵的价值观。对英雄的态度往往代表一个国家的价值观,这是文化自信的基础。如果我们不是把笔尖镜头对准民族英雄、国家功臣,对准为社会为人民作出贡献甚至牺牲的英雄模范,而是沉醉于"小我""小利""小情",我们的文艺就没有分量和温度。如果我们淡化理想、软化信念、远离崇高、讳言伟大、鄙视劳动、调侃奉献,用娱乐挤兑教育、揶揄替代悲悯、"抖机灵"调侃大情怀,文艺就会沦为"廉价的笑声、无底线的娱乐、无节操的垃圾"。笔下没有英雄,精神高地就会失守、文化阵地就会沦陷、思想防线就会被冲破。习近平总书记说:"英雄是民族最闪亮的坐标",一个迈向复兴梦想的民族需要时时仰望英雄的丰碑,英雄人物任何时候都应该是我们民族的精神标志。

讴歌英雄,是一种深沉的人民观。人民是历史的创造者,也是英雄的创造者。人民是社会实践的主体、历史舞台的主角,是书写历史的主人、推动进步的主力,讴歌人民就是赞美英雄。人民是文艺的出发点也是落脚点,是立足点也是生长点,是文艺最重要的服务对象,也是最公正的评判者。能不能对伟大实践有生动写照、对美好心灵有真实观照、对崇高精神有光彩映照,能不能听到群众心跳、感受现实脉动,在平凡中发现伟大、从质朴中发现崇高,这是检验人民观是否正确的标准。文艺不但要展现人民创造的伟大业绩,还要讴歌人民群众中的伟大英雄,这是文艺的天职。

捍卫英雄,是一种珍贵的历史观。欲灭其国,先毁其史;欲灭其人,先毁其志。社会上一度出现历史虚无和文化虚无怪象,一些人歪曲历史、恶搞经典、晒笑牺牲,质疑污损岳飞、林则徐等英雄人物,污蔑诋毁刘胡兰、董存瑞、邱少云、黄继光等革命烈士,目的是摧毁我们的民族认同和文化自尊。郁达夫曾说:一个没有英雄的民族是可悲的民族,而一个拥有英雄却不知道爱戴他、拥护他的民族则更加可悲。美国、法国、俄罗斯等国不但宣扬自己的英雄,还以法律、纪念日、祭奠仪式、命名等形式保护英雄名誉的做法,值得我们深思。

习近平总书记指出,"对中华民族的英雄,要心怀崇敬,浓墨重彩记录英雄、塑造英雄""绝不做亵渎祖先、亵渎经典、亵渎英雄的事情"。文艺工作者当有英雄的情结、英雄的情怀,做英雄的歌者、当英雄的卫士。电影《湄公河行动》《战狼》受到盛赞,从一个侧面说明这个社会、这个时代仍然需要英雄、崇尚英雄。以文脉传承国脉,以文运复兴国运,以英雄形象传承民族精神,应该成为文艺作品最闪亮的主题。

(2016年12月06日)

让"廉"成为一把文明标尺

李 斌

"廉者,政之本也。"廉洁历来被视作为政的基石,廉正清白是对官声的褒奖。

从字面上看,廉本义为"堂之侧边",引申为"清也、俭也、严利也"。有个"砥砺廉隅"的成语,房屋的边为"廉",角为"隅",用以形容有棱有角、正直不阿的做人准则。《庄子》中有"众人重利,廉士重名"的说法,"廉士"说的是有操守、不苟求的志士。"君子虽富贵,不以养伤身;虽贫贱,不以利毁廉。"廉的品格,正是君子修身正己的目标所在。谦谦君子的儒雅,淡泊如水的友情,节俭拒奢的美德,穷且益坚的清志,都暗含着廉的底色。以廉为价值高标励学敦行,个人收获的必是雅望嘉誉。

追溯历史,从来只有"清官""廉吏"的称谓,却少有"清民""廉民"的说法。原因就在于,官风乃民风之源,官吏乃百姓表率。所以古训里说,"变民风易,变士风难;变士风易,变仕风难;仕风变,天下治矣!"我们党向来重视以优良党风政风带动社风民风,毛泽东同志早就提出过,"只要我们党的作风完全正派了,全国人民就会跟我们学"。党的十八大以来,中央领导同志从自身做起、以身作则,带头遵守八项规定,开诚布公进行批评和自我批评,躬身践行"三严三实",在全党全国产生了强大示范效应,清正风气由此广播。

改易风俗是通达善治的必需,却绝非易事。北宋王安石在主持变法改革时叹息,"变成法易,变世风难"。不久前一位开豪车的女司机扬言,自己"有能力封路",照见特权思想在社会上的堂皇存在。教育领域的招生腐败、学术丑闻,医疗领域的手术红包、药企贿赂,就业招聘中的因人设岗、"萝卜招聘",腐败致病菌不只存在于政治场域,社会各领域都能觅其踪迹。这些腐败病菌、特权思想、关系思维,对廉洁政治生态和百姓的日常生活,都会造成强烈干扰。由此而言,廉洁政治既离不开廉洁文化、法治文化的浸润,也需要与廉洁社会互为支撑。正像习近平总书记强调的,要形成正气弘扬的大气候,让那些看起来无影无踪的潜规则在党内以及社会上失去土壤、失去通道、失去市场。

邓小平同志说,"党是整个社会的表率"。中央八项规定推行4年来,清新节俭、务实清廉的党风政风,带动社会大气候迎来正气上扬、浊气下降的难得契机。方此之际,正需要我们大力推进党风廉洁建设,以廉洁政治带动廉洁社会,以廉洁文化反哺廉政建设,汇聚起全社会共建廉洁、共享廉洁的合力。党委政府和社会,干部和群众,谁都不应是旁观者,哪一方面的积极性都应发挥起来。惟其如此,我们才能实现干部清正、政府清廉、政治清明,经济清净、社会清平、文化清新,关系清爽、环境清雅、世道清和,建成一个源清流清的清朗中国。可以想象,一个崇廉尚洁的社会,必定是一个公平正义得到最大程度体现的社会,远离了"吃拿卡要""吃喝跑送"的烦恼,每个人都会从中受益。

廉是一种生活方式,赖此而生方能内心宁静、外物谐和。廉也是一把文明标尺,标示人心的态度,也丈量着时代的向度。当清廉成为一种全社会共有的风尚追求,正气便会充盈生命,清廉便能惠此中国。

(2016年12月05日)

以匠心守护文艺创新

李浩燃

"创新贵在独辟蹊径、不拘一格，但一味标新立异、追求怪诞，不可能成为上品，而很可能流于下品。"在中国文联十大、中国作协九大开幕式上，习近平总书记殷切嘱咐文艺工作者勇于创新创造，用精湛的艺术推动文化创新发展，引发强烈反响。处身新的时代环境，有关文艺创新的话题，的确值得深思。

古人说，"诗文随世运，无日不趋新"。创新堪称文艺的基因，更可谓文艺的生命。一批批文艺工作者心怀文艺理想，潜心笃志、勇于攀登，创作出大量脍炙人口的优秀作品，为公众构建了独特的集体记忆。观察那些文学大家、艺术大家，他们身上的一个突出特点，就是聚焦于作品、专注于创新。

艺术创新中的每一步，其实都是在叩问内心。要想抵达"望尽天涯路"的高远意境，怎能不经受一番"独上高楼"的心灵苦旅？回溯艺术发展史，那些在人类文明长河中熠熠生辉的精品力作，无一不浸润着创作者的匠心。曹雪芹"批阅十载，增删五次"，始写出震古烁今的文学巨著《红楼梦》；福楼拜"一页就写了五天"，才留下享誉寰球的经典小说《包法利夫人》。倘若过于看重"投入产出比""作品变现力"，一味讲求市场逻辑而不尊重艺术规律，只会助长急躁情绪、消解创作能力，终将与文艺的真谛渐行渐远。

前不久，一部热播古装剧的原著小说被曝出涉嫌抄袭200余部网络小说作品,尽管侵权责任还有待法律最终认定,但文艺作品原创乏力已是不容忽视的现实。近年来,随着文艺市场快速发展,有的人在创作方面搞"众包""众筹",将个体创作变为流水作业;有的人奉行"拿来主义",杂取他人作品而合成一个;更有甚者,模仿抄袭、媚俗低级、歪曲史实,淡漠了责任意识与社会担当。急功近利、粗制滥造,不仅令文学艺术蒙尘,也对社会精神生活造成了损害。

机械化生产、快餐式消费,有数量缺质量、有"高原"缺"高峰",都是近年来我国文艺创作领域不容忽视的客观现象。说到底,这也是创新能力不足的一种表征。另一方面,从"手撕鬼子"的荒谬到"裤裆藏雷"的闹剧,一些文艺作品之所以被网友吐槽,关键就在于围绕创新"念歪了经"。没有高质量的创新,就没有高品质的作品,更难言高水准的审美。唯有以匠心守护文艺创新,自觉抵制急功近利、粗制滥造,用专注的态度、敬业的精神、踏实的努力创作出更多高质量、高品位的作品,才能克服浮躁这个顽疾,拿出无愧于时代的好作品。

鲁迅先生说过:"文艺是国民精神所发的火光,同时也是引导国民精神的前途的灯火。"改造人的精神世界,首推文艺;塑造良好的公共精神生活,离不开文艺佳作。站立在 960 万平方公里的广袤土地上,吮吸着社会变革带来的丰富养分,葆有匠心、静水深流,我们才能不断筑就文艺创新的高峰,为当代中国书写别具一格的史诗。

(2016 年 12 月 02 日)

"聚天下英才而用之"

陈家兴

历代治乱兴衰，其得其失甚多。但归根到底则是：得人者兴、失人者崩。

"要把我们的事业发展好，就要聚天下英才而用之。要干一番大事业，就要有这种眼界、这种魄力、这种气度。"习近平总书记多次强调"聚天下英才而用之"的理念。这一理念之所以宏阔超凡，正在于其眼界乃是放眼天下，坚持"五湖四海"。其魄力，体现在不论亲疏贵贱远近，一切唯才是举。其气度，足以延揽天下英才共襄盛举、共图大业。

历史上那些有能力的雄主，都是在用人的眼界、魄力与气度上高人一等。战国七雄独秦一统，关键就在于始终坚持五湖四海的用人谋略，使秦国成为重要人才的净流入国。如宋代洪迈所言："楼缓赵人，……蔡泽燕人，吕不韦韩人，李斯楚人。皆委国而听之不疑，卒之所以兼天下者，诸人之力也。"而"六国所用相，皆其宗族及国人"，在用人上搞亲疏远近、不能举贤任能，导致六国成为贤能之士的净流出国。如魏之张仪、范雎、尉缭等，皆流失在他国建功立业。在一定意义上说，魏国简直成为秦国治国大才的培养基地，其中原委，启人深思。

聚天下英才而用之，当然不是说只有外来人才方堪大用，用本土人才就不好。春秋时期的晏子是齐国人，齐景公以为相，用其策，国力日强，尊王攘夷。因而，用人的关键问题是，不能唯亲，而要唯贤，"为官择人，唯才是与"。祁奚告老辞政时，晋悼公问谁可替他，一问举解狐，再问举祁午，解狐为其仇人、祁午乃自己儿子，此谓"外举不隐仇，内举不隐子"。今天，只要是真正的人才，无论党内党外、国内国外，无论亲疏、贫富，都应当吸引过来、凝聚起来，决不能因这些外在因素阻断人才进入的通道。

如何"聚"？这是"聚天下英才而用之"的首要问题。唐太宗希望封德彝举荐贤才却久无所举，问之答曰："非不尽心，但于今未有奇才耳！"太宗则斥道："君子用人如器，各取所长，古之致治者，岂借才于异代乎？正患己不能知，安可诬一世之人！"倘无识才的慧眼、爱才的诚意、用才的胆识、容才的雅量、聚才的良方，不能广开进贤之路，在发现和遴选人才问题上存在制度性壁垒，则如何能聚？唯以此为重大命题而悉心破解之，方能开阔眼界、打开思路、破除壁障。

聚天下英才而用之，关键在"用"。袁绍也很礼贤下士，却不善用，如郭嘉所言："袁公徒欲效周公之下士，而不知用人之机，多端寡要，好谋无决，欲与共济天下大难，定霸王之业，难矣。"曹操每得一贤才而用得其所，是以其军队不足袁绍十分之一却胜负已分，如其当初之言"吾任天下之智力，以道御之，无所不可"。古人云："好贤而不能任，能任而不能信，能信而不能终，能终而不能赏，虽有贤人，终不可用矣"，聚才是学问，用人更有大道，更见气度魄力，不可不深研琢磨，使用当其才、才尽其用。

"得人才者得天下，失人才者失天下"，当今世界，综合国力竞争说到底是人才竞争。要想赢得竞争，赢得未来，必当聚天下英才而用之，达致人人渴望成才、人人努力成才、人人皆可成才、人人尽展其才的境界。

（2016年11月30日）

"深挖井"方能"饮甘泉"

李树杰

当公鸡一声长鸣唤醒整个大山,画家就带上画笔、画板、画架,沿着狭窄弯曲的石板小路,在白墙黑瓦的皖南农舍拾级而上,登上村东山坡,眺望远处美景,构思心中画卷。这位水彩画家独自一人沉到大山里待了整整40天,每天都有情感的冲击、灵感的迸发、思想的火花,画笔下的色彩比过去更丰富、丰满、灵动,色彩的过渡更自然,与景物的结合更有意境、神韵,构图更加灵活自由。他将这样的深入生活叫"深挖井"。

艺术虽然高于生活,但归根结底源于生活,源于客观实际。深入地去体察自然,才能胸有万壑,下笔有神。特别是艺术的形式与美感,只能从人类的生活本身去发现、提炼与获得。有一位诗人形容作家坐在屋里挖空心思写不出东西的窘态是"把手指甲都绞出了水来"。但是,当你一旦走入生活就不一样了,那里面有精彩的故事、鲜活的人物,你做梦也想象不到的传神细节。一座挖掘不尽的富矿呈现在你眼前,素材俯拾皆是,所做的就是如何把这些矿石烧炼成钢。北宋著名画家郭熙《山水训》中"春山淡冶而如笑,夏山苍翠而如滴,秋山明净而如妆,冬山惨淡而如睡"的体会,如果不是他长期深入地体察自然,是无论如何也得不出的。

但这些年,我们许多创作者,却轻视甚至鄙视深入生活。很少有人再走到大山深处,走进普普通通的百姓生活中。他们觉得这样太费劲,太笨,甚至得不偿失。或关在屋子里凭空想象,躲在象牙塔里自我陶醉。一周弄一个长篇,3个月拍出一部电影,一年画它几百幅画。浮躁的心态加上对经济利益的过分倚重,难以创作出真实、厚重、可以穿透历史、打动人心、经久传世的好作品。正如一位评论家所言:有"高原"缺"高峰",文学艺术的创作队伍越来越庞大,作品越来越多,但真正的精品力作仍待增长。

实际上,艺术一开始就是作为社会生活的反映而出现的。好的作品,无论是一幅画、一首歌、一出戏、一部电影或者一段舞蹈,除了使我们得到艺术和美的享受之外,还能使我们体察到某个时代、某个地区的生活状况、风土人情、社会人生。可以让我们看到更加广阔、更加鲜明的社会历史背景。走进生活深处,走进芸芸众生,我们的艺术家才能体悟生活本质、吃透生活底蕴。也只有真正把生活咀嚼透了、消化了,灵感和创作激情才能油然而生。凭空想象、胡编滥造、自我陶醉的作品和艺术首先给欣赏者的就是一个"假"字。既缺乏真诚,也没有多少艺术感染力和社会价值。

路遥先生在当年领奖时说:"艺术劳动应该是一种最诚实的劳动。我相信,作品中任何虚假的声音可能瞒过批评家的耳朵,但读者是能听出来的。"1951年5月,柳青离开北京,带着简单的行李,踏着一场潇潇春雨中的泥泞路,来到陕西长安的皇甫乡安家落户。他在镐河畔神禾原上的古庙里,像一个农民一样住了14年,创作了中国文学史上的扛鼎力作《创业史》。我们现在的作家、艺术家还有多少人像柳青、路遥一样,舍得拿出几年甚至十几年的时间深入生活成就一部作品?

"深挖井"方能"饮甘泉"。凡是传世之作、千古名篇,必是植根生活、笃定恒心、倾注心血来完成的。

(2016年11月29日)

敢于试错是一种改革智慧

李 拯

科学哲学家波普尔把科学发现归结为"从错误中学习"。在他看来，理论是试验性的假说，它们是否成立要经过检验。如果理论与实验不相符合，就需要我们认识到错误并批判地加以反思，从而推动科学进步和知识增长。

换个角度理解，在实验确认之前，谁也不能断定哪一种理论建构是正确的，就只能通过试错来寻找经得起实验检验的理论框架。这样的方法论智慧，通俗表达就是：如果未来是未知的和不确定的，那么要找到通往未来的路径，就要允许多元尝试和不断试错，并以实践为标准来进行检验。

放在现实中来考量，这对推进中国的改革发展也具有启发意义。人们常说，中国的发展提供了一条不同于西方国家的替代性现代化道路，修订着教科书上固有的"定论"。这说明，在根本方向、基本原则确定后，中国改革发展的未来有着很多种可能性。很多问题要找到适合国情的解决方案，不会有现成的答案，必须依靠不断试错，在"从错误中学习"的过程中寻找解决方案。

可以说，一部改革开放史，就是一个不断试错的动态过程。安徽小岗村民按下的"红手印"，开启的是一场产权结构的改革尝试，既保留了集体所有的产权性质，又激发了农民的生产积极性。新千年到来时，中国刚刚加入世贸组织，那时的担忧是民族工业能否抵挡跨国公司的冲击，而实践中探索出的混合所有制，既以市场换来了先进技术，又保住了中国企业的生存。在中国资本市场形成早期，邓小平说过这样一句话："证券、股市，这些东西究竟好不好，有没有危险，是不是资本主义独有的东西，社会主义能不能用？允许看，但要坚决地试。""坚决地试"四个字，就是一种敢于试错的智慧和勇气，这也是贯穿中国改革历程的精神气质。党的十八大以来，全面深化改革注重"发挥好试点对全局性改革的示范、突破、带动作用"，就是以最小的代价进行试错，又以最高的效率将试错的成果全面铺开。

试错，其实也是"试对"。改革，就是从没有路的地方走出一条路来。改革走到今天，已经进入深水区，如何理解"深水区"？一方面是阻力增大、风险增多，另一方面也意味着不确定性更大，要找到破解难题的办法，更需要敢于试错的勇气。比如说，国企改革，如何既保留公有制的性质同时又激发企业活力？供给侧结构性改革，如何既化解过剩产能同时又提升供给质量？引领经济新常态，如何既稳增长、控风险同时又提质量、增效益？在找到答案之前答案是未知的，因此，要鼓励创新就必须允许试错，要谋划改革就必须放开尝试。这也是为什么，中央全面深化改革领导小组着重强调：既鼓励创新、表扬先进，也允许试错、宽容失败。

从这个意义上讲，干部不作为的最大危害还不只是耽误工作，更在于关闭了试错的空间，取消了探索的可能性。正因此，崇尚实干最重要的是要鼓励探索、允许试错，建立宽容失败的容错机制。党的十八届六中全会强调：建立容错纠错机制，宽容干部在工作中特别是改革创新中的失误，这或许正是其深意所在。

（2016 年 11 月 28 日）

最是"心力"见不凡

徐腾跃

曾观察两位棋手下围棋，他们经过一番激烈对弈，输赢始见分晓。结果，输者低头微笑认输，而赢家善意点醒对方：您知道这一局为何落败于我吗？其实并非功力不深，而是心力不够。"心力不够"，可谓一语点醒棋局中人，更引人深思。

所谓"心力"，乃是影响行为的内驱力，是精神或意念层面的力量，衡量着人的心理能量。对于领导干部来说，心力照见能力与担当，是综合素质的反映。心力充沛、内蕴深厚，就能不断增强自信，有利于在尽心履职中实现个人价值。反之，如若心力不足，便容易目光短浅、急功近利，常盘算自己的"小九九"，甚至误入歧途。

从现实情况看，因心力欠缺而违规犯错的教训并不鲜见。譬如，一些落马官员在青年时代也曾志存高远，甚至早早成为后备干部。但在个人发展道路上稍遇不如意，他们便选择抛弃信仰、放任自流，最终一步步背离初心、坠入深渊。事实证明，即便能力再强、功力再深，如果心力不够，仍可能竹篮打水一场空，最终徒劳无益。

"得众则得国，失众则失国"。民心是最大的政治，也是领导干部的心力之源。一个领导干部心力强不强，归根到底就看为民造福之心实不实。"天下之治乱，不在一姓之兴亡，而在万民之忧乐""善为国者，遇民如父母之爱子，兄之爱弟，闻其饥寒为之哀，见其劳苦为之悲"。抱守这样的情怀，

"心中为念农桑苦,耳里如闻饥冻声",即便为民造福的实践中,遭遇这样那样的挫折与困难,其心力也只会愈挫愈坚。在感情上贴近群众,在态度上尊重群众,在工作上依靠群众,急百姓之所急、想百姓之所想,就能真正赢得群众的信任和拥护,其心力就愈不可撼、愈见不凡。

蓄积心力,还须抱守清廉之志。古人说,"非淡泊无以明志,非宁静无以致远"。树立崇高理想、强化廉洁意识、塑造清正观念,不放纵欲望、不贪图享受、不沉迷逸乐,拒腐防变的心力就会不断提升。坚守廉政作风、坚持依规办事,虚心接受基层干部群众的监督,始终让权力在阳光下运行,与一切诱惑、风险保持距离,做到权势面前不折腰、物欲面前不同流、人情面前不中弹,就能在得失之间不焦虑,练就"金刚不坏之身",使凛然正气充塞乎胸,让干干净净干事的心力历久弥坚。

从某种意义上讲,心力是领导干部一种自觉联系群众、淡泊名利、严格自律的内心定力。不知心有所戒,便难以抵达行有所止的境界。将党规党纪真正内化于心、外化于行,时刻绷紧纪律这根弦,严以修身、严以用权、严以律己,不越"雷池"、不踩"红线",领导干部方能练就不凡心力,不断增强干事创业的韧劲与后劲。

(2016年11月25日)

勿忘权力的"原味"

陈星东

日前,据中央纪委监察部网站披露,党的十八大以来,党中央查处了200多名高级干部。这一震撼人心的数字,强有力地昭示全面从严治党"从高级干部严起"的坚定决心和鲜明态度,也从一个侧面警示人们,一个人不管多么位高权重,如果忘却初心、迷失自我,享受权力的滋味,就难免在放纵中沉沦。对于领导干部来说,有必要回答这样一个问题:"权力"的滋味究竟该如何品尝?

在有的人眼中,权力无疑是甜的。"一朝权在手,便把令来行",权力意味着鲜花和掌声,甚至能让人呼风唤雨。这种滋味很容易上瘾,而且权力越大,味道越浓。久而久之,沉溺愈深,便会沦为权力"鸦片"的吸食者,最终利欲熏心、忘乎所以,陷入"把酒杯捏扁了,把筷子吃短了,把椅子坐散了,把老本丢光了,把人心变凉了"的结局。

对这些人来说,权力必然又是苦的。在电视专题片《永远在路上》中,苏荣对着镜头忏悔:"收受别人的陶瓷瓷瓶,被碰得头破血流;收受别人的陶瓷瓷碗,被砸得遍体鳞伤;收受别人的书画字画,将政治生命化为灰烬;收受别人的钱财和贵重物品,使自己跌入了经济犯罪的万丈深渊。"刘铁男也谈到:"利令智昏,让自己的智商都低了。"将权力视为甜蜜的糖果、隐形的福利,满脸红彤、满手油腻,权力迟早会变味、发苦,到头来只能害人害己。

"权力"二字,写起来容易,品尝起来却味道复杂。有人说,它让人对位子望眼欲穿、对升官发财执迷不悟;有人说,它让人热衷攀比,一旦进步比别人慢、岗位比别人差,就会感觉付出回报不匹配;也有人说,它让人战战兢兢,现在批评监督太多、制度笼子太紧,再小的事都会变成大事。如此说来,权力真是让人五味杂陈。

做菜讲究"淡出真味",其实权力也如此。一些人之所以体验不同,往往在于公私一念之间。想升官发财,难免一手铜臭味;一心为民干事,自然一股清廉味。焦裕禄立下"苦战三年驱走三害"的军令状,对他而言,权力就是"生也沙丘,死也沙丘,父老生死系"的本味;谷文昌定下"为官两原则",对他而言,权力就是"心中有党、心中有民、心中有责、心中有戒"的原味。权力的滋味虽耐人寻味,但无论何时,都不应改变信仰的原味、初心的本味。

"权力应当成为一种负担。当它是负担时就会稳如泰山,而当权力变成一种乐趣时,那么一切也就完了。"说到底,不管权力味道几何,关键是要明白何以用权;与其耗费心力品尝权力的滋味,莫如弄清怎样敬畏权力、行使权力。党的十八届六中全会通过《关于新形势下党内政治生活的若干准则》和《中国共产党党内监督条例》,就是要激浊扬清、净化党风,让权力永葆克己奉公、为民谋利的真味。不断强化"四种意识",不忘初心、继续前进,我们才能掌好权、用好权,确保手中权力不变味。

(2016年11月24日)

为政恪守"俭、简、检"

陈思炳

清乾隆年间,牛运震曾在甘肃境内多地任知县。他实心为民、勤于吏政,常以"俭、简、检"为座右铭警示自己,最终政绩卓然,成为远近闻名的一代廉吏。今天来看,"俭、简、检"三字亦有新意与深意。

"俭"字左为"人"、右为"佥","佥"含"全"意,表示一个人不仅要一时一地从"俭",更要人前人后皆能恪守"俭"。"俭",首先是节俭,不浪费、不奢侈,甘守清贫,以俭素为美;其次是节省,精打细算,不讲排场、不摆阔气,厉行节约,以实用为要;再次是节制,自我约束,不放纵、不任性,克制欲望,以不越"雷池"为度。商朝大臣箕子,从"纣为象箸"预感到商纣的败亡;陈嘉庚对比毛泽东"豆角加西红柿"的朴素招待与蒋介石数百银元的豪华宴请,预见了"共产党必胜"。自古而今,"成由勤俭败由奢",一些罪孽深重的腐败分子往往也首先栽倒在不能守"俭"上。"俭"以修身,能培养人的品德、磨砺人的意志,可谓拒腐防变的利器。

"简"意谓简洁、简单,删繁就简。做官先做人,为人应尚简。一方面,人生不可患得患失、欲求无度,而要淡泊处世、轻装前进,正所谓知足方能知福,知福方能幸福。另一方面,"不采华名,不兴伪事",还须拒绝花样、崇尚实绩,一心一意抓工作,实实在在干事业。与此同时,简化处世,理性对待各种社会关系,不为个人升迁阿谀奉承、投机钻营,不为赢得选票拉拉扯扯、吹吹拍拍,坚持秉公办事、一视同仁,不徇私情、慎重交友,让人际关系清爽起来。践行"君子之交淡如水",力求把复杂的社会关系简单化,始终保持一颗淡泊宁静之心,随时清除心中的欲望垃圾,就能为思想与社交赢得一片清朗的环境。

古人说,"吾日三省吾身"。"检"则更多体现为检束言行、检视品德、检验作风,促人严格自律。在思想行动上,是否不忘初心、信仰坚定、牢记使命,在现实中做到了敬畏法纪、谨言慎行、始终如一?在品德上,是否常怀律己之心、常思贪欲之害,做到了知耻、知足、知止?在作风上,是否自觉杜绝享乐主义和奢靡之风,耐得住寂寞、守得住心神?凡此种种,都需要时常进行自我检查。以党章为镜对照自己,以党规为尺衡量自己,惟其如此,广大党员干部才能以过硬的素质和作风,展现"想干事、肯干事、敢干事",诠释"会干事、能干事、干成事"。

俭、简、检,映照着为政之基、为政之德、为政之责。以俭、简、检来修养身心,我们必能不断增强自我净化、自我完善、自我革新、自我提高的能力。

(2016年11月23日)

"亲清"与亲情

徐文秀

国家统计局原局长王保安"摔跤"了,而在他落马后,他的一个弟弟同样"栽跟头"了,另一个弟弟也失去了自由。这几年,这种兄弟、父子、夫妻"捆绑出事""结伴被查"现象屡见不鲜。领导干部应当警醒深思,究竟该如何厘清亲人间的关系,构建起健康正常的亲情观。

习近平总书记曾语重心长地告诫领导干部,新型政商关系,概括起来说就是"亲""清"两个字。对于领导干部来说,同样应当把"亲清"注入家风,厚植于亲情当中,让它成为家庭成员之间的一种默契、习惯和自觉。

无情未必真豪杰,亲人之间当讲"亲"。讲亲情、重亲情,这既是我们民族文化中的优良传统,也是维系家庭和谐的美好纽带。繁体字的"親",一边是"亲",一边是"见",意谓亲人要经常见见面、谈谈心,相亲相爱、抱团取暖,互相关心爱护、互相理解信任、互相提醒支持。

然而,亲人间更应当讲"清","清"是亲的最大保障。亲情中讲"清",就是要在是与非、公与私上清清楚楚,大是大非有原则、大道大理有方向,不干糊涂事、不做糊涂人;在名与利、钱与物上清清白白,深明为官经商必须泾渭分明,鱼和熊掌不可兼得;在来与往、情与爱上清清爽爽,人情往来不感情用事,不被亲情裹挟。

遗憾的是,一些人并不这么想,也不这么做。有的把情感的驿站异化为不良习气的温床,有的因工作忙顾家少而有亏欠感,总想为亲人办这事那事来弥补,还有的一味琢磨怎么不让老婆孩子吃苦、受累、遭罪。亲情观出了问题,亲情则必定变味、走样。结果就是"全家福"毁于"全家腐",有的"家就是权钱交易所",家长成了权钱交易所所长;有的把自己扭曲了的人生观、价值观"传染"给儿子,要儿子"做人学会走捷径",而且一手给儿子设计这条"捷径";还有的搞"一人得道,鸡犬升天",七大姑八大姨跟着沾光。

在亲情中讲"亲清",把"亲清"厚植于亲情,才是真正的爱、最好的亲。老一辈革命家张闻天无论身居何位,从不为家人谋私利,有时为了避嫌甚至"苛待"自己最亲爱的人。他曾经严词拒绝为儿子上大学打招呼,说"你有本事上就上,没本事就别上",他还"无情"地不让患肝炎的儿子回北京治疗,说"你有什么资格来北京看病,肝炎完全可以在当地治疗",这种"苛待"在常人眼里几乎到了不近人情的地步。

润物无声、大爱无痕。优秀共产党人对至爱亲朋的这种"清",饱蘸着深情大爱,道是无情却有情。也正因为这种"清",让家人过得平安健康、心安理得,活得高贵而有尊严,虽然没有大富大贵却也没有大起大落,虽然平凡却不平常,虽然平淡却不平庸,成了群众的好榜样、干部的好标杆,为"亲而又清"作了最完美的诠释。

在亲情中讲"亲清",为亲情系上"保险带"、装上"安全阀",才能让每个家庭更加洒满阳光、充满温暖,亲而又清、清而更亲。

(2016年11月22日)

成大事当养静气

刘绪斌

"蓬头稚子学垂纶,侧坐莓苔草映身。路人借问遥招手,怕得鱼惊不应人。"唐代诗人胡令能的《小儿垂钓》,以通俗之语把自然之美和童真童趣刻画得活灵活现,不著一"静"字,而境界全出。

文静,如风行水上,自然成文为美;心静,不单在经历,尤在觉悟透彻。"大漠孤烟直,长河落日圆",莫不是广阔心胸的外在写照?"姑苏城外寒山寺,夜半钟声到客船",莫不是静夜游子的心灵呼唤?"月出惊山鸟,时鸣春涧中",莫不是青山绿水的诗意寄情?浩如烟海的中华诗词,随手可及充满静美的细腻文字、传神之笔,因为静的心态、美的意境,早已融进中国人的心灵深处。

从哲学意义上讲,运动是绝对的,静止是相对的。运动自有其力量之美,而静,则是一种精神之美、觉悟之美、灵动之美。智慧无言,静,其实正是不经雕琢、不加刻意的恬淡境界。静之大美,缓若春风拂面,轻松怡然,又如空谷幽兰,轻灵恬淡,又像天人共语,化冥顽而向圆通。

静,一种超凡脱俗的心灵状态。"天下熙熙,皆为利来;天下攘攘,皆为利往。"陷于名缰利锁,何得心灵的自如?"绿水本无忧因风皱面,青山原不老为雪白头。"背负外物重负,怎会有真实的自我?在静的世界里,开展叩问心灵的对话,青涩消褪,迷茫渐远,推开尘世间的权利情色、世故圆滑,复归生命的本原。静能涵养简约心态,美便升腾在胸间。

静,一种厚积薄发的精神气度。身心之静,不同于孤独和寂寞。孤独与寂寞,是对自我出境的艰难咀嚼,如鲠在喉,如石压胸,有一种吐纳不出、吞咽不进的味道;身心之静,则是一种个体的内省和审视,若倒啖甘蔗,若曲径通幽,显示出内敛精神和进取气度。身心之静如射手屏气,若奔者躬身,时机既到,则毅然勇进气势如虹。《三国演义》中,曹操和刘备青梅煮酒论英雄,曹操以龙之变化喻世间英雄:"龙能大能小,能升能隐;大则兴云吐雾,小则隐介藏形;升则飞腾于宇宙之间,隐则潜伏于波涛之内。方今春深,龙乘时变化,犹人得志而纵横四海。龙之为物,可比世之英雄。"这种胸怀大志、腹有良谋的气魄,正是静之深藏、静之积蓄的结果。

静,不单是自然之美的精致呈现,更是内心修为的优雅展示。诸葛亮在《诫子书》有句名言:静以修身,俭以养德。非淡泊无以明志,非宁静无以致远。翁同龢在一副对联中也有类似的表达:每临大事有静气,不信今时无古贤。有静气、守静心,为的是恢复心灵的清明。平心静气、心平气和,方能临大事而不乱,处危机而不惊,专注于探究本质、解析机理,从而抽丝剥茧寻找本质,让问题迎刃而解。所谓"静而后能安,安而后能虑",说的就是这个道理。

静,如此之美,如此难得。

（2016年11月21日）

学贵日新，政贵日进

向贤彪

《东坡题跋》中记载，画家戴嵩画了一幅斗牛图，有人用锦囊玉轴装好，视为珍宝。一个牧童看了画后不禁大笑：牛发力时，尾巴夹于两股之间，画上的牛却摇着尾巴，不合常理。苏东坡感叹："君子是以务学而好问也。"

深入"草野"，不耻下问，总能让人受益匪浅。为治理好兰考的风沙，焦裕禄从群众中学得锦囊妙计；为改变小岗村面貌，沈浩挨户走访探寻致富的真招实策。"群众是真正的英雄，而我们自己则往往是幼稚可笑的。"当遇到矛盾、碰到困难一筹莫展时，不妨放下架子、迈开双腿，拜群众为师，向群众问策，找到破解难题的方法。著名教育家陶行知先生曾以诗明理：发明千千万，起点是一问；人力胜天工，只在每事问。为什么一个人应当具备"每事问"的胸襟？原因就在于"生也有涯，而知也无涯"，不断提升知识素养和智慧能力，是一生的课题。

古人曰："苟非其选，器不虚假。"一个人如果不符合选拔的标准，就不应授予他官位。职级职位理应与能力素质相匹配。然而，随着形势的发展和履新的要求，原有的知识和经验往往会"打折"，职位与能力不相匹配的情形成为大概率事件。管理学上就有个著名的"彼得原理"："每个人在层级组织里都会得到晋升，直到不能胜任为止。"有的领导干部意识不到这个问题，以为自己能够"升而知之"，知识和本领会随职务提升而水涨船高，结果心有所系，而力有不逮，许多工作反而没有做好。越是领导干部越应有"知识恐慌",道理就是这样。

当今时代,知识更新速度呈几何级数增长,过去读几年书就可以用一辈子,如今只有学习一辈子,才可能跟上时代前进的脚步。不自觉涉猎科学文化知识、充实各方面理论素养,不主动加快知识更新、优化知识结构、拓宽眼界和视野,就很难占领知识本领的高峰,也就很难赢得主动、赢得优势、赢得未来。习近平总书记曾援引联合国教科文组织埃德加·富尔先生的名言,"未来的文盲,不再是不识字的人,而是没有学会怎样学习的人",以之提醒领导干部树立终身学习的理念。对领导干部而言,只有不断储蓄好个人的能力账户,方能用源源不断的才智活水,托起干事创业之舟。

"工欲善其事,必先利其器。"在能力素质中,最见火候和功夫的,是面对矛盾的定力、解决问题的能力、抗击压力的承受力。改革年代、转型区间,矛盾重叠、问题交织。解决棘手难题,没有"明知山有虎,偏向虎山行"的勇气不行,没有"政善治,事善能"的能力也不行。书本上没有现成的答案,别人的经验也不能照搬,许多事情要靠自己"摸着石头过河",提高具体问题具体分析、具体解决的能力。做好工作的关键就在于,在干事中长本事,在历练中变老练。

为什么中国女排能够获得里约奥运冠军?郎平的回答是:通过一天天慢慢地进步,直到登上奥运领奖台。成就一番不俗的事业,量变的积累至关重要。提高能力素质,既要有一种紧迫感,又要防止欲速则不达。我们应从长计议、从实着手,在锲而不舍地学习积累中,避免"少知而迷、无知而乱",在"千淘万漉虽辛苦"的实践历练中,收获"吹尽黄沙始到金"的出彩成果。

(2016年11月18日)

让语言之河澄澈明净

史晓韵

前段时间,广西南宁一名青年失恋后录制了一段视频,说自己"难受""想哭",却因口音之故,听起来像"蓝瘦""香菇"。结果,这两个"新词"一夜爆红,在很多新媒体上刷了屏。

两个一时之间的热词,折射网络对语言的冲击。应该说,互联网进入中国的这20多年,尤其是社交媒体兴起的这几年,可能是汉语变化最为集中、最为巨大的时段。很多发端于网络的词语,展示出汉语的不同可能性,也赋予了这种古老的语言以现代的活力。习近平总书记在新年贺词中,就曾使用"蛮拼的""点赞"等网络语汇,《现代汉语词典》等规范性辞书也根据语言的发展而不断增补、修订。

语言是一条有生命力的河流,时时处处,总有新的语汇和表达汇入,才保持了它旺盛的活力,赋予它对时代的刻画能力。正因此,面对纷繁复杂的网络新词,大多数时候可以秉持乐观、宽容的态度。毕竟,新语汇的形成,需要沉淀和研磨,大浪淘沙才能出现"信达雅"的新概念。新词汇、新表达能否留存下来,时间会给出客观的回答。君不见,曾经的网络热词,很多早已消失在了词语的密林之中。

不过,这绝不意味着,对于"野蛮生长"的网络热词,可以一意纵容、曲意逢迎,乃至培土追肥,助力稗草疯长。"蓝瘦""香菇",毕竟只是无伤大雅的戏谑,但值得注意的是,还有不少词汇,却起源低俗、意义恶俗、表达粗俗,如把国骂"翻译"成谐音的文字之类,已经可说是"网络脏话"了。对于这类新词、热词,或许就不能听之任之了。

遗憾的是,很多时候,有着一定语言"选择权""定义权"的社会成员,却未做此想。比如,"蓝瘦""香菇"一出现,众多品牌借势营销,少数媒体也大做文章,甚至有企业迅速抢注了这四个字的商标。还有很多词义不佳、不雅的新词,在公众人物、公共空间和不少媒体的不断提及、反复使用中,反而长盛不衰。

忧心于此,绝非是有语言洁癖。试想,一些涉脏涉黄的所谓新词,在孩子们那里脱口而出,难免会让人哭笑不得。试想,若干年后翻看我们的书籍报纸,满版皆是"火星语""颜文字",会不会哑然失笑?再试想,一些低俗的新词广为传用,又让人对这个社会的文明程度做何观感?那种一味标新立异、忽视汉语传统的"时尚",那种传播奇词怪语乃至低俗语汇的"风潮",一方面可能影响汉语言文字的规范性与纯洁性,另一方面也可能对社会文化产生负面影响。

中华文明能成为人类唯一未曾中断的文明,汉语汉字功莫大焉。使用规范汉语,是传承文化、赓续传统的重要内容,也是创新文化、弘扬传统的前提条件。当此之时,应加快制定相关法规,建立起"话语约束"的有效机制,确保在国家机关、学校、新闻媒体、公共服务行业等重要领域,正确、规范、有序地使用国家通用语言文字,这正是汉语在我们时代能够保持生机活力的根本。

对新语汇、新表达,既能拥抱也有选择,既要宽容也不纵容。唯有这样,我们才能在取舍之间,把握坚守与改变的平衡,让语言的大河既澄澈明净,更奔涌向前。

(2016年11月17日)

"领先者"与"跟随者"

李树杰

去一家企业参观,这家企业提出一个响亮的口号:不做追随者,要做领先者。

其实,做领先者还是跟随者,两者并非完全对立和矛盾。一个行业、一个领域,领先者毕竟只是少数。对无数领先者来说,大多经历过跟随者的过程。对那些后起者来说,做一个跟随者有时候也是一个不错的战略选择。因为跟随者有领先者领跑,所以前进的道路明晰;还有后发优势,在汲取领先者的经验教训基础上,可以把资源最大化地集中在正确的方向上,少犯错误。像三星公司,在通讯电子领域,多少年来把紧紧跟随领先者作为一大战略,积极学习领先者的技术、策略等。它追随过苹果公司的创意和设计,包括它的制造,但也有许多自己的创新和独到之处。既做全面的跟随者,又做局部的领先者,是三星、索尼等很多实施跟随战略者的成功之处和聪明之举。

但是,不想当将军的士兵不是合格的士兵,领先者毕竟代表着前进的方向。他们配置着最优和最多的资源,拥有更多的话语权,有时还是各种规则的制定者。早在几十年前,就曾有研究表明,几乎每个市场领导者都会占有约40%的市场份额。而在新业态下,领先者利益优势更加明显。据调查,在互联网效应显著行业,如电子商务,市场领先者往往会拥有超过90%的份额。

成为一个拥有绝对优势的领跑者，站在巅峰傲视天下，是无数跟随者的梦想。就像马拉松比赛的冠军争夺，由远及近，紧紧地咬住对方，当积蓄了足够的力量，具备了超越的强大能量，就毫不犹豫地超越，勇敢变为领先者。

　　正因如此，领先者并不代表永远的成功，若不时时警惕，戒除浮躁功利心态，始终保持强大的创新能力，实现自我否定和自我超越，迟早有一天会被跟随者赶超。华为公司掌门人任正非就曾坦言：华为正在本行业逐步攻入无人区，处在无人领航、无既定规则、无人可跟随的困境，感到前途茫茫、找不到方向。这是领先者的一种宝贵的忧患意识。而对于跟随者，如果没有自己的创新，只是盲目跟随，也永远不会成为领先者。达尔文说过："自然界生存下来的，既不是四肢最强壮的，也不是头脑最聪明的，而是有能力适应变化的物种。"

　　不管领先者还是跟随者，需要保持旺盛和持久的创造力，需要打破各种桎梏瓶颈，凤凰涅槃，再造一个新世界。需要不断地进行理论突破、思维突破、技术突破。需要另辟蹊径，拥抱颠覆，把各种不可能变为可能。最怕的是固步自封，停滞不前。谁能在一次次大机会、大变革中，拥抱变化，奋发作为，谁就能成为真正的领先者，甚至是领导者。

（2016年11月16日）

整饬人生的"精神牧场"

陈　峰

身处喧嚣浮躁的社会环境,如何纾解应接不暇的物质焦虑、精神困惑?人生究竟应向何处去?灵魂又该在哪里安放?这些追本溯源的生活命题,事关一个人怎样安身立命。或许,在广袤的大自然里涵养情趣、放飞思想、诗意栖居,学会体悟自然旨趣,是抵达内心安宁的一条通途。

感受"雨中山果落,灯下草虫鸣"的诗意禅境,聆听"狗吠深巷中,鸡鸣桑树颠"的自然物语,领略"大漠孤烟直,长河落日圆"的壮美图景……生活中总会有某个时刻、某种场景,让人气定神闲。苏东坡认为,人生赏心之乐事良多:清溪浅水行舟,微雨竹窗夜话,暑至临溪濯足,雨后登楼看山,柳荫堤畔闲行,花坞樽前微笑……亲近自然的情趣,犹如清新洁净的空气,吐纳之中令人消解困顿、获取力量。

大自然是最好的美育课堂。从纷乱闲杂中抽身休憩,在自然中行走,于自然中体悟,既是对灵魂的涤荡,也是对精神的洗濯。人之如器,如果不被高雅的情趣所充盈,低俗、粗鄙的情趣便容易乘虚而入。现实中,从痴迷玉石的安徽省原副省长倪发科,到沉溺赌博的遵义市委原副书记罗其方等,都最终被俗趣所击倒。情趣是一面镜子,既可窥见人生的境界高下,也可映照出成败的内在逻辑。

浸润于自然、涵养高雅情趣,何尝不是在深耕心灵的土壤,播撒精神的种子,拔节生命的高度。《论语》记载,孔子与几个弟子谈论社会、政治和个人生活志趣，众弟子或谈治军，或谈富国，或谈守礼之道。曾皙"鼓瑟希，铿尔，舍瑟而作"，对曰："暮春者，春服既成，冠者五六人，童子六七人，浴乎沂，风乎舞雩，咏而归"。暮春三月，穿上春衣，约上五六个成人、六七个小孩，在沂水里洗洗澡，在舞雩台上吹吹风，一路唱着歌回家，这让孔子很感叹："我赞成曾皙啊！"由此可见，一个人不仅要有治国平天下的雄才大略，也应怀有对美好自然的向往追求。

天光云影的大自然里，刻录着快乐的密码，流淌着诗意的华章。梭罗28岁时，曾在新英格兰的瓦尔登湖畔建造了一个简陋的小木屋，独自一人在那里生活了两年多。他在丛林中漫步，聆听自然曼妙的声音，欣赏湖畔四季变换的风景与色彩，思考人生的本质和意义。他坚信，一草一木都蕴含着宇宙真谛和无上法则，一个人通过内省、与自然交流，可以领悟自然界所蕴含的信息。聆听自然、寓于自然，能让人找寻到精神的新高度，赋予人无穷的智慧和力量。

有人说，生活虽不总如自然那般美好，但我们仍可让生活充满诗意。对于我们每个人而言，其实都拥有一片属于自己的精神牧场。与自然交流对话，在自然中涵养情趣、体悟人生，我们就能厚植信仰的土壤、沐浴爱的阳光，让人生的精神牧场绿草如茵。

（2016年11月15日）

用当代创新理论武装头脑

张首映

代际问题,诸如 50、60、70、80、90 年代出生的人有什么共同点,有什么价值取向等,因为不少报告、论文、演讲的讨论,受到社会关注。由此想到,理论具有时代性,一样存在"代际理论""代际特征""代际效应"。理论工作者需要跟上时代,与时俱进进行理论武装和创新。

一个时代有一个时代的理论。理论之"代"不是自然年轮,而是社会年龄、时代纪元,可以是 5 年、10 年,也可以是 20 年、30 年甚至百年。那些标注时代的创新理论,源于时代、高于时代,符合时代潮流,挺立时代潮头,引领时代思想意识,成为先进文化的核心,是一个时代的总基调和最强音。

理论"原道""载道",理论工作者把当代创新理论作为"方向标",可更好认识时代定位,分析时代的存在状态、运动规律、主要矛盾和矛盾的主要方面,把握发展大势,解释时代出现的新现象新状况,回应时代提出的新问题新挑战,解决理论面对时代"过时了"、"苍白无力"和"肌无力"等问题。95 年来,党的几代理论家追随时代步伐,在革命、建设、改革、发展各个时期,传播党的理论创新成果,为党的思想理论建设铺路架桥、添砖加瓦。当前,最重要的是深入学习领会习近平同志系列重要讲话精神,掌握贯穿其中的治国理政新理念新思想新战略,用最现实最集中体现 21 世纪马克思主义、当代中国马克思主义的科学理论武装头脑,推进中国特色社会主义伟大事业。

理论"传道""弘道",以当代创新理论作支柱,理论工作者能更好提炼时代精神,厘定时代价值,主动设置议题,在思想领域坚持真理、明辨是非、澄清谬误。现在,思想观念活跃,各种理论纷至沓来,人们思想意识呈现多元性、多样性、多变性的特征,必须遵循当代创新理论这个"大道理",向他们讲清有关"中道理""小道理""微道理",帮助他们明白哪些是对的或错的,哪些是真的善的美的或假的恶的丑的,哪些是有益的或有弊的,在乱云飞渡中拨云见日,在熙熙攘攘中立定脚跟,在错综复杂中抱元守正,在困惑迷茫中拥抱希望,尽可能解疑释惑、凝聚共识,扩大正能量、增加向心力。

理论"问道""探道",基础在普遍原理、依靠在一脉相承的理论谱系,更要用当代创新理论来指导。当代创新理论是普遍原理的运用发展,是理论谱系的发扬光大。理论工作者把它当"推进器",就是对普遍原理的坚守,对理论谱系的延展,对当代创新成果的阐发,就能把理论追求的真理性与对象性、普遍性与特殊性、历史性与当代性、战略性与现实性和破与立等有机结合起来,不顾此失彼或扬前抑后,全面、系统、鲜活,体现时代性、把握规律性、富于创造性。当翻阅江苏人民出版社七册思维研究丛书(包括《战略思维》《历史思维》《辩证思维》《创新思维》《底线思维》《法治思维》《互联网思维》)时,这种感觉油然而生。若都能如此,我国理论界一定能开启新思路,提升新境界,铸造新范畴,形成新话语,促进理论创新向纵深发展。

"人事有代谢,往来成古今"。理论创新只有进行时,没有完成时;代代相因革,理论光景将如秋水共长天一色。

(2016年11月14日)

把时间变成历史

李 拯

阅读历史，有这样一个引人深思的问题：在古代中国，挑战中华文明的游牧民族，为什么大多反而被中国文化所"内化"？一个很有启发性的答案是，中国文化有着由文明定义的"历史叙事"，相对而言，游牧民族则只拥有自然流动的时间。这启示人们，时间自在自为地流逝，唯有通过人类文明，才能变成具有人文刻度的历史。

天地玄黄，宇宙洪荒，如果缺少人的行动与奋斗，时间只是"逝者如斯夫"的自然变化。马克思说过，"整个所谓世界历史不外是人通过人的劳动而诞生的过程，是自然界对人来说的生成过程"。可以说，正是人类生生不息的奋斗，才把匀速流动的时间，变成有着起伏快慢和生长节奏的历史，从而建构起一个前后相续、薪火相传的"意义的世界"。

而作为世界上唯一未曾中断、在几千年时间跨度里保持了连续性的文明体系，中国比其他国家更加注重"历史意识"。我们的时间之轴，可说被一系列伟大的历史事件所标定。比如说，秦统一中国，既证明了大一统的可能性，也让大一统成为中国历史的主流叙事和预设模式；再比如说，前段时间举国纪念长征胜利，正是因为80年前那场史诗般的征途，为现代中国走出了一条开阔的道路。一代代人的接续奋斗，就像锋利的铧犁一样，在时间的荒原里开垦出历史的田垄，由此哺育着文明的生长繁荣。

时间一旦变成历史，就不仅关乎过去，更意味着向未来的延伸。博尔赫斯在其小说名篇《小径分叉的花园》里,用"小径分叉"来比喻时间的分叉,因为"时间总是不断地分叉为无数个未来"。其实,时间分叉只是形象的文学修辞,时间不会自动分叉,而恰恰是人类的奋斗,才让未来具有可以期待的无限可能性。在人类历史上,无论是恺撒的"我来,我见,我征服",还是哥伦布发现新大陆,抑或是牛顿提出三大定律,正是人类对未来可能性的不懈追求,才不断把无声的时间变成激动人心的历史。可以说,失去了可能性,未来就不再值得期待,历史就不再值得创造,剩下的只是自然时间的无谓流动而已。

因此,在历史的语境中,未来不再只是未曾到来的时间,而是等待着人们去创造的无限可能性。而实现未来的可能性,这本身就是在创造历史。在这个意义上,把时间变成历史,就具有了深刻的时代意义和现实意义。

今天的中国,正在进行着把现代化与10亿级人口规模相结合的伟大事业,始终在"向着一个无人能够预言的未来前进"。中国的发展已经改变了西方教科书上的固有模式,而中国的未来也将给现代文明带来更多可能性。正是这种可能性,让外媒用"激动人心"来形容中国的发展;也正是这种可能性,向所有人展现了创造历史的开放性。对于这个时代的中国人,在改革发展的宏大叙事中加上自己的一笔,既是在赢得未来,更是在创造历史。

过去孕育着"以往知来,以见知隐"的经验和知识,而未来则蕴藏着无限的可能性。未来的可能性不会被取消,历史更不会被终结。今天的中国有了这样的底气:我们不仅善于书写历史,而且勇于创造历史。最为重要的是,我们仍然葆有把时间变成历史的激情和能力。

(2016年11月11日)

"万里功名莫放休"

马祖云

一位巡视工作专家在解读《中国共产党问责条例》时说，举凡被追责问责的干部，大都深染"担当缺失症"：面对大是大非不敢出手亮剑，面对矛盾难题不敢直面破解，面对危机风险不敢挺身而出，面对渎职失误不敢承担责任，等等。干部不担当，事业发展便缺少了稳固基石，政策在落实中落空、发展"涛声依旧"的问题由此源源不断。

不担当的干部，不管是甩手推脱型，还是圆滑世故型，或者逍遥无为型，大都有一个心理病根，那就是"怕事心态"：一怕"多干事、易出事"，丢了官帽；二怕斗邪气、得罪人，丢了选票；三怕树大招风难作为，丢了声誉；四怕揭脓包、捅蜂窝，丢了退路。他们最为擅长的，是庸俗哲学和"太极之道"：上下讨好，八面玲珑；拍胸脯说大话、拍手掌讲好话、拍屁股没后话；该负责的装糊涂，不该负责的假清高。归结起来说，不担当尽责，原因就在于"心贼"当道，私字作祟。

近读政道之书，一则"官事"令人感慨不已。宋仁宗时，官僚机构臃肿，州县官吏多有怠政失职者。范仲淹在朝廷推行吏治改革时，视各路官员优劣，升迁政绩卓著者，降黜为官贪渎者。当他"取诸路监司名册"，将不才"一笔勾去"时，枢密使富弼对他说："一笔勾之甚易，焉知一家哭矣？"范仲淹答曰："一家哭，何如一路哭耶！"为官意味着责任，有责任就要担当；避事躲身、失责无为，半点为官资质操守都没有。

从"清心为治本,直道是身谋"的包拯,到"苟利国家生死以,岂因祸福避趋之"的林则徐,从"不带私心搞革命,一心一意为人民"的谷文昌,到"为了改革开放事业,要杀出一条血路"的袁庚,古往今来,做官"为天地立心,为生民立命"者,皆胸怀天下、坚守公心、勇担重任。对于党员干部来说,从政是为公的事业,权力是民赋的责任。为政者只有"立天下之正位,行天下之大道",秉持"计利当计天下利"的大公品格,具有"泰山压顶不弯腰"的担当铁肩,才能负重任、敢作为、成大业。

1962年冬,大雪纷飞,兰考县火车站里,挤满了外出逃荒灾民。当时,一位省领导实地考察,看到兰考的恶劣环境和严重灾情,提议一分为四,将兰考划给周边四个稍好的邻县。焦裕禄面对巨大的困难和压力,当场立下军令状:情愿累脱三层皮,也要安抚好百姓,绝不能把困难推给兄弟县!共产党的"官场"非为升官发财的名利场,也不是清闲安逸的养生堂,而是为民造福的奋斗场。要奋斗,就须舍得了一己之得的功名利禄,担得起安邦富民的公仆义务;放得下进退去留的个人得失,负得起振兴一方的公权职责。

"千古风流今在此,万里功名莫放休。"实现亿万人民的梦想,是共产党人追求的"万里功名"。当下,改革攻坚、发展破障、小康决胜,时与势呼唤各级干部当有敢为人先的精气神、披荆斩棘的攻坚力、善作善成的真本领。这是"不忘初心"的检验,是为官从政的"王道",亦是失职问责的"霸道"。不可不警醒,不可不躬行。

(2016年11月10日)

用好故事感染每个心灵

殷陆君

不是士兵,却要时刻保持冲锋姿态,奋战在突发事件一线;不是医生,却始终满怀赤子仁心,让模糊的视线重又清晰;不是教师,也要用镜头和文字,打开一扇扇心灵的窗户……第十七个记者节来临之际,中央电视台播出特别节目"好记者讲好故事",让人们近距离感受到新闻工作幕后的酸甜苦辣,也生动诠释了新闻职业的独特魅力。

记录并推动社会进步,堪称新闻记者的天职。最近一段时间以来,从庆祝中国共产党成立95周年到成功举办G20杭州峰会,从隆重纪念红军长征胜利80周年到党的十八届六中全会召开,这些举国关注的大事背后,无一不凝结着新闻工作者的智慧、心血和汗水。参与和见证这些时代盛事,新闻工作者撰写了一大批催人奋进、鼓舞人心的新闻作品,更留下了"新闻人"敬业乐业忠诚奉献的动人故事。

在这个风云变幻、思想活跃的时代,新闻工作者是幸运的,因为无数的新闻素材正在涌流。地方卫视通过老船长朴实地讲述了三沙古老的"更路簿"故事,用6种语言传播"南海自古以来就是中国的"这一确凿史实;四位女记者重走长征路,重现了红军的纪律发展史,得出"自律者自信、自信者才有未来"的朴素心得;"90后"记者在采访3位基层干部后感慨,"他们的共同名字是共产党员,他们的党龄比我的年龄还长",从而更坚定地踏上了新的长征路……无论是气势恢弘的主题叙述,还是春风化雨的轻声絮语，都散发着时代的温度，映照着永不褪色的家国情怀。

在这个改革激流勇进、传媒日新月异的时代，新闻工作者是快乐的，因为无数的故事正通过自己的指尖传播。一位年轻的网络媒体记者，为"挂在悬崖边上的小山村"鸿雁传书，竟然收到了总书记的网络视频回信，找到了"从田埂上的话题找角度"的独到体会；一位长期扎根社区的老记者，挖掘出劳动局长"潜伏"打工为农民工贴心服务的感人故事，让人们眼眶湿润……于微末中寻真章、在朴素处见真情，贴近广阔的社会生活，就不难迸发出解读时代最有力的语言。

在这个梦想与挑战同在、发展时不我待的时代，新闻工作者是幸福的，因为无数的温暖正在被传递。省电视台主播把直播间搬进大凉山，通过系列报道助力小山村弥补教育短板，为孩子们种下梦想的种子；脱口秀栏目主持人让节目走进青藏高原，组织医疗队为5000多名孩子们恢复视力……透过镜头、借助话筒，一次次拿起采访本，新闻工作者让改变悄然发生，使温暖自然传递。而现实生活所发生的积极变化，正是对这个职业最崇高的褒奖。

讲故事是记者的本职，讲好故事是记者的本事。"好记者讲好故事"活动开展3年来深受记者欢迎、广受社会好评，有观众感慨看到了故事之真、记者之善、人性之美。好记者拨动每个人的心弦，好故事则能感染每个人的心灵。广大新闻工作者只有把根深深扎入基层的土壤，用心把中国故事讲述得更加精彩，才能始终挺立于时代潮头，不辱使命、不负担当。

（2016年11月09日）

让初心照亮远方

——写在第十七个记者节

李浩燃

"长征五号"发射场，大国重器剑指苍穹；珠海航展演示区，国产装备频频亮相……处身互联互通、无远弗届的新媒体时代，人们只需滑动指尖，便可知晓天下。而在精彩纷呈的传播流背后，总有新闻人默默守望的身影。

第十七个记者节来临之际，新闻工作者这一专职影响他人注意力的群体，再次被舆论的聚光灯照亮。一方面，传统媒体提供的就业岗位客观上在缩减，"辞职""转行"成为流行语；另一方面，随着新媒体迅猛发展，行业对从业者的要求水涨船高。观察传媒世界，新闻工作、新闻职业正快速变迁，传统的记者编辑不得不面对"危机语境"。

不忘初心，方得始终。对常规的依赖和对不确定性的忧虑，共同构成了新闻业的一个时代剪影，也愈加考验着新闻人的初心。秉持"铁肩担道义，妙手著文章"的信条，能不能经得起现实雨水的冲刷？开启媒体融合这场"没有地图的旅行"，会不会走得太远而忘记为什么出发？回溯新闻史，范长江、邹韬奋、穆青等老一辈新闻工作者令人尊敬，就是因为他们不务虚名、不忘责任，始终以高尚的理想情怀、优秀的新闻作品诠释新闻人的担当。他们的故事深刻启示我们，无论时代风云如何变幻，无论传播技术怎样革新，都不能忘记新闻人的那份初心。

初心，首先就意味着坚守。面对日新月异的传播技术、复杂多变的舆论环境，有的人难免"乱花渐欲迷人眼"，有的人难免在困难和问题面前暗自神伤。然而，更多的新闻人以一颗执着的恒心而应万变，坚守新闻人原初的理念、原则、操守，日渐开掘出一片新天地，抵达"乱云飞渡仍从容"的职业境界。实践表明，更加开放、多元的媒体环境，既意味着巨大挑战，也蕴含着无限可能。正如学者所言，尽管职业新闻人对新闻传播的垄断被打破，但这并不意味着专业新闻生产的衰败，反倒为大家搭建起自我更新、面向社交的新舞台。"为者常成，行者常至"。持之以恒、久久为功，直面一切困难与风险，新闻人都会找到自己的蓝海。

然而，初心不是因循守旧、墨守成规，而是在挑战面前能够自觉激发创新潜能，打磨一份匠心。有人说，世界正在"翻页"，如果你不够努力，就会像一只蚂蚁被压在旧的一页里。随着传播日渐分众化、差异化，大众传播的传统格局深刻解构，传统媒体与新兴媒体的融合发展逐步迈向纵深，惟匠心能穿越一切形态。对新闻人而言，抱有这一颗匠心，深谙传播规律、紧跟技术潮流，既肯下"笨功夫"、也善用"巧方法"，坚持以"有思想、有温度、有品质的作品"去贴近受众心灵，方能立于不败之地。

记者节，正是重温初心的节日。始终不忘初心，牢记职责与使命，广大新闻工作者才能如习近平总书记所要求的，做"党的政策主张的传播者、时代风云的记录者、社会进步的推动者、公平正义的守望者"。

（2016 年 11 月 08 日）

"为敢于担当的干部担当"

辛士红

有"斗胆直陈"、胸怀韬略的粟裕,有从善如流、知人善任的毛泽东,才有淮海战役的巨大胜利;有敢试敢闯、"向前走,莫回头"的袁庚,有勇当改革者"保护伞"、切掉胆囊"浑身是胆"的任仲夷,才有蛇口工业区的改革奇迹……试想,如果那些冲锋陷阵、所向披靡的闯将,只是孤军奋战,得不到支持、理解和呵护,就是浑身是铁又能打几根钉?

党的十八届六中全会强调"为敢于担当的干部担当,为敢于负责的干部负责",激荡起多少干事者、改革者的雄心,也对各级党组织和领导干部提出了一个具有时代意义的课题。当鞭挞"为官不为"时,对那些敢作敢为者,想一想我们是否给予了足够多的支持?当呼唤改革的促进派实干家时,对那些中流击水者,想一想我们是否给予了必要的激励?当期盼社会风气向善向好时,对那些公平正义的守望者,想一想我们是否有过"帮一把"的经历和措施?

"天下事,在局外呐喊议论,总是无益,必须躬身入局、挺膺负责,乃有成事之可冀。"敢于担当、敢于负责,不但是好干部的必备素质,而且是干事创业的精神动力。有多大担当才能干多大事业,尽多大责任才会有多大成就。不论是哪个单位、哪个领域,都需要面对矛盾敢于迎难而上、面对危险敢于挺身而出、面对失误敢于承担责任的好干部。这样的好干部多了,改革列车才能行稳致远,各项事业才能蓬勃发展,政治生态才能河清海晏。

大事难事见担当,担当需要铁肩膀。攻坚克难、化解矛盾,有时难免受到挫折、遭到冷遇;坚持原则、无私无畏,有时难免遇到误解、丢掉选票;见义勇为、不计得失,有时难免陷入困境、委屈无助;恪尽职守、任劳任怨,有时难免出现失误、挂一漏万。当此之时,他们最需要的是组织和领导热心的帮助、真心的鼓励、耐心的倾听,而不是泼一盆冷水、给一个冷脸、来一番冷嘲热讽,更不是使绊子、扣帽子、打棍子。

为担当者担当,敢于担当的干部才能如春草怒生;为负责者负责,敢于负责的干部才能如洪波涌起。否则,"好贤而不能任,能任而不能信,能信而不能终,能终而不能赏,虽有贤人,终不可用矣"。《史记》中记载,汉文帝曾对冯唐感叹,如果我有廉颇、李牧这样的将军,还用为匈奴操心吗?冯唐不客气地说:"陛下虽得廉颇、李牧,弗能用也。"待冯唐细细说出其中理由,汉文帝听后转怒为喜,当即采纳了冯唐的谏言。

选人有准头,干部有奔头。陈云同志曾这样概括我们党的用人之道:第一,了解人;第二,气量大;第三,用得好;第四,爱护人。今天,对于敢于担当的干部,我们理应做到了解、宽容、重用和爱护。当他们勇挑重担时,该鼓励的要鼓励;当他们遇到挫折时,该帮助的要帮助;当他们干出成绩时,该鼓励的要鼓励;当他们受到非议时,该撑腰的要撑腰;当他们锻炼成熟时,该使用的要使用。

担当需要"代入感",更呼唤"同行者"。当干部不再为担当担心、为正气受气,敢于担当、敢于负责就会成为干部的自觉追求和时代风尚。

(2016年11月07日)

守正固本品自高

康井泉

这是一件 80 多年前的往事：1933 年 11 月，谢觉哉同志到瑞金检查工作。瑞金县苏维埃主席杨世珠一味奉承讨好，临近中午，县苏维埃财政部长蓝文勋还大摆酒席，被谢觉哉当场斥责。见杨世珠等人神色异常，谢觉哉趁休息走访老干部，发现问题严重，马上派人向中执委汇报。翌日，中执委派工作组突击查账，查出会计科科长唐仁达侵吞各类款项合计大洋 2000 余元，还顺藤摸瓜挖出了集体贪污款额达 4000 余元。谢老坚持原则、正直无私的"守正"品格，成为党史上明察秋毫、敢于向错误开刀的典范之一。

古训说，"政者正也""其身正而天下归之"。守正，堪称从政者必备的品质与修养。恪守正道、胸怀正气、行事正当、捍卫正义……回溯历史，那些在政绩上有建树、在百姓中有口碑的为官者，盖因做好了"正"字文章，彰显出以正治道、以正立心的勇气与智慧。自古而今，真正的守正者，宁可丢弃官位、放弃利益甚至牺牲自己，也绝不愿丢弃为人清正的底线。

"说老实话、办老实事、做老实人""党内不准搞拉拉扯扯、吹吹拍拍、阿谀奉承""党的各级组织必须自觉防范和纠正用人上的不正之风和种种偏向""领导干部特别是高级干部必须带头从谏如流、敢于直言""决不能以言代法、以权压法、徇私枉法""讲修养、讲道德、讲诚信、讲廉耻"……党的十八届六中全会重申和提出的这些重要原则，一言以蔽之，就是通过严肃党内政治生活，在党内涵养清风正气的水源，锻造崇清守正的品格，从而净化党内政治生态。

守正，根本是"正"，关键在"守"。习近平总书记强调，"领导干部要坚守正道、弘扬正气，坚持以信念、人格、实干立身"。心头牢记一个"正"字，把"正"看得高于一切，时刻保持头脑清醒、注重砥砺心志，身正影直、不贪不占，才能问心无愧、于心自安，行得正、坐得稳。反之，如果人生的"正"字大厦发生倾斜，品行不端、政德不修、党性不强，最终必生邪心、走歪路、办坏事。对于领导干部来说，有必要在静处时常问自己：我的人品、行为还正吗？心灵还正吗？人生追求还正吗？

刘少奇同志曾说："共产党就是代表人类正气的。我们要发扬和提高这种无产阶级的正气，克服一切的邪气。"共产党人理应襟怀坦荡，矢志追求正直、正义、正派，堂堂正正做人，公正无私处事，清清白白为官。切实做到坚持原则、廉洁自持、以身作则、大公无私，方能抵挡诱惑、守住底线，也才会看透是非、想清得失。保持一身蓬勃朝气、昂扬锐气、浩然正气，在面对歪风邪气时就能心中有底气，保持傲然挺立，无所畏惧，守正如初。

俯仰天地心无愧，守正固本品自高。守正，也是围绕"正"而自我修为、自我纠错的过程。对每一个人而言，涵养心性、完善人格、立身正行，永远没有休止符。

（2016 年 11 月 04 日）

批评如何带点"辣味"

欧阳辉

"批评和自我批评必须坚持实事求是，讲党性不讲私情、讲真理不讲面子。"党的十八届六中全会提出的这一明确要求，发人深思。新形势下，把批评与自我批评这一武器用好，有必要让批评带点"辣味"，让每个党员干部都能红红脸、出出汗。

党的十八大以来，党内坚持开展实事求是的批评和自我批评，大家坦诚相待，"辣味"渐浓。但仍有少数单位组织生活缺少"辣味"，甚至变味：有的讲问题少，避重就轻、轻描淡写，批评清淡而寡味；有的夸成绩多，批评反倒变相为表扬的甜味；还有的满腹牢骚，批评充斥诉苦的酸味；更有甚者对上级放礼炮、对同级放哑炮、对自己放空炮，当面说一套、背后做一套，令严肃的批评和自我批评索然无味。究其原因，主要是私心杂念作祟，不愿不敢担当。

批评和自我批评之所以成为党的三大法宝之一，就在于它能使我们党强身治病、保持肌体健康。毛泽东同志曾指出："我党必须实行公开的自我批评，不怕家丑外扬，隐瞒是不能教育党员的。"如果少了有"辣味"的思想交锋和火花碰撞，就难以触及思想、触动灵魂，难免闭塞视听、麻痹神经，最终贻误党和人民的事业。批评的"辣味"，辣要辣得有"劲道"，入味才好。辣要辣得有"反应"，出汗最佳。只有勇于直面问题、敢于揭短亮丑、触及思想灵魂、击中问题实质，批评的"辣味"才会让人产生"红红脸、出出汗"的反应,才能有助于"排毒""治病"。

批评如何有"辣味"?关键就在领导干部愿意"揭盖子"、敢于"丢面子"。王震同志在新疆工作时,错误处理了一位同志,撤销处理后,他公开向这位同志作检讨,并将检讨内容下发,还在广播里连续播放20天。李立三同志讲党课时,专门反省"立三路线"的错误,让党员从中吸取历史教训。正如这次六中全会所指出的:"党的领导机关和领导干部对各种不同意见都必须听取,领导干部特别是高级干部必须带头从谏如流、敢于直言。"突出了领导干部这个"关键少数",就会"上行之,下效之",味道就会真正"辣"起来,批评和自我批评就会发挥出应有的制度威力。

《论语》有云:"君子之过也,如日月之食焉:过也,人皆见之;更也,人皆仰之。"当年,邓小平同志为"学习雷锋标兵"朱伯儒题词:"做一个名符其实的共产党员",语言学专家王力看到后,便拿笔在"符"的旁边写了一个"副"字。邓小平闻讯十分高兴,连声夸赞"改得好","老师如果写了错别字,就会贻误了学生,如果国家领导人写了错别字,那就会影响国民的文风"。说罢又要来一张宣纸,重新认真地书写了一遍。面对批评,有闻过则喜的胸襟,保持有则改之的坦然与谦逊,不仅无损于颜面,更见领导干部的品格与魅力。反之,听不得批评意见,闻过则怒,听到的都是奉承声,领导干部就会逐渐步入危险境地而不自知了。

批评带点"辣味",实质是为了有触及灵魂的反思,也是为了有直抵心灵的叩问。不能盲目加"料",更不能无中生"味",同时还要讲究方式方法,不是唱反调、和人过不去。如此,方能使批评和自我批评既"辣"又"香"、既"劲"又"正"。

(2016年11月01日)

扣好人生的每一粒扣子

徐文秀

有人说,人生好比穿衣服,要想穿戴整齐、美观好看,扣子得扣好。人生总有那么些关键处、转折口、紧要时和危险地,把这些"扣子"扣准、扣紧、扣牢和扣踏实了,才叫扣好了人生的每一粒扣子,才能让人生之路行稳致远。

扣好人生起步开局的第一粒扣子。"凿井者起于三寸之坎,以就万仞之深。"青春洋溢、风华正茂之时,正是人生之路起步的关键处,这个阶段得打好基础、抓好养成。现在社会上、校园里,还是有那么一些年轻人总感觉茫然困惑,对自己的人生之路"往哪走""怎么走"胸中无数、心里没谱,更有甚者还贪图享乐、空虚无聊,游戏人生、虚掷光阴。作家柳青说过:"人生的道路虽然漫长,但紧要处常常只有几步,特别是当人年轻的时候。"人生是单行道,起步错了难免绕弯路、走远路。上好人生的第一课,确立好人生的起跑线、基准线,才能让起跑成为起飞的开始。

扣好人生失意失落这粒转折的扣子。人的一生,常常会碰到这样那样的挫折、不顺和打击。碰壁了,甚至失败了,怎么办?有人灰心丧气、失望彷徨,有人不堪一击、一蹶不振,更有人自暴自弃、破罐子破摔。这些年,个别所谓"高官",其贪腐之路越走越远、越陷越深,正是从最初的期望受挫、政治上失意开始,逐步失去志向、失去信仰,最后难以回头的。人可以被击败,但不可以被击倒。当一个人碰到困难、失败和过不去的坎时,只要精神不滑坡，办法总比困难多。在痛苦与焦虑中，说不定正蕴藏着人生的华丽转身、精彩转型。

扣好人生得志得意这粒紧要的扣子。人生最容易迷失自我的时候，往往是得志得意、平步青云的时候。这时候，鲜花遍地、掌声四起，听到的是赞歌、看到的是笑脸、响起的是"礼炮"、面对的是恭维，很容易变得飘飘然、昏昏然、沾沾自喜、骄傲自满，甚至自以为是、刚愎自用。成功的人生，其实一直在做两件事，一是在失败中站起来；二是从成功中走出来。扣好得志得意这粒扣子，就是要在成绩面前看到不足，在成功面前看到差距，始终保持谦虚谨慎、戒骄戒躁的警觉和自觉，才不会"平流无石处，闻说有沉沦"。

扣好人生"降落""着陆"这粒危险的扣子。据说，飞机起飞着陆之时，危险系数最高。有一种"59岁现象"，说的正是当一个人临近离退休时，容易产生歇一歇甚至最后"捞一把"的心理，没能保持住晚节。电视专题片《永远在路上》中有一段白恩培的反省画面，他说自己"副部级以上都二十多年了，正部级岗位上也十多年，没想到老了老了，放松了对自己的要求"。同样，李春城也说："按照通常的退休年龄，这将近一生了，居然因自己的错误这样收场，何其悲哀！"这都是活生生的案例和教训。人应当退休不褪色、离岗不离队、放松不放纵，给自己的人生画一个漂亮的句号，交一份满意的答卷。

人生这件"衣服"要扣的扣子很多，但这"四粒扣子"至关重要，它是人生处于关键处、转折口、紧要时和危险地的把握，关系到人生整件衣服是扣歪、扣松，还是扣正、扣紧，务必慎之又慎。

（2016年10月31日）

能度顺境方英雄

习 骅

最近,电视专题片《永远在路上》吸引了无数眼球。人们晚上追看、白天热议,而出现频率最高的词是"震撼"和"思考"。

将近四年以来,大批腐败分子的相继落马让人们感到解气、快慰。一旦单纯的数字变成活生生的影像,过去光彩照人气场满满的大人物,如今对着观众涕泗横流,真是"眼看他起高楼,眼看他宴宾客,眼看他楼塌了"。强烈的反差撞击人心,党中央刮骨疗毒的勇气和力量令人动容。

震惊最容易触发思考。曲终人散后,他们看似跟平常老头儿没什么两样,所不同的是,平民尚有含饴弄孙之乐,他们却不能。作为罪人,他们不值得同情;作为老年人,他们实在可悲。用自己的手毁了自己,并且捎上老婆孩子,这不是疯了吗?

"疯狂"正是这些人的通病。古人说"亢龙有悔""天欲其亡,必令其狂",讲的是同一个哲理。道理并不深奥,他们的智商更是不在常人之下,可为何如此愚蠢,难道跟自己有仇?

有始无终、善始不善终,是他们走向毁灭的共同特点。许多落马者曾经是"草根逆袭"的成功样本,付出和收获都多于常人。出身贫寒,有的缺衣少食,有的很早失去至亲,上学读书都靠党和政府接济,但他们没有被生活打倒,而是咬紧牙关挺了过来。曾为人民流过汗、立过功,在组织关怀培养下,位置不断提升,人生渐入佳境,未来一片光明。

然而，与他们一路上扬的人生曲线相交叉的，还有一条不断下坠的暗线，两者形成了一把锋利的剪刀。就像苏荣那样，开始尚能知止，后来出现一些小问题，最终由量变达到质变。他们都很享受连按电梯都是"亲自"的恭维，和一言九鼎、无所不能的权威感，脾气和胆子越来越大。什么人都敢交，什么话都敢说，多脏的钱都敢拿。及至东窗事发，这才大梦初醒，哀叹最多的，除了懊恼，就是"人生毁了"！

克服逆境不容易，度过顺境方英雄。自古以来，逆境成才备受尊崇，"艰难困苦，玉汝于成""梅花香自苦寒来"的故事最吸引人。其实，逆境奋斗有着不得已的压力推动，要么咬紧牙关杀出一条血路，要么自生自灭湮没无闻，只要发愤图强，不需要担心阴沟翻船。反倒是人在顺境，权力在握，要风得风要雨得雨，有很多选项可供勾选，假如大脑发烫、意志力萎缩，"魔鬼"就会找上门来。

哲人说，"顺境的美德是节制，逆境的美德是坚韧"。"坚韧"是为了得到手中所无，"节制"则是不滥用手中之物。两相比较，从某种程度上说，忍住诱惑更考验人。

与拥堵的市区相比，行驶在一马平川的高速路上，临深履薄之心须臾不可无。曾国藩当年一夜之间连升四级，却扛住了温柔的围猎，因为他知道"无缘无故"的好处都是"钓饵"，最终会"得不偿失"。忘乎所以为所欲为，等于在高速路上玩"大撒把"，当时越有"面子"，后来越跌份儿；当时有多放肆，结果就有多懊悔，这是一条人生定律。

对于领导干部来说，有必要算一算"腐败成本"账，扪心自问腐败的生活有什么意义。更应当懂得廉洁即富足，无愧即有福，为人民谋利益最快乐，善始善终的人生最美好。

（2016年10月28日）

让每个党员都有力量

李 斌

"亿万千百十,皆起于一。"宏大工程、壮阔基业、雄健组织,无不肇始自最基础的元素。党的十八届六中全会进一步严肃党内政治生活、加强党内监督,正是为了固本强基,从每个党员开始,锻造一个坚强的领导核心。

因为组织涣散、纲纪空洞,民国初年诞生的数百个政党,大多折戟沉沙。"二次革命"失败后,孙中山痛悟:国民党内部思想混乱、鱼龙混杂,组织严重不纯,党内纪律全无,"非袁氏兵力之强,实同党人心之涣散"。松松垮垮、稀稀拉拉的团体和组织是干不成事的。一个政党如果其成员各行其是、缺乏基本的组织意识和纪律意识,如果其成员各怀私心、不能为着共同理想团结奋斗,与"一袋马铃薯"、一筐"鹅卵石"无异。

党员是党的肌体的细胞。党的先进性,来自每一个共产党员的先进表现;党的凝聚力,离不开每一个共产党员的团结一心。"我能丢弃一切,惟革命事业,却耿耿在怀,不能丢却!"翻开方志敏的文集,对党的忠贞情怀跃然纸上。老红军唐进新回忆长征,"每一战都有大批战友倒下,但活下来的人毫不退缩,因为我们有红色的理想"。为什么建党95年、执政67年的中国共产党,依然被视为"亚洲乃至全世界最有活力的政党"?千百万信念坚定、忠诚担当的党员,正是活力的源泉、力量的基石。

提到"两学一做"学习教育,一位老党员说,党员就当"是其所是",学习教育是一个必经的改造过程。的确,做合格党员永远在路上。党员的优秀品质不是天生的,谁也没有对腐败微生物的天然免疫力。周恩来曾告诫,"每个党员从加入共产党起,就应该有这么一个认识:准备改造思想,一直改造到老"。入党誓言只有几句话,但兑现誓言却需要一生的努力。从坚决拥护党的路线、方针、政策,到尽心竭力践行党的优良作风,再到困难和考验面前的躬身担当、坚守本色,只有真正把党摆在心头正中,时时处处以党员标准要求自己,共产党员才成其为共产党员。

党员意识的强化,党性修养的提升,离不开严肃认真的党内政治生活锤炼。我们党早期青年运动领导人恽代英在剖析自我思想状况时说:"要问我亦会有时'出卖'救国事业么?我决不昧着良心嘴硬,我每到没有监督裁制的地方,便总有些自己把握不住,所以我为要保证自己'不卖',亦只有努力求党的纪律加严,下层阶级监督力量的发展。"党员干部的政治觉悟,不是给自己打百分之百的保票,而是把自己百分之百地交给组织。自觉在纪律约束和党内监督下开展工作,理应是每个党员干部一以贯之的行为准则。对党组织来说,"使党铁一样地巩固起来",需要烧旺党内政治生活的熔炉,使党的每一个细胞都健康无恙、每一处组织都坚强有力。

早在改革开放之初,邓小平就指出,我们这个党要恢复优良传统和作风,有一个党员要合格的问题,如果几千万党员都合格,那将是一支多么伟大的力量。让每一个党员都充满力量,我们一定可以用理想之光照亮奋斗之路,用信仰之力开创美好未来。

(2016年10月27日)

既已出发，何惧倒下

许　诺

这几天，"长征"一词，让人感受到红色脉搏的强劲跳动。沿着长征路，许多人来到红军战士安眠的墓园，扫一扫尘土，献一瓣心香，感受一份崇高、接续一种精神。

川陕革命根据地红军烈士陵园，是我国最大的红军烈士陵园，25048名烈士安眠于此。青山之上，蓝天之下，洁白的墓碑整齐排列，每一座墓碑上都有一颗红星，就像是当年那支年轻的队伍。置身墓园，你会觉得历史正在向你诉说，提醒你不要遗忘这里所有死亡所蕴含的勇气、奉献与光荣。牺牲，在这里凝固成永恒，给人们带来巨大的情感冲击和心灵震撼。

青山有幸埋忠骨，烈士无名亦有名。广袤大地上的红军墓，标注着红军的征程，也标注下精神的高度。红军过草地时担任收容任务的部队，遇到倒下的官兵，一定要掀开盖在他们脸上的草看一看，因为这些负伤、生病或是饿得走不动的红军官兵，往往为了不拖累队伍，用草把自己的脸盖上。很多战士连墓都没有留下，但他们的精神却已注入长存的浩气。每一个牺牲，都永垂不朽。

人的本能总会趋利避害，但为什么会有这么多人舍生忘死、视死如归？正如习近平总书记所说，"长征是一次理想信念的伟大远征"。那些年轻的战士，可能讲不出太多大道理，但他们深深懂得，投身到这支队伍历尽苦难，在这场远征中淬炼成钢，人民才有希望，国家才有未来。既已出发，何惧倒下？心中激荡着理想和信仰，生死便显得不再那么重要。"艰难可以摧残人的肉体，死亡可以夺走人的生命，但没有任何力量能够动摇中国共产党人的理想信念。"

围绕着红军墓，有着太多感人故事。红军曾在湖南蓝山县与敌人激战，牺牲的战士被村民秘密安葬。为防敌军搜捕，村民们守口如瓶，红军来过的"秘密"被保守了很多年。1934年11月，红军在广西兴安水埠村遭到阻击。战后，村民们把红军遗骸一点点捡回，冒死殓葬。从此，村里几代人接续守墓。正是红军所秉持的理想、所展现的精神，让这些淳朴的人们感受到了精神的召唤，因而愿意守护之、追随之、传承之。

墓，是生者和逝者精神对话的介质。站在静卧的红军墓前，忆及80年前那场气吞山河的远征，与逝者进行精神对话，最容易触动心弦、激荡情感、延展力量：我们不能不严肃面对逝者的理想信念，不能不认真调整自己的人生坐标，不能不倾力完成从历史到未来的矢志奋斗。"长征是宣言书，长征是宣传队，长征是播种机"。而这些红军墓，正像是宣言书传播的一个个文字、播种机播撒的一颗颗种子。沿着万里征途，这些红军墓构成了中华民族伟大的心史，他们无私的牺牲塑造了一个民族不死的精魂。

贵州尧龙山镇箭头垭，听着长征故事长大的廖军夫妇，把家安在无名红军墓旁，成了义务守墓人。有人说，"墓地旁修房子是大忌"，他们却说，"这里不同，红军墓充满正气"。"长征是一次唤醒民众的伟大远征"，这样的唤醒，跨越时空。至今，人们仍然能听到长征的呼唤，在这里感受到理想的崇高、精神的伟力。

（2016年10月26日）

用团结铸就"新的生命"

李秦卫

"长征的胜利,实现了在追求真理、坚持真理的基础上全党的空前团结、红军的空前团结。没有这种思想上政治上的大团结,中国革命胜利是不可能实现的。"习近平总书记在纪念红军长征胜利80周年大会上的讲话,令人回想那段苦难与辉煌的岁月,追念长征途中可歌可泣的往事。

1936年底,在谈起红一方面军长征胜利的原因,陈云感慨:"红军兵心之团结及士气之旺,为国内任何军队所不及。"红军团结的根源在哪里?在于官兵尤其是红军将领信念坚定、认识一致。当时大家尽管不知最后落脚点在何方,不晓得什么时候才能结束,但都坚信只要"跟着走",跟党走,就浑身充满了力量,就一定能胜利。正所谓"德同而相聚,志同而道合","道"一致了,团结就有了坚实的基础,成为一种不可战胜的力量。

"福善之门莫美于和睦,患咎之首莫大于内离。"长征期间,各路红军尽管作战任务不同,面临困难各异,但不论什么情势,指挥员的团结都是"铁板一块",从而凝聚起巨大的向心力。当年,"朱毛"的名字紧紧连在一起,敌人闻之丧胆。邓小平、刘伯承搭档13年,留下"刘邓间难以放进一个顿号"的佳话。然而,"英雄所见"也未必全都"略同",团结不等于没矛盾,"党内如果没有矛盾和解决矛盾的思想斗争,党的生命也就停止了"。纵观长征中"草地党支部"会议不难发现,在出现不同意见时,大家都能善于依靠学习统一思想,依靠集体形成决议,依靠实践做出检验,"经过批评或者斗争使矛盾得到解决，从而在新的基础上达到新的团结"。

讲团结，就是服从大局，不讲条件。长征途中的无数次战斗中，各级指挥员服从命令从不讲条件，让打掩护就用尽全力，哪怕拼光了部队；执行任务绝不打折扣，让打主攻就亮剑疆场，哪怕突围方向是"铁桶阵"。当中央红军抵达陕北时，部队供给极度困窘。先期抵达的红二十五军知道后，立即将自己部队的绝大部分积蓄送给中央红军。正是因为红军全体指战员的心里都装着红军这个大集体，才使红军在"四面受制"的情况下胜利完成战略大转移，才使红军团结如一人，把可能是"军心涣散的溃退"，变成了一场"精神抖擞的胜利进军"。今天，要实现中华民族伟大复兴，面临的条件和环境已远非当年革命战争年代可比。但为了"大我"，舍弃"小我"，永远是伟大事业成功的重要条件和保证。

"丹青难写是精神"。对于遵义会议的意义，时任红军总参谋长的刘伯承曾说："遵义会议以后，我军一反以前的情况，好像忽然获得了新的生命。"这"新的生命"，既来自正确路线，更在于建立在正确路线之上的全党团结。而后者，不正给了我们走向复兴最深刻的历史启示？

（2016年10月25日）

为什么中国能一再飞跃

叶小文

近现代以来,中国共产党领导中国人民实现了3个伟大飞跃——中国从几千年封建专制政治向人民民主的伟大飞跃,中华民族由不断衰落到根本扭转命运、持续走向繁荣富强的伟大飞跃,中国人民从站起来到富起来、强起来的伟大飞跃。

中国能否不间断、不折腾、不回头地可持续再发展,实现中华民族伟大复兴?首先要看中国共产党这个领导核心能否更坚强。

复兴日近,距离可量。再往前走,每步都是惊险的一跳,都是从量变到质变的巨大飞跃。一步走错、功亏一篑的教训不少,"中等收入陷阱"等风险多多。我们必须准备进行具有许多新的历史特点的伟大斗争,必须准备应对重大挑战、抵御重大风险、克服重大阻力、解决重大矛盾。

民心所望:办好中国的事情,关键在党。

党心所向:打铁还需自身硬,从严治党。

一个有8800多万名党员、440多万个党组织,在有13亿多人口的大国长期执政的大党,管党治党,必须严字当头。从严治党,要求党以自我革命的政治勇气,着力解决自身存在的突出问题。凡是影响党的创造力、凝聚力、战斗力的问题都要全力克服,凡是损害党的先进性和纯洁性的病症都要彻底医治,凡是滋生在党的健康肌体上的毒瘤都要坚决祛除。只有永不动摇信仰,永不脱离群众,坚守忠诚、干净、担当的品格,让正能量充沛党内、歪风邪气无所遁形,将腐败这个最致命的"污染源"彻底铲除,我们才能保证干部清正、政府清廉、政治清明,保证党永远走在时代前列。

从严治党,首先严在党内政治生活。党内政治生活有实事求是、理论联系实际、密切联系群众、批评和自我批评、民主集中制、严明党的纪律等为主要内容的基本规范,党章是这些政治规范的代表。严肃党内政治生活,全面净化党内政治生态,必须以党章为根本遵循,坚持党的政治路线、思想路线、组织路线、群众路线,着力增强党内政治生活的政治性、时代性、原则性、战斗性,着力提高党的领导水平和执政水平、增强拒腐防变和抵御风险能力,着力维护党中央权威、保证党的团结统一、保持党的先进性和纯洁性。只有这样,我们才会在全党形成又有集中又有民主、又有纪律又有自由、又有统一意志又有个人心情舒畅生动活泼的政治局面。

从严治党,关键严在强化党内监督。不受监督和制约的权力必然腐败,绝对不受监督和制约的权力绝对腐败。党内监督没有禁区、没有例外。有权必有责、有责要担当,用权受监督、失责必追究。党内监督尊崇党章,依规治党,坚持党内监督和人民群众监督相结合,确保党始终成为中国特色社会主义事业的坚强领导核心。党内监督坚持纪严于法、纪在法前,不断健全完善制度,深入开展纪律教育,通过狠抓执纪监督养成纪律自觉,把权力关在制度的笼子里。

令行禁止,言出法随。真说真干,抓铁有痕。党的十八届六中全会将审议通过《关于新形势下党内政治生活的若干准则》和《中国共产党党内监督条例》。了解了这些年来中国共产党不断从严治党的切实努力,看懂了中国共产党自我净化、自我完善、自我革新、自我提高的一系列持之以恒的举措,世界就会明白,为什么中国的事情一定能办好,为什么中国能一再飞跃。

中共更坚强,中国再飞跃。

(2016年10月24日)

每一个牺牲都是不朽

辛士红

30年前,在纪念红军长征胜利50周年时,甘肃会宁人民请邓小平同志为会师纪念塔题写塔名。邓小平写下"中国工农红军第一二四方面军会师纪念塔"18个大字,却没有署上自己的名字。面对工作人员的提醒,他说,红军长征途中牺牲了那么多同志,他们都没有留下名字,我为什么一定要署名呢?

"忍看山河碎?愿将赤血流!"铁流两万五千里,是红军用铁脚板走出来的,也是先烈用生命铺就的。在当年红军跋涉和鏖战的地方,一块块无名的碑、一座座无名的坟,成为镶嵌在这条"红飘带"上的精神地标。

那时战斗太频繁,战况太惨烈,牺牲随时来袭。湘江战役,中央红军由8.6万人锐减至3万人,刚组建两个月的红八军团,1万余人仅剩下600余人,不得不撤销建制;红六军团在甘溪羊东坳一战中损失惨重,400位农民花了整整一天,才将红军遗体全部掩埋。就连飞夺泸定桥的22名勇士,绝大多数没有留下姓名,没有等到新中国成立的那一天。

那时环境太恶劣,条件太艰苦,死神如影随形。鸟兽绝迹的雪山,人迹罕至的草地,是不拿枪的敌人。董必武向美国记者史沫特莱介绍爬雪山时的艰难情景时说:"我们的人在这里一死就是好几百。他们想坐下来歇歇腿、喘喘气,就从此站不起来了。"王平上将终生难忘那悲壮的一幕:走出草地后,自己带一个营返回迎接滞留在班佑河那边的人,结果发现

700多人，背对背坐着，全部牺牲……

部队一次次整编，战友一个个离去，资料一批批失散，时间模糊了多少红军的名字，岁月湮灭了多少红军的传奇。那3位把棉被剪下一半送给贫穷大嫂的女红军，那位在腊子口战役中第一个登上悬崖的苗族战士……他们有的血洒沙场，有的含笑受戮，有的死于饥饿，有的终于疫病，凝固成一座座青春的雕像。

每一个牺牲都是不朽。如果说长征是一部中国革命的百科全书，那么，无名的红军先烈则是当中浓墨重彩的一章。无论有名还是无名，他们都有一个共同的名字——中国工农红军；无论有碑还是无碑，他们都有着远比一切石碑更加坚实的"心碑"——一笔一画都刻在人民的心里。

新中国是从血泊中站立起来的。据民政部统计，革命战争年代以来，先后约有2000万烈士为中国革命和建设事业献出了生命。这当中，留下姓名和事迹可考的烈士，仅有186万左右。正是他们的流血牺牲，染红了党旗国旗，染红了万里江山，沉淀为一个民族走向强大的精神之钙。"英雄不是点燃的蜡烛，而是一束纯净的阳光。蜡烛有燃尽的时候，而英雄的精神将会永存。"先烈的身影走进了历史帷幕，但他们是当之无愧的民族脊梁，是历史天空里最灿烂的星斗，是永远激励我们前行的精神标杆。

"英雄雨打风吹去，太平岁月最蹉跎。"今天，我们最应当警惕的，是那些无名先烈的坚守与坚忍、大勇与大爱，被尘土掩盖、被流云吹散。一个社会，如果听任"解构崇高、抹黑英雄"变成潮流，听任"精致的利己主义"大行其道，还能否保持追慕先烈的挚诚和传承薪火的热度？还能否拥有为国担当的情怀和蹈厉奋发的精神？

多少先烈"我以我血荐轩辕"，延长了"生命的音响和光华"。走在新的长征路上，我们理应在心中为先烈设一个祭坛，经常提醒自己不忘初心、不违本心、不负真心。

（2016年10月20日）

心有所信,才能行远

向贤彪

"80年前的红军长征,在时间上虽然离我们那么远,但在空间上却与我们那么近,以至能时时呼吸到英雄的气息,感受到历史跳动的脉搏,甚至在我们的血液中,也融进了红色的基因。"

一位当代军人对红军长征的感悟,引人深思。的确,对于今天的中国人来说,大多数都没有亲历过80年前的那场远征,但她却如生命的脐带,将人们紧紧连接在一起。当我们乐享生活时,常会想起是先辈的鲜血才换来了今日的幸福;遇到困难时,常会用"苦不苦,想想红军两万五"来激励斗志。有人说,"在动荡不安的当今世界,唯有历史能使我们面对生活而不感到胆战心惊"。走好每一个人的长征路,更需要从红军长征中不断汲取精神动力。

这种精神动力,源自"跟党走"的坚定信仰。有人曾问邓小平:"长征那么艰难凶险,你是怎样走过来的?"他坚定地说:"跟着走!"在长征最艰难之时,许多人不知道部队明天要开拔到哪里、最终将落脚何处,但红军将士最常讲的一句话就是"只要跟党走,一定能胜利"。跟党走,跟着理想信仰走,就是向着光明的前途走。这种忠诚信仰的力量,何尝不是发自内心的看齐追随。"心有所信,才能行远"。今天,时代变了、观念变了,但对党忠诚的信仰不能变。惟其如此,才能心有定力、行有动力,在新长征路上续写荣光。

这种精神动力,体现于"坐第一船"的勇气担当。大渡河边,萧华问红一营官兵:"谁愿意坐第一船去?"话音刚落,全营官兵争先恐后,共产党员更是冲锋在前,从而夺取了强渡大渡河的胜利。对红军而言,无所畏惧、冲锋在前是克敌制胜的法宝,牺牲自我、顾全大局是共产党员的本分。凭着敢于"坐第一船"的精神,红军逐渐威名远扬、无敌于天下。今天,精准扶贫脱贫"攻城拔寨",全面深化改革"爬坡过坎",更需"坐第一船"的勇毅。像红军那样不畏强敌、不惧艰险,勇挑重担、勇于牺牲,改革之船方能渡过激流险滩,抵达胜利的彼岸。

这种精神动力,离不开"战苦军犹乐"的战斗豪情。长征艰苦卓绝,但大家一直保持着高昂的士气,充满着革命乐观主义精神。行军途中,在背包上贴着字条学文化;半路休息,打起竹板唱山歌鼓舞士气;露宿营地,贴告示、刷标语宣传革命……红军"记忆着过去的黑暗,但更面朝着太阳",一次次在绝境中杀出希望之路、胜利之路。尽管早已告别了长征那般的艰苦条件、恶劣环境,但在新的长征中,各种挑战与考验仍然不容低估。方此之时,我们尤需保有坚定信心和豪迈气概,不断成就"全新的自我"。

作为"一次无与伦比的远征",长征所铸就的精神滋养了一个伟大的党、一支伟大的军队,成就了一段人间传奇。赓续传扬好长征精神,让其化作永不褪色的记忆、永不变异的基因,我们必能在新长征路上激荡起磅礴的力量。

(2016 年 10 月 19 日)

永恒的"政治钢铁"

马祖云

"我们翻越一座又一座雪山,当时想,我们这些人也许永远也翻不完这些山了,没有什么希望了。但我们坚信,即使我们真的倒下去,中途失败了,但我们的下一代也一定会继承我们未竟的事业,继续前进,革命终将成功。"一位老红军的独白,道出了红军官兵对革命信仰的深刻认知,表达出"我是块政治钢铁"的执着信念。

红军队伍平均年龄不到 20 岁,这些工农官兵大都没多少文化,也几乎未读过马列主义的经典著作,但在共产党人的感召下,经历严酷斗争考验,懂得了革命真理,追求建立"大同世界"的共产主义信仰,坚定着为人民解放和民族独立而斗争的钢铁意志。这种"政治钢铁",正是这支几度濒临绝境的队伍,在处境极端严酷、作战极其惨烈的征程中向死而生的精神密码与信仰意蕴。

信仰铸就了红军铁心向党的忠诚。共产党是红军官兵崇奉信仰的"图腾",他们认定一条信念:党就是真理、就是方向、就是力量,铁心跟党走才有目标、才是前途、才能胜利。地可动、山可摇,但忠于党的坚贞不可撼;流可断、海可枯,但跟党走的意志不可移。翻越雪山时,一群冻僵的官兵遗体被埋在雪中,一名烈士的右胳膊伸出雪堆,战友们发现他手里紧紧攥着什么东西,掰开一看,竟是一枚作为党费的银元和一张亮眼的党证:"刘志海,中共正式党员,1933 年 3 月入党。"这是长征中,钢铁一样的队伍对党坚贞不渝的忠诚印证。

信仰锻造了红军百折不挠的坚毅。长征的艰苦卓绝令世人震叹。这支队伍的将士，穿着褴褛的军装、裹着满身的硝烟、迈着艰难的步履，去征服终年积雪的高山、跨越波涛汹涌的天险、穿过沼泽遍布的草地，其补给之难、险境之恶、病疾之侵，犹如炼狱般考验着官兵的意志与坚韧。然而，这支与死神相伴而行的队伍，无一人向困苦低头、无一人对艰难屈服，因为他们有信仰的强大支撑、有信念的顽强不屈。严冬酷冷时，饥寒交迫的官兵跳着"抱团取暖"；行军休息时，《红军舞》《红军歌谣》回荡在荒僻的山野中。当年，有人问董必武：为什么长征那么困难，你们总是那么乐观？董老答：因为我们有伟大的前途！

信仰迸发了红军无坚不摧的力量。长征是一首荡气回肠的英雄壮歌，是一部惊天动地的精神史诗。两万五千里血与火的征程，是两万五千里生与死的进击。这支红色铁流血战湘江、四渡赤水、巧渡金沙江、强渡大渡河、飞夺泸定桥、攻占腊子口，长驱11省，历经无数场战役战斗……在一条布满荆棘的征途上，是革命信仰指引红军夺取胜利、改变历史、书写辉煌，淬炼出伟大的长征精神。它是"我们党之魂、军之魂、民族之魂的最高体现"。

"信仰是个报晓的鸟儿，黎明还是黝黑时，就触着曙光而讴歌了。"如今，红军长征的枪炮声、马蹄声已渐渐远去，但红军将士追崇的信仰光华，却在穿越历史时空中始终熠熠生辉，昭示我们不忘初心、继续前进，必须以"铁一般信仰、铁一般信念、铁一般纪律、铁一般担当"去走好我们这一代人的长征路。

（2016年10月18日）

"过错"与"错过"

方 光

前些天，一位领导同志在谈到巡视整改时说，要自揭伤疤，勇于担责，不能只对着下级说事。他还拿检查身体作比喻，咱们上趟医院，折腾半天，但如果对发现的毛病不管不治，那又何必去体检？

由此想到怎么对待过错的问题。这个话题其实很古老。《周易》云"见善则迁，有过则改"，说的是要学习先进、改正缺点。《论语》云"吾日三省吾身"，说的是要经常自我反省哪些地方做得不对。陆九渊说的"闻过则喜，知过不讳，改过不惮"，也言明了对待过错的应有态度。

古人很注重改过。王阳明曾在贵州龙场写下著名的《示龙场诸生》，文中以四事相规，其中一篇即为《改过》。在他看来，人皆有过，改过为贤，"不贵于无过，而贵于能改过"。曾国藩写日记，实录劣迹、无情解剖，示之于人、倒逼整改，则完全是一种修身方式。正是靠涤旧生新的决心，近乎苛刻的自律，才使得这位年轻时也曾"满身恶习，举止轻浮"的人，最终为人所景仰。

共产党人有着闻过则改的品格。1978年，广东惠州一位名叫麦子灿的机关干部，给时任省委第二书记习仲勋写了一封批评信，向他提出两条意见：一是爱听汇报，爱听漂亮话，喜欢夸夸其谈；二是处理群众来信来访不及时，搞"假把戏"。对这封措辞尖锐的批评信，习仲勋给予充分肯定，亲自写了回信，还与来信一起转发全省。他说："麦子灿同志对我的批评，是对我们党内至今还严重存在的不实事求是、脱离群众等坏作风的有力针砭，应该使我们出一身冷汗，**警醒过来**。"寥寥数语，饱含赤子情怀，彰显博大胸襟。

遗憾的是，一些党员干部却丢掉了中华优秀传统，丢掉了党的优良作风。看看近年查处的党员干部违纪案，不难发现，他们违纪情形不同，蜕变过程各异，但有一个共同特点，就是缺乏自我反省，无视组织监督。有的在错误事实面前，矢口否认、百般抵赖；有的在组织函询说明问题时化实为虚、避重就轻；有的也曾在民主生活会上作检查，但含糊其词、语焉不详；有的也曾在组织面前承认错误、信誓旦旦，但言出行不随，整改走过场，搞"虚心接受、坚决不改"那一套。

应该说，用"手电筒"照自己，用"手术刀"剜自身，并非易事。能否真心悔过，痛改前非，体现着人品，考验着党性。一些党员干部讳疾忌医、文过饰非，说到底是党性不纯、私心作怪。他们这么做，无非是担心影响自己的尊严，影响自己的形象，影响自己的升迁。殊不知，过错既发生，改之为善行，不改成祸端。倘若熟视无睹，养痈遗患，不仅祸及自己和家人，更会损害党的形象，损害党的威信，损害事业发展。

当前，"两学一做"学习教育正在深入开展，这是加强党性锻炼的极好机会。坚持问题导向，把自己摆进去，不是一句空话，必须用行动来证明。每一位党员干部，都要有不容过的态度，鼓起不讳过的勇气，拿出不诿过的担当，弘扬不贰过的作风。倘若有错不认、知错不改，就会让"过错"成"错过"，错过自我反省、自我完善的机会，错过接受监督、整改提高的机会，错过建功立业、回报人民的机会。

（2016年10月17日）

做一朵抱守初心的雪莲

韩立群

雪莲,是高山的精灵。凌寒独放,扎根雪线之上,傲立冰川之间;花色素洁,不慕蜂鸣蝶舞,更有药石之效。有人说,因公殉职的援疆干部王华,就像这样一朵纯洁的雪莲花,忍得住孤独,耐得住艰难,顶得住压力,挡得住诱惑,扛得起责任。

雪莲坚韧、圣洁,可谓"草木有本心"。而为人处世,更需要"抱定初心终不悔",坚守自己的标准、锚定自己的目标。同事都说王华身体很好,却不知他办公室和宿舍里放着很多治疗慢性胃病的药;王华带领援疆干部资助了50名学生,却特意叮嘱学校保密;在王华的日记里,鲜有在外人看来值得"炫耀"的事情……那些奉献与牺牲,那些执着与坚持,那些朴实与简单,或许不是什么"高大上"的壮举,但却如雪莲一样:唯其纯粹,所以美丽;唯其平凡,所以动人。

王华用行动与生命,回答了"援疆三问"——来疆为什么?在疆干什么?离疆留什么?当有人计较高寒干燥、水碱、紫外线等对身体的伤害时,王华在可克达拉市高中项目的工地上日夜奔波,在为新疆生产建设兵团第四师医院综合楼项目申建殚精竭虑;当儿子因为爸爸不能陪伴左右而伤心落泪时,王华在帮高中生依力米努尔·马合木提跃过龙门……这样的故事并非惊天动地,也无关生死抉择,却让人感受到超越性的意义和价值。其中原因,正在于少了"私利",多了"公义";走出"小我",成全"大我"。

活着是援疆的旗帜，倒下是援疆的基石。更多如王华一样的援疆干部，奉献在此、牵挂在此，有的眼睛几近失明仍坚守岗位，有的妻儿重病无法陪护，有的父母离世未能见上最后一面。教育援疆、医疗援疆、产业援疆、科技援疆、人才援疆……"五加二、白加黑"，"除了吃饭、睡觉，就是工作"，是很多援疆干部的真实写照。鲁迅说："无穷的远方，无数的人们，都和我有关。"对于他们来说，苦不抱怨，因为这是使命的召唤；难不退缩，因为这是笃定的信仰；累却心安，因为这是光荣的职责。

与"太行山上新愚公"李保国、"活在身边的理想"邹碧华一样，王华与更多的援疆干部，用自己的选择，回答了新时代如何做一名合格共产党员的考题，堪称"两学一做"的典范。走过流血牺牲、毁家纾难的时代，不再有战火烽烟、枪林弹雨的考验，然而对于共产党人，使命的召唤从未停止，笃定的信仰更不能动摇。8800多万党员以榜样为指引，在"学"上用真功，在"做"上见真章，在平凡岗位上义无反顾地默默坚守，在群众需要时毫不犹豫地挺身而出，必能凝聚起不可战胜的磅礴力量，挺起民族复兴的坚实脊梁。

赛里木湖举杯致谢，伊犁河谷呜咽感恩。日前，展现王华事迹的新媒体作品《想你！天山雪莲为你绽放》刚一上线，不到24小时，阅读转发量就超过220万人次。一次点击就是一次感激，一次转发就是一次褒扬，这就是民心，这就是丰碑。虽然王华离世了，但他其实还"活着"——活在新疆各族群众的心中，活在援疆前工作过的句容和镇江的百姓口碑里，活在接力王华未竟事业的援疆干部的坚守中。

无悔援疆路，一生新疆情；初心永不忘，忠魂守边陲。王华已经化为了那一朵雪莲，绽放在天山之巅，守护着这一方热土，传唱着精神的颂歌。

（2016年10月14日）

下田流汗谷满仓

谢振华

近日，在广西天等县驮堪乡道念村立屯的"隧道博物馆"参观，感触颇多。为改变"开门见山不见路"的困境，这里的三届村党支部一任接一任干，带领群众以铁锤钢钎凿山挖洞，顽强开路。24年，打钝2000多条钢钎，烧掉3.2万根蜡烛，用坏336支电筒，报废462辆人力车，终于打通了一条长460米的隧道，圆了出山梦。

无志山压头，有志人开山。当前，脱贫攻坚战已经全面打响，正需要这种"宁愿苦干，不愿苦熬""天等人民不等天"的精神头。不过，在一些贫困地区，有部分贫困群众，也还存在"等着送小康"的懒汉心态、"靠人来救济"的依赖观念、"要钱还要物"的功利想法。

比如，修路、建水柜，帮扶干部流汗干，有的群众蹲着看："这是你们的事，做不完兜着走"；上完免费种养培训课，还伸手要补贴："误了我的工，得补偿一下"……

这些顽固的"贫困思想"，因何而来？

有的是"穷"出来的。多年扶贫，剩下的贫困人口，大多分布在"老、少、边、山、库"地区，是贫困程度深、发展能力弱的"贫中之贫、困中之困"。大山挡住了出路，穷苦消磨了意志，穷惯了、苦惯了、熬惯了，造成了得过且过、破罐破摔的精神之困。

有的是"养"出来的。有地方把扶贫当成慈善救济，只为贯彻精神、落实指标,所以简单粗放、大水漫灌,只管"肚子"、不管"脑子"。这让一些贫困群众有了"输血期待",搞生产不积极,争当贫困户最积极。政策变了味,扶贫成了养懒汉。

有的是"凉"出来的。少数干部坐在办公室拍脑袋、瞎指挥,群众需要的不给、给的群众不需要。"闻得鸡好卖,连夜磨得鸭嘴尖",不接地气、罔顾规律,"开头一哄而上,后头一拍两散"。希望越大、失望越大,几次三番,群众自然凉了心、泄了气、没了劲。

"志不立,天下无可成之事。"精神贫困比物质贫困更可怕、更难破。当"等靠要"成了路径依赖,当"没盼头"成了生活常态,当贫困群众成了局外人、旁观者,再多的资金、再好的政策也会打折扣。即便靠资源堆积暂时脱了贫,也只能管一时,不能管长久,甚至还会陷入"因穷而要,因要而懒,因懒而穷"的恶性循环。

拉美有句谚语:"自力更生胜过上帝的手。"贫困群众是脱贫致富的主体。脱贫攻坚,不能是剃头挑子一头热的"单相思",也不能是自拉自唱的"个唱会",更不能是我做你看的"独角戏"。鸡蛋从外打破是食物,从内打破才是生命。外界的帮扶是重要推力,而贫困群众的精气神,才是起决定作用的内生动力。从某种意义上说,打赢脱贫攻坚战,精神帮扶比物质帮扶更为重要。

桂北农村有句老话:"靠人吃饭空米缸,下田流汗谷满仓。"好日子是干出来的。正如习近平总书记多次强调的,人穷志不能短,扶贫先要扶志。"扶贫先扶精气神",把贫困群众心焐热、脑更新、劲鼓起,才能让自身努力与外界助力同频共振,真正靠辛勤劳动摆脱贫困。

(2016年10月13日)

干事，就要理直气壮

清 波

干部干部，干字当头，干事是本分和职责。"既要想干愿干积极干，又要能干会干善于干，其中积极性又是首要的。"习近平总书记的"干事观"，点出关键。

干部的价值在干事。既然选择了从政，就需要心系万家灯火、情牵百姓忧乐，在干事中实现人生意义、绽放生命华彩。浑浑噩噩、尸位素餐，既愧对职守，也浪费生命。焦裕禄让人"把泪焦桐成雨"，谷文昌"在老百姓心中树起了一座不朽的丰碑"，王伯祥成为"新时期县委书记的榜样"，说到底都是因为一个"干"字。

"干"字三划，很简单。不过，还是有一些人写不好这两横一竖。或是不屑干，自视甚高，却眼高手低，要解难题、化矛盾时，就变成"行动上的矮子"；或是不会干，能力不够、本领不足，却拿出一副无所谓的架势，消极应对、敷衍了事；或是不敢干，怕事多了不"消停"、事难了搞不定，甚至觉得多干多错，多一事不如少一事。

不屑，干事就会气虚；不会，干事就会气馁；不敢，干事就会气短。干事的积极性，首先体现在"补齐"，要理直气壮地干、脚踏实地地干、大张旗鼓地干。"不干，半点马克思主义也没有。"躲事避事、怕事推事的干部，系错了的"扣子"、荒废了的"脑子"、软化了的"膀子"，正该纠偏。

要系好"扣子"积极干。习近平总书记曾勉励青年，人生的扣子从一开始就要扣好。干事创业,思想是第一粒扣子。积极性上来了,人就不会打蔫;有了精气神,就会充满激情和力量。积极性来自哪里? 一是理想信念,二是职责使命。理想信念是"原生动力",职责使命是"意志盔甲",这两颗扣子扣好了,就会有"无功便是过"的价值判断,干事会觉得理直气壮、不干事会觉得如坐针毡。

要养好"脑子"带头干。爬坡过坎、滚石上山,是当前工作的常态。对党员干部来说,不能选择也不容逃避,即便手头没有"金刚钻",这"瓷器活"也得揽下来。怎么办?仅有能力危机、本领恐慌的"意识觉醒"还不够,关键是要学起来、动起来、操练起来,给脑袋多充电、给自己常赋能。学会靠能力解压力、用水平来摆平。能力不赶趟,水平不达标,正是怕事来往外推、怕出丑绕着走的一个重要原因。

要甩开"膀子"大胆干。干过农活的都知道,膀子甩不开,力发不出,劲吃不上,不光费时费力,还容易扭伤身体。膀子甩开了、甩到位了,就会轻松、省劲、事半功倍。干事也是这样。拈轻怕重、敷衍塞责,问题只会越拖越多,矛盾只会越来越大;勤政务实、敢于担当,形势就会越来越好,成绩就会越来越多。怕苦、叫累、发怵、畏难,别说理直气壮,困难来了恐怕连头都抬不起来。

2013年的春晚,一个小品让人印象深刻:一个恪尽职守的保安,以"我是保安,我骄傲"宣示职业态度,正是因为他看到了工作的价值、恪守了岗位的职责、尽到了自己的本分。每一个党员干部,都应该有这样的自觉,理直气壮地干工作、抓发展、谋事业,为自己的选择而"骄傲"。

(2016年10月12日)

城市要望得见"天际线"

吴樵人

G20峰会让杭州成为世界瞩目的城市明珠。杭州之美,美在西湖。而西湖之美,很大意义上缘于在她衬托下多姿多彩的城市天际线:碧绿的湖水、高耸的雷峰塔,以及黛色远山和峰峦之上的粉霞。

拥有如此美丽天际线的城市越来越少了。

如果说一个美丽的乡村要让人"记得住乡愁",那么一座美丽的城市则要让人"望得见天际线"。说到底,城市之美,不仅应该美在细处,还应该美在大处;不仅应该表现在近处,更应该表现在远处。在城市之中极目远眺,透过一些高低结合、疏密得当、错落有致的古今建筑,看到近处的湖光水色、远处的山脊轮廓,以及更远处的日月星辰,能够随时感受到一种人与自然、历史与现代浑然一体的融合,享受到恬淡、闲适之美。这样的天际线,美在眼中,醉在心上。

然而,一些城市却常常忽视了天际线这道风景。

比如,我们的城市长高了。似乎摩天大楼建得越高越多,城市才越来越现代化。所以,连居住人口只有几万人的小县城都建起了一排排动辄几十层的高楼。随着建筑的不断增高和增多,城里的高塔古楼淹没了,城外的山脉峰峦望不到了,原本秀丽的河湖在一层层高层建筑包围下成了一沟水、一片洼。城市犹如高楼森林,人们的视线落点也只能是水泥和钢筋堆砌的建筑天际线。

比如，我们的城市织密了。城市寸土寸金，似乎不全盖成高楼，不占满建筑，就是极大的浪费。依山、傍海、临湖、靠河的商业楼盘扎堆落成，而且犹如一堵堵密不透风的高墙。这些城市高墙，挡住了人们的视线，更破坏了城市天际线。本该高低错落有致的天际线，变成了望不到头的高墙楼宇，让城市大煞风景。

在城市建设中，淡化天际线意识，不但让人们产生了审美疲劳，也造成了城市无法挽回的美学损失。

天际线，被称作"城市风光影画片"，是一个城市之大美。如果说城市是一个美丽少女，天际线就是少女婀娜多姿的身材，就是少女身上漂亮的衣裳。我们在努力塑造身材之美的同时，还要适当裁剪衣服，让身体自然的曲线美显现出来，让该裸露的美丽肌肤裸露出来。对那些影响美感的"赘肉瘖痘"之类要想方设法去除。当年，英国南部的朴茨茅斯综合性建筑三角中心，曾是著名现代派建筑大师欧文·路德设计的最有名建筑。后来却入选"最差建筑"，最终被拆除。英国皇家建筑师学院院长弗格森说，低劣建筑之所以低劣，是因为污染了人们的视线，令人感到压抑，破坏了环境，缩短人们的寿命，使人精神萎靡，头脑一片空白。

当然，城市的天际线也非千篇一律，更不是一概排斥现代建筑。关键要结合城市特点，体现尊重自然、顺应自然、天人合一的理念，依托现有山水脉络等独特风光，让城市显出特有的美丽。

（2016年10月11日）

做老实人,不做"老练人"

雷正西

一次聚会,有人介绍朋友说:"他一向老实……"谁知话音未落,众人哄然大笑,被介绍的朋友也勃然大怒。究其根源,就在于一些人看来,"老实"一词,不再指诚实、忠厚、规矩,而成了痴笨、窝囊、无能的代名词。说谁老实,那就是在骂人。

但是,如果说谁"老练",则可能被认为是一种夸赞。生活中、工作中,有的人很善于"搞关系",喝一次酒就成了好哥们,打一次交道就成了好朋友,这本无可厚非。只是一些人的这种"善于"表现为毫无原则的奉承、投其所好的逢迎,表现为和事佬的不讲原则、好好先生的明哲保身。这样的人在某些领导身边吃得开,在一般朋友圈内人缘好,看似处处如鱼得水,事事游刃有余。在这里,"老练"不再是阅历深厚、经验丰富、稳重而有办法,而是"适者生存"的手段和技能。

老实与老练,原本都是用来肯定人的品质、能力的,如今现实中含义却发生了变异。这对于一般人而言,只是个人问题;但对于干部,则还可能代表了一种作风、一种价值取向,不容忽视。

结合实际观察思考,"老练"者大有市场原因有三:

其一,"老练"者谋人不谋事。这种人会想方设法接近上级,或打听上级有什么嗜好、雅兴,很快找个名堂、创造机会择机奉上。但凡上级高兴了,印象加深了,联络交流自然方便。

其二,"老练"者对人不对事。这种人会想方设法笼络下属人心,对人哼哼哈哈、一团和气,即使下级违规犯错,也会有错不纠、有过不责,反倒以宽容之名保证自己不得罪人、评优选拔中不失选票。因为事做错了,工作耽误了,损失的是单位、他人,"得罪"人了、关系搞僵了,损失的则是自己。

其三,"老练"者假公济私,能取得更多私利。这种人为工作、为单位"公关",为工作的延误、失误甚至是错误打掩护、找出路,最终把事情摆平。在有些场合,这样的"能人"往往还挺有市场。其实"老练"者正是在这种情况下"借河水洗船",明修栈道,暗度陈仓,达到了自己谋取私利的目的。

一位领导为促进工作,多次搞"暗访",向基层群众了解实际情况。从推动工作的角度来说,这是一件好事。但有的基层干部却不这么想,反而抱怨领导太认真、太较真。认真、较真是老实的最直观表现,领导的老实都不受欢迎,其他人的老实更可以想象了。

老实者守规矩时时得罪人,"老练"者会变通事事讨好人,如若老实者与"老练"者相遇,结果往往是老实总被"老练"伤。但这也恰好暴露了"老练"者的功利主义:表面上是为工作、为他人,暗地里是为自己、为私利。这样的"老练",本质就是自我中心、利己主义。《左传》上说,"华而不实,怨之所聚也。"如果让华而不实的"老练"之风盛行,必然为祸不浅;反过来,多一些老实少一些"老练",才能风清气正。

老实是立身从政之本,不可稍废;"老练"是侥幸行险之举,不可追捧。

(2016年10月10日)

每个人都是"中国主人翁"

——国庆之际话国家①

饶文靖

G20杭州峰会期间,一位杭州市民因没被选进服务车队,感到"各种伤心,各种灰色"。他写道:"无数人争当志愿者,是为了当好东道主!他们都把杭州当作自己的家,自己是主人。"

杭州市民"把国事当家事,把自己当主角",向世界展示了中国精神、中国力量。习近平总书记对此予以高度评价,要求大力弘扬这样的主人翁意识、爱国主义精神、无私奉献精神。在新中国成立67周年的时间节点上,重申、重审、重塑主人翁意识,正当其时。

奥运赛场,五星红旗一次次伴随着国歌缓缓升起,让人激动;杭州G20峰会,落实了"西湖风光、江南韵味、中国气派、世界大同"理念,让人自豪;天宫二号升空,中国前进的步伐迈向星辰大海,让人振奋……盛世盛举,我们之所以与有荣焉,是因为对国家有着深切的归属感,对身为中国人有着深切的认同感。主人翁意识蕴藏于每个人心中,这是最自然的情感需求,也是最质朴的责任担当。

1919年,毛泽东在《湘江评论》中写道:"天下者,我们的天下;国家者,我们的国家;社会者,我们的社会。我们不说,谁说?我们不干,谁干?"1959年,王进喜在北京看到行驶的公共汽车背着"煤气包",感到莫大耻辱。为让国家早日用上石油,"宁愿少活20年",他以身体搅拌泥浆压井喷的镜头,成为主人翁意识最生动的诠释。中科院院士谭铁牛,放弃英国知名学府终身教职回到祖国,"因为是在为自己的国家效力,是以主人翁的身份干事",所以"生活更充实,心里也更踏实"。前浪滚滚后浪涌,正是这种主人翁的担当意识,让中国国力蒸蒸日上、中国故事越发精彩。

在祖国的宏大乐章中,每个人都是动人的音符。"中国梦是民族的梦,也是每个中国人的梦",每个中国人向着梦想的出发,也必将汇聚起民族复兴的滚滚洪流。从这个意义上讲,主人翁意识无需着意"表现",更无需刻意"表演",做好自己就是主人翁。当战士,就站好每一班岗;做媒体,就敬惜每一个字;做诚实守信的网店店主,做热情服务的专车司机,做"爱国、敬业、诚信、友善"的国民……个人的奋斗叠加成国家的进步,每个人创造的财富、留存的精神,正是国家发展、民族复兴最核心的要素。

随着时代的变化,主人翁身份有了更多"主场",主人翁意识有了更多内容。恰如G20杭州峰会,杭州市民成为杭州的风景、中国的名片,当中国与世界深度交融,不管是打开大门迎接八方宾朋、还是背上行囊去看看世界,每个中国人都可谓"流动的国土"。不仅如此,我们可以敲击键盘,写下自己对于一部法律的建议;我们可以走出家门,在志愿服务中收获快乐与充实;我们可以拿起手机,拍下城市管理的漏洞并监督改进……激发更深广的主人翁意识,国家将在我们的参与中改变,社会也将在我们的推动中前行。

不做活在阴影里的抱怨者,不做活在犹疑里的观望者,不做活在小我里的自私者。每个人都是中国主人翁,你所站立的地方,就是你的国家。让我们一起用行动,写下我们的回答。

(2016年09月27日)

筑牢爱国的"双螺旋结构"

——国庆之际话国家②

何鼎鼎

2015年,也门撤侨的"尖峰时刻",中国的表现让世界惊叹。脱离险境的人们感慨,无论置身何处,都能切实体会到做一个中国人的尊严和骄傲,"国家给了我们一张无价的船票"。

不久前,"哈佛女孩"许吉如的一段演讲,再次触动"中国心"。她说,今天的中国赋予所有与之相关的人一张"中国牌","那个产品叫中国,我们都是代言人"。

如果说"归航"象征了一个国家对国民的义务,那么,"代言"则喻示了当今时代公民责任的无处不在。国庆之际,重温这两个片段,正是为了思考"国家"与"个人"的关系,让二者相得益彰、彼此成就,筑牢爱国的"双螺旋结构"。

有人曾说,"不要问祖国为你做了什么,而要问你为祖国做了什么"。其实,"祖国为你做了什么"和"你为祖国做了什么",是一体两面。对国家,前一个问题不容忽视;对个人,后一个问题也不能忘却。恰如两面互鉴的镜子,国家与国民在相互映射中,构成了一个无限广阔的空间。

从北京奥运开幕式的"笑脸墙",到时代广场上的中国形象片,"笑"也成了今天中国人最美的表情。30多年来,中国累计减少7亿多农村贫困人口；接下来几年，让另外 5000 多万人走出贫困，仍是国家念兹在兹的目标。有人还观察到，不管是开 G20 峰会，还是推进航天计划，中国最关心的还是"能给小明带来什么"——小明者，普通人也。可以说，中国发展的成绩单，也就是一份"祖国为你做了什么"的答卷。

"国家者，载民之舟也。舟行大海中，猝遇风涛，当同心互助，以谋共济。"视国家为"舟"，则所有国民都在同舟共济；视国家为舰队，则每个国民在享受"雁阵效应"的同时，也必须发动自己的引擎。无论是传统的"修齐治平"，还是现代社会的"公民意识"，个人与国家互动的通道，从来不止一条。张伯驹担心《游春图》流落海外散千金买画是爱国，青年人传承技能在故宫修画同样是爱国；维和战士远赴索马里贡献全球治理的中国力量是爱国，做好一名社区志愿者为基层治理贡献一己之力同样让人敬佩。"你为祖国做了什么"，答案就在我们的手边、脚下、心中。

思考国家与个人，问问"做了什么"只是开始。更为重要的，是情感的归属、价值的超越。的确，人类思考的坐标轴，早已离不开国家这个基座。无论如何强调个性解放、尊重个人表达、鼓励个人奋斗，都不意味着可以消减国家意识。因为，国家是利益、命运、文化和情感的共同体，集体主义、爱国情怀，超越一己之私、一时之利，永远具有更高远的意义和价值。

1947 年底，在英国留学 9 年的彭桓武搭上回国的海轮。海面平静，一望无涯。面对记者"为什么回国"的提问，这位未来新中国的"两弹一星"元勋说："回国不需要理由，不回国才需要理由。"以"不需要理由"的情怀，重思"做了什么"的追问，我们或许能得到更多的启发。

（2016 年 09 月 28 日）

爱国情怀如何"打开"

——国庆之际话国家③

孟祥夫

国庆将至,天安门广场"祝福祖国"的大花篮,灿若朝霞。这里的升旗仪式,也将迎来一年一度最大的致意人群。而与飘扬在广场上空的国旗辉映的,则是大街小巷招展着、市民游客挥动着的五星红旗。10月1日,国庆佳节,人们表达着对祖国的归属感、自豪感,浓浓之情、拳拳之心,渲染热烈的爱国氛围。

的确,对每个国民而言,爱国是再朴素不过的情感,也是再自然不过的认同,更是再基本不过的责任。倡导爱国主义、表达爱国热情,在任何时代、任何国家,都是主旋律。不过,和平年代,却不是每个人都会面临"捐躯赴国难"的抉择,也不是每个人都有直接报效祖国的机会。走出流血牺牲、生死考验的语境,该以怎样的方式"打开"国民的爱国情怀?

犹记南海仲裁案后,"中国一点都不能少"的微博浏览上亿次、转发超300万,媒体上、朋友圈的讨论也如火如荼,坚定的民间立场与鲜明的国家态度同声相应、同气相求,为我们处理相关问题赢得了主动。亿万国民爱国热情的理性释放、爱国观点的合理表达,正是在复杂的国内国际环境中,"中国号"航船能破浪前行最深厚的底气、最有力的支撑。

也有一些人觉得,爱国主义"太宏大",爱国教育"太沉重",爱国行为"太遥远",不太好把握。其实,公众的爱国精神,可以用多种方式来培养;国民的爱国情怀,也可以有不同方式来表达。有网友曾在海外旅行中经历这样一幕:海洋世界的鲸鱼表演开场前,主持人问,在座谁是现役或退役军人,请起立;有人站起来后,主持人说,这些人为我们的国家服务,请大家给他们鼓掌。这给我们启示:不一定要正襟危坐、凝神静气,哪怕是休闲娱乐、亲友欢聚之时,也未尝不能在轻松互动中,彰显国家意识,表达爱国之情。

对个人而言,表达爱国,可以更多一些行动能力。爱国不是喊出来的,也不是用来喊的,更不用说那些打着"爱国"的旗号,击穿依法、守法这一底线的行为了。正如有人所言,最好的爱国是做好自己。有一位了解德国的朋友说,出于历史原因,德国人对高谈爱国,会表现得很慎重。但他们平时严守法律、讲究规则、尊重契约——"很简单,因为他们觉得自己是日耳曼人,并为之骄傲"。的确,爱国不是高谈阔论,也不是豪言壮语,而是体现在具体行动中,体现在日常的点滴里。

对国家来说,体现爱国,可以更多一些载体支撑。在韩国,随处可见"身土不二"的标语。这本是韩国农协号召国民消费本国农产品的广告,却扩展到了更多商品上,在韩国国民思想中深深扎根。其实,无论是博物馆、国家公园,还是纪念碑、国家墓地,都是民众表达爱国之情的好去处。一部高水平的电影、一场用心编排的戏剧,也能点燃人们的爱国情怀,塑造爱国精神。而对于网络的"原住民"们,社交网站、手机软件,可能是"打开"爱国情怀更亲切、更贴近的方式。

"为什么我的眼里常含泪水?因为我对这土地爱得深沉。"爱得深沉,更会爱得得体。相信,这浓郁的爱国心、爱国情,必将汇聚成磅礴的洪流,成为推动国家进步的"中国力量"。

(2016年09月29日)

涵养更大气的"国民意识"

——国庆之际话国家④

陈 凌

长假将至,很多人已经收拾好出门的行囊。沉醉于壮美的山川河流,浸润在灿烂的历史文化,见证着辉煌的发展成就,当我们用脚丈量、用心感受,或许也会对这个国家、这片土地、这个时代,产生更多认同感、归属感,激发更强的"国家意识""国民意识"。

的确,在天宫二号扶摇而上的升空轨迹中,在奥运会、残奥会一次次升起的国旗中,在 G20 峰会期间杭州璀璨夺目的灯海中,我们能看到祖国发展不断打开的"上升空间"。当此之时,如何做一个合格的"大国民",正是每个中国人都可以思考的问题。

一个"历史的中国",需要我们去守护。国庆节前一天的 9 月 30 日,已被确立为烈士纪念日。这是一个象征:新中国的成立与发展,离不开烈士们的奉献与牺牲。捷克作家伏契克在《绞刑架下的报告》中,吁请人们不要忘记英雄,因为"每一个忠实于未来、为了美好的未来而牺牲的人都是一座石质的雕像"。共同的历史是国家的穹顶,我们怎能让这天空中闪耀的群星蒙尘?

国庆之际,让我们一起赓续历史记忆、捍卫英雄尊严。无论是造访红色景点,倾听回荡在历史深处的声音;还是进入"网上纪念馆",为那些无私的奉献者、无畏的牺牲者献上一瓣心香；或是读一本赞美英雄的书籍、看一场回望历史的演出，都能在精神的熊熊火光中涤荡我们心灵的尘埃，更好地回答"我们是谁"的问题。

一个"文化的中国"，需要我们去传承。不久前，在陕西历史博物馆见到这样一幕：距离开馆还有近一个小时，购票的队伍已成一条长龙。这一场景，折射出人们对千年历史的温情、对传统文化的敬意。"站立在有着五千年历史的广袤大地上，每个人都是传统文化的'燃灯者'"，网友的话，生动道出一个大国国民愈发自立自强的文化心态。

国庆之际，让我们一起感受文化的魅力、思考文化的价值。不管是自然风光，还是人文名胜，都不要仅仅把它们当做拍照的背景。细味其中蕴含的精神因子，体悟其中展现的文化哲思，把我们的见闻、感受，定格成一幅"思接千载"的心灵图景，才能在与文化的对话中，更好地回答"我们从哪里来"的问题。

一个"世界的中国"，需要我们去展现。从津巴布韦华侨中"非爱不可"的妈妈团体，到中国教练指导墨西哥跳水队包揽泛美运动会跳水金牌，习近平主席在很多国家的演讲中，都会讲述普通中国人的"民间外交"故事。地球村时代，与中国一起站在世界舞台中央的，是亿万中国人，每一个中国人都是"国家名片"。

国庆之际，让我们一起敞开胸襟，拥抱世界。当每年超过1亿人次跨出国门，注意举止文明、学会入乡随俗，刷新"中国游客"的形象；当媒体、网络让世界与我们"零距离"，少些隔阂对立，多点对话交流，展现"大国网民"的风采，就能以更开放的心态、更自信的姿态，更好地回答"我们到哪里去"的问题。

心理学上有"皮格马利翁效应"的说法——你会成为自己所期待成为的那个人。从自己做起，把爱国情怀变成"大国气质"，守护历史中国、传承文化中国、展现世界中国，你就能成为更加从容大气的"大国民"。

（2016年09月30日）

读懂长征的精神力量

辛士红

1975年10月,身患癌症的周恩来,在做完最后一次手术后,让邓颖超找来《长征组歌》的唱片,在熟悉的旋律中与病魔相搏。长征,就是以这样丰厚的典藏和精神的光芒,给人以追忆、启迪和力量。

80年前,我们党领导红军将一次危机四伏的被动撤退,变为一个开创革命新局面的起点;将一段险象环生的艰难跋涉,变成一曲气壮山河的英雄史诗。如果说长江是中华民族的自然摇篮,长城是中华民族的文明象征,那么长征则是中华民族的精神丰碑。

"我们要铭记红军丰功伟绩,弘扬伟大长征精神",透过习近平总书记这一饱含深情的期许,我们应更加珍视长征的历史馈赠,更加坚定走好新长征路的时代担当。长征精神展示了坚如磐石的理想信念、百折不挠的英雄气概、敢于胜利的革命风范,"是我们党取之不竭的宝贵的精神资源,也是我们党之魂、军之魂、民族之魂的最高体现。"

长征胜利属于中国,但长征精神已走向世界。80多年来,不同国家、不同职业、不同思维方式的人们,对长征的解读从未停止。有人感叹长征是"惊心动魄的史诗",有人认为"长征是中共党史上最壮丽的一页",还有人拿长征比较,"汉尼拔的跨越阿尔卑斯山在'历史的小剧院'中失掉了光彩,拿破仑自莫斯科的撤退也只是灾难性的失败,而长征则是最后胜利的前奏曲"。

长征精神是用血与火熔铸的。强渡大渡河、飞夺泸定桥、血战独树镇……红军官兵几乎平均每天一次遭遇战。徐向前在回忆百丈关大战时说:"附近的水田、山丘、深沟,都成了敌我相搏的战场,杀声震野,尸骨错列,血流满地。指战员子弹打光,就同敌人反复白刃格斗;身负重伤,仍坚持战斗,拉响手榴弹,与冲上来的敌人同归于尽。"

长征精神是用生与死锻造的。4支长征大军,出发时总人数为20.6万,沿途补充兵力1.7万,到长征结束仅剩5.7万人。湘江战役,中央红军从出发时的8.6万人锐减为3万多人,担负后卫的红34师,原有7000余人仅剩下90多人。无数个"军需处长"为了战友甘愿以命换命,无数红军官兵直到生命的最后一刻,想的仍是所信仰的事业。

长征精神是用苦与乐冶炼的。聂荣臻元帅曾说:"碰到了困难,人们就想起长征,想想长征,就感到没有克服不了的困难。"长征以战斗之频、河山之险、给养之难、病疫之侵、霜雪之冷,考验着红军官兵的意志与耐力。然而,就是这支每时每刻与死神打交道的队伍,休息时,有的读马列经典,有的表演《红军舞》,有的用法语唱《马赛曲》、用俄语唱《国际歌》……到处洋溢着乐观、友爱和热情,被斯诺称为"最幸福的中国人"。

当今中国,正处在由大向强的"关键一跃",经济社会发展需要闯过一个个"娄山关""腊子口"。读懂、汲取长征精神,就应该经常检视自己可否拥有红军爬雪山、过草地时的激情,可否坚定"革命理想高于天"的信念,可否保持"千锤百炼不怕难"的韧劲。

远离长征的枪林弹雨,沐浴时代的杏花春雨,我们只有像红军那样闯关夺隘、像红军那样心系人民、像红军那样紧密团结、像红军那样艰苦奋斗,才能在新长征路上展现出强大的中国精神、凝聚起磅礴的中国力量。

(2016年09月26日)

崇尚英雄，就是坚守正道

陈 凌

在一个民族的精神谱系中，英雄是醒目的标识；在一个国家的道德天空上，英雄是璀璨的星辰。

哲人有言，英雄的业绩、他们的言论，就是那个时代的精华。的确，英雄是一个民族的"凝结核"。如杨靖宇所言，"革命就像火一样，任凭大雪封山，鸟兽藏迹，只要我们有火种，就能驱赶严寒，带来光明和温暖。"英雄就是这革命的火种，没有英雄的引领，个体的力量就难以凝聚；缺少先锋的领路，前行的方向将难以看清。马克思因此感慨，"每一个社会时代都需要有自己的伟大人物"。

山因脊而雄，屋因梁而固，一个有希望的民族不能没有英雄。我们崇尚英雄，不仅因为英雄引领了历史车轮的前进，更因为英雄身上闪亮的精神光芒，可以穿过岁月、直抵人心。一句话说得好，英雄不是点燃的蜡烛，而是一束纯净的阳光。生命终有逝去之日，蜡烛终有燃尽之时，但"未惜头颅新故国，甘将热血沃中华"的献身精神、"我自横刀向天笑，去留肝胆两昆仑"的豁达胸襟、"为有牺牲多壮志，敢教日月换新天"的勇敢刚毅，却可以历经时间的冲刷而凝为不朽。"把历史变为我们自己的，我们遂从历史进入永恒"。以英雄为路标，我们才能廓清思想的迷雾，看清前行的方向；不忘为什么而出发，我们才能激发起向前的无穷力量。

然而，现实中，总有一些人，或是打着"还原真相""重新评价"的幌子，或是借着"学术研究""历史考证"的名号，歪曲历史，裁剪事实，抹黑英雄。于是，黄继光堵枪眼"不合理"，邱少云火中捐躯"不真实"；刘胡兰"精神有问题"，雷锋日记"全是造假"；狼牙山五壮士是"土匪"，虎门销烟的林则徐更是"把中国踹入万劫不复的深渊"……种种诋毁之声，不绝于耳。

英雄的事迹，不是不能考证和讨论，但要有基本的是非观、价值观。通过混淆视听甚至无中生有来否定英雄，进而否定共同的历史记忆、否定民族的心理积淀、否定集体的价值追求，最终只会让我们的精神家园"血污游魂归不得"。君不见，在当年苏联，青年近卫军英雄奥列格·科舍沃伊的故事，被一些人说成是其母亲编造的离奇骗局；卫国战争女英雄卓娅的事迹被"考证"为假的，称她并没有烧掉德军的马厩和草料，反而烧掉了村民的木板房；就连列宁，也遭到无端的攻击和谩骂。由此带来的，是思想的混乱、精神的虚无、信仰的坍塌。当文明的灯火被吹得七零八落，加剧的却是国家的动荡和分裂。这样的教训，还不够深刻吗？

历史不容忘却，英雄不容抹黑。1930年，年仅25岁的共产党人裘古怀，在狱中英勇就义。临终前，他给狱中的同志留下了一封绝笔信，信中写道："同志们，壮大我们的革命武装力量争取胜利吧！胜利的时候，请不要忘记我们！"一位曾参加过北伐，还因作战勇敢，被誉为"虎胆英雄"的革命者，所担心的，绝不是自己的名字淹没在历史的尘埃中；他所害怕的，是自己用生命追求的信仰、同伴用鲜血守望的初心被后人忘记。在这个意义上，捍卫历史，正是为了开创未来；崇尚英雄，正是为了坚守正道。

（2016年09月23日）

敬畏历史，就是捍卫良知

李浩燃

近日，备受关注的侮辱革命烈士邱少云案一审宣判，二被告被判决公开赔礼道歉并赔偿精神损害抚慰金。消息传来，人们都说"痛快"。

"快"中有"痛"。现实中，总有一些人出于各种目的，或借解构历史的由头、或假学术研究之名义，罔顾历史事实，任意剪裁素材，去臧否史实、编造故事、扭曲是非。在他们眼中，历史似乎是个可以任由自己打扮的小姑娘，全然不顾相关言行会混淆视听，给社会信息流注入杂质。

不仅以己度人，更以当下的条件"度"彼时的环境，这是历史虚无主义者的一个突出病症。对红军长征的前因后果、具体情境认识模糊，却绞尽脑汁提出相关行程不及二万五千里，妄称昼夜奔袭120公里的"飞夺泸定桥"被神化；对抗日战争的历史全貌、文献史料梳理不精，却恶意贬低平型关大捷的战场功绩，肆意质疑小学课文《狼牙山五壮士》"多处细节失实"；对抗美援朝的时代背景、战争史实一知半解，却臆断黄继光无法以血肉之躯阻挡地堡枪眼，诋毁邱少云不可能匍匐在烈火中一动不动……一寸山河一寸血，穿过历史的风烟，类似的贬损何以对得起先烈先贤？

一些人涂抹事实、曲解史料，虽然表面上打着"解密历史""还原真相"等幌子，根本上还是难逃名、利二字。仔细推究，他们在价值观上一味利己，为沽名钓誉而不惜歪曲真实、为追逐私利而不惜扰乱视听，于利己主义的死胡同兜兜转转；在认识论上主观先行，人为割断实践与认识的联系、混淆真理与谬误的边界,于主观主义的渊薮中不见天日;在方法论上轻率武断,只顾一点不及其余、流于表象疏于本质,于形而上学的陷阱里漏洞百出。最终,也必然会遭人厌弃。

"灭人之国,必先去其史"。上世纪80年代,苏联国内受所谓"新思维"以及国外敌对势力等影响,放任历史虚无主义横行流布,结果以卓娅、马特洛索夫、奥列格等为代表的一批英雄人物被污名化,进而出现党史国史也被否定颠覆,最终导致国家走向分崩离析。苏联殷鉴不远,其中的历史教训值得深思。历史集体记忆堪称国家和民族的宝贵财富,往往"受益而不觉,失之则难存"。一个人如果失去对过去的理性判断,注定是可悲的;一个民族如果失去对历史的敬意,则更加难以直面未来。

葆有足够的温情与必要的敬畏,无疑是对待历史应有的一种姿态。对个体而言,尽管大多数人都没有歪曲历史事件、丑化英雄人物的恶意,但随着社会价值日益多元、传播技术日新月异,也应注意对极少数处心积虑者保持警惕,并自觉抵制披着多种外衣的历史虚无主义现象。因为无论在历史事实、人类良知面前,还是在国家和民族的整体利益面前,总有一些底线不能被击穿,总有一些雷池不可被逾越。

"当过去不再照亮未来,人心将在黑暗中徘徊"。历史犹如一面镜子,映照着人们认知过去、对待自我的态度,也照见了喧嚣背后的世道与人心。今天,中华民族积蓄的能量已久,正在爆发出来去实现民族伟大复兴的中国梦,尤其需要从历史中不断汲取前进的动能。尊重事实、心存敬畏,珍视岁月长河中凝结的"精神珍珠",向历史虚无主义大声说"不",每个人才能成为负责任的现代公民。

(2016年09月22日)

放飞故事里的文化精灵

陈家兴

生动的故事比干巴巴的道理有说服力,有文化内蕴的故事比空洞的传说有穿透力。

今年暑期,慕名去江浙度假,流连于当下的人文风物,更穿越于千年文史风情,虽然其热如蒸,却兴味盎然。在太湖上踏浪,想的是范蠡携西子泛舟的传说。于寒山寺听音,思的是当年夜半钟声到客船的姑苏风致。漫步西湖白堤苏堤,念的是白居易、苏轼为政杭州造福民众的往事。千百年来,多少人为这些优美的故事所触动,必得一睹盛景方物才解心中之渴慕。

多少风物,俯仰之间,已为陈迹,况千年流光,岁月如洗?然而,正是因为有了那些千载流传的故事,让哪怕是点滴的古迹遗存,也成为了一个进入历史风情的渡口。晨访兰亭见曲水流觞,畅想古人饮酒赋诗是何等雅致。夜觅沈园吟两首《钗头凤》词,感怀陆唐爱情故事"惊鸿照影"的凄美。那些故事里住着的文化的精灵,穿透沧桑岁月与喧嚣世事,让我们得以遐思神游。

古人讲,言之无文,行而不远。故事有无传播力,取决于有没有文化内涵。在传播竞争的时代,讲故事成为制胜千里的一大法宝。讲故事当然需要技巧,让一个无趣的人来讲,即便故事的内蕴深厚,又曲折回环、跌宕起伏,也可能被讲得丢三落四、寡淡乏味。因而,诸如绘声绘色、欲擒故纵、娓娓道来、草灰蛇线、扣人心弦的讲述方法是讲故事人的"必杀技"。但没有文化精灵,这些技巧方法就如徒有虚名的"屠龙术"。惟其故事有魂,又讲得入神,方能相得益彰。

那些让人情动于衷的故事,归根到底都是围绕人来展开的。人物的命运悲欢,赤子的家国情怀,奋斗的曲折坎坷,捍卫的世道人心,等等,俱是文化精灵的原乡。因而,精彩故事中的文化精灵,都是触动人的心灵的,而非满足感官刺激的;都是以平等的视角让你去感知的,而非以居高临下的视角来对你告知的。有了这个精灵,那些我们所崇尚倡导的理念、价值、梦想,就悄无声息地飞入人们心头,住到人们心间去了。

今天的中国,不缺故事。追梦的故事,改革的故事,发展的故事,民族命运的故事,历史文化的故事,等等,都可以通过不同人的兴衰际遇去发掘,通过不同群体的命运去演绎。这里的关键是,需要会讲故事的人,更需要有一双善于发掘故事的眼睛,去抓住文化精魂这个内核,巧妙地呈现中国理念、中国价值、中国自信。

前不久,G20峰会在杭州召开。400多年前,意大利人利玛窦来到中国,他于1599年记述了"上有天堂,下有苏杭"的说法,据说这是首个记录、传播这句话的西方人。这一历史故事的细节,触动了多少人历史与现实的情怀与想象?这从一个侧面表明,只要我们善于讲好中国故事,即便那些早已被岁月尘封的历史往事,其文化精灵的生命都依然在勃发,都可以成为当代中国的优美叙事。

(2016年09月21日)

"向下"方能"向上"

李根萍

非洲草原上,有一种尖毛草,是长得最高的"草地之王"。但它的生长过程却很特别:在最初半年里只有一寸高,甚至看不出在生长。而雨季一旦到来,它就像被施了魔法,三五天时间就能长到一两米高。原来,雨季前,尖毛草不是不长,而是在向下长:6个月时间,它扎根地下可达28米。

尖毛草向下长,是为了积蓄向上的力量。这种"向下"与"向上"的辩证法,正是尖毛草给我们的启示:履职尽责、干事创业,不能急于求成、好高骛远,而需要扎扎实实打好基础、练好"根劲",才能真正脱颖而出,做出一番成绩,走稳向上的步伐。

积极向上,尽快干出事业,得到上下认可,这无可厚非,也再正常不过。但现实中,却总有少数党员干部找不到向上的方法,也摆不正"向下"的位置。或是盛气凌人、高高在上,让群众望而生畏,不愿甚至不敢接近;或是只顾眼前、不顾长远,做一些政绩工程、表面文章;或是作风漂浮、心浮气躁,摸不清情况、看不清问题。光想着向上,最终结果是步子不稳,不仅不能真向上,反而会有跌跟头的危险。

向下,是为了给向上汲取营养、积累力量;而要上得去、上得稳,也离不开基础的扎实、根系的稳固。把向上、向下结合起来,让向上成为向下的目的、让向下成为向上的阶梯,学学尖毛草,或许很有必要。

向下,是扎根基层接地气。尖毛草如果没有向下拼命扎根,就不能尽可能多地吸取养分和水分，最终蓬勃向上。"涉浅水者见鱼虾，涉深水者见蛟龙"，领导干部的向下，首先是要虚心拜人民群众为师。如果不能沉下心在基层打基础、练实功、吸营养，很难干出什么成绩。只有俯身倾听、弯腰观察，才能了解群众的期盼诉求、发展的难题症结，这是接地气，更是长才干。

向下，是放下身段重感情。毛泽东曾说，"我们共产党人好比种子，人民好比土地。我们到了一个地方，就要同那里的人民结合起来，在人民中间生根、开花"。根扎得够牢、够深，才能获得深厚的支撑。当年，焦裕禄一句充满真情的"我是你的儿子"，拉近了与群众的距离，最终得到群众认可。向下，就是到群众中去，坐一条板凳睡一个炕，端一个饭碗走一条路。与群众的距离有多近，决定了你能得到多少支持、收获多少成长。

向下，是脚踏实地解难题。"行动最有说服力"，说一千道一万，不如脚踏实地好好干。向下，不是走过场、贴标签，也不仅仅是调研、考察，更是要发现问题、解决问题。"四有"书记谷文昌，全县60多个村400多名生产队长，他几乎都能叫出名字，最终带领大家种下满岛木麻黄，长成防风固沙的茂密森林。没有这样的业绩，不可能获得"先祭谷公，后祭祖宗"的拥戴，也不可能"在老百姓心中树起了一座不朽的丰碑"。

习近平总书记多次用"墩墩苗"来比喻年轻干部的成长。墩苗，正是抑制幼苗茎叶徒长、促进根系发育，让庄稼能耐得住旱涝、扛得住风雨。领导干部坚持在基层滚出一身泥巴味、与群众建立真感情，才可能出政绩、得信任，迎来真正向上的成长。

（2016年09月19日）

常问自己"最缺什么"

朱华贤

近日重读古文《冯谖客孟尝君》,细细品味而有一番感悟。

孟尝君拿出账本问门客:谁熟习会计的事,帮我到薛地收债?冯谖自告奋勇地领受了任务。辞行时冯谖问:债收完了,买什么回来?孟尝君曰:"视吾家所寡有者。"赶到薛地,冯谖把该还债务的百姓找来,核验后,假托孟尝君的命令,把所有的债款当场烧掉。后来,面对诘问,冯谖答道:您曾说"看我家缺什么",我私下考虑您宫中积满珍珠宝贝,马房多的是猎狗、骏马,后庭多的是美女,您家里所缺的只不过是"仁义"罢了,所以我用债款为您买了"仁义"。

在"视吾家所寡有者"的认识方面,冯谖与孟尝君显然存在着分歧。仔细推究,孟尝君只停留于器物层面,而冯谖已经跳出了物质局限。他从孟尝君作为臣子的身份着眼,看到了为政潜在的风险,提前为其作了修补。事实也证明了这一手法充满智慧。一年后,孟尝君遭到齐王的排斥,只好到自己管辖的薛地暂住,在前往的路途上,薛地百姓扶老携幼,夹道百里迎接。孟尝君见此情景,非常感慨地对冯谖说:"先生所为文市义者,乃今日见之。"

不但清楚自己拥有什么,更要明白自己最缺的是什么,对"寡有者"进行及时弥补,这何尝不是一种生存智慧。实际上,一个人"最缺"的往往因时因地并不相同,既包括物质方面的东西,也包括精神、健康、品质、能力、知识、修养等看不见的财富。能不能及时发现自己所缺,并进行有效填补,或许是检验一个人自省能力的一种参照。多从自己的身份与角色出发,多观照实际,常常考量自己欠缺什么,缺则补之、少则增之,才能让自己不断收获物质与精神的双重成长。

发现自己的"最缺",并没有想象中那样简单。从现实来看,在这方面犯糊涂甚至完全麻木的人,绝不在少数。一些人吃穿用度早已不愁,却以为仍然"最缺",来者不拒,多贪多占,乃至拥有了几辈子都花不完的钞票,豪宅里塞满金银珠宝、名烟名酒。回看近年来被党纪国法严惩的贪官污吏,从一开始似乎便忘了问自己"最缺什么",或是从根本上就找错了方向。不是把注意力放在最缺的党性修养、责任使命感、奉献精神等方面,而是在自己最不缺的物质方面肆意搜罗、贪得无厌。这样的人生,注定是扭曲的,也注定是可悲的。

试问,谁不愿意追求更加完美的人生?然而,一个人的成长与成功,离不开一定的主客观条件来托举。虽然很多时候我们无法改变所处的环境,但只要学会遇事反求诸己,常问问自己最缺的东西是什么,矢志补齐最薄弱的那块短板,就能不断提升自己的综合素养,让自我保持协调发展的态势,从而更趋近心中的"完美"。

(2016年09月13日)

清谈馆与行动队

曹鹏程

近日热播的纪录片《一带一路》中有这样一个故事：在老挝，每天有许多相爱的年轻人从万象赶往塔纳楞，因为那里有老挝国内唯一的火车站，列车是最受欢迎的婚纱照背景。浪漫的故事，却有着并不浪漫的背景：从泰国驶来的列车，在老挝境内只跑3.5公里的铁轨。人们不把火车当作交通工具，而是当作景点，是由于老挝几乎不通火车。

要不了多久，这种情形就会成为历史。中国企业和工人正在铺设全程417公里的中老铁路。5年后，从昆明坐火车去万象将成为现实。"越来越多的中国企业家到老挝投资，为两国人民带来了很多好处，中老铁路这一两国重要的合作项目展示了两国合作的丰硕成果。"正如老挝国家主席本扬在G20杭州峰会期间所说，帮助老挝实现从"陆锁国"到"陆联国"的梦想，中国这样的行动者至关重要。

G20杭州峰会上，习近平主席的金句"成为行动队，而不是清谈馆"，激起无数渴望发展的国家和人民共鸣。人们越来越清楚地看到，制约世界经济复苏和增长的，并不是什么"文明的差异"，而是有很多阻碍创新的壁垒没有突破，很多隔断要素的沟坎没有通联。从G20发起的"全球基础设施互联互通联盟倡议"，到老挝东盟峰会，互联互通都是最重要的议题；杭州峰会首次将发展问题置于突出位置，德国总理默克尔强调"为此我们通过了一整套行动计划"，德国接任G20轮值主席国后将继续执行这些政策。中国方案之所以能够得到发展中国家和发达国家的一致欢迎,就是因为我们讲的是实话,干的是实事。

清谈误国,实干兴邦。作为改变和影响全球治理的最新力量,中国最鲜明的品格之一就是崇尚实干。从传承至今的"愚公移山""铁杵磨针",到新中国劳动者"宁可少活20年,拼命也要拿下大油田"的气概,中国人不太相信救世主,只相信自己的双手。如习近平主席所说,几十年间,"许许多多普通家庭用勤劳的双手改变了自己的生活",正是这些点滴变化凝聚起来,才造就了中国的大发展、大变化。

有着如此发展经历的中国,对务实有深切的体会。西方媒体长期讽刺G8是"清谈馆",G20问世后为化解危机曾拿出有效行动,但随着世界经济形势的变化,人们对G20期待更高,如果光是每年一聚会,但共识没法落地,难免沦为更大的"清谈馆"。相比起来,杭州峰会更有"行动队"的特色。几天的会议,从两年前就开始筹备,所有重要议题都广泛征求各方意见,并根据反馈做足了调研。中国接任G20轮值主席国以来,共在20个城市举办66场会议,其中,部级会议达23场,反复进行细致协调。最后拿到领导人桌面上的,都是切实可行的行动层面倡议。

有人曾把"无力的全球治理"比作长老们在讨论神庙的建造,他们为建筑的风格争吵不休,为诸神的线条各抒己见,却没有人去想如何运输石材、招募工人、筹集经费。一个行动胜过一打纲领,杭州峰会结束了,但"杭州共识"所激发起的行动火种,才刚刚开始燃烧。将源于实践、着眼务实的"杭州共识",化为实实在在的行动,我们的世界自会有更多美好。

(2016年09月12日)

别让速成毁了匠心

郭震海

在快节奏生活的当下,不少物事的生产创造似乎也加速起来。比如各类技能培训,只要有钱,到处都是班,两三个月就能拿到一本证书。写书、拍电视剧等等,也无不可以速成。

现代社会,时间就是生命,办事讲效率没有错。随着科技的进步,很多事情确实可以做到事半功倍。但实践也告诉我们,有些时候"欲速则不达",一味地追求速成不是好事。正所谓"十月怀胎,一朝分娩",事物的成长发展往往有其规律,那些违背规律的速成,往往就会先天不足,无异于拔苗助长。一些以次充好的假冒伪劣"速成"产品,一些偷工减料的"速成"工程等等,多是以牺牲质量或成效,乃至以牺牲安全为代价,这样的速成就不仅无益,而且有害。

常言道:慢工出细活,文火煲靓汤。很多事急不得,更速成不得。古人对事物的创造,往往是匠心独运,不尚速成。如丝绸、瓷器、漆器、金银器等各类技艺精湛的手工艺品,饱蘸着匠人们对自然的敬畏、对创造的虔敬、对工序的苛求。有多少巨匠们一生默默无闻,远离名利场,只为了完成一件作品、办好一件事情。盛于魏晋时期的"百炼钢"之术,其制作过程需工匠把精铁加热锻打一百多次,一锻一称,直到斤两不减,如此千锤百炼,最终锻出高纯度的器具。这一丝不苟的工序,精湛的技术,专注的追求,精益求精的精神,正是我们今天所倡导的"工匠精神"。

"人心惟危,道心惟微;惟精惟一,允执厥中。"只有沉得下心,才能做出经得起时间检验的产品。高凤林作为一名特种熔融焊接工,35年如一日,一心专注火箭发动机焊接工作,被称为焊接火箭"心脏"的人,0.08毫米是高凤林焊接生涯里挑战过的最薄纪录。载人潜水器有十几万个零部件,其组装对精密度要求达到"丝"级,顾秋亮作为一名焊工,40多年来兢兢业业、刻苦钻研,在平凡的岗位上不断追求卓越,一次又一次挑战极限,成功把"蛟龙"送入海底,他也被称为"有钻劲儿的螺丝钉"。没有那种精细入微的追求,没有那种"差之毫厘,谬以千里"的体认,就很难有过硬的高精尖技术。

其实,不管是科技研究、手工制造、养殖种植,还是行医执教、著书立说,行业千万种,从业者至少都应该有一颗基本的"匠心"。这颗匠心,不仅是对规律的尊重,对创造的敬畏,更是一种一丝不苟、追求卓越的精神。养此匠心,则会耐得住寂寞,坐得住冷板凳,下得了苦功夫,生出一种宁静致远、潜心于事的定力。涵养工匠精神,容不得浮躁,容不得唯利是图,容不得急功近利的"速成"。

"速成"是匠心的克星,欲养匠心,必戒"速成心"。多少粗制滥造、速生速朽的物事告诉我们,急于求成于事无益,急功近利更难立身。唯养一颗匠心,不迷于声色,不惑于杂乱,沉潜自己、专注一事,方能有所成、有所立。

(2016年09月09日)

给世界更深拥抱

关 航

"杭州在哪里？""那是一座离上海不远的城市。"这曾是一些中国留学生向外国同学介绍自己家乡时遭遇的尴尬。当G20峰会把杭州推向世界舞台的"风口"，人们发现，这个古代"海上丝绸之路"的重要节点，如今早已是全球电子商务的重镇。层出不穷的创业企业生意联通四海，中西合璧的G20文艺晚会惊艳世界，杭州像一个缩影，映照着现代中国重新走向世界的进程。

这是一条漫长的开放之路。1971年，非洲兄弟"把中国抬进联合国"，代表了广大发展中国家发挥更大影响的共同心愿。2001年，世界贸易组织迎来世界上人口最多的国家。2016年，中国走上了主办G20峰会的主席台。在一次次拥抱世界的过程中，中国变得越来越有"国际范儿"。举手投足间，13亿中国人的气质一天比一天开放和现代。

政府公务员扎堆参加培训，恶补WTO知识；新技术公司紧急开会，研究怎样和外国企业沟通……中国加入世贸组织后第一个工作日的情形历历在目。欣喜与焦虑、激动与烦恼并存，是当年中国呈现给世界的真实一面。一位奥申委官员曾向媒体回忆北京申奥时的情景：因为要按照国际奥委会规定承诺做好相关内容，"中国内部的很多政策、制度都要改"，得"跟很多部委沟通、协调"。他感慨，"申办奥运会的过程，其实也是促使中国的许多政策、法规与国际接轨的过程"。随着更加深入地参与全球化进程，中国人看待世界的眼光、同世界相处的姿态都在悄然改变。

从加入世贸组织、举办北京奥运,到主办 APEC 和 G20,我们对自身国际地位和国际影响的提高,越来越有实实在在的感受。今天的中国人,很多都有国外求学、旅游、工作的经历,甚至本身就在国际化的学校、公司、社区度过每一天,"在家门口拥抱世界"成为一种常态。从这个意义上讲,协调好身边的事情,本身就与全球治理息息相关。

有人曾将 G20 比喻为商讨国际性的"粮食"和"蔬菜"问题,因为峰会上讨论的有关贸易、旅游、安全等各方面的顶层设计,不只是国与国之间的外交与协调,确实就是直接影响普通人的"餐桌问题"。从进口商品、医疗等服务价格变得更实在,到出境旅游减少汇差损失,G20 所产生的"蝴蝶效应",无疑会释放更多惠民红利。关心国际合作,用世界眼光重新打量自己的事业与生活,无疑有利于增强发展自信,培养更多兼具主体意识与全球视野的"世界公民"。

有外国观察者发现,在中国,《参考消息》《环球时报》等以国际新闻报道为主的媒体,拥有数以百万计的读者,电视节目的国际新闻频道也格外受人关注。尤其引人注目的是,中国普通百姓看待很多国际问题,都抱有非常务实的态度。和许多西方人不同,他们时常以一种建设者的身份来思考世界的未来。这或许可以从一个侧面来印证,中国与世界的互动,为何总能实现令他国歆羡的"良性循环"。

英国广播公司最近的一项调查指出,多达 71% 的中国人认为自己是"世界公民"。G20 杭州峰会的举行,再次给全球治理打上深深的"中国印记"。发扬同舟共济、合作共赢的伙伴精神,从杭州再出发,中国将以自己的担当给世界一个更深的拥抱。

(2016 年 09 月 07 日)

"中国印记"为何值得期待

卢新宁

古城杭州,随处呈递"名片":三潭倒影清辉,二堤掩映碧波,大运河蜿蜒北上,六和塔俯瞰钱塘……这些文化符号,成为富于江南韵味的"中国印记"。

另一种无形的印记,更让人神往。当年,哥伦布为追寻马可·波罗笔下的"天城"杭州,开启横渡大西洋的壮举,却意外发现美洲新大陆。今天,G20峰会聚力同行,B20峰会思想激荡,杭州再次催动人类前行的征程。钱塘江边,西子湖畔,又将写下怎样的中国印记?

"建设开放型经济""促进包容性发展"……G20杭州峰会,习近平主席在开幕致辞中,为世界经济开出药方。前一天下午,他在二十国集团工商峰会开幕式上的主旨演讲,以"后花园"与"百花园",说明中国不是现行国际机制的挑战者,而是建设者;以"没有与世隔绝的孤岛",诠释中国的发展既是自身需要,也能惠及世界;以"弄潮儿向涛头立",宣示中国不仅要走向世界,更要影响世界。于杭州,于中国,于世界,正有三个"故事",能注解习近平主席的演讲,解码世界期待的答案。

第一个,是"丝绸的故事"。"日出万绸,衣被天下",杭州素称"丝绸之府"。由汉至元,伴着大漠驼铃、碧海白帆,这里的丝绸运往世界各地。《马可·波罗游记》中,记载了元初杭州"都民士女,罗绮如云"的情形。如果说,来往的驼队商船是流动的音符,那么杭州的丝绸则如凝固的印记,刻写在古老的欧亚大陆、广阔的太平洋与印度洋之上。

丝绸的故事,今天有了新的乐章。习近平主席提出"一带一路"倡议,让世界上最长的两条经济大动脉、文化大长廊,走出历史的余音,成为现实的交响。这样的倡议,得到了沿途各国的认可与支持。经贸往来之路、文明交融之路、友谊和平之路,"一带一路"以包容性、建设性的姿态,让中国印记给世界注入正能量。

第二个,是"绿水青山的故事"。"绿水青山就是金山银山",习近平主席演讲中充满辩证色彩的论断,正是他主政浙江时提出的。在发展过程中,绿水青山曾一度蒙尘。在"两山论"指导下,"人间天堂"重回清丽,绿水青山成为今日浙江的"金名片"。

这样的判断,也有着世界意义。有人曾估算,如果13亿中国人都过上"美国式生活",需要5个地球的资源。反过来看,在环境与发展之间,中国需要走出一条自己的路。习近平主席承诺,今后5年,中国单位国内生产总值用水量、能耗、二氧化碳排放量将分别下降23%、15%、18%。"天蓝、地绿、水清的美丽中国",不仅是让人期盼的中国印记,也是中国发展与世界息息相关的佐证。

第三个故事,主角是"阿里巴巴"。习近平主席在演讲中,赞赏杭州的创新活力,"在杭州点击鼠标,联通的是整个世界"。这里的电商网站促销,日销售最高纪录超过900亿元,而创造奇迹的阿里巴巴公司,1999年才成立,2014年在美国上市。肇始于中国创意、根植于中国需求、立足于中国发展,"造梦者"——阿里巴巴首个官方纪录片的名字,又何尝不是更多中国企业精气神的写照?

古老丝路的魅力穿越古今,美丽山水的诉说写就青史,活力电商的传奇印证时代……三个杭州故事,可为中国理念的注脚。从推动共建共赢到创新发展方式,从完善全球经济治理到建设开放型世界经济,30多年来,中国在开放中走向世界,中国倡议正来自对"中国实践"的深刻总结。

《春江花月夜》与《月光》合奏,《高山流水》共《天鹅湖》起舞……4日晚,西子湖畔的文艺演出,让中国印记与世界文化"对话"。瞻望未来,从杭州这个新起点出发,世界经济的航船将从钱塘江畔再次扬帆启航,驶向更加广阔的大海。

(2016年09月05日)

为理想奋斗者最快乐

吴齐强

八一南昌起义纪念馆的陈列物品中，有一张特别的党员登记表，上面的名字是贺龙。贺龙18岁参加国民革命，接触到马克思主义思想后，他一次次提出入党申请。1927年，在一片白色恐怖中，身为国民党将领的贺龙，毅然参与领导了南昌起义。在起义军南下瑞金途中，由周逸群、谭平山介绍，他终于加入了中国共产党。有人粗略算了一下，贺龙先后70次申请入党。

在最黑暗的时刻看到最深处的光明，并为之义无反顾、奋斗终身，正是共产党人的理想情怀。靠着坚定的理想信念，我们党即便经历了大革命失败的血流成河，依然擦干血迹、拿起武器，开启新的革命征程；靠着坚定的理想信念，平均年龄不到25岁、每百人不到80杆枪的红军队伍，破封锁、翻雪山、过草地，赢得长征的胜利。"志不立，天下无可成之事。"理想信念是共产党人战胜困难、赢得胜利的力量源泉，今天我们团结奋斗、走向复兴，理想信念尤不可缺。

张爱萍的儿子张胜在《从战争中走来：两代军人的对话》一书中，以"一个天真的共产主义者"评价父亲。"天真"，并不是说不切实际，而是说对理想信念的忠贞不二、始终不渝。张爱萍15岁投身革命，两次被捕入狱，数十年戎马生涯，转战大江南北。新中国成立后，在人无一个、船无一艘的情况下，他着手筹建新中国的海军，后来又挂帅第一颗原子弹试验的总指挥。抱定了理想去搞革命、抓建设,即便跋山涉水也不喊苦叫累,即便四处碰壁也绝不妥协,忠实于理想,正是共产党人的"天真"写照。

有人说,"世界上最快乐的事,莫过于为理想而奋斗"。摄影家、纪录片导演左力,历时374天,行程12000多公里,重新走完红军的长征路。他说,这次长征给了他三条命:吃饱穿暖喝足,享受的只是性命;琴棋书画游遍天下,享受的只是生命;循着梦想追求理想,获得的是一生的使命。理想具有超越现实、超越物质的魔力,以崇高理想为一生的使命,生命意义因之而不同,生活价值因之而升华。

"我们党是否坚强有力,既要看全党在理想信念上是否坚定不移,更要看每一位党员在理想信念上是否坚定不移。"正如习近平总书记在庆祝中国共产党成立95周年大会上说的,理想信念的价值在于坚定不移,理想信念的威力在于脚踏实地。高谈阔论难免流于苍白无力,虚功实做、立足实际才是高扬理想信念的正确方式。不管时代环境如何变化,我们都应该抱定理想信念,锲而不舍地实干,驰而不息地奋斗。

不可否认,在今天这样一个价值多元、思想激荡的时代,难免有人虚无信仰、迷失理想。正因为这样,更需要我们时常补一补信念之钙、擦一擦理想明灯,用理想信念打牢做人做事的精神根基,端端正正地走好人生道路。

古人说得好,"天下莫柔弱于水,而攻坚强者莫之能胜"。理想的力量不是钢铁、胜似钢铁。把理想信念立在心田中,挺到行动中,我们一定可以积攒起齐声喊、同心干的合力,为自己也为他人创造更多的快乐和幸福。

(2016年09月02日)

有一种享受叫拼搏

李金芳

这几天,香江之滨、澳门湾畔,掀起了一股"奥运风"。里约奥运会内地奥运精英代表团的到访,点燃了爱国与奋斗的激情,收获了阵阵欢呼与掌声。而中国女排,无疑是其中最闪亮的明星。

的确,顽强拼搏、为国争光,女排精神有着超越赛场的价值。主教练郎平说,赢球的秘诀就是"拼"字当头,"不要因为胜利就谈女排精神,也要看到我们努力的过程"。之所以这么说,或许是因为在这位传奇的"铁榔头"心中,精神本就体现在"一分一分咬着牙顶"的拼搏中。正是这种"拼",给了女排以荣耀,更给了她们以享受——战胜困难的享受、自我超越的享受、成功夺冠的享受。女排姑娘们让人看到,有一种享受叫"拼搏"。

人生也是赛场。孔子曾看着浩浩荡荡、汹涌向前的河水说,"逝者如斯夫,不舍昼夜"。时间一往无前,心中有梦想在激荡,或许就难以停下奋斗的脚步。网友的很多说法,都指向一个"拼"字:"不断奔跑,才能看到更远的天空。""虽然知道应该经常停下看看风景,但不能停也不敢停。""不拼我害怕浪费了这一生。"……人生苦短,去日苦多;除了拼搏,别无选择。

任何成功都必须付出努力。有人曾提出"1万小时定律":要成为某个领域的专家,需要付出1万小时持续不断的努力。1万小时的锤炼,正是从平凡变成超凡必然要跨越的门槛。然而,这1万小时未必就是炼狱,也未必就是煎熬。相反，如果能在每一分钟感受自己的进步，感受着一步步向着梦想的出发，那么你流的每一滴汗，都是一枚闪耀的勋章。这不就是一种美好的享受吗？

人都有自我实现的本能需求。拼，是为了遇见更好的自己，这是生命成长的内在动力。"不经历风雨，怎能见彩虹？"付出越多，收获就越大，这也是因为，付出的过程、拼搏的过程，本身就让人生充满意义，本身就是一种自我实现。从这个角度看，成功不过是副产品，而为了成功一次次跌倒又爬起，才是更大的价值。正如有人极而言之的，没有奋斗过的成功是不圆满的。

每个人都应该也可以通过奋斗来塑造一个更好的自己。当然，这并不意味着要用当下的美好来做交换。事实上，成功从来都不是单纯拼时间这么简单，它还需要真心的热爱、高度的专注，以及适当的调整。赛场上成功逆转强大对手的女排姑娘们，想必也是完全沉浸在对赢的渴求之中，忘我地全身心投入，在每一球中竭尽全力，但拼当下、但求无悔。女排精神，在那一刻更像是一股纯粹的、向上的能量，更放松、更尽兴、更享受，反而发挥出最好水平赢得了比赛。

"人不可能经由一个没有喜悦的旅程，而到达一个喜悦的终点。"生命是一场奇妙的探险，真正意义上的自我实现，是为了一个目标去享受奋斗的过程。幸福不是拼命爬到山顶，而是向山顶攀登时经历的感受、看到的风景。

所以，享受拼搏，不问结果。

（2016年08月31日）

多看群众表情

徐文秀

眼下,各地换届工作正在陆续进行。换届到位后,需要做的事情会很多。到群众中去、到基层一线去,养成多看群众表情的作风和习惯,显得尤为重要。

干部是要为百姓办事的,这本来是很清楚不过的事。但总有那么一些干部,习惯性地把领导点头当劲头,有意无意置群众的需求于不顾,更有甚者动辄对群众吹胡子瞪眼睛。这些现象,从走上新的领导岗位时就得时刻警醒,并从骨子里扭转和改变过来。

群众表情是一扇窗,可以看出他们所思所虑。眼睛是心灵的窗户,脸色是心事的流露。被群众誉为"太行新愚公"的李保国,当初到贫困村推广苹果套袋技术时,从群众茫然的表情中读懂了乡亲们一时半会儿无法接受新技术和无钱买纸袋的心思,于是拿出了自己仅有的5万元科研经费,买来纸袋并且手把手教村民套袋、掌握技术。群众的脸色是情感、情绪的真实流露,心里怎么想的就会写在脸上,或不解、困惑、迷茫,或无奈、失落、麻木,或激动、兴奋、期盼,只要我们细心观察、悉心体察,便能读懂他们的所想所忧所盼。从这个意义上讲,群众的表情是重要的信号,这个信号就是干部努力的方向、工作的重点。

群众表情是一面镜子,可以照出干部的好与坏。有的干部习惯高高在上,对群众冷漠,群众自然会不愿搭理他,见了面也会脸无表情;有的干部喜欢做样子，表面文章做得好，群众自然不买账，脸露不屑。群众的表情是晴雨表、风向标，脸色好看，说明干部的工作做得好，在群众心中的形象好；脸色难看，说明工作做得不好，或不够好，而且形象差。基层常可以看到这样的情景，当群众反映的问题解决后，群众会笑得像花儿一样。"君子不镜于水，而镜于人。镜于水，见面之容；镜于人，则知吉与凶。"以群众的表情为镜，可以照出我们的差距和不足，看到问题和矛盾，以更好地弥补和改正。习近平总书记说："党中央的政策好不好，要看乡亲们是笑还是哭。"群众笑了，我们自己干得也更开心。

群众表情是一本书，可以读出他们背后的故事。"人之命在元气，国之命在人心。"人们或许都还记得，多年前曾经轰动一时的著名油画《父亲》，当我们看到父亲那沟壑纵横、满是土色的脸时，我们读懂了衣食父母的含辛茹苦、酸甜苦辣，那张布满皱纹的脸，见证了岁月的沧桑。《父亲》的原型是大巴山的老农民，正如作者罗中立所说，"农民是这个国家最大的主体，他们的命运实际上是这个民族和这个国家的命运。"从这个意义上讲，群众的表情是一本绝好的教科书，从中读懂历史、读懂人生、读懂我们这个苦难的民族，进而从内心生出对群众深沉的敬重，把实事办到群众的心坎上。

当年，焦裕禄曾大声疾呼："咱们不能光看领导的脸色，还是要看看群众的脸色吧。"今天，尽管时代发生深刻变化，但我们仍然应当经常地而不是偶尔地、认真地而不是敷衍地看群众脸色，把读懂群众表情作为自己的基本功。

（2016年08月30日）

不妨多点"耐心资本"

张天培

上世纪 80 年代,推销大师汤姆·霍普金斯有一场让人震撼的演讲。

在演讲台上,悬吊着一个巨大的铁球。台下请上来的年轻人,用大铁锤使劲敲击,铁球都纹丝不动。霍普金斯却拿出一个重量不足 50 克的小锤,每 4 秒一次,敲击了一个多小时,铁球终于动了起来,越荡越高。而全场 3000 多个听众,只有坚持到最后的不足 300 人,听到了这场只有一句话的演讲:

"你如果没有耐心去等待成功的到来,那么,你只好用一生的耐心去面对失败。"

"耐心"二字,确实难能可贵。不独是在个人的成功之路上,社会建设中同样如此。相比急功近利的投入、焦虑浮躁的行动,以耐心涵养水源,或许能得到更扎实、更长效的回报,比如扶贫,比如公益。

有人曾提出"耐心资本"的概念——不以短期效果和回报为目标,而是期待对社会产生持续的正向影响,从而在根本上改良他人的生存状况。不急于求成、不过分关注眼前,这样的耐心资本,让人想起跑马拉松,科学地分配体力、持续而稳定地努力,比一口气冲刺却无后劲儿,更能出效果。

耐心资本,无疑是一种聪明的选择。北宋名臣范仲淹,曾首创"置义田"。他在家乡附近购置了千亩田地,用来救助家族中的"困难户"。田地能种粮,不是"一锤子买卖",可谓"土生金,无尽藏"。换个角度看,这样的赈之以田、助之以地,也是投入的耐心资本:看起来虽然不多,却是一种可持续产出的资源,反而能取用不竭。

更重要的是,付出耐心资本,收获的可能是"社会资本"——无形的社会资源,包括社会规范、社会信任、社会支持等等。耐心的、持续的投入,带来尊重和信任,提升了能力,聚合起人心,最终改变风气、形塑价值,激活社会的内生动力。无论是政府主导的脱贫攻坚,还是社会助力的公益慈善,耐心资本,一定会有更深层的产出潜力。

不过,正如那位推销大师所说,成功需要有耐心去等待。现实中,不少时候我们缺乏耐心。一些地方的扶贫工作,停留在发钱、发物的水平,今天脱贫了,明天又返贫;一些组织为了博取眼球,做公益变成了作秀,大堆的人民币、奢侈品,堆不出真正的爱心。在这样一个快时代、躁时代,在这样一个讲求影响力、回报率的时代,耐心资本更显难能可贵。

无论是扶贫、养老,还是赈灾、救难,都需要长期关注、持续投入。每一次的效果或许没那么显著,但说到底,是放眼长远,追求"总体成功"。习近平总书记曾讲述过"滴水穿石的启示":一滴水,既小且弱,对付顽石,肯定粉身碎骨……但其价值和成果体现在无数水滴前仆后继的粉身碎骨之中,体现在终于穿石的成功之中。滴水穿石,付出的又何尝不是耐心资本?

"三年不蜚,蜚将冲天;三年不鸣,鸣将惊人。"世间很多的事情需要厚积薄发、耐心等待、久久为功。恰如愚公移山,纵然没有感动神仙来移走两座大山,按照愚公的路线图,一铲接着一铲挖、一代接着一代干,也总会有"开门不见山"的那一天。

(2016年08月29日)

你的拼搏，我的力量

李 拯

如果时间冲刷掉那些暂时的情绪、瞬间的激动，里约奥运究竟还会在我们的记忆里留下什么？习近平总书记给出的回答是：体育精神。

在会见第三十一届奥运会中国体育代表团时，习近平总书记热情洋溢赞扬体育健儿展现的体育精神——"激发了全国人民的爱国热情和全世界中华儿女的民族自豪感，增强了中华民族的凝聚力、向心力、自信心"。这种体育精神，是中国精神的重要体现，也将激发起全社会团结奋斗的强大精神力量。

"为祖国争了光，为民族争了气，为奥运增了辉，为人生添了彩"。刚刚结束的里约奥运，会记住中国女排不畏强手、英勇顽强的拼搏精神，也会记住跳水运动员秦凯向何姿求婚的美丽瞬间；会记住骑手华天以"我还要代表中国参加十届奥运会"宣誓的爱国情怀，也会记住游泳运动员傅园慧以"用尽洪荒之力"展示的自我超越……体育健儿以高昂的斗志、顽强的作风、精湛的技能，展示出永不放弃、勇于拼搏、奋勇争先的精神风貌，也彰显着一个现代中国的大气从容、自信开放与蓬勃活力。

当国歌奏响、国旗升起，无数人在这一瞬间感受体育精神的力量、体会民族自豪的激动。确实，体育运动或许项目不同，金牌奖牌或许名次有异，但体育精神却一脉相承、一以贯之。"更快，更高，更强"，奥林匹克格言所寄托的，正是人类对于自身的不断超越，是人类不断挑战自我、超越自我，从而实现更好自我的精神企求。"这次拿了金牌奖牌的队伍和运动员，都是好样的。这次没拿到金牌奖牌，但在比赛中做了最好的自己的队伍和运动员，也都是好样的"，这是因为，比金牌更有价值的，是顽强拼搏的勇气；比名次更重要的，是超越自我的精神。

"体育精神的本质，在于其激励性。"竞技体育的性质，决定了最后能进入世界级舞台的只能是少数人，然而，把比赛交给专业运动员，体育精神却可以激励每一个人。"感觉身体被掏空"的无力感，"葛优躺"展示的颓废画风，"宅"字流行折射出的封闭生活……面对这些，体育健儿展示出的"人生能有几回搏"的奋斗精神，正是一剂能够让心灵猛醒、让精神振奋的温热汤药。女排姑娘的成功逆袭、乒乓猛将的仰天长啸、跳水冠军的热泪挥洒，这些瞬间给我们以长久的精神动力。

"走下领奖台，一切从零开始。"里约奥运落下帷幕，标志着新的奥运征程扬帆起航。这正是体育精神的灵魂，永不放弃更永不满足，永远奋斗更永远超越。这种精神，将激励着体育健儿，也将激励着我们每一个人，以及这个志在复兴的伟大民族。

（2016年08月26日）

人生需要"顶住"

李秦卫

"打一分赚一分,我们一起顶住!""我们有那种不服输的劲儿,不管怎么着也得顶住!""女排精神就是不放弃,能顶住!"……

中国女排在第三十一届奥运会上赢得中国代表团"分量最重"的一块金牌后,女排教练员和运动员在接受采访时也送给我们一块沉甸甸的人生"金牌"——人生需要"顶住"。

赛场是最高强度的比拼,是精神意志的较量。"顶住",既是一种姿势表象,也是一种内心观念。"顶住",不是无可奈何的被动选择,更不是安于现状的消极保守。对于人生而言,"顶住",是一种态度,一种责任,是行稳致远的"压舱石"和"发动机"。

"顶住"是执着,坚持不懈。人与人之间最小的差距是智商,最大的差距是坚持。"踏破铁鞋无觅处,得来全不费功夫",说的是成功的偶然性。然而,这种"不费功夫"的偶然,却存在于"吾将上下而求索""众里寻他千百度""为伊消得人憔悴"之中,是千辛万苦付出后的某种必然。世间事,除了岁月,没有"不费功夫"就得来的好事。曹雪芹写《红楼梦》,"批阅十载,增删五次""字字看来皆是血,十年辛苦不寻常"。国学大师钱穆"虽居乡僻,未尝敢一日废学",一生著书立说达1700万言,还探索出一套独特的治学方法和治学门径。年复一年的"顶住",最终才能积跬步以至千里。

"顶住"是毅力,坚忍不拔。"古之立大事者,不惟有超世之才,亦必有坚忍不拔之志"。前进路上,艰难困苦是"灭顶石"还是"垫脚石",关键看能不能"顶住"。爱迪生说,失败了一千次并不可怕,最起码我知道这一千次的努力都是不可行的,于是我就会做出第一千零一次的努力。袁隆平培育出高产杂交稻,屠呦呦提炼出青蒿素,说到底都是一个屡败屡试、愈挫愈奋、不断"顶住"的过程。成功路上,不仅要看能否吃得了"坐冷板凳"的寂寞之苦、"三更灯火五更鸡"的勤勉之苦,还得看能否受得了"衣带渐宽终不悔"的坚忍之苦。无数事实证明,面对困难时选择"顶住",一个个失败、挫折和困难,就会从"绊脚石"变为砌筑人生进步的"垫脚石"。

"顶住"是定力,坚定不移。当年长征,尽管起初红军不知道战略转移何时才能结束,不知道最终去往哪里,但大家坚信"只要跟党走,跟着抗日救国的理想走,就会有前途",坚信"不论我们自己能否到达胜利的彼岸,我们的旗帜一定能达到"。正是因为对这一目标的坚定不移,才使"红军不怕远征难",把二万五千里的艰辛远征,化作了地球上最绚丽的红飘带。志行万里者,不中道而辍足。马克思说,他能创立剩余价值学说,前后坚持40余年时间进行《资本论》的研究撰写,关键是"目标始终如一"。凡事咬定一个目标,矢志不渝,必会凌绝顶而览众山。

"世界上有一种鸟是关不住的,因为它们的每一片羽毛都沾满了太阳的光辉!希望是一种坚持,使灵魂深处保有一片自由的天空,为相同的生命做出不同的解释。"的确,全面建成小康社会的道路上,我们有转型的难题,有升级的压力,但只要我们选择"顶住",有锲而不舍、驰而不息的劲头,踏石留印、抓铁有痕的态度,干在实处、走在前列的执着,就一定能让"关不住"的鸟儿,"羽毛都沾满太阳的光辉",始终飞翔在希望的田野上。

(2016年08月25日)

让休假成为惯例

余清楚

列宁有句名言,谁不会休息,谁就不会工作。今天,设置假期、正常休假,既有法律依据,更有科学道理。然而,对于那些工作任务较重的人,尤其是对领导干部来说,又有多少人真的好好休息了,认真休假了?

"落木无边江不尽,此身此日更须忙。"我国正处于发展的关键阶段,许多人为了事业,夜以继日忘我工作,以至于"五加二""白加黑"成为不少干部的口头禅,其精神状态和责任担当,令人敬佩,令人感动。然而,工作繁忙,更要劳逸结合,有张有弛,须知弹簧绷得太紧也会断。习近平总书记在与中央党校第一期县委书记研修班学员座谈时,回忆起自己担任县委书记的往事,就说自己当时常熬夜生病,告诫大家不要熬夜。一张一弛,文武之道,干部休假,应当是身体的补给站,人生的加油站,快乐的驿站。

现代社会,工作千头万绪,忙与累的确成为常态。但协调好工作与休息,也是能力和水平的体现。有的领导善于"弹钢琴",繁忙工作与休息休假两不误。但也有人由于工作繁忙,节奏过快,造成精神紧张,身心疲惫,因而心力交瘁,英年早逝。还有个别人缺少身体锻炼,缺乏自我调节,心理压力过大,甚至抑郁而亡。坊间不知其中苦处,不肯体谅苦衷,还生出诸如因为腐败自杀身亡的谣言来,令人扼腕叹息。

所以,人要劳逸结合,要休养生息,这也是建设"健康中国"的题中应有之义。工作累了,就要休息一下,闭闭眼,歇歇脚,提提神。休假是为了更好工作,给身体补补能量,给心情换换环境,调整心态,轻装上阵,重新开始新的战斗。确有急事要事,保持通讯畅通,有事及时返回,做到心系工作,安心休假。一个好的领导,不仅自己要带头休假,更要合理安排员工的假期。一个好的团队,一支好的队伍,要想有战斗力、凝聚力、亲和力,关键就在善于调动员工的工作积极性,让他们工作好、休息好,有幸福感和获得感、对单位有归属感。

想起历史上关于休假的故事。西汉时期,有位官员张扶不肯休假,待在官署上班。宰相薛宣发出文告劝道:官吏按照律令休假,由来很久。属官应随众,回家相伴妻子儿女,设置酒肴,邀请邻里,一起欢笑相乐,这也是应该的!张扶很是惭愧。

家和万事兴。休假还有个好处,就是利用休假与家人团聚,和家人在一起吃饭聊天,休闲旅游,共享浓浓亲情,共度美好时光。有的家属为了让配偶能够安心工作,包揽家务,照顾老人小孩,任劳任怨,长期处在紧张状态。有的小孩,放学回家,不见爸妈,寒假暑假,无人照顾,天天靠电脑、手机陪伴,坏了眼睛,伤了身体,谁之过?

再忙再累,也要统筹好繁重的工作,放松绷紧的心情,有机会吟诵着"因过竹院逢僧话,偷得浮生半日闲"的诗句,和家人一起休假去。每当朋友见面问候,不再说"你吃饭了吗",而是问"你休假了吗",不亦乐乎?

(2016 年 08 月 24 日)

时代何以重唤"女排精神"

赵 鹏

8月21日一早,无数中国家庭打开电视,围坐一起,观看中国女排在里约奥运的决赛,夺冠时刻,收视率竟高达69%。这样的场景,多么熟悉——上世纪80年代,中国女排的比赛,每每是举国关注、万人空巷。30多年后的今天,再次感受这样的氛围,也再次为那个耳熟能详的词而心潮澎湃——"女排精神"。

今日中国,为何再度呼唤"女排精神"?

上世纪80年代初,改革开放大幕开启,中国大地百废待兴,追赶世界只争朝夕。1981年11月,女排在世界杯排球赛上勇夺冠军,人民日报刊文《学习女排,振兴中华》:"用中国女排的这种精神去搞现代化建设,何愁现代化不能实现?""女排精神"成为那个时代的精神符号,向世界郑重宣示:中国来了!也向国人发出动员:万众一心,艰难总能克服,梦想终将抵达。

30多年弹指一挥,中国已是全球第二大经济体,成为国际赛场上的"领跑者"。我们有着强大的财富实力、制造实力、国防实力,足以让每个华夏子孙挺胸抬头。"中流击水,浪遏飞舟",处身历史的三峡,面对发展的关隘,今天的中国,尤其需要在创造出庞大的物质财富同时,锻造更强大的精神实力。

这是永不言弃的精神。前行的征程永远都不会一帆风顺,实力有长有消,过程有起有伏。在高点,能不能不因胜利而沉醉?处低谷,能不能不因黯淡而迷失? 30多年间,中国女排也曾跌倒、也有波折,即便在里约起初也是一路低开。然而,也正因此,"女排精神"才更显出其可贵。因为,只有永不言弃的人,才有资格说"不以成败论英雄";只有永不言弃的民族,才可以真正在风雨中屹立不倒。

这是团结一心的精神。集体项目,"团结"是制胜的核心要义。"团结就是力量,这力量是铁,这力量是钢。"中国精神中,积淀着集体主义的传统;女排的战绩,也包含着集体的力量,恰如主帅郎平所说,"我们有上亿球迷在远方观战,我们不孤单"。当物质主义冲刷着时代、利益至上拷问着心灵,奉献、协作、团结,显得更为重要。女排的集体主义、爱国情怀,让我们可以超越个人,收获更大的光荣。

这是勇于拼搏的精神。一个体育项目要想夺取胜利,扎实的基础、创新的技术、合理的布阵、物质的保障,都是不可或缺的条件。但即便把这些条件全部加在一起,也无法抵消最关键的一条,那就是勇于拼搏。赛场不相信奇迹,只相信持之以恒地奋斗、永不放弃地坚持。拼搏精神是什么?就是我们敢于向强大对手亮剑的豪情、是我们逆境中一步一步永不停歇的追赶、是我们在成功时善于警醒、勤于反省的自励。

感谢女排,不仅为中国添了一枚宝贵的金牌,更唤起了亿万国人的精气神,为"女排精神"注入了新的内涵,也让这精神的清流注入了一个新的时代,在面向未来的进军中,展现出强大的中国精神、凝聚起磅礴的中国力量。

(2016年08月23日)

"最好的医生是自己"

李 斌

"跑步阵营"与日壮大,广场舞方兴未艾,羽毛球馆、篮球馆、游泳馆备受青睐……当代中国,正进入一个"全民健身"时代。作为一种生活方式的体育,飞入更多寻常百姓家;作为流行时尚的健身,被无数人发自内心地追捧。

有人说,撬动体育运动的杠杆,是一种叫做"亚健康"的身体状态。这话有一定道理。参与体育锻炼,我们不仅可以享受运动的乐趣,更能唤醒沉睡身体中的无限活力。甩掉亚健康,体育自然是首选。体育健身风行的背后,照见人们健康观念和生活方式转变的大气候。

"健康是促进人的全面发展的必然要求""也是广大人民群众的共同追求",在刚刚结束的全国卫生与健康大会上,习近平总书记这样强调。过去,"无病即健康"的观念成为人们的潜意识,健康被寄托在"治病"上,花钱吃药打针动手术,结果钱花了罪受了,却依然得不到真正的健康。如今越来越多人意识到,保持健康,医学不过是其最后防线,生命品质,更多维系在自己手中。其实,中医早就提倡"三分治、七分养",国外亦有"一盎司的预防胜过一磅的治疗"的说法。俗话说"最好的医生是自己",这正是对生命规律和健康追求的深刻总结。

"病非一朝一夕之故,其所由来渐矣。"健康是一种状态,更是一种能力,对不健康的生活习惯不自觉、不改正,再高明的医术也无力回天。世界卫生组织研究发现，影响健康因素中，生物学因素占15%、环境影响占17%、行为和生活方式占60%、医疗服务仅占8%。然而有关调查显示，我国仅有11.2%的居民能够保持健康的行为和生活方式。吸烟酗酒、经常熬夜、久坐不动、营养失衡、药物依赖等不良生活习惯，不啻身体健康的隐形"杀手"。因而想要得到健康，健康的观念素养是必需前提，健康的生活方式则是不可或缺的关键要素。

早在上世纪90年代初，合理膳食、适当运动、戒烟限酒、心理平衡，就被列为世所公认的四大健康基石。但从酒桌上倒下再没醒过来的有之，连续几天打麻将"砌长城"而突发疾病的有之，沉湎于不良嗜好被人拉下水的也有之。中央八项规定出台后，许多党员干部从文山会海和接待应酬中解脱出来，转为高效工作、强身健体、陪伴家人、操持雅好，自己也感觉身心舒畅、神清气爽。可以说，健康生活方式和生活理念，构成了我们对抗各种外邪入侵的最好屏障。

"正气存内，邪不可干"。做人一身正气，为官一尘不染，腐败污秽自然躲着走。正如习近平总书记谆谆告诫的："领导干部自觉追求健康的工作方式和生活方式，久久为功，庸俗的东西就近不了身。"对党员干部来说，每个人是自己"健康"的第一责任人，多从立根固本上下功夫，才能防止歪风邪气近身附体。让品行更一致，让追求更高洁，让人格更健全，个人就会清风峻节、所向披靡，政治生态也会愈发源清流清。

一位哲人说过，"懂得生命真谛的人，可以使短促的生命延长"。生命是一个人的财富，健康是一个人的责任。每个人都强健身心、健康生活，13亿人一定能用拔山超海的合力，托举起梦寐已久的"健康中国"。

（2016年08月22日）

"待怎么才是称心"

田之章

清初河道总督赵世显,在座右书一联云:"只如此已为过分,待怎么才是称心",警醒自己"知足"——只是这样已经过分了,还要怎么才能满足?

对此,刘廷玑在《在园杂志》中评价:"如此"二字,有许多现在之富贵安乐在内;"怎么"二字,有许多无益之侈心妄想在内。两个词虽然短,但让人觉得"谦退知足,无穷受享"。一副对联、两句评语,也把今天一些人的病根掘了出来。

人在社会上生存,离不开一定的物质条件。但人性的弱点往往在于,欲望没有穷尽。而人一旦怀有不足之心,便容易滋生不轨之念,这不但堵塞了快乐之源,而且开启了祸患之门。

避祸防患,莫如知足;常乐久安,无如知止。知与止,相成相辅,互为因果。不知则不止,知足则止足。

明代名臣陶望龄爱竹赏竹,一定要是深山中的大片竹林,才觉满足。后来,他的友人朱晋甫植竹百竿,造了个小亭子,对他说:我能天天伴竹而坐,身体满足于荫凉,耳朵满足于风声,眼睛满足于疏影,内心满足于意趣,所以给亭起名为"也足"。陶望龄听了朋友的话,恍然大悟,写下《也足亭记》,阐发知足常乐的道理。同时代的高攀龙知道后,也将自己的楼命名为"可楼",并作《可楼记》明志。从"也足"到"可楼",命名虽异,命意则同,都是告诫人们:可以了!满足吧!

的确,人需要有物质、可以有爱好,但也得把握好分寸。身为形役、心为物役,只会让自己掉入不满足的陷阱。这山望着那山高,无止境的贪念带来无止境的烦恼,恰如习近平总书记告诫的,"贪如火,不遏则燎原;欲如水,不遏则滔天"。反过来说,一水可止渴,一饭可充饥,一枝可栖身。只要知足,便无往而不快乐了。

在旁观者看来,一些人衣食无忧,养尊处优,要风得风,要雨得雨。而他们自己则往往这也不足,那也不足,觉得钱挣得不够多,官当得不够大,房子不够宽敞,车子不够高档。于是极力营求,贪取滋甚,就像那小虫子公式蝂,不至坠地毁灭而不止。从北戴河供水总公司的"蝇贪"马超群,到"虎贪"令计划,莫不演绎着这样的"人生轨迹"。

有人曾把人的一生比作"收成",收成好坏,关键看结局如何。如果结局不好,不能完全怪时运不济、命途多舛,而是要想想自己是不是没有分寸、不会收束?想想自己的追求是不是走错了方向、努力是不是失去了准星?把"不知足"的劲头用在工作上、放在事业中,"把有限的生命投入到无限的为人民服务中去",才能让人生有一个"好收成"。

知足不辱,知止不殆。想想过去的困穷,看看现在的享受;想想百姓的日子,看看自己的生活,即使不是"已为过分",但怀有一颗知足心总该是应当的吧!尤其是领导干部,更应该有"也足"之意、"可矣"之心。如果还是这也不足,那也不够,就需要问问自己:"待怎么才是称心"?

(2016年08月19日)

为国争光永远是奥运赛场的主旋律

周人杰

随着主攻手朱婷后排高高跃起、一记重扣,中国女排在最后关头3∶2击败卫冕冠军、东道主巴西女排,时隔8年重回奥运会女排四强。地球遥远另一端的这一扣,不仅为女排赢得冲击奖牌的宝贵机会,还激荡起国人对"女排精神"的那份回忆。从上世纪的"五连冠",到新世纪的跌宕起伏,望着女排姑娘们的汗水、泪花与笑靥,我们心头又响起"五星红旗,你是我的骄傲;五星红旗,我为你自豪"的动人旋律。

奥运赛场上,各个国家以比赛切磋体育技能,交流各自文化,增进了解和友谊,这正是奥林匹克运动的人文价值所在。奥运会是顶尖运动员的竞赛,但他们代表的则是自己的国家和地区,他们是在为祖国的荣誉而战。那些在平日里效力于各国体育商业组织的运动员,每逢奥运会都会听从祖国召唤,回归国家队征战奥运;赢得里约奥运会马术三项赛第八名的中国青年华天,为了能代表祖国出征奥运自愿放弃了英国国籍。对金牌获得者而言,在颁奖仪式上,在全世界面前,国旗因自己而升起,国歌因自己而奏响,这是何等的荣耀!而这带给国人的,是激越澎湃的爱国心和自豪感。一个人的一生,能有一次让国旗因自己而升起、国歌因自己而奏响,就无愧于"国家英雄"的称号。为国争光,永远是奥运赛场的主旋律、最强音。

事实上,奥运竞技从来都是国力的比拼。奥运比赛比的不仅是选手的运动天赋、艰苦训练、意志品质,更多比的是运动员训练中的科技含量、装备设施、社会支持等，比的是国家对体育资源的动员和投入能力。奥运奖牌榜不仅折射出各国历史文化传统的差异，反映出各国运动员身体条件、运动天赋方面的不同，更反映着各国综合国力的发展变化。100多年前，积贫积弱的中国徘徊在世界的边缘，一群热血青年发出痛心疾首的"奥运三问"：中国何时才能派一位胜利的选手参加奥运会？中国何时才能派一支胜利的队伍参加奥运会？中国何时才能举办奥运会？今天的中国能够在奥运赛场上崛起，背后是改革开放以来国家经济发展和社会进步的强大支撑。颁奖仪式上一次次升起的国旗、奏响的国歌，象征的是我们伟大祖国综合国力的跃升。

"人生能有几回搏？"世界冠军容国团的这句名言，曾激励了万千运动健儿拼搏进取、追求卓越。竞技体育就是要展示人类挑战极限和超越自我的能力，代表了人类对自身潜力的探索、对自我完善的追求、对不断超越的梦想，没有这种精神，人类就不可能发展进步。在奥运会这个实现梦想的舞台上，选手们尽情展示自己的潜能，谱写力与美的颂歌，他们拼搏奋斗，鼓舞着无数的人们。本届奥运会赛程已过大半，盘点中国运动员的表现，有成绩、也有遗憾，有开心、也有惋惜，但运动员们的拼搏奋斗精神永远闪耀着最夺目的光彩。

中国女排主教练郎平在赛后接受采访时说："女排精神不是赢球就有，输球就没有。"这话说得好！今天的国人已经懂得不再单纯以金牌论英雄。体育运动能带给人健康和快乐，这是经常参加体育运动的人们都有的体验，也恰恰是体育运动的真谛，是奥林匹克运动的真谛。我们追求"更快、更高、更强"，我们更追求快乐运动、健康生活、积极工作，更追求为人生添彩、为民族争气、为祖国争光！

（2016年08月18日）

做一棵低头的稻穗

习 骅

据传古时北京有位裁缝，无论何人，经他缝制的衣服没有不合身的。一位当朝御史慕名找他做官服，这位裁缝不着急量尺寸，而是询问御史官龄。裁缝说：初任高官意高气盛，身躯往往微仰，衣服应后短前长；任职稍久，在官场经过磨练，意气微平，衣服应前后一般长短；如果任职久了，则内心装着的是谦逊，身体往往微俯，衣服就应前短后长。这话颇具意味，用百姓的话讲，就是做官要夹紧尾巴。

事实上，百姓教育子女，亦常说不要翘尾巴，做人做事都要夹紧尾巴。毛泽东同志就曾对来访的客人回忆："我小的时候，我的妈妈就常常教育我'夹紧尾巴做人'。这句话很对，现在我就时常对同志们讲。"的确，夹紧尾巴，谦虚谨慎，心存敬畏，做人做事如此，做官亦当如此。

但是夹紧尾巴历来不是一件简单的事。十八大以来，党中央用3年多时间，全面从严治党，净化党内政治生态，守纪律讲规矩开始形成气候。然而，依然有一些人的思想停滞，尾巴仍然翘得很高，为官行事依然我行我素，甚至不收敛不收手。有的"聪明人"会藏尾巴，看似规矩起来了，但对群众呼声装聋作哑，坐视小事变大，或者传达学习动静挺大，对苗头和问题却不吭声。事实证明，悟不透心存敬畏对于党员干部的真正价值，夹紧尾巴很难。

心存敬畏应是党员干部的内在品质，而不是对监督制约的某种恐惧。

把人民赋予的权力用来为人民造福,是马克思主义政党的政治伦理,是我们党的初心。拧紧这个"总开关",才能自觉敬畏人民、敬畏组织、敬畏权力、敬畏法纪。也只有心存敬畏,才能升华人生,实现自我价值。事实上,权力和责任是一枚硬币的两面,既然握有人民赋予的权力,就应该承担相应的责任,必须老老实实为公而不为私。家有家规、国有国法、党有党纪,只要权力而不接受约束,三百六十行没有一行允许,何况是引领社会前进的先进分子。那些以权谋私、恣意妄为的人,到头来没有不栽跟头的。

心存敬畏是党员干部的终身修行,不是什么"从政技巧"。有的人认为现在上面抓得紧、处理严,所以要小心谨慎、夹紧尾巴,好汉不吃眼前亏,这被一些人视为"生存智慧",实则是十足的机会主义。合格的党员干部靠长期身体力行修炼而成,对党和人民的忠诚必须体现在守纪律讲规矩的自觉上。与组织捉迷藏玩魔术,对组织的谈话函询和关爱一味拍胸脯、"挤牙膏",刚刚还在学习党规党纪,转头就去践踏党规党纪,自以为掌握了所谓"官场秘笈",实际是腐朽的封建旧官场做派,不是共产党人的作风,必须坚决反对。

当然,就像保险丝是为了更好地送电、车闸是为了更好地开车,心存敬畏、有所不为正是为了有所作为、大有作为。"正事不干、错误不犯"是极其有害的作秀,与党纪初衷南辕北辙,这样的人,迟早要被淘汰。

低头的是稻穗,抬头的是稗子。谁心存敬畏,并且愿意为国家民族建立功业,谁就拥有了真正的自由,未来海阔天高。在政治新生态下,每个党员干部都要有这样的新风貌新境界:夹紧尾巴做官、埋头踏实做事。

(2016年08月17日)

文化"积微"方能"积胜"

肖伟光

导演李安曾这样诠释电影的真谛：电影两个小时，观众就是在看自己，所以要拍跟我们的情怀、思绪有关系的东西，只要讲到人心坎里，就会得到回应。他还有这样一句"名言"："我笨，笨让我慢下来，而电影需要慢心态"。"不怕没庙，就怕没道"，这番话启人思考：凡事应追求内在，"从心而为"才能水到渠成。

古人以煮药譬喻读书，先用猛火煮开、再"以慢火养之"，味道就会慢慢出来。文化建设，又何尝不是如此。《荀子·劝学篇》中有句名言："不积跬步，无以至千里；不积小流，无以成江海。"荀子将其精神浓缩为两个字"积微"。"尽小者大，积微成著"。他在《强国篇》中明确提出，"财物货宝以大为重，政教功名反是，能积微者速成"，强调政事教化需要积累微小的成果。这恰恰体现出，文化建设与经济发展有着不同的内在规律。

无数经验告诉我们，最笨的方法往往也是最快的。微信朋友圈中流传着这样一道数学题：1.01 的 365 次方约等于 37.8，而 0.99 的 365 次方只约等于 0.03，差距之大，令人咋舌。"日计不足，岁计有余"，点滴努力的慢工，足能累积惊人的成绩。近代学人杨树达就曾将其书斋定名为"积微居"，在那里，一张张学术资料卡片如百川汇海，最终融汇成为一部部传世佳作。静心做人、沉潜做事、久久为功，可说是最朴素的方法论。

"苟得其养，无物不长；苟失其养，无物不消。"文化建设尤须注重滋养,警惕"揠苗助长"。如果不能避免急功近利,往往容易滋生"文化泡沫"。一些地方和部门喜欢"大手笔",热衷于搞"大动作"。种种"大思路""大规划""大活动",往往带来的却是"大圈地""大翻版""大折腾"。不少项目,徒有文化之名,既浪费了资源,也伤害了文化。市场上文化产品层出不穷、花样繁多,不少含金量不高、掺水不少,以致纷繁如过眼烟云,能经受时间检验留存下来的佳作不多。

回望历史星空,中华文化绵延不绝、博大精深,靠的是虚怀若谷、积淀深厚,背后更有一代代中华儿女积善累德、默默耕耘。文化宛如阳光雨露,能滋养心田,是生活中不可或缺的色彩。反过来讲,文化建设也须眼中有人,诚心经营。每个参与者都"走心",才能让文化发展与"以文化人"相互激荡,使文化充满灵韵。

"吉人为善,惟日不足""勿以善小而不为""积厚者流泽广"……先贤留下的格言警句,催人奋发。从我做起,以"积微"的精神勉力向善,涓涓细流必将汇入文化的江海,积聚起磅礴的力量。

(2016年08月16日)

山河激荡英雄气

李秦卫

"中国人必须拥有自己的反导系统!"为了这口气,"反导尖兵"陈德明26年铸盾天疆,在荒凉大漠写下精彩人生;"绝不能再让洪水夺走乡亲们的命!"刘景泰落水失踪了,但他的精神正筑成千里大堤;"飞行不仅是勇敢者的事业,更是我的使命所系、价值所在!"为了这个使命,舰载机飞行员张超把29岁的青春化作了海天"飞鲨"……

这个夏天,山河激荡英雄气!媒体上,人们点赞英雄用信仰冶炼出来的气节、气魄;交谈中,人们赞叹英雄用钢铁锻造出来的气概、气度。

"天地英雄气,千秋尚凛然。"在中华民族五千年代代相承的精神气息里,英雄气始终汹涌澎湃。"壮志饥餐胡虏肉,笑谈渴饮匈奴血"是许身报国的英雄气,"我自横刀向天笑,去留肝胆两昆仑"是自我牺牲的英雄气,"暮色苍茫看劲松,乱云飞渡仍从容"是蔑视困难的英雄气。

而今,尽管价值多元,社会多样,但英雄气这个正向氛围的"最大公约数"从未消减。《亮剑》连年热播,还不是它呼应着人们"遇到强敌,哪怕倒下也敢于亮剑"的共鸣?阎肃那弦歌感人心的旋律常年激昂在大街小巷,还不是它振奋着人们内心那潜伏的豪气?已是耄耋老人的抗战老兵在"9·3"阅兵中获得最高敬意,还不是他们让众人感怀于当年那血战到底的英雄气?

英雄气激荡,国家有希望。新长征路上,让英雄气充盈神州大地,才能孕育出一个又一个英雄,才能续写一篇又一篇传奇。

英雄气是胆气。俗话说,无勇气不英雄。男儿有胆气,仗剑走天涯。朝鲜战场上,志愿军之所以能打败"联合国军",一个重要原因就是志愿军尽管"钢"少,但"气"足。小高岭战斗中,在连续击退敌人8次疯狂进攻后,阵地仅剩一人,但他抱起10公斤重的炸药包冲进敌阵,与40多个敌人同归于尽。他叫杨根思,在用生命信守"人在阵地在"誓言的同时,也把磅礴的英雄气刻在新中国的年轮里,刻在后继者的心灵崖壁上。

英雄气是氧气。"中国核潜艇之父"黄旭华曾说,在研制我国第一艘核潜艇遇到困难时,他想一下"核潜艇———一万年也要搞出来"的话,浑身就又充满了力量。1950年,"进藏先遣连"在平均海拔5000米的高原上喘不过气来时,连长李狄三和大家想到"出兵西藏,解放西藏"的任务,就像吸了氧气一样充满力量,再次迈上风雪路。哲人有言,"一心向着自己目标前进的人,整个世界都会给他让路。"对目标坚定的人而言,英雄气就是氧气,英雄气就是动力。

英雄气是正气。英雄气是霸气而非匪气,是豪气而非邪气。英雄之所以为英雄,首先在于其目标和动力正确。正所谓"高尚的目标用卑鄙的手段来实现,同样不是高尚的行为"。古人云:"分虽严明而情贵周通"。只有让正气成为英雄气的底色,威武而不私、勇毅而不俗、大公而不薄,才能绝恶弃俗,下自成蹊,重情重义,上下服膺。

时势造英雄。在活力迸发的中国,踏着全面深化改革的鼓点,迎着越走越近的复兴梦想,在"东风吹醒英雄梦,笑对青山万重天"的今天,我们不妨多"呼吸一下英雄的气息"。

(2016年08月15日)

文化自信与文艺繁荣

叶小文

文化自信是更基础、更广泛、更深厚的自信,源于传统的优秀文化,基于今天的文化繁荣。

文化繁荣中必有文艺繁荣,它是丰厚、博大、百花盛开的精神园地,也是文化自信的重要源泉。

如果说延安文艺座谈会,旨在解决中国无产阶级文艺发展道路上遇到的理论和实践问题,那么2015年在北京召开的文艺工作座谈会,则是为实现中华民族伟大复兴中国梦吹响精神号角。"文艺是时代前进的号角,最能代表一个时代的风貌,最能引领一个时代的风气。""举精神之旗、立精神支柱、建精神家园,都离不开文艺。""当高楼大厦在我国大地上遍地林立时,中华民族精神的大厦也应该巍然耸立。"这些激荡人心的理念与期许,激励着广大作家艺术家去创造更多有筋骨、有道德、有温度的文艺作品。

毋庸讳言,今天人们的物质生活水平普遍提高,可精神世界却缺少了关照。人们拥挤在快节奏、充满诱惑的现代生活中,人心浮动,难得安宁。对于一些人来说,欲望在吞噬理想,多变在动摇信念,心灵、精神、信仰都在被物化、被抛弃。不少人好像都得了一种迷心逐物、心为物役的"现代病",得了一种不讲信誉、弄虚作假的"信用缺失症"。中华民族素有的讲诚信、守诚信的优良传统,受到冲击和考验。

针对当前社会上存在的一些问题,习近平同志指出,"比较突出的一个问题就是一些人价值观缺失,观念没有善恶,行为没有底线,什么违反党纪国法的事情都敢干,什么缺德的勾当都敢做,没有国家观念、集体观念、家庭观念,不讲对错,不问是非,不知美丑,不辨香臭,浑浑噩噩,穷奢极欲。现在社会上出现的种种问题病根都在这里"。这些论断切中肯綮。无数事实告诉我们,精神世界出现了问题,人的行为就必然会破规失矩。

如果经济发展了,精神失落了,国家能够被称为强大吗?历史昭示我们,一个民族的崛起或复兴,常常以民族文化的复兴和民族精神的崛起为先导。一个民族的衰落或覆灭,往往以民族文化的颓废和民族精神的萎靡为先兆。这就是为什么习近平同志强调"文艺不能当市场的奴隶,不要沾满了铜臭气""不能在市场经济大潮中迷失方向,不能在为什么人的问题上发生偏差"。今天的时代大环境,呼唤涌现一大批优秀的文艺作品,用现实主义精神和浪漫主义情怀观照现实生活,用光明驱散黑暗,用美善战胜丑恶,让人们看到美好、看到希望、看到梦想就在前方。

创造这样的优秀作品,需要"全社会都行动起来",以正能量和感染力去"温润心灵、启迪心智"。比如,一批来自社会各界的人士,组成了"满天星业余交响乐团"。虽不是专业文艺工作者,但以"爱乐人"的身份,重新拿起青少年时代曾经感动过自己、早已久违的管弦乐器,走到青年学子身边,让青年学子体会音乐给他们带来的人生激励和生命感动,就收到很好的效果。悠扬乐声中,青年学子读懂了"青丝华发,未敢忘忧国"。

不拘于一格、不形于一态、不定于一尊。文化自信和文化繁荣,需要更多的人积极参与。当文艺生长于我们的生活之中,当核心价值观内化于心、外化于行,我们的文化自信就有了深厚的土壤,也拥有卓越的力量。

(2016年08月12日)

"比赛不在,体育仍在"

李洪兴

这个8月,奥运圣火首次来到南美大陆。里约奥运会开幕式上,两个场景格外感人:10位运动员组成的难民代表团入场,全场欢呼雷动;"奥林匹克桂冠奖"颁出,孩子们手持风筝伴随获奖者基普·凯诺跑上领奖台。

现代体育源于竞技,也超越竞技。难民代表团让人看到,体育虽不能泯灭纷争,却能予绝望中的人们以爱、勇气和希望;而奥林匹克桂冠奖褒扬的,则是体育对个体命运的关注——这位肯尼亚奥运长跑冠军,退役后开设"儿童之家",收留家乡的孤儿接受教育、进行训练。

"比赛不在,体育仍在"。超越赛场的体育让人看到:运动的意义绝不仅仅在于胜负,也不仅仅在于训练身体与精神、展示力量与美感、挑战纪录与极限。国际奥委会主席巴赫在演讲中向难民代表队致意:"在奥林匹克的世界里,我们不仅允许多样性,更欢迎你们来增强这种多样性。"不仅是奥林匹克的世界,体育的世界同样有着更多元的价值。

是的,体育可以展示国家力量、激发民族精神,对于这一点,中国理解得很透彻。从习练"洋操"到开设西式体育课,从田径、足球等进入1910年第一届"全国运动会"到提倡德智体三育并重,从"小球推动大球"的乒乓外交到奉献出一届"无与伦比"的北京奥运,以体育改变观念、借体育融入世界,体育发展的脚步刻印在中国的现代化之路上。

体育本身的魅力,也让其能够成为黏合剂、催化剂,发挥更深层次的社会功能。前不久,有媒体报道了"大山小镇运动会"。秦巴山区深处的铁路职工与当地百姓,从1981年起每年举行一次运动会,联络感情、丰富生活,塑造出健康、快乐与积极的民风乡风。在城市中,越来越多人加入各类"跑步团""骑行队""健身群",以运动为纽带形成全新的社群联结。当我们喟叹乡土文化的凋敝,感慨陌生人社会的原子化生存,体育运动却完全可以打开一道新的大门,让细雨滋润日渐干涸的心灵。

更不用说体育作为公益平台的作用了。全国各地的马拉松比赛,屡屡可见领跑员带领盲人跑步的场景。这背后,是帮助盲人圆梦马拉松的公益组织在发力,"在黑暗中奔跑"引领不少盲人"跑出黑暗"。而从"彩色跑""公益跑"到"绿跑",除了快乐、健康之外,更蕴含出包容、环保、慈善的精神正能量。其实,奥林匹克传递着平等、多元、参与的理念,本身不就是一种"精神的公益"吗?

甚至对于个人,体育也有了更多的意义。滑板少年戴着耳机,在城市的广场上跳跃腾挪;骑行服绚丽的色彩,成为山间最美丽的点缀;练习空手道的孩子们眼神专注,大喝一声劈开木板……在某种程度上说,近年来中国人对运动的热情,背后是又一次的"自我发现":审视并主宰自己的身体,涵养并彰显自己的个性,并在这样的发现之时,"不拒斥反而容纳着多样的异质",形成参差多态之美。

"这将是未来的自由交往",顾拜旦1892年的历史性演讲,开启了人类文明史上现代体育复兴的大门。"追求、实现一个以现代生活条件为基础的伟大而有益的事业",从竞技迈向人文,体育播下的种子必将收获繁盛的未来,点燃照亮人类命运共同体的熊熊火炬。

(2016年08月11日)

爱，就是到老的坚守

张 洋

草原寂寂，四野悄悄，挥挥绳鞭，咩咩羊叫，一个孤寂的背影和 100 多只羊日复一日、年复一年地行走在国境线上。最近一个 H5 作品在网上迅速传播，1500 多万阅读量、120 多万点赞量让故事的主人翁魏德友迅速成为正能量"网红"。这位 76 岁有着 32 年党龄的山东籍长者，在中哈边境草原"无人区"坚守 52 载协助边防官兵守护边境，亿万网友为之感动并称他为一个"活界碑"。

关于老魏，有人敬佩有人不解。老魏的子女来了又走了，他会潸然泪下，但面对多次调离边境、家人团聚的机会，他却一而再、再而三选择了倔强。老魏说，越是在这片草原生活下去，他的心里就越感觉到踏实。这是爱的流露、爱的表达。

爱，是一个支点，一个让生活忠于内心、砥砺前行的支点。有的人年少时心潮澎湃、志存高远，想要在大城市闯出一片天，在重要岗位干出一番事业。可是日子越长，生活越迷茫，因为物质、名利和世间百态，最初的梦想"改头换面"甚至"支离破碎"。说到底，是心中缺少那份执着热爱。老魏的心中充满爱，他在边境找到了内心的一方净土、肩上的一份使命，不忘初心、永葆本色，年复一年、日复一日地巡逻，从而也就有了取之不尽的力量。

爱，不是一时的冲动、一阵子的坚持，而是一辈子的坚守。生活中我们做一件事都觉得很难,遑论用一辈子的时间。"爱"时常挂在我们的嘴边,爱家庭、爱事业、爱党爱国爱人民,但我们更应该扪心自问,能不能做到一辈子的坚守。前不久,一位高校辅导员说起一件有趣的事:校园里经常有某男生拿着99朵玫瑰向某女生表白,以至于旁观女生向男朋友抱怨,"你看看你,现在什么都没有"。"如果是真爱,我会告诉男生,今年送一朵,明年送两朵,年头多一年,就增加一朵花,即便将来到了晚秋般凋零的年纪,爱情也会因为一直的坚守而像芬芳的春天。"这位辅导员的话,仿佛一个隐喻,不但于爱情,于家庭、于事业又何尝不如是?

爱,有时候还是孤独的,是不被理解的,但只要爱得执着、爱得纯粹,终究会绽放爱的光芒。大雁南归,秋叶飘零,寒风刺骨又如何?苏武踏尽大漠飞雪,但始终向往远方的祖国,最终依着忠诚回到久别的大汉。高薪聘请,舒适生活,吃喝享乐又如何?杨善洲离休后主动卷起铺盖扎根大亮山,义务植树造林22年,他说:"我退休了,共产党员的身份永不退休。"美国作家埃德加·斯诺在延安看到毛泽东穿打补丁的衣服,周恩来睡土炕,彭德怀穿着用降落伞做的背心,由此断定信仰的力量无穷大,共产党是无法被打败的。

爱,就是到老的坚守。在老魏守边的故事中,老魏的妻子同样被广泛点赞。她一开始被艰苦的条件吓坏,也曾有过逃离的念头,但最终选择了留下,数十年来相濡以沫,一起变老,"哪儿也不去"是她如今说得最多的话。老魏和他妻子的内心是笃定的,我们每个人都应如此,找到心底里的那份爱,无论是家庭,还是事业,抑或是某种品格与信念。只要认准了,就用毕生去追求、去奉献。

(2016年08月10日)

要争气不要斗气

徐文秀

俗话说:"佛争一炷香,人争一口气。"从一定意义上讲,人活着就是为了争一口气。有的人曾家境贫寒、出身低微,被人瞧不起、看不上,然而刻苦努力、一路打拼,最终靠苦学苦干成就一番事业;有的人在学习、工作上曾落后于人,事不遂愿,然而卧薪尝胆、奋发作为,结果弯道超车,令人刮目相看。

懂得争气、努力争气的人,血是热的,心是澎湃的,生命是年轻的,如破土小草茁壮地生长,似破茧之蝶顽强地展翅,充满蓬勃向上的生机与活力。当年鲁迅先生对笔下的阿Q是"哀其不幸,怒其不争"。俗言"可怜之人必有可恨之处",阿Q的"可恨之处"便是不争气。

人,应该争气、必须争气。人生一世,草木一秋。"雁过留声,人过留名。"来到这个世上,大多数人都想踏踏实实做几件有意义的事,轰轰烈烈干几件争光添彩"长脸儿"的事。"中国铁路之父"詹天佑,正是冲着有外国人称"能够修筑铁路的中国工程师还没有出世"的挖苦,顶着重重压力,用不到4年的时间建成了原计划6年完工的我国自主修建的第一条铁路——京张铁路;铁人王进喜"宁肯少活二十年,拼命也要拿下大油田",为国分忧解难、为民族争光争气;还有当年曾经让无数国人扬眉吐气的女排姑娘,以漂亮的"五连冠"打出了国威,赢得了尊严,等等。这些早已成为我们"集体记忆"的故事,生动地诠释了争气的意义和价值。

人靠什么争气？不是靠嘴巴吹出来的，而是靠实际行动干出来的。争气实际上争的是志气和骨气，最终还得靠本事和本钱，靠实力和实干。越是在遭受挫折的时候，越需要争气；越是在遭人歧视的时候，越需要争气；越是在受制于人的时候，越需要争气。干出了成绩，取得了成功，就是最有力的争气。

真正懂得争气、学会争气的人，是不会也没必要去斗气的。斗气就是赌气、撒气、怄气，往往你争我斗说气话、发脾气。或极尽讽刺挖苦之能事，贬损他人，伤人面子又伤人里子；或互不相让，"顶"在那里"掰手腕"，非得争高低、论输赢、决强弱；或图自己一时痛快，"撂挑子""卸担子"，等等。"千里家书只为墙，让他三尺又何妨！万里长城今犹在，不见当年秦始皇。"赌气、撒气、怄气，或许能解一时心头之气，实际上非但解决不了问题，反而伤身又伤心，伤人又伤己。《三国演义》中诸葛亮"三气"周瑜，周瑜大叹"既生瑜何生亮"，结果斗气而亡。眼下，一些人"路怒"开斗气车，也常常因一时之怒而酿成大祸，教训惨重。斗气好比蜜蜂蜇人，"把整个生命拼在对人的一刺之中"。赌气堵的是自己的路，斗气伤的是自家的命。人可以较真不可以较劲，可以红脸不可以翻脸，斗气就是在较劲和翻脸。

争气是强者的阶梯，斗气是弱者的拐杖。要争气，不要斗气。

（2016年08月09日）

"心正"方能行正

刘汉俊

贞观初年的某天,唐太宗得到十几把好弓,这位年轻时就善射、自以为能识天下良弓的皇帝,得意地请制作弓箭的师傅欣赏,没想到师傅说都不好。唐太宗追问其故,弓箭师傅说:"木心不正,则脉理皆邪",木纹的心都不在正中,这样的弓虽然刚劲有力,但射出去的箭却不直,所以"非良弓也"。原理简单,道理深刻,讲出了做人做事做官要"正心"这个真谛。

做人讲良心。《尚书·立政》载,"文王惟克厥宅心",意思是周文王十分重视通过考核官员们的心地来选贤用能。古人讲究修心,目的是正心,校正自己的心态是不是符合天意、事理、人伦。心正则身正,身正则影直;心不正看什么都是斜的,干什么都是歪的。"居上不骄,为下不倍(背弃)",在上当有仁爱之心,在下当有忠孝之心;恕人应当宽心,律己必先责心;说话出于真心,交友应以诚心;安居先安心,乐业先乐心;见贤应有慕心,遇恶得有戒心;逢弱当有善心,临危须加小心。党员干部要带头做善良人、说厚道话、办实诚事,不虚妄、不欺瞒、不懈怠,做到忠诚、干净、担当。常常正心修身,勤练"铁布衫""金钟罩",才有"金刚不坏之身";常常祛躁气、除湿气、去俗气,做到心静自然凉,海阔天更空。耐得住寂寞、受得了清贫、抵得了诱惑,才能不染纤尘,保持心地的善良、洁净和高贵。

做事讲真心。古人讲求"格物、致知、诚意、正心、修身、齐家、治国、平天下"的人生境界,由物及己、由近致远的逻辑关系告诉我们,"正心"是核心,是"格物"的目的,是"平天下"的前提。党员干部当求真理、讲真心、动真格,律己求严、谋事求真、创业求实。凡事讲认真,读书讲静心,析理求精心,敬业须恒心;凡事讲责任,防止拍脑袋决策、拍胸脯保证、拍大腿后悔、拍屁股走人;凡事有意志,有想干事、真干事、干成事的决心,有攻坚克难、敢于胜利的信心,有愚公移山、精卫填海的精神,有功成不必在我、一任接着一任干的毅力;凡事有定力,对马克思主义真学、真信、真懂、真用,对政治纪律、政治规矩、政治原则、政治要求等要真遵守,真正做到有守有为有担当,创造出得到组织认可、群众认同的真业绩。

做官讲公心。心养德,德从心,古代做官讲求"格其非心",以德立人。用什么心来养德呢?老子说"以百姓心为心",这就是公心。党员干部做到官德高尚、党性纯洁,必先谨记为官之心在于公。奉公当去私心,防止贪火燎原、欲水滔天,不能公权私用、公权滥用,把权力变成寻租的工具。用权出以公心,有公正才有公平,公权民赋,当为民所用、为民造福,有公心才有良法善策德政。党员干部尤其是"关键少数"要有恭敬之心、恪守之心、敬畏之心、慎独、慎微、慎初、慎权、慎好、慎言、慎行。远离乌烟瘴气,摒弃市侩世俗,不搞投机取巧,更不能蝇营狗苟利欲熏心、结党营私包藏祸心。官心不正,必然败坏党风政风,伤害党心民心。心术不正,必走邪路;才厚德薄,必有歪心;德不配位,必有灾祸,位子越高危害越大。

修好良心、真心、公心,"三严三实"是良方,是清醒剂、常备药。要有百步穿杨之功,须有良弓在握。"心正"方能走远、行稳、不偏。

(2016年08月08日)

取长弃短说用人

雷正西

　　战国时期，子思向卫侯推荐苟变这个人，说苟变是个将才，但卫侯却因为苟变曾经犯过小错，打算弃而不用。子思于是说，木匠选用木头时"取其所长，弃其所短"，所以一根合抱的良木即使有几尺朽烂处，"良工不弃"。

　　应该说，对于合抱之木，"数尺之朽"虽然小，但也需严肃对待。"有权必有责，有责要担当，失责必追究。"监督、问责犹如约束权力野马的缰绳。任何干部，如果不担当、不负责、不作为、乱作为，或者因为工作失误造成不良后果，就应当受到相应的问责和处分。只有把问责的板子高高举起来、狠狠打下去，不搞下不为例、网开一面，不搞特事特办、看人下菜碟，才能问责一个、警示一片，真正唤醒全党的履责意识和担当精神。

　　害群之马应坚决驱逐，但并不是所有有过错的人都是害群之马。领导干部曾有"数尺之朽"，有的是因为触犯法纪，有的是因为有悖民意，或为事故失责、决策失误，或因能力不足、一时糊涂。这些"污迹"，深浅不一、程度不同，有的是能够被洗掉、重新焕发光彩的，应该实事求是地加以区分。毛泽东在《整顿党的作风》中写道：一个人发了阑尾炎，医生把阑尾割了，这个人就救出来了。看污点也察优点，看过错更看改过，也是为了治"病树"、正"歪树"。

　　有一个浪子回头的故事。周处小时候是有名的浪子，性情暴烈，横行乡里。老百姓把他和南山猛虎、水底蛟龙并称为"三害"，并认为他为害尤甚。周处于是上山杀猛虎、下江斩蛟龙，在学者陆云的教诲下改过自新，最终成为一名忠臣。人孰无过，过而能改，善莫大焉。惩前毖后，治病救人，是我们党管理和教育干部的一个原则。给那些有过失的干部以悔过纠错的机会，才能帮助他们解开思想的包袱，将功补过。

"举大德赦小过，无求备于一人之义也"。对于选人用人而言，则需要有容错纳言的胸怀，有识人辨才的慧眼。晋秦殽之战，秦国战败，三个统兵将领被擒后释返，秦穆公非但没有大施刑罚，反而"不以一眚掩大德"，着素服迎接三人，并委以统军重任，留下一段用人佳话。重视人才、爱护人才，严格要求、勤加提醒是一方面，给待遇保障、给工作平台是一方面，同时也要完善问责、纠偏、改错、重新启用等一系列机制，给有疏失、有缺点的人才"回炉改造"提供渠道，这同样可以激发人才积极性。

在世界五百强企业的招聘中，对于有过失败和过失经历的人才，有时候往往反而更加看重，因为他们只要汲取了教训，会比顺风顺水的从业者更有"厚度"。我们国家培养一个领导干部的花费很多，如果出现一些问题就完全将其归为"废品"，实在是一种莫大的浪费。

对待有缺点甚至犯过错误的人才，关键是有所分辨、有所甄别。既要看小节，也要看大节，既要看缺点和短处，也要看优点和长处。但凡大节不保、触犯党纪国法红线的，一律严肃问责惩处。而对于那些有错能改的干部，也不能一直以失误为由抓辫子、扣帽子，这同样是选人用人中"公而无私、平而无偏"的体现。

（2016年08月05日）

"不疯魔,不成活"

陈鲁民

"不疯魔,不成活",这句流行语用来形容作家陈忠实,再合适不过。他沉潜在农村专心著述,不问世事是非,耗时6年时间完成《白鹿原》创作,成功塑造出白嘉轩、鹿子霖等具有深刻历史文化内涵的人物形象,夺得第四届茅盾文学奖。有学者评价《白鹿原》:"一代奇书也。方之欧西,虽巴尔扎克、斯汤达,未肯轻让。"

清代小说家蒲松龄说得好:"性痴,则其志凝。故书痴者文必工,艺痴者技必良。"因为近乎痴迷,所以才能用心专一、精益求精,继而才有惊世之作。疯魔正是这样一种如痴若狂的专注精神。东晋大画家顾恺之,终日沉醉于绘画艺术,时常处于"入魔"状态,每每迷恋于创作而忘记其他,人们赞誉他"才绝、画绝、痴绝"。一次做东请客,请帖都发出去了,他却因忙于绘画,把请客之事忘了。唐代诗人贾岛,为了琢磨"独行潭底影,数息树边身"两句诗,时间过去了三年,他不禁感慨:"两句三年得,一吟双泪流。"

"疯魔"也是一种删繁就简的人生追求。正像是凿井,与其花许多时间和精力去凿许多浅井,不如花同样的时间和精力去凿一口深井。宁精勿杂,宁少勿多,宁专勿滥,深潜下去钻研和开拓,不管过程如何艰辛和漫长,最后一定能开掘出生命的清泉。陈忠实写作《白鹿原》时给自己立下三条纪律:不再接受采访,不再关注对以往作品的评论,一般不参加应酬性的集会和活动。正是靠着放下名利、沉潜隐忍的态度,让陈忠实把精力和时间全部用在打磨作品上,最终呈现出惊世佳作。

很多时候,我们羡慕那些成功者,看到他们的成功荣耀和鲜花掌声,却可能忽视了他们为此付出的艰辛努力乃至巨大牺牲。明朝的万户,为试验利用火箭飞天,献出宝贵生命。诺贝尔发明新型安全炸药多次遇险,实验室被炸得面目全非,5个助手牺牲,连弟弟也未能幸免。莱特兄弟为研制飞机宵衣旰食、殚精竭虑。正是这种不怕付出、执着尝试的"疯魔"精神,推动了科技的进步和历史的前进。虽然他们在某些方面都失败了,但他们绝对是人类探索创新的成功者。

与"疯魔"相对的,是心不在焉、有始无终。有人心猿意马,出工不出力;有人三心二意,习惯于朝秦暮楚;有人按部就班,满足于朝九晚五……付出的努力大相径庭,得到的结果自然天差地别。为什么有的人可以不遗余力、废寝忘食地追逐心中梦想,为什么有的人不惜"五加二、白加黑"一心扑在事业上,关键就在于他们以"疯魔"为做事态度,把事业和梦想当作生命。做人应有温度,做事应有态度,温度决定人品修为,态度决定人生高度。做事情,就该有点"疯魔"的精神。

有人问篮球巨星科比:"你有什么成功秘诀?"科比幽默地说:"你见过洛杉矶早上4点的风景吗?"原来他坚持每天早晨4点就开始练球,一练就是十多个小时。"不疯魔,不成活",这又是生动一例。

(2016年08月04日)

常摸头上长"角"没

谢振华

10年前,一位朋友赴广西一县级市挂任市委常委。到任不久,便得大名。为啥?敢说。常委会上,常和书记、市长较真红脸;下属执行不力,批评毫不留情。很快,就有人议论:这位常委太嫩、太愣,不识时务、不懂路数,预言他"人得罪完,事干不成,只能灰溜溜地回去"。

可"剧情"发展,却出人意料:被顶过的领导,被批过的同事,大多和他成了朋友;烂尾多年的工业园区等"硬骨头",被他硬"啃"下。挂职期满,市委书记执手相送,感叹道:多几个你这样掏心见胆、有棱有角的干部,何愁事业搞不上去。

近日,听朋友聊起这段经历,颇多感触。"苦言药也,甘言疾也"。都说批评武器好,可用的人少;都赞犯颜直谏"牛",但践者难求。

有的是只肯栽花、不愿栽刺的"滥好人"。担心"批评上级怕穿小鞋,批评同级怕伤和气,批评下级怕丢选票",把"逢人且说三分话,未可全抛一片心"的庸俗哲学搬到工作中,事不关己、高高挂起,沉默是金、一团和气,"你好我好大家好",谁也不得罪。

有的是驾轻就熟、八面玲珑的"老司机"。能不开口,就不开口;必须开口,"花式"开口。对领导"放礼炮",乍听似批评,细想是马屁;对同事"放空炮",蜻蜓点水,和风细雨地皮不湿。认真走过场、扎实搞形式,甜气四溢、辣味全无。

有的是避实就虚、明哲保身的"官油子"。机关套路深,何必太认真。只要别动我奶酪,什么都是好好好。自己工作可能也不咋地,一开口,"拔出萝卜带出泥",引火烧身、结怨树敌,反而不妙。明知不对,还是"各人自扫门前雪,莫管他人瓦上霜"的好。

有人说,人是社会关系的总和,谁都不是生活在真空里。利益关联错综,人际关系复杂,圆润一点,中庸一些,和和气气,皆大欢喜。殊不知,脓包不挑破,就会养痈遗患;讳疾而忌医,难免病入膏肓。不敢、不愿批评的人,千般托辞,归结一点:是为私心所扰、为关系所累、为利益所惑。正如习近平总书记不断强调的,"开展批评和自我批评需要勇气和党性"。

"观于明镜,则瑕疵不滞于躯;听于直言,则过行不累乎身。"春秋时晋国正卿赵简子,在谏臣周舍病故后"未尝闻过",深感"吾国其几于亡矣";魏征常犯颜苦谏,"逢上怒甚,神色不移",留下与唐太宗君臣相得的佳话;延安整风,有人指出有干部贪污,责备陈毅没管好干部。多年后,陈毅忆及此事,作诗感叹:"难得是诤友,当面敢批评。"

毛泽东曾说:"我常跟同志讲,你头上长'角'没有?你们各位同志可以摸一摸。我看有些同志是长了'角'的,有些同志长了'角'但不那样尖锐,还有些同志根本没有长'角'。我看,还是长两只'角'好,因为这是合乎马克思主义的。马克思主义有一条,叫做批评和自我批评。""考试"还在继续。改革闯关夺隘,发展攻城拔寨,呼唤过硬的作风、担当的胸襟。批评与自我批评这个"传家宝",必须传下去,让"谔谔者"归来。党员干部不妨常摸摸,自己头上长"角"没?

(2016年08月03日)

点燃比自己更亮的灯

刘根生

有位篮球明星被誉为"帅气助攻"。他不仅投篮命中率高,还特别擅长"为人做球":屡屡于最佳时机送出妙传,使队友正好接球起跳完成暴扣。

宋神宗每每听老师韩维发高论都会直呼:"金论!"韩维总会说:"这是王安石说的。"后来,有了"破格提拔王安石",有了"王安石变法"。文坛领袖欧阳修赞青年苏轼:他日文章必独步天下。"老夫当避路,放他出一头地也"。一时之间,苏轼名满天下。当年,徐悲鸿把齐白石画从展厅角落移到中央位置自己画旁,又亲手为其标上全场最高价,齐白石由此声名鹊起。见才思"推",为其出头"造势",何尝不是"为人做球"。

"当代毕昇"王选当选院士后坦言,在新兴技术领域年轻人有明显的优势,因此倾力帮助青年科学家走到科研前沿;陈洪渊院士在南京大学培养出多位青年科学家,荣获"杰出导师奖"。如此甘做人梯、化茧成蝶,也是"为人做球"。

"为人做球"是为他人出头出彩创造最佳机会和条件。这需要眼光和能力,又需要情怀和胸襟。知宏观态势,察微观变化,专业能力了得,方能看准潜力和希望,"做球"做到关键处。把"我"融入"我们"中,才会乐于看到别人在自己帮助下"功成名就"。若只顾自家风头,惦记着自家得失,哪里还会积极"为人做球"。

历史高峰永无止境,"开创"和"领先"都是动态。新陈代谢,前后接力,青出于蓝胜于蓝,皆规律使然。故而,深刻理解生命个体价值与生命历史序列价值者,通常都有着双重追求和担当:既有志在挑战前人中攀登高峰,又有量托举后来者踩着自己肩膀攀登新高峰,把个人理想和才智融入到事业持续前行长河中。见才思"推",化茧成蝶,全然不顾自家光环和既得利益是否受损,比起赛场"为人做球",更为难能可贵。

"是金子迟早会发光"。年轻才俊当以此自勉,坐得住冷板凳,沉下心来求索,以免在抱怨怀才不遇中失去了锐气。不过,人才和金子终究不能等同。金子不会因埋没而影响日后闪光,人才却会因埋没过久难以尽显青春时期光和热。人才起步和上升期充满艰辛,拥有公信力与资源优势者甘于"做球",是"金子"则能尽早发光,形成"江河滔滔后浪接前浪,青山巍巍一峰高一峰"之势。

"为人做球",知易行难。于是,有"大树下面不长草",学界"大树"把阳光都吸收了,"小草"没了生气。也有"水落石出",老师变老板,师生攻坚科研沦为学徒为老板打工。还有"以旧阻新",害怕被"新"动摇颠覆,以情代智阻碍后来居上。"为人做球",制度比慧眼和胸襟还重要。制度有可复制性,能把例外变惯例。开放创新资源,用足国内外同行评价机制,成千上万天才就会在竞争中冒出来。

一盏灯点燃了一盏灯,却不会因此减弱自身光芒,世界则会更光明,这正是"为人做球"的美妙处。无论在哪个领域能有所成就,都离不开前人和他人为自己"做球"。人人为我、我为人人,循环往复,创新创造之球就这般越滚越大。

(2016年08月02日)

把"军人气质"融入时代精魂

金 苍

著名艺术家阎肃曾说,战士们也有"风花雪月"——风是"铁马秋风"、花是"战地黄花"、雪是"楼船夜雪"、月是"边关冷月"。四个字的总结,让人看到军人永恒的战场,也让人看到军人高贵的精神。

又到"八一",这支队伍仍让人深深感佩。有人问戍边战士,"守它干啥?不守也没人来"。一个小战士回答:"只要我们站在这个地方,中国这只雄鸡,就不缺胳膊,就不断腿。"不仅是边疆。大山荒无人烟,唯有军歌嘹亮;街道车水马龙,军姿岿然不动;舰艇劈波斩浪,银翼划过长空;甚至在网络世界的深处、在科技发展的前沿,都有军人在坚守、在追求、在奉献。"肝胆坚移谷,头颅赠枕戈",这是军人的肝胆与心肠,这是国家的臂膀与脊梁。

人民子弟兵的精气神,在不断成长着的年轻人身上薪火相传。前不久的南方洪涝灾害中,年轻子弟兵扛沙袋、组人墙,席地而坐、和衣而眠。这让人想起1998年,面对肆虐的洪峰,同样是子弟兵筑成了一道道血肉长城。18年过去,这支队伍的赤子之心始终没有变、奋斗精神始终没有变、为国为民的情怀始终没有变。长征路上,红军指挥员平均年龄不足25岁,战斗员还不到20岁;南京雨花台,纪念馆中的烈士平均年龄仅为29岁……或许正是荣誉与使命的召唤,让一代又一代年轻人把对梦想的执着、对生命的激情与对党的忠诚、对人民的热爱融为一体,以青春和热血书写下忠诚与担当的"军人气质"。

铁打的营盘流水的兵。今天的战士,很多已经是"90后"乃至"95后"。前不久,有媒体刊出"入伍前后对比照",原来或青涩、或懵懂,甚至有些另类、有些颓废的年轻人,穿上军装、理了平头,长了肌肉、有了精神,变得英姿飒爽、神采焕发。年轻人把最美的青春年华献给了火热的军营,而军营也为他们打磨掉稚气与娇气,让他们在精神的传承中提升气质、收获成长。

当利益的冲刷、道德的滑坡拷问着时代,军人气质也为整个社会的价值重建,提供着强大的正能量。天津爆炸事件中消防员的"最美逆行",让人看到勇气与责任;维和部队的战士马革裹尸,也让人感受奉献与坚守。他们完美定义了社会主义核心价值观的"爱国"与"敬业",更向人们展示着生命的另一个向度:个人之上还有集体,物质之上还有精神,大地之上还有星空。

军营也在改变。今年"燃到爆"的征兵宣传片,结合了军歌的雄壮与说唱的律动;此前的征兵宣传片,还曾选用《小苹果》配乐;微博、微信,已经成为战士们离不开的社交平台。"网络原住民"为军营注入新鲜血液,也带来更多个性、更多想法。把技术的更新、观念的进步,与不变的肝胆、不移的魂魄结合起来,才能铸就更多"有灵魂、有本事、有血性、有品德"的革命军人,赋予军人气质更多时代内容。

阎肃还把"风花雪月",写进他的一首歌里,"铁马秋风,激荡豪迈心胸;战地黄花,抒发壮丽深情;楼船夜雪,磨砺英雄肝胆;边关冷月,照我盘马弯弓。"愿更多人听到这"风花雪月"的召唤,让军人气质融入我们时代的血脉与精魂。

(2016年08月01日)

种上庄稼最能除杂草

邓佑标

杂草丛生，土地贫瘠。如何遏制地里的杂草生长？有经验的老农告诉我们，最有效的办法就是种上庄稼。

地里要种庄稼，就得精心翻耕，杂草的草籽就会被消减；地里有了庄稼，就得细心呵护，杂草一露头就会被除掉。待庄稼成为地里的主人，杂草能够获取的阳光和营养也有限。如此一来，杂草便不能横生逞威。

人的心灵又何尝不是一片地？如果把正确的、主流的价值观比作庄稼，那么错误的、非主流的价值观就是杂草。在心灵的地里，庄稼不去主导，杂草就会去主导；庄稼不去扎根，杂草就会疯长。

哲学家苏格拉底说，一个人为他物所掌握，像奴隶般地被牵着走。心灵的杂草野蛮生长，骄傲就会战胜谦逊，暴躁就会打败冷静，贪婪就会遏抑节制，虚伪就会压制诚挚，懈怠就会代替勤勉……人一旦被这些负面的、消极的"杂草"主宰，其言将离弦走板、其行将恣意妄为，成为一个让自己都感到十分陌生的人。

与"给点阳光就灿烂"的杂草相比，庄稼的萌发生长、开花结果对环境的要求更高，对条件的需求更多。让健康向上的主流价值观在心中扎根，需要具备"久久为功"的韧劲、"检身若不及"的清醒、"吾日三省吾身"的坚持。倘若一篙松劲、稍不留神，歪思邪念就会像杂草一样悄然滋生、迅速蔓延。

《居官日省录》中记载,徐文靖用两个瓶子分别装黄豆和黑豆。每举一善念、道一善言、行一善事,就往瓶中投一粒黄豆,反之则以黑豆投入另一瓶中。每过一段时间,他就将瓶中豆子倒出来,深刻检查和反省自己。渐渐地,黄豆多了,黑豆少了。正是坚持不懈地"查豆",他去除了心中杂草,并且"终身如是,虽贵不辍"。

修身修心是每个人毕生的课业,共产党人尤需如此。党员干部的心系着坚持真理、系着服务群众、系着规范用权,一旦杂草蔓延,忠诚品质就难以纯粹、干净作风就难以坚守、担当精神就难以持久。"风成于上,俗化于下",把心田当作"示范田",将马克思主义信仰、共产主义信念的秧苗培植好,才能操守坚定、邪不加身,产生强大的凝聚力感召力。

破山中贼易,破心中贼难。在心田里种庄稼、除杂草,用功多者所得必多,用力勤者收效必巨,党的老一辈革命家和优秀典型为我们立起了标杆、作出了示范。周恩来长征途中不忘参加党小组生活,朱德主动要求并认真完成所在党小组分配的任务。焦裕禄同志去世后,人们在他的枕下发现了两本书:一本是《毛泽东选集》,一本是《论共产党员的修养》。时刻不放松对自己的要求,加强自我修炼、自我约束、自我塑造,使他们保持了党性坚强、信念坚定、意志坚固。

相比过去,如今思想杂草滋生的种类更多、危害更大。根本固者,华实必茂;源流深者,光澜必章。只要党员干部坚持用党的理论武装头脑、用党章党规引领思想,就能在成功和顺境时不骄傲不急躁,在困难和逆境时不消沉不动摇,以"金刚不坏之身"迎接各种考验、赢得各种挑战。

(2016年07月29日)

"守正"与"出新"

李树杰

有家著名出版机构,百余年来始终坚持"守正出新"。重要的基本古籍,即使内容再专,市场再小,也要坚持出版,此为"守正"。同时,挖掘典籍中的精华,让大众通过不同的载体和方式共享传统智慧,比如大胆放下繁体竖排的身段,采用新式标点、简体横排,既让经典的面目亲切可爱,又不减古籍整理的严谨态度,此为"出新"。

"守正"是中国传统文化的核心价值。司马迁在《史记·礼书》中讲:"循法守正者见侮于世,奢溢僭差者谓之显荣。"乃是针砭时弊,强调要恪守正道。"正"者,大道也。既包含道德操守,又包含客观规律,还包含正确理论。从哲学上讲,它是事物的本质和规律。一切被实践所证明了的正确东西,以及从无数次成功失败中得出的宝贵经验,都谓之为"正道"。

"出新",则是创新、变化。哲学家说:"世界上唯一不变的是变化。"《吕氏春秋》中也说:"治国无法则乱,守法而弗变则悖,悖乱不可以持国。世易时移,变法宜矣。"有位著名企业家畅谈成功的秘诀也是一句话:"拥抱变化。"事物是发展变化的。守正不是守成,不是冥顽不化。古往今来,适者生存。在不断变革的社会背景下,必须审时度势,推陈出新,与时俱进。抱残守缺,刻舟求剑,不思变化,只会越来越被动,越来越落后。

大道至简,大道相通。守正与出新是辩证的统一,也适用于一个政党、一个国家、一个民族的进步发展。

"守正"是根基。我们需要与时俱进,不断顺应时代变革,但前提是把握事物本质、遵循客观规律。"马克思主义是我们立党立国的根本指导思想。背离或放弃马克思主义,我们党就会失去灵魂、迷失方向。"习近平总书记在"七一"重要讲话中,就党和国家的发展,十分明晰地阐明了我们的坚守和根本。这就是"守正"。一些根本性的东西抛弃了,或变得似是而非,随之而来的往往不会是我们向往的自由和幸福,而是混乱和灾难。一些国家出现这样那样的问题,原因很多,但在守正与出新中迷茫,盲目求变而失去根基,是其重要原因。

"出新"是希望。当年列宁把马克思恩格斯提出的社会主义革命只有在经济发达的西方几个国家同时发生才能取得胜利的"同时胜利论",发展为社会主义革命在一定条件下可以在一个经济文化比较落后国家首先取得胜利的"一国胜利论",这就是对马克思主义的"出新"。这样的"出新"带来了十月革命,也带来中国新民主主义革命。改革开放30多年来,世界和中国都发生了重大变革。今天,时代变化和我国发展的广度和深度远远超出了马克思主义经典作家当时的想象。"面对新的时代特点和实践要求,马克思主义也面临着进一步中国化、时代化、大众化的问题。马克思主义并没有结束真理,而是开辟了通向真理的道路。"我们必须大步向前,结合新的实践不断作出新的理论创造,用发展着的理论指导发展着的实践,才能在变化的节律中不失方寸。

中华民族从文明古国一路发展,历经数千年而不坠,正是因为兼顾了守正与出新的哲学,两者相互搭配而持盈保泰。一味教条,陷于僵化,不懂得变革,就会被时代抛弃;一味求变,事事盲动,就会打破矛盾的统一,违背事物发展规律。一切从实际出发,不背叛根本,不忘初心,当变则变,变则通矣。

(2016年07月28日)

挺胸·收腹·抬头

周建华

　　常听到有人感叹：压力大、不幸福；有人抱怨：不公平、真倒霉；有人诉说：不如意、好失败。遇到烦心事，有所抱怨，本属正常。但任其蔓延，让情绪总是先于认知，不经意间我们就会被这种悲观、焦虑、懊恼的"负能量"所裹挟，影响心情不说，甚至还会让心灵笼上雾霾，让人走上灵魂的孤岛。

　　一位作家曾说，"幸福始终充满着缺陷。"的确，这种缺陷无时不有，无处不在。生活的辩证法正在于，成长总是与摔跤相伴相随。问题在于，面对挫折和苦难，如何不被困顿压倒？怎样涵养从容不迫的心态？想来，人生就像站军姿，要挺胸、收腹、抬头望前。

　　挺胸，以无畏的勇气征服苦难。困难像弹簧，你弱它就强。只要思想不滑坡，办法总比困难多。正如马克思的那句名言，"只有不畏劳苦沿着陡峭山路攀登的人，才有希望达到光辉的顶点。"偶尔的挫折，一时的失败，其实只是苦我心志、劳我筋骨、饿我体肤、乱我所为的考验。面对困境，一味叹息、徒然悲伤，无益于事；相反，勇敢面对、攻坚克难，方能激流勇进。向压力宣战，同自己较劲，必定是一个痛苦的过程，然而只有经历这份痛苦，才能有脱胎换骨、凤凰涅槃的蜕变。

　　收腹，以"无为"的心态敛起欲念。"无为"心态并非不求上进，而是理性克制。人们常说，人生不如意十之八九。不如意的原因何在？不少时候是意太高,欲太盛,心太强。意太高在于目标定得过高,欲太盛在于所欲所求过多,心太强在于攀比之心太强。曾有人问一位百岁老人,生活中让他感到轻松快乐的事情是什么?老人回答:没有同龄人带来的各种攀比和压力。老人的答案说出一个道理:很多烦恼其实只不过是庸人自扰。抚躬自问,就会发现,很多时候,不是我们事业不成功、生活不快乐,而是无制之心拉大了理想与现实的差距,放大了成长的烦恼,最后反而让我们裹足不前。生命是一种有节制的修行。克制过强的欲念,前方的路才能走得稳健踏实。

抬头,以无量的眼界展望人生。抬头干什么?白天极目远方,夜晚仰望星空。说到底,就是要扩展胸中的格局。一个人的人生能抵达多远,并不是由他的腿决定,而是由他的心决定。心太小、苦太多,苦自然由心而溢;目光短、瑕疵近,泪必定夺眶而出。眼界宽了,胸怀广了,才能把生命拉长,把人生放大。很多时候,一时一己的缺憾,放在更宽广的时间段来看,不过是生命航程中的一个浪花;一事一理的纠结,放在更大的人生坐标视之,不过是前行路上的一块小石头。

毛泽东同志有诗,"牢骚太盛防肠断,风物长宜放眼量。莫道昆明池水浅,观鱼胜过富春江。"生活只有在品味得失和甘苦中,才能得到升华。保持积极阳光的心态,昂首挺胸,目视远方,不以物喜,不以己悲,人生之路才会越走越宽。

(2016 年 07 月 27 日)

匠心之道"守破离"

刘根生

一部《战争与和平》，草婴翻译了6年。他一生追求像原著一样的艺术标准，翻译作品始终遵从六道工序：研读原著、译文、读译文、请人朗读、交编审、打磨求"神韵"。连环画泰斗贺友直的作品被称为"把故事画活了"，生前却自称是个"大匠人"，"蜗居"闹市数十年，每日挥毫不止，在中国传统线描中融入西画写实造型方法，将线描艺术推向高峰。他们都有一个共同特点，就是独具匠心，终而造诣精深，成其大器。

匠心之道，看似无着处，实则有迹可循。有一本叫《匠人精神》的书，这样讲成为一流工匠的"守破离"：跟着师傅修业谓之"守"，在传承中加入自己想法谓之"破"，开创自己新境界谓之"离"。由此我们也可以引申为各行业的匠心之道：守，以理想为基，久久为功而不改初衷，精益求精而臻于至善；破，以思考为底，无思考则无变化，无变化则始终是老样子，学而思才能"芳林新叶催陈叶"；离，以创新为核，有非同寻常的构想，方能"人无我有，人有我强"。草婴、贺友直等的艺术造诣，可说是对此的生动诠释。善于"守破离"，何愁不能有所创造，有所成就？

守，意味着长久等待和超常吃苦。当年，法拉第要弟子每天记录实验结果，弟子觉得这事枯燥乏味没意义，不久就走了。后来，法拉第因电磁学方面的重大发现而获得殊荣，面对一事无成又找上门来的弟子，他说自己不过是把弟子认为没意义的事坚持了10年，在记下数千个"NO"之后，终于写下了一个"YES"。今天,有的研究者缺少坐"十年冷板凳"的决心和毅力,耐不了寂寞,稳不住心神。有的人在立项资助"诱惑"下,频繁转换科研"频道",甲地优惠到甲地,乙地优惠又跑回乙地。心上长草"守不住",飘移不定,又如何能把一件事干到极致?

破,意味着在突破和完善中超越。齐白石说:"学我者生,似我者死。"这是要后人不能止步于临摹,而要学其神韵善突破。一种现象存在已久,学某某而安于做"小某某"或"小小某某"。如同"受过训练的跳蚤",即使盖板已拿掉,也不会越过原有高度。没有"破","守"则成墨守成规,"离"则无从谈起。没有最好,只有更好。前人技艺再高,也终究有局限性。小疑小进,大疑大进。扬前人所长而补其短,方能在推陈出新中别开生面。

离,意味着在颠覆成见中寻求新发现。当年,女科学家麦克林托克发现"跳跃基因"。因其"离经叛道",同行骂她疯了。多年后,其成果才得到承认,她也因此获诺贝尔奖。"破"属于推陈出新,是横向进步;"离"属于颠覆性创新,是纵向进步。历史的高峰永无止境,"不日新者必日退"。多些颠覆性创新,才会有一个又一个"山外山、峰有峰"。对新发现应先察而勿先骂,宽容"离经叛道",激励"异想天开",为颠覆性创新批量出现营造优良土壤。

"技可进乎道,艺可通乎神。"匠心是精雕细刻和精益求精之心,是追求卓越不断超越之心,是破除成见不断创新之心。匠心之道贵在"守破离"。

(2016年07月26日)

不做别人思想的"跑马场"

王艺锭

转发的热门文章,原来是炒作;欣赏的名人名言,居然是代笔;分享的养生知识,竟是伪科学;各种心灵鸡汤、励志美文,其实似是而非……你是否有过这样的体验?如今,面对海量信息,该给自己提个醒:不要让自己的头脑,成为别人思想的"跑马场"。

信息爆炸的时代,一种相反的体验却是"信息收缩"。面对海量资讯、多元观点,一些人仿佛置身迷宫之中,因为通道太多而束手无策,不知道该如何筛选甄别。所以,"转发""跟帖"的热度,成了信息选择的风向标;"点击""点赞"的数量,成了观点参考的指示牌。于是,分享同一个段子,阅读同一篇网文,转发自同一个大 V……在信息的狂涌中,难免失去了独立思考的宁静。

思考是一种能力,需要不断练习才能提升。然而,走捷径总是更简单。喜欢大而化之,喜欢立竿见影,喜欢流于表面的现象,喜欢一看可知的结论,这样的"认知取向"之下,对思辨性、专业性强的内容,对复杂的哲理、深刻的思考,反而不再感兴趣。长此以往,思考力就在简化中退化,自己的头脑变得空空如也,没了沉潜深流,徒剩一地鸡毛。

技术的演进对人类思维的影响,是一个引人思考的哲学命题。美国学者尼尔·波兹曼曾忧心,电视的流行让人越来越不愿阅读,越来越不愿思考,甚至造成人与人之间交流的隔绝。如果说电视因其直观性、娱乐性而弱化了思考力,那么互联网信息的碎片化、芜杂化,也可能给我们的心灵带来同样的影响。波兹曼的思考,是向时代的发问:当技术在获取知识的途径上做了一个减法,我们如何给自己的思想做一个加法?

实际上,网络并没有改变人们的思维实质,只是改变了抵达思考的方式。面对触手可及的庞大信息,是迷失方向还是有效整合,取决于思考习惯的养成。满足于当复读机、传声筒,不愿思考;满足于浅阅读、浅吸收,不会思考;满足于囫囵吞枣、一知半解,不善思考,最终就是人云亦云、亦步亦趋。即便是碎片化阅读,也需要系统性积累,才能把握住背后的思维路径、认识方法,从而将知识转化为智慧;如果是简单化观点,更需要想想其中的逻辑误区、认识盲点,不仅是否定肯定,而且要理解分析。

在易如反掌地拥有"观点""态度"和"感受"之时,更需防止盲目、偏见和极端挤占了逻辑与理性的空间。不管哪个时代,也不会每个人都是思想家。然而,每个人却都可以成为一个思考者。不是只当数据丛林中的猎人和采集者,也应该有不甘为"信息传播者"而愿为"思想瞭望者"的志趣。叔本华说,经过自己思考获得的真理像自己天生的四肢——也只有这些东西才真正属于我们。只有保持独立思考和理性思辨,才能真正带来人类智慧的增长,推动人类文明的进步。

"思考是勤奋的一部分,人最大的懒惰是思想懒惰"。身处这个时代,有太多声音萦绕耳边。要在花繁柳茂中拨开、雨骤风狂里站定,不仅需要"独上高楼,望尽天涯路"的眼界,也需要"衣带渐宽终不悔,为伊消得人憔悴"的思考,唯如此,"蓦然回首,那人却在灯火阑珊处"的顿悟,才能于众里寻他中浮现眼前。

(2016年07月25日)

有所戒才能有所成

徐文秀

领导干部该怕什么、不该怕什么,应该是有标准和尺度的,然而一段时间里却变得有些模糊不清,以至于该怕的不怕,不该怕的又怕。从某种程度来说,眼下"有所怕"显得较为关键。

怕"头脑昏"。一些人"头脑昏"有两种情况,一种是辨不清方向、是非,分不清好坏、对错,不能成为政治上的明白人;一种是有了一点成绩,就飘飘然、昏昏然,陶醉于鲜花和掌声中,思想麻痹或头脑膨胀。头脑犯糊涂,就容易使自己裹足不前,失去方向感甚至栽跟斗、犯错误。

怕"耳根软"。干部应该是群众的主心骨,主心骨就应当有主见。然而,有的人或偏听偏信,听风就是雨,常常被人牵着鼻子走;或想法多变、摇摆不定,今天一个主意、明天一个主张;或容易被人"软化",原则性差、定力不够,有的甚至一点小事就搞得心烦意乱,自己先乱了阵脚。"耳根软"的人,难以成事,亦难以凝心聚力。

怕"肩膀松"。肩膀硬、腰板直,敢负责、能担当,是领导干部特别需要又容易缺失的一种品格。面对矛盾问题时,有的做起了"圆滑官",绕着走、避着行;面对压力挑战时,有的打起了"太极拳",习惯于"闪转腾挪";面对歪风邪气,有的当起了"鸵鸟",爱惜羽毛、明哲保身。俗言"天塌下来,有高个子顶着"。领导干部应当是能扛事、敢担事的"高个子",正所谓"苟利国家生死以,岂因祸福避趋之"。

怕"心眼小"。心眼小,则气量小、胸襟窄、格局低。一些人成不了大器、干不了大事,源于心眼小。做人赢在格局,干事成在胸襟;有的不能容物容事,老虎屁股摸不得,听不得批评意见;有的患得患失,只算小账不算大账;有的多心疑心,简单问题复杂化,精明而不高明。凡此,如何成事,如何得人?

怕"屁股歪"。姿态影响状态,状态决定生态。有的人习惯于坐在自身利益和小集体、小团伙上说话办事,有的热衷于为一小部分人甚至一小撮人服务,有的裁量事情不能出以公心、办事不公道、处事不公平而搞亲亲疏疏。不能跟广大群众坐在一起,不能站在大局上看问题,很难让大家心服口服、齐心协力跟着走,反而会把一个地方和单位的风气搞坏、人心搞散。

怕"手脚长"。有的人处理不好公与私、人与我、官与商的关系,或占公家的便宜、挖公家的墙脚、损公肥私、化公为私,甚至以权谋私;或凡事以我为中心,搞"你的就是我的,我的还是我的";或拎不清官与商的界限,捆绑在一起,勾肩搭背、投桃报李。"手莫伸,伸手必被捉"。当干部的手脚一定要干净,特别是"常在河边走的",更要保持定力,做到"就是不湿鞋"。

为政者要善怕,心有敬畏、行有戒尺、掌握好分寸、把握好自己,大到走什么路、读什么书、交什么友,小到吃什么饭、说什么话、去什么地方等,都应该有边界和底线。如此,才能站得稳、走得顺、行得远。

(2016 年 07 月 22 日)

为政岂容"愿赌服输"

顾伯冲

前不久到某廉政教育基地参观时,工作人员介绍了这样一个情况:有官员落马后,对贪腐行为不作深刻剖析,反将身陷囹圄归咎于运气不好,"愿赌服输"。

以"赌徒心理"为政,最终锒铛入狱,既是罪有应得,也是规律所致。所谓"官场",不是名利场、是非场,而应是法治场、人心场。赌一把、搏一搏,照见唯利是图的心态。以这样的态度经营从政之路,很容易让人迷失心智理性,放松法纪意识和思想警惕,从而走上违纪违法的不归路。

如果给官场"赌徒"画像,会有这几类"表情":"跟人站队",估摸着跟谁最有发展前途,就积极主动地钻进他的"圈子",把全部希望都押在上面,一损俱损一荣俱荣;"先送后捞",利用手中权力,大搞权钱交易,把捞取的钱财输送给能够提拔自己的人,如此循环往复不断谋取提拔;"故作异类",为了博取政绩声望和升迁资本,常表一些极端的态、发一些极端的言、干一些极端的事,以此蒙骗关注的目光。这些言行背后有一种共同的心态,就是以种种手段填充膨胀官欲,爬上去了就是最大胜利,跌了下来就自认倒霉。

清代蒲松龄有诗云:"天下之倾家者,莫速于赌;天下之败德者,亦莫甚于博。"拿群众的利益、拿党和政府的威信、拿个人的自由和名誉去"赌"乌纱帽,尽管是少数人,但其辐射效应造成的影响十分恶劣。赌本身并不生利，少数赌徒的赢，是以多数人的输为代价的。官场"赌术"不加限制，结果便是"逆淘汰"广为盛行，"伪君子"大行其道，"潜规则"摇身一变成了明规则，严重污染官场政治生态。"靠拍、靠送、靠忽悠"，可能一时受用，但绝对躲不过监督的视线，最终也逃脱不了党纪国法的制裁。

"身之主宰便是心"。习近平总书记指出："'本'在人心，内心净化、志向高远便力量无穷。"为什么有人不惜违法乱纪去"赌"仕途？原因就在于，他们的人生观、价值观发生了扭曲，头脑中压根儿没有"党、民、责、戒"的意识，也没有"权为民所赋，权为民所用"的概念，他们把从政的目标定位在"当更大的官"上，不惜痛下成本去博取更大筹码。权力不是赌具，仕途也绝非赌注，权力观上跑偏了，结局只会是加速灭亡。对权力始终怀有敬畏之心、戒惧之心，对人民始终怀有敬重之心、服务之心，方能行正道、做正事、成正果。

古人说得好："名必有实，事必有功。"没有人可以随随便便成功，要成为一名合格的共产党员，成为一名称职的国家干部，必定要付出大量的汗水和心血。本本分分做人，干干净净做官，老老实实做事，在任何时候都是立身之本、成事之基。在其位，就当谋其政、专其政、善其政。功夫下够了，成果出来了，职务荣誉之类也会水到渠成。

为政不可有巧宦之心，不可长虎狼之欲，不可用巧诈之术。此中良训，值得共鉴。用权为民，用权依法，用权有戒。此中要求，理当共践。

（2016年07月20日）

换届以何为重？

双 瑜

时下正值省、市、县领导班子换届，干部考核推荐等有关工作正在进行。换届关乎班子建设、事业发展，也关乎领导干部的前途去向，方方面面倍加关注，这是必然的。对于各级党组织而言，换届的关键是以严格的纪律匡正风气，坚持正确的用人导向，选好人用好人。对于领导干部个人而言，换届更是一种实实在在的考验。进、退、留、转，是每一名领导干部人生迟早都会面临的问题，而面对留、转，尤其需要良好的心态。

历史有鉴。《旧唐书》等史籍，记载了一个故事：唐代元和十年，柳宗元被任命为广西柳州刺史，这里交通便利、经济较好。刘禹锡则被任命为播州（今贵州遵义）刺史，此地交通不便、条件较差。柳宗元获悉刘禹锡的任命时，对身边亲近的人说：刘禹锡有老母，年龄已大，如今他要到蛮方远郡去做刺史，在西南绝域的地方，来回有上万里的路程，哪能让他和老母一起去。如果母子各在一方，这便成永别。我和禹锡是好朋友，我哪能忍心看他母子这样呢？于是，立刻起草奏章，请求把柳州刺史授给刘禹锡，自己到播州上任。恰巧裴度也奏请照顾刘禹锡母子，所以刘禹锡最终改授连州（今广东连县）刺史。柳宗元"愿以柳易播，虽重得罪，死不恨"的故事，更传为千古美谈。

党史是最好的教科书。我们党成立95年来，无论在革命战争年代还是在和平时期，领导干部高风亮节、淡泊名利的例子不胜枚举，成为党性党风的生动体现。1945年10月,中央准备任命张鼎丞为苏皖军区(后改称华中军区)司令,粟裕副之。张鼎丞提议由粟裕担任正职,自己改任副职,获中央同意。粟裕得知,即向华中局建议由张鼎丞任司令,自己为副。未见采纳,乃直接发电报给中央,坚决请求重新任命,他在电报里言辞恳切地说:"以职之能力,实不能负此重任。鼎丞同志不论在才德资各方面,均远较职为高超……"张鼎丞和粟裕的互让司令之举,成为党内佳话。而类似"让官"之举,还有不少。像一代名将徐海东,也曾三次主动"让官"。一次是愿意改任副团长,一次是由军长变为副军长,一次是得知将授其为大将后,主动要求低授军衔。徐海东同志有一句名言:我这个人打仗有瘾,走路有瘾,就是没有官瘾。革命前辈这种主动"让官"之举,感动激励了一代又一代人。

这些故事启示我们,领导干部为官任职,要以人民的事业为重,以个人名利得失为轻,多为党担责分忧,少一点对"小我"的自我设计。若能如此,自己和家人的烦恼必然会少得多,群众的口碑也会更好,也能为干事创业和个人成长累积更多正能量。

(2016年07月19日)

扮好"三种角色"

陈小红

一位走上领导岗位的年轻干部,看望已退下来的老上级,请教从政经验。老上级送给他3句话:"工作像蜜蜂、生活学喜鹊、作风如啄木鸟"。这话简单通俗,却寓意深刻。

唐代诗人罗隐诗云:"不论平地与山尖,无限风光尽被占。采得百花成蜜后,为谁辛苦为谁甜?"一只蜜蜂要酿造一公斤蜂蜜,须在一百万朵花上采集原料,得飞上几十万公里,其可贵之处正在于勤勉、博采、奉献。现在,有些干部虽然遵纪守法,不搞邪门歪道,却不愿深入群众一线,对基层情况若明若暗,对矛盾问题心中无数,懒于思考和研究问题。还有的干部有想干事的热情与冲劲,但干起来不得其门径,胡乱折腾,可谓"心中一团火,脑中一团麻,办事一团糟"。以蜜蜂作喻,领导干部当勤勉敬业,把工作当成事业干,敬畏肩上的担子,恪尽职守,主动作为,更要善谋勇为。当博采众长,善听各方面意见,切忌主观武断,以势压人。当甘于奉献,以身作则,推功揽过,做到责尽而心安。

民间视喜鹊为吉祥之鸟。在农人眼里,喜鹊热爱生活,知足常乐,积极向上,充满正能量。如今有些干部身在福中不知福,总是不满足,好像组织上"欠"了他的,或是觉得权力小了、油水少了、福利没了,做官"没意思";或是提拔了觉得自己早该如此,没有提拔就怨天尤人,工作打不起精神。哲人说:"你的心态就是你真正的主人",乐观向上、心态阳光,即便一时身处困境,仍有"竹杖芒鞋轻胜马"的旷达,在茫茫暗夜中亦能读出星星指引的方向。相反,悲观低沉、心态消极,杯水风波也能感受"夕阳西下,断肠人在天涯"的悲情,在一怀愁绪中迷失自我。干部是群众的带头人,应自觉涵养健康情趣,培育积极心态,正确对待组织、他人和自己,不为名利分心、不为得失忧心,做到追求事业自得其乐、物质生活知足常乐。

啄木鸟被誉为"森林医生",平均每天敲击树干万次以上,吃掉1500多条害虫。啄木鸟最大特点是善于发现问题、勇于解决问题,"干活"扎实,专心致志,不做表面文章,对工作不偷懒、不敷衍,但使"千林蠹如尽,一腹馁何妨"。时下,有的干部作风漂浮,发现不了问题;有的遇到矛盾绕道走,该解决的问题不解决;有的出了问题,不是想方设法解决,而是千方百计捂盖子,甚至不惜弄虚作假、欺骗组织。我们应当树立"发现问题是水平,解决问题是政绩,揭露问题是本分,掩盖问题是失职"的意识,在正视问题、解决问题中不断改进工作、推动进步。只有对问题坚持早发现早解决,解决问题知难而进一往无前,才能防患于未然,掌握工作的主动权。

蜜蜂、喜鹊、啄木鸟只是三个"意象",意味领导干部应当扮好的"三种角色",反照见一些干部身上的时弊,值得我们慎思之,深鉴之。

(2016年07月18日)

既要慎独，也要慎众

孟祥夫

东汉安帝时，昌邑县令王密为感谢杨震的提挈之恩，夜里怀金十斤馈赠，被杨震拒绝。王密说："暮夜无知者。"杨震答道："天知，神知，我知，子知。何谓无知！"王密听后"愧而出"。

宋元之际，世道纷乱。学者许衡外出，天热口渴。路遇梨树，行人纷纷摘梨解渴，唯许衡不为所动。有人问为什么，他说："此非吾梨，岂能乱摘？"别人笑他迂腐："乱世梨无主。"许衡正色回答："梨虽无主，而吾心有主。"

两则故事，读来发人深省。一者自律慎独，一者严己慎众，正体现修身律己的两种不同境界。

慎独，是一种"自我约束法"。独身自处、无人监督时，少了外界的压力、没有他人的监督，道德修养可说是"存乎一心"。这个时候，最见修为。所以《礼记》里才说，"莫见乎隐，莫显乎微"——没有比隐蔽处更易见的，没有比细节处更明显的。

对于领导干部，慎独是一种要求。习近平总书记曾强调，党员干部要"不断加强自律，做到台上台下一个样，人前人后一个样，尤其是在私底下、无人时、细微处，更要如履薄冰、如临深渊，始终不放纵、不越轨、不逾矩"。举案三尺有纲纪，党纪国法并不会因为没人看见而不在场。时刻慎独慎微，才能防止绳从细处断，真正做到"诚于中""形于外"。

慎独如此,慎众亦然,这同样是一种难能可贵的自我约束。

慎众,慎的是"从众"。群体心理学认为,个体行为容易受群体的意识、情绪和选择影响。正如《乌合之众》一书所说,"群体中的个人,不过是众多沙粒的一颗,可以被风吹到无论什么地方"。所以,当身处群体中时,要格外注意自己的言行,不为"生态"所染、不为"氛围"所乱、不为"情绪"所惑。

群体中容易迷失,坏生态下容易堕落,是因为"法不责众"产生了"责任分散效应"。一个落马贪官曾说,"发现身边有领导干部一边大肆收受贿赂,一边还照升不误时,自己慢慢地也就放松了思想防线"。贪官的"忏悔"虽有推责之嫌,却也提出了"慎众"的问题。"一盲引众盲,相牵入火坑",他人的不良行为,就好像是打破了一扇窗。流风所及,如果定力不强、修养不够,很容易让自己的防线也失守。

其实,慎独也好,慎众也罢,提出的都是一个"做好自己"的问题。要回答的是,当把个人放置在一个缺少监管、免于负责的状态时,该如何"自处与自守"?在这两种颇为极端的道德情境下,如果还能把握住自身,才算是真正接受住了拷问。就像杨震说的"天知,神知,我知,子知",就像许衡说的"吾心有主",真正应该敬畏的,不是利益的算计、外在的压力、制度的约束或者他人的评价,而是道德的信仰、内心的律令,这是守德的最高境界。

无论是慎独还是慎众,说到底,都是一个修身、修心的过程。有了坚定的内心、坚强的自我,无论外界是嘈杂还是幽暗,就都能秉承道德原则,守住本心、做好自己。"党性教育是共产党人的'心学'",对于党员干部,唯有保持理想、坚守信仰,才能在独处时不愧屋漏、不欺暗室,在众人中反躬自问、自反而缩,从"不能""不敢"升级为"不想",最终"从心所欲不逾矩"。

(2016年07月15日)

涵养"赶考"心态

高 天

1949年3月23日,党中央离开西柏坡前往北京,毛泽东同志意味深长地说:"今天是进京赶考的日子。"2016年7月1日,习近平总书记在庆祝中国共产党成立95周年大会上的重要讲话中指出:"这场考试还没有结束,还在继续"。

面对新的历史大考,如何继续经受考验、交出优异答卷?对于党员干部来说要做的很多,涵养"赶考"心态尤为重要,举其关键者至少有四:

有一颗敬畏心。春秋时期宋国大夫正考父是几朝元老,在家庙的鼎上铸下铭训:"一命而偻,再命而伛,三命而俯。循墙而走,亦莫余敢侮。"意谓每逢任命总是愈加谨慎,一次提拔要低着头,再次提拔要曲背,三次提拔要弯腰,连走路都靠墙走。古代贤人心存敬畏也如是,更何况党的干部?然而,一些人忘了"权为民所赋,权为民所用",信奉"有权不用,过期作废",或以权谋私、以私废公,或恣意行事、胆大妄为,或目无法纪、漠视规章。心有所畏,才能行有所止。以谦虚谨慎、戒骄戒躁之心做人,以如临深渊、如履薄冰之心用权,以兢兢业业、勤勉守责之心干事,方能无惧于各种风险考验。

有一颗奋斗心。杨善洲退休之后,带领当地群众历尽艰辛义务植树造林20多年,使昔日的荒山披上绿装,生动诠释了当代共产党人的奋斗之心。习近平总书记强调"我们要永远保持建党时中国共产党人的奋斗精神",

正是这样一种奋斗精神,引领我们穿越苦难,迈过坎坷,向着希望的明天敢作敢为、锐意进取。"士不可以不弘毅,任重而道远",永远葆有一颗奋斗心,生命不息、奋斗不止,我们才能汇涓流而成江海。

有一颗廉洁心。唐太宗问房玄龄、魏征,创业难还是守成难?前者答创业难,而后者认为守成难,难就难在面对享乐奢华的诱惑、面对尝到甜头后的满足,难以自持。"我们党作为执政党,面临的最大威胁就是腐败",这样的警钟,应当时时敲响在我们的内心。对于每一位党员干部来说,一道贯穿一生的大考题就是,能不能崇清尚廉,永葆拒腐蚀、永不沾的政治本色,炼就金刚不坏之身。耐得住清贫,管得住手脚,稳得住心神,经得起磨炼,有莲花的精神、青松的定力,行己有耻,就能做干干净净、清清白白的忠诚考生。

有一颗百姓心。河北农业大学教授李保国30多年扎根太行山,他把最好的论文写在太行山上,把课堂摆在山间地头,几个馒头一瓶水、山当餐桌地当炕,哪个村哪一户果树该修剪了,哪个县哪个镇的农田山林开发该采用什么技术手段,都如数家珍。他曾说:"我这辈子最过瘾的是干了两件事,一个是把我变成农民,一个是把越来越多的农民变成'我'(技术把式)"。"天地之大,黎元为先"。对于党员干部来说,无论时代条件发生什么样的变化,都要永远保持对人民的赤子之心,在想问题、作决策、办事情时,都要永远以百姓之心为心。惟如是,我们才能走进百姓的内心。

中国共产党人不论走多远,都不会忘记自己的初心。涵养"赶考"心态,省视自己、砥砺心性、不忘初心、继续前进,我们就能在各种大考中取得好成绩。

(2016年07月14日)

打铁莫怕火烫脚

谢振华

某县 3 年前重点推进的几个项目,今年竟仍没有一个开工。近日,西部某省份的一次大会上,政府主要领导点名批评这个县:"老实说,我非常不满意!"

项目,是推动发展的抓手和载体,对一市一县的重要性不言而喻。重大项目,更是各地争抢的香饽饽。但笔者在基层调研却发现,项目"开工锣鼓喧天、过后死火冒烟""剪彩几年、一切等闲"的现象,并不鲜见。

项目为啥推不动?客观条件限制之外,还有以下原因:

"情况复杂"不会推。群众权利意识强了,征地拆迁工作难做;指标太少,项目用地难以保障;融资难融资贵,企业"喊渴"……一个项目涉及部门方方面面,现实困难林林总总,没两把刷子,不下点力气,真拿不下来。反正"多干少干、工资一样",干脆"多一事不如少一事"。

"谈商色变"不敢推。纪律严了、规矩实了,一些党员干部怕与企业家交往"惹麻烦"。和老板走动密切,别人会不会说闲话?常在河边走,会不会打湿鞋?心中没底,索性"安全"第一,闭门谢"客"。"多干多错,少干少错,不干不错",活动不去、照面不打,老板上门躲着、企业有事拖着,"清"了却不"亲"了。

"镜头切换"不想推。你李书记招进来的项目,我张书记上台为啥费劲抓?你搞特色种养、我就提工业强县,你开发东区、我就要向北发展。

总之,另起炉灶重开张,方显水平高一筹。换人就换项目,新官不管旧账。今年是换届之年,尤其应该警惕。

上述种种,归根到底,还是私心作祟,失了担当。有人认为:经济下行,大环境不景气,项目缓一缓,发展等一等,事出有因,情有可原,"新常态"嘛,算不得大错。其实,项目推进缓慢,金贵的资金趴在账上"睡大觉",珍稀的资源躺在空地"晒太阳",既毁了形象,又贻误发展,害莫大焉。

"为官避事平生耻。"干部就要干事,当官就要担责。对那种只想出彩不想出力、只想揽权不想揽事的干部,习近平总书记早有谆谆告诫,"党把干部放在这样一个岗位上是信任,是重托,要意气风发、满腔热情干好,要真正做到为官一任、造福一方。"干一年、两年、三年还是"涛声依旧",每年都是重复"昨天的故事",这样的干部,与泥塑的菩萨何异?

干事创业,惟其艰难,更显勇毅。柳宗元治理柳州,顶住重重压力,凿井百口、释放奴婢,"柳州旧有柳侯祠,有德于民民祀之";苏东坡年过花甲被贬儋州,说服黎人改变"不麦不稷"习俗,重视农耕以使"其福永久",当地人命名东坡话、东坡村、东坡井记其功。焦裕禄带领群众斗"内涝、风沙、盐碱"三害,焦桐不语自成荫;谷文昌率领东山人民治服"神仙都难治"的风沙,百姓"先祭谷公,后祭祖宗"。面对困难,有多大担当,就有多大作为;尽多大责任,就会有多大成就。

壮族有句俗话:"下河莫怕漩涡多,打铁莫怕火烫脚。"在其位就要谋其政,敷衍塞责、怕事躲事,就是失职。疾风识劲草,烈火见真金。为了党和人民的事业,党员干部应该不惧湍急的漩涡、不畏熊熊的烈火,过好河、打好铁,做时代的劲草和真金。

(2016年07月13日)

谋求特权是"极大的耻辱"

黄 涛

身经百战、战功赫赫的老红军肖玉璧，身上留有90多处伤痕。延安时期，组织考虑他的身体状况，安排他回地方一税务分局任职。谁知他以功臣自居，以权谋私、贪污受贿，后被执行枪决。《解放日报》专门发表社论指出：在"廉洁政治"的地面上，不容许有一棵"肖玉璧"式的莠草生长。

"敬畏人民、敬畏组织、敬畏法纪，做到公正用权、依法用权、为民用权、廉洁用权"，习近平总书记在庆祝中国共产党成立95周年大会上，强调各级领导干部要牢固树立正确权力观，永葆共产党人拒腐蚀、永不沾的政治本色。可以说，"权力关"是为官从政的第一道关隘，不少人就是过不了这一关，为自己谋求特权、谋取私利，最终滑向违法犯罪的深渊。

1980年2月，我们党在《关于党内政治生活的若干准则》中就明确规定："共产党员和干部应该把谋求特权和私利看成是极大的耻辱。""极大的耻辱"这五个字，字字千钧，是老一辈革命家心底的"雷池"。毛泽东同志为中国革命牺牲了六位亲人，却几次拒绝为亲属安排工作，也不准用公车接送女儿上学，真正做到了"恋亲，但不为亲徇私；念旧，但不为旧谋利；济亲，但不以公济私"。周恩来同志招待客人、到老百姓家吃饭，都是自掏腰包，还专门定了《十条家规》来严格要求亲属。张闻天同志多次告诫子女"别以干部子弟自居"，考学时自己坚决不打招呼，工作时支持他们到边疆和基层去。彭德怀同志说:"党给我唯一的'特权',就是带头吃苦!"他们在权力面前都严守边界,不越雷池半步,彰显出高风亮节。

权力姓"公"不姓"私"。然而,今天一些干部把公权当成特权,把"公仆"当作"主人",不仅没有敬畏感,反而有种优越感。他们有的自视"特殊党员",热衷于搞家长制、一言堂;有的自诩"特殊人物",官气十足,用权任性;有的自享"特殊待遇",超标准享受,潜规则行事;有的自居"特殊地位",蔑视法纪,为所欲为。党员干部谋求特权和私利,不仅损毁自身形象、葬送自己前程,更严重损害了群众利益和党的形象。

任何执政党的肌体如果染上消极腐败和特殊化的毒瘤,又不能及时予以清除,都会带来致命的后果。1949年,美国驻华大使司徒雷登对国民党的军官们说:"共产党战胜你们的不是飞机大炮,而是廉洁,是靠廉洁换得的民心。"世界上一批老党、大党为什么先后失去执政地位?一个共同的原因就是党内出现了一批"脱离群众、站在群众头上的特权者"。

"中国共产党党员永远是劳动人民的普通一员。除了法律和政策规定范围内的个人利益和工作职权以外,所有共产党员都不得谋求任何私利和特权。"党章的规定犹如警钟,应时时在我们的内心敲响。从血与火中走过来的共产党人,什么时候都不能忘记"其兴也勃焉,其亡也忽焉"的历史周期律。只有彻底摒弃特权思想,时时处处慎权、慎欲、慎微,坚守精神家园,永葆政治本色,我们才能经得起风雨,经受住考验。

(2016年07月08日)

"文化自信"三喻

金 苍

从海昏侯的马蹄金到故宫的石渠宝笈,博物馆一票难求,人们在与文物的对话中感受历史;从《大圣归来》到《大鱼海棠》,电影院人头攒动,一年440亿元票房堪称奇迹……

这只是当代中国文化场景的两个"特写镜头"。近年来,文化的繁荣与发展,为公众拓展了心灵空间、构筑起精神家园。"由人化文,以文化人",人与文化的互动生长,正是一个最好的注脚,印证着习近平总书记在"七一"重要讲话中的判断——"文化自信,是更基础、更广泛、更深厚的自信"。

何以自信?有三个比喻,值得沉思。

文化,可喻之为河。有源头活水,有支流汇入,一路奔腾向海,会穿行峡谷掀起巨浪,也会途经平原静水深流,沉淀下河床,滋养出沃野,哺育出勃勃生机。理解文化,就需要理解其水有源、其流有势、其去有向,才能在大浪淘沙中赓续文化的基因。

对于我们,五千多年文明发展,孕育出中华优秀传统文化;近百年来上下求索,形成了革命文化和社会主义先进文化。这是中华民族深层精神追求的结晶,代表着中华民族独特的精神标识,是涵养我们文化最肥沃的土壤、最充沛的水源。源通流畅、源远流长,这是我们文化自信的根本基础。

文化,可喻之为山。壁立万仞,挺拔巍峨,为地之锁钥,为天之柱石。山中既有大树参天,也有溪流边野花烂漫,可曲径通幽,更可登临远望。

把握文化，就需要把握其高远之处、其仰止所在，才能在高天厚土间树立文化的坐标。

对于今天，社会主义核心价值观划定时代的价值航标，是人生奋斗的梦想之舵、中华民族的精神之钙、当代中国的兴国之魂。以爱国主义为核心的民族精神、以改革创新为核心的时代精神，是流淌于历史与现实的精神潜流。奇伟瑰丽、高迈超绝，这是我们文化自信的重要内容。

文化，也可喻之为海。万川涌入，涓流汇集，因包容而成其大，因丰富而成其广。可载大舟，亦可浮一苇，"日月之行，若出其中。星汉灿烂，若出其里"。发展文化，就需要发展其多元、多样，其宽容、宽广，才能在兼容并蓄时更新文化的血脉。

对于中国，历史之船已经驶入"世界历史"的广阔海洋，"文化的对话"成为必然和必须。一方面，海纳百川，有容乃大，要吸收借鉴人类一切优秀文明成果。另一方面，文明因交流而多彩，文明因互鉴而丰富，也要以中国文化丰富人类文明的基因库。不拒众流、扬帆出海，这是我们文化自信的前行方向。

河、山、海，是"应然"境界，"实然"却常遇尴尬。或是矮化、僵化传统文化，解构、消减革命文化，截断了河流的脉络；或是抱残守缺、食古不化，既不"引进来"也不"走出去"，封闭了海洋的疆界。复兴之路上，增强文化自信，仍然任重道远。

"仁者乐山，智者乐水"。长河浩荡，在时间的轴线上，把握住历史、现实与未来；高山巍峨，在精神的维度中，把握住时代精神、民族精神与核心价值；大海空阔，在世界的尺度上，把握住文化的交锋、交流与交融，才能建立起真正的文化自信，让当代中国大踏步走向世界、走向未来。

（2016 年 07 月 07 日）

石破不可夺其坚

马祖云

我党黄麻起义领导人程昭续被捕后,敌人用刺刀顶住他的脖子问:"你要脑袋,还是要共产党?"他斩钉截铁地回答:"老子要的当然是共产党!"随后便是鲜血染红大地的壮烈一幕。

面对屠刀,共产党人为何有"坚挺脊梁死,决不跪着生"的铮铮铁骨?答案只有一个,他们身上具有特殊的政治钙质——对党忠诚。广大党员对信仰的忠贞,是党的事业生生不息、薪火相传的基因,也是党坚如磐石、不可战胜的法宝。

习近平总书记在庆祝中国共产党成立95周年大会上,深情回顾了成千上万烈士为了理想献身的历史,号召我们一定要铭记烈士们的遗愿,永志不忘他们为之流血牺牲的伟大理想,要求全党同志增强政治意识、大局意识、核心意识、看齐意识,切实做到对党忠诚、为党分忧、为党担责、为党尽责。这种对党的忠诚、对信仰的忠贞,正是我们的"初心"。

"石可破也,而不可夺坚;丹可磨也,而不可夺赤。"胸有忠心,就能入火海而不退缩、遇烟雾而不迷失、出淤泥而不沾染、面诱惑而不动摇。故而,从土地革命、抗日战争、解放战争乃至改革开放新时期,不管形势任务千变万化,但入党誓词的主音符万变不离其"忠"——"永不叛党"。缘于这种赤胆忠心,方有"砍头不要紧,只要主义真"的无畏,方有腹中满是草、饿死不变节的骨气,方有竹签钉十指、痛彻心扉不叛党的坚贞。

先烈的壮举和生命，诠释了忠诚的内涵、奏响了忠诚的强音、谱写了忠诚的壮歌。

身陷囹圄，面对威逼利诱不辱气节，决不从"狗洞"爬出来，这是革命先烈叶挺对忠诚的解读；有权不谋私、有福不安享，去世后把退休开垦的价值数亿元的林场捐给国家，这是干部楷模杨善洲对忠诚的展示。对党忠诚，是恪守党的理想和纲纪的全心践诺，不唯面对生死考验的义无反顾，且是淡泊明志的崇高心志；不唯经受血与火洗礼的钢铁意志，且是不计得失的操守品行；不唯大是大非面前的政治定力，且是敞开心扉的坦荡胸怀。因之，忠于党始终是共产党人励志前行的座右铭、大义凛然的正气歌。

有人说，当今是众声喧哗的时代，也是价值多元的年代。"乱花渐欲迷人眼"，多样多变和诱惑迷眼，使一些党员和干部对党的忠诚渐次弱化而变异。现实中，信权力而忠于"靠山"，把上下级关系变为人身依附关系者有之；信帮派而忠于"圈子"，把同事关系变为江湖关系者有之；信私情而忠于裙带，把亲友关系变为徇私关系者有之；信金钱而忠于私利，把政商关系变为寻租关系者有之；更有甚者，"一边吃着党的饭，一边砸着党的锅"……凡此种种对党"身在曹营心在汉"的行为，是灵魂的出卖、价值的扭曲、品质的蜕变，其害如蛀虫在啃噬党的肌体、侵蚀党的纯洁性、先进性和战斗性。

实践昭示，选择信仰难，坚守信仰更难。何以难？难在信仰的"纯金度"是绝对的、无任何杂质的，当信仰检验你的忠诚时，既能"断头流血以从之"，亦能名利如云任去之，正如黄麻起义先烈程昭续所言：为信仰"要革命、不要钱、不要家、不要命！"这就是信仰支撑忠诚的境界和力量。

（2016年07月05日）

常思自己能留下点什么

陈怡如

三十五年如一日，河北农业大学教授李保国扎根太行，用科技染绿荒山，把富裕带给乡亲，创建了一套完整的山区生态开发模式，探索出经济社会与生态效益同步提升的扶贫新路，赢得了山区百姓的口碑。

人这一生，赤条条来，赤条条去。生命的长度有限，但在有限的人生中活出深度和广度，最能体现生命的分量。李保国走了，给乡亲留下富裕，给太行山区留下一片绿，给扶贫工作留下新探索，给我们留下无尽的追思。作为普通党员，我们应该以李保国为镜，常思自己能留下点什么。

为党的事业留下一点贡献。在党言党，身为党员就应当自觉维护党的形象，自觉把个人追求与党的事业统一起来，自觉做党的政策执行者、党的决定捍卫者、党的形象守护者。"农民教授、科技财神、太行新愚公、'李疯子'"，一个个绰号的背后，是李保国树立起的共产党员形象。也正是几十年如一日的坚守，一点点染绿的荒山，让老百姓更加相信了新时期共产党员是好样的，让广大党员更加明白了坚守的力量。战争年代，党员是用血肉铸就党的事业；和平年代，党员就要用坚守擦亮党的品格。这种坚守，归根到底源于对党的忠诚，源于信仰的力量。

为人生历程留下一点印记。个人价值的实现离不开与社会价值的结合，这是人的社会本质的必然要求。正如李保国所说："我们这一代人接受的教育就是服从组织，个人利益服从人民利益"。在每个人都为自己生活奔波的社会现实里,这种观念听起来很"傻",但李保国去世后,群众的深情追忆却足以说明,这才是我们值得追求的个人价值。李保国走了,但他的人生价值依然发光发亮。

为人民群众留下一点福祉。从雷锋、焦裕禄、孔繁森到杨善洲、李保国,我们怀念他们,正是因为他们总能为群众留下点什么。科技染绿荒山,富裕带给乡亲,李保国立志扶贫的35年,不知改变了多少太行百姓的命运。前南峪模式、岗底模式、绿岭模式、葫芦峪模式,每一个模式背后都有李保国用脚丈量土地的身影。当地群众对李保国的尊敬告诉我们:谁把百姓放心上,百姓就对谁久久不忘。

时间如白驹过隙,生命不过是沧海一粟。果树花开的季节,李保国走了,但他为太行山百姓留下的那一片片果园,却是他来过的最好印记。作为共产党员,我们都应当向李保国同志学习,把平凡的工作变成伟大的事业,在平凡的日子中践行我们的信仰,贡献我们的力量。

(2016年07月04日)

"你的幸福我包了"

郑端端

内丘县岗底村村民杨群小曾经在外打工,李保国告诉他"你的幸福我包了",建议他种苹果树,并无偿提供技术服务,继而让他过上了幸福的生活。为了兑现这"七字承诺",李保国扛起了岗底村脱贫致富的大旗,以毕生的智慧和力量,"承包"了上万人的幸福,自己却倒在了岗位上。

"你的幸福我包了",这句朴实的话语,凝聚了一个共产党人沉甸甸的庄严承诺,饱含着对人民真挚的热爱和深情,这也成为"老山人""新愚公""时代楷模"李保国重要的生命注解。

有人说:"贫穷其实不可怕,对贫穷的冷眼和麻木才可怕。"当前,脱贫攻坚到了啃硬骨头、攻城拔寨的时期,一些干部不驻村不入户不研究不调查,一味埋怨挂钩贫困户好吃懒做、不思进取,对困难群体漠不关心,只是提着油、米,象征性地用走访慰问来代替扶贫救困;有的下派干部不结合农村实际,急于求成,盲目克隆,情况没摸清就上项目,结果"竹篮打水一场空"。更有甚者,为争夺利益"蛋糕",有的"穷县"一边哭穷,申请戴"贫困帽",一边又耗巨资盖豪华大楼。凡此,不仅让群众伤心,更严重影响党委政府形象和公信力。归根到底,是权力观、政绩观、群众观出了问题,缺少像李保国那样的担当与情怀。

实干是实干家的通行证,空谈是空谈者的墓志铭。明代大儒王阳明认为"知而不行,只是未知"。的确,只有行动才能开辟未来的路,只有实干担当才是立身之基、立功之道。李保国35年如一日，长期奋战在扶贫攻坚和科技创新第一线，把群众的贫困当作自己的痛楚，义无反顾地帮扶，矢志把最好的科研论文写在太行山上，让140万亩荒山披绿，帮助山区农民实现增收28.5亿元，把"穷山沟"变成了"花果山"。人心是最大的政治，担当是最大的责任。在他身上，我们看到一名共产党员敢于担当、勇于践诺的"硬度"。"天地之间，莫贵于民；悠悠万事，唯民为大"。李保国是岗底村的"荣誉村民"，这里有他的办公室兼卧室，这里是他的第二故乡。他能叫出全村所有人的名字，对每一棵果树的生长比他儿子的成长都了如指掌。他用"温度"感染了村民，走出一条脱贫致富的路子。

任其职，尽其责；在其位，谋其政。党员干部向李保国学习，就要学习他眼睛里看到群众，感情上贴近群众，工作上依靠群众，把人民群众的冷暖疾苦放在首位、记在心中、落实在行动上；学习他示范引领，勇于实践，敢于突破，迎难而上的担当精神；学习他求真务实、干事创业、忘我工作的拼搏精神，主动沉下身子，察实情、出实招、干实事、创实绩，努力创造经得起实践、人民、历史检验的业绩。见贤思齐焉，见不贤而内自省也。细照时代楷模李保国这面镜子，愿更多的人撷取"老山人"最美的精神硕果，用严格的尺子衡量自己，用更高的标准要求自己，守住精神高地，干在实处，走在前列，挑重担、作表率、甘奉献。

（2016年06月29日）

"实事求是就是最大的党性"

——从红色记忆中汲取力量①

吕晓勋

"寻乌哪几家豆腐做得最好,最容易卖掉?又有哪几家水酒做得最好?"1930年5月,毛泽东在闽粤赣三省交界处的寻乌,进行了一次大规模调查,几个问题问住了当地干部。走访当地47家商店和94家手工业店铺,与群众一起劳动、谈心交流……基于这次著名的"寻乌调查",红军将城市政策定为"取消苛捐杂税、保护商人贸易",纠正了"左"倾错误,也解决了供应难题。

"没有眼睛向下的兴趣和决心,是一辈子也不会真正懂得中国的事情的"。95年来,从"砸烂一个旧世界"的革命党到"建设一个新世界"的执政党,"调查研究"是一贯的工作方法,"实事求是"是根本的思想路线。当我们面对的不是一个县而是2800多个县,当我们面对的不是141家商铺而是GDP达67万亿元的经济体,这样的"红色传统"仍然至关重要。

求"是"的前提是见"实"。现在有了网络、有了手机,不出门也可以"尽知天下事"。不过,"打打电话、发发微信,听听汇报、看看材料"而来的"知",终究少了些实实在在的感知,也少了些人无我有的发现,更可能听不到那些"沉没的声音"、看不清那些"模糊的背影"。1961年5月,周恩来在河北伯延与乡亲们同吃同住同劳动,了解到真实情况,伯延由此成为全国第一个取消集体食堂的人民公社。无论什么时代,都需要俯下身子、"眼睛向下",有了这样老实的态度,才能做好调查研究,才是真正实事求是。

没有调查,就没有发言权;没有正确、客观、全面的调查,同样没有发言权。陈云曾说,"我们犯错误,就是因为不根据客观事实办事。但犯错误的人,并不都是没有一点事实根据的,而是把片面当成了全面。"上世纪30年代末,为了了解敌后根据地党的建设情况,他先后找9个乡的党支部书记谈话,边谈边记,反复谈了多次,直到把有关情况彻底弄清为止。陈云一生提倡"不唯上、不唯书、只唯实,交换、比较、反复",前九个字是唯物论,后六个字是辩证法,体现着共产党人认识问题、分析问题的思想精髓。

人的认识,难免有片面之处,这就更需要正确对待不同意见。彭真曾以"八面树敌",来形容问题解决的过程:不但要看好的、有利的方面,还要有意识地从反面考虑,看到不利的方面,充分研究各种不同意见是否有道理。正确而全面的认知,往往是由"系统地驳倒不正确的意见而产生的"。当思想观点经过多次"否定之否定"的淬炼,做出的决定才能立于不败之地。

"我们党讲党性,我看实事求是就是最大的党性。"改革开放前夕,习仲勋深入广东基层调研,看到三个人拉一张犁耕地,感叹"解放29年了,还是刀耕火种时代的耕作水平"。以此为契机,他带领广大干部找到了经济恢复的突破口。今天,改革进入深水区,我们仍需坚持实事求是的思想路线,经常、广泛、深入地开展调查研究,"努力把真实情况掌握得更多一些、把客观规律认识得更透一些"。唯有不断增强看问题的眼力、谋事情的脑力、察民情的听力、走基层的脚力,才能为做好各项工作打下坚实基础。

(2016年06月27日)

"信仰是我们的真正优势"

——从红色记忆中汲取力量②

李 斌

对于共产党员,"党"意味着什么?党史上许多党员的"寻党"故事,正是对这个问题感人至深的回答。

长征开始后,在一次突围后与组织失去联系的漆鲁鱼,一路行乞寻找党组织,从瑞金来到汕头,又辗转到上海,直到1937年10月才在重庆找到党组织。闽东苏区失陷,曾志从福建找到广州,后来又到上海,"尝尽了失群孤雁的辛酸苦辣",历时20个月终于重新"投进了党的温暖怀抱"。大将许光达誓言"死不退出共产党",大革命失败后两度与党失去联系,两度重新找到党组织。这些共产党人,以坚定的意志、不懈的追求,刻写出对党的忠诚,对信仰的坚守。

习近平同志将共产党人的信仰,形象地比喻为"总开关"。的确,信仰是内心深处的追求和坚持。思想上坚信不疑,所以意志上坚韧不拔;灵魂中坚实熔铸,所以行动上坚定不移。革命年代,信仰是"砍头不要紧,只要主义真";和平时期,信仰则是"心中装着全体人民、唯独没有他自己"。正是坚定的信仰,让血肉之躯拥有了超越艰难险阻的力量;也正是忠诚的信仰,让境界因之提升、人格因之升华、事业因之兴旺。

一些普通党员,也有着矢志"寻党"的经历。河北新乐人王建国,

1947年复员还乡时丢失了党组织关系。为证明自己是党员，他从河北步行到南京和上海找先前的领导。直到1998年恢复党员身份，50多年他始终以党员标准要求自己，还郑重攒下一笔党费。江苏泗洪的张道干，1946年因为党支部遭到敌人破坏失去党籍证明，直到2015年才重新找到入党介绍人，为恢复党籍他等待了近70年。无论是革命烽烟中，还是在建设年代里，于选择的征程上坚定不移，于追寻的道路上无怨无悔，正是"信仰"二字的最好解释。

大浪淘沙，惟真信仰不会被黑暗吞没。这是历史的启示，也是世道人心的真理。处在一个大发展、大变革、大调整的时代，坚守与解构、担当与逃避、奋进与堕落，交织碰撞在所难免。有人抱定"一切为人民"的信念，也有人不问马列问鬼神；有人以"愚公"自励，也有人脚踏两只船、哪边有利倒向哪边。有信仰与无信仰，结果不同；假信仰同真信仰，落差更大。作出正确的选择，坚守高尚的信仰，是我们必须回答好的考题。

"理想很丰满，现实很骨感"，是理想屈从现实还是理想指引现实？95年过去，许多志存高远的青年，作出了与前辈一样的选择。他们或是聚拢在"青马班""马研会"中钻研经典著作，或是寻访老党员、老战士体悟红色作风，或是重走长征路、重走"赶考"路，他们用致敬前辈的"寻党"行动，把信仰的旗帜舒展在内心深处。弄潮儿向涛头立，接过前辈的信仰火炬，烛照青年的奋进之路，青春中国才能写就新的传奇。

小平同志说过：我们党有强大的战斗力，是因为有"马克思主义和共产主义的信念。……无论过去、现在和将来，这都是我们的真正优势"。磨砺信仰的风骨，笃守信仰的选择，我们一定能沿着95年的光荣之路，抵达憧憬已久的彼岸。

（2016年06月28日）

"汝是党之子,革命是吾风"

——从红色记忆中汲取力量③

李洪兴

"我始终不明白,儒雅的书生和壮烈的革命者,哪一个是我的父亲。"瞿秋白唯一的女儿瞿独伊,后来成了一名记者。追随着父亲的脚步,追寻着父辈的信仰,她见证并记录了中国共产党95年风雨历程。"红色家风"的浸染,让老一辈革命家与子女们,同构一脉相承的"红色气质"。

"察德泽之浅深,可以知门祚之久暂。"家庭是社会的基本单位,是人生的第一所学校。大家与小家、家事与国事,在"家是最小国,国是最大家"的辩证统一中,寄托着个人情愫,也映照出家国情怀。我们从"家"的精神母体中孕育而生,身体与精神都打上了"家"的烙印。在人生的每一步,家风都会释放出沉潜的影响力,在塑造自己的同时传递给更多人。

95年的征程中,一代代共产党人树立的醇厚风气、沉淀的优良传统,已成家风表率。习仲勋鼓励子女到艰苦的地方去,要求他们"夹着尾巴做人";焦裕禄教育女儿,"你不能因为是县委书记的女儿就高人一等,你应该到艰苦的地方去锻炼";杨善洲严格"公车不私用",女儿陪他看病也不能搭"顺风车"……"忠厚传家久,诗书继世长",谆谆家训、磊磊家风,奠定子女成长的思想基础,更塑造整个社会的气质品格。

家风不正,党风难清、政风难净。2015年中央纪委发布的34份部级以上领导干部纪律处分通报中,就有21人违纪涉及家属、亲属。那些要求商人"带儿子"、制造"权钱交易所"的案例,已成为"一人不廉,全家不圆"的典型。毛泽东把长子毛岸英交给彭德怀,作为第一个报名的志愿军战士;李先念在饭桌上严厉训诫子女,"你们谁要经商,打断你们的腿"……对比有点"人脉"和"面子"就要给家人用上者,更可见"齐家"的意义与境界。

1962年,万里将18岁的儿子送到河南农场,临行前赠言:"我来自农村,现在你又回到农村,从此以后,我又有了一个当农民的儿子,我觉得是件高兴的事!"陈云的夫人于若木回忆:"我们家的家风有一个特点,就是以普通劳动者自居,以普通的机关干部要求自己,不搞特殊化。"其实,党员干部家风的建设,或许就是"不忘初心"四个字,恰如陈毅写给女儿的诗:"汝是党之子,革命是吾风。汝是无产者,勤俭是吾宗。"

对党员干部而言,家庭需要珍惜、亲情应该守护,但这并不意味着可以"以权利家"。相反,最好的教育、最深的爱护,正是以清白的家风涵养向上的气质、以质朴的家风培育刚健的品格,让孩子们更好地成长成才。滕代远曾听警卫秘书说,在学校看到三个孩子"拼爹",因而下决心将孩子迁读普通学校,并送到农村锻炼。新中国成立不久,毛泽东曾建议全党读读《触龙说赵太后》,感受"父母之爱子,则为之计深远",提出的正是"怎样才是爱子女""怎样才能正家风"的问题。

"领导干部的家风,不是个人小事、家庭私事,而是领导干部作风的重要表现。"传承红色基因,把家风建设摆在更加突出的位置,"一家仁,一国兴仁;一家让,一国兴让",才能以家风促社风、正民风,让惠风和畅、天朗气清。

(2016年06月30日)

"脑子一固定，就很危险"

——从红色记忆中汲取力量④

李浩燃

上世纪40年代初，陕甘宁边区开展大生产运动，新任绥德地委书记习仲勋积极寻求农业生产新思路，并没照搬延安等地大规模垦荒的老办法；1958年秋，习仲勋率工作组考察西北，当他看到敦煌县实行人民公社"十包全供"时，立即提出批评：生产关系的发展不适应生产力的水平，其结果只能是破坏生产力。

"因循苟且逸豫而无为，可以侥幸一时，而不可以旷日持久"。习仲勋的两则小故事，映照出老一辈共产党人对解放思想、实事求是的坚守，也启示人们必须警惕思维固化，重视"使思想活泼起来"。

邓小平曾深刻指出，"我们讲解放思想，是指在马克思主义指导下打破习惯势力和主观偏见的束缚，研究新情况，解决新问题。"今天的少数领导干部，虽言必称"深化改革"，但文必寻据、行必问典，往往习惯于在思想上坐享其成，在行动上墨守成规。有的人甚至认为，"解放思想已经过时"。这种倾向，十分危险。

思想破冰，行动才可能突围；思想前进一小步，行动才可能前进一大步。近期，许多人会准时守在电视机前，收看大型文献纪录片《筑梦路上》。回望95年峥嵘岁月，中国共产党闯关夺隘、不畏险阻，一步步引领中国迈向复兴。试想,如果一味教条僵化,怎么可能冲破敌人的围追堵截、开辟农村包围城市的成功之路?如果缺乏思想解放,又岂能使出关键一招、作出改革开放的历史抉择?解放思想,可以说是一个"总阀门"。

旧思维无法应对新问题,往往"思路一变天地宽"。正如习近平总书记强调,"实践发展永无止境,解放思想永无止境"。生活中,固化的经验、观念惯性强大。一位科学家用玻璃板把大鲨鱼和小鱼隔开,大鲨鱼欲捕食小鱼但屡屡撞到玻璃隔板;一段时间后悄悄移开隔板,大鲨鱼却不再攻击小鱼了。可见,如果无法适应快速变化的情境,甚至形成思维定势,便可能错失近在咫尺的新机遇。

目光短浅、急功近利,也是"思想懒汉"的病症。首位荣获科学界巨奖"基础物理学突破奖"的中国科学家王贻芳,经常被问及一个问题:"你做的这个有什么用?"他由此对比发达国家,感慨基础研究在思想认识上的差距,比"经费投入不足""研究积累薄弱"等更可怕。"自井中视星,所见不过数星",眼界狭隘、缺乏远见,何谈战略思维?这势必误导人滑向自我封闭。

保持思维的灵动、开阔,尤需涵养开放心态。史学名著《罗马人的故事》,试图引人探寻文明兴衰的奥秘:罗马人的技术、经济等在当时均非一流,何以能打败强敌,建立庞大帝国?作者给出了一个答案:开放。回溯人类文明史,那些在思想上保持开放进取的民族,总能向上拔节、快速成长,而封闭保守、因循守旧者,只会一再品味失败。

毛泽东曾告诫全党,"脑子一固定,就很危险"。思想是行动的先导,有怎样的观念,便成就怎样的格局。赓续红色传统,矢志改造主观世界、突破思想桎梏,我们才能推动民族复兴的伟大实践不断跃升新的台阶。

(2016年07月01日)

"批评我们就是帮助革命"

——从红色记忆中汲取力量⑤

陈 凌

1978年秋天,广东惠阳地区的一位基层干部,给时任省委第二书记习仲勋写了一封措辞尖锐的批评信。"这封信写得好,还可以写得重一点。下面干部敢讲话,这是一种好风气,应当受到支持和鼓励。"习仲勋不仅很快回了信,还将信转发各地,并委托省委一位书记到惠阳出差时与写信者面谈,推动解决来信反映的水利问题。"不要怕听刺耳的话",习仲勋对待批评声音的态度,仍值得细细体味。

古人讲,"有过是一过,不肯认过又是一过;一认则两过都无,一不认则两过不免。"人非圣贤,孰能无过。一个人,假如身上有缺点、行为有过错,不要怕被别人批评指出。接受批评才能改正错误,最终"两过都无"。抗日战争时期,一位老乡针对部队个别同志没有认真执行群众纪律的问题,给军分区司令员提了意见。毛泽东听说后,认为"这是天大的好事",并鼓励群众多提意见,"批评我们就是帮助革命"。有容得下尖锐批评的胸襟,才能成就"水唯善下能成海"的伟大。

很多时候,群众的批评、抱怨可能不甚悦耳,背后却是他们最迫切、最急需解决的问题,蕴藏着他们对解决问题的殷殷期盼。当年,周恩来前往河北邯郸伯延公社调研,农民张二廷直陈浮夸弊端,"火药味"很浓。

周恩来听完后，却动情地说，你是敢讲真话的人，咱俩交个朋友。其实，所谓尖锐的批评，无非就是言辞犀利一些，态度不留情面一些，问题提得鲜明一些。从改进工作的角度讲，这样才能更好地红脸出汗，最终治病去疾。

群众来自四面八方，各自经历不同，观点和想法肯定是五花八门的，不能要求他们对所有问题都看得那么准、说得那么对。这就更需要如习近平总书记强调的那样，"多一些包容和耐心"，及时吸纳建设性意见，及时廓清模糊认识，及时化解怨气怨言，及时引导和纠正错误看法。

闻过则喜，知过不讳，改过不惮。陈云说过，"有钱难买反对自己意见的人"，他自己"特别喜欢听'坏话'"，原因就在于，"'坏话'其实大部分是老实话。是写字台上的头条新闻"。的确，理不辩不明，反对的意见、刺耳的声音，往往是问题的"听诊器"，改进工作的良方，也许一时有碍所谓的"面子"，但有利于从多个角度考量，让决策在"交换、比较、反复"中更为缜密科学。如今，步入改革深水区之后，利益诉求多元、思想观念多样，更是要求我们能够包容不同思维，善于打捞"沉没的声音"，唯有如此，才能不断求取最大公约数，画出最大的同心圆。

不可否认，仍有一些领导干部习惯于所谓的"耳根清净"，不善甚至不敢、不愿倾听群众的批评。对此，习近平总书记的告诫值得所有人认真记取：对于那些出于善意的批评，"不论是对党和政府工作提的还是对领导干部个人提的，不论是和风细雨的还是忠言逆耳的，我们不仅要欢迎，而且要认真研究和吸取。"

（2016年07月11日）

"不要使我同群众有距离"

——从红色记忆中汲取力量⑥

何鼎鼎

1940年,抗战进入相持阶段,贺龙给党员干部上过一堂生动的党课。课上的"教材",是一碗小米、一双新布鞋和一碗装了条活鱼的清水。粮是百姓种的,鞋是群众纳的,道理不言自明,"党要想在敌后扎下根,打败日本鬼子,就必须像鱼儿离不开水那样,一刻也不能脱离群众"。

1958年7月,周恩来在广东新会视察。一到新会,总理就嘱咐地方负责人:"不要使我同群众有距离。"在礼堂作报告时,群众很热情却被拦在会场门外,总理笑问:"为什么把我同人民群众隔开来?"

贺龙讲党课用心良苦,周恩来"零距离"以身作则。一言一行,映照出的,正是"密切联系群众"的红色传统。95年来,得益于这样的"接地气",我们党栉风沐雨、不断前行。党与人民风雨同舟、生死与共,始终保持血肉联系,是我们战胜一切困难和风险的根本保证。

"人民立场是中国共产党的根本政治立场,是马克思主义政党区别于其他政党的显著标志。"我们党走过95年风雨历程,"人民"是不能忘记的"初心"。"得众则得国,失众则失国",如何保持"人民"印记不掉色,是共产党人需要时刻检视的重大命题。

上世纪90年代,云南宁洱芭蕉林村有村民赶街,看到店铺里灯泡明晃晃，就买了个回去想换下家里的煤油灯，可挂起来后却不见亮，问了老书记杨善洲，才知道还得通电。这件事，对杨善洲触动极大。不久后，他多方筹措帮芭蕉林村通了电，让村民买的灯泡亮了起来。"百姓谁不爱好官"，为什么？正因为好的领导干部，会顺应人民群众对美好生活的向往，并将这样的向往变成现实。也许只是一盏灯，也许只是照亮一间房，但你把群众放在心里，群众就会铭记你一生。

近年来，从改进作风到简政放权，打掉了隔开党和群众的"无形的墙"。然而，少数人还是"跑偏"了群众路线。有人不会联系群众，话说不下去、身子俯不下去，难以看到真民情、听到真声音；有人不愿联系群众，觉得跑基层不如跑上层，甚至视群众的批评为"鸡蛋里挑骨头"，以群众的诉求为"这山望着那山高"。作风问题解决不好，就可能出现"霸王别姬"的时刻，这样的警醒，全党当时时铭记于心。

当年，毛泽东敬称参加调查会的基层同志和普通农民是"我的可敬爱的先生"，还表示要"和全党同志共同一起向群众学习，继续当一个小学生"。当前，全面深化改革中流击水，更需"把人民放在心中最高的位置"。不管是关于网络租约车的建言献策，还是围绕"禁摩限电"、菜市场动迁的理性讨论，能否充分吸纳群众意见、积极推动公众参与，直接关乎改革方向、改革效果、改革成败。因为，"改革开放是亿万人民自己的事业，必须坚持尊重人民首创精神"。

家有"鸦飞不过的田产"，却打着赤脚跟农民铲草锄地，彭湃成为"农民运动大王"；谷文昌防风治沙，荒岛变绿岛、宝岛，福建东山岛百姓"先祭谷公，后祭祖宗"；1998年长江特大洪水，共产党员写下"誓与大堤共存亡"生死牌；2003年抗击非典，医护人员舍生忘死，留下"护士长日记"……红色记忆里有不朽传奇，而这个传奇的核心，就是两个字——人民。

（2016年07月12日）

"断章取义"要不得

陈家兴

《礼记》中记载了一则孔子的话被断章取义的故事,今天读来仍发人省思。

曾参对有若说,他听孔子说过"丧欲速贫,死欲速朽",意思是失去职位,希望快一点贫穷;死了,希望快一点腐烂。有若根据孔子的一贯主张,判断说这不是孔子说的话。曾参说,他和子游都听孔子说过。后来子游还原了当时的情境,原来是孔子看到宋国的桓司马给自己造石椁,三年都没造成,便说:像这样奢侈,死了不如快点腐烂为好。看到南宫敬叔回到鲁国后,总带着珍宝见鲁君,便说:像这样的行贿,丧失职位不如快一点贫穷为好。

曾参的断章取义,很有代表性。脱离孔子说话的语境,掐头去尾,意思就全变了。所幸子游说出了实情,还有有若对孔子的一贯了解,否则曾参的这顶"帽子"就给孔子戴上了。自古而今,这种断章取义的故事不少。在今天的一些人那里,甚至养成了坏习惯,贻害不浅。

有家媒体曾发表题为《理解不曲解》的文章,而一家门户网站则挑出文中半句话改成《领会领导意图是做好干部首要问题》,不仅完全曲解原意,甚至还生发出题外之意,许多网站则不辨真伪进行转载。这种"标题党"现象,就是一种典型的断章取义。一些网站靠此吸引眼球,获得了天量点击,却误导受众,甚至给首发媒体制造"舆论漩涡"。新媒体时代,各类媒体不是不可以结合自己受众的特点和需求,对一些首发媒体的作品重拟标题再传播,但不论怎么改,尊重原意是基本原则,也是其公信力的重要构成。肆意篡改原意,任意截取自己所需的意思,即便不是有意,也有失基本的专业水准,更是一种不负责任的态度。

这种"断章取义"还常发生在一些论辩与行文上。比如庄子名句:"吾生也有涯,而知也无涯。以有涯随无涯,殆已;已而为知者,殆而已矣!"不少人就经常只引前半句,认为庄子也持有"要以有限的生命追求无限的知识"这一观点,可谓大谬了。有的人喜欢抓住别人的只言片语进行批驳,或拎出特定场合的一句话就公开传播或批评,让当事人都觉得奇怪自己怎么会说出这样的话。不尊重基本的客观事实,无视说话撰文设定的条件和语境,看似论证得力、反驳带劲,终究是在误导受众,是对话语权的一种滥用。

从根本上讲,断章取义是以个人喜好为"剪刀"裁剪客观事实,以主观意见为"模子"截取他人意见。现在,信息传播进入网络时代,生活节奏进入"快车道"。这意味着,人与人之间的精神交往越来越依赖"中间媒介",以讹传讹的危害性也今非昔比。在"新媒体无所不在""朋友圈遍天下"的今天,倘若任由这种坏毛病泛滥,则瞬间就可能使曲解的信息传遍社会。

人人都有麦克风,人人也都是受众,断章取义泛滥害人害己、没有赢家。摈弃"断章取义",涵养实事求是思维,应当成为我们内心的守约。

(2016 年 06 月 24 日)

寒门多出贤

张保振

最近，有位中国学子登上哈佛大学演讲台，从自己中学时代被毒蜘蛛咬伤的"农村故事"，推及"改变科技知识分布不均"这一主题，他的英文演讲视频在网络上热播。由此而成为"网红"的他，出生在一个小村落里，父母均为农民，更引起人们关注。窃以为，这倒是一件寻常人家的正常事，它告诉人们一个寻常道理：寒门多出贤。

千百年来，在古老的中国，不乏这样的故事。2500多年前，孔子的三千弟子中，"贤人"有72人。这72人中，出身寒门的不在少数。比如，被孔子称为"一箪食，一瓢饮，在陋巷，人不堪其忧"的颜回，不仅位居72贤之首，而且被后世尊奉为"复圣"；被庄子言为"三日不举火，十年不制衣"的曾参，由于缺食，浑身浮肿，由于劳动，双手老茧，且面带病色，却被后世尊奉为"宗圣"。即便是孔子，也正如他后来所坦言："吾少也贱，故多能鄙事。"由于"多能鄙事"，甚至还有点"穷人的孩子早当家"的意味。

生活，同样会成为人们的老师。俗语言："不经冬寒，不知春暖。"正因为出身"寒门"，所以更知"寒"的不爽，也更向往"暖"的开心。古语云："同病相怜，同忧相救。"正因为自己被"寒"过，因而一旦有条件，也更愿意伸出温暖之手，拉身处"寒门"的人脱"寒"。而这，正是"贤"之思、"贤"之举。遥想当年，孔子正因为"贱"而从事各种"鄙事"，所以使得孔子在日后思考社会问题时，更能体会到劳动民众从事"鄙事"的艰辛与重要，更能考虑到劳动民众身处"贱"位的状况与情感，从而自心底发出了"为政以德""仁者爱人""己欲立而立人，己欲达而达人""己所不欲，勿施于人"等千年至论。

寒门多出贤，并非说，只要是出身"寒门"，就可自然而然地为"贤"了。贤，不仅要有"德"：能替别人着想，勇为天下谋利；而且要有"才"：有本事，能成事。这，就离不开学习。有言道：人不吃饭，饥；人不学习，愚。生活就是这样，惟有好学，才近智，惟有知学，才给力。只有努力用知识武装自己，不断增进自己的道德修为，才能离"贤"更近一步。

寒门多出贤，意味着多付出。"不吃苦中苦，难得甜上甜"。习近平总书记在与北京大学师生座谈时，勉励同学们要在勤学、修德、明辨、笃实上下功夫，下得苦功夫、求得真学问，加强道德修养、注重道德实践，善于明辨是非、善于决断选择，扎扎实实干事、踏踏实实做人，立志报效祖国、服务人民，于实处用力，从知行合一上下功夫。成功、成名，永远不是用巧嘴吹出来的，而是用心血写出来的。有了比常人更多的付出、更过人的求知欲、更开阔的思维、更远大的志向，无论出身多么艰苦，都将成就一番不凡的事业。

（2016年06月22日）

受得委屈，可养格局

仲 洁

"世界那么大，我想去看看"，去年这封被称为"史上最具情怀"的辞职信，在不少人心中泛起涟漪。身边不时有年轻人，甚至刚刚工作不久，也贸然来个"华丽转身"——辞职走人。然而，当我们拿起现实的放大镜，去仔细观察那些具体的"离去"，就会发现不少年轻人的离职，只因受不了一时的小委屈，理想与情怀只是被作为逃避的华美掩饰罢了。

的确，面对生活中各种各样的委屈，有的人选择的不是面对，而是逃避。问题是，世上还有不受一丁点委屈的人生吗？还有一生无忧无虑自由自在的生活吗？设若每受委屈而躲避，则人生将无处可逃。在一定意义上说，受不得委屈，也就难有"诗和远方"。

人生的炫彩少不了委屈的纠缠。在文学写作中有一种说法叫"古老的敌意"，意指作家如果一生境遇太顺，沉湎于安逸生活，那么，他将很难创作出真正传世的伟大作品。正如写就《红楼梦》的曹雪芹，陷于困顿沦落之间，依然坚持"披阅十载，增删五次"，最终贡献出这样一部皇皇巨著。可以说，正是生前"生于繁华，终于沦落"的莫大困境和委屈，最终成就了他流芳百世的身后之名。

对于普通人来说，虽不会遭遇曹翁那种盛衰逆转式的极端命运，但日常生活从来就是制造各种委屈的高手，它所能提供的委屈品目繁杂、款式众多：比如努力被否定，辛苦得不到认可，隐忍之后换不来理解，一片真心不被接纳,默默付出没有成果……并且生活对之一律解释欠奉。在一定意义上说,面对委屈,选择什么样的态度,就会有什么样的人生。有的人容得下委屈而成其大,盖因其胸怀襟度得以被委屈撑大;有的人受不得委屈而处其微,实因格局不够而被委屈撑破。

作家海明威写道:"一个人生来并不是要给打败的,你尽可以消灭他,可就是打不败他"。人生在世,确然需要这么一点精气神。面对委屈、挫折、困境,不是选择逃避,而是以勇敢与微笑去面对;不是选择认命与沉沦,而是不屈沉着以进取。换言之,既然委屈是人生旅途上如影随形的种种难关,唯有认认真真去过好每一关,我们才能脱胎换骨,不断抵达自由的境界。相反,在生活的此处过不了这一关,就别想在生活的别处能过好这一关。

一定程度上,面对委屈的姿态,就是一个人行走世界的基本步态;对委屈的消化能力,决定了一个人"看世界"的襟度。100多年前,曾国藩求学衡阳,同舍一名杨姓同窗,家中有权有势,读书时就对他百般刁难。曾中举后,他更是大发雷霆,责难曾的书案抢了他的好风水。当大家纷纷为曾不平时,曾却劝解众人,不要为这点小事再与之争论。可以说,只有吞得下生活的小委屈,才能吐得出人生的大格局。

作家史铁生曾言:"此岸永远是残缺的,否则彼岸就要坍塌。"正是现实世界的不完美,呼唤着我们用人性的完美去铸就彼岸的殿堂。世界有多大,看你受得住多少委屈;人生有多精彩,看你有多大格局。

(2016年06月20日)

做"有办法的干部"

李树杰

到基层调研,有一些干部暮气沉沉、愁眉不展。他们掰着手指,数来数去的都是难题:上项目难、转型升级难、环境治理难、征地难、拆迁难、筹资难、扶贫难……一句话:干什么都难。因为被困难问题绊住,他们伸展不开手脚,终日碌碌无为。

但有一些干部朝气蓬勃、干劲十足。他们被群众称为"有办法的干部"。比如,信访问题被称为"老大难"。但是,一位在当地化解信访难题颇有成绩的基层优秀干部却深有感触地说,信访问题绝大多数有"解"。当然,这"解",并非得来全不费功夫。不但要付出艰辛的努力,跑断腿、磨破嘴,还得动脑筋、想办法,就像数学上解方程式、做几何题那样,或加"辅助线",或采用迂回的思路。如此,许多看似不能解决的问题就能"柳暗花明又一村"。

比如,一个小区建成两年了,可有一栋楼燃气还没有通。群众反映到燃气公司,燃气公司说这里面有几户进不了家试不了压,不能供气。找居委会,居委会说我们联系了,有的不来,有的找不到,我们不能强行开门擅闯民宅,做违法的事。就这么点事,绕来绕去,群众上访两年总也解决不了。这位干部说,不能因为几户而让100多户常年用不上气呀!最后他想了一个法子,很简单:这个楼里的住户出几个代表,居委会来个领导,派出所来个警察,大家见证,让开锁公司为这几家开锁,燃气公司来试压。

出了其他事，我负责。就这样，两年解决不了的问题解决了。

实际上，不只是信访问题，许多问题都有类似的影子。看似不大、不复杂的问题，可绕来绕去总也没有解决办法。但有时换一个干部或一种思路来解决，就很容易。由此，想到毛泽东同志一直向干部倡导的哲学思想：既要尊重事物客观规律性，又要发挥人的主观能动性。他在《论持久战》中明确提出"自觉的能动性"的科学概念，强调这种能动性"是人之所以区别于物的特点"，"坐着不动，只有被灭亡"。

这说明，遇到事情瞎干蛮干不行。但一味地回避和躲闪，总也不做更不是办法。面对客观问题和矛盾，我们要善于发挥人的主观能动性，开动脑筋、想出办法、付诸行动，主动把握事物规律。可惜的是，这样能把"规律性"和"能动性"辩证统一起来，被群众誉为"有办法的干部"不多。现实中一些干部总是强调客观，总是强调困难。一些问题和矛盾在"束手无策"中越积越大，一些重要发展机遇在"无所作为"中白白丧失掉。群众对有的基层干部有意见，其中重要的一条就是遇到困难和棘手问题"只会大眼瞪小眼"，"没有管用的办法"。

有位优秀基层干部说过一句颇有哲理的话：世间只要是人的问题我就不怕，因为问题是人"造"出来的，人就总能找到办法解决。的确，问题和矛盾虽然是客观的，但只要我们发挥主观能动性，就能发现事物的内在规律，就能根据这种内在思维、逻辑、规律，找到问题的症结，想出解决问题的计策。

可以说，"有办法的干部"都是把握规律、主动出击的高手。他们的"办法"来源于马克思主义的哲学思维。

（2016年06月17日）

没有风暴的海洋是池塘

陈 凌

美学家朱光潜曾讲过这样一个故事。他有一段时间喜欢作诗填词,兴之所至,常信笔直书,想到什么,便写什么,自觉不错。后来将习作拿给朋友看,却碰了壁:"你的诗词来得太容易,你没有下过力,你喜欢取巧,显小聪明。"一语点醒梦中人。他由此方悟,意境经过洗练,用词经过推敲,才能百炼成钢,达到精妙境界。遣词造句如此,人生更是如此。

"人生一征途耳,其长百年,我已走过十之八九。回首前尘,历历在目。崎岖多于平坦,忽深谷,忽洪涛,幸赖桥梁以渡。桥何名欤?曰奋斗。"桥梁专家茅以升晚年这样总结一生。诚然,谁的人生没有几分坎坷?谁的道路不曾有过崎岖泥泞?生命的常态,永远不只是浅浅的涟漪,更有涌动的暗流、潜在的礁石。正是这些,才构成了完整而丰富的人生;也正是在崎岖道路上的砥砺前行,每个人的精神生命才能不断成长。

有作家写道:"你不可能要求一个没有风暴的海洋。那不是海,是泥潭。"未经磨砺的灵魂,是没有深度的。然而,总有一些人,一提到压力,就心生畏难情绪;一遇到困难,就只会向后退缩,畏葸不前。还有的人甚至甘做"草莓族",一压就扁,一碰就倒。如此,无法成就一番事业不说,恐怕连自己人生的方向盘都很难把握。相反,中流击水,才能真正熟谙水性;披荆斩棘,才能抵达未曾抵达的地方。正所谓,"不有百炼火,孰知寸金精"。

其实,很多时候,横亘在我们面前的困难,看似高山,实际上不过是座小山丘。能否迈过去,关键就看我们能否拿出攻坚克难的意志。《史记》曾载,飞将军李广有一次外出打猎,把草丛中的一块石头误认为是潜伏的老虎,于是弯弓射箭,箭镞居然深陷石头之中。等知道是石头之后,却始终无法再次以箭穿石。这里的区别,就在于射箭之时的意志,是否一往无前、绝不退缩。李白由此感慨道:"精感石没羽,岂云惮险艰。"意志坚定与否,往往决定着事情的成败。

不可否认,一些困难并非能轻易克服,但没有尝试过,怎会知道到底能不能克服呢?不试,半点机会都没有;试了,至少还有机会。即使最终没有克服,至少也是增加了阅历、磨砺了心性。正如哲人所言:"雾气弥漫的清晨,并不意味着是一个阴霾的白天。累累的创伤,就是生命给你的最好的东西,因为在每个创伤上都标示着前进的一步。"与困难作斗争,不管成功与否,本身就是一笔重要的人生财富,它将成为下一次成功的基石。

毛泽东同志曾说过,中国有两部大书,一曰《史记》,一曰《资治通鉴》,都是有才气的人在政治上不得志的境遇中写的。看来,人受点打击,遇点困难,未尝不是好事。说到底,挫折和苦难,不过是块磨刀石。不被困难吓倒,不向挫折屈服,勇往直前,人生的刀刃才能越磨越锋利。

(2016年06月16日)

学会"重用"自己

刘根生

哲学家言:每个人都是最优秀的,差别就在于如何认识自己、如何发掘和重用自己。这话耐人寻味,的确,我们不能总指望别人"说你行",不能总活在别人的评价中,应知道自己禀赋和志趣所在,执着地成为最好的自己。

有位企业家,当初创业时叫了许多朋友到家里商议,大家都说,"歇了,别干了,好好当你的老师"。创业成功后他感叹:"你把梦想说出来,大家都认同的话,它其实不是梦想,而是计划。梦想一般都是说出来以后,家人反对、朋友反对。"有位年轻院士,当初决定要回国时,许多朋友对他说:"你是不是疯了?"回国后他坚持独立思考和判断,在人体免疫系统研究领域取得非凡成就。有位女大学生,辞去都市白领职位回乡下土里掘金时,村民无法理解她为何跳出"农门"又回来当农民,然而她凭借新技术和辛勤劳作,把家庭农场变成了现代农业示范地,富裕了自己也富裕了乡亲。

他们当初的选择看起来都颇让人惊异,但他们用事实证明了当初选择的正确。原因就在于充分认识并重用了自己,确立梦想,执着追梦,不为困难风险所动,不被求稳怕变所困。自己重用自己,无不是既有梦想又善做"证明题"。

人生的兴衰际遇、顺境逆境往往由不得自己,但怎样作为则取决于自己。苏东坡曰"用舍由时,行藏在我",他被贬岭南惠州时几乎无职无权,依然积极建议太守王古引泉水解百姓之急,且提交了水管制造方案:水管用大竹管做,竹管接口处用麻缚紧,外面涂上厚漆,以防漏水……他还叮嘱王太守,切莫让人知道方案出自他手,以免节外生枝影响了民利。重用自己的大关节处,往往是在人生的低回处。胸中有情怀,什么处境中都能重用自己。倘若无抱负和坚守,则很容易自我放逐。

还有的人,活在社会某种预设的期许里,总觉得到了某个年龄段,就应该有相应的平台,得之则喜,不得则忧,最终迷失了自己。比如,有的人职称薪酬未达阶段预期便生"年轻焦虑",愤愤于"知识改变不了命运"。有的人"三年不提拔,心里有想法",唉声叹气、怨天尤人。还比如,有的人看到同学当初成绩没自己好,现在房子、票子、位子样样"混得比自己好",心态不免失衡失落。你若盛开,清风自来。学会重用自己,做最好的自己,又岂会为外物所扰?

在日益多元开放的社会环境中,尽管我们依然还有一些社会上升通道没有打通,但必须承认,越来越多的制度藩篱被撤除,每个个体梦想成真的机会越来越多。只要我们有梦想,有奋斗,我们就有机会成为最好的自己。这里的关键就在于重用自己,而不是放逐,不是迷失。

人的命运一半在环境手中,一半在自己手中。人生要义就在于,用手中的一半争取环境制约的另一半。越是善于自己重用自己,手中掌握的就越大,人生则越出彩。"被人重用"有局限,自己重用自己则"上不封顶",有着无限空间。

(2016年06月15日)

做好人生的"选择题"

徐文秀

人的一生,有些东西与生俱来、难以改变,有些东西则可以自主选择、自我把握。选择对了、把握住了,则人生没有虚度,相反就可能枉度一生,不可不慎。针对一些人的思想纠结,我们应做好这样四道人生"选择题"。

不图"背景",当有辛苦勤劳的"背影"。有的人总盼望能有点"背景",背靠大树走捷径。于是千方百计攀高枝,千辛万苦抱大腿,削尖脑袋进圈子,有的甚至丧失人格和尊严,甘当门客与"家臣"。他们或许会得利于一事、得势于一时、得逞于一阵,最终"背景"都会成过眼烟云,靠山甚至可能成危险的"火山",有的因此摔得很难看。俗言"英雄不问出处""自古英雄多磨难,从来纨绔少伟男",多少有成就的人都出身寒门,但他们平凡而不平庸,草根而不"草包"。其中的关键就在于,是选择奋斗还是选择享受,是找"背景"还是留下辛苦的"背影",能不能吃苦受累、自强不息。

可以没有奇迹,得有奋斗向上的轨迹。人生好比一场长跑,有的人能创造奇迹,不断跑出新的纪录,更多的人则只能一步一个脚印地跑完全程。但不管怎样的人生,都应该有自己清晰的成长成才路径,不能浑浑噩噩、迷糊不清。现实中,一些人似乎既不奢求、不贪图有什么奇迹出现,又不去追求有意义有价值的人生,而是得过且过,做一天和尚撞一天钟,行尸走肉沉湎于纸醉金迷、吃喝玩乐。回过头看,人生一路走来的脚印错乱不堪,或模糊不清,出不了彩、留不下风景。人生可以没有跳跃式的奇迹出现,但一定要过得有模有样、有滋有味、有声有色，干一件事成一件事、做一样东西像一样东西，走出一道不错的人生轨迹。

不可"出事"，得有可堪回味的故事。对于每个人来说，人生之舟经不起事故的颠簸，任何事故都有可能在瞬间让自己的人生拐弯和转向，特别是大的事故可能就此逆转甚至葬送人生前程。我们要避免事故，但得有这样那样的故事发生，没有故事的人生平淡无奇，过于沉寂，像一潭死水荡不起涟漪。有故事的人生充满意趣，有故事的人有内涵、有厚重感，越有故事的人越沉静简单、从容不迫。当然，故事如果处理不好，也许会演变成事故，在一定意义上讲，故事就是没有变成事故的事。事故不堪回放，故事可堪回味。美好生动的故事是人生的一笔宝贵财富。

不慕权力，得有正向影响力。权力是把双刃剑，用得好则造福于人，也为自己的人生增光添彩，用不好则既害人害己，又误事坏事。同时，握有权力，就会面临各种各样的捧杀、诱惑、陷阱和"围猎"。贪图权力，为无权或权力小一点就纠结、伤神，而不及时修养心性，以致德不配位，则很容易腐化堕落。"人可一生不仕，不可一日无德"，思想道德的影响力是持久而深远的。我们最应该做的，是不慕权力，而去思考如何活得有影响力，从思想观点上、道德品行上、人格魅力上立身，方能成就人生价值。

人要过得精彩，活出价值，就得好好思考什么可以有、什么可以没有，不该有的不强求、不折腾、不贪图，该有的不缺位、不缺席、不缺失，这样的人生才丰富多彩。

（2016年06月14日）

成长是与自我的搏斗

李洪兴

用软件合成"我的小学生证件照",在朋友圈晒出"自制高考准考证",穿校服戴红领巾过"六一"……不要认为这都仅仅是"怀旧"。社会调查显示,"不想长大"如今已成为一些年轻人真实的心态。"不愿工作""打扮装嫩""不愿结婚""不愿生子",被选为不想长大的四大表现。这样的现象,提出了一个值得思考的问题:成长到底意味着什么?

成长有两个维度,一个横向的时间轴,一个纵向的心理轴。时间流逝、年龄增加,这是最自然不过的长大,却并不必然会带来心理的成熟。有人以3个标准定义成熟:经济上独立、自己做决定、对行为负责。这意味着,成熟需要克服精神的惰性,参与更大的竞争,也承担更多的责任。或许正因此,在上述调查中,才有超过七成的受访者把不想长大的原因,归结为"社会竞争太激烈"。

有心理学家提出,现代社会中,人在20岁出头时会经历一个"成人初显期"。这一阶段的年轻人,生活充满可能性也充满不确定性,他们在关注自我时注视世界,在否定自我中追逐未来,总是感觉找不到最适合自己的工作、生活甚至是感情,因而进入一种"青春已过,成熟未满"的过渡状态。说到底,这样的不想长大,只是还没有发现自己。

不过,"成人初显期"终究还是要走出去的。背过身去延宕成长,将"怀旧""装嫩"转化为心理按摩,只会徒增焦虑,更可能错失成长的机遇。

有人说,逃避与其说是一种防卫,不如说是一种溃败,它不仅是一种心理状态,有时也是一种心理障碍。越过这个障碍,方能成为一个心灵层次丰富、心智成熟饱满的人。如果走不出心理"舒适区",就会失去向上伸展的动力,陷入个人发展的沼泽。

不想长大,对个人而言是一种自由选择,但做出这种选择的人多了,则可能让社会失去活力。陈独秀曾在《敬告青年》中批评,"退隐为弱者不适竞争之现象",因此断言,"排万难而前行,乃人生之天职"。阴影和光明都是人生的财富,挫折和困苦同是生命不可分割的一部分。生命成长,不仅要学会转身和撤退,更应当学会直接面对和攻坚向前。唯如此,才能在个人的奋斗中,推动时代和社会的前行。

"志之难也,不在胜人,在自胜",成长就是与自我的搏斗。毛泽东17岁离家时,改写了一首诗给父亲,"孩儿立志出乡关,学不成名誓不还。埋骨何须桑梓地,人生无处不青山",一心向学和志在四方的决心,尽在其中。青年马克思在临近毕业、考虑自己前途时,写下著名的《青年在选择职业时的考虑》一文。他一生忠实于少年时代的誓言,"选择了最能为人类福利而劳动的职业",即使在没有钱买面包的时候,也从未放弃。的确,没有经历过,哪有资格抱怨;没有积累够,更无理由装睡。

"生命的路是进步的,总是沿着无限的精神三角形的斜面向上走,什么都阻止他不得"。逃避成长固然可能得到一时的安稳与平静,却也意味着失去了更多生命的精彩。以"向前走"的坚定对抗"向下滑"的逃避,以"不惜于"的勇毅克服"不敢于"的懦弱,就算再平凡的路,也能走出非凡的光彩。

(2016年06月13日)

让端午唤醒文化记忆

吴迪龙

粽香浓、雄黄烈；龙舟竞逐、吟诗折柳；插艾条、菖蒲辟邪，带铜钱、肚兜祈福……端午临近，这一中国节，再次激活历史传统、唤起文化记忆，塑造着一个民族共同的心灵认同。

"粽包分两髻，艾束著危冠。"端午节内涵丰富，从其各种别名中可见一斑。天中节、龙舟节、浴兰节、端阳节、诗人节……顾名可思义，岁时节点、人神祭祀、祈福纳祥、家庭人伦，是构成端午文化的多重景深。"屈子冤魂终古在，楚乡遗俗至今留"，对诗人屈原的纪念，更让这个节日有了特殊而重要的地位。有人极而言之，"没有端午，何以中国"，正是因为端午富含中华文化基因，既是中国人文化身份的表达，更是中华民族弥足珍贵的文化财富。

不过，就像很多传统节日一样，很长一段时间以来，端午也曾在"古今"和"中西"之间，一度失落。

自"古今"而观之，高楼大厦的生活，远离了田野山林，难以采摘艾草、菖蒲；流动时代的人们，虽能买到粽子，却少了一大家子包粽煮粽食粽的其乐融融。自"中西"而观之，圣诞节、感恩节、情人节等西方节日成了"闯入者"，其商业化、娱乐化、趣味性，对中国传统节日生态造成不少冲击。这样的"古今之变""中西之惑"背后，是中国社会三千年未有之大转型，也是人类文明亘古未有之大交融。置身经济全球化、文化多样化、社会信息化大潮之中，基于农耕文明而形成的端午节俗，该如何融入现代人的生活场景？如若让端午传统持续失落，无疑会有损文化认同感、消散文化向心力。

然而，中华文化却也正是在"古今""中西"之间，获得了更大张力。文化恰似长河，既有大浪淘沙沉淀的河床，也有奔腾澎湃汇入的支脉，因而不舍昼夜、源远流长。外在环境越是变化，文化传统越需坚守，只有这样，传统方为传统——这是考验文化守成定力的重要维度。但传统也不是死水、不是静物，主动适应变化，创新表现方式，注入时代气质，传统方有生机也更具价值——这是考验文化应变创新能力的重要维度。

端午文化，应该更可以在传承中别开生面。现代化、全球化、信息化，正可为端午提供新的载体、创制新的手段、赋予新的内涵。比如，立足对屈原的纪念，发掘"诗人节"传统，读诗诵诗赛诗，重塑"诗如海"的端午；比如，借鉴电商营销模式，网上摘粽叶、自助配香包，实现"数字化"的端午；比如，顺应全球化大趋势，推动东亚国家共建共享端午文化，打造"走出去"的端午。在这些方面，政府、企业、媒体、社会都可大有作为。端午如是，整个中国的文化建设又何尝不是这样？

"文化自信是更基本、更深沉、更持久的力量。"文化自信，前提是文化自觉，关键是文化创新。传统节日，蕴藏着一个民族的集体意识，描绘着一种文化的共同底色，是以文化创新形塑文化自信的最好抓手。从这个角度看，弘扬端午文化，正是为了塑造中国人的文化认同和身份认同，打造最持久、最深沉的文化自觉、文化自信。

（2016年06月08日）

今天，我们该怎样教育男孩

白　龙

听到不止一位父母说,现在的男孩越来越"精致"了,不仅性格偏"静"、脾气偏"软"、爱好偏"宅",连穿衣打扮也追求起"花样美男"的效果。而在传统认知中,男孩不就该大大咧咧、风风火火,浑身充满"小小男子汉"的气概吗？这让不少人疑惑,以前所谓的"男子气"是否已经过时了？今天,我们又该怎样教育男孩？

到底什么是男孩应有的气质,恐怕难有一个特定标准。成长的环境、个体的差异,都会反映在言行举止中。观念的开放、审美的多元,也为"男性气质"注入更多内涵。文雅、温柔甚至精致的风格融入男孩身上,让世界更为丰富多样。更何况,有文化、不张扬的"文",古往今来就是一种男性的优秀气质。中国传统所谓"文质彬彬,然后君子""谦谦君子,温润如玉",讲的正是这个道理。

每代人的气质,都由时代所塑形。我们对于男孩的"画像",未尝不是那个年代物质与精神的双重投影。当物质相对匮乏、精神相对单调之时,与其说男孩们故意不修边幅,不如说是时尚、明星、流行文化还没有进入生活的视野；与其说男孩们热衷追逐打闹,不如说是手机、动漫、电子游戏还没有入侵童年的疆界。但是,不论哪个国家、哪个时代,理想的男孩都绝不会是"古惑仔"一样的粗鲁甚至粗俗、"痞气"甚至"匪气",更不是自我中心的大男子主义,那只是缺乏教养的体现。

有人说，现代社会对孩子们共同的要求压倒了"性别教育"，比如听话、懂事、好学等，相对更为重要。而怎么教育男孩，和怎么教育女孩一样，退缩到了家庭教育的内部。这在很大程度上影响着孩子们性格的成长，社会关于男幼教、男教师太少的讨论，正是基于这一认识。

今天，传统中硬朗、粗粝的"男子汉"形象成为多元中的一种，男孩们也逐渐远离了那些身上粘着泥土的集体游戏，但这并不意味着社会已经明确了给男孩们怎样的成长目标。尤其不意味着，男孩们不需要勇敢、坚强、负责任等永远不会过时的品质。"夏令营中的较量"曾引发的集体焦虑，体现着对这种品质的呼唤；一些给孩子造成伤害的"魔鬼夏令营""励志训练营"等，也未尝不是探索中的矫枉过正。

其实，让孩子们举止阳光、精神健壮，不仅是对男孩的希望，对女孩也是一样。发展心理学认为，严格定义的性别角色，对于男孩和女孩都是一种消极限制。家庭和学校需要通过改变关于男女性别的一些成见，让孩子们吸纳两性中共同的优秀品质，成长为个性鲜明的"完整之人"，男孩可以细腻，女孩也可以勇毅。需要以更尊重青少年天性的方式，让孩子们更加深入地认识自己、探索世界，在与外界和他人的开放互动中，学会尊重包括性别在内的更多差异，充满庄敬自强、堂堂正正的气派。这不仅关乎某种性别应该怎样养成自己的社会风格，更关乎下一代有着怎样的精神面貌和集体气质。

对成年人来说，也不妨想一想，在生活中、课本里、荧屏上，我们需要为孩子们树立怎样的男性形象？换句话说，让男性公民更有教养、更有担当，培育一种刚毅、自信、包容、勇于任事的现代风度，是父亲们作为整体的责任，也是一个"体面社会"应该做出的回答。

（2016年06月02日）

别让"功利"缚住翅膀

——突破创新的思想瓶颈①

王 品

从幽深的海洋到浩渺的太空,从"看不见"的基本粒子到让人"看见"的眼角膜……近日,英国广播公司(BBC)报道了中国5项"高大上"的科学工程。中国能否成为全球科学领跑人?对于自己的设问,这个报道做了侧面回答:一次"科学革命"正在这里发生。

然而,比科学之光还要耀眼的,或许是这部纪录片中科学家们清澈纯粹的眼神。无论是在大山深处建设大型射电望远镜,还是在实验室里用镊子夹起动物的眼角膜,科学家们身上散发出一种沉静的气质,他们的眼神超越了一时一地的名气、利益,与人类最深刻的智慧、自然最深处的奥秘交相辉映。

这样的眼神让人看到,一步步推进人类探索极限的创新者,必然要摆脱"功利"的锁链,把心灵投射在更高远的天空。在创新领域,有"三角结构"之说:三个点支撑起从科学到商业的各种创新活动,一是专业知识的积累,一是与众不同的思维;三角形的另一个顶点,则是内在的创新动机,而非外在的经济刺激,这正如乔布斯对于苹果公司的期许,并非"成为首富",而是充满激情地"改变世界"。"有没有用""有什么用",类似这样的问题,在创新中可能并没有那么重要。

有人说,科学不会指定成功者,其前进往往依靠"突破"而非"规划"。从这个角度去理解创新,也同样适合。不同的人,会选择不同的创新路径,本身就会形成一种"创新的自由竞争"。如果在想法萌生之际、创新开始之前,就用"效益"限制其发育、用"实用"规定其生长,那得到的可能只是盆景,难以长成参天大树。

何况,真正的创新者总是走在时代的前面。每一个创新的认识、创新的举措,都能把人类的知识或者行动,向既有的圆圈外推进些许。这是一个全新的领域,带来的"效益"并非用几天、几个月乃至几年就能判断出来。古希腊几何学家阿波洛尼乌斯的圆锥曲线理论,1800多年后由德国天文学家开普勒应用于研究行星轨道;没有爱因斯坦揭示的质能定律,没有理论物理的进步,人类如何可能像今天这样开发利用原子能?本质上,所有的创新都应该带来人类智识或者文明的进步。以这样的"功利心"去衡量,才能把创新天际线,托举得更加高远一些。

由此观之,无论是创新的主体,还是创新制度的设计者、创新土壤的涵养者、创新成果的保护者、创新文化的倡导者,都应该少一点"短期的功利主义""庸俗的实用主义"。一心盯着利益,以"投入太大""周期太长""盈利太少"忽略基础研究、砍掉基础工程,只会在长期竞争中败下阵来;以"发论文""出成果""被引用"作为单一的评价标准,也难免对"坐冷板凳"搞研究的人形成负激励;汲汲于投入产出比,抛弃学业去创业、放下专业去创新,拼凑的山寨货、抄袭的计划书只会让人丢掉"天使轮"、吓跑"投资人"。这样的"急功近利",缚住了创新的翅膀,带偏了创新方向,大潮退却之后,岸上可能连贝壳都留不下来。

在创新文化中,车库可说是一个"圣地"。很多知名创新企业,都有着自己的"车库传奇"。而车库于创新的启示,正在于少一点束缚、少一点功利,以"玩儿"孕育灵感、激发想象,从而产生最有活力的创新。

(2016年05月31日)

"匠心"并非守旧的别名

——如何突破创新的思维瓶颈②

吕晓勋

为了让煮出来的米饭更好吃,美的电饭煲研发团队1年要煮掉数以吨计的大米,每天光测试对比就得吃掉10碗饭;汽车五六层的喷漆,"90后"青年杨金龙可以保证每层厚度误差不超过0.01毫米……这段时间,很多媒体都在"寻找中国工匠"。一丝不苟、精益求精、追求极致的态度,对职业敬畏、对工作执着、对产品负责的精神,正是这些"大国工匠"共同的特征。

不过,在一些人眼中,所谓的"工匠精神"却是因循守旧的代名词。在新闻稿都可以自动生成的时代,简单、机械地重复干一件事,早该被机器取代了,"手打牛肉丸费时又费力,和机打的能有多大区别"?在他们看来,讲究品质乃是"顽固",坚守匠心近乎"矫情"。这样的论点,只是着眼于短期利益,并没有看到"匠心"与"创新"的息息相通。

有学者曾以金字塔比喻创新体系,"只有塔底扎实,创新才不会成为空中楼阁"。大量看似重复的劳动或许不免枯燥,却绝非没有意义,而是在探索着各种可能。创新可能有灵光一闪,但意想不到的惊喜,也往往会随着技艺的进步慢慢浮现。每种车型多达上百张的电气原理图,"高铁体检师"张华都了然于胸,凭着"每个灯泡都能找到对应电路"的了解,他改进工装设备、优化作业流程,取得一系列创新成果。正是不放过对每一个细节的把握,才能在"无他,但手熟尔"的高超技艺基础上,实现新的突破与超越。

"人在制物的过程中,总是要把自己想办法融到里头去",纪录片《我在故宫修文物》中,青铜器修复专家屈峰如是说。的确,一旦注入了自己的心意和精神,作品也就有了独一无二的个性。有人曾问专注做寿司75年的小野二郎,如何练就独一无二的"神技",他自谦"无非是比别人多一倍的努力、多三倍的思考罢了"。当我们把匠心投入到点滴精进之中,那些充满灵性的作品,又何尝没有散发出耀眼的创新光芒?

事实上,匠心本就包含着创新的"时代要求"。在全球范围,第四次工业革命早已蓄势待发。德国的"工业4.0"、美国的"先进制造业国家战略计划"、日本的"科技工业联盟"……在这样的时代,"工匠精神"绝不止于一砖一瓦的手艺,"匠心"更不意味效率低下的作坊,而是指向以创新为导向、以技术为生命、以质量为追求的现代化工业新版本。

"技可进乎道,艺可通乎神。"追求极致的工艺和追求突破的创新,往往可以相得益彰。离开了对一种技艺的不断磨练,对一个行业的执着坚守,对一个领域的扎实钻研,很多发明、创造也就无从谈起。一个有意思的细节是,"创客"是英文"maker"的翻译,而"maker"本身也是"制造者"的意思。"器好学,心难修",摈弃投机取巧、急功近利,拥抱脚踏实地、专注持久,从本质上看,就是对创新最好的"加持"。

孔子说:君子不器。的确,要有匠心,而不能有匠气。既着力"大刀阔斧"的创造,又不忘下"绣花针"的功夫,才能最终小大结合、大小由之,让创新进入一个新的境界。

(2016年06月03日)

向可能性保持"开放"

——如何突破创新的思维瓶颈③

张宏强

灵感瞬间性、方式随意性、路径不确定性……谈及科学研究的特点时,习近平总书记这样的表述让人深思。创新,很可能在意料之外的地方猝不及防地出现。这就意味着,要创新,就需要自由畅想、大胆假设,需要向更多可能性保持一种开放的状态。

"未知大于已知",这说的不仅是互联网,在人类智识的绝大部分领域,其实都是如此。我们对世界、对人类的了解,可能只相当于一本书中的一个墨点。于已知中循环、在老路上打转,难以把点连成线、线扩成面。只有主动去探索墨点之外的领域,才有可能获取更多知识、发现更多精彩。否则,我们不仅会"错过整整一个时代",而且可能错过整个世界。

现实中,很多创新出现在"交叉"之处。今年获全国杰出科技人才奖的环境科学专家廖宏就认为,自己能取得科研成果,"交叉背景起了非常重要的作用",多学科结合对于创新很重要。这是因为,打破了专业界限的分隔,就可以重建被切断的联系,从不同路径、不同方向激发在单一领域无法获得的灵感。这样的开放性,正是创新的关键所在。

纵览文明史可发现,人类前进的每一步都是一种新可能性的打开,绝大多数文明成果也都源于新领域的拓荒。由司空见惯递进一层,就是创新。

瓦特因壶盖受水蒸气冲击启发，发明了蒸汽机；牛顿想探究苹果落地背后的秘密，发现了万有引力……爱因斯坦说："我没有特别的天才，只有强烈的好奇心。"所谓好奇心，不就是向着未知敞开心灵吗？当我们"眼睛向外"，才能看到大千世界、鸿蒙太空，在与可能性的相遇中碰撞出创新的火花。

作为创新主体的人，同样需要一个开放的平台。计算机领域有"开源"之说，也就是开放软件源代码，大家都可以进行改写、丰富和完善。在《大教堂与集市》一书中，美国软件专家雷蒙德喻之为集市，认为这是一种平等、参与、分享的创新方式。而传统的创新方式则是教堂式的，自成体系、相对封闭、等级森严，难以激活基于互联网的创新资源。电动汽车制造商特斯拉向"善意使用者"开放专利，整合产业生态圈；生产玩具的乐高推出"由我设计"创意平台，请用户和粉丝参与设计……这些成功的尝试也说明，保持开放就能集聚智慧、收获惊喜，最终实现更高效率的创新。

向更多可能性保持开放，也意味着，不能把创新变成一个"闭环"，不仅要突破专业、思维与主体的边界，更需要打破自我设限。在经济学上，有"自我强化产生路径依赖"的说法。一旦创新成功，就容易被锁定在一个方向，不断强化模式化认知，最终难以自我超越。柯达公司曾经是胶卷市场的"霸主"，却因担心影响胶卷销量而在数字业务上裹足不前，这个发明了第一台数码相机、拥有1万多项专利的百年老店，最终走向破产。突破惯性轨道，才能打开创新的闸门，拥抱更多的可能性。

这些天，一篇网文传得很广，观点很简单："我不要一眼就看得到头的生活"。这样的不满足，或许也正是创新之路的开始。走出自己的"一亩三分地"，挣脱禁锢思维的锁链和牢笼，在更开放的空间里、更丰富的可能性中，一定能有更多激动人心的发现。

（2016年06月06日）

"榜样"是用来超越的

——如何突破创新的思维瓶颈④

何鼎鼎

临近毕业季,中央美术学院又开始了毕业展。观展过程中,有人惊叹作品新奇,也有行家不客气地点评:看似新鲜,但不少作品处处留下模仿的痕迹。

其实,在艺术史上,创作之初的模仿与参照,不可避免。领路人身后,总是会聚集一批跟跑者。学书法,绕不开颜柳欧赵,所谓"法帖"就是这个领域的入场券。名家名作开风气之先,却也是千锤百炼积累而成。巨擘如吴昌硕,终其一生都潜心临写《石鼓文》;欧洲印象派画家缔造"光影革命"前,几乎都是古典艺术大家的信徒。

不仅是艺术领域。有人一针见血地分析,社交网站"脸书"借鉴了领英(LinkedIn)、Friendster等先驱;而苹果的用户界面,也源自乔布斯在施乐帕克研究中心看到的理念技术。很多时候,模仿不失为一条通往创新的捷径。自行车比赛中,"冲刺手"为了减少空气阻力,大部分时间会骑在"破风手"后面。如果按照熊彼特的观点,把创新定义为"生产要素的重新组合",那么模仿创造出新的价值、新的市场甚至新的生产方式,也不失为一条创新的捷径。

然而,伟大的创新者绝不会止步于模仿。齐白石57岁开始"衰年变法",

走出对前人的模仿,删繁就简"画吾自画",从"形似"走向"不似之似"。星巴克创始人舒尔茨试图在美国再现意大利咖啡店,然而站着喝咖啡等方式却水土不服,最终以意式风格融合美式休闲,完成了超越之路。如果"一直在模仿,从来不创新",让创新的精神在追随中消磨,就只会如齐白石所说的——学我者生,似我者死。

从0到1很难,从1到2也不容易。要超越榜样,找到创新的突破点,非得有自我否定的勇气、敢于质疑的精神才行。河北科技大学青年教师韩春雨,因发现更简洁的基因编辑技术而成为"网红"。过去几年,世界生物学界一直以Cas9基因编辑技术为主流,"从众的心理使得融入这种氛围的科学家都在想自己应该如何参与,生怕自己被这个科学大潮所落下"。韩春雨也曾是这一技术的跟随者,但几次失败经历让他挣脱出来,终于走出自己的一片天地。说到底,所有具有革命性的突破,都源于"自我创新基因"的再编辑,走在前面的榜样不仅是队伍的"标兵",更应该成为发力超越的对象。

近日,德国的一份研究报告称,中国平均每100万人的专利数为501项,排名全球第十,"正要从'模仿大国'转型为'创新大国'"。现实中,华为2015年向苹果公司收取专利费的消息,可成为这一判断的注脚。去年美国一个权威的消费类电子产品创新型公司评选中,中国的大疆创新也紧随谷歌、特斯拉,排名第三。"只对准一个城墙口冲锋""不去投机取巧,只是踏实做事",尊重对手、借鉴对手,最终超越对手,突破榜样的桎梏、找到自己的蓝海,需要的正是这样的"创新专注力"。

有人说,人类所有的发明,不过是对自然的模仿,如车轮之于圆木。然而,正是在模仿过程中的灵光一闪,让人类文明步步前行。"太阳底下无新事""太阳每天都是新的",这两句俗语,或许正揭示着创新的秘密:超越最伟大的对手,才有最伟大的创新。

(2016年06月07日)

别总"踩着别人脚步走路"

陈 凌

　　散发传统文化气息的故宫日历、印有"个性话语"的折扇、以"御花园彩石甬路"为主题的五彩耳钉……近来故宫博物院及其文创产品吸引了不少人的目光。一时间,把故宫文化"带回家",在朋友圈晒一晒"来自故宫的礼物",成为风尚。

　　在晒景、晒娃、晒自拍居多的朋友圈,"百年文物"缘何走红?"既富有时代气息,有意思;也饱含历史厚重感,有韵味。古典基础上的点滴创新,铸就了故宫文创产品'活着的灵魂'。"一位网友的评价,道出了其中的因由。倘若原封不动地把日历、折扇搬到市场,即便有人青睐,恐怕也很难引一时风骚。相反,不管是与互联网"联姻",还是接地气的创意,正是在渠道和内容上的更进一步,才让这些"高大上"的文化飞入寻常百姓家。

　　其实,文化最忌炒冷饭,最讲求创新创造。从写就一篇翰墨短文,到熔铸一个城市的精神文化,无不需要贯注创新之魂。清代画家郑板桥自幼爱好书法,勤学苦练,临摹各家字帖,可总觉得自己进步不大,为此深感苦恼。他的妻子一语点破,"人各有一体,你体是你体;人体是人体,你老在别人的体上缠什么?"郑板桥猛然醒悟。此后,他力求创新,开创出了"板桥体"。"踩着别人脚步走路的人,永远不会留下自己的脚印"。一味固守,千篇一律,只会让文化丧失活力;善于推陈出新,呼吸现代新鲜的"氧气",才能不断让文化的枝叶舒展,绽放新芽。

反观当下,一些文化现象仍值得我们反思。比如,有的书籍,毫无创见不说,内容还东拼西凑,被人戏谑为"垃圾书";有的综艺节目,千篇一律地从国外引入相似模式,结果水土不服,观众不买账;还有的电影,奉行"拿来主义",剧情场景总是"借鉴"他人作品,屡陷抄袭漩涡,等等。正如美学家朱光潜的一个批评:"老是那样四平八稳,没有一点精彩,不是'庸'就是'俗',虽是天天在弄那些玩意,却到老没有进步……一稳就定,一定就一成不变,由熟以至于滥,至于滑。"从这个意义而言,故宫"文物"的走红,既是一种警醒,更是一种启示。

"只见汪洋就以为没有大陆的人,不过是拙劣的探索者"。很多时候,我们慨叹无法抵达新的彼岸,究其缘由,与其说是因为文化创新思绪干涸,倒不如说是因为对自身挖掘得不够透彻。《南史》曾载,宋文帝时有一位名为陆澄的学士,好学博览,行、坐、食手不释卷,时称"硕学",可其晚年想撰写一部《宋书》,却始终不成。原因在于,他书是读了很多,却一知半解。时人王俭戏称:"陆公,书橱也。"囫囵吞枣,难免思绪"短路";甘做"书橱",何谈文化的创新性发展和创造性转化?

"有时需要离开常走的大道,潜入森林,你就肯定会发现前所未见的东西"。文化创新这条新路上,或许有绊脚的石头,或许有挡路的枯枝,但不管怎样,一番披荆斩棘之后,我们必将发现一个更丰富、更精彩的世界。

(2016年05月30日)

学术是一场"寂寞的长跑"

张顺亮

没有海外留学背景,也不在名牌大学执教,十年没有发表论文,"一夜之间"却成为"诺贝尔奖级别的科学家"。最近,河北科技大学副教授韩春雨,因在国际顶级期刊《自然·生物技术》发表其关于基因编辑新技术的前沿研究成果,迅速从"无名之辈"成为名声大振的"学术高人"。这看似一个"草根逆袭"的励志故事,其实更是一碗有着纯正学风内核的"心灵鸡汤"。

十年不鸣、一鸣惊人的背后,跃动着太多优良学风的"因子":十年如一日的默默坚守,不追名逐利,乐享"泡在实验室的安静生活",屡战屡败,屡败屡战,发现、猜想、实验、矫正……周而复始,乐此不疲。这样的优良学风,正是学人安身立命的根基。

早在先秦时代,孔子就提出"行己有耻""多闻阙疑"的治学要求。清末张之洞创办新式学堂,倡导"沉静好学"的优良学风,明确要求对学风浮躁的学生严加淘汰。一位大学校长曾这样寄语学生:"你们可以不惊天动地,但必须有诚信;你们可以什么都破产,但学术信誉不能破产。"从古至今,一些优良学风都在优秀学人、师者那里得以坚守。

"学者当务实,一有近名之心,则大本已失,尚何所学哉。"不能不看到,学术浮夸、学术不端、学术腐败等现象还不同程度存在。有人受"学术GDP""学术锦标赛"的误导,急于评职称、急于拿奖项、急于成名家,急功近利、东拼西凑、粗制滥造;有的热衷于迎来送往、忙于事务应酬,学风不浓、玩风过盛;有的甚至掠人之美、篡改文献、捏造数据,"窃他人之记以成己说""剪刀一剪、糨糊一粘、大名一签、长长一篇"。

学术,乃做学问之术。学风正,则学术如春起之苗,不见其增,日有所长;学风不正,学术则如磨刀之石,不见其损,日有所亏。可以说,学术是一场"寂寞的长跑",耐得十年寒窗苦,方有"金榜题名时";是一张"深奥的考卷",深思熟虑、反复推敲,方得缜密之果、审慎之实;是一场"刀尖的独舞",勇敢无畏、勇于探索,方可探究未知、求索新知;是一次"神秘的探险",直面挫折、正视失败,方能登凌绝顶、一览丽景。

古人讲"非畜道德而能文章者,无以为也。"为学者,当以"文以载道""士以弘道"为念,以博学、审问、慎思、明辨、笃行为守,一如习近平总书记在哲学社会科学工作座谈会上所言:"要有'板凳要坐十年冷,文章不写一句空'的执着坚守,耐得住寂寞,经得起诱惑,守得住底线,立志做大学问、做真学问"。惟此,方能成就卓越,更以深厚的学术修养赢得尊重,以高尚的学术人格引领风气。

(2016 年 05 月 27 日)

习惯在"玻璃房"中工作

李 斌

"深淘滩,低作堰",坐落在成都平原西部的都江堰,之所以历时两千余年仍能发挥防洪、灌溉作用,秘诀就在于这六个字。"深淘滩"是说深挖内江江底泥沙,保证水量以作灌溉之用;"低作堰"是说飞沙堰堰顶不可修得太高,以免水量大时泄洪不畅。这六个字,于网络舆论生态亦有启示。

早年间一本叫《数字化生存》的书预测,数字化不再只和计算机有关,更决定我们的生存。的确,从交友娱乐、共享经济,到信息传播、意见表达,互联网正成为很多人生活不可分割的一部分。技术进步也深刻改变着舆论格局,意见上网成为公众习惯,网络舆论监督成为监督新形态。在这样的情势下,对领导干部来说,"深淘滩",意味着热忱欢迎、积极采纳网络民意;"低作堰"则意味着筑牢法治的底线堤坝,依法治理虚假、诈骗、恐怖、色情、暴力等有害信息。惟其如此,方能让奔腾的网络舆论水流,化作滋润千里沃野的甘霖。

然而,当网络生存成为一种不可逆转的大势时,不少领导干部还没有准备好。尤其是面对网络舆论,一些人可谓心态复杂。或是当"叶公",嘴上欢迎,内心里害怕;或是当"鸵鸟",以为不上网、不关注就太平无事;或是当"灭火队",发现于自己不利的信息便想方设法去灭火。这表明,一些领导干部还缺乏一种健康、积极的心态面对网络舆论,还不太习惯在形如"玻璃房"的互联网时代中开展工作,至于与网民开展良性沟通互动,通过网络走好群众路线,更是无主意、没办法。2014年一份"当下官员最怕什么"的调查显示,"被媒体、网络关注"以超过半数的得票高居第二位。在网络社会,如果一厢情愿地把自己隔绝在互联网之外,那就像一位企业家所说的,"与你擦肩而过的不仅是机会,而是整整一个时代"。

面对网络舆论,关键就是要有包容心与承受力。必须看到,群众意见可能五花八门,网民看法可能各有千秋,我们不能要求大家对所有问题都看得那么准、说得那么对。有些时候,群众可能有牢骚与怨气,不可能都是和风细雨、和颜悦色。因此,对网上那些出于善意的批评,不论是和风细雨的还是忠言逆耳的,我们都应当欢迎并汲取。即使一些意见和批评有偏差,甚至不正确,也要多一些包容、多一些宽容。古人讲"必有容,德乃大;必有忍,事乃济。"勇于从自身找原因,勇于正视问题和解决问题,有则改之、无则加勉,方能用行动的力量说服人,用人格的力量感动人。

毛泽东同志说过:"因为我们是为人民服务的,所以,我们如果有缺点,就不怕别人批评指出。不管是什么人,谁向我们指出都行。只要你说得对,我们就改正。你说的办法对人民有好处,我们就照你的办。"无论什么时候,共产党人都应有这样容人、容事、容言的气度与雅量。

(2016年05月26日)

"民信"比天大

张保振

子贡问孔子怎样理政。孔子答:"足食,足兵,民信之矣。"意思是说,只要粮食充足,军备充足,百姓对国家信任就可以了。子贡又问,如果要去掉一项,先去哪一项?孔子答:"去兵"。又问,再去一项呢?答曰:"去食"。可见,在孔子看来,只要取信于民,获得老百姓的支持,国家的根基就稳固,国家的富强就有望。可以说,"民信"比天大。

"民信"比天大,不是灰色的理论,而是常青的生活。无论古今,只要能获民心,便能得天下、治天下。相反,即便是高城深池,坚甲利兵,也不足恃。历史的常态就是这样:人心不摇,莺歌燕舞;人心不附,鸟散猿吟。

"民信"比天大,关键在一个"信"字。"信所以守也。"这种守,常如"守护神",贫也好,富也罢,它都一如既往,不弃不离;弱也好,强也罢,它都始终如一,守候守护。这种信而守,碰到灾,能坚守不退,共扛之;遇到难,可坚定如初,共克之。这种信而守,只有执着、专一,没有徘徊、投机,是真正意义上的"可与为始,可与为终,可与尊通,可与卑穷者"。

欲民信之,先要"修己"。修己,不是为己,而是"修己以安百姓"。"安百姓"的修己,要习惯于晚上"过电影":想想当天为百姓做了哪些事?还有哪些事没做好?第二天应该怎么干?也要习惯于听取"谔谔之音"。

毕竟,千人之诺诺,不如一士之谔谔。唐太宗即位时,曾下诏全国免征免调一年。但不到4个月,便下诏要征集16至18岁身强力壮的男子入伍。魏征得知后,两次抗旨,并谏言唐太宗:朝令暮改,怎能取信于民?魏征的"谔谔之音",让李世民顿悟,下令停征。正因李世民此后纳谏修己,进而开创了史称"贞观之治"的盛世。

欲民信之,要在"正己"。老百姓信谁,常常不是听他讲得多动听,而要看他做得是否能够服人。只要自己正,老百姓会自动跟上来、聚过来。隋朝的赵轨,任齐州别驾时,看到邻居家的桑葚落到自己家,他不是捡为己有,而是"遣人悉拾还其主";做原州总管司马时,一次夜行,身边人的马不小心跑进农田,踏坏了老百姓的庄稼。他立即下马,等到天明,找到庄稼的主人,偿付了钱才离开。他的行为,让老百姓深为叹服、信服。他被调离齐州时,父老乡亲挥泪说:"公清若水,请酌一杯水奉钱";原州的百姓官吏更是对其由信而学,"莫不改操"。

欲民信之,当要"后己"。人,皆有个人私事。但当了"官",做了"公仆",就须有"先天下之忧而忧,后天下之乐而乐"的情怀,凡事先人而后己。只有"先人",才能得人、得心。

雨果有言:最高的道德,便是为旁人着想。为民着想者,民信之、民服之、民从之。

(2016年05月25日)

别把混浊当高深

于保月

村边池塘里，有莲藕与田螺。无论清水浊水，莲花开得高洁而雅致，莲藕刮去薄薄的外皮，里面雪白剔透。而田螺虽将自己包裹得密不透风，看似不染污浊，但若置之清水中，再放几滴香油，不久便见分晓。

大千世界，世象纷繁，是执着于当不染污浊的洁心莲藕，还是随波做自保的硬壳田螺？不同的人往往有不同的选择，从而打开不同的人生。

宋真宗时，晏殊与进士千余人并试殿上。复试诗、赋、论时，晏殊说："臣尝私习此赋，请试他题。"有一年，宋真宗批准臣僚们到各地览胜，唯独晏殊蹲在家里读书。宋真宗以为他不去游山玩水，是珍惜光阴、虔敬学问，便选他辅佐太子。但晏殊没有顺杆上爬，而是老实告诉皇上：只是手头紧才没有去。或云晏殊不够世故老成，岂知宋真宗就是欣赏晏殊的"傻气"——实诚真纯，对他倍加褒奖重用。

纯净的心，如池塘莲藕，即便身在污泥中，其所求的仍是那种至纯至净的人生。他们如一湖秋水，清澈见底，其实深不可测。像晏殊一类的人，虽然简单却非幼稚，自信和成熟深藏于心，仿若一轮太阳，照耀着灵魂，在媚俗的浊流中坚持着清高雅致的品性。与他们打交道就如感受春日清风、冬日暖阳，使人信赖踏实，亦让人心旷神怡、宁静致远。

然而，世上不乏精于方圆之道的人，以世故为得体、以因袭为老成、以推诿为明哲；偏信厚黑之学的人，逢人只说三分话，信奉"报喜吃甜头，报忧吃苦头,模棱两可有混头",遇人遇事善于算计,把简单的工作关系搞得很神秘,把正常的人际关系弄得很复杂。还有的人做了官后,人前拿腔作调,"城府"很深,人后八面玲珑,挖空心思编织关系网。这种为人处世的庸俗哲学,虽如污泥浊水,但在一些人那里很有市场。

对这类把事情有意复杂化、处世故作高深之辈,有作家一针见血:复杂常常使人望而生畏,很多种因素混合在一起,叫人摸不着底细。正如池塘之水,因其混浊,让人以为深不可测,实则很浅。以混浊为高深,终难掩其浅陋。在混浊中随波逐流而不能自守,亦必如田螺般沾染污浊。

把简单的问题复杂化处理,是愚笨的;而把复杂的事情简单化,是聪慧的。一位哲人讲:"心思复杂了,人就不简单了;心里简单了,人也就纯净了。"自己复杂而混浊,事情也会变得复杂混浊;自己简单纯净一些,做人做事也就直接快捷得多。我们应当把头脑变得像世界一样大,而不要让世界变得像头脑一样小。

生而在世,为人处世,还是纯净一些为好。不让自己的心灵负重,我们就会充分领略到,人生,纯净最美。

(2016年05月24日)

一味低调非良策

鲁　平

同一个地区，有的市县好故事常有，好声音不断，新闻舆论工作积极稳健、有声有色，让人感觉朝气蓬勃；有的市县则沉闷无声，让人觉得暮气沉沉，记者去采访，也是能不说就不说。

为何不发声？答曰：领导有交代，"低调，一般不宣传"。

"低调"的理由看似充分，实则站不住脚。笔者经常在基层调研采访，以此为由不重视新闻舆论工作的不少见，大抵有几种情况。

有的地方主要领导年龄临界，最后一站，升迁无望，自认不需要；有的履新不久，没出政绩，感觉"不到火候"；有的谨小慎微，把新闻报道等同于出风头，多一事不如少一事；有的认为宣传是虚头巴脑，多说无益，少说为妙；有的地方主要领导不在状态，碌碌无为，确属"无话可说"。如此等等，不一而足。

退一步讲，就算领导干部确实是谦虚低调、不事张扬，也不能把一个地方的新闻舆论工作片面地理解为耍嘴皮子、哗众取宠做表面文章，从而在媒体上失声失语。一个地区现况如何，发展思路怎样，面临什么难题……不仅本地群众关切、在外工作的游子关心，其他地区也会不同程度地给予关注。从这个意义上说，领导干部重视新闻舆论工作，就是重视公众知情权，就是善于凝心聚力、成风化人。运用舆论工具宣传真理、动员群众、传播经验、指导工作，是领导干部尤其是主要负责同志的必备本领。

毋庸讳言,一些地方主要负责同志还不适应媒体传播格局的深刻变化,骨子里仍然把新闻舆论工作当成花瓶,认为它是软性的、务虚的,中看不中用,只要不添乱,就可有可无。有的觉得新闻传播只是一门单纯的业务性工作,交给宣传部门就了事,不过问、不关心、不重视、不支持。还有的同志思维停留在"防火防盗防记者"阶段,不懂得同媒体打交道,至于说运用新闻媒体宣讲政策主张、了解社情民意、发现矛盾问题、疏导社会情绪、动员人民群众、推动实际工作,更是不擅长。对于这样的领导干部,邓小平同志早就告诫:"不懂得用笔杆子,这个领导本身就是很有缺陷的。"

新闻媒体是各级干部开展社会治理的重要资源。忽视新闻舆论工作的重要作用,或者"说起来很重要,做起来不重要",往小了说,是缺乏作为领导干部必备的媒介素养;往大了说,是对新闻舆论工作在治国理政和现代社会治理中的作用缺乏应有的了解。其实,个人的低调风格和对一个地区的新闻宣传,并不矛盾。一些负责同志,平时个人谨慎低调,但对当地的新闻舆论工作从来都是守土有责、守土尽责,不仅善于通过接受采访来确保公共政策透明、权力运行透明,也坦然真诚接受舆论监督,积极回应社会关切,疏导社会情绪。

在新形势下,运用新闻媒体推进治理的能力,已经成为领导干部的一项基本功,不仅需要具备,而且必须修习好。

(2016年05月23日)

"软落实"岂能成避风港

徐文秀

一位在基层工作了40多年的"老基层"感叹说,现在层层讲落实、天天讲落实、大会小会讲落实,可上面的精神有的就是不到位、不落地,"看起来很美",却得不到实惠。这位"老基层"的困惑和苦恼道出了现实中一种值得注意的"软落实"现象。

"软落实"是表面上的落实,实际上没落实。据说某地广场上,有一个雕塑用三根粗钢管斜向交叉,架着一块"由天而降"的大石头,以"落石"寓意落实。有人辛辣地半开玩笑:巨石被钢管架着,并没有落地,这哪里是落实,分明是落不实嘛。这种"落不实"或"不落地"的落实,正是一种"软落实"。

从实际中看,一些地方、部门落实的文件似乎都发了,诸如"关于关于的关于"被称为"蛋生蛋"式的文件不少,各种各样的会议也都开了。但有的是跟着上面"照虎画猫",不结合具体实际,不针对存在的问题,因操作性不强而难落实;有的是开头搞得轰轰烈烈,接下来便松松垮垮,最后成了"烂尾楼",可谓虎头蛇尾、半途而废;有的是出台的细则、制定的措施和办法听起来挺鼓舞人心,就是跟群众的切身利益不太挂钩,让老百姓缺乏获得感。凡此"软落实",只开花不结果、好看不好用,如拳头打在棉花堆里,使了劲却够不着力,最终在一片落实声中落空。

"软落实"有很大的欺骗性,可谓误事而蒙人。"软落实"往往"规定动作"一个不少,"自选动作"一个没有;该有的数据一个不落,评比检查起来一个不缺,但实际效果一点没有。说到底玩的是"假把式",却造成一种假象,给人感觉似乎很勤恳,甚至很卖力。而落实不下去,似乎是因为任务太重,或困难太多,或条件太差,好像不是没抓而是抓不了,不是没做而是做不好,都是客观原因,而不是主观不努力,让人猛一看挑不出问题、找不出毛病。只求"过得去"、不求"过得硬",只图对上"交差"、不图对下"交待",这种"软落实"乃是十足的形式主义,是典型的假大空。

面对"软落实",追起责任来可能一时不知板子打向谁、怎么打。因而甚至可能成为一些人相互效仿的"模板",产生出负面的示范效应。然而,这终究不会成为一些人不干事、应付事的"避风港"。只要细心甄别,就很容易识破"软落实"的"假把戏"。尽快形成能者上、庸者下、劣者汰的用人导向和从政环境,"软落实"者就很难逍遥自在。

"千招万招,不落实都是虚招"。面对"软落实",既要该打板子打板子,又要该钉钉子钉钉子,如此才能倒逼抓落实成为一种风气。

(2016年05月20日)

"有事向组织说一声"

完颜平

多年前,我在某领导机关担任秘书。因为我是党小组长,首长每月向我做一次汇报,雷打不动。开始时,我感到很不自然,但首长说,"党员没有大小",这是组织规矩。近日读的什么书,有什么收获;工作上抓了哪些事,哪些做成了,哪些想抓却抓不起来;哪些工作实际没必要,没做好……有一点必定会说,"近一段时间一切正常,没违反什么纪律",且征询"组织上有没有听到对我有什么不好的反映,如果有要及时提醒"。汇报完了,我看到首长是一身轻松的样子。

毋庸讳言,有那么一段时间,党内政治生活这根弦在一些党员干部的心目中松懈了。通过组织生活,向党组织汇报思想、学习和工作情况,接受党员和群众监督,在少数党员尤其是领导干部那里变得可有可无。习近平总书记曾经批评"有的干部目无组织,干了什么、人跑到哪里去了,组织上都不知道,泥牛入海无消息"。

组织观念一旦淡漠,组织监督一旦缺失,自由主义和各种行为失范就在一些人身上冒出头来。少数领导干部独来独往,天马行空,不跟组织上说一声,不把组织当回事,甚至有人利用各种关系为自己办了好几个身份证,违规办了因私护照甚至持有外国绿卡,有的把老婆孩子送到国外,还接受了特定关系人的资助。这些或轻或重的欺瞒组织的行为,逐渐发酵膨胀,最终让不少人尝到了违纪违法的苦果。

有个落马者，原本工作能力较强，取得过不错的成绩，但正如他自己所说"在做了多大好事的同时，也做了多大的坏事"。群众早反映其"有问题"，网上早热议其"会出事"，本人也早感觉到自己"难过去"，但宁可在媒体上发表文章"宣示"为官不易，变着法子为自己"洗白"，就是不向组织说一声，主动交代个人问题，最终在错误的道路上越走越远。工作中的疏漏、作风上的疏失，组织如果清楚，一定会想方设法督促其纠偏改正，避免小错成为大错。常言说，"人在做、天在看"，"要想人不知，除非己莫为"。做了不说，在组织面前玩小聪明，看似暂时规避了组织监督，结果必然是聪明反被聪明误。

  党内生活是锤炼党性、坚定信仰、提高觉悟的大熔炉，组织观念是党员提高自律意识、坚守纪律底线的护身法宝。对待组织的态度，照见一个人对为什么入党、入党做什么的真正看法。纯洁动机，表里如一，向组织讲真话、讲实话、讲心里话，党组织就能及时掌握每个党员干部的真实状况，帮助他解开思想疙瘩、走出现实困惑、纠正缺点错误。也正是在向组织"说一声"的过程中，党员领导干部将自己置于党性高标准和法纪红线的约束之中，系紧了思想上防微杜渐的安全带。

  "有事向组织说一声"，绝不是可有可无的应景文章。时刻牢记党组织的要求，严以修身、严以用权、严以律己，心有所畏、言有所戒、行有所止，每个党员干部才会行得正坐得端，"一身轻松"。

（2016年05月18日）

把"不简单"做到"简单"

赵 畅

上世纪初,一家外国制造企业的车间电机出现问题,工厂陷入停顿,请来的检修工和专家都找不到问题。后来请到一位著名电机专家,他在一番检查后用粉笔在电机外壳画了一条线,"打开电机,在记号处把里面的线圈减少16圈"。故障得以排除,经理问他需要多少酬金,他开了个清单:画线1美元,知道在哪儿画线9999美元。

简简单单画了一条线,就要价1万美元,这似乎是太贵了。要知道,当时一般人月薪只有5美元。然而,简单动作背后,是"知道在哪儿画线"这样不简单的能力,最终决定了画线的价值。世上许多事情就是这样,在人们看来似乎都很简单,可换作自己去做,才知并不像想象中的那样容易。原因就在于,有无数不简单的辛苦付出,凝结在最后的"简单"之中。

有的人看别人在台上口若悬河、滔滔不绝,以为只要多读些书、积累点素材就可以了。可真轮到自己上场,结果却是"茶壶里煮饺子——有嘴倒不出"。殊不知,演讲是一门艺术,演讲者不仅要有多种知识的积淀,还要有各种演讲技巧的修养。有位知名演说家,其左耳上有一层厚茧,他告诉人家:"我刚开始演讲时,没名气,于是我一天到晚给人打电话,每天至少打100多个,讨教演讲技巧,联系演讲业务,请求别人给我机会。""耳朵上的'厚茧'",恰恰是其精彩演讲背后"不简单"的生动注脚。

庖丁解牛,何以能做到"手之所触,肩之所倚,足之所履,膝之所踦,恚然向然,奏刀騞然"？卖油翁,何以能做到"徐以杓酌油沥之,自钱孔入,而钱不湿"？用现在的话说,就在于"干一行,爱一行,专一行"。达成"专一行"的成就,靠的是日复一日对专业技能的细心钻研,从简单掌握转而游刃有余,再从驾轻就熟实现"目无全牛"。

如果说"简单"是结果,那么"不简单"便是动因；如果说"简单"是精华的高度浓缩、瞬间的精彩呈现,那么"不简单"便是心血与汗水的交融、智慧与创造的互动。从"不简单"到"简单"的过程,是一个从被动到能动而不断追求一流、追求极致的过程。它既是对我们干事创业规律的总结,也是我们实现人生华章的导引。

有人说："成功就是简单的事情不断地重复做。"这话并不全然正确。成功不只需要不断坚持,还需要知识技能的融会贯通,需要苦心钻研被忽视的细节,需要量变积累带来质的飞跃。用哲人的话讲,就是"简单是终极的复杂"。那些倒在成功门槛前的人,往往夸夸其谈、眼高手低,轻易瞧不上看起来简单的工作,"简单"工作简单应付,不愿意多付出一丁点的努力；或者只懂得在简单重复上下"憨力",不去用心钻研乃至奋力创新。殊不知,事业之路是靠一步一个脚印走出来的,唯不舍微末、沉潜蓄势者,最终能抵达梦想的高峰。

"最伟大的真理最简单；同样,最简单的人也最伟大。"我们干事创业、改革创新,正需要把"不简单"做到"简单"的精神,一心一意地研究,持之以恒地实干。

（2016年05月13日）

"领导样"是什么样?

李林宝

常听人说某领导很有"领导样",也听到过有人说某领导没"领导样",还有人说当领导就该有"领导样"。大概每个人心里和眼里,都有一个自认为的"领导样",用以评价领导干部。"领导样"究竟是什么样?

《聊斋志异》里的《夜叉国》曾刻画过这样一类"官":"出则舆马,入则高堂;上一呼则下百诺;见者侧目视,侧足立。"寥寥数笔,一个铺排造作、高高在上的官僚形象跃然纸上。这种封建官僚抖派耍威的样子,千百年来为民众所诟病。然而,今天个别官员身上,还有这种官僚做派,甚至在权力的任性之下生出诸多变种花样,令人心忧。

有人则把领导的样子归纳为:下去—办事的样子,进出—忙碌的样子,参观—内行的样子,归途—疲惫的样子,办公—投入的样子,学习—认真的样子,讨论—忧虑的样子,吃喝—节约的样子,外表—朴素的样子,总结—圆满的样子……显然,这是对某些干部表演作秀、敷衍工作、应付群众的讽刺和批评。装出来的"领导样",群众一眼看得穿。

到基层调研,有百姓直言自己期待的"领导样",就是常来基层看看、为民办事不怕麻烦。有些挂职的"第一书记",脱下西装就能下地帮老乡干活,张口就能说出谁家"五保"、谁家有大学生,群众对他真心拥戴。有些挂职干部自恃是"上头派来的",见了本地干部群众高人一等的样子,到处吆五喝六、指指点点,真正的实事却办不了几件,群众难免嗤之以鼻。

在群众心中,"领导样"其实很多样,似乎没有统一的标准:有的疾声厉色、不容瑕疵;有的风风火火、雷厉风行;有的长于沟通、八面来风;有的振臂一呼、应者云集……为什么这些"领导样"令人印象深刻?就在于这些"素描像"都有一个共通之处,那就是实干。西装革履,高高在上,貌似很有派头,其实群众并不欢迎。以身作则、身先士卒,干在前边、走在前头,才是深得人心的"领导样"。

　　有人说得好:"心灵反映生活,面貌反映心灵。""领导样"重内不重外、重"神"不重"形",不在于外在的风度,而在于内在的气度;不在于外表上的派头,而在于内心执着干事的劲头。一心为民、甘于清贫、艰苦奋斗的"领导样",正是"公仆心"的外在反映。言语亲和,是质朴作风的外露;气度不凡,是修养深厚的折射;运筹帷幄,是勤奋学习的必然……修炼好"内功",展现应有的精气神,"领导样"才会既饱满又悦人。

(2016 年 05 月 12 日)

文艺不能单纯娱乐化

王 蒙

近年来,我们的文艺事业在各个方面都有了很大发展,包括满足各种不同层次的精神需要,以及文化服务的扩大与广大受众的参与。与此同时,也有一种现象令人担忧,就是好作品淹没在平庸、苍白、空心、浅薄以及炒作、消费化、单纯娱乐化的作品当中。

文学艺术当然有娱乐消费的功能,但它们更是一个时代一个民族的精神品质、精神瑰宝、精神能量的表现,它体现着也充实着、提升着受众的灵魂。我们应该有鲜明的、权威的、富有公信力的评论,这种评论能入情入理、立意高远、令人信服:它们应该告诉世人哪些文学作品是真正优秀的乃至杰出的。卖得最多的一定是好的吗?不一定。点击率和受到时人夸赞也不能一概而论。我们要有一套理论与价值标准,要有对于真正好作品的体贴与把握,热情与信心,要取法乎上,攀登精神生活的高峰,不能任由那些准广告式炒作式与跟风套话式的所谓评论大行其道。同时,还要告诉受众,有些作品其实不是最好的,但却是可以包容的;与此同时,评论家有权利也有义务指出:这些作品是有着相当令人遗憾的方面的,是可以讨论的,是可以提出与中国这样一个文明古国水准更加相称的要求与期待的。

传播在文艺推广方面的作用非常大,媒体不能带低俗这个头。现在传媒上有些说法是在跟着那些风格轻佻低下的"娱记"的风向走,接受了很多境外迻入的使严肃的文艺工作者相当反感的说法。尤其是电视节目里，许多都是计划好了的，到了某个地方，要让参与者和观众流泪。如果感情变成了兜售手段，怎么可能还有真诚的文艺呢？怎么可能还有真诚的眼泪呢？还有走光卖萌之类的，令人不齿。有的演员干脆在舞台上向观众要掌声，甚至以掌声能带来好运将观众的军，未免有失文艺的尊严与风度。我们的文艺不能浸泡在营销计谋、人云亦云与装腔作势的浑水里，传媒不能成为娱乐市场的附庸，不要与娱乐市场合谋，而要有一个正大光明、高尚庄重、对文学艺术与历史负责的态度，我们的传媒要去呼唤经典、呼唤真正的好的文艺作品。

现在外国人办一个奖，口气大、规格高、人气旺。法国的龚古尔奖、英国的布克奖、西班牙的塞万提斯奖，还有诺贝尔奖等等，这些评奖活动都有极高的规格。于是就有一些朋友、同行，把作品的评价寄托在国际奖项上，令人深思。党的十八大报告提出："建立国家荣誉制度，形成激发人才创造活力、具有国际竞争力的人才制度优势"。我们的文艺需要有国家主体的高端评奖，也要在条件成熟时举办世界性的至少是华文作品的评奖，形成我们自己在文艺方面的评价体系与全球影响力。说到底，这方面的推进有助于显现我们的理论自信与文化自信，有助于激发广大文艺工作者提高志向境界，激励创造力与精益求精精神，引导广大文艺工作者创作出更多无愧于时代的优秀作品。

（2016 年 05 月 11 日）

常回头看看

刘汉俊

读一些贪官的忏悔录,常常发现他们自认"我本是农民的儿子",对自己忘了本悔恨不已。山西榆次的常家大院祠堂里,供着两件物品:一根牧羊鞭、一件破褡裢。意在告诫后人,不要忘了祖上是以牧羊为生的,不要忘了先人背着褡裢走西口的创业史,这两件东西一挂就是200年。这两个例子提醒我们,人生要常回头看看。

看看自己的起点。习近平总书记说:"我迈出人生的第一步,就到了梁家河。在这里一呆就是七年。当年,我人走了,但我把心留在了这里。"延安梁家河的窑洞,是他人生的起点,凝结着他深沉的感情。绝大多数领导干部是从基层奋斗起来的,然而有的人一旦位高、权重、功著了,就容易居功自傲,羞说寒门,讳言出身,不提爹娘,忘记了"我是谁""从哪里来"。常回头看看,就是检视自己是否丢掉了本来、本色、本源、本根,还是不是"农民的儿子",对不对得住父母的养育之恩;身上还有没有那种勤劳、朴实、孝道,能不能心怀朴素,知足惜福,"居上不骄",不虚不狂不妄、不贪不比不占;面对群众,能否换位思考"如果是我的父母、我的兄弟姐妹,该怎么办"。回望起点,才能"树高千丈不忘本"。

看看自己的初衷。能否时常重温入党宣誓时的那份神圣感、庄严感与使命感,审视自己的宗旨意识牢不牢、公仆情怀在不在,是否痴心不改、激情不泯,依然守诺如初、践诺不辍?摸摸自己的脉搏是不是还那么强劲有力,热血是不是还那么滚烫奔涌?初生牛犊的闯劲、拓荒牛的拼劲、老黄牛的韧劲泄没泄?扪心自问,面对社会丑恶现象,还能不能嫉恶如仇、拍案而起?关键时刻还能不能站得出来、豁得出去?回望初衷,不忘本真,可以校正人生的航向。

看看自己的低点。谁都会有人生的低谷,站在高处、回看低处,有哪些越过的沟、遇到的坎、爬过的坡、跌过的坑,原因是什么、教训在哪里、缺点改没改?有没有愧对过的人、遗憾的事,有没有过失误的痛悔、任性的代价?能否警钟长鸣,避得开人生的暗礁、绕得过曾经的雷区?人生总是会遭遇困难、迷雾甚至陷阱,历经磨炼后,信念丢没丢,信心足不足,精神状态好不好,意志消没消?克服困难、战胜挫折、挑战失败的勇气还有没有?低点不是终点,走出低谷,绊脚石就会变成你进步的垫脚石。回望低处,你就站在了人生的高处。

看看人生的高点。成熟的稻穗多低头,回首自己曾经的高度,反思现在是不是更谦虚、更从容、更淡定?面对成绩、荣誉、恭维,能不能虚怀若谷,保持"幽兰君子性,虚竹学士风"的情怀?世界那么大,诱惑那么多,会不会为名所累、为利所困、为情所扰,心灵是否更洁净?权力越大、地位越高,言行是不是更谨慎、更自重,更有敬畏之心?"阅尽人间春色""过的桥比走的路多了",还能不能守住精神的高贵,做到该看重的看重、该看淡的看淡、该看开的看开?回望高点,修养心性,可以抵达人生高境。

古言"人穷则返本",这是一种被动的回头,往往是在付出代价之后。主动地、经常地回头看看,才能行稳致远。

(2016年05月10日)

母亲是一种岁月

张建星

少年的时候,对母亲只是一种依赖。青年的时候,对母亲也许只是一种盲目的爱。只有当生命的太阳走向正午,人生有了春也有了夏,对母亲才有了深刻的理解、深刻的爱。

我们也许突然感悟,母亲其实是一种岁月,从绿地流向一片森林的岁月,从小溪流向一池深湖的岁月,从明月流向一座冰山的岁月。

随着生命的脚步,当我们也以一角尾纹、一缕白发在感受母亲额头的皱纹、母亲满头白发的时候,我们有时竟难以分辨:老了的,究竟是我们的母亲,还是我们的岁月?我们希望留下的究竟是那铭心刻骨的母爱,还是那点点滴滴、风尘仆仆、有血有泪的岁月?

岁月的流逝是无言的,当我们对岁月有所感觉时,一定是在非常深沉的回忆中;而对母亲的牺牲真正有所体会时,我们也一定进入了付出和牺牲的季节。

有时我在想,母亲仅仅是养育了我们吗?倘若没有母亲的付出、母亲的牺牲、母亲巨大无私的爱,这个世界还会有温暖、有阳光、有沉甸甸的泪水吗?

我们终于长大了,从一个男孩变成一个男人;从一个女儿变成一个母亲。当我们以为肩头挑起责任也挑起命运的时候,当我们似乎可以傲视人生的时候,也许有一天,我们会突然发现,我们白发苍苍的母亲正以一种充满无限怜爱、无限关怀、无限牵挂的目光从背后注视着我们。我们会在刹那间感到,在母亲的眼里,我们其实永远没有摆脱婴儿的感觉,我们永远是母亲怀里那个不懂事的孩子。

往往是在回首的片刻,在远行之前,在离别之中,蓦然发现我们从未离开过母亲的视线,从未离开过母亲的牵挂。谁言寸草心,报得三春晖。我总在想,我们又能回报母亲什么呢?

母亲是一种岁月。无论是我个人的也许平庸也许单纯的人生体验,还是整个社会前进给我的教诲和印证,在绝无平坦而言的人生旅途上,担负最多痛苦、背着最多压力、咽下最多泪水,但仍以爱、以温情、以慈悲、以善良、以微笑,对着人生、对着我们的,只有母亲,永远的母亲!

于是我便理解了,为什么这么多哲人志士,将伤痕累累的民族视为母亲,将滔滔不断的江河视为母亲,将广阔无垠的大地视为母亲。

因为能承受的,母亲都承受了;该付出的,母亲都付出了。而作为一种岁月,母亲既是民族的象征,也是爱的象征。

也许因为我无法回报流淌的岁月所赐予我的,所以,我无时无刻不在爱着我的母亲,我的老母亲。在我的眼里,母亲是一种永远值得洒泪感怀的岁月,是一篇总也读不完的美好故事。

(2016 年 05 月 09 日)

技术也可以"诗意盎然"

刘根生

一位新锐设计师受梵高名画《星空》的启发，设计出一条"夜光自行车道"，路面上镶嵌着成千上万颗发着蓝绿色微光的小石头，如同银河洒落人间，令人叫绝。设计师认为，技术不应是坚硬麻木的存在，而应"以一种更具交互性和诗意的方式强化我们的感受能力"。

的确，技术并不只具有实用价值，亦可以是审美价值的摇篮。中国的陶瓷闻名遐迩，丝绸远销世界，古代建筑令人陶醉，皆因实用价值与审美价值相得益彰。技术满足人的物质需要，艺术满足人的精神需要，技术与诗意融合，更能熏染出高品质的生活。当我们向科技的诗意一面投去更多关注，就不难发现，技术也可以充满温度和情怀，饱含灵性和魅力。

国内外一些城市，涌现出一种叫做"垂直森林"的新式建筑，层层种下乔木、灌木和草本植物，让绿植充满建筑空间。传统观念里，城市的钢筋水泥风格同绿色自然格格不入，"垂直森林"的建筑设计却成功让人与自然超越空间局限融合在一起，为"诗意的栖居"创造了无限可能。在南方医科大学人体标本陈列馆，我国现代临床解剖学奠基人钟世镇院士创新标本制作方法，让各类人体铸型标本如珊瑚、水晶般精美，令参观者心情放松，不仅摆脱了对"解剖"的莫名恐惧，更对探索人体奥秘充满了兴趣。

科学同样要有美感，技术创新也能很诗意。如果把科技比作繁茂的大树，效率和性能是其树干，人文要素则近乎于树枝和树叶。没有树干，枝叶无所依存；剥掉树皮，去除叶子，树干不过是根木头。科技不能只有理性思维、缺少"诗性思维"，否则就难免枯燥无趣。以城市规划来说，许多城市的新城区道路宽度、公共广场都唯宽大是从，不仅不讲科学，实际上也诗意无存，既浪费也没有特色。

"技术的诗意"，其实不是铺陈、夸张、搞怪，而是"得天之道，其事若自然"。如同庖丁解牛，始终按照其结构特征用刀，在顺应自然求至善中尽显智慧和技艺。其中凝聚着"真"——尊重规律、以道驭术；凝聚着"善"——简约利物、惠而不费；凝聚着"美"——巧夺天工、出神入化。多些"技术的诗意"，实质正是遵守技术伦理，把创意和人文有机融合，用"人的尺度"统摄技术，给人更多便利感受和美的体验。

为什么有些技术成果缺乏良好用户体验？不是技术创新能力达不到，而是在贪多求快的浮躁心理驱使下主动放弃了对诗意的探求。这提醒我们，无论是规划设计还是科学研究都极具专业性，决策者有必要多咨询专业人士意见，防止"政绩冲动"和"商业驱使"误导决策。一切技术创新的目的都在于提升生活品质，理应多从人文领域寻求灵感启发和精神支柱，在实用和审美并重中释放智慧和技艺。

美是愉悦源泉，美也是巨大竞争力。科技之美，立足于"人的尺度"，内蕴着"技术为体、文化为魂"的规律。让科技的真、善、美可观可触可感，我们才能最大程度地兑现"科技让生活更美好"的愿望。

（2016年05月06日）

世上没有单翅的鸟

习 骅

随着党中央反腐行动向纵深发展，一些落马者的贪腐细节被媒体披露。有的人被抓时，巨额赃款分文未动。有的人贪纳海量赃款烧坏多台点钞机，其实八辈子也花不完。凡此，让人百思不得其解：要那么多钱干啥？

人生需要物质的支撑，这不是问题。恩格斯在马克思墓前提到一个"简单事实"：人们首先必须吃、喝、住、穿，然后才能从事政治、科学、艺术、宗教等等。马斯洛需求层次论的基础部分便是生理和安全需求。然而，人的独特精神需求划清了人与动物的界限。恩格斯总结的人的社会活动，马斯洛需求层次论中所谓情感、尊重和自我实现等，描摹了人的精神追求。世上没有单翅的鸟，物质无虞、精神充盈，乃是人生的一对翅膀。

毋庸讳言，我国各级干部的薪水相对来说并不高，但这个群体的生活水准仍在社会中线之上，而且比较稳定和有保障，就像井里的水，不是很多，但一直有。而不少困难群众还在为生计奔波、为治病费用头疼。这可以解释为什么群众从不原谅贪官，难以理解那些人为何要不顾一切地作奸犯科，甚至赌上身家性命。

"物质贫乏便痛苦，物质满足便空虚，人生就像一个钟摆，总在痛苦和空虚之间摇摆"，不能不说，一些人就是陷在痛苦与空虚的泥淖里，逃不脱这种"摇摆定律"。事实上，对于许多腐败分子而言，其生存的"刚需"早已得到解决至少解决有望。在匮乏的痛苦逐步降低的时候，如果"总开关"出问题，很容易坠入空虚无聊。如果抓错药，无异于给没有方向盘的跑车加速，人生越跑越偏。

多少石头能填平大海呢？有人说：人的苦恼在于需要的不多，想要的太多。的确，生存和繁衍必不可少的物质需求是恒定、有限的，人的精神追求才是无止境的，这是人性的特点和荣耀。离精神越近的离动物越远，离物质越远的离崇高越近，如此，"摇摆定律"就很难起作用。精神可以弥补物质匮乏，物质却不能弥补精神空虚，甚至适得其反。那些贪腐者企图以非分的物质手段解决高层次的精神黑洞，纯属南辕北辙、饮鸩止渴。

小偷的不义之财很难追回，巨贪的赃款则往往锁在那里，不仅日日提心吊胆，到头来形同当了"保管员"。所要往往非其所得、所得未必真如所要，人生必然像坠入漫漫长夜，越走越黑。世上最荒唐可悲的莫过于摧毁自己的人生，所以许多贪官会一夜白头，后悔得要撞墙。

马克思指出，那些为大多数人带来幸福的人是最幸福的人。托尔斯泰说，人生只有一种确凿无疑的幸福——就是为别人而生活。细思来，这些睿语并非空洞的标榜，而是发人深省的金玉良言。于党员干部言，以"人民对美好生活的向往，就是我们的奋斗目标"自许，不仅是实现"不想腐"的必由之路，也是打造丰盈人生的密码。

（2016年05月05日）

敢做先锋 不当看客

辛士红

又到毕业季,一位研究生没有如父母所愿,回老家一个安逸舒适的单位工作,而是选择到外面的世界打拼。他说:"我害怕一眼能看到20年后的自己,哪怕在外面碰得头破血流也无怨无悔……"这样的选择需要勇气,也张扬着青年人敢试敢闯的性格。

"要敢于做先锋,而不做过客、当看客""对想做爱做的事要敢试敢为,努力从无到有、从小到大,把理想变为现实",在知识分子、劳动模范、青年代表座谈会上,习近平总书记的青春寄语,在广大青年中引起广泛共鸣。

先锋是社会的先导、国家的栋梁。争做先锋,是青年的朝气所在,也是社会的希望所在。歌德曾说:"创造一切非凡事物的那种神圣的爽朗精神,总是同青年时代的创造力联系在一起的。"让创新成为青春远航的动力,让创业成为青春搏击的能量,让青春年华在为国家、为人民的奉献中焕发出绚丽光彩,是每一位青年人的责任所系。青年人有梦想、不苟且、做先锋,才能铸就"更好的自己",也才能成就"青春之中国"。

我们的社会向来不缺少披坚执锐、勇于担当的青年才俊。然而,也有极少数青年面对物质潮流的冲击、浮躁风气的裹挟、功利心态的侵蚀,选择做无所事事的过客或麻木不仁的看客,甘愿当"精致的利己主义者"或"有理想没方向、有文凭没文化"的"空心人"。当别人乐善好施时,他嘲笑为"不开窍";当别人坚守原则时,他视之为"假正经";当别人奋力打拼时,他鄙夷为"一根筋"。当青春为负能量充塞,又何来那么一股子冲劲与闯劲?

"夫天地者,万物之逆旅也;光阴者,百代之过客也。"人的生命何其短暂,韶华何其难留,谁也没有资格去挥霍自己的青春。鲁迅先生说过,对青年不能一概而论,"有醒着的,有睡着的,有昏着的,有躺着的,有玩着的,此外还多。但是,自然也有要前进的。"不同的精神状态决定不同的生命质量。心中有阳光,脚下有力量。尽管道路充满泥泞,但"前进的"青年多了起来,就会带领和团结更多的人在坚守平凡中创造非凡。

陈毅同志曾说:"青年是时代的先锋,先锋责任的完成,只有从斗争中锻炼可以得到。"心中有梦,何惧远方。你曾经摔跤的地方,也许就是通往成功之途的出发地;你曾经努力的方向,也许就是你赢得人生精彩的前奏曲。青春的世界,在诗人看来,"沙粒要变成珍珠,石头要化作黄金""枯枝长出鲜果,沙漠布满森林",这是青年改天换地的精神,这是"青春的美,青春的快乐,青春的本分"。

在这个筑梦圆梦的时代,青年一代更当敢做先锋、勤于追梦。如果青年一代在最该奋斗的年龄失去远航的动力、搏击的能量,历史便不会有上升的"螺旋"、事业的接力。我们关心青年、重视青年,就应该让每个有天分又够努力的"邻家小妹"都有机会成为李娜,让每个不安分又够聪明的"穷小子"都有机会成为马云。对于青年人来说,经历了酣畅淋漓、携手创业的奋斗,哪怕是没有成为某一领域的"先锋",依然可以领略到走出小天地后的大格局,依然可以自豪地说"我不曾辜负自己的青春"。

(2016 年 05 月 04 日)

跨越"双曲贴现"陷阱

何冠军

假如现在可以获得 1000 元，如果再等一个月，则能得到 1100 元，你会怎么选择？相信不少人会不假思索地立即领取 1000 元。

宁要相对较少的眼前收入，也不愿等待数额更多的日后报酬，这在经济学上被称为"双曲贴现"的非理性陷阱。在社会生活中，这种非理性思维较为普遍。譬如，明明知道惟有"管住嘴、迈开腿"才能瘦身健体，可因为不会立马奏效，有人便寄望于各种所谓奇效减肥药，期待立竿见影。明明清楚惟有久久为功才能收获实绩，可为了追求"显绩"，短平快项目仍然成为一些地方首选，全然不顾发展的长远利益。

心理学实验证实，一个人是否具备延迟满足的能力，影响着事业的成败。经验表明，但凡有价值、有意义的事情，不下一番滴水穿石的持久功夫，无法完成。在一些人看来，居里夫人仅凭"颜值"便足以过优越的生活，但她却毅然走上充满挑战的科研之路，靠着坚韧不拔的毅力两次荣膺诺贝尔奖，赢得了厚重的人生，成就了"跨越百年的美丽"。科学家丁肇中受邀讲学时，竟对记者的一些提问答不上来，原因在于 15 年来他潜心笃志"只做了一件事"，即在宇宙间寻找反物质，令人感慨执着坚守对抗浮华喧嚣的分量。反观那些立竿见影的"表面活"，带来的往往只是暂时的热闹，一旦浮华的浪花退去，岸边留下的常常是一片狼藉。

"一万小时定律"说，只要积累足够持久，就能在特定领域找到自己的价值。身边总有一些人以"理性经济人"自居,幻想在短时间内实现个人利益最大化。在这种思维作祟下,精于算计、擅长取巧、急功近利,做人难免如"骑墙草""变色龙",做事也容易"蜻蜓点水""蝴蝶戏花"。这些看似"精明"的心理与行为,恰恰与真正的理性和智慧背道而驰。

毛泽东同志曾如此作比:"我们共产党人好比种子,人民好比土地。我们到了一个地方,就要同那里的人民结合起来,在人民中间生根、开花。"根深方能叶茂,党员干部要想茁壮成长,必须在人民中扎下深根,这是群众路线最朴素的方法论。遥想谷文昌踏上东山岛,没有追求轰动效应,而是俯下身子、久久为功,十数年如一日,团结带领干部群众治理荒岛,用自己的"人生一粒种"换来了"漫山木麻黄"。"先祭谷公,后祭祖宗",历史不会忘记那些把生命镌刻在群众心中的人,而这又何尝不是为官从政的最高褒奖。

假设荷叶每天生长一倍、一个月可以长满池塘,第二十八天池塘里的荷叶有多大面积呢?只占池塘面积的1/4;即使到了第二十九天,也仅占1/2。最后一天,荷叶在从容之间覆盖整个池塘。哲人有言,"渐"的威力是无穷的。从修身养德到干事创业,向上的人生,离不开"常抓""抓长"的基本功。不然,岂能幻想不期而至的质变?

(2016年05月03日)

以工匠精神雕琢时代品质

李 斌

今天,我们迎来了一个更加注重精细品质和独特体验的时代。"我真的是希望工匠精神可以变成我的墓志铭。"不久前,一位生产智能电器的企业家如是感慨。企业对高精尖、炫彩酷的不懈追求,同工匠精神不谋而合。像手工匠人一样雕琢技艺、精致产品,企业才有金字招牌,产品才能经受住用户最挑剔眼光的检验。

《说文》里记载:"匠,木工也。"今天作为文字的"匠",早已从木工的本义演变为心思巧妙、技术精湛、造诣高深的代名词。一位作家说过,能将胡辣汤做得顾客盈门、生意红火,和能让火箭上天没有本质的区别。职业与职业没有高低贵贱的差别,但人与人却从来都有职业品质、专业精神的分殊。工匠精神厚植的企业,一定是一个气质雍容、活力涌流的企业。崇尚工匠精神的国家,一定是一个拥有健康市场环境和稳健人文素养的国家。"将产品当成艺术,将质量视为生命",正是这样的极致追求,将我们带往一个更为不凡的世界。

一盏枯灯一刻刀,一把标尺一把锉,构成一个匠人的全部世界。别人可能觉得他们同世界脱节,但方寸之间他们实实在在地改变着世界:不仅赋予器物以生命,更刷新着社会的审美追求、扩充着人类文明的边疆。工匠精神从来都不是什么雕虫小技,而是一种改变世界的现实力量。坚守工匠精神,并不是把"拜手工教"推上神坛,也不是鼓励离群索居、"躲进小楼成一统",而是为了擦亮爱岗敬业、劳动光荣的价值原色,高树质量至上、品质取胜的市场风尚,展现创新引领、追求卓越的时代精神,为中国制造强筋健骨,为中国文化立根固本,为中国力量凝神铸魂。

将一门技术掌握到炉火纯青绝非易事,但工匠精神的内涵远不限于此。有人说,"没有一流的心性,就没有一流的技术"。的确,倘若没有发自肺腑、专心如一的热爱,怎有废寝忘食、尽心竭力的付出;没有臻于至善、超今冠古的追求,怎有出类拔萃、巧夺天工的卓越;没有冰心一片、物我两忘的境界,怎有雷打不动、脚踏实地的淡定。工匠精神中所深藏的,有格物致知、正心诚意的的生命哲学,也有技进乎道、超然达观的人生信念。从赞叹工匠继而推崇工匠精神,见证社会对浮躁风气、短视心态的自我疗治,对美好器物、超凡品质的主动探寻。我们不必人人成为工匠,却可以人人成为工匠精神的践行者。

一个时代有一个时代的气质,我们的时代将以怎样的面貌被历史书写,取决于我们每个人的表现。工匠精神是手艺人的安身之本,亦是我们的生命尊严所在;是企业的金色名片,亦是社会品格、国家形象的荣耀写照。工匠精神并不以成功为旨归,却足以为成功铺就通天大道。

(2016年04月30日)

把问题摆到桌面上

李树杰

1926年1月,党员杨洵因与重庆党、团创始人童庸生存在工作认识分歧,向远在上海的党中央写信,反映重庆党、团存在团体个人化、革命学潮化问题。中央对此高度重视,一方面安排重庆负责人杨闇公、童庸生召开批评会,团结同志向前进;另一方面也批评杨洵"不工作,在团体外说话"。经过一番不偏不倚、公正严谨的剖析讨论,童、杨二人由此化解了矛盾,党组织重新团结起来。

党组织内有问题有分歧不可怕,但应把问题和分歧摆在桌面上,发扬民主,认真讨论,辨别是非,坦诚相见。这是解决问题、正确决策、维护领导班子团结、提高领导班子凝聚力和战斗力的有效方法,也是同志之间统一思想认识、消除误会、化解矛盾的最好途径。毛泽东同志在《党委会的工作方法》中列举了十二条工作方法,"要把问题摆到桌面上来"就是重要一条。

马克思主义认为,矛盾是一切事物发展的动力。有问题和分歧很正常,问题和分歧正是改变和突破的契机,关键是如何解决问题、消弭分歧。如果藏着掖着,不能开诚布公地去讨论研究,而是在背后嘀嘀咕咕,"当面不说、背后乱说""会上不说、会后乱说""台上不说、台下乱说"。这样的做法,容易让问题和分歧发酵,使小问题、小分歧变成大问题、大分歧,最终让党组织和领导班子陷于一盘散沙,失去战斗力,失去在群众中的威信。严重的话,甚至会破坏党的团结统一,妨碍重大方针政策的贯彻落实。

为什么有人不愿把问题摆在桌面上?生活里的许多思维定势、庸俗观念很多时候形成了掣肘。"有话不说全,说话不全真"被很多人奉作为人处世的圭臬,"谁人背后不说人,谁人背后不被说"被视作稀松平常的事情。在这样观念的引导下,就有了投石问路、老谋深算的利益算计,有了尔虞我诈、口蜜腹剑的厚黑之道,开诚布公、推心置腹反成了缺心眼、死脑筋的代名词。抱着这样的思维观念去处理同志之间的关系,必然导致党内生活庸俗化。

"技术可以救人命,沟通可以救人心。"作为共产党人,有话就要放到桌面上来讲,绝不能搞阴谋诡计、勾心斗角那一套。破解当面不敢讲、私下乱讲话的困局,关键是用好批评和自我批评的武器,出以公心、努力交心。出于对同志、对组织的真正爱护,以公心公道的尺子待人待事,批评才不会失焦,氛围才不会极化。当然,批评也要讲究方法,既要当面锣亮丑、对面鼓揭短,开门见山、直奔主题、一针见血,也要防止主观臆断、主观主义,不能没有根据地"瞎批评""乱开炮"。

党内生活是个大熔炉,在这个大熔炉中生铁能变成好钢。既如此,就要众人拾柴,把炉内的火烧得旺旺的。把问题摆到桌面上,讲的人坦诚直言、言无不尽,听的人真诚面对、虚心相助,我们才能以严实的党内生活,推动党和人民各项事业不断向前。

(2016年04月28日)

善于倾听下面干部的意见

徐文秀

现在,时不时听到一些基层抱怨,说平时很难见得到"上面干部",往往内心有话无处说、有苦无人诉;有的则感叹座谈会一个又一个参加、意见表一张又一张填写,可反映的问题总是在路上打转转,提的意见总是被"冷处理""软对待"。这些抱怨或有偏颇,但所反映出来的问题值得思考。

想起30多年前的一则故事。1978年9月间,广东惠阳地区一位干部给时任省委第二书记的习仲勋写了一封措辞尖刻的批评信,习仲勋同志很快回了信,表示诚恳接受他的意见,并委托省委一位书记到惠阳出差时同来信者面谈。习仲勋还表示,这封信写得好,还可以写得重一点。下面干部敢讲话,这是一种好风气。不要怕听刺耳的话,要鼓励支持下面干部说话。

事实上,上级机关或领导,经常注意倾听下面干部的意见建议,是很重要的工作内容和工作方法,也是我们党一贯倡导并坚持的优良传统和作风。毛泽东同志曾在《党委会的工作方法》中强调"不懂得和不了解的东西要问下级,不要轻易表示赞成或反对",他生动地指出"先做学生,然后再做先生;先向下面干部请教,然后再下命令",并对善于倾听下面干部的意见作了深刻的分析和阐述。

善于倾听下面干部的意见,是上级机关或领导想问题、办事情、做决策的"源头活水",是防止和纠正工作偏差、减少和避免工作失误的"参照坐标",也是检验领导干部民主作风、胸襟气度的"重要标尺"。然而,有的同志似乎瞧不起、看不上下面干部的意见，总觉得他们站位低、认知浅、视野窄、觉悟低，听不听无关紧要；有的总觉得自己正确聪明、高人一筹，习惯于对下面干部耳提面命；有的则认为下面干部诉求多、情绪大，不好惹、不敢惹，生怕听多了意见拿不出办法，搞得自己灰头土脸。如此一来，听下面干部的意见在一些地方、部门和单位也就成了一种点缀和口号，成了一种摆设甚至噱头，最终只是走过场、成形式而已。

下面干部身处基层一线，接触实际、接近群众，经常面对大量的矛盾和问题，了解并掌握大量"沾泥土""带露珠""冒热气"的鲜活情况，上面的很多政策措施都是在广泛而深入听取下面干部意见、总结下面干部经验的基础上形成的。现在，脱贫攻坚、转型升级、供给侧结构性改革等等，一件件爬坡过坎的大事都得靠集思广益、广纳群言。善于倾听下面干部的意见，就要对下面干部礼贤下士、虚怀若谷、不耻下问，发自内心地视他们为老师，而"自己往往是幼稚可笑的"。还要想方设法鼓励支持下面干部敢讲话，敢说心里话，特别是，对刺耳的话要听得进、容得下，喝得下苦口良药，才能更加强身健体。

社会转型期，矛盾凸显、问题不少，对各方面的意见不但要多听、乐听、善听，还要听进去、传上来、用起来，不能听归听、做归做，听时满脸真诚、听后若无其事。如此，不仅能进一步完善决策，更能化解心结，激发干部的热情与干劲。

（2016 年 04 月 26 日）

事必躬亲与甩手掌柜

辛士红

两位很优秀的党委书记在介绍工作经验时,一位用了两个"好":把好方向,用好干部;一位用了两个"最":挑最重的担子,啃最硬的骨头。两个人的着重点不一样,却都诠释出当好"一班之长"的基本要求。

党委书记要善于当"班长",这是毛泽东同志在《党委会的工作方法》中提出的第一项要求。"单位好不好,关键在领导;班子行不行,就看前两名"。一个地区的发展水平如何、一个部门的治理能力如何,主要看其领导班子,而"班长"的责任尤为重大,角色不可替代。

"干部干部,干是当头的"。从班子建设到党风廉政建设,从员工激励到百姓民生,无不需要"一把手"投去关注的目光、留下实干的身影,哪一个方面的工作都不能失察,哪一个领域的治理都不能缺位。但是,真理再往前一步可能就是谬误。同是实干,有的"一把手"习惯事必躬亲、越俎代庖,西瓜芝麻件件要,眉毛胡子一把抓。这样当"班长",干部群众名之曰"费力不讨好"。

早在1959年3月的郑州会议上,毛泽东同志就指出,各级党委书记不要多端寡要,"端可以多,但是要抓住要点,一个时候有一个时候的要点。这是个方法问题。这个方法不解决,每天在混混沌沌之中,叫做什么没有功劳也有苦劳,什么辛辛苦苦的官僚主义"。分不清轻重缓急,不懂抓大事,不会"弹钢琴",多端寡要的结果必然是碌碌无为,事倍功半。

反对"一把手"事必躬亲,并不是说就可以当"甩手掌柜",美其名曰"无为而治"。有的占着位子不干事,上项目怕被人怀疑,搞改革怕惹是非,该管的事情不管,该负的责任不负,当起了明哲保身的"公堂木偶"。不管怎么"伪装"和"铺陈",都丝毫掩盖不了这种行为敷衍塞责的实质。当"班长"就要敢担当,怕担当就不要当"班长"。"仕而废其事,罪也"。"一把手"如果"在最好的位置上睡觉",可真是辜负党的重托和群众信任。

"将军赶路,不追小兔。""一把手"的主要职责,是把方向、抓大事、谋全局。要看到,一根梁撑不起一幢房。"班长"的能力再大也不能干完所有的事,关键是要发挥好班子的力量,用好集体的智慧。"一把手"当好班子的带头人,不"抬头看路"不行,不"低头拉车"也不行;不"运筹帷幄"不行,不"冲锋陷阵"也不行;不"对着话筒能讲"不行,不"卷起裤腿下田"也不行。这里的关键是,善于抓大放小,同时发挥好表率带头作用,讲求领导艺术。

《史记》中记载:"子产治郑,民不能欺;子贱治单父,民不忍欺;西门豹治邺,民不敢欺。"子产靠的是亲力亲为,明察秋毫;子贱注重教化百姓,选贤任能;而西门豹则以水利富民,以重典治乱。作为"一把手",领导艺术、工作方式可以千差万别,但都必须分清职权内与职权外、有所为与有所不为。"一把手"摆正了位置,一定可以成为领导班子高效运转的润滑剂、紧密团结的黏合剂、激发潜能的催化剂。

（2016 年 04 月 25 日）

多读史以知"治"

贾世江

古人讲,"欲知大道,必先为史"。早在 1920 年 12 月 1 日,毛泽东在致蔡和森等的书信中分析袁世凯称帝、段祺瑞执政之所以失败时,就提出"均系不读历史之故",因此"劝大家读历史"。而从"政之所兴在顺民心"的民本思想,到"先天下之忧而忧"的家国情怀,再到"留取丹心照汗青"的崇高气节,乃至"老吾老以及人之老"的仁爱之心……这些历史智慧和文化养分,多有成风化人、润物无声之功。

"索物于夜室者,莫良于火;索道于当世者,莫良于典。"领导干部接触面广、工作挑战性强、群众期望高,要求掌握的知识和技能很多,多学些历史,不仅是个学习兴趣的问题,更是一种政治智慧和历史自觉。正所谓"执古之道以御今之有",今天,我们遇到的很多事情都可以在历史上找到影子,历史上发生过的很多事情也都可以作为今天的镜鉴,诚如习近平总书记所言:"要治理好今天的中国,需要对我国历史和传统文化有深入了解,也需要对我国古代治国理政的探索和智慧进行积极总结"。

历史是最好的教科书,也是最好的清醒剂。无论是推动全球治理理念的创新发展,还是治理好正处于转型期的当代中国;无论是打造人类命运共同体,还是实现民族复兴的夙愿,不仅需要运用今天的智慧和力量,而且需要从历史中寻找智慧。英国著名历史学家汤因比说:"避免人类自杀之路,在这点上现在各民族中具有最充分准备的,是两千年来培育了独特思维方法的中华民族。"中华民族的文明历史悠久,源远流长,我们没有任何理由不去珍视这一优势,不去汲取中华文化的"活性力量"。

1941年,毛泽东同志在延安干部会议上所作的《改造我们的学习》报告中就曾指出:"不论是近百年的和古代的中国史,在许多党员的心目中还是漆黑一团。许多马克思列宁主义的学者也是言必称希腊,对于自己的祖宗,则对不住,忘记了。""不单是懂得希腊就行了,还要懂得中国;不但要懂得外国革命史,还要懂得中国革命史;不但要懂得中国的今天,还要懂得中国的昨天和前天。"今天读来仍然发人深省。在如今的一些领导干部那里,总觉得学历史不如学业务管用;有的学历史则是为了多些谈资,只武装嘴巴不指导实践,从这样的目的出发读史,往往不可能理解历史的真谛,甚至可能误入歧途。只有真正以高度的历史自觉、深邃的历史眼光和深刻的历史思维,认识和把握历史发展规律,才能收获"明志""知治"之效。

"掌上千秋史,胸中百万兵。"从习近平总书记号召"全党同志一定要善于学习,善于重新学习",到中共中央政治局第十八次集体学习聚焦我国历史上的国家治理,强调牢记历史经验、历史教训、历史警示,为国家治理能力现代化提供有益借鉴,可以说,重视学习、注重读史,已成为全党同志特别是各级干部的迫切功课。惟有不断提升自己的历史素养、治理水平和政治智慧,学会按照历史规律想问题、办事情、作决策,不采华名,不兴伪事,才能写下勿忘昨天、无愧今天、不负明天的绚丽篇章。

(2016年04月22日)

为敢于作为的干部撑腰

顾伯冲

最近到基层调研,谈到一些干部不作为现象时,有同志讲:"许多官员不是天生不作为的,有的在敢于作为中碰了'钉子'、遇到了'小人',没有人为他撑撑腰、打打气,时间一长,自然就泄气了。这能怪他们吗?"这位同志所说的情况不是个案。有的人"一朝被蛇咬,十年怕井绳",原有的干劲就像霜打的茄子——蔫了。

对于这些干部来说,首先有一个正确面对的问题。在受到打击报复、诽谤诬陷后,不仅没有人站出来说句公道话,还看到加害者照样逍遥自在,甚至"不要脸的比要脸的活得还好",这固然令自己一时寒心、想不通,但不能有"学乖了""看透了"的适应,而是应有"明知山有虎,偏向虎山行"的坚持。同时,组织上也有一个敢于作为的问题,对他们光说一个"正确对待"是不够的。如果不站出来为他们撑腰,客观上就会产生一种对作为者不公、对"伪君子""真小人"纵容的效果,危害可能隐性,却很严重。

从微观层面讲,要对"害群之马"及时亮剑。有的人平时赖在"官位"上尸位素餐,工作上不愿挑担子也挑不起担子,但搬弄是非却是高手,每当看到别人做出了业绩,或者感到那些能干会干的同事抢了他的风头时,便妒意顿起,使出各种下三烂招数。对此,纪检部门应当树立"查处腐败分子是政绩,保护干部干事创业的积极性也是政绩"的思想观念,不回避、不躲闪,立场分明,与不良风气作斗争,保护好干部的积极性。具体来说,对因工作敢于作为、触动他人利益而引起信访举报的,要及时核实情况、回应社会关切,为干部澄清事实;对因工作坚持原则、敢于作为而遭到错告、诬告、诽谤的,要依纪依法追究相关诬告者的责任,该训诫的要训诫,该挪位的要挪位,该查办的要查办。

从中观层面讲,要完善激励敢于作为的选人用人机制。用一贤人则群贤毕至。从一定角度上讲,选敢于作为的人、用敢于担当的人,既是成全事业的发动机,也是扶正祛邪的风向标。选拔重用那些在重大是非面前敢于坚持真理的人、在困难矛盾面前敢于担当负责的人、解决问题有思路有办法的人、开拓局面卓有成效的人,才会让那些有锐气、勇作为、敢担当的干部热情与潜力得到迸发,让那些成事不足、败事有余的人受到警醒直至遁迹。同时,对敢于作为的干部在工作过程中凸显出的个性也要予以包容,甚至欣赏,选用干部既要讲求原则,又要尊重个性,不能用一个刻板模子选干部、看干部。

从宏观层面讲,要积极营造敢于作为的从政环境。敢于作为的干部,有时为了做成事、做好事,心无旁骛,充满激情,处事可能不那么周全,也不可能适合每个人的"胃口"。这个时候,支持、保护敢于作为的干部,是各级党组织应有的责任担当,要在理念上做到"三个区分":把敢于向歪风邪气"发火"与刚愎自用、高高在上的骄横作风区分开来;把工作上的"高调"与追名逐利、捞取晋升的政治资本区分开来;把凝成干事创业的"合力"与搞团团伙伙区分开来。既用党的纪律约束干部,又用党的政策保护干部,为他们撑腰鼓劲,敢于作为就会成为各级干部的自觉追求,最终蔚然成风。

(2016年04月21日)

岂能"不做一万,以防万一"

李 俭

眼下,规矩多了,要求严了,盯得紧了,一些干部便把纪律规矩当成了从政风险,遂有了这样的逻辑:多做事,难保"万一"出事;为防"万一",宁可万事不做。名之曰"不做一万,以防万一"。于是,在一些地方一些干部那里,许多本职工作都停留在了口号阶段,招商不做了,项目不上了,改革停顿了,企业生产艰难坐视不理,结构转型无心推动。

纪律规矩是要求、是边界,更是防止权力任性的制度性保护。按纪律要求办事何谈风险?反倒是不守纪律不讲规矩,不仅有风险而且很危险。正风肃纪是治党必需、社会共识,从哪个角度看都构不成不作为的"理由"。无论是八项规定、各项禁令,还是廉洁自律准则、纪律处分条例,什么事能干,什么事不能干,要求清晰明确,一看就懂,没有难以拿捏把握、容易失足误闯的模糊地带。把纪律规矩当成风险,当作不敢干事的借口,如果不是一种误读与臆想,便是对纪律规矩的消极抵抗。那些曾经破底线、踩红线的人,那些习惯不按规矩出牌的人,倒是应该好好想一想,如何适应在纪律规矩下干事。

当然,做任何事情都不可能完全没有过失,这跟"只有犯规踩线才能干成事"完全是两回事。"干部干部,干是当头的",当干部就是要干事,在干事过程中必然会面临这样那样的矛盾、困难和挑战,有的甚至可能是"烫手的山芋"。如果绕着矛盾走,"事不关己,高高挂起""明哲保身,但求无过",当"太平官",看似能安逸一时,但终究难逃问责。我们在干部任用上正在形成的能者上、庸者下、劣者汰的用人机制,目的正是让干净干事者有为有位,让为官不正、为官不为、为官乱为者靠边。

人非圣贤,往往是做事越多,出错受挫的几率就更大,这是我们必须正视的客观现实。对于党组织而言,应当为干净干事者缓解压力,正如习近平总书记所言:"既要严格管理,又要热情关心"。在纪律规矩上要严格要求,划红线、设底线,不能"牛栏关猫"。在干事创业上则要关心爱护,保护作风正派、锐意进取的干部,把那些想干事、能干事、敢担当、善作为的优秀干部用起来。同时建立一些试错、容错机制,既不违背从政原则性要求、党纪国法的相关规定,又保护干部干事创业的积极性。

为官无为平生耻,干事无成终生憾,做一个勇于任事、敢于担当的好干部,方能无愧于心。

（2016 年 04 月 15 日）

愿宁静成为心灵的常态

——让我们的人生更开阔①

林治波

有人说，当今社会，有一样东西几乎让所有人都无可逃逸，那就是浮躁的风气。这话虽有些偏激，却道出了许多人欲言难言的自我困惑。

杂乱吵闹是喧嚣的外在表现，其本质则是浮躁，是人们内心的急躁、失衡、不沉稳。浮躁，是丧失定力，随波逐流；是心急如火，投机取巧；是虚浮夸张，一片泡沫；是不要过程，只要结果。人生在世，谁都有各种各样的追求和欲望，古今中外，概莫能外，这本无可非议。问题在于，面对浮华世界，人们的欲望变得更大、更多、更急切，由此衍生出浮躁的社会风气。

浮躁之风盛行，会导致这样的现象：为官者盼望一步登天，为学者盼望一步到位，为商者盼望一夜暴富，为艺者盼望一举成名。也容易出现这样的结果：社会被浮躁之风笼罩，清静的人生、专心的工作、精良的产品，变得稀罕起来；因为求快而忽视了细节和质量，导致一些地方事故多发、反复折腾、劳民伤财。那些整日忙碌赶场子的人，那些"眼观六路耳听八方"的人，那些跟风起哄盲目不安的人，看似日理万机，好像勤奋忙碌，到头来往往难成大事，原因就在于他们"用心躁"而无法"用心一"。

对于浮躁，古人总结出了"欲速则不达，见小利则大事不成"的道理。

今天的社会日新月异，节奏加速，变化更快、更多、更大，人们对变化的感受极为敏感；但同时也不要忘记，变动不居之中也有恒定不变的规律——结果需要过程，成功必得付出。即便是插上了新技术的翅膀，站上了创新的风口，如果没有扎实稳固的知识和技能储备，成功终究是短暂而不稳固的。舒服与辛苦，安逸与劳顿，亦有着互相转换的辩证法。盼望着一步登天、一劳永逸，如同梦呓。

《道德经》里讲，重为轻根，静为躁君；轻则失根，躁则失君。人活一辈子，要想给社会给后人留下点东西，要想实现自我价值，就必须避开社会的喧嚣，拒绝外来的诱惑，祛除内心的焦躁，静下心定下神，扎扎实实、聚精会神地做事，而不要被外界的喧嚣浮躁所裹挟。

"结庐在人境，而无车马喧。问君何能尔？心远地自偏。"陶渊明所揭示的，乃是喧嚣之中的宁静心态。内心的宁静，是一种穿越世俗、撇开浮躁的力量，有了它，便可以每临大事有静气，便听不到外界的吵闹嘈杂，便能忍得孤寂、受得清苦、看穿陷阱、看淡诱惑。淡泊明志，宁静致远，有了静的底色，才有达的境界、定的气质、和的格调，才能让人生剧本脱俗雅致。能够保持内心的宁静，是大家风范，亦属常人能力所及。

内心的宁静，是最为深厚的修行。"两个黄鹂鸣翠柳，一行白鹭上青天""稻花香里说丰年，听取蛙声一片"，古人诗词所描绘的，不光是情景，也是心态。让宁静成为心灵的常态，我们不必超脱凡尘，也一定可以专心致志、成就非凡。

（2016年04月12日）

别在"成功焦虑"中迷失

——让我们的人生更开阔②

乐 其

或许是追赶成功的脚步太匆匆,时下,不少人似乎感到很烦、很忙也很累。进入论坛、登录微博、浏览微信,往往可见这样的情绪在流淌。这其中固然有生活节奏太快、社会压力太大的原因,但与一些人的"成功焦虑"关系不小。

追求成功没什么不对,为成功而忙碌没什么不好。然而,在一些人眼里,成功就是出大名、挣大钱、发大财。比如,茶余饭后,津津乐道的总是:张三又换车了,李四买彩票中了500万,王五炒股一夜暴富。当成功被狭隘地、偏执地披上功利的外衣,成为金钱、名望和地位的代名词,人们很容易急功近利、心态浮躁,甚至患上"成功焦虑症"。一些人甚至为了所谓的成功不择手段,人伦、正义、道德统统都可以丢弃,摒弃了最基本的良知。

成功绝不是物化了的名利,也不是华山一条道。把金钱、名望和地位等同于成功的全部,失去的不仅是幸福,还有自我。有的人虽食无山珍、居无豪宅,却桃李满天下,谈笑有鸿儒,难道这不是成功?有的人虽默默无闻,却执着于事业,潜心于研究,遨游于思想的海洋,这难道不是成功?在一定意义上说,成功体现为一种价值的存在。一名普通环卫工人,勤勤恳恳、任劳任怨,几十年如一日为城市"美容",因工作业绩突出受到嘉奖,同样也是一种成功。也许有人会哂笑说这也算成功?那只能说我们的成功观念太狭隘,并不是因为成功的标准太低。

追求成功是一种态度,让这种态度趋于理性平和而不是虚浮躁动,与驾驭心态的能力紧密相关。人生需要一颗平常心,在追求中懂得取舍,在纷繁中保持本真。人生一世,草木一秋,懂得知足,才能快乐;懂得取舍,方可轻松;懂得珍惜,得以幸福。一个人什么都可以缺,但就是不能缺少参透得失的明心。有人说,胜利有两次,第一次在自己心中。的确,先从心态上取胜,事业上的取胜才或有可能;心态上先崩溃了,事业只会跟着滑坡。

更进一步说,"成功焦虑症"之所以产生,乃是因为欲望过多。什么郁闷,什么烦躁,什么纠结,全取决于一个人的内心。心静则无扰,心安则无忧,心宽则无怒。适度的欲望是上进的动力,欲望太多漫过心堤,就会变成生活中的烦和累。老子曰:"名与身孰亲?身与货孰多?得与亡孰病?是故甚爱必大费,多藏必厚亡。"名和利不过是身外之物,成功本就是一件轻松之事,成之则荣,败之亦荣,潇洒看待成败得失,无所忧、无所虑、无所畏,映照的不仅是淡泊明志的境界,更是一种看破有无、懂得取舍的大智慧。

活在"成功焦虑"里,就很容易把自己"弄丢"。每个人的生命都是一条河流,只要向着大海进发,又何须时时计较悠长还是短促,弯曲还是笔直?只要内心中始终有一束明媚的阳光,就不怕"自己"会丢失,也一定可以打破一切世俗,遇见理想中的世界。

(2016年04月13日)

把紫罗兰的香味留在心里

——让我们的人生更开阔③

周人杰

社会生活中常见这样的矛盾心态：相似的状况、相似的言行、相似的后果，倘若发生在他人身上时容易"怒从心头起"，倘若是自己所为便可能下不为例、不了了之。评价的"尺子"大相径庭，原因究竟何在？

网上流传的一则视频，发人深省。一个外国男孩在超市兼职收银员，一天早上面对结账的长龙手忙脚乱，半天也搞不定总出错的机器。有排队的顾客不耐烦地指责他，后来竟然发展到恶言相加。在众人的催促、谩骂下，男孩忍不住瘫坐在地上哭诉起来，原来他的母亲当天自杀了，而他为了交房租不得不赶来打工……错愕、沉寂、自责，充斥着故事的结局：他人的内心深处有多少我们不知的苦难！

"以责人之心责己，以恕己之心恕人"，人们非常熟悉。然而知易行难，真正付诸实践的时候常常不自觉地打上折扣，就在于眼睛里只有"收银员的手忙脚乱"，却忘记了推己及人，忘记了"家家有本难念的经"，忘记了"己所不欲勿施于人"。

律己宽人，乃是中华民族的传统美德。子贡问："有一言而可以终身行之者乎？"孔子答："其恕乎！"原谅自己的失误不难，体察别人的境况不易，一个"恕"字，要义正在将心比心、换位思考，在人际交往中设身处地为他人考虑，凡事少一些钻牛角尖，多一些"反求诸己"。西谚有云："一只脚踩扁了紫罗兰，它却把香味留在那脚跟上。"讲的同样是容忍与宽恕的道理，这道理的"香味"更要留在心里。

原则问题，必须讲原则；是非问题，必须分是非，是就是是，非就是非。但日常生活是另一个场域，往往不需要那么多的"杀伐决断"，这恰如刘少奇同志在《论共产党员的修养》中所劝诫的，在一般情况下没有多大的"是、非、善、恶"可分，不要在"小节"上去"吹毛求疵"。

"恕人"不易，"律己"更难。有人曾劝周恩来同志写本回忆录，他笑笑说，"如果我写书，就写我一生的错误。"常思己过，要勇于在周围设置多面"镜子"，以对他人惯常的挑剔与苛刻目光去打量、矫正"镜中人"的一言一语、一举一动。这不仅是人格品性臻于至善的谦逊，同时在目光如炬的自我观察中，我们才会真切体会到"眼里揉不下沙子"的消极刻薄，以及"善莫大于恕"的人生境界。

"做人要厚道"，体现个人的修养与情怀，也关乎社会的心态与风尚。极端的戾气，往往便来自"恕人"与"责己"关系的失调错位。市场经济重利，社会治理讲理，也离不开相互包容的胸怀。"东海广且深，由卑下百川；五岳虽高大，不逆垢与尘。"大事不含糊、小事多"糊涂"，先之以身、后之以人，紫罗兰的"香味"定能在人与人、心与心之间久久弥散。

（2016年04月14日）

审视那些你已适应的事物

——让我们的人生更开阔④

李浩燃

整理旧书，偶然翻到一句话，不禁心头一紧："从新的视角去审视那些你已经花费了很多气力才适应的事物，总是让人十分难受的。"

想起一位作家的名言，"人的生命就是不断地适应再适应"。物竞天择，适者生存，谁不生活在"适应"之中？人一旦具备自我意识，就一直在适应自己、适应他人、适应社会，调适着与周围环境的关系。每走进一扇门，每完成一次"转身"，都可能意味着或艰难、或漫长的自我调整。可是，对于那些好不容易才适应的东西，又有多少人能驻足回望、予以省察呢？

曾经看过一部有关华尔街的电影。一位年轻的底层股票经纪人为了实现自己的梦想，一心结识可以让自己飞黄腾达的大人物。经过不懈努力，他终于适应了华尔街尔虞我诈的生存方式，不仅帮一个金融骗子挣取了大量资产，自己也因此过上了豪车美女相伴的生活。直到有一天，一个偶然的机会才让他猛然发现，自己那种如鱼得水的"适应"不过是堕落，自己正在过的生活与良知、与正义的距离究竟有多远。

电影是虚构的，它所反映的现象却并非无迹可寻。在我们成长的过程中，任何形式的适应，都须支付成本。这成本有必须付出的汗水，有需要克服的怯懦恐惧，但又往往不止这些。作别校园，敛起孩子气，我们是否因此变得世故?步入职场,适应他人的脾气秉性,我们是否会做违心之论?面对复杂多变的人际关系,"友谊的小船说翻就翻",我们又是否偶尔有迷失自我、忘却初心的惘然?人,既是在由不适应到适应的循环里,逐步知悉规则、理解社会,进而在社会规范中寻找到自己合适的位置,又有理由不时提醒自己,适应并不是盲目地"适应一切",也不是被动地随遇而安,而是在面对新的环境时,始终有自我意识在场。

古人说,"吾日三省吾身""检身若不及"。其实,无论梭罗的"步入丛林",抑或米兰·昆德拉的"生活在别处",都是在探寻生活的精华与意义,希望借由省思抵达深刻,让生命之花真正绽放。"未经反省的人生不值得过",处身节奏愈来愈快的现代社会,对生活自觉保持反思,殊为不易。"人是为了反抗过去才成就未来的",如果不认真审视那些习以为常、业已适应的事物,就容易变得麻木,罹患"思考厌倦症",在"适应"的满足和习惯中迷失前行的方向。

当我们审视那些好不容易才适应的东西时,我们往往更能看清自己从何处来、想往何处去,也才能更好完成对这种适应的价值判断。而要在适应之后重新打量自己,尤其需要智慧和勇气。有不时反省人生的警醒,有崖岸自守式的坚持,审视内心,让"灵魂与灵魂对话",不忘初心,有所为有所不为,才有机会发掘自己的潜能,登上理想的峰顶。

莎士比亚在戏剧《辛白林》中写道:"我们命该遇到这样的时代。"或许,一个人无法改变自己所处的世界,但完全可以调适自己的状态,并对调整本身保持敏感。

(2016年04月18日)

不妨多一些"历史情调"

——让我们的人生更开阔⑤

陈家兴

住所附近有座砖塔,行色匆匆之际望去,立马感到有一种历史的苍茫感,穿透了熙攘的现代气息。周末踅进始知这是万松老人塔,他曾为耶律楚材师,深刻影响了这位元代名相的"以儒治国,以佛治心"主张。此地因之名为砖塔胡同,多为文人所青睐,在这里关汉卿写下《窦娥冤》,鲁迅著成《中国小说史略》,张恨水挥就《梁山伯与祝英台》。睹古迹而思往事,确有思接千载、视通万里之感,开始领略到这座城市的厚重与流韵。

生活在喧嚣社会里,我们的目光常常习惯于专注当下,思绪也时常沉浸于纷繁物事,以致无法跳脱游离,更好审视我们的当下,丰盈我们的心灵。然而,当我们把现实生活的"三维空间",加上一个时间轴,多一点"历史情调",人生就会变得更加开阔与丰润。我们当然无法回到历史,但心灵可以自由抵达,在任一个历史时段徜徉,让人生多一些历史维度。

人生是一种态度,多一点历史文化的滋养,平凡人生亦多风味。生活是一种情致,多一点传统文化的情怀,平淡生活亦多声色。时下春事正浓,感春风畅怀便暗自吟哦"东风荡飏轻云缕"。雨中游园而见丁香花开,脱口而出"丁香空结雨中愁"。杨花扑面恼人,自解兴叹"春风不解禁杨花"。在溪边行走,一时或感辛弃疾"溪边照影行,天在清溪底。天上有行云,人在行云里"的意境。登临远眺,立时记起李白"西风残照,汉家陵阙"的千古气象。如是,我们在庸常日子里亦足可逸兴遣怀。

哲人讲,读史使人明智。生活中,多一点历史视角,则往往能观世象而知是非,穿迷雾而得清醒。比如以当下视角看当下,往往为问题和矛盾纠结;而以历史视角去观照,则又往往能看出进步,更懂得凡事有个过程。再比如面对不善亲人的行为,知古人讲"不爱其亲而爱他人者,谓之悖德。不敬其亲而敬他人者,谓之悖礼",则令我们多一个思考维度。还比如,《左传》载郑国上卿子皮想派其年轻的家臣尹何去治理一个采邑,但郑国执政大夫子产认为不经过学习就去从政很危险,批评子皮"爱人则以政,犹未能操刀而使割也,其伤实多",于今天用人可多参详。

历史是一座宝库,掉进历史里诚不可取,但从历史中汲取精神养料,与圣贤进行心灵的对话,则能增进生命的厚度,亦能令人生之根扎得深,面对浮华世象而善养定力与心神。比如古贤中苏轼为人为文为官皆为后世范,而其胸襟、气度与境界更为后人慕。他所以能"把别人的苟且活成潇洒",想来正在于那种"一点浩然气,千里快哉风"的泰然快意,"莫听穿林打叶声,何妨吟啸且徐行"的旷达襟怀,"惟江上之清风,与山间之明月,耳得之而为声,目遇之而成色,取之无禁,用之不竭"的清正操守。为人处事多以此自况自励,则心境必多一些乐观与通达。

"一个人如果不了解他出生以前的历史,那就永远长不大。"从故宫博物院"石渠宝笈"特展持续火爆,到南昌汉代海昏侯国考古现场直播数亿观众见证奇迹,越来越多的人正在从不同的文化入口处走进历史,感受历史的无穷魅力。多一些历史情调,怡情、明智与养心,我们的人生就能"得大自在"。

(2016年04月19日)

因为阅读而平视世界

——让我们的人生更开阔⑥

李 斌

有句电影台词说:"你连世界都没观过,哪来的世界观?"世界那么大,出去走走看看确实是见世面、长阅历的好方法。然而,世界观不只依赖于观世界,阅读同样可以洞察芸芸众生、大千世界。

"昼短苦夜长,何不秉烛游?"穷极一生,我们通过感官感知的生活经验是有限的,行万里路替代不了读万卷书。书乃人生成长的精神食粮,片页之间足以驰骋古今、经天纬地,常读之可以新知、可以医愚、可以立德,甚至可以平治天下。阅读的意义就在于,不管富甲一方还是一贫如洗,不管位居高位还是一介布衣,不管志得意满还是穷困潦倒,都能在书籍的世界里摆脱世俗庸常、凝望永恒哲理,找到人生的意义。

有怎样的眼界,就能看到怎样的远方;有多大的胸襟,就能包纳多大的世界。古人总结,"登高而招,臂非加长也,而见者远;顺风而呼,声非加疾也,而闻者彰"。书籍,正是脚下的高山、耳边的疾风,帮助我们看到更遥远的风景。阅读是与意义紧密相连的,它让我们知晓,生活不只是苟且还有诗和远方,也不只有面包,还有玫瑰和咖啡。阅读又是与现实密不可分的,它教会我们审视自身、迎接挑战、辨别善恶,继而读懂生活的真谛、探得生命的意趣。

阅读的过程是一个自我实现的过程。不读书,接触到的世界就和纸一样单薄;多读书,学识、阅历乃至生命体验会随着页码的递增而不断累积。"一日不读书,胸臆无佳想。一月不读书,耳目失精爽。"时间的改变可能是静悄悄的,但阅读对气质的塑造终究会显露出来。正是在日复一日的博览群书中,我们感受到"无穷的远方,无数的人们,都和我有关",体悟出"不迁怒,不贰过"的修身奥秘,即便处身失落失望甚至失掉所有方向之时,也能看见"平凡才是唯一的答案"。

阅读是为了遇见更好的自己,也是为了更好地认识这个世界。读《资治通鉴》,可以获得王朝更替的历史教益;读《红楼梦》,可以洞晓世家望族的兴衰荣辱;读《平凡的世界》,可以从苦难的生活中发现人性的温暖、奋斗的价值;读《罪与罚》,可以跟随底层人物体味人格的矛盾与复杂。书籍传递给我们的不仅是知识,更有认识这个世界的逻辑、方法和哲理,帮助我们于升平气象中看到隐患风险,于问题荆棘中看到出路希望,从历史幽暗之中看到璀璨未来,从人性冷漠之中看到道德之光。

阅读是一种超越世俗的力量,让我们在自我省视中学会谦卑和从容,在平视静观中同这个世界和解。有人推理出人生的三重境界:看山是山,看水是水;看山不是山,看水不是水;看山还是山,看水还是水。阅读的最高境界,正是练就"看山还是山,看水还是水"的人生观和世界观。今天我们提倡多读书、读好书,不是为了满足"书中自有黄金屋"的功利心和虚荣感,而是为了实现内在的淡定从容,赢得开阔的人生境地,达致自我与外界的调和容纳。

不读书犹如自我放弃,非读书不足以实现精神的富足。

(2016 年 04 月 20 日)

"特事特办"还是少些好

李浩燃

在基层治理中,不少干部群众对"特事特办"颇感困惑。一些群众急难之事,一经"特事特办",往往解决得既快又好,群众为之点赞。也有一些污染危险项目,一被要求"特事特办",便一路绿灯,给地方发展埋下隐患,群众忧心忡忡。那么,我们究竟该如何看待特事特办?

正所谓"明者因时而变,知者随事而制",过于循规蹈矩,不立足实际机械地按老套路行事,容易导致治理僵化。从历史看,改革旧制度,往往靠那么一种闯与冒的精神,在先行先试、特事特办中找到新的出路。而在日常治理中,特事特办也成为一种超越庸常、突破惯例、提高效率的特殊方法。在改革开放初期的激情岁月,特事特办正是一把刺破"铁板一块"僵化体制的利刃,帮助我们"杀出一条血路",走上了快速发展的康庄大道。

但也不能不看到,特事特办正因其特殊性,很容易在实践中走偏变味,被滥用、误用。比如搞旧城改造,不惜违法强拆;"重点工程"竣工剪彩,征地手续尚未补全;明知环评不过关,却给项目特殊便利,等等。特事特办不仅可能异化为逃避责任的"挡箭牌",还容易成为权力寻租的工具。譬如,有的官员打着特事特办之名,暗行"私事特办"之事,趁机多贪多占,有的甚至变相搞利益输送,以公帑入私囊。以致群众戏谑:"特事特办,腐败翻番"。

因此有人说,特事特办这把利剑,就看掌握在谁手里。秉持一颗公心,它就能刺破僵化的规则束缚，更好为民造福。但若心怀"小九九"，它就会绕开各种正当规则，破公义而开私门。这话只说对了一半。实践表明，好心也未必都能办成好事。正确的事，也需要正确地办。现代公共治理，规则制度是最基本的元素。若动辄特事特办突破既定规则，对制度失去基本敬畏与遵从，则与法治社会相去甚远，必然导致违纪违规不断，社会运行秩序混乱，特权、潜规则等盛行。

"道私者乱，道法者治"。尊重规则、崇尚法度，乃是社会进步的基石。今天我们想问题、办事情，都应当更多用法治思维和法治方式，不断强化法治精神、规矩意识，习惯依法依规办事。今天的中国，全面依法治国按下快进键、进入快车道，关乎治理的一整套法规制度体系日趋成熟完备。个人办事、行政审批、改革创新，都逐步于法有据、有规可循。即便遭遇危急时刻、突发事件，相关应急处理机制也日渐健全，极少需要倾注特殊的行政资源，绕过规定的处理流程。在现行公共治理中，主要矛盾是不按规矩行事的问题，而不是规则不适宜必须突破的问题。

凡益之道，与时偕行。依法依规是大势是主流，特事特办应当逐渐淡出我们的思维视野与行为习惯，决不能大行其道。如果遇事总想特殊对待，有问题总依赖超常手段，决不是社会的福音。即便在规则阙如或已不适应需要等特殊情况下，有些事情需要特事特办，也要有"特"的规矩，在法治轨道下依法办理。必须明确特事"特"在何处，特办"特"由何规？不能逾越哪些原则底线，如何监督问责？唯此，方能让特事特办套上制度的"紧箍"，不致成为徇私牟利工具，而在特殊情况下，也能成为实现善治的有益补充。

（2016年04月11日）

"焦头烂额"与"曲突徙薪"

姜 赟

一位客人看到主人家厨灶上砌的是直烟囱,旁边还有柴堆,便劝其"更为曲突,远徙其薪",避免火患。主人"嘿然不应",结果失了火,幸得邻里相助才把火扑灭。主人"杀牛置酒,谢其邻人",却未请那位客人。有人替客人抱不平:明明可以消除火患却不见诸行动,如今救火论功请客,"曲突徙薪亡恩泽,焦头烂额为上客",实在不应该。

《汉书·霍光传》记载,汉宣帝即位时,霍氏家族因拥戴有功,骄横愈盛。茂陵徐生三次上书建议抑制霍家,否则霍氏可能逐步威胁到皇权。但汉宣帝终究没有采纳其建议。后来霍氏果然叛乱,告发霍家的人受到封赏,徐生却未被汉宣帝记起。有人以"曲突徙薪"的故事劝谏,汉宣帝才意识到自己的疏失。后世有人赋诗感叹:"曲突徙薪不谓贤,焦头烂额飨盘筵。时人多是轻先见,不独田家国亦然。"

重"焦头烂额"、轻"曲突徙薪",用现在的话说就是重救灾、轻预警,重应急、轻防控。不独古人这样,今人也常如是。比如,安全生产、风险防控等岗位,往往都是边缘岗位。不少企业管理者将安全建议视为成本浪费,把风险预警当做不合时宜的"乌鸦嘴"。一些地方和部门为保证重大项目顺利推进,不把风险评估作为必经程序,即便有识之士提出隐患预警,得到的回应也是相关负责人的"嘿然不应"。如此这般,犹如把风险防控和安全监管建基在沙丘上。

反过来看，假使汉宣帝听从徐生的建议，"则国无裂土出爵之费，臣无逆乱诛灭之败"。由此而言，"曲突徙薪"者的价值远胜于"焦头烂额"者。提出问题远比解决问题重要，爱因斯坦对此的解释是："解决一个问题也许只是一个数学上或实验上的技巧问题。而提出新的问题、新的可能性，从新的角度看旧问题，却需要创造性的想象力，而且标志着科学的真正进步。"风险防控形同此理。"临时抱佛脚""临渴而掘井"，固然有救急功效，但终究不属于善治范畴。相比之下，"未雨而绸缪"更有创见，"为之于未有，治之于未乱"更能占得先机、掌握主动。由此而言，审时度势时留心于"青萍之末"，把脉症状时多察觉"未病"，处理问题时下好"先手棋"，是立于不败之地的基本要素。

所谓"小洞不补，大洞吃苦"，是无数血的教训得出的启示。许多时候，我们并不是没有"先见之明"，情况往往是，盲目自信盖过了冷静自醒，闭目塞听压倒了盛世危言。古人曾叹"若嘉徙薪客，祸乱何由生"，如若曲突徙薪者也谙于明哲保身，见危不言，视险不警，祸患也就不远了。古人讲"明者见危于无形，智者见祸于未萌"，一个领导者，首先应是一个高瞻远瞩者、见微知著者，如果不能多看一步、先出一招，何以体现领导者的价值？

风险如同窃贼，总会趁人松懈不备之际破门而入。我们既不能陶醉于过去的辉煌、一时的成功，更不能安而忘危、粉饰太平，而应增进风险无处不在的风险意识，涵养"凡事从坏处准备"的底线思维。唯如此，才能求取万事周全，实现长治久安。

（2016年04月08日）

"严实"之风从家始

崔文武

家是最能塑造精神长相的地方。

我们党把"三严三实"作为党员干部的修身之本,就是要在全党树立严实品德,进而推动形成我们民族的严实品德。《孟子》有言:"天下之本在国,国之本在家,家之本在身"。家是最小的国,国是千万家,严实品德首先就要在每个家庭生根。

家是"炼钢炉"。少成若天性,习惯如自然。人一落地是一张白纸,先由家庭教育来定底色。家庭教育与学校、社会教育最大的不同是无条件的"爱",以爱来暖化孩子,煨弯、拉直定型性格和品德,发挥的正是"炉"的作用。

人是铁,家是炉,每一个国家的栋梁之材,无不是先经过家庭这个"炼钢炉"进行精神的历练。焦裕禄身后,焦家人个个生活简朴,为人清正,让人敬仰。这不仅源于焦裕禄在世时的言传身教,还在于把焦裕禄的遗训"你要把孩子们教育成为红色的革命接班人"作为家规,焦裕禄妻子徐俊雅几十年一直坚守,反复叮咛孩子们。这样的坚守和叮咛,在风雨沧桑中反复暖化孩子们的心灵,塑造了焦家人的精神长相,让焦门家风历久弥新。

严是"紧箍咒"。好家风,是紧箍咒"紧"出来的。没有紧箍咒的约束,孙大圣早一个筋斗跑回花果山逍遥了。成正果、成大业,需要象征自由的金箍棒,也需要象征规矩的紧箍咒。

历览前贤，其成才成事多是紧箍咒"紧"出来的。家训，就是最好的紧箍咒。常念紧箍咒，可能会让人感觉不舒服，但也帮助人长记性、严修身、守规矩、不跌跤。古人所谓"齐家"，就是"严"字当头，整饬家风，就是常念紧箍咒，天天念，月月念，岁岁念。

共产党人以天下为己任，治家更严。新中国成立初期，一些亲戚想托周恩来帮助办事，这让周恩来很伤脑筋。同时，身边还有三个"女儿"，侄女和烈士遗孤。周恩来担心，三个"女儿"能够像普通公民一样遵守国家法纪，不搞任何特殊吗？在自己的亲友中，会不会有人利用自己的影响去谋取私利？这成了周恩来日夜思考的"家庭"问题。于是，周恩来提出给大家立规矩。他说："我这里拟了十条家训，念给你们听听，如果没有意见，每个人就抄一份放在身上，便于随时提醒自己。以后我们周家的亲戚朋友来了，也要发一份给他们，大家都要严格遵守。"从"不许动用公家的汽车"到"在任何场合都不要说出与我的关系，不要炫耀自己"，这十条家规为其亲属所恪守，为世人树立了榜样。

实是"雕刻刀"。塑造好家风，除了紧箍咒，还需要雕刻刀。紧箍咒，"紧"的是私欲；雕刻刀，雕的是才干。

所谓雕塑，其实就是把不是雕像的部分都去掉。同理，所谓成材，所谓成龙成凤，也就是把不是材料、不是龙凤的东西都去掉。这当然需要一把锋利的雕塑刀。有人说"石头里有一只会飞的鹰"。把这只鹰雕塑出来，是家教的本质，是家风的目标，是人生的"正果"。以实为"雕刻刀"，就是要把孩子身上的不实行为、虚浮作派去掉，培养造就求实、务实、踏实的品性。如此，每一个家庭里，都会飞出雄鹰！

"炼钢炉"中常淬火，"紧箍咒"里常自省，"雕刻刀"下常打磨，"严与实"就会在千家万户蔚然成风。

（2016 年 04 月 07 日）

爱子女应当"铁骨柔情"

吴齐强

每年清明,总有慕名者前往井冈山中的曾志墓洒扫缅怀。墓主人曾志系陶铸之妻、原中央组织部副部长,弥留之际她留言家人:死后,不要写简历生平,不要搞什么仪式,骨灰一部分埋在井冈山一棵树下当肥料……不事铺张,不慕虚荣,峥嵘一生,魂归井冈,何其壮哉!

曾志的严明和清廉,更体现在她对家风和家人的要求上。井冈山革命时期,曾志生下一名男婴,将孩子托付给石姓人家代为抚养。直到1952年,曾志终于见到儿子石来发。出乎意料的是,曾志并没有将石来发留在身边,而是让他返回井冈山,叮嘱他秉承革命遗志、造福井冈人民。石来发回到井冈山担任护林员工作,一干就是数十年。改革开放后,石来发之子向曾志提出"农转非"的请求,她不批准,并鼓励孙子扎根农村做贡献。

"开怀天下事,不言身与家。"曾志的这句话,成为她一生光辉品格的最好写照。曾志对子女的"不近人情",刻写出一个红色家庭对家风的严格要求。谁人不疼爱自己的骨肉,但与其留给他们丰厚家产和优渥享受,何如留给他们清廉的品格和严谨的操守?谁人不对亲人充满殷殷期盼,但与其"安排"好每一步台阶,何如让其在艰苦的环境中见世面、经风雨?入党为什么,当官做什么,给家人留什么,曾志用亲身践行给出了最好诠释。

与老一辈革命家相比,现在一些党员干部,对待工作上的风霜雨雪宁折不弯,做出斐然成绩,对待家庭和亲人却标准降低、要求放宽,一味地迁就和照顾，甚至有人不惜动用职权帮着"活动活动""走走捷径"。亲情眷顾借助权力庇护来实现，难免会变味甚至变质，到头来只会贻误家庭、贻害家人。"父母之爱子，则为之计深远"，留给家人的最好馈赠，莫过于正直的品行和高洁的追求，爱之越深，越应当严格要求。不管怎么样，在情与法、情与规的取舍上，奉公守法、遵规守纪是基本的底线，亲情绝不能超越这个底线。

规矩不是作茧自缚，清廉也不是亲情之殇。共产党人应当有钢铁般的坚强意志和担当，但在亲情和家庭方面，共产党人也是血肉之躯，同样有浓得化不开的亲情眷顾。共产党人为人民谋福利，并不是容不下个人感情、必须压抑亲情，而是要正确处理小家同大家、小爱同大爱的关系。共产党人的亲情，是一种守住公与私分隔线、吃透严与爱辩证法的大爱，而绝不是营私徇亲、沾亲带故的狭隘小爱。干事业要铁马秋风，爱子女要铁骨柔情，正是曾志等老一辈革命家给我们留下的宝贵财富。

家庭是生活之所，家风是作风之基。建设好家庭、树立好家风，是共产党人由家及国、报效国家的必然要求，也是实现家庭圆满、亲情和顺的根本保障。如果给红色家风标注一个醒目标签，这个标签就是"正"。修身正，教子正，持家正，立业正。如果给红色家风找寻一下核心要义，这个要义就是"为人民"。严以教子、严以律己，胸怀人民、家国天下，严、正、实的家风，正是我们重视家风建设的旨归所在。

家风无言，却有着滋润心灵、培养美德的无声力量。传承红色家风，从红色基因中汲取不竭的精神原动力，我们才能找准事业的航向，奠基家庭的幸福，成就出色的人生。

（2016年04月06日）

莫怕"偶尔说错话"

徐文秀

现在,"说话"可以说是领导干部的"家常便饭",或拿稿或脱稿,或事先有约或临时即兴,与公众打交道要说,接受媒体采访时要说。然而,对于不少干部来讲,说什么、怎么说的确不是一件轻松的事,特别是面对"镜头""麦克风"时,"不大敢说话,怕说错"似乎成了一种较为普遍的现象。

应该说,怕说错话,乃人之常情常理,说错话终归不是一件好事。一旦说错了话,轻者被人笑话,陷入尴尬;重则授人以柄,甚至被人揪辫子、打棍子。但是,领导干部肩负着宣传、组织、动员群众的重任,既要宣传阐释党的路线方针政策和决策部署,又要经常回应热点难点和焦点问题。如果总是提心吊胆、小心翼翼、怕这怕那,怕说错话而不敢说、不愿说,事实上也是一种失职。特别是,有时因为怕说错话而不发声,使正确的声音缺席,各种杂音噪音就会混淆视听,甚至谣言满天飞,导致很多工作陷入被动,以致小事情酿成大事件、小问题变成大危机。从这个意义上讲,如果领导干部一味地怕说错话,就意味着丢失了阵地,意味着把话语权、主动权拱手相让。

人非圣贤,孰能无过。领导干部偶尔说错话,在所难免。只要不违反原则、不违背事实、不触犯法律纪律,说错一两句话是可以原谅的。当前,我们正处在社会转型期、矛盾凸显期,社会热点多、公众关切多,需要解疑释惑的事情多,尤其需要领导干部及时作出回应。这是领导干部的责任所在，不能等谎言已经跑遍半个世界，真相还在穿鞋。面对一些公共事件，早说比晚说好，自己说比别人说好。如果遇到重大问题"静默失语"，奉行"宁可不说话，也不说错话"的"鸵鸟式"哲学，明哲保身、爱惜羽毛，不主动做工作、不敢担当、不敢发声，造成严重的思想和舆论误导，那才是不可以原谅的。所以，不要怕偶尔说错话，说到底是责任担当的问题，是检验和衡量一个干部是否敢于担当的重要标尺。

当然，领导干部应该尽量避免不说或少说错话。一般来讲，说错话，或因情况不明、信息有误，或因准备不足、思考不深，功课做得不够，或因分寸掌握不当、拿捏不准等等。一个人说话，既是能力水平的反映，又蕴含着一定的技巧和艺术，归根结底是一个人立场、态度、方法和感情的体现。应该说，偶尔说错话并不可怕，可怕的是不知错、不认错和不改错。一个敢担当、能负责、有作为的干部，既要不怕偶尔说错话，又要及时知错认错并改错。一味藏着掖着、躲着包着，只会欲盖弥彰，甚至越描越黑。我们的社会舆论对于偶尔说错话的干部，也要有一种宽容、包容，多理解、多鼓励，创造一个宽松的、知错能改的舆论环境和良好氛围，这也是一个社会走向成熟、更加理性健康与和谐的标志。

"苟利国家生死以，岂因祸福避趋之。"只要胸怀党和人民的利益，个人的安危、祸福与荣辱又何足挂齿？偶尔说错话又有何可惧？

（2016年04月05日）

在独处中遇见不同的自己

李　斌

大学时的老师来北京出差,邀请三两门生去喝茶。老师亲自沏茶、斟茶,并传授洗杯、闻杯、品茶的技巧。临走时老师特别叮嘱,只有学会停顿,才能发现不同的自己,工作再忙再累,也要给自己留出一点品茶静思的时间。

有人说茶是心灵的香水,茶道确乎可以对人的心灵产生微妙影响。可惜的是,很少有人可以静心凝神去泡上一壶茶慢慢品味。我们每天步履匆匆、眉宇紧锁,每天忙于开会、加班和应酬,既无暇留恋路边的鲜花,也无法专心致志地读完一本书。忙、烦、累成为生活的常态,而慢、静、思则近乎奢侈。当我们意识到手机等电子设备对生活造成干扰却又无能为力,当我们厌烦于无效社交却又不知道该如何推辞,当我们享受了物质的丰裕却难掩心力交瘁,其实正是向生命本真回归的时机。

苏轼有句名言,"善养身者,使之能逸而能劳"。没有人可以精力无限、奔腾不息,忙碌周期与休憩周期相结合才能让生命充满精彩。适度的停顿犹如登山过程中的休整,是从胜利走向胜利、从激昂迈向激昂的必经阶段。就像电影镜头,长短镜头结合在一起,才会形成缤纷多彩的画面节奏。独处不仅是忙碌之间的停顿,更像是一次身心调整、精神蓄力。所谓"静一分,慧一分",养一团清静之气,擎一片悠然心光,映照自己同万物的关系,正是独处的本意。

"如果说不擅交际是一种性格的弱点,那么,不耐孤独就简直是一种灵魂的缺陷了"。同他人交往,是为了实现社会价值,独处,则是为了达成灵魂的自我实现。独处是一次心灵的检验和灵魂的涤荡,"只有当一个人独处的时候,他才可以完全成为自己"。只有在孤独寂静时,我们才能洞察社会变迁、洞悉世态人情;只有在洗心静思中,才能发现自己不留神戴上的人格面具、不得已而为之的虚情假意。除非我们完全放松下来,否则很难真正看到社会的全景、生命的全貌。为什么越来越多都市白领同茶道、瑜伽、绘画产生交集,为什么湖畔品茗、月下独酌、寒窗耕读、独自旅行总会让人产生心灵感应,这就是独处的魅力。

独处是一种自我调整的艺术,又何尝不是一种处世态度?总有人想不开、看不透,觉得独处就是自我放逐、浪费时间、无甚意义。于是,他们宁愿赶场式地参加各式活动,宁愿把时间浪费在重复劳动上,也舍不得把哪怕一分一秒的时间花在独处上。独处于快节奏生活而言确实是一种奢侈,正因为弥足珍贵,所以才更显宝贵价值。独处不是虚掷光阴,也算不上与世隔绝、遗世独立,不过是把繁杂庞芜的世俗暂时放下,从无效无益的琐事中跳脱出来。给心灵一些时间,其实就是对生活乃至生命的了悟和珍惜。

哲人有言,每个人正是靠自己的孤独的追求加入人类的精神传统的。独处是成长岁月里超凡脱俗的精神历练,是好动之我与好静之我的亲密对话,让我们感受生命的深度,咀嚼精神的韧性,拓展心灵的视野。学会同自己灵魂的相处之道,是我们一生的必修课。

(2016年04月01日)

讲规矩就难有作为吗

王成长

现在，有些党员干部担心干事容易触碰规矩，变得畏手畏脚，这也不敢干，那也不想做。有的则认为纪律严、禁令多，会为干事创业添负担，在清廉为官与勤勉干事之间做起了"单选题"。更有甚者，遇到事情撂挑子，面对矛盾和困难推三阻四，滋生出资金沉淀、土地闲置、项目拖延、棚改迟滞等庸政懒政问题。说到底，还是没有解开"讲规矩就难有作为"这个心结。

古人讲："矩不正，不可为方；规不正，不可为圆。"毛泽东同志讲过："路线是'王道'，纪律是'霸道'，这两者都不可少"。这讲的都是纪律、规矩对于干事创业的重要性。没有纪律，不讲规矩，最终什么事也干不成。这个道理很多人不是不明白，但在对接自己的"小九九"时却不愿认同。归根到底，在一些人那里，还是觉得规矩是用来约束别人的，自己最好在规矩之外，自由自在没有约束。一旦纪律严起来、规矩硬起来，就内心里有抵触情绪，觉得开展工作不那么方便了。这种想法是错误的，实践中迟早是要栽跟头的。

一些人之所以认为，现在讲规矩就难有作为，主要是拿以前作比。觉得以前有些做法，放现在肯定违规违纪了，但那时就做了，而且干得比较顺当。现在要想再沿用以前那些做法、套路，肯定就碰底线、触红线了，因而感觉规矩多容易让自己难展手脚。这表明，除了对规矩的认知要加强之外，思维的定势也要改变。规矩多、纪律严是大势，不能幻想这是权宜之计。顺应大势就要调整自己，创新开展工作的思路办法，习惯在讲规矩下干事，在守纪律中把事干好。

确实，如今的规矩和制度确实是多了、严了，但纪律和规矩，只是为干部干事创业、权力健康运行划定了清晰边界。在这个边界之内，是完全可以自由施展拳脚的。纪律规矩虽然严了，却不是什么束缚和桎梏，而是一种来自组织的制度性保护。有些事需要事前请示、事后汇报，组织上就会给予及时提醒和指正。一些落马者，正是因为不讲规矩、不守纪律，得不到组织的及时提醒，以致在错误的道路上越走越远。想问题、做决策、办事情，只有把纪律规矩摆在第一位，以党章和《准则》《条例》为遵循，才能远离违纪违法的困扰，真正实现名节不污、安全无虞。

讲规矩，只会更有作为。按潜规则办事，可能顺当一时，但违规违纪的代价迟早是要还的。在讲规矩下干事，时时敬畏着底线、红线，完全可以开创新的干事方法、路径，甚至更能得心应手，如孔子所言"从心所欲不逾矩"。在相当意义上说，讲规矩其实失去的只是吃拿卡要捞油水的机会，得到的却是堂堂正正做人、老老实实干事、清清白白为官的自由。

"一公则万事通，一私则万事闲"。从根本上讲，纪律与规矩，破除的是各种为所欲为的私心，成全的是秉公办事的公义。有了讲规矩、守纪律的政治生态，我们不仅可以更好干事，也可以更有作为。

（2016年03月31日）

自励在心，自行于途

江作苏

在当今压力很大的竞争环境当中，谁都想前进得更快更稳。一年之春，以新的五年规划为肇始，可以做的事很多。

经过了长时间的国家经济快速发展之后，进入调整期的发展环境有所不同了，一个"难"字，横亘在不少想做事的人心中，期盼外力帮助的心情好像农人落籽待雨。

广袤之野，春雨难料，但籽粒催生却须不违春候，该萌动时必要适时伸展芽信，破土为先。

物有此意，人心亦然。古人审心励志之典很多，其中宋代智僧宗元有一偈相传：某弟子向其诉说长修不悟的苦恼，求其相助。宗元曰：诸事我尽可替你，惟五事无能为力。弟子问：何事？宗元曰：穿衣吃饭，大解小解，皆不能代。身下有腿，自己须驭着自己走！弟子闻之，顿悟。

以人之聪慧，都知道要稳妥把握身处方位与条件，在利于行时出行，在适宜于跳时起跳。从常识和经验的角度看，这样的选择并没有什么不对。但是，在一些历史转换时期，以及一些新要素出现、前景尚未展露其亮色的期间，作为要素主宰的人，判断力决定着行动力，智慧在此时体现于勇气之中。

"事非经过不知难"，而"知难"之后，会有两种态度产生：一种态度是知难而退，以保其全身作为行为策略，对一些可能的机遇也避让三舍，以求自安；另一种态度是知难而进，不把守成安逸当作选项，而是一往无前，再进再取，哪怕个人利益受损也无悔。

两种态度孰高孰下呢？客观上看，历史并不会简单肯定不顾主客观条件、一味求进者。但是，从无数先辈经历的大趋势所示，还是那些似乎很"傻"的知难而进者，为人类贡献的成就更为突出。这也应了一位哲人所语："没有一定的目标，智慧就会丧失！"

许多有经验的改革者、有成就的创业者，都有过这样的体会：凡是那些需要当机立断、果敢执行的计划，"太过于注意危险，通常会使自己坠入危险之中"，人们对于自身的过分顾虑，几乎是成功的惟一阻碍。事实上，类似这样的体会很多人都可能有过，问题是"有过"之后，当再次面对新的情境时，能不能变得更坚强勇毅。

自励在心，自行于途，这种境界并不排除相互的帮助与鼓舞。从来人杰多友侪，心心相印暖此生。在相互携手与竞进过程中，即使勇者也体现着人类喜欢陪伴的天性。那么，多一个自己"驮"着自己前行的坚强者，也就如同为别的同道提供了一支陪伴的正在燃烧的蜡烛，我们共同的征程将因此而更加光明。

（2016年03月30日）

"不得不从",何如"和悦而诤"

邓佑标

干工作,难免会出错,难免不如意。对此,有人习惯于责任上推,声称是"不得不从"。这种论调,不仅把自己从工作失误中"摘"了出来,甚至还希望赚得几分同情。然而,即便是上级的指令,下级盲从就能免责吗?

不妨先看看历史。东汉时期,任延出任武威太守。光武帝告诫他:"善事上官,无失名誉。"任延回答:"臣闻忠臣不私,私臣不忠。履正奉公,臣子之节。上下雷同,非陛下之福。善事上官,臣不敢奉诏。"光武帝深以为然。也有人对上"既不拆台,也不补台"。齐国国相晏婴有一名属臣叫高缭,在府中三年期间,虽无过错却也从未说过半句纠正晏婴言行过失的话,为此晏婴作出了"逐高缭"的决定。

由是观之,在古代贤明之士看来,是否从上要从实际出发、秉持公道正义,对上级无甚谏言同样不被允许,甚至会被认为是一种失职。古人尚且如此,我们党作为马克思主义执政党,理应有更高的境界与认知。事实上,我们党早就把"下级服从上级"确定为一条政治纪律。然而,盲从、唯上与这里的服从是截然不同的两码事。那种"领导怎么说,我就怎么干"完全不顾实际的做法,不是服从而是盲从。毛泽东同志早就指出:"盲目地表面上完全无异议地执行上级的指示,这不是真正在执行上级的指示,这是反对上级指示或者对上级指示怠工的最妙方法",这讲的就是执行要结合实际,实事求是,决不能机械僵化。

"居官动谓迫于上官不得不从者,毕竟自己无真见而有私心也。"这番话点得透彻。在有些人眼里,"谁官大谁说了算",只要是上级的意见、要求乃至暗示,不管正确与否、符合实际与否,一概迎合奉承,无条件执行。即使明知不对,也不指出、不纠正。毕竟,当"应声虫""收发室"不仅不费力气,出了状况还有"不得不从"这层保险。短期来看,"唯阿"者春风得意。但真正知事明理的领导,根本不会容忍高缭之辈的浑噩无为。

坚持真理、修正错误,是我们党有力量的一个重要体现。周恩来同志说过,在我们党内,上级可以批评下级,下级也可以批评上级,政治上一律平等,没有高低贵贱之分。对于下级来说,既要服从上级,又要敢于讲真话,说实情,建诤言。很多时候,正是下级的善意提醒、中肯意见,为上级所采纳,避免了决策失误发生。这里的关键是上级要有胸怀度量,下级要有谦和敬重,实现良性沟通、正向互动。《论语》有言:"与上大夫言,訚訚如也。""訚訚"即和悦而正直地争辩,上下级之间交流,温和而不失耿直为佳。

不唯上、不唯书、只唯实,就此,陈云同志1990年1月24日同浙江省党政军领导同志谈话时提出了"交换、比较、反复"的工作方法。交换,就是互相交换意见,作为一个领导干部,经常注意同别人交换意见,尤其是多倾听反面的意见。比较,就是上下、左右进行比较。所有正确的结论,都是经过比较得出的。反复,就是决定问题不要太匆忙,要留一个反复考虑的时间。最是诤言利基业,只要我们实事求是、訚訚如也,工作就会减少失误,事业就能蹄疾步稳。

(2016年03月29日)

风口上没有"偷懒的人"

张　璁

这几年,"站在风口上,猪都能飞起来"一语风行,折射一种借风起飞的普遍心态。那些草根创业、底层崛起的传奇故事,更是让人们羡慕。然而,当每个人都在对此津津乐道时,我们是否因此而忽略了其他重要的东西?他人的成功仅仅是因为遇到一个"风口"?

诚然,时势造英雄,如恩格斯所言"假如不曾有拿破仑这个人,那么他的角色是会由另一个人来扮演的",又如梁启超所讲"路得非生于十六世纪,而生于第十世纪,或不能成改革宗教之功"。但英雄之为英雄,亦必有其非凡处,正所谓"英雄之能事,以用时势为起点,以造时势为究竟。"我们讲机遇青睐有准备的头脑,说的也是这个道理。

社会生活中,不少人总是习惯于投机取巧,不想脚踏实地,不愿下笨功夫、用实劲,而是自觉不自觉地把人生寄望于形形色色的机会,希望兔子撞到自己的树桩上。实践中,有的喜欢"抄近道",耍小聪明,见事有利可图便"一窝蜂",听说有一本万利之事便趋之若鹜,其结果往往是弄巧成拙。不能说世间就没有巧事、无法讨巧,但从总体上看这只是小概率事件,不会发生在大多数时候、大部分人身上。对于很多人来说,投机取巧就可能意味着失去机会、放逐自己。在这个意义上说,取巧也是一种懒惰,我们尤当戒之。

曾有人说,如果一个犹太人开了一家生意兴隆的加油站,旁边就会有更多犹太人去开便利店；但如果加油站是中国人开的，那旁边就会出现更多中国人开的加油站。这样的说法或许有些刺耳，却警醒我们面对商机，要有差异化发展思维，不可取巧投机、盲目跟风、扎堆上马。即便实践中遇到商机，但用这样的同质化发展思维，也只会让商机变成"伤机"，其结果就是一拥而上，一哄而散。

为人处世，有的人偷奸耍滑，投机钻营，不琢磨事，只琢磨人，寄望攀上某个高枝，"跟对人"以平步青云。工作中，有的人急功近利，热衷于"短平快"项目，不做打基础、利长远的文章。凡此，或得一时之利，或逞一时之势，终究经不起检验，沦为反面教材，可悲可叹。

无论是处世、干事，还是创业，苦干实干都是立足之本、立身之基。不是说事不能巧干，很多时候这种巧是一种远离愚笨的智慧，亦是我们的一种必备本领。但这和我们所说的投机取巧不是一回事。那种凡事图取巧的观念与做法，无法让我们行稳致远。尤其是治理，有学者评价"是件用力而缓慢穿透硬木板的工作"，容不得半点投机取巧，惟需兢兢业业，务实勤勉，励精图治，方能造福一方，干有所成。

大巧若拙，这是老子写下的智慧。风口上从来就不曾有过偷懒的人，想要乘风而起，需要的是守拙用劲的大智慧。

（2016年03月28日）

孝乃德之本

谭用发

《论语》记载：一天，孔子的学生子夏问孔子什么是孝，孔子只讲了两个字——色难。意思是说，给父母好脸色是最基本的孝道，也是最难做到的。

父母对于儿女的很多不是，都不会往心里去，唯独最难接受的，就是儿女给脸色看。有位老太太，中午去儿子房间找报纸，正碰上儿子回来。儿子刚谈砸了一桩业务，心情不太好，见母亲在他的床上摸索，生硬地说："妈，你没事在自己房里好好待着，别到处乱串。"母亲解释说："我只是找张报纸，顺便在你们床上坐一会儿。"儿子的脸色很难看，出门前扔下一句："吃饱没事干。"没想到当天夜里，这位老母亲选择了轻生。

儿女为什么难以给父母好脸色？难就难在对父母的一些衰老行为，如多愁善感，行动迟缓，说话絮絮叨叨，做事丢三落四等，要能够始终给予理解、宽容和善待。难就难在对自己的一些不良行为，如任性、娇气、以自我为中心等，要能够不断进行反省、克服和纠正，特别是在外无论遇到什么不顺心、不如意的事，都不能把情绪带到家里来。难就难在给父母好脸色，要能够持之以久。一时一事给父母好脸色不难做到，难的是处处事事都是如此，尤其是当老人久病在床的时候。

衰老是人之常情，孝老乃德之大义。一个人从母亲十月怀胎到呱呱坠地，从咿呀学语到蹒跚学步，从上学、择业到结婚生子，父母究竟付出了多少精力和心血？山东枣庄"捐肾救母"的田世国说："母亲生我养我，可我做的连她给我的万分之一都没有。"常思养育之恩，发自肺腑感喟"父母之恩与天地等"，孝老爱亲才不会为难。

除了感恩之心，恭敬之心对于行孝也极为重要。《礼记·祭义》云："孝子之有深爱者必有和气，有和气者必有愉色，有愉色者必有婉容。"给父母好脸色，关键是要常思养育之恩，常怀恭敬之心，常省自身之过，始终对父母怀有深切的爱心和敬意。有了恭敬心，与父母说话的态度和语气，自会温婉谦和，照顾侍候父母，自会恭谨周到。有了恭敬心，父母的教诲会认真聆听，父母的责备会虚心悦纳。

孝是为人子女的义务本分，只有在尽孝中，我们才能知晓恩情的宝贵，懂得责任的重要，感佩担当的真诚。感恩、责任、担当，孝所蕴藏的要素，不仅是一个人正心、修身、齐家的行事依据，更是社会和谐所赖以维系的价值之核。习近平总书记多次强调，"培育和弘扬社会主义核心价值观必须立足中华优秀传统文化"。孝文化作为传统文化的精髓，为我们培育和践行社会主义核心价值观提供了良好参照。以孝德实践为圆心向外扩展，孝文化就会成为代际沟通、家庭和睦、社会和谐的润滑剂，社会道德建设也能获得坚实稳固的支撑。

国风之本在家风，家风之本在孝道。孝文化是我们应对老龄化社会挑战的精神磐石，也是我们形塑社会价值观的价值原点。

愿天下儿女，常以发自内心的微笑去慰藉父母的心灵。当我们树起尊老爱老、孝老护老的现代风尚，孝心汇聚成流一定可以滋润出社会的和谐美好。

（2016年03月25日）

我们都是风气"一分子"

习 骅

一位医生朋友告诉我，对于实在无法拒绝的红包，他会先收下来，等做完手术再还给病人。为什么呢？如果拒收，病人心里不踏实，生怕医生不好好做手术，有的甚至要转院。

医生的"高招"意味深长，反映了客观存在的社会现象和大众心理。不知从何时开始，人们做事首先想到的是找关系，找到关系就放心，找不到关系便忐忑。以至于有人说，现在是"求人者求人，被求者也求人，求人者也是被求者"。只是熟人毕竟有限，要打通关系就必须付出代价，然而这种付代价是"自愿"的吗？求人游戏费时费力费钱，谁会喜欢？貌似心甘情愿，实际是被逼无奈，强装笑颜。

那么，谁是恶性循环的第一推手呢？压垮骆驼的绝不仅仅是最后那根稻草，雪崩的时候没有一片雪花是无辜的。给一脸严肃的门卫上支烟，大门立即打开。停车费明明30元，司机递上10元钱说"不要票了"，收费员便开心放行。对办事员意思意思，户口两天办妥，死脑筋的人也许要等上一年半载……这种游戏似乎显示了高超的生存智慧，大家趋之若鹜，逐渐演化为社会习俗和生活方式。

然而，找关系就是做交易，做交易没有免费午餐。门卫、司机、收费员和办事员明天也要求人办事，昨天得到的好处统统抵消不说，还倒贴时间和精力，欠下迟早要偿还的新债务，开始了新一轮折磨。既非双赢，也非零和，这种游戏没有赢家：一方怕吃亏而走捷径，一方有优势则占便宜，但因为角色不停互换，结果人人吃亏、人人吃大亏，而且没完没了，可谓作茧自缚，得不偿失。

在一生不离乡土的农耕时代，投亲靠友并不奇怪，送小礼行小贿在所难免，所以才有公然请托灶王爷"上天言好事"的千年民俗。进入"陌生人社会"，人口流动不居，这样的行为方式落伍且有害。它不但人为提高交易成本，阻滞经济社会正常发展，更降低社会道德阈值，污染社会空气。不良社会风气是催生贪腐不轨最温暖舒适的环境，常入鲍鱼之肆、少闻芝兰之香，容易香臭不分，就不把法纪当回事了。

解铃还须系铃人，人人都是局中人。对于贪污腐败，谁都切齿痛恨；对党中央反腐倡廉的巨大成就，谁都拍手称快。但胜利如何才能巩固和持久呢？只有涵养风清气正的社会新生态，改良滋养杂草病树的旧土壤。这就要求在享受胜利成果的同时，人人要思考自己的责任，人人要进行自我革命，果断釜底抽薪，不让死灰复燃。

实现民族复兴，推动国家现代化转型，思想观念现代化是前提。以大智慧屏蔽小聪明，用法治新风取代潜规则，使"乡土中国"尽快转化为"现代中国"，必须从我做起、从现在做起。一位企业家朋友是个明白人，他很赞同马云关于"企业家不行贿"的倡议，坦言这3年的变化来之不易，如果再有人敢乱来，他坚决不配合！反腐败要形成压倒性态势，并且实现不可逆转，往往就从这样的具体行动开始。

（2016年03月24日）

长处 难处 好处

徐文秀

回乡时曾问邻里一位百岁老人，人的一生应该怎样度过？人与人究竟如何相处？老人平静而淡定地说，其实最管用最简单的态度就是多看人长处、多帮人难处、多想人好处。静静想一想，这不失为人生之真谛，也不失为人与人之间的相处之道、相安之术。

多看人长处，既是一种角度，更是一种态度。《列子·说符》中有一个故事，讲的是有个人丢了一把斧子，以为是邻居家的儿子偷走了，于是，处处注意那个人的一言一行、一举一动，觉得那个人无论是走路的样子，还是脸色，抑或是说话的样子，都像是偷斧的人。后来，他找到了斧子，又遇到邻居的儿子，再留心看，觉得他走路的样子、脸色、说话都不像是偷斧的人。现实中，有的人或先入为主看人，或戴着有色眼镜看人，或干脆门缝里看人，等等，结果不是把人看歪了，就是把人看扁了，或者把人看坏了。延安时期，陈云同志在担任中组部部长时，曾一再告诫，要树立一个观念，要看干部的长处，你要光看他的短处，没有一个可用之人了，必须发现他的长处，这样我们才能使用每个人的长处。全面而不是片面、动态而不是僵化、具体而不是抽象、发展而不是静止地看待他人，就能看到一个生动鲜活的人、一个丰富多彩的人和一个可用有益的人。

多帮人难处，既是一种胸怀，更是一种情怀。大千世界、芸芸众生，人与人之间就应当互相帮助、携手前行。所谓"跌倒的老人扶不扶""陌生人的求助帮不帮",说到底都是一些"伪命题"。现实中就曾发生过让人唏嘘和感慨的故事。某人路过河边,见一小孩落水没有立即下水救援,当他回家没有找到儿子后,方才返回出事河道,发现溺水的正是自己的儿子,再将儿子从水中救起,为时已晚,小孩已溺水身亡。从根本上说,帮人就是帮己,我为人人就是人人为我。今天我帮人,等于明天人帮我。一个好汉三个帮,众人拾柴火焰高。我们的社会还有很多人有各种各样的难处、有各式各类的苦痛,特别是,我国还有很多生活在山高水冷、地僻天远的贫困人口,不少人都眼巴巴渴望着得到帮助。常怀惦记之心,常抱揪心之情,尽己所能,帮人所难,解人燃眉之急,助人成功之臂,可以说是积德行善,更是提升做人的境界。

多想人好处,既是一种修为,更是一种修养。一个人的成长进步是个人努力和贵人相助、高人指点、友人帮衬、家人支持的共同结果。然而,现在有的人取得了一些成功,满脑子想到的都是自己的不容易,一开口就是自己多么努力、多么艰辛,充其量再夸上几句自己的家人,他们看不到也想不起组织和他人在这个过程中的作用和好处,有的甚至还会反过来念念不忘谁谁谁刁难、排挤、打压过自己,耿耿于怀某某某妒忌、诬陷、诽谤过自己,等等。于是总是愤愤不平,委屈难消。知恩、感恩、报恩,是一种修养,是做人的美德和本色,对于那些在危难时、关键处、重要事帮助过自己的人,不可、不该更不能忘却。心存感恩不能只是说得好听、唱得动听,而是要体现在行动上,这样做了,实际上既心安、又理得,还为自己加分。

多看人长处、多帮人难处、多想人好处,则多一种祥和、多一份快乐、多一片天地,健康良性的"朋友圈"则会越扩越大,人生的道路就会越走越宽广。

(2016年03月23日)

"你是谁的人?"

周人杰

有位年轻人,刚进基层单位不久,就被同事私底下问询"你是谁的人?"事后很是郁闷:是不是进机关就得"选边站队",非得成为"谁的人"?难道靠认真工作、正直为人就没有好的前途吗?

"士为知己者死",知恩图报、重义轻利,这是中国的传统文化,正确理解和把握也可"古为今用"。比如,对领导的信任、组织的任用,确应心存感恩,转化为工作上的中流奋楫,以业绩回报信任,靠实干回报知遇。而对识人善任的"伯乐"常怀感激,亦是人之常情。但同时须清醒认识到,对干部的任用绝不是某个人的恩赐,而是组织行为,领导的推荐提名是在履行选人用人之责,举贤为公是其分内之事。

决不能把党组织等同于领导干部个人,对党尽忠不是对领导干部个人尽忠。红军时期,黄克诚因肃反中保护干部险遭冤杀,行刑前千钧一发时,被彭德怀紧急干预"枪下留人"。之后两人数次见面,黄又被彭提拔重用,终成一代名将,但他始终未知此事,始终"言不及私""相待以诚",直到29年后,黄才偶然间得知彭的救命之恩。对"私恩"与"公义"的厘清,正是共产党人襟怀坦荡的真实写照。

"群臣朋党,则宜有内乱。"历史的悲剧反复告诫我们:结党必定弄权,弄权必定营私。邓小平同志曾经说过,"小圈子那个东西害死人哪!很多失误就从这里出来,错误就从这里犯起。"有些干部整天琢磨拉关系、找门路、抱大腿,热衷"圈子文化",迷信"朝中有人好做官",崇尚人身依附,污染了清爽的政治生态,更与"举贤为公"的宗旨严重背离。这种山头主义者被毛泽东同志形容为"精神上被石头压着",我们需要"替他们解开"。

共产党的干部,究竟是谁的人,答案其实很明白。干部都是党的干部,不是哪个人的家臣。"同志"二字,道尽了共产党人干事创业最纯粹的关系。五湖四海的年轻人,为了共同的理想与信念走到一起,入职之日起就要扣好第一颗"政治扣子",时时检身正己,牢记"以势交者,势倾则绝;以利交者,利穷则散"。各级干部都要做政治上的明白人,加强党性修养,增强组织观念,自觉抵制"认人不认党""拜码头不敬组织"的歪风邪气。

要党性,不要派性;相信"成绩自己会说话",莫信"大树底下好乘凉";对味道不正的"老乡会""同学帮""战友圈",洁身自好、敬而远之。摆正个人与组织的关系,眼睛常往下边看,多琢磨事、少琢磨人,心存敬畏、手握戒尺,凭业绩说话,靠实干进取,干部成长才会按下安全的"快捷键"、驶入健康的"快车道"。

欧阳修曾被吕夷简诬陷下狱,仍荐人以公心,外举不避仇,举荐其子为宰相。祁奚与蒙冤的叔向不熟识,仍为其仗义执言,冤屈昭雪后两人竟"不见而归"。君子之交,淡然如水。今天的共产党人更应该抛开无原则的纷争,卸下拉帮结派的包袱,努力把自己锻炼成为忠诚纯洁的战士。

(2016年03月22日)

最好的支持是"容错"

刘成友

作为外行,第一次听说"高端容错服务器"这个说法时,心里不禁纳闷:计算机要求的是准确,怎么还可以容错?容错,容许到什么程度才能确保安全?专业人员解释说:先进的高端服务器,即便出现一些硬软件故障也不会停机。所谓容错,就是在系统控制下允许一定范围内出现错误情况。

计算机运行遵循这个道理,干部管理是否也可尝试?山东省济南市近日出台关于支持党员干部干事创业建立容错免责机制的实施办法,对单位和个人在改革创新、推动发展中出现的工作失误或无意过失,法律、法规没有明令禁止,或是符合上级方针、决策精神,给予减轻或免除相关责任。失误可以免责,体现出制度的关怀包容,向干事创业者传递了鲜明的鼓励支持信号。

今年全国两会上,习近平总书记强调,"干部干部,干是当头的,既要想干愿干积极干,又要能干会干善于干,其中积极性又是首要的""要保护作风正派、锐意进取的干部"。调动干部积极性,提升工作精气神,要靠个人去激发,也有赖于组织的热情关心与保护。"容错免责",可以说是为干部松绑解套,为敢想的人"开绿灯",为敢干的人"兜住底"。

人非圣贤,孰能无过?在文学家那里,"最好的好人,都是犯过错误的过来人"。没有人是永远的"常胜将军",习惯于以成败论英雄,结果只会是气氛压抑、士气低沉,甚至可能"万马齐喑"。袁隆平成功培育高产杂交稻，屠呦呦提炼青蒿素，说到底都是一个屡败屡试的过程。一位知名企业家也说过，他30多年的创业和发展，实际上是一个不断试错的过程。顺风顺水、马到成功是少数，不知要经历多少次失败才能前进一步，这就是事物的本来规律。

成功奠基在失败之上，改革攻坚，每前进一步都不容易。给干事创业者提供宽松的环境和氛围，就是最好的支持。如果干部在改革中不容犯任何错误，干事创业积极性肯定大打折扣。如果干部队伍中不求无功但求无过、怕出事而不干事的人多起来，就不会有大刀阔斧的改革创新。干部队伍从整体上看是充满干劲和活力的，营造"容错免责"的良好环境，使广大干部可以安心实干、放心改革，才能让干部心中的热火化作改革攻坚、发展转型的燎原之势。

一位前辈说得好，"错误是不可避免的，但是不要重复错误"。"容错免责"是"尚方宝剑"，但只能用在改革发展上。哪些是因缺乏经验、先行先试出现的失误和错误，哪些是明知故犯的违纪违法？哪些是在上级尚无明确限制的探索性实验中的失误和错误，哪些是在上级明令禁止后依然我行我素的违纪违法行为？哪些是为推动改革的无意过失，哪些是为谋取私利的故意行为？像这样的问题，有必要作细致梳理、明确界定。既防止有人滥竽充数、滥用制度红利，也为干事者提供明确行动准则。

邓小平同志曾经说过："领导班子要有威信，敢字当头，能很好地执行党的方针政策，能很好地工作""要敢字当头，横下一条心"。对干部而言，无论任何时候，都应秉持敢字当头的精神，放下因错得咎的心理负担，到事业工作中一展抱负。唯如此，方不负事业、不负人民。

（2016年03月21日）

涵养创新的精气神

李秦卫

最近,围棋"人机大战"在韩国首尔收官,韩国围棋九段棋手李世石败给人工智能围棋程序 AlphaGO。对此,国人感受到了我们前沿技术创新的紧迫感与危机感。今年全国两会上,"创新是引领发展的第一动力""创新是供给侧结构性改革的灵魂"……创新成为代表委员热议的高频词,折射的正是对创新的热切呼唤。

创新从哪里来?首先就需要有那么一种生存与发展的紧迫感与危机感。500年来,世界经济中心几度迁移,背后的重要力量正是创新。创新能力不足,"卖一台电脑只能赚一捆大葱钱,卖十亿件衬衫才能换一架波音飞机"的故事就会不断上演。看当下转型升级,谋长远富民强国,创新都处于核心位置。当年,钱学森为让祖国"挺直腰杆子",执着于"两弹一星"研制,立下卓著功勋。焦裕禄为让乡亲们过上好日子,宵衣旰食,在漫天风沙漫地碱的兰考创造出多种治沙新招。从根本上说,正是这一种报效祖国情牵百姓的理想与抱负,使无数人焕发出执着创新的勇气与锐气,踏平坎坷以成大道。今天,我们更加迫切需要涵养创新的精气神。

然而,创新之路上,失败是最亲密的伙伴,理想与热情往往会遭遇无数次失败的无情打击。在相当意义上说,创新能力取决于这种抗打击能力。有资料显示,科研创新的成功率仅为10%左右。如果没有对190多次失败的无畏,屠呦呦怎么能提取到青蒿素?倘若不能善待一次次失败,诺贝尔如何能发明炸药?一位著名画家说,所谓大师,其实是失败最多的人。创新是壮丽的探险,只有不惧困难和挫折,视失败为"在成功路上",并以"失败虐我千万遍,我待创新如初恋"的精神砥砺前行,方有可能踏着失败拾阶而上,直至梦想的顶峰。

"想出新办法的人在他的办法没有成功以前,人家总说他是异想天开。"当遭遇失败,创新者最希望得到"别泄气,当初我比你失败次数还多"的理解,最渴望获得"没事,咱查明原因重头再来"的支持。宽容是一种智慧。宽容失败,需要管理者摈弃"成王败寇"思维。从某种意义上讲,对失败的宽容度,决定着创新的成功率。一些高精尖企业创新成果之所以不断,原因之一就是失败不仅不会被嘲笑,反而会得到尊敬。有位院士回忆自己的创新之路说,在他屡次失败后,正是恩师那句"我觉得你不是失败了,而是更接近成功了"的话,给了他坚持创新的耐心和信心。

从根本上讲,创新文化的养成、创新氛围的形成,要靠体制机制的改革。有人说,中国人从不缺少创新的能力,关键是要激活创新的动力。有一位大学教授与7名教师成立一家设计公司,研发团队获得公司95%的股份,学校占公司的股份仅为5%。创新体制的"天花板"被捅破后,研发团队积极性高涨,实现了创新成果对接需求、对接市场,公司成立仅一个多月,签约项目就达10多项。实践表明,敢于破除旧的体制机制障碍,创新的活力就会不断迸发。

古人云,"日新之谓盛德"。创新兴则国家兴,创造强则民族强。始终保持锐意创新的勇气、敢为人先的锐气、蓬勃向上的朝气,涵养创新的精气神,在迈向现代化的征途上,当代中国一定能实现爬坡过坎、弯道超车。

(2016年03月18日)

实干是最好的"定心丸"

姜 赟

"中国经济的发展是实干出来的,面对困难,勇往直前、拼搏奋进无疑是最好的答案。"两会上一位政协委员的观点,引起大家共鸣。

改革发展闯关攻坚,企业转型涅槃再生,固然都要依循客观规律,但主观上的判断和决心,同样具有关乎全局的影响。毛泽东同志曾精辟指出:"往往在敌人十分起劲自己十分困难的时候,正是敌人开始不利,自己开始有利的时候。往往有这种情形,有利的情况和主动的恢复,产生于'再坚持一下'的努力之中。"从不利到有利,主观上的坚忍勇毅至关重要。

"中国改革开放30多年的辉煌成就,就是广大干部群众干出来的。"辉煌是从实干中创造出来的,实干也是面向未来的最好态度。审视中国经济,虽有乱云飞渡的风险压力,但也深藏着巨大的创新动力和消费潜力。"下行"就用"上进"来对冲,"转型"需要"实干"来搭梯。提升动力,实干是最好的"强心剂";缓释压力,实干是最好的"定心丸"。越是艰难险阻,越需要"逢山开路、遇河架桥"锐意进取,而不能怀有风过雨停、柳暗花明的幻想;越是焦虑重重,越需要迎难而上克难前行,而不能"三天打鱼,两天晒网"般得过且过。

"吾非千里马,然有千里志。旦旦而为之,终亦成骐骥。"为与不为、干与不干,结果大不相同。不可忽视的是,一些干部只看到风险看不到机遇,直言"经验出来了我跟着学,有了政策我才可以干";有的干部怕推进改革"动了别人奶酪,会引火上身",导致改革措施遭遇"冰上行车"。可以说,干部担当不足、担忧有余,正是实干攻坚的最大阻碍、政策落实的最大隐患。干部的不作为传导给社会,也会让企业和公众跟着干着急。阻断过度担忧和恐慌心理在社会上的蔓延,关键就是激发干部干事创业积极性,用抓改革落实、抓创新驱动、抓转型发展的实际行动重树信心。

领导领导,"领"着干才能聚人心,"导"向实才会有信心。敢干会干的干部,永远都是百姓心中的"顶梁柱""领路人"。上世纪50年代,黄河发大水冲歪了一座铁路桥。当时技术力量有限,只能组织上万人用纤绳去拉桥基。拉纤的当天,周恩来总理来到现场,脱下外套便加入了纤夫队伍。群众高喊:"总理,不能啊!"总理说:"这里没有总理,只有纤夫!"干部冲锋在前、身先士卒,比任何加油鼓劲都更能振奋信心、聚合众力。

"理解改革要实,谋划改革要实,落实改革也要实,既当改革的促进派,又当改革的实干家"。党员干部争当改革促进派、实干家,带动千千万万企业和个人一起干、一起拼,实现"十三五"顺利开局就有了最牢靠的基石。这就是中国信心的源泉,这也是中国发展不断创造奇迹的秘诀。

(2016年03月17日)

让城市诠释"文明的使命"

李 拯

"要让建筑有温度,使冰冷的建筑与热情的服务紧密结合""城市是我们共同的家园,应当把更多的公共空间留给市民""不断提高群众的舒适感、愉悦感和幸福感"……今年两会上,代表委员话语中的城市治理,比以往更具含金量:谈"规模"的少了,谈"文明"的多了;谈"高楼"的少了,谈"治理"的多了。

这些建言献策,印证着中国城市发展的内在逻辑:经过30多年的快速城镇化,城市在积累了蔚为壮观的"硬实力"之后,已经到了提升"软实力"的阶段。高楼大厦提升了城市的"颜值",但人们同样关心城市生活的舒适度和获得感。正如哲人所言:人们聚集到城市,是为了过美好的生活。换句话说,衡量一座城市发展水平的,不仅要看地标建筑撑起的天际线,更要看万家忧乐拼成的地平线;不仅要看经济总量的力争上游,更要看治理水平的勇往直前。

百姓生活,无非这样12个字——衣食住行、生老病死、安居乐业。最为稀松平常的诉求,最是考验城市治理的水平。有这样一个故事:环卫工人将路面垃圾扫入旁边的绿化带,园林工人将绿化带中的垃圾倒入下水道,市政工人又将下水道中清掏出来的垃圾直接堆放到路面上,使得一堆垃圾转了一圈又回到了原点。这背后,是九龙治水、各管一摊的尴尬,是缺少统筹、协调不力的无奈。而像难呼吸的"痛"、闹人心的"堵"、事难办的"难",这些问题无不照见管理的短板、服务的欠缺,更说明城市治理体制机制需要改革创新。

从代表委员的讨论来看,"治理"正是贯穿始终的关键词。消除空气污染,"需要多方合力,准确把握雾霾成因是治霾重要前提";优化城市规划,注重"专项规划各板块的衔接,把空间布局作为重中之重";延续城市文脉,"用健全的决策程序遏制'大拆大建'的冲动"……这些两会上的"好声音",都是在向城市治理者呼吁,要像重视看得见的硬环境那样,重视看不见的软环境。既要以法治思维完善治理机制,用制度管住权力的任性;又要让治理机制真正运转起来,避免相互龃龉、各自为政,从而形成城市治理的强大合力。

近些年来,城市的经济发展,也越来越依托于软环境的提升,从投资者的视角来看,"创新创业软环境成为城市核心竞争力要素"。北京"坚定不移地'瘦身健体',坚定不移地疏解功能谋发展",武汉着力打造行政审批少、程序便捷、收费低的发展软环境,成都"以'家园情怀'鼓励每个人参与城市治理"……可以说,在"规模优势"的基础上,中国城市发展正需要激发"治理优势",以良好的秩序、良善的服务、良性的治理,实现城市发展的"骐骥一跃"。

著名建筑师贝聿铭曾说过,"人类只是地球上的匆匆过客,唯有城市将永久存在。"千百年来,城市都不仅是建筑与街道的排列组合,而是作为人类文明的容器,体现着人类对理想秩序的追求。今天,中国的城市同样肩负着"文明的使命":在高楼大厦之外,更要以良政善治诠释何谓"现代文明"。

(2016年03月16日)

精神成长是一生的功课

李洪兴

"要道德地娱乐,不能娱乐道德""把道德教育作为学校的重要课程""建立完善的激励制度,让英雄'流血不流泪'、好人有好报"。道德修养、文明养成,作为社会建设的灵魂工程,每年都会进入到两会代表委员的视野。看似老话题,放之社会和时代背景下观照,却总能发现其中的新意义。

精神上的瘦骨嶙峋,比外貌上的面黄肌瘦更让人心痛。英烈形象被质疑、被拿来调侃,一些人视之稀松平常。借助色情信息非法牟利受到惩处,不少人竟为之说情。一些以丑为美、以耻为荣的噱头与搞怪,竟能博得网络点赞。无论是社会热点,还是网络事件,不进行道德思考,就容易随波逐流,不辨是非对错。

哲人有言,"一个人如果不是真正有道德,就不可能真正有智慧"。"借我一双慧眼"不靠别人,靠的是自身对真善美的不懈追求。富强是躯体,文明是灵魂,口袋鼓了,文明修养也要随之提升。现代化的发展造就了现代化的财富,也应该锻造现代化的精神。道德水准和文明修养,既是个体对待生命和世界的态度看法,亦是个体同外界建立联系的方式,它们的价值就在于,直接决定着个体的存在意义,甚至国家的盛衰治乱。提升公众精神高度,加厚时代道德河床,从来都是发展中的中国不能忽视的话题。

一个时代有一个时代的气质,有人说,我们这个时代,已经是一个"主要看气质"的时代。气质体现在谈吐和举止上,更体现在内心的优雅和良善上。一位著名大学教授路遇街边卖艺的年轻人,慢慢走向前并半蹲下轻轻地放下钱,点头微笑以示赞赏。一位著名艺术家出门不管遇到什么人,总是主动先向对方微欠上身大声打招呼。不因为有所成就而傲物,不因为变得富有而薄人,一个文明的眼神、一个谦逊的弯腰,足以体现一个人的气度和品质。崇德向善很难吗?孜孜不倦地坚守信念、践行道义,就能实现精神之丰盈、人格之充实。

一位老艺术家讲,"主旋律如果唱不响,杂音噪音就会有市场"。筑牢社会道德和文明素养的防护堤,是社会的共识,也有赖全社会的共同努力。从弘扬社会主义核心价值观,到塑造崇清尚俭、勤政为民的党风政风;从抵制虚无主义、对抹黑英雄说不,到让"最美"之花随处绽放、好人故事广为流传,多给精神世界留一片高雅栖息地,我们的内心才能够澄碧如洗,社会才会少一些聒噪和粗俗,多一些谦卑和敬畏。精神成长,是我们一生都需要修习的功课,须时时谨记在心、砥砺在行。

有人说最大的悲哀是人心的冷漠。换个角度想,最大的财富,莫过于人心的向善。古人早有论断,"穷为匹夫,未必贱也。贵贱之分,在行之美恶"。做一个精神上的富足者、道德上的优雅者,我们一定可以廓清道德上的雾霾,让正能量在人与人之间互相传递、彼此熏陶,绽放出我们这个时代富强与文明的"并蒂花"。

(2016年03月15日)

开放时代要"放开心态"

李浩燃

18世纪末,英国马戛尔尼使团访华,带来天体仪、座钟、毛瑟枪、军舰模型等礼品。乾隆帝却颇感失望,认为英人"自为独得之秘,以夸耀其制造至精奇",其实"天朝原亦有之"。这种封闭、自大的心态,为近代中国的落后、屈辱埋下了伏笔。

物换星移,自从1979年邓小平首次提出开办"出口特区",古老的东方大国按下了开放的快进键。今天,中国已晋身为全球第一大出口国和第二大进口国,世界第一大吸引外资国和第三大对外投资国。从中美"跨越太平洋的合作"到连接亚欧非的"一带一路",从牵头成立"亚投行"到中国东盟构建"自贸区",一个又一个亮丽的标签,标注着开放的风向与维度,今日中国前所未有地与世界紧紧联结在一起。

无论微小的细胞还是复杂的社会,如果中断与外界的物质、信息交换,既难以维持内部的平衡,也无法赢得发展的良机。环顾寰宇,当代世界互联互通、无远弗届,开放之潮浩浩汤汤,任何形式的自我封闭,只能意味着保守、落后。"开放蕴含着发展红利,开放活了整盘棋也就活了""把'一带一路'作为'最大机遇'""高水平对外开放,必须与改革创新有机结合"……观察今年两会,以开放为机遇,以开放促发展,成为代表委员的共识。习近平总书记反复强调,"中国开放的大门永远不会关上""中国对外开放的力度将会越来越大"。开放发展是实现更高水平发展的必由之路,谁若是固步自封、排斥开放，谁必定为时代所抛弃。

开放的大环境容易形成，开放的心态却难得。如今，"开眼看世界"的要求比以往任何时候都更强烈，却仍有一些干部对外来者抱有敌意，虽言必称开放，内心却忧虑开放之后的激烈竞争。有的人"领略"了发达国家的科技水平、社会面貌，自卑情绪潜滋暗长，笃信"月亮就是外国的圆"，妄言"土鸡不可能超越凤凰"。还有人，眼光偏狭、观点极化，认为开放仅是权宜之计，既然世界经济阴云密布，少一些开放就能避免受外部波动影响。这些愈开放愈忧虑保守的心态，值得细细思量。

开放为人们打开一扇扇"可能"的窗户，有时也难免形成比较、带来冲击。心理学中有"漏掉的瓦片效应"，讲的是在屋顶铺满瓦片，唯独漏铺一块，有的人仰望到整齐的屋顶，有的人则专注于漏掉的那一片。专注那块漏掉的瓦片，其实是专注自身短板的隐喻。倘若因为自身存在短板和不足就在行动上裹足不前，结果只会是放大自己的短板。越锁国越落后，这个教训再清楚不过。避免被悲观击倒，尤须在开放环境中辩证看待差异。

正如光芒可以驱散黑暗，也能令人盲目，开放并不会自动生成美好。一方面我们要破除封闭心态，规避自卑情绪，祛除狭隘意识，另一方面也需要真正打开心灵，吸纳包容、兼收并蓄。秉持开放心态、保持奋进姿态，在文明互鉴中拓展视野，在交流交融中博采众长，才能为创新培厚土层，为发展积蓄动力。

"参差多态乃是幸福的本源"。多元多样的开放时代，呼唤平和包容的开放心态。厚植开放理念，以"新松恨不高千尺，恶竹应须斩万竿"的勇毅开拓进取，以"自信人生二百年，会当水击三千里"的气魄踏浪前行，一定能把未来牢牢握紧在手中。

（2016年03月14日）

让"精准"成为习惯

孙先富

"精准扶贫的精髓是'因贫施策'""提高项目安排、资金使用和措施到户的精准性"。今年两会上,代表委员围绕精准扶贫、精准脱贫话题建言献策,为脱贫攻坚贡献了不少智慧。为什么脱贫攻坚必须精准识别、因贫施策?"精准",是一种怎样的方法论,又是一种怎样的态度?

《道德经》有言:"图难于其易,为大于其细。天下难事,必作于易;天下大事,必作于细。"成大事者必以精准思维、精准做法为遵循,方见成效。《礼记》也有载:"君子慎始,差若毫厘,谬以千里。"做事情一开始就要慎重,不能马虎大意,哪怕开始只是一丝一毫的差错,其结果也会事与愿违。0.99的1000次方接近于0,道理就是这样。

精准,是一种方法,更是一种追求。《庄子》里讲过"庖丁解牛","所解数千牛矣,而刀刃若新发于硎"。欧阳修笔下的卖油翁,"徐以杓酌油沥之,自钱孔入,而钱不湿"。这些关于熟能生巧的故事提醒我们,穷尽所能、做到最好,是对待工作的基本态度。精准就是这样一种力求完美的自我追求。

精准,是一种态度,更是一种作风。态度决定高度,细节决定成败。如果对什么事情,都抱着"无所谓""想当然"的态度,对情况了解停留在"大概是""应该是"之中,能有多少成就?敷衍了事、毫无"精准"可言,既容易误事误人,也会迷失自己。从作风上砥砺精准的要求,万事无难。

精准,是求真的延伸。共产党人是最讲认真的,精准就是一种认真精神。闭门造车、异想天开、吃老本、拍胸脯、拍脑袋,既不会有好决策,也不会有好成效。深入基层、接入地气,听得真言、听进诤言,谦虚好学、积极进取,方能从精准中出成就、出公信。

精准,也是求实的升华。有些人在扶贫攻坚中不善精准、在改革发展中不愿精准,原因不外乎怕自己吃苦受累、怕事情繁复麻烦。精准意味着实事求是、敢于较劲,而不是浑浑噩噩、安于现状,畏葸不前、怕这怕那。吃得苦,不怕死,霸得蛮,耐得烦,精准中充满了求实、务实的精气神。

追求精准,就得要有胆有识、抓铁有痕。何为"有胆"?正确的敢坚持敢坚守;不对的,敢直言敢批评;错误的,敢纠正敢改进。何为"有识"?要有正确的方向,要有科学知识,要对实际情况了解透彻。何为"抓铁有痕"?做什么就有什么的样子,善始善终、善作善成。

习近平总书记向来重视精准化做事方法,在指导兰考县委常委班子专题民主生活会时他就强调:要从细节处着手,养成习惯。如果对工作、对事业仅仅满足于一般化、满足于过得去,大呼隆抓,眉毛胡子一把抓,那么问题就会被掩盖。让我们就从当下、从自己开始,把"精准"养成习惯。

(2016 年 03 月 13 日)

把身影植根在群众中

张志锋

又到植树节，想起尕布龙。每年阳春，青海许多干部群众坚持到西宁南北两山种树，以此纪念青海省原副省长尕布龙。

西北干旱风多，"种一棵树比养个儿子都难"。环绕青海西宁的南山和北山，环境尤为恶劣。"要不是尕省长，不可能栽活这么多树。"尕布龙从省人大常委会副主任位子上退居二线后，自告奋勇担任西宁南北山绿化指挥部常务副总指挥。他经常穿着洗得发白的中山装，和群众一起挖坑、浇水，累了就蹲在土坎下歇息，饿了就啃干馍馍。后来群众得知身边的老汉是老省长，都忍不住流下眼泪。十多年间，4万多亩树林，把原本认为不可能的事变成郁郁葱葱的现实。

睹树思人，风范犹存。把情怀植根大地上，把口碑立在人心中，正是尕布龙带给我们的启示。干部深入基层，就要有深入基层的样子，带着真心来，冲着问题去，为着群众干。到农牧区，就要脱下皮鞋、换上布鞋，和老百姓在一个锅里搅勺子，坐在一条板凳上拉家常。进了农户门，就是农家人，要学会干村里活、当村里人。人们由衷怀念尕布龙，无不为他竖大拇指：没有架子，喜欢和老百姓泡在一起。尕布龙留下的是泽被后人的绿荫，更是心怀民生、扎根基层、躬身劳动的精神范儿。

想起了一个青年干部，曾作为选调生被下派当驻村干部。他刚"上任"时看到老乡烧火用的牛粪就皱眉头，也不愿在老乡家搭伙，看着黑黢黢的灶台实在咽不下去。后来,只要他一进村,就会有老乡打趣:大学生来视察了!亲疏远近,尽在无形。于是,他彻底放下身段,学说当地土话,工作之余就和老乡一起跳锅庄舞,天晚了就和衣躺在满是烟熏味的土炕上。渐渐地大伙儿不再叫他大学生,见面都主动招呼,办什么事也都痛快了。

干部下基层,群众最在意干部的表现和态度。群众是明眼人,干部下来时一举一动,甚至一个眼神,群众都在心里默默打分。有的干部对基层群众缺乏感情,有意无意地瞎摆谱,表面上深入基层,实际上心里充满隔阂感。群众嘴上不说,心里像明镜一样。相反,如果把群众的事都搁在心上、解决在实干中,老百姓自会拿干部当亲人。天下至难得者,人心也。群众在干部心里有多重,干部在群众心里就有多重。联系群众、服务群众的心思理顺了,和群众打成一片,才能成为同甘共苦的一家人。

遗憾的是,如今仍有少数干部热衷于"走上层"、不愿意下基层,下到基层像赶场子,下车握手,寒暄一下就走。不屑于和群众掏心窝,也懒得和群众一块儿苦、一块儿干、一块儿累,怎么可能让群众信服和心服?还有些干部不热衷民生事项,热衷于揣摩人事八卦,你有什么背景,他有什么来头,谁是谁的人,被周围的人称为"官察家"。这样的"官察家"多了,群众的甜苦喜忧谁来负责?靠树树会倒,靠山山会崩,惟有群众最可靠。革命年代是这样,现在和将来同样是这样。为人不忘本,为政不忘民,这就是世道人心中的政治。

尕布龙从放羊娃一直干到省领导,妻子却自始至终生活在乡下。翻看他的工作照,身影大多时候也都淹没于群众中。这就是共产党人的履历,这就是共产党人的情怀。

（2016 年 03 月 12 日）

"拨云见日"先要"不畏浮云"

洪乐风

"中国经济不会出现所谓的'硬着陆',我们要看到问题的一面,更要看到发展的希望。"连日来,许多代表委员在接受采访时纷纷批评唱衰中国经济的论调,呼吁全面辩证地看待中国经济形势,坚定信念深化改革和转型发展。经济增速放缓是客观现实,但为什么总会有人把放缓等同于衰退、把减速视作危机呢?

同样看到半杯水,乐观者会说:"还有半杯水呢!"悲观者则抱怨:"怎么只有半杯水?"同样事物,两种说法,折射的是心态的迥异。个体对客观世界的感知与评价,不可避免会受到心理情绪的干扰影响。看待统计数据的起起落落、经济现象的纷繁芜杂,普通人也往往容易陷入这样或那样的"杯水焦虑"中。

比如,有媒体看到个别行业农民工紧缺,便声称"民工荒"来了;有人调研发现部分企业经营困难,存在局部裁员现象,便惊呼"下岗潮"到了,而真相却是就业总体上保持了稳定。之所以"一叶障目不见泰山",有其素养与能力的局限性,也存在"选择性失明",让理性跌倒在口口相传的恐慌面前。所以,适应新常态必须调试"心状态",加强对经济分析的"情绪管理"。

新常态的"新",关键在与以往发展方式彻底"相揖别"。增长从两位数转为中高速,经济动力从外部转向内生,改革焦点从需求侧转向供给侧……这是不以主观意志为转移的大势。有些人之所以忧虑，原因就在于思维拘泥在经济高速增长的定势上，经济速度降下来就难以接受。实际上，对经济增速作无谓的纠结没有任何意义，从变化了的实际出发施展作为，方有新的发展境界。

心理学上有个著名的心理效应：对人们传递积极的期望，会使他们进步得更快、发展得更好，传递消极的期望则会平添烦恼，甚至使人自暴自弃。经济活动中也存在类似的规律，积极、耐心的理性评判会让经营风险更可控、商业周期更平顺。相反，凭空夸大负面消息、过分渲染悲观情绪，常常庸人自扰、适得其反。

心态上的转变，需要一个过程。过去重点考核 GDP 增速，现在不仅要求速度保持在合理区间，质量、效益也必须有所增进。以往抓经济常常靠"土政策"，当前力倡简政放权、营造法治"软环境"。过去高速增长掩盖了一些发展矛盾，如今"水落礁石出"，增收入与稳物价、稳定就业与化解产能等都是棘手关系，需要妥善处理。一道道新命题，考验的是发展智慧，也考验着我们能否加速度完成心理调适，以好心态迎接"不那么顺手"的新挑战。

习近平总书记多次强调，各级党委和政府要学好用好马克思主义政治经济学，自觉认识和更好遵循经济发展规律。引领新常态离不开"情绪管理"，也离不开各级领导干部以深刻的辩证思维和渊博的经济知识储备，透过纷纷扰扰的经济波动表象，把握真实的市场运行机理。辩证看待、更新观念、平稳心态，分清大势向好的主流，也决定着我们能否抓住改革攻坚、转型发展的窗口期大展作为。

定力、定力，先淡定下来，才能有力量。听风就是雨，只会自乱阵脚。先不畏浮云，才能去拨云见日。收拾好心情、调整好心态，为新常态注入正能量、提振精气神，便是柳暗花明的大好春光。

（2016 年 03 月 11 日）

崇"亲"尚"清"两相宜

辛士红

君子之交淡如水。今年两会伊始,习近平总书记在看望参加全国政协十二届四次会议的民建、工商联委员并参加联组会时,用"亲""清"二字,言简意赅地概括了新型政商关系。这为纯洁政治生态、重塑政商关系指明了努力方向,引起会内会外的强烈反响。

在正风反腐的新形势下,政商之间清风正气日升,歪风邪气日降。然而,也有的仍然在顶风违纪,私底下还是要么"一手交钱、一手办事",要么"投之以桃、报之以李",要么"入股生利、皆大欢喜"。还有一些领导干部则走到另一个极端,拒商、远商、避商、怕商,不敢与民营企业家交往,怕瓜田李下说不清。政商之间,勾肩搭背、利益输送不对,谈商变色、敬而远之同样不行。

政商关系,是政府和市场、权力和资本相互关系的综合反映。"夫商贾者,所以冲盈虚而权天地之利,通有无而一四海之财。"亲商、安商、富商,是政府的应尽之责,也是决胜全面小康的必然要求。当年,邓小平同志为推动改革开放,邀请美国的石油大王哈默前来中国,重用"红色资本家"荣毅仁,保护"傻子瓜子"创始人年广久……可以说,没有健康良好的政商关系,就没有今天的"中国奇迹",也难有明天的新传奇。

一个国家的经济社会发展,不能建立在畸形的政商关系之上。试想,本该公平竞争的项目,却成为那些利益输送企业的"唐僧肉";本该节省的财政开支,却成为那些暗箱操作者的"盘中餐";本该造福于民的良心工程,却成为那些权力寻租者的"昧心工程",这样的投资环境怎么能够筑巢引凤?这样的政治生态怎么适宜干事创业?

畸形的政商关系,犹如政治雾霾,没有人可以独善其身,长久受益。"我和所有的人一样,一半是受害者,一半是同谋者。"多少落马贪官的背后,总有一个或几个不法商人为其同谋;多少不法商人的背后,总有一个或几个官员为其撑腰。他们也许边腐边升,一时间风光无限,也许愈贿愈富,短时期羡煞人眼,但终有"忽喇喇似大厦倾"的那一天。把政商关系变成权钱交易的利益同盟,逾越了公与私的界线、法与纪的红线,又怎么可能长久?

政商之交,宜"亲"宜"清"。新型政商关系,新就新在"亲""清"二字上。政商双方都应各守其志,严守边界,真诚坦荡地打交道。对于领导干部来说,应明晰权力界限,依法行使权力,坚持等距离交往,实行无差别服务,积极为企业排忧解难,但绝不邀功谋利,始终做到踏踏实实干事、干干净净用权、堂堂正正做人。对于企业家来说,也应满腔热情支持地方发展,遵纪守法办企业、光明正大搞经营,致富思源、义利兼顾、自觉履行社会责任。小胜靠智,大胜靠德。真正的经商者,永远是诚实守信、公平竞争的信奉者,决不是攀附权贵、蝇营狗苟的投机者。

政商关系,相互有交集但不能搞交换,有交往但不能搞交易,理应相敬如宾但不能勾肩搭背。以"亲"为血液,以"清"为风骨,就能让政商关系密切而纯洁起来,让从政与经商的环境更加健康更加清朗。

(2016年03月10日)

信心满满气自华

余清楚

时序两会，春满京华。人大各代表团的开放日也是"姹紫嫣红"，各具特色。地方领导主动提及热点话题，回应社会关切。在"部长通道"，不少部长面对记者的长枪短炮，也是神采奕奕，从容应对。许多参会的老记们由衷感叹，今年两会采访这些平时难得一见的领导干部容易多了。

今年地方和部委的主官们所展示的开放自信、亲和亲切的姿态，令人刮目相看。比如，黑龙江省长陆昊坦言，"天价鱼"事件不是偶然的，说明我们还是有相当一部分基层干部与市场主体经营者在树立接受监督意识上有明显差距，说明相当一部分基层干部与市场主体经营者在真正理解竞争、诚信等市场意识上不够。山西省委书记王儒林针对媒体记者就山西"塌方式腐败"的提问，态度坦诚，直话直说，主动提供案例，记者普遍满意。针对公众对海南旅游环境的关切，海南省委书记罗保铭直截了当地表示，"今年没有关于海南欺客宰客的报道，说明我们的整治有了效果，这就是重罚的结果，你坑两千，我罚你十万，如果你再坑，我罚得更多，你敢欺客宰客，就让你倾家荡产。"

过去，有的领导干部在出现一些突发事件、群体事件时，要么怕记者、躲记者，要么粗暴对待记者，必须说的不敢说、不会说，以至于坊间猜测淹没事实，虚假流言遮蔽真相。经验与教训表明，在新媒体时代，真心实意和记者打交道、交朋友，只有好处，没有坏处。我国地域辽阔，人口众多,每天发生和面对的,既有好事喜事,也有难事苦事。出现灾害、遇到突发事件,在所难免,只要认真对待,把真相如实告知媒体和大众,事情总能妥善解决。可怕的是忽悠记者,掩盖真相,自陷被动,自食苦果。正如习近平总书记所指出的,领导干部要增强同媒体打交道的能力,善于运用媒体宣讲政策主张、了解社情民意、发现矛盾问题、引导社会情绪、动员人民群众、推动实际工作。不少领导干部在这方面下足了功夫,做足了功课,也取得了明显效果。不过,至今也还有官员似乎不习惯、也不愿意面对媒体和记者,丧失了引导舆论、把握主动的机会。

无论是在开放日、"部长通道",还是现场采访、嘉宾访谈,媒体人都能感受到书记、省长、部长们的从容和自信。这些代表、委员谈吐不俗,没有盛气凌人的官腔、不知所措的尴尬和某种言不由衷的形式主义。人们不禁要问,底气和自信从何而来?一年来,各地、各部门认真学习贯彻习近平治国理政新理念、新思想、新战略,按照新发展理念的要求,扎扎实实开展工作,取得了实实在在的成绩。干了实事,做了好事,底气自然饱满,记者当然高兴,人民必然满意。在发展过程中,可能还会遇到实际困难,碰到突发事件,面对媒体质询,只要我们坦诚相待,实事求是,主动作为,就能做到"突发事故不怕难,面对记者难不倒"。

竹外桃花三两枝,春江水暖鸭先知。进入两会时刻,代表、委员们的履职表现和信心呈现,透出了开局之年生机勃勃的气息。期待他们把会上满满的自信和昂扬的斗志,传递到实现"十三五"目标的工作实际中,打好决胜仗,赢得开局红。

(2016年03月09日)

激活家风中的"她魅力"

李秦卫

妇女节来临之际，一条名为"当好丈夫廉洁从政的监督员"的微信在朋友圈荡起涟漪。观者纷纷将那些影响家风的"她"上传网络、分享感恩和感动。这背后，有对良好家风的期盼希冀，更有发挥家风建设"她魅力"的呼唤。

"当了首长，千万不能手长。我和儿子不要钱，只要你好好地。你好好地，我们娘俩就踏实，咱家就稳当。"一位军分区政委的手机里，十多年来一直保存着这样一条妻子的短信。妻子识大体顾大局，丈夫就有了兴家立业的稳定后方、守法遵纪的贴身监督。作为丈夫最亲近的家人，妻子最容易发现丈夫的细微变化，贪墨之事的征兆苗头，不良居心的萌动吐芽，多半瞒不了妻子的"火眼金睛"。妻子贤良与否，关乎丈夫的廉污荣辱。夫妻同心，好家风自然铺平幸福路。

"君子之道，造端乎夫妇。"妻子多说说奉公守纪的"悄悄话"，多洒洒止欲遏贪的"清醒剂"，常吹吹勤勉励志的"枕边风"，丈夫就更容易安心事业、清心工作、远离是非。一位检察官总结发现，官员妻子如果好虚荣、爱攀比，就很容易诱发丈夫犯罪；如果有人送礼到家里，妻子不仅拒收还警告对方，廉洁就会变得牢固。一位落马官员曾发自肺腑地喟叹："冰冷的手铐有我的一半，也有我妻子的一半。""后院起火，前厅冒烟"的教训，值得我们深思。

"现在回想，母亲小时候给我讲的岳飞、陆游、诸葛亮等古代名人的故事，还有她自己平时的点点滴滴，对我们后来的选择影响非常大。"忆起母亲，钱学森曾深情地说，母亲看似柔弱，其实很有力量，她质朴品德对家风的影响，是父亲替代不了的。承续良好家风，既离不开堂前父亲言辞犀利的耳提面命，也离不开灶旁母亲一言一行的点滴影响。正是在母爱的滋育下，孩子成长为参天大树。

古人云："贤母使子贤也。"母亲是孩子的榜样和老师，孩子未来走什么样的路、做什么样的人，总会印刻上母亲的痕迹。毛泽东的母亲文七妹得知毛泽东偷偷把自己的午饭匀给同学时，不仅不责备反而很高兴，让他每天带两份午饭上学，帮他养成"一副眷爱天下穷苦人的心肠"。朱德的母亲把勇敢面对困难的家风传给了朱德，让他"在三十多年的军事生活和革命生活中再没感到过困难，没被困难吓倒"。平凡的母亲，默默无闻地成就出非凡的子女。这就是母爱的力量，这就是女性的光辉。

妻子是丈夫最长久亲密的陪伴，母亲是子女最温馨舒适的港湾。涵养良好家风，"她魅力"不可或缺、不可低估。古有"子贫母喜""孟母三迁"，今有"夫廉妻贤，父勤母俭""家有贤妻，夫无横祸"。这些耳熟能详的话语提醒我们，贤妻良母，正是家庭风尚的"设计师"、家庭美德的"建筑师"。在言传身教中传递文明的风尚，在潜移默化中涵养良好的家风，女性身上温柔、善良的魅力，正是家风成长的种子。

"看遍了星空，却没有发现哪里有比母亲更灿烂的容颜。"家风中的"她魅力"如水，润物无声；如歌，余音绕梁；似光，照亮迷途。激发"她魅力"，焕发"她风采"，弘扬"她力量"，家风涵养、家庭建设就能获得崇德向善、奋发向上的蓬勃力量。

（2016年03月08日）

读懂"绿叶精神"的蕴含

欧阳辉

诗人写道，花朵的事业是美丽的，果实的事业是尊贵的，但我愿做一片绿叶，绿叶的事业是默默地垂着绿荫的。一位领导同志希望党员干部"要有这种绿叶精神"。"绿叶精神"，是一种什么样的精神？

"绿树阴浓夏日长，楼台倒影入池塘。"默默低垂的绿荫，挡住了炽烈的阳光，撑起一片清凉怡人的小气候。乐于奉献，构成"绿叶精神"的第一层含义。无私、利他的奉献精神，赋予生活以意义，赋予生命以价值。回首往昔，正是那一个个淡泊名利、无私奉献的集体和个人，丰富了时代精神，推动了事业进展，鼓舞人们阔步前行。如今我们正在向全面小康冲刺，更加需要激扬"捧着一颗心来，不带半根草去"的奉献精神，为圆梦之旅提振信心和能量。

"浓绿万枝红一点，动人春色不须多。"红花还需绿叶衬，没有绿叶的色彩衬托，红花的娇艳亮丽就会失色几分。甘当配角，是"绿叶精神"的第二层含义。基层一线的办事干部，驻守边防的解放军战士，起早贪黑、忠于职守的人民教师、产业工人，他们像螺丝钉一样拧在哪里就在哪里尽职尽责，如春蚕吐丝一般孜孜不倦地吐露芳华，为他人的梦想做铺垫，为社会的安稳做砥柱，在平凡的岗位上书写出不平凡的业绩。对党员领导干部来讲，生命的热能不是由主角配角衡量的，有一分热就发一分光，只要能装点大地，哪管鲜花与绿草。

"云闲望出岫,叶落喜归根。"绿叶长在树枝就不停进行光合作用,为花朵果实供给养分,枯萎凋落就埋于地下,化作春泥为来年蓄力。忠诚实干,构成了"绿叶精神"的第三层含义。从"砍头不要紧,只要主义真"的夏明翰,到"宁可少活二十年,拼命也要拿下大油田"的"铁人"王进喜,从"永远活在人民心中的县委书记"谷文昌,到为国铸造长空利剑的罗阳……忠诚实干是共产党人代代相传的精神丰碑。无论环境如何变幻,忠诚的底色、实干的品质绝不能更易。

"绿叶精神"背后,是共产党人的纯正信仰和人民为大的朴素情怀。信仰赤诚,所以不惧流血牺牲;情怀深沉,所以甘愿鞠躬尽瘁。一些人对"绿叶精神"不以为然,认为甘愿当配角就是"不会来事""没本事",认为扎根基层服务乡里就会错失个人发展良机。殊不知,眼高手低、只顾个人,可能有小成就,但一定难有大未来。人总是要有一点格局和情怀的,也总需要在纷杂的物质世界里找寻到栖息心灵的精神价值。绿叶教会我们的,正是小我存在中的大写价值。读懂"绿叶精神"的蕴含,人生才能更加丰盈。

《尚书》中对官员训诫曰:"若金,用汝作砺!若济巨川,用汝作舟楫!若岁大旱,用汝作霖雨!"为民做磨刀石、做舟船、做及时雨,一言以蔽之,就是要服务于民、兴利于民、实干为民。全面建成小康社会,是党对人民群众的庄严承诺,也是每一名党员干部必须兢业奋斗、孜孜探求的使命责任。发扬好"绿叶精神",把甘当配角、乐于奉献、忠诚实干作为人生坐标,我们就一定可以练就崇高品格,为实现全面小康贡献更多力量。

(2016年03月04日)

商量，中国的民主智慧

郝长清

毛泽东同志一生坚持"有事多和群众商量"，始终和普通群众心意相通。1941年春节的前一天，他早早地来到枣园乡政府，一是给乡亲们拜年，二是征求乡亲们对工作的意见和看法。他诚恳地说："如果听不到你们的心里话，得不到你们的批评帮助，不知道你们在想什么，不了解你们的希望和要求，我们的工作就失去了方向和目标，我们的决策就会出现偏差和失误。"

商量出共识，商量出团结，商量出感情。商量的过程，就是一个发扬民主、集思广益的过程，是一个科学决策、民主决策的过程，也是一个实现人民当家作主的过程。正如习近平同志所说："在中国社会主义制度下，有事好商量，众人的事情由众人商量，找到全社会意愿和要求的最大公约数，是人民民主的真谛。"

不沟通就可能不畅通，不知情就难免不领情。当今中国，利益更加多元，观念更加多样，思想更加多变，群众的民主诉求更加强烈。我不问你不说，就是距离；我问了你不说，就有隔阂。有些事初衷上是好的，最终却"剃头担子一头热"；有些事程序上是全的，最终却"沙滩流水不到头"；有些事理论上是对的，最终却"知音少,弦断无人听"。如果能够尊重民意、善待民意，有事早商量、多商量，就不难把好事办实，把实事办好，就会提高自己有事不慌的实力、遇事不怕的定力、做事不乱的能力。

"积力之所举,则无不胜也;众智之所为,则无不成也。"商量,可以广纳群言,广集众智,以民意的广度提高决策的准度。一个人的智慧往往是有限的,而群众的智慧则"不竭如江河"。彭真同志生前常说,决定问题,要"八面树敌",就是注意听取方方面面的意见,充分研究各种不同意见是否有道理,有哪些好的、有益的东西,这样做出的决定,才能立于不败之地。

无论是最高议事殿堂里的参政议政,还是基层议事会、圆桌问政会里的讨论争论,都是通过协商民主寻求最大的共识度、最大的凝聚力,尽可能地减少盲目决策、随意决策和错误决策。然而,有的领导怕掉架子,不愿和群众坐一条板凳;有的怕丢面子,不愿听群众的逆耳之言;还有的怕出乱子,不愿让群众知道太多的信息。这样的想法和做法都是不对的。

"遇事虚怀观一是,与人和气察群言。"商量是一种姿态,不是"替民作主"而是"让民作主";商量是一种心态,不是居高临下,而是平等相待;商量是一种常态,不是一时兴起,而是常为常新。

有事商量着办,基础在商量,关键在办事。为什么有的单位和领导,座谈会、听证会开了不少,批评的意见、质疑的声音听了不少,可真正干起来,还是"你有千条计,我有老主意"?就是因为他们没有真正从"办成事"的角度积极协商,这样的"商量"只会"凉"了群众的心。

"春风大雅能容物,秋水文章不染尘。"出席两会的代表委员肩负着参政议政、建言献策的神圣使命,正齐心协力把"有事商量着办"付诸行动。我们希望,每一件议案、提案都能掷地有声,每一份诉求、关怀都能回声嘹亮。

(2016 年 03 月 03 日)

"零容忍"与"零发生"

张 炜

美国作家罗曼·文森特·皮尔写过一本书叫《态度决定一切》,畅销世界,认为一个人采取何种态度,会决定其未来发展乃至最终成败。其实,对于一方治理者来说,也需懂得这一点。

最近几个事件的舆情走向,就充分说明了相关部门"态度"的重要性。哈尔滨"天价鱼"几经反转,终被认定为"一起严重侵害消费者权益的恶劣事件",涉事饭店营业执照被吊销并处罚款,当地形象在几度反转中受到损害。三亚在被曝光"天价厕所"事件后,有关部门查处坚决,认定该厕所为违章建筑,迅速予以拆除,有效遏制了负面影响的发酵。

同一时间段,相似两件事,出现了大相径庭的两种效果,关键在于面对问题的态度:一个试图遮掩问题,一个直面并解决问题。以掩盖问题的方式片面追求问题"零发生",甚至为此弄虚作假,到头来只会使问题越拖越大、越积越多,积重难返、不可收拾。纸包不住火,问题是摁不下去、也捂不住的。事情发展的逻辑就是这样,任何道德风险都可能被成倍放大,成为一个行业、一个城市的形象污点。

问题无处不在、无时不有,绝对的"零发生"根本不可能。对待问题我们应当秉持实事求是的科学态度:坚决零容忍,力求少发生。不追求问题"零发生",而是对发生问题零容忍,不掩盖、不回避、不推脱,发生一起解决一起,进而吸取教训、举一反三、防患未然。这样才能真正减少问题的发生,甚至使问题趋近于"零发生"。这就是事物发生发展的辩证法。

比如食品安全问题,世界各国无论发达与否都有发生。美国曾发生"毒菠菜事件",席卷全国26个州;欧洲在2013年爆发"马肉冒充牛肉"丑闻,英法德等国无一幸免;日本也曾曝出某大型食品公司生产的冷冻食品中,农药残留超标百万倍。虽然食品安全问题让这些国家的监管部门颜面扫地,但靠着有过必改、违法必究的高压治理,人们对食品安全的信心得以重建。

这些年,正是得益于利剑高悬、严惩重处,我国食品抽检合格率已从十多年前的60%上升到现在的97%以上。毒大米、瘦肉精、地沟油、苏丹红、三聚氰胺奶粉等让人触目惊心的重大食品安全问题,近年来已鲜有耳闻,执法"零容忍"的治理效果正在显现。可以说,公正严明不是在表态中树起来的,质量合格也不能寄望于打包票,只有"零容忍"的执法态度,才是负面问题的灭火剂、公众信心的推进器。

"零容忍"不仅体现在凌厉的监督执法中,也体现在法律的一视同仁和法治的滴水不漏上。对问题所暴露出来的每一处不足、每一点瑕疵也要"零容忍",从中吸取教训,找出弥补改进的方法,编织出疏而不漏的恢恢法网,方能把丢掉的"分数"一点点找补回来。不在同一个地方摔倒两次,不让同样的问题重复发生,靠的就是法治的托底力量。

"零容忍"如烧红的炉子,要具备以下几个特征:一是警示性,人人都知道炉子会烫人,因而都不敢碰;二是权威性,只要有人碰,就一定会被烫伤;三是即时性,一旦触碰,立即会被烫伤,绝没有通融时间,绝不拖泥带水;四是公平性,无论碰的人是谁,都一样烫伤。

中央一再强调要增强问题意识、坚持问题导向。对待问题不求"零发生"、坚决"零容忍",才是合乎事理和法治的正确问题导向和问题意识。

(2016年03月02日)

做好"减法"就是做"加法"

李秦卫

"我永远追求安静的工作和简单的家庭生活。为了实现这个理想,我竭力保持宁静的环境,以免受人事的干扰和盛名的拖累"。在传记《我的信念》里,居里夫人清简的工作环境和宁静的科研心境令人印象深刻。居里夫人登上科学之巅,显然与此密不可分。

"天清江月白,心静海鸥知。"现实中,这样的环境和心境,却几乎是许多科研人员的奢望。他们或忙于赶活动,或急于评奖项,或苦于跑会场,外加繁杂的社会活动,搅扰着他们的科研工作。袁隆平说,为躲避各类邀请、剪彩等活动,他不得不"躲起来做点事"。有调查发现,因科研以外的事情太多,一些科学家从"专职科学家"变为了"社会活动家"。这就难怪,前不久中国工程院分别致信新当选院士和院士所在单位,劝勉院士"要严格地要求自己,不宜过多社会兼职,不能尽责的职务不要兼任",劝勉院士所在单位"应发挥他们的专业特长,让他们把有限的精力用在'刀刃'上。"

院士不是"万事通",科研人员不是"万金油",不可能抹到哪儿都好使。科研的规律决定了,应该让科研人员把有限的精力用在"刀刃"上。人的精力有限,给长于研究的科研人员安排各种社会活动,看似是关爱,实则是伤害。帮他们跳出文山会海、沉浸浩瀚书海,他们自会释放最大潜能。由是观之,做好科研管理的"减法",就是在做促进科研发展的"加法"。

减负的同时也要减压。论文是科研成果的集中体现和载体,最厌无病呻吟,最忌无中生有,最怕弄虚作假。去年,国外多家学术机构撤回中国学者论文,原因多数是内容造假。国内也屡有论文抄袭问题发生。频频的学术不端行为,个人诚信缺失是主因,僵化的学术评价标准同样要负责任。一些单位出台申请课题、评职称、报奖项的论文"硬杠杠",甚至出台"没有论文一票否决"的土政策,让年轻科研人员倍感"压力山大"。不减压、减负,科研如何回归本质?

"罗马城不是一日建成的。"快出科研成果的愿望固然美好,但循序渐进,日积月累,才符合成才成功的客观规律。科研成果不是"速成品",拔苗助长、急于求成有百害无一利。特别是那些基础科研项目,更需要经年的"墩苗"。安德鲁·怀尔斯29岁就任普林斯顿大学教授后,33岁时放弃所有与证明费马大定理无关的工作,耗时近十年时间论证了困扰人类300多年的世界级数学难题费马大定理。搞科研,既需要决心和信心,更要有恒心和耐心,那些看似"得来全不费工夫"的成果,其实是经历了"踏破铁鞋"的沉潜之力和积淀之功。

"非淡泊无以明志,非宁静无以致远。"越是成就斐然的科学家,越是深谙"宁静致远"的奥秘,越是懂得"任他尘世多喧嚣,静我凡心立功名"。因此,支持科研工作,少些打扰就是最好的关心,少些不必要的指导就是最大的重视。帮助科研人员"扫事境之尘氛,忘心境之芥蒂",就是为科研发展做"加法"。

(2016年03月01日)

媒介素养是门基本功

李浩燃

1984年，就中英香港问题谈判事宜，邓小平会见英国外交大臣杰弗里·豪。当记者们一拥而上准备采访时，他微笑着"先声夺人"：看到你们，我心里就"怕"。一句简短玩笑，迅速拉近了与新闻界的情感距离，展示出领导人与媒体打交道的高超艺术。

在党的新闻舆论工作座谈会上，习近平总书记强调，"领导干部要增强同媒体打交道的能力，善于运用媒体宣讲政策主张、了解社情民意、发现矛盾问题、引导社会情绪、动员人民群众、推动实际工作。"从实际情况看，有不少领导干部不敢、不愿、不屑、不会跟媒体相处。有的看见镜头就冒汗，内心抵触新闻采访活动；有的凡事三缄其口，新闻发言人竟成"不发言人"；有的片面理解"行胜于言"，视新闻报道为可有可无的点缀；有的满脑子灌输思维，张嘴就是外行话……凡此种种，暴露出与媒体打交道的"能力短板"。

事实上，媒体对于领导干部的工作大有帮助。2004年，时任浙江省委书记的习近平接受延安电视台专访，回忆了延安插队岁月的一个细节。当年他任大队书记，为缺煤少柴一筹莫展之际，刚好从《人民日报》上看到四川一些地方实行了沼气化的消息，深受启发，带领乡亲打出了陕西首个沼气池。实践充分说明，关注和用好媒体，往往就能"一览众山小"，推动工作"更上一层楼"。

反之，如果不会运用媒体，甚至失去与媒体打交道的能力，不仅阻滞正常工作，还可能酿成舆情"次生灾害"。对一些疑问不主动回应，就容易"被解读"。对一些问题不善于表达，就容易"被表达"。原因往往不是媒体有意和领导干部"过不去"，而是媒体与公众对公共事件、公共事务等有着强烈的知情和参与诉求。懂得新闻传播规律和媒体特点，与媒体实现良性互动，媒体就能对社会治理发挥重要作用。

与媒体打好交道，首先是正确对待媒体。长期以来，一些领导干部存在观念上的偏差，对媒体习惯于"应付"甚至"忽悠"。有的狭隘理解"正面报道"，只对涂脂抹粉、表现政绩的采访全力配合。有的以"假想敌"思维对待记者调查，施展瞒、骗、捂、拖等战术。如果一概将舆情当作"险情""敌情"，脑袋里只有"公关""摆平"，甚至大呼"防火防盗防记者"，无异于掩耳盗铃，最终也会适得其反。不重视媒体、尊重媒体、善待媒体，不可能赢得媒体。

与媒体打好交道，关键是摆正对舆论监督的态度。一些领导干部怕媒体、"防记者"，实质是怕监督、怕批评，怕问题曝光后自己被动。然而在信息时代，纸如何包得住火？领导干部对舆论监督要有承受力，要习惯在舆论监督下工作。很多时候，以积极主动的态度去面对，以被监督作为解决问题的契机，事情往往会出现意想不到的效果，我们的形象不是减分而是加分，我们的工作不是不好开展而是更好推动。

延安时期，毛泽东同志曾生动地讲，"现在高级领导同志，甚至中级领导同志都有一种感觉，没有报纸便不好办事"。他要求各级党组织"要以很大的精力"来注意办报工作，提出了"全党办报"方针。新的形势下，善同媒体打交道，提高媒介素养，乃是领导干部的一门基本功，也是提升治理能力的一个重要途径。

（2016年02月29日）

有思想 有温度 有品质

辛士红

1951年4月11日,魏巍的《谁是最可爱的人》在人民日报头版发表后,毛泽东批示:"印发全军"。朱德读后连声称赞:"写得好!很好!"周恩来在第二次文代会上,称赞这篇文章"感动了千百万读者,鼓舞了前方的战士",在讲话中他推开讲话稿,问魏巍来了没有,"我要认识一下这位朋友",并郑重地说:"我感谢你为我们子弟兵取了'最可爱的人'这样一个称号"。

正是这篇新闻通讯,让"最可爱的人"成为人民子弟兵的代名词。这篇文章也以其思想、温度和品质,成为当之无愧的新闻经典,影响和濡染了几代人。

新闻是"易碎品",但从来都不放弃对思想的传播、对温度的传递、对品质的传承。思想、温度和品质,从三个维度标定出新闻作品的审美标准,也为新闻舆论工作者指明了跋涉的路径。

思想是新闻的灵魂,也是新闻的魅力所在。置身于海量信息当中,我们缺的往往不是信息,而是观点和分析。就新闻的传播效果来看,"让人惊不如让人喜,让人喜不如让人思。"当年,梁启超"以饱带感情之笔,写流利畅达之文",以汪洋恣肆的文字倾倒了无数人。然而,同时代的周善培却对梁启超说:"作文章有两个境界,第一个是能动人,第一步你已经做到了。第二个是能留人,让人百读不厌,比如,《史记》中的许多作品。你写了这么多文章,能使人读两三回的有几篇?"这一发问,振聋发聩。新闻靠什么留人?主要是独特的见解、深刻的思想。

新闻的竞争进入"秒杀时代",但情感的力量可以穿越时空;新闻的形式在推陈出新,但笔下带情的要求永不过时。邹韬奋先生上世纪30年代办《生活》周刊时,着意以普通人为服务对象,"简直随他们的歌泣为歌泣,随他们的喜怒为喜怒,恍若与无数至诚的挚友握手言欢,或共诉衷曲似的"。一字一句总关情。当一个记者真正欢乐着人民的欢乐,忧患着人民的忧患,感动着人民的感动时,笔下的文字自然有温度、接地气。

1942年,《解放日报》在改版时有个问题争执不下,有的认为社论是报纸的旗帜,应该坚持每天有社论,有的则认为重大问题才有发社论的必要。最后,毛泽东表态:社论必须精心写作,精心修改,宁可不登,也不要粗制滥造,勉强凑数。在所谓"人人都有麦克风"的时代,做有品质的新闻,既是记者的立身之本,也是媒体的生存之道。品质就是品牌,品牌就是口碑。新闻媒体和作品有品质,才能提高传播力、引导力、影响力和公信力。

在路上心中才会有时代,在基层心中才会有群众,在现场心中才会有感动。好新闻不是从墨水瓶中流出来的,也不是妙笔生花雕出来的、唯利是图谋出来的、闭门苦思憋出来的。"文生于情,情生于身之所历。"有思想、有温度、有品质的新闻作品,只钟情那些愿意花一番脚力、眼力、脑力和笔力的记者。谁愿意"像牛一样劳动,像土地一样奉献",谁就能多收获一些粘着泥土、带着露珠、冒着热气的精品力作。

(2016年02月26日)

错爱子女意味着毁灭

习 骅

年轻时读曾国藩家书,最不能理解的是他对后辈的态度。比如家教五个字:书蔬鱼猪竹。他特别反感孩子们睡懒觉,要求赶紧起床读书、种菜、养鱼、喂猪、种竹子去。女孩子还要纺线做饭洗衣,家务事自己做。不但如此,竟然写信通知他弟弟:我将来绝不给子女留钱,做官的人给子女留钱"可羞可恨"。

此举容易让人理解为,做父母的不疼爱子女。然而,曾国藩的解释是:只有勤奋才能保持家人向上、家族兴旺;后代如果没出息,钱财就成了作恶工具,全家将跟着蒙羞。深细思之,才觉这样的对子女之爱,"道似无情却有情",可谓爱到了点子上,亦可谓明智。

"大儿锄豆溪东,中儿正织鸡笼。最喜小儿无赖,溪头卧剥莲蓬",辛弃疾的这首词读来总让人会心一笑,因为他把天下父母的内心写得纤丝毕现。人非草木,孰能无情?在亲情中,护雏舐犊乃人之常情,这是生物学规律,人的一种本能。望子成龙则是其必然延伸和社会性升华,在重视家庭伦理的中国尤其如此。假如说有人竟亲手把子女推进火坑,一步一步让他犯罪坐牢,为人父母者是否觉得匪夷所思无法想象?

令人唏嘘的是,在现实生活中,这样的蠢事并不少见。近年来,一些领导干部利令智昏,全家齐动员大搞腐败,刘铁男、李达球、郭永祥、赵少麟无不如此。本来他们拥有世人少有的辉煌成功,最终却折了老子、赔上儿子、殃及孙子，甚至为了减轻罪责互相诿罪，亲人成了仇敌，等待他们的只有黑洞般的痛苦寂寥，人生悲剧莫过于此。发人深思的是，亲情竟何以至此？父母爱子女，何以沦为如此结局？

古人云："父母之爱子，则为之计深远。"不能说刘铁男们的"爱子"不"计深远"。当初刘铁男让儿子在关联单位拿干薪，一定不是为了积累犯罪证据，一定以为是讨了大便宜。然而，把不劳而获违法乱纪当作爱和智慧，必然在损害人民利益的同时，亲手毁灭自家的幸福，可谓饮鸩止渴，愚不可及。刘铁男在法庭最后陈述中，泣不成声地说他对不起儿子，一语戳中了这一类父亲难以启齿的痛处，正是"可羞可恨"！

历史和现实告诉我们，爱是无罪的，溺爱则是毒药；有的事错了可以重来，错位的爱则意味着毁灭。有的家庭因为这样的溺爱与错爱，让孩子"饭来张口、衣来伸手"、"不事稼穑"、好逸恶劳。有的父母为孩子走关系、谋位子、贪财富，甚至不惜违纪违法，滑向犯罪的深渊。如此之爱，容易使孩子养成诸多不良品质，失去了独立成长、发展的能力，看似为孩子"计深远"，实则误其前程、断其生路。

周恩来不让子侄透露亲属关系，杨善洲不给子女安排工作，多少老一辈革命家把一生积蓄全部交了党费、不留给子女。今天的领导干部如何爱子女，他们为后人树立了榜样。惟有树良好家风，做到廉洁修身、廉洁齐家，才能真正许子女一个美好的未来。

（2016年02月25日）

创新表达也是传播力

李　斌

霍金在《时间简史》中说："有人告诉我，我在书中每写一个方程式，都将使销量减半。于是我决定不写什么方程。"科学术语和公式超出了公众所习惯的认知方式，深奥理论通俗表达，才更容易为公众接受。这从一个侧面说明，表达和阐释，与传播的内容同样重要。

同样是指出缺点，有人会说"每个人都是被上帝咬过一口的苹果"，也有人会说"梅须逊雪三分白，雪却输梅一段香"；同样是形容工作忙累，有人会说"头一抬，天就黑了"，有人则会说"想念床"。表达是思想的外衣，创新表达的魅力就在于，它总能用颜色不一样的烟火，为天空装点斑斓。就新闻舆论工作而言，表达又是点燃思想的火炬，创新表达可以有效提升新闻作品的传播力和影响力。

马克思有句名言："人们要求新东西——形式和内容都新。"在舆论生态、媒体格局深刻变化的形势下，受众的接受心理和阅读习惯也发生了深刻变化，不同的人有着不同的信息需求，呈现分众化、差异化的趋势。过去传统媒体时代，新闻舆论态势犹如一个大教室，媒体是雷打不动的信息中心；移动互联时代，新闻舆论态势则近乎游乐场，受众可以随兴趣任意选择内容和场景。要从媒体竞争中突围，在舆论引导中制胜，空洞说教、生硬灌输不行，追求猎奇、编造故事不行，刻意迎合、取悦受众不行，庸俗媚俗、极端表达也不行。创新理念、内容、体裁、形式、方法、手段、业态、体制和机制，才能提高媒体对受众的"黏度"。

有这样一个故事。一位盲人站在路边，身前放块牌子，写着："自幼失明，沿街乞讨"。过往行人很多，却没人在他面前驻足。一位诗人路过此地，在牌子上加了一句话："春天来了，可我却看不见"。结果，过路之人纷纷解囊。是打动人心的文字，触动了人们心里最柔软的地方，让人们不由地伸出援手。这个故事也提醒我们，自说自话、不讲方式，传播效果就会大打折扣。作为新闻舆论工作者，不赢得认同不足以引领导向、成风化人，非表达创新不足以争取认同、凝聚共识。只有不断增强受众意识，春风化雨、引人入胜，才能让我们的文字打动人心、深入人心。

一套话语满足不了所有人，一个腔调难以唱遍天下。就像古代的风、雅、颂，分别对应民间歌谣、文人雅乐、祭祀咏调，若只有一种风格，必定难以满足各方。好的思想、观点、内容要通过生动的形式、多样的途径表达出来，正如习近平总书记所强调的，"要适应分众化、差异化传播趋势，加快构建舆论引导新格局"。分众定位，才能精准对焦；多样表达，才能有效传播。有阳春白雪也有下里巴人，有正面进击也有侧路包抄，才有新闻传播合力，才有全方位、多层次、多声部的主流舆论矩阵，从而达到"大珠小珠落玉盘"的效果。

"诗文随世运，无日不趋新。"创新是新闻的本然要求。新闻舆论工作者不应满足当新闻信息的"搬运工"，而应成为多样化表达和传播、在多元中立主导谋共识的担纲者。不拘泥于一格一态，以表达创新提升新闻传播力、影响力、引导力，就一定可以让新闻作品成为焕发和丰富人们精神世界的强大力量。

（2016年02月24日）

世事变迁，勿忘初心

盛玉雷

不知何时起，"致于学"的人们突然发现，身边的问题变得复杂了；"而立之年"的人们不经意间觉得，身上的担子有些沉重了；"知天命"的人们，也不得不习惯了回首。透过这些感受，我们不难发现，正是动态的、未知的变化造成认知上的冲击，人们才无所适从，或畏难不前，或局促不安。

的确，变化是永恒的。"世界上唯一不变的，就是变化本身"。世间万物，都在浩淼的历史长河中经受时光的洗礼、岁月的冲刷。如今的断壁残垣，昔日也曾是万民朝拜的华都；前几日尚在寒风中战栗地迎春，这几天竟也抽了新芽。小到周遭的日月更替、草木生长，大到国家文明的兴衰、时代风云的起伏，都在变化中见证彼此留下的印记。

古人也早早意识到，变化，是无法抗拒的规律。《易经》有云，"为道也屡迁，变动不居，周流无虚，上下无常，刚柔相易，不可为典要，惟变所适。"然追溯历史，却不尽然。不明变化之理，才有甚于咸阳之郊坑儒的八股沿袭，才有"以通事二百年之国，竟莫知其方位，莫悉其离合"的近代之耻。"穷则变，变则通，通则久"，也正是变化之道的朴素解读。

然而，透析历史片段，我们也会发现，在或剧烈、或渺小的变化之外，尚有不变的"影子"，如同宇宙中的"原力"般，存在我们生活的每一个角落。

多年未见的朋友聚会，变的是人世沧桑、世事起伏，不变的是人与人之间亲近的情感；互联网技术再如何更新、商业模式再如何巧妙，不变的是网民对健康生态的追求、对基本价值观的坚守;社会现象无论如何复杂、信息无论如何爆炸,不变的是凝聚全民共识的"最大公约数";从改革伊始到全面深化,不管面对怎样的难题,不变的是对解放和发展生产力的追求、对实现中华民族伟大复兴的期待。这些"不变",都是经过实践检验、得到众人认可的理念,反映社会基本操守,奠定社会基调,是整个社会的"初心"。

所以,"勿忘初心",从来都不是一个虚幻的概念,而是切实可行的原则。只是有人不一定能够坚持。落马官员中也曾有人许下"为天地立心,为生民立命"的豪言壮志,却在权力的起伏中迷失了自己;电影《老炮儿》里六爷看似对"规矩"的复古,却在一定程度上只强调了形式、忽略了内容。"初心"往往并不畏惧艰难险阻,却尤其怕诱惑和蒙蔽。功名利禄的浮华、尸位素餐的敷衍,是造成社会价值失衡的根源之一。

在变化的繁华世事中,如何保持一颗不变的"初心"非常重要。对个人来说,摆脱面对生活变化时的陌生感和无力感,"初心"是最有力的武器。青年的迷茫或许在追求无限可能的奋斗中突然化解,中年的压力可能在对"小确幸"的感受中得到释放,老年的怅惘也许在知足常乐的心态中不经意消散。而对社会来说,"初心"同样是面对技术革新、社会动态中出现问题的最好回应。毕竟,社会的"初心"是对每个人的考验,只有所有成员"勿忘初心",社会心态才能保持客观和理性。

世界瞬息万变,注定了我们无法一成不变。但是,一颗不曾泯灭、永远充满正能量的"初心",将在陌生的变化中,带给我们一条恪守的底线和一丝久违的暖意。

(2016 年 02 月 23 日)

故事可载"道"

陈家兴

"深刻道理要通过讲故事来打动人、说服人",在党的新闻舆论工作座谈会上,习近平总书记精辟阐述了讲好中国故事的重要性,引起与会者共鸣。

有人说,"人生最大的幸运是有一位会讲故事的妈妈"。很多人回忆自己的心路历程,小时候母亲在自己床边讲的故事仍记忆犹新,故事中那些深刻的道理融入生命的血液,成为自己受用一生的宝贵财富。由此足见故事的魅力与影响力。

的确,从传播学角度看,故事带给人们的是图像化、形象化、情节化的记忆,比单纯道理让人记得住、记得牢。故事都是载"道"的,没有"道"的故事,其意义和作用都要大打折扣。而这个"道",是通过引人入胜的方式启人入"道",通过循循善诱的方式让人悟"道",由此内化于人们的心,成为其人生的养料。

"文者,贯道之器也。"对于新闻舆论工作者来说,这个"文"更多的就要用讲故事的方式来表达。有些时候,我们传播的内容群众不爱看不爱听、不能入脑入心,原因不在于"道"之不正确、不中听,而在于不愿讲故事、不善讲故事。有的人习惯跑机关、泡会议、上网搜索、闭门造车,哪里能发现精彩动人的故事?有的人为讲而讲,老掉牙、老一套、一个调子、一个模子,这样的故事哪里能吸引听众?在舆论生态、媒体格局深刻变化的情势下,善讲故事是一种高明的传播能力。在中国日益走近世界舞台中央、国内传播和国际传播交织交融的大势下,讲好中国故事是媒体人必备的基本功。

在西方一些国家的主流社会,对"二战"中日本对中国及邻国的侵略历史所知有限。美国华裔女作家张纯如通过《南京大屠杀》一书,从日本人、中国人和一群不肯抛弃南京的西方人三个视角讲述了南京大屠杀的故事。她说:"忘记屠杀,就是第二次屠杀。"美国一位专栏作家这样评价:"由于张纯如的这本书,'第二次南京大屠杀'为之终结。""二战"时,德国纳粹迫害犹太人,"全世界都对犹太人关上了大门,上海是唯一的例外"。纪录片《生命的记忆——犹太人在上海》通过40位亲历者的故事,让世人深彻地感受到,中国人即便自己深陷苦难之中,也仍然从人性和文化深处透出人道精神与大爱情怀,善良而温存地向犹太人敞开怀抱。

今日之中国,有太多的故事可以讲,也需要讲。不仅历史中有可待深入挖掘的精彩故事,现实中也有亟待深入采风的丰富故事。不仅外国人希望听到中国的故事,中国人自己也希望看到自己身边精彩的故事。从概念到概念的传播难以吸引人、说服人,从火热的实践中发现生动的故事、寓道理于其中就富有感染力、穿透力。我们说,中国已经解决了"挨打"和"挨饿"的问题,但还没根本解决"挨骂"的问题,除了意识形态偏见,一个重要原因就在于,中国真实的形象没有藉由好的故事载体传播出去。精心采访、发掘真实的中国故事,让其更好承载中国道路、中国理论、中国制度、中国精神、中国力量,世人就会更懂中国,中国更会赢得世人敬重。

一个精妙的好故事,永远胜过一堆空泛的大道理。

(2016年02月22日)

赓续"红透底"的血脉基因

李 斌

红,炽烈而明媚,代表坚贞、热情、忠诚。"伸手摘红叶,我取红透底。浅红与灰红,弃之我不取"。当年,游览北京西山的陈毅以此抒发胸臆。而对于无数革命先烈来说,"我取红透底"恰是共同的价值抉择与生命写照。

井冈山革命时期,红军中有一位著名的"双枪女将",22岁入党,美国作家史沫特莱称赞其"在农民里无人不知,是不怕死的农民组织者"。为掩护红四军军部撤离,在圳下战斗中她带领手枪排同敌人战斗,不幸受伤被俘。反动派见她是朱德的爱人,想方设法逼她投降,但她宁死不屈。她叫伍若兰,牺牲时年仅26岁。革命先烈"我取红透底"的背后,正是坚贞不二的信仰,让他们"虽九死其犹未悔"。

国共合作抗日,国民党特派观察员徐佛观在一次宴席上发现,共产党的将领"每个人都是面黄肌瘦",萧克"从颈延髓的地方,陷入很深",但是他们"对情势的估计,比我们清楚得多。并且他们早已胸怀大志,当时是急忙展开建立太行山基地工作的"。诚如斯言。共产党人"我取红透底"的背后,正是革命理想高于天的壮怀豪情,让他们甘愿以苦为乐、以艰砺志,更能"横扫千军如卷席"。

华北抗日根据地自开辟之日起,就处于日军反复"扫荡"之中,然而凶残的"三光"政策吓不倒抗日军民。冀中群众"大车拉,小车推,扁担挑,趁着黑夜,穿过敌人的封锁线、封锁沟,把粮食运到山区",聂荣臻时隔多年回忆起冀中群众送粮场面仍满怀感动。为什么老百姓愿意当八路军的"后勤部",为什么共产党可以"唤起工农千百万",答案就在共产党与人民同甘苦的鱼水情深、血肉情谊里。这正是共产党人"我取红透底"的根本动力,也是红色成为共产党人本色的根本所在。

春节前夕,习近平总书记在瞻仰井冈山革命烈士陵园时,深情地说,每次来缅怀革命先烈,思想都受到洗礼,心灵都产生触动,并强调要传承好他们的红色基因。可以说,赤诚的信仰,"高于天"的理想,"与民同甘苦"的情怀,是共产党人红色基因的重要构成。在艰苦卓绝的革命年代,正是这"红透底"的红色基因,使斯诺眼里的共产党这支"神奇的队伍",具有"东方魔力","上帝也征服不了"。今天,红色传奇依然是我们干事创业的鲜活教科书,砥砺人生航向的最好营养剂。"内心的潮湿必须对准阳光,这样的麦子才配得上一冬不发霉"。让这透底的"红"成为生命的本色,就有了打不垮的钢铁脊梁,就有了稳如山的精神底气。

哲人有言:改变世界不需要魔法,只需要我们发挥出内在的力量。方此决胜全面建成小康社会之际,面对前行路上的风险和挑战,与其说考验的是勇气与智慧,毋宁说考验的是理想与信念。从革命理想中感悟崇高,从红色文化中汲取营养,让红色基因永不褪色,我们就能激发为民造福、矢志复兴的强大精神动力,再多风吹浪打也能"胜似闲庭信步"。

"高路入云端"。据说《水调歌头·重上井冈山》一词初创时,"高路"本为"高树",毛泽东将"树"改成了"路"。一字之改,意蕴深长。共产党人的追求永无止境,奋斗永不停歇。赓续"红透底"的血脉基因,不畏浮云,击水中流,我们定能书写共产党人的新传奇。

(2016年02月19日)

鲁班的"拙"与墨子的"巧"

秦 强

鲁班是中国历史上最负盛名的能工巧匠。传说,鲁班曾经削竹木以为鹊,成而飞之,三日不下。鲁班因此洋洋自得,自以为至巧。然而,鲁班自认为的"至巧",在墨子那里却没有得到认可,反而被墨子批评为拙劣无用。

墨子对鲁班的批评载于《墨子·鲁问》:"子之为鹊也,不如翟之为车辖,须臾刘三寸之木,而任五十石之重。故所为功,利于人谓之巧,不利于人谓之拙。"原来,墨子不是说鲁班的木鹊制作得不精巧,而是说鲁班的木鹊既不能拉车,也不能载重,对人没有什么用,因而是"拙"不是"巧"。鲁班听完,深受触动,后来一心为民着想,发明了许多实用的木制品,被后人誉为"工匠之父"。

当然,从纯科学研究的角度来讲,鲁班的木鹊并非没有科学价值,墨子的批评并不完全正确。然而,这一故事中所蕴含的哲理却引人深思。比之于为官从政,就是其"为功"的价值取向当以利民为标准。利民的政绩方谓"巧",不利于民的政绩则是"拙"。

为官一任,当然就要出政绩,但出什么样的政绩则大有分较。这些年来,一些地方的"政绩工程""形象工程"之所以为社会所诟病,就在于只在形式花样上做文章,只求"驴粪蛋,表面光",意欲以之为求取一己升迁的敲门砖,实则于民无用,甚至劳民伤财。因此,"为功"有什么样的价值取向,就会出什么样的政绩。以利己为本,则往往会重面子轻里子、重眼前轻长远,急功近利,投机取巧,一些项目污染严重、破坏生态也照上不误,一些城市"翻烧饼"式的拆了建、建了拆也时有发生。以利民为本,则必计深远、谋周详,那些功在当代利在千秋的实事,那些经得起历史和实践检验的实绩,从根本上说都是心里有百姓这把尺子。

在去年同中央党校县委书记研修班学员座谈时,习近平总书记强调,"干事创业一定要树立正确政绩观,做到'民之所好好之,民之所恶恶之',求真务实、真抓实干。"对于领导干部来说,人民是正确政绩观的核心,是干事创业的价值标准,自当以百姓心为心,以人民利益为重。我们讲"心中有民""心中要始终装着老百姓",不是只在嘴上说说的,而是要用行动来检验,要以是否利民作为政绩的评价标准。"百姓心中有杆秤",面对一些地方与民争利的做法、"出洋相"的项目,其虽声称为百姓造福,又如何能令百姓信服?

古人云"闻有吏虽乱而有独善之民,不闻有乱民而有独治之吏。故明主治吏不治民。"又云"变民风易,变士风难;变士风易,变仕风难。仕风变,天下治矣。"抓住领导干部这个"关键少数",强化为官从政的为民价值取向,用好百姓这把干事创业的尺子,让为己取巧钻营者靠边,让为民苦干实干者有位,则政治生态就会有根本性的好转。

(2016 年 02 月 18 日)

以"有愧"之心求"无愧"之境

马祖云

天地生人，一人应有一人之业；人生在世，一日当尽一日之责。履职尽责、失职知愧，乃是为官从政的道德操守。正如古人所言："大抵人稍存愧疚之意，便是载福之器、入德之门。"观现实，何尝不是这样。

在传统文化中，经世济民历来被奉为入仕为官的正道。举凡以天下为己任的好官清官，无不常怀无为而愧的操守良心。唐人韦应物在苏州刺史任上碰到大旱饥荒，百姓纷纷外逃，遂感慨"身多疾病思田里，邑有流亡愧俸钱"；白居易在县尉任上，察知百姓"家田输税尽"、拾穗"充饥肠"时，不由产生"念此私自愧，尽日不能忘"的自责。白云千载，历史悠悠，今人不可不察。

为民行道、不诿责任，是一种难能可贵的为官品格，古人可以做到，对今人而言也不应成为一种稀缺。我们党把为人民服务奉为宗旨，各级党员干部应有更高境界。不惟在位谋政，更当恪尽职守；不惟胜任本职，更当奋发作为；不惟洁身自好，更当振兴一方。唯有奉此道理，才能无愧于人民赋予的公权，无愧于人民公仆的道义。

前不久，针对资金沉淀、项目拖延、土地闲置、棚改迟缓等方面的懒政怠政不作为典型问题，一些省区市对因此而损害人民利益的官员，进行曝光问责。许多干部都受到触动，深感为官无为就会愧对党和人民重托。为官的愧疚感并不是无病呻吟、无源之水，而是源自深沉的责任意识和朴素的为民情怀。为民情怀越深,越会对党和人民的事业满怀责任,越会淡泊世俗名利、升华崇高境界。把对群众的态度摆到位,方能把权力观和义利观放周正,成为发展的带路人、政治的明白人。

不能不看到,也有一些人不以懒政怠政为耻,反抱怨"权力受限,官事难干,人事难为",产生了"行有愧而心不愧"的扭曲心态。他们或是高高在上,无心接"地气";或是四体不勤,无力办民事;或是安坐尊位,无为兴民利……如此这般想做官却不愿做事,想出彩却不愿出力,比"公堂木偶"还面目可憎。须知,阅世越久、"脸皮"越厚,不过是凡夫庸人的写照。为官一任不造福一方,反而争官位不愧而愧于仕途不升,争私利不愧而愧于"俸禄"不厚,岂不羞赧?身为党员干部,最可怕的莫过于感受不到百姓疾苦,体味不到基层辛酸。

一位政治家说:"高尚、伟大的代价就是责任。"身为共产党人,不应吝于担负起"高尚、伟大的代价"。有愧疚感不是终点,重要的是以"有愧"之心求"无愧"之境,以忘我工作成就无愧业绩。开国将军甘祖昌,因负重伤自愧难以胜任领导工作,辞去军队高级职位,回乡之后不辞辛苦地领着乡亲们修水库、建电站、架桥梁、改造红壤田。毛泽东的秘书田家英自感"一饭膏粱颇不薄,惭愧万家百姓心",虚心进行农村调查,成为熟悉农村农业情况的行家里手。何以问心无愧,无需更多说明。

情怀是生命的风帆,责任是事业的引擎。当代中国巨轮行进到了全面建成小康社会的决胜阶段,时和势都呼唤更多担当有为的勤官、能官、清官涌现出来。既砥砺为政愧疚感,又激发干事行动力,任何时候我们都不应该有所推辞。

(2016年02月17日)

"决胜要有决心,开局重在开头"

辛士红

鞭炮的声响仍在耳边萦绕,年味的浓酽犹在心头荡漾,刚结束长假的人们,相继踏上重返工作岗位的归程。

今年是全面建成小康社会决胜阶段的开局之年。春节前夕,在同党外人士共迎新春时,习近平总书记强调"决胜要有决心,开局重在开头。"一年之计在于春,决胜全面小康,实现良好开局,就从这个春天开始。

当今中国,正处在由大向强的"关键一跃",经济社会发展既有中流击水的畅快,又有乱云飞渡的风险。实现脱贫攻坚、调整经济结构等一个个战略任务需要我们去完成,"中等收入陷阱"等发展中可能遭遇的风险需要我们去规避。世界银行的一份研究报告就曾显示,1960年属于中等收入类别的全球101个经济体中,到2008年仅有13个迈过"中等收入陷阱",最终进入高收入行列。未来5年,我们能不能乘势而上,一鼓作气建成全面小康,关键就在于我们以什么样的状态决战、以什么样的姿态开局。

一个指挥官必须具备的最重要条件就是决心。越是决胜阶段,越是情况错综复杂、瞬息万变,越会面临前所未有的挑战、空前强大的阻力。当此之时,最需要的是决心和勇毅,最可怕的是骄傲和犹疑。千锤敲锣,一锤定音。多少令人刻骨铭心的失败,就败在该全力冲刺时却力不从心或掉以轻心。多少令人扼腕叹息的错误,就错在该志在必得的却"为山九仞,功亏一篑"。

开局重在开头。开局起步,就好比人生成长中的"第一粒纽扣",两军对垒时的第一场战斗,建筑房屋时的第一块基石。做好这些"第一",就能增强信心、打好基础、占得先机。反之,纠正起来就可能付出很大代价,甚至一错再错。我们重视开头,一方面是因为悠悠万事,开头最难,另一方面因为开头精彩,成功一半。

新的一年,人们期盼新发展理念付诸实践,供给侧结构性改革惠及民生;期盼天空更加蔚蓝,城市更加包容,乡村更加美丽;期盼每一种追求都有驰骋的天空,每一个梦想都有生长的土壤……期盼是一种信心也是一种决心,是一种获得感也是一种使命感。我们相信"只要坚持,梦想总是可以实现的",一如相信寒尽春生、时序更替。

"开好局、起好步,取决于齐心协力、团结奋斗。"决战之时,也是凝神聚力之时,咬紧牙关之时,众志成城之时。无论是推进结构性改革,促进社会公平正义,还是营造政治生态的山清水秀,都离不开攻城拔寨的决心,滴水穿石的韧劲,都离不开只争朝夕的精神、除旧布新的胆识。幸福不会从天降,人间万事出艰辛。一个人的奋斗和汗水,可以守得春暖花开,亿万人的奋斗和汗水,则可以浇灌出更加美丽的"中国山水",创造出更加精彩的"中国故事"。

东风浩荡满眼春,万里征程催人急。我们留恋阖家团圆、其乐融融的欢畅,我们珍惜卸下重负、舒缓身心的安逸,我们更将从"过年状态"转入"决战状态",从放心团聚转入收心干事。休憩是为了更好地出发。让我们提振精气神,意气风发地奋进在这个充满希望的春天。

(2016年02月16日)

让幸福覆盖所有的人

梁 衡

寒冬季节,在内蒙古鄂尔多斯伊金霍洛旗草原上的一户牧民家里做客,室外冰天雪地,屋内温暖如春。210平方米的砖房,光洁的瓷砖地面,和城里人一样的卫生间,一样的家用电器。要知道,牧民的生活方式是分散、游动,这样羊才有草吃,但却苦了牧羊人。怎么让他们赶上现代文明,享受改革开放成果,是一个比其他地方更棘手的难题。

内蒙古自治区响亮地提出,不管多远的农牧民村,要实现10个全覆盖:危房改造,安全饮水,修路,通电,通网络,改造校舍、卫生室、文化室,办超市连锁,养老医疗低保。贫困有各种原因,所以中央提出要对症下药,精准扶贫。但不管哪种扶贫都和基础设施、公共服务有关。工欲善其事,必先利其器。公共设施,国之大器,民生之大器,扶贫之大器。先解决了基础公共设施之后同时精准扶贫,就如虎添翼。

在东胜区一个叫折家梁的村子里,我看到另一个典型,全村因"杀猪菜"这一特色,带动了旅游致富。我说,乡僻路远有谁来吃?村主任说,有了网络覆盖,就不分远近。说着他掏出手机,让我看在网上订的客户,已经排到十多天以后。如果还有十分偏远的户难覆盖怎么办?市委书记白玉刚坚定地说,那就搬出来。近年来他们已扶贫搬迁了6600户,1.7万人。

贫困是世界性的难题,也是中国现代化进程中的难题。原因之一是发展不平衡,各地、各家、个人条件差异。新中国成立后,为了解决贫困问题想了许多办法,国人印象最深的是艰苦奋斗,穷棒子精神,如大寨、红旗渠这样的典型。内蒙古也曾有自己的牧区大寨乌审召,主要强调自力更生,这种精神当然需要,永远需要,但时代发展了,国力强大了,解决贫困问题,就要从国家战略入手通盘解决,从基础设施入手,从根本上解决。国家,国家,举国一家,无论贫富。以一国、一省、区、市之财力、行政力来补上这个短板并非难事。

过去,人民为国家利益舍"小家"为"大家"的事情不少,战争中保家卫国,大型工程中的移民搬迁,都可歌可泣,催人泪下。现在国力强盛了,当然要反哺民生,这就是为什么习近平总书记再三强调,"在扶贫的路上,不能落下一个贫困家庭,丢下一个贫困群众。"无论茫茫草原、雪域高原还是深山老林,多么偏远、多么艰苦的地方,都要无一遗漏。

恩格斯谈到理想社会时特别强调"所有的人",他说:"我们的目的是要建立社会主义制度,这种制度将给所有的人提供健康而有益的工作,给所有的人提供充裕的物质生活和闲暇时间,给所有的人提供真正的充分的自由。"

扶贫,我们的目的是要让幸福覆盖所有的人。

(2016年02月15日)

在亲情守望中再出发

李秦卫

46岁的外出打工者在车站对前来送别的蹒跚父母突然一跪,这对"空巢老人"瞬间泪奔;听着77岁的老父亲"你干干净净地、勤勤恳恳地,就是不回来过年我和你妈也高兴"的微信叮咛,返城的公务员儿子眼窝发潮;长途车站,丧夫近20年的母亲把儿子的第一个月工资塞还给儿子,在说完"你刚找到工作,用钱的地方多,让它下了崽再孝顺妈"的话后,终于松开了紧握儿子的那双满是老茧的手,转身走了……

"三六九,往外走。"几天之前,人们揣着满腔的激情与兴奋回乡。年过初六,人们又捧着满怀的深情与留恋返城。自古多情伤离别,网络上,指尖滑动之间,人们对那些返城感人故事的跟帖与点赞,让不舍的情绪疯长,让怀恋的泪水在飞。诗人说,"这一辈子,无论走多远,都走不出父母的视线;无论长多大,血脉中都会流淌着父母的温暖。"的确,当真正与故土双亲告别时,当看着母亲默默往行囊里装孩子喜欢吃的特产时,没有谁能心静到"挥一挥衣袖,不带走一片云彩"。

注重亲情是中华民族的传统美德。无论是"烽火连三月,家书抵万金"的期盼,还是"有弟皆分散,无家问死生"的无奈,无论是"洛阳城里见秋风,欲作家书意万重"的睹物思人,抑或是"独在异乡为异客,每逢佳节倍思亲"的浓郁思乡,都是牵挂亲人和被亲人牵挂的亲情暖流。也正是因为有了亲情的激励和支撑,才让一个个客居他乡的游子在跋涉中哪怕遇上了狂风，也能把它唱成一首浪漫的歌；即便遇到了暴雨，也能把它读成一行醉人的诗。

我国是传统农业大国，农村人口众多。在城镇化浪潮中，有的人选择留下，建设美丽乡村；更有很多人告别父老乡亲，走进城市灯火，尽管这里有艰难、有委屈，但更有机会、有梦想。无论身在何方，根都在故乡；无论走多远，亲情都是心灵的港湾。

"咱乡下人身上的朴实、勤劳、善良、节俭、诚实的品质，你进了城可不能丢。"电视剧里主人公给进城工作的儿子说的这句话，与其说是父亲对儿子的叮咛，不如说是民族传统的承续。学者说，"脱离了传统，不管民族气质还是文明，都不可能存在。"民族既是一个血脉共同体，也是一个记忆的共同体。包括注重亲情在内的传统文化是中华文明的根与魂，是中国所以为中国、中国人所以为中国人的独特标识。离别家乡"根"不丢，就是对团圆的精神守望，如此也才能自由地追逐自己的梦想。

梁漱溟先生曾说：现代化的中国"是一棵新树，但他是从原来的老树根上生长出来的，仍和老树为同根，不是另外一棵树"。人也一样，走到哪里，都是爹妈的孩子，都流淌着亲情的血液。而亲情的陪伴与坚守，就是战胜困难、拥抱未来最大的能量；家人的理解与支持，就是尽职尽责、不断前行的最大动能。

有人牵挂的路程不叫漂泊，有人思念的日子不叫寂寞，有人关怀的岁月不会失落。春天，是憧憬与梦想萌发的时节，是愿望和筹划扬帆的时刻。离家，就是春天里在亲情守望中再出发，去用坚实的脚步丈量梦想，去为下一次归乡而奋发。

（2016年02月14日）

团圆，是一次文化之旅

王 弢

新春团圆，跨越千山。

哪怕，是买7张火车票、途经8个地方、在11个火车站上下车、行程2000多公里曲线回家的西宁小伙；哪怕，是从北京骑了17天自行车、"千里走单骑"回到老家的南充姑娘；哪怕，是载着年货跨越大半个中国，由广东一路奔驰到云贵川的"十万返乡摩托大军"……团圆之旅即便充满艰辛，也阻止不了人们春节回家、亲人团聚的步伐。

回家过年,在百姓心中是至高的。今年预计近30亿人次的春运客流量,相当于整个欧洲人口搬了4次家。"流动中国"的时代,带来了"活力中国"的成就,也让文化交融前所未有,"阖家团圆"成了春节的第一主题,其意义,不仅仅是一次团聚，更有心灵的抚慰、精神的回归。

新春团圆,文化之道。在无数人心中,回家之途是回归心灵之途,团圆是渗于血液中的文化——以家族为单位延续、传承,进而扩散在社会和国家。因而,由家到国是心灵的道场,是薪火相传的地方,是做人的责任所系。春节,这个特殊的时令,将人心、家庭与国家,融在了一起。千山万水,挡不住游子回家团圆的步履,家成为文化大道的载体,使人生命昂扬,人生愉悦。

回家的百姓不以遥远的征程和艰难为苦,反而乐在其中。辗转7省的换乘小伙一路收获各地特产,带回老家的团圆桌上；一对母女未买到直达票,将绕城跨省的返乡之旅编排成一次沿途的旅游活动。将艰辛化作旅游之乐,这是对道之本质的践行,也是中国文化的收获。大道往返,欢喜常在,这正是中国百姓的幸福所在。正是回家的信念、想着"妈妈的味道",才会让人在旅途"爱不觉累",甚至学会了化苦为乐。

新春团圆,心灵港湾。春节的返家潮感天动地,回家过节是不言自明的,义无反顾地奔向老家是国人的自然之举。春节像是一次家对游子的召唤,也是一种游子对家的眷恋。无论怎样开枝散叶,根始终扎在土中,是中国文化之归宿与传承的路径。文化之根由人心承载,而召唤与眷恋,本身就蕴含着民族的凝聚力和向心力,凸显着家国的认同感和归属感,流淌着中国人的文化血脉,进而衍生出一种中华民族共同的价值取向。

人一生都在寻找回家之路。修身齐家治国平天下,个体与家庭是宏大世界的起点,而家是内心,是天地赋予文化的载体。内心的历程或需寻寻觅觅,若明若暗,但道不远人,"春节回家",是让人心人性散发自然之善的最佳时机。藉由"回家",清扫浮躁的人心,找回丢失的追求,感恩祖国昌盛、国泰民安;感恩"哀哀父母,生我劬劳",感谢所有值守在春节岗位上、为无数人的回家团圆牺牲"小我"的人。春节,理应成为中华民族与善良美德的一次交流与约定。

"三六九,往外走"。正月初三之后,回家过年的人们,陆续开始新一轮的告别。团聚如此短暂,但感谢春节,让我们有一段品味文化中国的时间和空间;感谢春节,让我们如此深切地感受以家庭为核心的中国文化的味道。

(2016年02月11日)

让城市更有"温度"

思 远

新春临近,中国迎来"短期人口大迁徙"。中科院大气所研究发现,人口流动甚至能影响温度,北上广等大城市温度有所降低,而在海南三亚,春节期间日均气温会比平日高出近0.5摄氏度。

某种意义上,是游客"用脚投票"的选择,提升了三亚的温度。媒体报道,今年的三亚,依然位列春节黄金周国内游热门目的地前三名。从组建旅游警察支队整治旅游"顽疾",到开启生态修复、城市修补的"双修",三亚的"高人气",既是人们对碧水蓝天、椰风海韵的向往,也是对这两年三亚狠抓城市治理、提升旅游品质的肯定。

城市的"热岛效应",让温度计的水银柱更高;而人气的拢聚,却源于城市另一种"温度"的提升。"城,所以盛民也。"城市,以人的宜居和乐居为旨归。在一定意义上说,一个城市的文明程度,不是取决于有多少高楼大厦、人文景观,而是取决于它让人感受到的舒适"温度"。

城市的"温度",源于自然之美,更源于风物之美。景与城、建筑与自然,和谐共生、美美与共,城市才能别具情怀,因有气度而有温度。像三亚这样的旅游城市,美景如常在的盛宴,让人陶醉。不过,如果城市交通拥堵、违章建筑蔓延,就难免煞了风景。正是痛感于此,三亚以山体、河流、海岸等为重点抓生态修复,以广告牌匾整治、城市绿化改造、城市色彩协调等为重点抓城市修补,以自然积存、自然渗透、自然净化雨水等为重点建海绵城市。唯有城在景中、景在城中，城市与自然相得益彰，"温度"才能更宜人。

城市的"温度"，不仅在风物之美，也在于精神之美。城市是文化的容器、记忆的载体。一座城市吸引人的，短期而言是旖旎风光，长久而言则是其独特的精神气质。三亚的精神既植根历史，也寓于现实。过去，"天涯海角"之名，让文人骚客于此畅望云霞海曙、烟波浩渺。今天，"国际旅游岛"之名，也让这里成为文化交融、文明交汇之地。如果能让历史与现实交相辉映，展现海阔天空的精神、海纳八方的气质，一定使海岛更让人心仪神往。

城市的"温度"，根植精神之美，体现于人文之美。在三亚听到一个故事。元旦前夕，一位石家庄游客花1.5万元买了条水晶项链，后来觉得有点贵，就抱着"试一试"的心态，找到旅游警察希望能帮他退货，没想到成了真，"警官还专门驾车送我们过去，让我们心里倍感温暖。"一个细节，折射出城市治理水平的改进、人文精神的提升。让人看到，城市的温度，不仅在眼底的无限风景，更在人间的一片真情。

打造城市的宜人"温度"，一个核心的内容，就是"人"。流动时代，我们已从"熟人社会"进入"陌生人社会"，城市对待人的态度，往往要看对待"陌生人"的态度。对于一个旅游城市来说，更是如此。一盘"天价大虾"足以让城市形象蒙尘，一次出租宰客足以令人对城市反感。"坚硬的城市里没有柔软的爱情"，海南省委之所以强调"管理好城市比抓项目还重要"，正是因为看到，一个冷冰冰的城市不可能受到旅客的真心青睐。风物之美、精神之美、人文之美，说到底都是"人"之美，取决于如何认识人、怎样对待人、如何塑造人。

晨光照亮鹿回头的雕像，海风唤醒亚龙湾的细沙，国际旅游岛有无限风情。根治"大城市病"，清除"旅游顽疾"，仍需抓住"人"这个核心。城市一旦有了温度，也就有了迷人的魅力和光彩，才能让更多人在这里感受到满满的获得感。

（2016年02月05日）

家，我们共同的信仰

肖伟光

人生的旅途上，多美的风景都比不过回家的路。无论春运的人潮再怎么汹涌，无论回家的路有多少雨雪阻隔，心的方位永远指向家。家文化把中华大地变成巨大的磁场，磁吸着每个人的心思和情感。故乡和家庭有如此强大的亲和力与凝聚力，造就了亿万人流穿越大地的律动，造就了独具特色的春节传统。

千百年来，人们心中的信念有着一个固定的归属，这个归属就是家。从"少小离家老大回，乡音无改鬓毛衰"，到"春风又绿江南岸，明月何时照我还"，乡愁是不灭的明灯；从"尊前慈母在，浪子不觉寒"，到"独在异乡为异客，每逢佳节倍思亲"，亲情是绵远的牵挂；从"烽火连三月，家书抵万金"，到"不闻爷娘唤女声，但闻燕山胡骑鸣啾啾"，家国是永恒的话题。对家的精神归属浸润在血脉中，融入到文化里，成为民族的文化基因。

史学大家钱穆先生曾说：西方的宗教为上帝教，中国的宗教则为"人心教"或"良心教"，中国人做事以良心为出发点。西方人以教堂为训练人心与上帝接触相通之场所。中国人不必有教堂，而亦必须有一训练人心使其与大群接触相通之场所，此场所便是家庭。家庭是人生的第一所学校，它教授给我们的内容，有无私而厚重的亲情大爱，有接人待物的基本功课，有家国天下的浓厚情怀。

家是亲情的港湾。对亲人的情感，不会是以眼还眼、以牙还牙般斤斤计较，也不会虚与委蛇、虚情假意，它最需要真诚的爱、无私的爱，而不是锱铢必较的等价交换。亲情之爱恰如投进湖面的石子，荡开的层层涟漪，由近及远，而能够达到的最远距离，往往就是我们在社会中跋涉的距离。儿行千里母担忧，这是父母的无私责任；事亲以敬，则是子女对父母的义务。由亲情出发，便有了"父慈子孝"，做父母的要像父母的样子，做子女的要像子女的样子。正是在这种家庭责任和担当氛围中，我们识晓了人生大义，读懂了生活哲学。

家是社会的细胞。罗素有一个耐人寻味的观察，孝道并不是中国人独有，但中国文化已达到了极高的程度，而这个旧习惯依然保存。中华文明绵延至今，文化生命力和民族凝聚力之所以能生生不息，与对孝道和家庭的重视休戚相关。正因为这种对家庭的责任，家成为由私及公的必经桥梁。"老吾老以及人之老，幼吾幼以及人之幼"，有了与亲人之间最真诚的爱戴，往外推己及人也才会格外有力。由家而国，这样一种自然而然的推扩，让仁爱精神成为文化精髓，让家国情怀成为民族品格。

出则安邦定国，归则立业兴家。这就是我们的传统，我们的根脉。虽栉风沐雨，我们仍会风雨无阻在春节这个节点一致奔向那个叫做家的地方。因为家，是我们心灵的皈依，是我们共同的信仰。

春节回家。愿这个春节里，每个人都欢享家的融融喜乐，铭刻家的浓浓亲情，承续家的绵绵瞩望。以家为起点，让我们奔向更美好的前程。

（2016年02月04日）

"泥菩萨"当戒

吴樵人

"泥菩萨"有大有小，但有一个显著的特点就是"不干事"。他们每日端坐在各个不同的"衙门"里，主要任务就是喝茶看报，议论时事，要不就开开会，讲一些无关痛痒的话。

一些着急的事情要处理，到了他那儿全都要"等一等"。企业要盖厂房扩大一下生产，急着审批手续，他说"需要请示，等一等"。一两年过去了，厂房还是停留在图纸上，款白贷了，市场也时过境迁了，企业濒临倒闭。农村老百姓行走在危桥上，城市老百姓住在危楼里，急需重建，他说"政府花钱的地方有很多，再等一等"。这一等就可能是危桥危楼坍塌，老百姓遭殃。

一些重要的机遇要抓住，到了他那儿全都要"看一看"。面对区域协同发展、"一带一路"等千载难逢的大好机遇，别人都积极行动起来，他却很少有实际动作。下面的人着急，他说"还有许多不明确的地方，再看一看"。但这些年许多机遇就是如此错过了。别的地方都发展起来了，他这儿还"江山依旧"。

一些重要的部署要落实，到了他那儿全都要"缓一缓"。上级做出的重要部署、重要的民生实事，他除了开开会、讲讲话、发发文外，其它都按兵不动。上面催一催，他就动一动。问其原因，他说"下面有实际困难，再缓一缓"。这一缓可能就是大半年，别人都把事情干完了，百姓得到了实惠,他这儿还是半拉子工程。

一些重要的改革创新要进行,到了他那儿全都要"稳一稳"。农村改革、国企改革、审批制度改革、司法改革等等,以及体制创新、机制创新、科技创新、管理创新等等,讲得头头是道,但就是不真正向前推进。名其曰"还有许多把握不好的地方,再稳一稳"。别人通过改革创新,冲破束缚羁绊,加速前进,他这儿还是"老牛拉破车",处处掣肘。

一些棘手的矛盾要处理,到了他那儿全都要"放一放"。拆迁、征地、选举、环保、医疗等纠纷和隐患苗头,他都退避三舍、躲得老远。名其曰"现在还不到处理的时候,再放一放"。等群体性事件爆发,造成社会不良影响,他又找理由说"社会大环境如此,没有办法"。

"泥菩萨"不干事,却"爱惜自己的羽毛"。他们信奉"宁愿不干事也不要出事"的哲学,怀揣"你好我好大家好"的人生信条,从不担当,从不为原则得罪人。因而,他们给外界的印象还不赖。比如,做事稳当,为人低调。比如,为官廉洁,不吃不占。比如,能团结同志,做人谦虚。当然,当官儿久了,也不是一件事都不干。干了一点芝麻大的小事儿,就常常吹上了天。见效快的投资项目,视觉效果好的城建工程,他总是特别上心。

彭德怀同志说过,我们要像扫把一样供人民使用,而不要像泥菩萨一样让人民恭敬我们,称赞我们,抬高我们,害怕我们。泥菩萨看起来很威严、吓人,可是经不起一扫把打。党的事业需要的不是一堆"泥菩萨",而是一大批想干事、肯干事、能干事、干成事、不出事的好干部。改革攻坚,小康冲刺,"泥菩萨"虽不是拦路虎,却也与绊脚石无异,尤须戒慎之。

(2016 年 02 月 03 日)

放开"思维缰绳"

姬建民

过去,河北省平泉县黄土梁子林场对松树头号天敌松毛虫无可奈何,1000条就能吃死一棵松树。他们年投入防治资金最多达30万元,但虫害危机一直得不到控制。后来他们发现,松毛虫蛹内含有多种氨基酸和各类微量元素,是营养佳品和美味佳肴。在推广食用后,一天捡拾虫蛹的村民多达上千人,收购价一斤曾高达40元。村民有了致富门路,松毛虫病也得到有效遏制。

思维方式一变,"害"就变为"宝","问题"就变为"答案"。正所谓思路决定出路,面对困难与坎坷,畏难不行,抱怨也不解决问题。敞开思路想办法,往往就会让危机成契机,变挑战为机遇,甚至能够实现"无"中生"有",在看似"不可能"中找到"可能"。

思路的洞开,就是敢于打破思维定势,勇于在他人想不到的地方寻找机会或出路。广东潮州人郭武政在非洲利比亚探险时发现一个沙漠湖泊,他针对非洲国家吃鲜鱼非常困难的情况,勇闯禁区在沙漠养鱼,最终让他的"沙漠鱼"销售到非洲30多个国家,挣来了巨额财富。河南郑州人蒋旭到农村承包荒地,"剑走偏锋"种植脱毒红薯和彩色红薯,并精心设计了包装,不仅自己致富,还把全村带成全国闻名的"红薯村"。实践中类似的故事很多,关键就在于冲破思维的束缚、观念的桎梏。

"小人物"邯郸基层消防战士陈建强发现,以往救援坠落深井的人,多是用挖掘机在周边挖掘，极为耗时耗力，有时还营救失败。他发散思维，从下雨打伞、打开成面、合拢成杖得到启发，成功发明了"高延伸度可视无人深井救援设备"，被誉为"救人神器"。这个故事生动表明，群众是智慧之源。很多时候，本地发展的思路、解决问题的办法，等不来、靠不来，自己陷入思维定势出不来，而群众却是创新智慧的不竭之源。那些善谋良策或条条"出路"，往往就蕴藏在群众之中，关键就在于尊重群众的创造精神，走到群众中去开拓思路、寻找办法。

没有解不开的难题，偶然之中往往蕴含着必然。善于打开思路、敢于突破禁区、勇于挑战盲区，才能让偶然变为必然、让死海变成蓝海。思路创新，黄土成金，思路一通路路通，思维一变处处变。我们所喟叹的现实掣肘和障碍，我们所担忧的智力资源不足和市场空间有限的问题，可能只是因为我们想得还不够多、胆量还不够大。一旦我们给思想的奔马撒开缰绳，广阔的草原其实就在眼前。

我们置身的时代，是一个创新的时代。能束缚我们的，只有主观因素，能击倒我们的，也只有思路、眼界、观念、决心上的局限。我们决不能做落后观念的背书者，也应该避免成为思维局限的囚徒。放飞思路的翅膀、激越胆识的能量，崭新未来才会映入眼帘。

（2016年02月02日）

有感于"四十描红"

谭介辉

前不久,在国家图书馆偶遇一场特别的书法展。说其特别,并非光看重作者名气,而在于所展作品是作者自不惑之年开始,重新临摹历代大家书法经典,坚持近10年的"回炉作业"。

按常人理解,描红写仿一般是书法初学者的入门功课,是"童子功"。而这位功成名就的书法名家,却年逾四十,临池不辍,焚膏继晷,且临摹的字体又是最基础的楷书,欧褚颜柳赵,通临实临,虔诚摹仿,一笔一画,法度森严。这种"四十描红"的精神,着实让人心生敬佩。

古人说,"四十而不惑",四十岁被视作心智成熟的标志,心态和行为上少了浮躁浅薄,多了沉稳冷静。"四十描红"并不是回到事业起点,更不是不思进取、自我倒退,而是人生不惑、事业练达的写照。"求知若渴,虚心若愚",这是一位科技公司创始人惕励自己、劝慰别人的话。大凡事业有所开拓、人生有所成就的人,往往都会虚心好学、诚意求知。不再好高骛远,而是务实归真;不再冲动莽撞,而是沉稳内敛,"四十描红"正是这样一种方正持重的境界。

有言道,不忘初心,方得始终。人生的许多奋斗,其实都离不开我们孩提时代受到的教育和熏陶,都源自最初的梦想和志向。许多时候,随着光阴涤荡和空间变迁,人们忽略了自己本来的追求。不要因为走得太远而忘了当初为什么出发,这是许多有所作为者自我砥砺的经验之谈。正如厚重文化和伟大学说的形成，都源自不断地返本开新，我们个人的奋斗修为，也需要不断地回溯本源、坚守出新。无论跋涉到哪里，正本清源始终是我们面向未来的最好态度。只有回溯初始信念、保持本真状态，我们才能找回人生起航时的状态和向往，校正人生的坐标。

对于领导干部来说，"四十描红"何尝不是为人做事的镜鉴？一些违纪干部时常忏悔，之所以没经受住物质利益的考验，就是因为没有守住信仰的"红心"。把自己看重了，就会把别人看轻；把名利看重了，就会把规矩看轻；把位子看重了，就会把奉献看轻。"小我"越来越大，"大众"越来越小，偏离正常轨道在所难免。如果能有"四十描红"那种回头看、正本心的省思精神，保持人生只如初见，恐怕就可以避免很多悲剧了。

回望来路，我们党之所以能不断攻坚克难、开创新篇，执着于信念、矢志于初心是关键因素。赢取全国革命胜利之际，中央誓言"决不当李自成"，"两个务必"的政治要求堵住了骄奢自满的口子，成功实现了由革命党向执政党的转变。改革开放30多年来，秉持"做小学生"的谦虚态度和反腐败"这个关我们必须过"的警醒意识，党又率领国家成功实现了从计划经济向社会主义市场经济的转型。如今我们开启全面建成小康社会的决胜阶段，既有"一览众山小"的愉悦，也有"一山放过一山拦"的问题紧逼。要实现百尺竿头的自我超越，要完成民族复兴的历史使命，必须砥砺高度的政治清醒和政治自觉，为更好地担当历史重任打下更为牢固的根基。

由是观，"四十描红"不仅是一种境界和状态，更是一种清醒自觉。有了它，我们必能实现人生的圆满，达成事业的飞跃。

（2016年02月01日）

"唱衰"中国只是自欺欺人

何振华

"唱衰"中国早已不是什么新鲜事。伴随着中国的快速发展,"中国崩溃论"和"中国威胁论"交替出现,反映了某些人对中国迅速崛起的不适应。一次次落空的预言,宣告唱衰中国的论调注定要破产。

改革开放30多年来,中国创造了第二次世界大战结束后一个国家经济高速增长时间最长的奇迹。中国经济总量在世界上的排名,改革开放之初是第十一位;2005年超过法国,居第五;2006年超过英国,居第四;2007年超过德国,居第三;2009年超过日本,居第二。2010年,中国制造业规模超过美国,居世界第一。中国用几十年时间走完了发达国家几百年走过的发展历程,称之为世界发展史上的"奇迹",毫不夸张。

眼看着中国这样一个"大块头"迅速发展起来,有些人不适应、不舒服是难免的。"威胁论"和"崩溃论",其实可以视作一枚硬币的两面:由于担心"威胁",所以总有意无意地预期"崩溃"的出现。

经济学理论再高深,也不如现实精彩和有力量。那些"唱衰中国"的人,如果不是别有用心,那肯定是很久没有来过中国了。如果他们这时来中国参观,一定能在候机楼看到国外商家无处不在的广告,那是在介绍本国的购物中心和五星级酒店,因为中国出境游客已经连续12年两位数增长。如果他们愿意去北京的办证大厅转转,一定能感受到欧美打折季一样的热烈气氛,中国现在每天有1万多家企业注册,平均每分钟诞生7家公司。

过去几年，阿里巴巴既将电商做到海外，也用"农村淘宝"激活了广大农村"沉睡"的购买力。而长三角、珠三角的不少制造业中小企业们，正忙于迎接"智能制造"时代的到来。在北京五道口，他们会遇到很多年轻人，或者站在街头求关注、求扫码，或者穿着旧牛仔裤在咖啡厅见投资人……这些景象背后，是中国经济的生机和活力。

毋庸讳言，正在转型的中国经济有它的难题，中国正努力以自己的方式破解这些难题。工业增长回落确实会影响到经济增速，但这恰恰是实施创新驱动战略、经济转型升级的必然；高耗能产业回落速度最明显，随着整治"僵尸企业"的号角吹响，阵痛也许会更强烈。但如果不这样，怎么淘汰落后产能、转向创新驱动、推进结构升级、实现绿色发展？那些一直在"唱衰"中国的人，过去批评中国依靠投资和出口推动的增长方式，现在中国义无反顾转方式调结构，他们又拿经济增速下行说事，预言中国经济将"硬着陆"。总之，无论中国怎么做，他们总会找到唱衰的理由，只是这些理由恐怕连他们自己也未必真信。

此起彼伏的"唱衰"论调，已经让中国人见怪不怪。十几亿人梦想继续改善和实现自我，十几亿人愿意辛苦和冒险赚钱，这种朴素而深沉的力量，绝不会允许这个国家垮掉。那些"唱衰"中国的人，应该听听经常在中国农村调研的经济学家斯科特·罗斯高说过的一段话：

"我深刻认识到中国人的勤奋和中国农民的智慧，感受到他们对家庭的爱和努力。中国经济的繁荣不是仅仅依靠外界的机遇所成就，当然也不会仅仅因为外界的唱空而颓败。"

（2016 年 01 月 30 日）

"做空"中国只会做空自己

何振华

"'金融大鳄'在做空亚洲货币""国际对冲基金公开承认做空人民币"……这几天,随着索罗斯在达沃斯论坛上"看空中国","做空中国"的声浪也响起。然而,做空中国,真的有可能吗?

且不说,如今的中国已稳居世界第二大经济体的位置,经济体量之大,岂是几个投机炒家可以撼动的。就拿金融工具箱里的"工具"而言,从拥有世界几乎最大最深的外汇储备池,到建立相对完整的市场监管体系;从推出人民币汇率改革,到不断加强对短期投机性资本流动和跨境金融衍生品交易的监测,中国手中,有足够多、足够强的"底牌",完全有底气应对做空风险。

不妨把目光投向今年年初的汇率市场。一段时间里,一些投机者试图炒作人民币,从中牟利,造成离岸人民币汇率异常波动。面对投机,中国人民银行采取措施,对离岸人民币执行正常存款准备金率政策,加强境外人民币流动性管理,有效地稳定了人民币汇率。"中国有充足的工具抵御人民币受到冲击"。如果说稳定汇率是一场荷枪实弹的"压力测试",那么测试的结果证明,中国完全有能力维护金融市场的稳定。

做空中国者只会做空自己。当年,索罗斯带着在东南亚金融市场做空获胜的好情绪,携巨资来到香港,试图做空香港股市,却遭到了中央政府支持下香港政府的强力阻击,最终折戟沉沙,损失惨重,只能败走香江。

相比于 1998 年不到 1500 亿美元的外汇储备，如今的中国，外汇储备世界第一，高达 3.3 万亿美元。索罗斯也不得不承认，"中国有资源并且在选择政策上比大部分国家都要有更广的空间"。30 多年来改革开放的历程证明，做空中国者，不但难以逆势获利，最终还将失去与一个蒸蒸日上、欣欣向荣的大国共同成长的机会。

正如一位外国观察家所指出的，"理解中国经济的关键是中国政治"。不理解中国特色社会主义政治制度，就难以洞悉中国改革开放取得成功的奥秘。改革开放以来，中国经济持续 30 多年高速成长，有效抑制了大的周期性起落，总体上保持了平稳发展的态势。中国既有抑制经济过热、实现"软着陆"的成功经验，又有克服经济紧缩、保持稳定增长的成功经验；既战胜过各种国内困难，又有效应对过种种国际风险。这对于中国这样一个有着 13 亿多人口的发展中大国和市场化程度迅速提高的经济体来说，是一个奇迹，充分显示了中国特色社会主义经济政治制度的独特优势和国家宏观调控的巨大威力。

今天的中国，仍然把经济发展的主导权牢牢掌握在自己手中。走进那些春节未到就已早早订好机票准备出国旅行的家庭，看看在线教育那么火热的报名盛况，只要不抱偏见，就不难感受到，"中国经济发展长期向好的基本面没有变，经济韧性好、潜力足、回旋余地大的基本特征没有变，经济持续增长的良好支撑基础和条件没有变，经济结构调整优化的前进态势没有变"。这样的论述绝不是空喊的口号，而是建立在坚实的事实之上。纵然我们还有不少难题需要破解，眼前的道路也不是一马平川，但真正了解中国的人都不会否认：当今世界，中国的日子是好过的，不会给做空者留下空间。

（2016 年 01 月 29 日）

"看空"中国毫无依据

何振华

"中国经济正在走向硬着陆,并且会加剧全球通货紧缩。"这几天,金融投资家索罗斯在达沃斯论坛上一番唱空中国经济的言辞,引发各界关注和议论。此番论调,与以往形形色色的中国经济崩溃论,别无二致。只不过,这次出自索罗斯这个金融投资领域的"空头大鳄"之口,便多了几分关注度。

事实果真如此吗?其实,只要有机会近距离接触普通中国人的生活,就会发现这里压根儿不存在什么萧条的迹象、崩溃的前兆。去年中国游客出境游高达1.2亿人次,海外购物消费超过1万亿元人民币,免税店处处可见中国人购物的情景。中国网民"双11"1天的购物狂欢,交易额轻松超过美国感恩节购物季5天的总和。人们不会忘记,金融危机后的美国,8个家庭中有1个靠救济食品券过活,每月有超过12万个家庭申请破产。无需专业的分析,仅凭这些最简单的具象的观察,便不难得出中国经济很正常,甚至"风景这边独好"的结论。

"硬着陆几乎不可避免。"我们依稀记得,当年东南亚金融风暴来袭时,就有人如此预测中国经济。当然,结果大家早已知道。当下,中国经济的体量比20年前几乎增长了10倍,人均收入也增长了4倍,厚实的家底早已今非昔比。当年中国经济便是"软着陆",如今更丰盈的物质积累、更完善的市场体系、更可观的改革红利、更娴熟的宏观调控,又何来"硬着陆"?风物长宜放眼量。拥有13.7亿人口、9亿劳动力、7000多万市场主体的中国经济,"形有波动、势仍向好",其巨大的潜力、韧性和回旋余地,完全能够保持中高速增长。个别数据的不太好看,少数企业的经营困难,只是改革转型的一时阵痛,是经济向形态更高级、分工更优化、结构更合理的阶段演进的必经过程,索罗斯们实在是杞人忧天了。

一叶障目不见泰山,是分析经济形势的大忌。稍微细看一下就会发现,被看空者们作为依据的几项指标,要么是孤证,要么干脆是误证。比如资金外流的说法,事实却是去年中国吸引外资逆势增长 6%,位居全球前三。比如输出通货紧缩的说法,中国消费者价格指数保持温和水平,央行货币政策保持稳健,绝谈不上向外传染。至于整个社会债务已达 GDP 的 300% 一说,更是凭空杜撰、不知所云。人民币汇率的适度调整,也是处于合理区间的正常修复。而中国股市的波动,很大程度上源于市场本身、监管体制和投资者的不成熟,并不能真实反映实体经济的晴雨。倘若只盯着中国股市说事,岂非管中窥豹?

事实胜于雄辩,步入新常态的中国经济,长期向好的基本面没有变,仍然是世界经济的强劲引擎。高技术产业增加值去年增长 10.2%,单位 GDP 能耗同比下降 5.6%,登记注册的企业平均每天增长 1.2 万户,一项项成绩来之不易,不知让多少人欣羡不已。更要看到,随着收入增长,中国人的消费结构正在升级,中高端消费增长强劲,这也是中国着力推进供给侧结构性改革的原因。供给侧结构性改革,就是要解放和发展社会生产力,用改革的办法推进结构调整,减少无效和低端供给,扩大有效和中高端供给,增强供给结构对需求变化的适应性和灵活性,更好满足人民日益增长的物质文化生活和多样化、个性化消费需求。

索罗斯先生有句名言:"世界经济史是一部基于假象和谎言的连续剧。要获得财富,做法就是认清其假象,投入其中,然后在假象被公众认识之前退出游戏。"现在,一些怀揣这样或那样目的的人,又开始编造一出出"假象和谎言的连续剧"。殊不知,"青山遮不住,毕竟东流去"。中国这个拉动全球经济增长的"火车头",见或不见,就在那里。正如习近平主席所言,中国将始终做全球发展的贡献者,欢迎各国搭乘中国发展"顺风车",一起来实现共同发展。

(2016 年 01 月 28 日)

"低调"不是装饰品

习骅

流行词汇是社会生活的反映。记得上世纪八九十年代,人们享受到了改革开放的诸多成果,那时许多人,特别是社会精英阶层,很喜欢说"霸气"这个词,做派动静也大。一位律师朋友每次讲述他胜诉的过程,总以"人一定要霸气"结尾,同时把砖头一样的第一代手机在桌子上狠敲一下;媒体则时常报道某领导"拍案而起","怒斥"谁谁谁。

社会生活变化了,时尚和流行词汇随之悄然变化。后来,企业家的博古架上不仅仅有古董和洋酒,还有看起来很厚重的书籍,尽管起初摆放的有的是金箔打造的豪华书,或者只有书壳的假书。朋友们交谈的时候,时不时会强调"做人要低调";如果一个公务员被人评价为"低调",他一定很满意,尤其在中央八项规定发布之后。

用平和取代咄咄逼人,用书籍取代山珍海味,用"低调"取代"霸气",短缺时代的烙印被熨平,审美水平开始攀升,"亢龙有悔"成为共识,证明了"仓廪实而知礼节"的古训,当然是巨大进步,但还远远不够。"高调""低调"本是音乐用语,而调子高低要由听众评判,所以无论是"霸气"还是"低调",都是做给别人看的,具有表演性质。一个人强调自己"低调",等于暗示他本来有资格"高调"。

真正的低调不是给人看的,更不是经过装饰的"高调"。门好进、脸好看、事不办,让心急如焚的群众白跑,是尸位素餐的懒政怠政,是挂着笑脸的傲慢。一边自诩两袖清风,一边拍板大上耗能污染低效"工程",是公然劳民伤财;用矿泉水瓶子装茅台酒,躲进私人领地饕餮公款,是瞒天过海,违反党的纪律;骑破自行车上班,穿几十块钱的衣服,私底下捞足了人民血汗,是违法犯罪。钱钟书说"俗人就是装模作样的人",我觉得作伪不但是恶俗,更是取巧。

真正的"低调"是本色,是发乎内心的自然,是"本来如此"的真实,当事人根本意识不到什么"高调""低调"。毛泽东同志在延安宴请陈嘉庚,两个战士过来坐在他的长板凳上看热闹,战士挤一挤,毛泽东让一让,竟然毫无感觉。杭州拾荒老教师韦思浩去世后,家人才发现他捐资助学已经20多年,还悄悄办理了遗体捐献手续。我的老同事、周恩来同志的侄女周秉德曾经放弃分房的机会,把温暖让给年轻人。我把她至今为人称道的善举写成文章发表,她竟想不起来,一脸迷茫地问:"有这事吗?"

革命队伍浑然一体,本来就不该存在高低贵贱,所以毛泽东对战士"挤板凳"才浑然不觉。韦思浩老人的义举同样波澜不惊,说明惟其如此他才心安。周秉德为别人着想是下意识的,早已习惯成自然,是周恩来无私无我的本色和高尚脱俗的真实折射。这些天然去雕饰的"低调",是共产党人的本来面目,是与人民群众血肉相连的德行,这才是广大党员干部应该崇尚和追求的。

(2016年01月26日)

把"冷板凳"坐热

徐文秀

诺贝尔奖颁奖典礼上,84岁的屠呦呦身着紫色长套裙出席领奖。那一刻,她是最美的人。多年间,屠呦呦带领团队默默无闻潜心研究青蒿素,试千方、尝百药,终为人类健康作出历史贡献。这样一种把"冷板凳"坐热的大美,令人感佩。

坐冷板凳不易,把冷板凳坐热更不易。在许多人眼里,坐冷板凳不舒服、不是滋味,与名利无缘、跟热闹无份,与寂寞冷清相伴,同淡泊清苦相随,有时甚至还得与委屈不公、冷落埋没相连。可是,正因为吃得了坐冷板凳的苦,才能翻开生命的新篇、打开事业的新局。翻译家田德望历经18年翻译世界文学名著《神曲》,所付出的辛苦常人难以想象,原文仅7万字的《地狱篇》,他标注了16万字的注释,《炼狱篇》的注释更是多达34万字。没有这一番沉寂和呕心沥血,怎有如此成就?

然而,又有多少人甘愿坐冷板凳,遑论把冷板凳坐热?不少人心浮气躁、急功近利,有的渴望"一夜成名""一举夺冠",一味追求礼花般的绚烂绽放;有的垂涎"众星捧月""前呼后拥",陶醉于鲜花和掌声;有的流连光鲜世界,为了"露个脸",奔走在各种闪光灯之中;有的贪图热门热事热岗位,见异思迁、跳来跳去,今天干这个明天干那个,不是立长志而是常立志。不愿、不屑坐,不甘、不敢坐,不会、不善坐冷板凳的人,或为名所困,或被利所惑,或受种种杂念所累,走失在人生路上,淹没在人海当中，最终难逃平庸的结局。

不去追名逐利是一种本事。没有超脱的心态、开阔的胸襟和沉稳的定力，如何对个人的名利放得下、看得透、想得通？袁隆平一年到头大部分时间泡在水田里，面朝黄土背朝天研究超级水稻，源自他满腔对粮食安全的忧虑和对平民百姓的情怀。"两弹一星"元勋朱光亚专心研究原子能，成为核武器领域公认的"众帅之帅"，源自他"一生就做一件事"的执着信念。执着于内心的信仰和信念，咬定大目标、大方向、大追求和大原则不放松，耐得住寂寞、挡得住诱惑、守得住清贫，才能屏蔽和过滤掉时代的浮躁和困惑。

把冷板凳坐热不是苦熬苦等，而是以时间为刻度，不断书写自身本领的新高度。成功不是一朝一夕的事，也不是"一锤子买卖"，而是要一以贯之、一干到底。语言学大家王力一生笔耕不辍，84岁高龄时依然坚持每天连续伏案8到10小时，任何与研究和写作无关的事他不闻不问。正是因为他有这样的坚守与勤奋，才有了《汉语语音史》《汉语语法史》《汉语词汇史》《王力古汉语字典》等经典之作。善于把冷活做实、冷事做热、冷门做火，练就看家本领，成功自然来敲门。

庄子有言："适莽苍者，三餐而反，腹犹果然；适百里者，宿舂粮；适千里者，三月聚粮。"是只准备三餐，还是"宿舂粮"，抑或是"三月聚粮"，所达致的结果迥然不同。欲"适千里"者，必下得一番苦功夫，谁也偷不得懒、取不得巧。

（2016年01月21日）

家国情怀是立身养德之本

——谈谈领导干部的家风①

李 斌

"对于乡愁而言,还乡是惟一的解药。"年关日近,很多人的思乡情愫也愈发滚烫。家是游子的心灵港湾,是浓得化不开的情结。然而古往今来,少小离家建功立业,几乎成为一以贯之的文化传统。人生选择与内心情感逆向行驶,并非是因为不眷顾家园亲情,而在于炽烈情怀早已从乡土走向家国。

家国情怀,与其说是心灵感触,毋宁说是生命自觉和家教传承。无论是《礼记》里修身齐家治国平天下的人文理想,还是《岳阳楼记》中"先天下之忧而忧,后天下之乐而乐"的大任担当,抑或是陆游"家祭无忘告乃翁"的忠诚执着,家国情怀从来都不只是摄人心魄的文学书写,更近乎你我内心之中的精神归属。那种与国家民族休戚与共的壮怀,那种以百姓之心为心、以天下为己任的使命感,就来自那个叫做"家"的人生开始的地方。

《孟子》有言:"天下之本在国,国之本在家,家之本在身。"家是国的基础,国是家的延伸,在中国人的精神谱系里,国家与家庭、社会与个人,都是密不可分的整体。"国家好,民族好,大家才会好","小家"同"大国"同声相应、同气相求、同命相依。正因为感念个人前途与国家命运的同频共振,所以我们主动融家庭情感与爱国情感为一体,从孝亲敬老、兴家乐业的义务走向济世救民、匡扶天下的担当。家国情怀宛若川流不息的江河,流淌着民族的精神道统,滋润着每个人的精神家园。

家庭是精神成长的沃土,家国情怀的逻辑起点在于家风的涵养、家教的养成。以正心诚意、修身齐家为基础,以治国平天下为旨归,把远大理想与个人抱负、家国情怀与人生追求熔融合一,是古人的宏愿,亦是今人传承家风和家教的本分。在传承优良家风中筑牢责任意识和担当精神,在正家风、齐家规中砥砺道德追求和理想抱负,在履行家庭义务中知晓责重山岳、公而忘私的大义,正是家风传承中所蕴藏的时代课题。

"知责任者,大丈夫之始也;行责任者,大丈夫之终也。"责任和担当,乃是家国情怀的精髓所在。当我们专注于亲情眷念、自我圆满,不应忘了民生之疾苦同样关乎自我之荣辱。更好地兼顾小家与国家,将对家的情意深凝在对他人的大爱、对国家的担当上,人生才能真正达成圆满。从毛泽东"埋骨何须桑梓地,人生无处不青山"的壮志豪情,到赵一曼"未惜头颅新故国,甘将热血沃中华"的慷慨赴义,再到焦裕禄"心里装着全体人民,唯独没有他自己"的为民情深,常怀爱民之心、常思兴国之道、常念复兴之志,是共产党人家国情怀的生动写照。国而忘家,公而忘私,把个人价值寄托在对国家和人民的大爱与奋斗中,见证共产党人的忠诚信仰和无私情怀。以伟岸人格承接伟大担当,以家国情怀托举复兴使命,每个党员干部都应有这样的使命自觉。

"亦余心之所向兮,虽九死其犹未悔。"精神有了归属,生命就有意义。家国情怀是一股永不衰竭的精神涌流,有了它的丰润,我们必能描绘大写的人生、成就不凡的意义。

(2016年01月20日)

家风传统是干事创业之基

——谈谈领导干部的家风②

李 拯

　　这是一种能够穿越时空的牵挂，哪怕只是几间寒舍、一缕炊烟，家的存在，总是能引起天涯海角的驻足回望。回家，是亲人团聚、阖家团圆，更意味着对家庭传承的触摸、向家风传统的回归。

　　家，不仅是一种情感牵挂，更是一个人安身立命、修身立德的精神起点。家风犹如家庭成员的精神纽带，是道德品质的世代积累，是嘉言懿行的代际沉淀，流风余韵，代代不绝，成为一个人精神成长的母体。可以说，家庭是人生的第一所学校，而家风家教则是价值观养成的"第一粒扣子"。

　　对领导干部而言，家风更是砥砺品行、干事创业不可或缺的精神指针。成长于克勤克俭、崇俭抑奢的家风环境，自会多一份厉行节俭、反对浪费的主动；沐浴着谦虚谨慎、律己以严的家教熏陶，也会多一些手握戒尺、心存敬畏的自觉。相反，如果家风不正、家教不严，或是急功近利，或是没规没矩，或是爱慕虚荣，很难想象在这样环境中长大的人会严以用权、实以谋事、动遵法度。可以说，有什么样的家风，就有什么样的精神状态和价值追求，也就会有什么样的事业成就。

　　穿越治乱兴替的历史风烟，多少盛世繁华只留下"而今安在哉"的感慨，而家风传统却延绵不衰，给予一代代仁人志士建功立业的精神动力。

浙江钱家自五代吴越国开国君主钱镠开始，一个家族绵延1000多年，尤其在近代涌现出钱学森、钱三强、钱钟书等众多精英人物，见证着家风传承的力量。晚清曾国藩被誉为清代"中兴第一名臣"，生活简朴、勤政自律，得益于"有子孙有田园，家风半耕半读，但以箕裘承祖泽"的家教熏陶。"有好家才能走得远"，好的家风如同无声的教诲，助人立德立言、成人成才，让人铭刻在心、受益终生。

古人云，"积善之家，必有余庆；积不善之家，必有余殃"。没有好的家风家教，既难以清白做人，也无法专心做事。刘铁男教儿子"做人要学会走捷径"，当儿子开始弄权敛财，他自己怎么可能秉公用权？苏荣纵容家庭成为"权钱交易所"，他自己如何独善其身、专心做事？而像个别"官二代""富二代"表现出的精神空虚、盲目炫富，莫不与家风不正、家教不严有关。由此可见，家风纯正是干事创业源源不断的正能量，家风腐化则是为人处世难以承受的负资产。

在培育良好家风方面，老一辈革命家身体力行、作出表率。毛泽东同志要求子女树立平民思想："靠毛泽东不行，还是要靠你们自己去努力、去奋斗。"习仲勋同志始终对群众赤诚相待，"老老实实把屁股放在老百姓这一方面，坐得端端的"，为后人树立了榜样。红色基因哺育的良好家风，既能惠及一个家庭，更是整个社会的共同财富。

有人曾探讨，四大古文明为何只有中国文明绵延至今？结论是"可能中国人特别重视家教"。中国人的家，是《静夜思》里的中天明月、《枫桥夜泊》时的夜半钟声，更是孔鲤过庭的声声教诲、岳母刺字的泣血箴言。美满的家庭、严格的家教、良好的家风，成就更好的个体，亦能汇聚成更好的国家。

（2016年01月25日）

家风建设是作风涵养之要

——谈谈领导干部的家风③

李浩燃

"修身、齐家、治国、平天下",举凡识书认字之人,莫不熟稔这些词,其中蕴藏的人生逻辑,影响中国两千年。从个人到国家天下,从正心诚意修身到治国平天下,一个不容忽略、不可越过的环节就是家。正所谓"一室之不治,何家国天下之为","齐家"成为步入社会、进入公堂的起点和前提。

"治家严,家乃和;居乡恕,乡乃睦。"家是人生的"第一所学校",家庭通过家教培育家风,不仅给人生系上品性的"第一粒扣子",还会潜移默化地影响周围的人。家风是寄托传统、盛放亲情的陈年家私,亦是文化源流的朴素沉淀、社会价值的坚定担当,更是我们在这个时代互相激励、抱团取暖的精神薪火。今天我们谈论家风,既是为了承续传统、启迪当下,更是为了涤风励德、淳化风俗。

对于领导干部而言,家风并不属于私域,更不是老人"托管"的小事、家属"自管"的私事。家风是作风的臂膀,家风浩然敦厚,才有作风严实清廉,家风正才能作风正、律己严、行得正。家风与作风犹如并蒂之花,互相映衬、相映生辉。领导干部手执权力重器,一言一行、一举一动都非同小可,自当从家庭做起,以家风建设助力作风涵养,以家庭和睦引领社会和谐。

良好家风,是抵御贪腐的无形"防火墙"。家风纯正,雨润万物;家风一破,污秽尽来。苏荣一人当官全家捞钱,上演"全家腐";周本顺"家风败坏",对亲属放任纵容……一些领导干部最终"祸起萧墙",问题往往肇始于家风不正、家教不严。据统计,中央纪委近年来查处的党员干部违纪案件中,约四成与其家庭成员有关;2015年被查处通报的34名中管干部,超六成违纪涉及亲属。正所谓"一人不廉,全家不圆",家风不正导致全家沦陷,教训何其深刻。培育清廉家风,不仅是对廉洁政治的恪尽职守,更是对家庭圆满的最大保护。

家是浓缩的国,国是放大的家。个体从家庭走向社会,家风的影响亦会随之远播,成为社会风气和道德水准整体拔节的力量之源。领导干部作为党风之旗帜、社风之表率,纯正家风、弘扬家风,无疑是党风向好、社风向善的最好催化剂。福建东山县委原书记谷文昌尽管已去世30多年,但谷家"清白持家、简朴本分、为民奉献"的家风仍在当地干部群众中传颂。有句网络流行语说得好,"你若盛开,清风自来"。将家风融于作风,让好家庭与好风气相得益彰,领导干部责无旁贷。

家风是人格的镜子,亦堪称涵养作风的源头活水。把家风建设摆到更加突出的位置,是时代的使命,亦是你我的职责。以"国计已推肝胆许,家财不为子孙谋"的格局厘清亲情与权力的边界,以拒绝"染于苍则苍,染于黄则黄"的定力廉洁修身、廉洁齐家,领导干部才能远离贪欲之害,让清廉成为对家人和社会最好的馈赠。

(2016年01月27日)

让城市散发"文化的光束"

李 拯

"威尼斯水城""泰晤士小镇""哈斯塔特村"……前不久,有媒体盘点出十大"山寨"小镇,因缺少本土灵韵,就像鼓胀的气球被抽走了空气,给人以枯萎干瘪的味道。

这正是城市建筑贪大媚洋的一个缩影。随着城市快速发展,一些地方罔顾城市的文化传承,导致城市建筑乱象横生,而城市记忆则在推土机下化为瓦砾,城市文脉出现断层,社会公众反映强烈。正如学者所言,这种建筑同文化越来越远,同浮华越来越近;同传统越来越远,同山寨越来越近。

现代化固然伴随着工业轰鸣与都市气息,但那并不意味着城市只能是坚硬的钢铁水泥森林。城市建筑既是对空间的折叠,更是对历史的延续,如果斩断了历史文化脐带,就只能在所谓的审美世界里无所适从地流浪。就此而言,贪大媚洋、以洋为尊、以洋为美,不仅是一个审美趣味的问题,更反映着深层次的文化迷失。

城市是一个民族文化和情感记忆的载体,历史文化是城市魅力之关键。我们不能以为高楼大厦越多,就越是现代化;更不能以"现代化"的名义,将凝固着历史记忆的城市建筑拆除,做出"拆真古迹、建假古董"之类的蠢事。建筑也是富有生命的所在,是凝固的诗、立体的画、贴地的音符,每一个建筑都在穿行的岁月里留下沧桑的故事。

前不久北京大雪,"到故宫拍雪景"成为人们周末的一大盛事。"白雪镶红墙,碎碎坠琼芳,美得这么安静",人们徜徉在红墙朱门、黄瓦绿窗里,感受着时间的吐纳与呼吸,在思接千载中寻觅着此心安处的慰藉。这从一个侧面生动表明,城市不仅是一个生活的场所,更应该是一个安放心灵的意义系统。

中国古代建筑的独特之处,正在于把哲学想象与历史文脉融入砖石之中,使建筑成为文化传承的视觉象征。历朝历代的宫廷建筑,体现"一阴一阳谓之道"的辩证哲学,讲究"中轴对称""面南背北";发源于民间的徽派建筑,虽为人作、宛自天成,达到了"青山云外深,白屋烟中出"的和谐境界,体现了"天人合一""物我为一"的精神追求。"建筑是对世界现实和人类生存的一种表达",城市建筑从来都不只是砖瓦的堆砌,而是记录着不同时代的阴晴圆缺、悲欢离合。

中国传统的建筑美学,应该也完全可以生长出现代的审美趣味。世界著名建筑大师贝聿铭设计的北京香山饭店,凭借山势、高低错落、蜿蜒曲折,院落相见,充分体现了中国园林建筑的特点,是中国传统建筑与现代主义相结合的典范。贝聿铭本人也说:"从香山饭店的设计,我企图探索一条新的道路:在一个现代化的建筑物上,体现出中国民族建筑艺术的精华。"是的,中国建筑文化树大根深,只要我们多一些自信、多一些在传承基础之上的创新,就能在现代世界散发"文化的光束"。

(2016年01月19日)

激发全面小康的"群众力量"

艾 梧

一个时代有一个时代的关切,能否"击中时代绷得最紧的弦",是衡量理论是否贴合时代、深得人心的关键。中宣部理论局组织撰写的通俗理论读物《全面小康热点面对面》,受到干部群众的欢迎,就在于它击中了时代之弦、回应了群众心声。

古人云:"文变染乎世情,兴废系乎时序。"理论在一个国家实现的程度,总是决定于理论满足这个国家需要的程度。在接下来全面建成小康社会的这五年里,关系13亿人民的切身利益,无疑是干部群众的一大核心关切。如何理解全面小康新的目标要求?如何坚持五大发展理念?人民群众需要理论对接发展的实际,更需要理论对实践作出通俗性阐释。《全面小康热点面对面》回应关切,研机析理,进行了有力的解疑释惑。

马克思有一句名言:"理论一经掌握群众,也会变成物质力量。"一些贫困地区"九山半水半分田,穷得只剩下好生态",正是靠着绿色发展理念的引导,转变思路发展旅游经济和生态产业,让绿水青山变成了金山银山。一旦人民群众掌握了正确的理论,一旦理论成为实践的眼睛,人民群众就焕发出巨大的"物质力量",把理论的指引转化为创造性实践。全面小康是亿万人民自己的事业,人民是推动发展的根本力量。只有更多关注人民群众的思想关切,更多对全面小康实践中的热点难点释惑解疑,更多把发展的实践及时升华为理论的指引,全面建成小康社会的"群众力量"

才会更充分地激发出来。

不能不看到,有的大众理论书籍文章故作高深、拒人千里,有的书斋味、书生气十足。对此,群众只会敬而远之。老百姓俗话讲,"绣花要得手绵巧",理论要进入群众心里,必须有这一番"绵巧"的功夫。正所谓"真佛只说家常话",真正的理论、科学的理论,往往能够用通俗的语言把艰深的道理讲清楚说明白。在这个意义上讲,通俗化、大众化、清新化是理论的基本要求,也是"理论掌握群众"的必由之路。"大众明白才是真",无疑是我们做好理论宣传的基本准则。

《全面小康热点面对面》所以受到群众关注,就在于在贴近读者方面做了诸多努力。不仅在观点的深入浅出、语言的清新浅近上有不少创见,更在理性分析之外注入了更多"感性说服力"和"内容可读性",同时还采取了群众喜闻乐见的诸多传播形式。从"协调是发展的节律""区域协调大合唱""城市农村比翼飞"之类的贴切概括,到收录"说走就走的旅行""创客风潮"等大量社会流行语汇,再到"图说""微评""问与答"等形式新颖、短小精悍的小板块等,让人喜读爱看。

"黄河落天走东海,万里写入胸怀间。"全面小康的壮美蓝图,呼唤着我们激发同心同德的信心和力量。让理论沾上露珠,让政策带上温情,在大众化中化大众,在时代感中感时代,我们就一定可以引起最大共鸣、凝聚最大共识、汇集磅礴力量。"人民群众是我们力量的源泉",过去和现在是这样,未来还是这样。

(2016年01月18日)

格局定荣枯

周人杰

契诃夫的经典短篇《小公务员之死》，讲述一名小公务员打喷嚏不慎把唾沫溅到将军身上，竟为自己的无心之失一再道歉，终于惹烦了本来并不在意的将军，被呵斥后吓得一命呜呼。揆诸现实，一些机关里，日日思虑、斤斤计较、左右逢源的"小公务员"不算少。要而论之，大抵欠"格局"二字。

格局，乃人生的眼界与气魄。王国维先生说，词以境界为最上。为文、为人，持家、从政，皆同此理。率众南征，七擒七纵，是格局。指点江山，激扬文字，粪土当年万户侯，是格局。英雄一世，坎坷一生，坦言"一辈子没有整过人"，亦是大格局。"谋大事者首重格局"，我们共产党人干事创业、律己用权，要的正是忘怀得与失、不计功与名的党性修为。

"审格局，决一世之荣枯。"名利场里，难免会有几个内心阴暗、私欲膨胀之徒，每日捧着"官场厚黑学"、琢磨着"纸牌屋"，在上司面前谄媚，在同僚之间挑唆，在下属身上耍横，为些小微利恨不得拼上身家性命，一辈子光阴消耗在无谓的内斗上。殊不知，崇尚权术、周旋诡道的跷跷板上从来不会有什么赢家，两面三刀的结局只能是"一种灰色吃掉另一种灰色"，彼此倾轧得血肉模糊、伤痕累累。正所谓"格局决定结局，态度决定高度"。古今观照，前有车，后有辙，每一位领导干部面对纷繁世象，都必须时时警醒，坚守政治规矩的底线。

人生如棋，对弈之道的要害在战略，于领导干部而言，在于思考奋斗的价值与意义，去践行为官一任造福一方的承诺。燕雀岂知鸿鹄志，凤凰终惜羽毛伤。只盯着树皮虫子的鸟儿飞不到白云之上，心中装满天地山河的雄鹰才能自由翱翔。人生这盘棋，首先要学的不是尔虞我诈的小技巧，而是天下为公的大布局。

计利当计天下利，求名应求万世名。个体恩怨，小团体的名缰利锁，在党和人民的事业面前，多么渺小。背地里咬咬耳朵，传传谣言，下个绊子，多年以后回想起来，多么可笑又可叹。扪心自问，戚戚于贫贱，汲汲于富贵，徒耗光阴。《孙子兵法》有云："军有所不击，城有所不攻，地有所不争。"改作风，破积弊，除官场庸俗习气，就是要集中精力为民而"击"、为民而"攻"、为民而"争"，此乃大丈夫顶天立地之所为。

宇宙浩淼，苍穹广袤，个人的丁点私欲，在时代的洪流中只会被荡涤无痕。一个人的格局开阔了，脚下的道路自然宽广许多；一个企业的格局开阔了，商海的沉浮定会从容而不迫；一个国家的格局开阔了，终将以博大的胸襟、豪迈的气魄自立于世界民族之林。

（2016 年 01 月 15 日）

千里马与懒牛、犟驴

丁 鼎

《吕氏春秋》记载,古时有十个相马高人,相马方法各自不同。寒风相马是观察马的口齿,麻朝相马是品评马的面颊,子女厉相马是查看马的眼睛……这十个人都是相马良工,都能看到马的一处征象,就知马骨节的高低、腿脚的快慢、体质的强弱、能力的高下。不仅相马是这样,人也有征兆。

对于考察使用干部,我们常讲要全面了解,并为此而制定了不少措施,这些都是十分必要的。问题在于真正做到全面准确了解一个人是很难的,而且所采取的措施,表面看是方方面面都考虑到了,而往往最真实、最本质的东西,靠一些程式性的东西是搞不出来的。我们识人用人,不在于采取多少形式,而在于平时对人的认识了解,对事物的熟知掌握。只要掌握住了人和事最本质的东西,就可以从一时一事中看出端倪,而把人用对,把事办好。

用人贵在得当,这个得当就是知人、知事、知岗、知情,做到了这"四知"才有可能把人用好。所谓知人,就是要知道所用之人的德能勤绩,知道其长处和不足,以及最适合干什么、不适合干什么。人皆有长短,用人应用其长而避其短,这样才能更好地发挥其作用。

所谓知事,就是要知道以事择人,而不是以人定事。目的是把事干好,而不是把人安排好。现在一些地方和单位,以人找事,以安排人为目的的做法不少，耽误了不少事情，甚至误了大事。

所谓知岗，就是知道什么样的岗位需要什么样的人来干。要以岗择人，而不能上岗后再学习培训。现在有一些"万金油"干部，放到哪里都能抵挡一阵子，而且还自认为没有干不了、干不好的事。不服气、不怕难、敢挑战是好事，但不能拿事业去练兵。

所谓知情，就是知一个地方、一个单位、一个部门的真实情况，即所要用人的地方的社情、人情、工作情况及前后任的基础状况等等。调整干部要注意使工作连续，局面稳定，不要搞得换一次人，折腾出一批事，你搞一套，我搞一套，就在这一套一套中把大好机遇丢掉了，时光浪费了。

用人应"四知"，需要用人者始终牢记并认真去做。

我们常讲，要让马儿跑得快，就要让马儿吃得好，意思是要使用人、会用人，就得心疼人、养育人，解决好人的生活问题和待遇问题。《吕氏春秋》也讲道，千里马之所以能日行千里，就在于它没有过重的负担，如果你在它身上压上几百斤、上千斤的负重，它连驮起来都很困难，还能跑得动吗？

由此而联想到用人。对于一些能干事，会干事，不惜力气，也能干成事的人，往往给压的担子是越来越重，交的任务是越来越多，而对那些不干事、干不成事、甚至还坏事的人，则很少给他们交任务、压担子，因为他们负不起重、干不成事。但在待遇上，"千里马"同"懒牛""犟驴"所给的"草料"却是一样的，甚至千里马还没有槽中犟驴吃得多，因为它在外边一心干活，也就只能吃一口是一口了，而槽中犟驴还要挑草拣料，时不时还尥尥蹶子，踢腾几下。千里马苦啊！千里马负担太重，无法日行千里，而讥讽奚落甚至指责谩骂也就来了："你不是日行千里嘛，怎么才走了几里路就气喘吁吁地趴下了，这不是浪得虚名吗？"千里马冤啊！

大量的历史故事告诉我们，用人者，要知道千里马如何才能跑千里，不要给他们负荷太重，特别是精神的负荷更不能太重，要给他们松套减负。驭马得当，才能使千里马尽情驰骋。

（2016 年 01 月 14 日）

祥和之音在民声

张保振

周景王在位时,财政困难,以至连器皿都要向各国乞讨。但他执意要铸钟,以显其祥和之音绕梁。对此,司乐官不仅不支持,还表示强烈反对。周景王不听劝阻,不闻"杂音",不惜劳民伤财,硬是将大钟铸成,并对司乐官说:"钟果和矣。"司乐官却说:"未可知也。"景王问其故,他解释说:乐声与政声相通,才为祥和之音。现今为铸大钟,闹得财亡民疲,莫不怨恨,哪里还有祥和之音。又进一步说:民众所喜好的,很少有不兴盛的;民众所厌恶的,很少有不废弃的。所以,民谚讲众心成城,众口铄金。

这个故事揭示了一个道理:祥和之音在民声。

无疑,祥和之音,人皆喜之。但祥和之音到底在哪儿?不同的人有不同的解读。孟子认为,乐民之乐,忧民之忧。晏子认为,意莫高于爱民,行莫厚于乐民。邓小平讲得更透彻:人民群众拥护的、赞成的、高兴的、答应的。一句话,对于心中装着民众的人来说,祥和之音既不在大钟乐器中,也不在舞台表演中,更不在形象工程中,而是在民心民声中。

1900多年前,当时的狐奴县百姓广泛传唱着这样一首歌谣:"桑无附枝,麦穗两歧。张公为政,乐不可支。"当时,百姓这种"乐不可支"的传唱,就是最美妙、最动听的祥和之音。这种祥和之音,甚至能让喜鹊闻之不飞、黄鹂闻之不唱。为什么?就在于"张君为政"的德政:张堪在拜渔阳太守时,看到当地老百姓的日子过得不富裕,"乃于狐奴开稻田八千余顷,劝民耕种,以致殷富"。老百姓感念这位为民着想、替民谋富的太守,于是就有了这首歌谣。

古而今,"声音之道,与政通矣。"可以说,凡祥和之音,皆本于声,发于情,系于德政。

德政,实为德正。"民生厚而德正。"倘老百姓家无隔夜粮、身无遮羞裳,无论如何也称不上"民生厚"。即便温饱问题解决了,若办件芝麻小事,都须求爷爷、告奶奶,没个十天半月,甚至一年半载,不把门槛跑断,不把额头碰烂,都别想办成,或者即便事办成了,也是"给面子",是"恩赐",这都与"民生厚"是南辕北辙的。可以肯定,这都难以留下祥和之音。

德正之正,正在凡举事,必先审民心然后可举。而非视民若无,我行我素,或者对民只是"使由之",不让"使知之",似乎老百姓天生就不需、不该有知情权似的。由是,不仅难有余音绕梁的祥和之音,甚至有可能生发出别有幽愁暗恨生的忿忿之音。

德正之正,说到底,正在想民所想,急民所急,忧民所忧,乐民所乐,即便有的事利倍于今,但不便于后,也绝不可为。若认为只要是利倍于今的事儿,就可大做特做,甚至以吃子孙饭、断后代路为代价谋求"显政",以为如此仍可听到祥和之音,其结果很可能不会太美妙。

周景王铸成大钟后的第二年即崩,"钟不和"。其崩的原因史书未写,却深蕴"劳民费财,祸所由生",而周景王一意孤行、不顾民怨亦永为后世鉴。

(2016年01月13日)

守护技术创新的初心

李 斌

"技术本身并不可耻"。快播公司涉嫌传播淫秽物品牟利案审理过程网络公开直播,使得"技术中立"的话题成为热议焦点。"技术中立"是否可以成为司法免责的理由?道德和法律是否会抑制技术进步?回答好这些问题,意义远超案件审理本身,关乎互联网时代我们能否畅享技术进步的红利。

科技是第一生产力,人类正是在技术的辅助下从蒙昧走向文明。但正如爱因斯坦所说,"科学是一种强有力的工具,怎样用它,究竟是给人带来幸福还是带来灾难,全取决于人自己,而不取决于工具"。技术是工具理性的产物,技术发挥怎样的功效却是由人支配的。技术的工具价值,只有在正确的人文理性、目标价值引导下,才能发挥最佳功效。否则,技术也可能为虎作伥,成为负能量的滋生场。

在互联网领域,有一个"避风港原则":技术提供者只要"不知道也没有合理的理由应当知道"技术被用于侵权,就可以免于连带处罚。但"避风港原则"并不涵盖全部情形,除它之外还有一个"红旗原则":如果侵权事实像红旗一样显而易见,技术提供者就不能装作看不见,或以不知道侵权为理由推脱责任。由是观之,司法裁判的关键在于技术背后的责任和意图,技术本身并不是谁的"免罪牌"。

关于互联网有句著名论断:互联网是历史上存在的最接近无政府主义

的东西。互联网的技术特性决定了，必须以价值理性修正工具理性，以法治之堤圈住奔腾四溢的技术之水。一些互联网公司的云端凋落，起因并不在于执法严苛、法律无情，而在于在价值理性上利令智昏。可以说，是人的价值理性而不是工具理性，真正左右着人和技术的命运。换句话说，是因为人懂得正确地用火而不是用火本身，帮助人走出原始时代。匍匐在法律的模糊地带，根本不可能崛起为时代的强者。

开放、自由构成了互联网精神的精髓，但这并不意味着互联网精神同法治精神相龃龉。也许有人觉得，法律为互联网画地为牢，会压制技术进步空间。其实，法律的意图在于保驾护航，法治的内涵在于尊重和引导。只要合乎人类发展的长远未来，法律自然会为其铺路。技术发展有着自己的门道，互联网蓝海里的机会四通八达，真正走不通的路，只有悖德乱法这一条。

社会是流动的，技术是常新的，法律终究存在滞后性，不可能包打天下。法律之外还有道德，道德之外还有人心。心中的道德律令虽容易被忽视，却是决断一切的度量衡。马克思曾经指出，道德的基础是人类精神的自律。哪些可以做，哪些不行，道义忖度远比利益考量重要。最可怕的堕落，是价值的堕落；最可贵的坚守，是良心的坚守。互联网比以往任何一项技术都更加广阔地延展了人的各种自由权利，也比以往任何时期都更需要参与其中的人增进自律和自觉。无论技术怎样创新和颠覆，正义价值一定不能被颠覆。

网络已成为人类的第二生存空间。没有人愿意看到网络空间遍布灰尘和污水，珍惜和用好网络空间比什么都重要。当我们想在技术红利中信马由缰，尤须擦亮那颗担当社会正义、守护人类良知的初心。

（2016年01月12日）

话风是领导干部的"软实力"

李章程

语言,不仅仅是一种表达工具,有时候它足以产生一言兴邦、一言丧邦的影响。古代有"三寸之舌,强于百万雄兵;一人之辩,重于九鼎之宝"的说法。前者说的是战国时期赵国的毛遂,自荐游说楚国,说服楚王楚赵结盟、联合抗秦。后者说的是东周重臣颜率,以赠九鼎为由使齐王派军退秦师救助东周,又以智辩打消齐王私吞九鼎的想法。

说话作为思想的口头表达,具有不可替代的独特优势。很多看似零碎、不经意的谈话,往往蕴含着深刻的道理。谈话之间你来我往的互动,往往能够在偶然中碰撞出新的经验和智慧,这正是说话的魅力所在。"键对键"替代不了"面对面",古人所说的"面授机宜""耳提面命",强调的也是当面交流的重要性。党员干部坐下来和群众交流,了解他们的酸甜苦辣、喜怒哀乐,不仅可以更好地服务群众的所需所盼,也能够获得群众真心实意的认可和拥护。

言语是心灵的窗户,话风是作风的影子。党的十八大以来,党风政风有了明显好转,文风中的一些恶习也大为改观。相较而言,"正话风"却还有待加强。话风关乎长期形成的思维方式和行为习惯,一些不良话风更加根深蒂固。一些党员干部要么说话不分场合、不看对象,要么无话可说、不会说话,影响了工作开展。更有甚者,口无遮拦,出口便是"你是准备为党说话,还是为老百姓说话""老百姓就是事儿多,是吃饱了撑的"这样的雷人言语,违背党的宗旨,更伤害群众感情。

信息化时代,指尖一点,世界触手可及。自不必说"好话不出门,恶语传千里",个别媒体断章取义,一些传播者信手转发,足以让一段讲话在不同的语境下产生不同的解读甚至曲解。有的领导干部担心言多必失,因而在应该说话时也三缄其口。"雷言雷语"不行,缄口不言、噤若寒蝉也不行,敢说话、能说话、善说话,是时代提出的群众工作和宣传工作的新课题。正视说话、重视说话、提高说话能力,理应成为领导干部的必修课。哪些话该说、哪些话不该说、哪些话应该说到什么程度,基本的就在于,既要拉近和群众的距离,又要遵守党的政治纪律、尊重新闻传播规律。

古人有言,"巧言如簧,颜之厚矣"。会说话并不是信口雌黄、左右狡辩,而是要吃透文件、观照基层、打动人心。"说不上去,说不下去,说不进去,给顶回去"的情况,表面上是个说话的问题,深层来看,在于党员干部不能很好地坚持群众路线,对相应领域和群众困难不了解、不熟悉。虔诚地当小学生,扎实地深入基层,话风问题才会迎刃而解。结合实际、深入浅出地阐释,用群众喜闻乐见、易于接受的语言表达,说话才能得到群众的理解、拥护和赞成。

"打铁还须自身硬""'老虎''苍蝇'一起打""鞋子合不合脚,自己穿了才知道""绿水青山就是金山银山"……十八大以来中央的新提法、新表述,既通俗又深刻,展示出高超的语言艺术和震撼人心的语言力量。言为心声,话风从根本上说是思想的体现,是综合素质的外露。不断提升道德修养和文化修养,不断拓展胸怀、气度和视野,不断强化实践能力和执行能力,我们就一定可以从容表达、善于说话,让话风成为自身的"软实力"。

(2016年01月11日)

最好的守业是创业

汪晓东

岁时交替,想起一则故事新编:孙悟空大闹天宫时几乎没有对手,可为何取经路上总是打不过妖怪,还要请神仙来帮忙?有人说,大闹天宫时,孙悟空的对手都是"守业派",出工不出力,出力不尽全力;西天取经时,孙悟空碰到的则是"创业派",不拼命就会一无所有。

虽然"戏说"的成分比较浓,但其中道理引人深思。"万里江山千钧担,守业更比创业难"。守业之所以会比创业难,原因就在于守业者往往把"业"当作别人的,人心不齐、态度不专、用力不全。事业靠守是守不住的,正如最好的防守是攻击,最好的守业其实是创业。没有哪个大企业,可以不依赖创新创业维持一流水平,没有哪个国家,可以在观望世界潮流中保持领先。无论是创业之初,还是大业初成,或者鳌头独占,创业精神都是必不可少的精神气质。

常言道,"态度决定一切"。以什么样的态度看待工作、对待职责,就会有什么样的状态投入其中。工作也好,事业也罢,如果把它当成"别人的""单位的",把自己看成"打工的",难免滋生不负责任、不出事不干事的心态。有的人精于"惜力",推一推动一动,宁不干事也不多事;有的人明于"现实",对自己有好处的事很来劲,没好处的事情不起劲;有的人"公私分明",对"自己的事"很上心,对"公家的事"不走心……如此由着自己的性子和利益斤斤计较,对工作对个人有多大裨益?把工作看成是"自己的""分内的",出工出力才不为难,出色又出彩才有可能。

创业精神,其实是一种反求诸己的自我加压精神。富有创业精神,意味着在状态、不疲沓,有锐气、不守旧。既然是"创",就意味着有创见、有创举、敢创新;既然是创业,就意味着鼎力为之、珍惜为之。从外在环境看,天地悠悠,万事匆匆,变革发生之快,任何些小的松懈和停顿,就可能浪费掉一大笔宝贵的机遇。从形势任务看,高扬创业精神,才能破除观念的桎梏、体制的束缚和困难的围追。态度不端、劲头不足、思路不活,无疑是干事创业的最大禁忌。

"世上最重要的事,不在于我们在何处,而在于我们朝着什么方向走。"回看过去的一年,从结果看,我们稳中有进,稳中有好,但实际上,我们遇到的困难之多之大超乎想象,闯过的暗礁险滩也难以计数。正所谓"看似寻常最奇崛,成如容易却艰辛",如果没有创业精神、蛮拼精神,而是不紧不慢、得过且过、松松垮垮,载入史册的2015年可能会是另一个版本。"壮思风飞冲情云上,和光春霭爽气秋高",新年新气象,新年新作为,以"冲情云上"的创业精神砥砺前行,迎接我们的才会是更加绚丽的"春霭和光"。

"志之所趋,无远弗届,穷山距海,不能限也"。精神意志内蕴着改变自我、改造世界的强大力量,把内在求新、求变、求进的精气神激发出来,我们的事业必能锐不可当。

(2016年01月08日)

不做奇迹的坐等者

仲 洁

岁末年初，人们总是发出光阴易逝的感慨，我却觉得更宜于仰头展望，决意"人生从现在开始"。也就是说，即使在你过完 80 岁生日的那天晚上，如果突然梦想当作家，当清晨的一缕阳光挪上你的书桌，你拿起了笔，那么恭喜，又一个崭新的人生从此开始。

有一位生活在河南农村的老太太，在她晚年的某一天，突然拿起画笔，其率性而为、真实朴拙的画风勾起了都市人的乡愁，人们惊呼她为"中国农村的梵高"，后来干脆叫她"梵高奶奶"。另一位耄耋老人更是传奇，自上世纪 80 年代至今，先后三次斥巨资办学，在不久之前的一次演讲中如是说："为缔造有希望的未来，我是永远不会停下脚步。大家不要甘心当奇迹的等待者，我们一定要是奇迹的成就者。让今天就是明天奇迹的开始！"老人叫李嘉诚，抒发这番激情的时候年已 87 岁。

个体生命的时长有限，但被这些老人证明过的奇迹会像清晨的露珠，自然地在代际之间滚动、传递，而每一次又都如新生般，闪动着不同特质的迷人与美丽。所以，对于大多数实际年龄小于 80 岁的我们来说，"人生从现在开始"并非妄言，人生重要的在于心理年龄，以及对待奇迹的态度。

"每天叫醒我的不是闹钟，而是梦想。"相比抱守"是金子总会发光"的被动，只有勇于为梦想行动的人，老天才会眷顾，为其人生打下奇迹的高光。成功的人生从来不是守株待兔，彼岸的抵达，往往始于一些人在此岸还一片迷茫的时候,你就已满怀勇气上路。尽管在漆黑的时光里艰难摸索,但一定会有一隙微光从厚重的未来之门中渗出。当前行者用尽力气推开这扇大门时,人生的美景便豁然而至。

其实,这是一个最好的时代。比如,"互联网+"就为奇迹提供了时代的速度与激情,同时也见证了它自身作为奇迹一部分的成长。早在2005年,淘宝刚刚上线两三年,我偶然进入一间小店,抱着吃螃蟹的心情拍下了我的首单,记得当时独自打理店铺的浙江姑娘向我抱怨看不到未来,但最后她说,"我会坚持的。"十年后,这间小店成为淘宝的女装十强,成就了当年不曾祈望的奇迹。奇迹,就是沿着正确道路比别人坚持多一点。一如习近平主席在新年贺词中所言:"只要坚持,梦想总是可以实现的。"

吐槽社会不公,抱怨怀才不遇,因而踟蹰不前,这不过是找一个堂皇的借口而已。当你为了全新的开始,拂去往日心灵的积弊与尘垢,用婴儿水晶般的瞳孔打量世界的时候,你会发现即使是在当下的严冬季节,周遭仍然暗涌着奇迹抽芽带来的层层新绿。不做奇迹的坐等者,是何等的激越。

也就在写下这些文字的时候,女儿回家,一冲进屋就向我报喜,"今天我跳绳一分钟167个,全班第一!"对于小小的她来说,这也堪为奇迹,要知道就在一周前,她还从没有突破过90个。奇迹来自于她为自己设定的目标,以及每天为了实现目标所做的努力。让我们都行动起来,就从今天开始,从此时此刻开始,成为奇迹的成就者。

(2016年01月07日)

脚力 眼力 脑力

李浩燃

记者成名后改行当作家的不乏其人，作家契诃夫却反其道而行之，选择当一回记者。1890年4月，他揣着《新时报》记者证从莫斯科出发，穿越一万多公里的苦寒和荒凉，辗转来到萨哈林岛，并在岛上采访了三个月零两天。最终，长篇纪实巨著《萨哈林旅行记》问世，契诃夫因"用文字诊断俄罗斯"而享誉世界。

"文生于情，情生于身之所历"。经得起时间考验、能沉淀下来的好作品，不花费一番脚力、眼力、脑力无从得来，这是做新闻最质朴的方法论。俗话说，"文章中不中，要看基本功"。判断一名记者的基本功如何，其脚力、眼力、脑力，也是重要的参照。邹韬奋、范长江、邓拓、穆青……历数新闻界名家大家，他们无一不是这"三力"的表率。

脚力到位，笔力方能雄健，"懒人是当不了记者的"。历史上，范长江行走大半个中国，写出《中国的西北角》和《塞上行》。今天，有人揣着单程机票孤身前往埃博拉疫区，有人为推动呼格案重审整整奔波9年，有人4个多月里走访70位抗战老兵……那些讲述好故事的记者们，都堪称脚力的冠军。"路是人的脚走成的"，"蜗"在办公室里翻资料，不可能得到鲜活的素材、生动的细节。从"三贴近"到"走转改"，事实证明，越接近、越真实，越贴近、越出彩。多扎根基层、常深入一线，掌握第一手材料，"脚底板下出文章"的箴言就会应验。

一位新闻界前辈谈及成长之路曾总结道：一个记者的经历，可以概括为"古灵精怪"四个字。仔细推究，从缺乏社会实践的"古板"到采写逐渐上路的"灵活"，再到善于打开局面的"精通"，直至历练为新闻业界独当一面的"怪杰"，一名记者从青涩走向成熟，何尝不是眼力渐长、观察渐精的过程。从这个意义出发，有意识地训练眼力，不仅是完成新闻发现的必要环节，也是培养新闻敏感的有效途径。善于观察、见微知著，既能见人之所见，亦能见人之所未见，从广阔的社会生活中采撷独特素材，始能创作出令人眼前一亮的精品力作。

　　如果说思想是媒体的至高境界，思考则是记者的制胜法宝。延安时期，毛泽东为《新中华报》题词"多想"，鼓励报纸工作人员多动脑、多分析。报社将题词制成匾额，悬于编辑部窑洞重要位置，以激励大家身体力行。今天，处身瞬息万变的移动互联时代，垄断信息来源和发布渠道已成"不可能完成的任务"，新闻竞争日趋白热化。如果缺乏对信息的分析判断，就可能在众声喧哗、乱云飞渡中丧失价值的坐标。身为记者，贵在多思，必须沿着思想的阶梯，不断完善知识结构和判断框架，掌握去粗取精、去伪存真的本领，练就拨云见日的功夫。

　　非凡脚力出眼力，勤想多思著华章。用双脚去丈量大地，用双眼去观察时势，用头脑去萃取精华，新闻工作者就能通过一次次心灵之旅，让新闻报道更有温度、更加独到、更富见识，不负时代的期望。

（2016年01月06日）

让"看齐"意识更强些

辛士红

每次天安门前的盛大阅兵,总会给人留下力与美的印象:刀削斧劈的队形、摧枯拉朽的方阵,如群山列队、江河奔腾。这就是整齐之美、整齐之力。

"夫物之不齐,物之情也"。世界上没有两片相同的树叶,正是差异造就了大千世界。参差披拂、错落有致是美,如浓云泼墨、乱石铺街。整齐划一、井然有序也是美,如急雨飞簇、大川横流。但过于强调差异,组织的整体性就要大打折扣。对一个团队、一支军队、一个政党来说,必须追求"群力谁能御,齐心石可穿"的境界。

管理学上,既有"三个和尚没水吃"的经典说法,也有靠团队制胜的"狼群效应",其差别就在于一个是"我"字当头、个人至上,一个是齐心合力、众志成城。没有齐心就没有合力,没有同向就没有同步。正如《六韬》所讲:"凡兵之道莫过乎一,一者能独往独来。"

"党的力量来自组织,组织能使力量倍增。"我们党为什么具有强大的凝聚力和战斗力,除了铁一般信仰、铁一般纪律外,还离不开广大党员的看齐意识。正如习近平总书记在中央政治局最近召开的专题民主生活会上指出的,"经常、主动向党中央看齐,向党的理论和路线方针政策看齐",就可以使党员政治上站稳立场、思想上辨明方向、行动上令行禁止。

今天,看齐的难度,不在于找不到目标,而在于愿不愿看齐、会不会看齐。比如，有的党员对政治纪律和政治规矩心知肚明，仍把口无遮拦当能耐，只图一时掌声，不顾党的形象；有的领导干部明知正风肃纪的大势，不是主动让权力"进笼"，而是琢磨如何"破窗"；还有的说起改革头头是道，真刀真枪时却只想动别人碗里的肉，不想动自己盘里的菜。正是由于看齐意识不强，让他们忘记了步调一致，选择了我行我素；忘记了以身作则，选择了言行不一，甚至走出队列而浑然不觉。

1945年，毛泽东在党的七大预备会议上说："要知道，一个队伍经常是不大整齐的，所以就要常常喊看齐，向左看齐，向右看齐，向中间看齐。我们要向中央基准看齐，向大会基准看齐。看齐是原则，有偏差是实际生活，有了偏差，就喊看齐。"应当看到，与过去相比，我们的党员队伍更加壮大，思想观念、价值取向更加多样，形成共识的难度在加大。因而，看齐意识应当也必须予以强化。

人贵在自知，难在识己。思想看齐，不像队列看齐那样显而易见，喊一声口令即可纠正。一时落后并不可怕，如果能够对照"三严三实"的要求，自己跟自己过不去，自己跟自己打官司，主动要求看齐，主动接受监督，就一定能够及时纠偏。

"我们的行动是唯一能够反映出我们精神面貌的镜子"。一名党员的看齐意识强不强，无法用工具来测量，主要体现在一言一行、一举一动中。一刻不停地增强看齐意识，经常提醒自己信念上防动摇、斗志上防衰退、作风上防涣散，就定能"团结一切可以团结的力量、调动一切可以调动的积极因素"，凝聚起爱党、护党、为党的磅礴力量。

（2016年01月05日）